OBRIGADO PELO ATRASO

Thomas L. Friedman

Obrigado pelo atraso

Um guia otimista para sobreviver em um mundo cada vez mais veloz

Tradução
Cláudio Figueiredo

OBJETIVA

Grafia atualizada segundo o Acordo Ortográfico da Língua Portuguesa de 1990, que entrou em vigor no Brasil em 2009.

Título original
Thank You for Being Late: An Optimist's Guide to Thriving in the Age of Accelerations

Capa
Mateus Valadares

Preparação
Diogo Henriques

Revisão técnica
Guido Luz Percú

Índice remissivo
Probo Poletti

Revisão
Isabel Cury
Ana Maria Barbosa

Dados Internacionais de Catalogação na Publicação (CIP)
(Câmara Brasileira do Livro, SP, Brasil)

Friedman, Thomas L.
Obrigado pelo atraso : Um guia otimista para sobreviver em um mundo cada vez mais veloz / Thomas L. Friedman; tradução Cláudio Figueiredo. – 1ª ed. – Rio de Janeiro : Objetiva, 2017.

Título original: Thank You for Being Late: An Optimist's Guide to Thriving in the Age of Accelerations.
ISBN 978-85-470-0044-8

1. Administração 2. Desenvolvimento – Aspectos sociais. 3. Economia 4. Geopolítica 5. Globalização 6. Inovações tecnológicas 7. Política social 8. Tecnologia – Aspectos sociais. I. Figueiredo, Cláudio. II. Título.

17-05666 CDD-303.483

Índices para catálogo sistemático:
1. Desenvolvimento tecnológico : Sociologia 303.483
2. Tecnologia social : Mudanças sociais : Sociologia 303.483

[2017]

EDITORA SCHWARCZ S.A.
Praça Floriano, 19 — Sala 3001 — Cinelândia
20031-050 – Rio de Janeiro – RJ
Telefone: (21) 3993-7510
www.companhiadasletras.com.br
www.blogdacompanhia.com.br
facebook.com/editoraobjetiva
instagram.com/editora_objetiva
twitter.com/edobjetiva

Este é meu sétimo livro e, quem sabe, o último. Desde que publiquei *De Beirute a Jerusalém*, em 1989, tive a grande sorte de contar com um grupo especial de amigos-professores que estiveram comigo nesta jornada; muitos começaram naquele primeiro livro, e outros, desde então, praticamente estiveram em cada um deles. Eles se mostraram incrivelmente generosos ao me ajudarem a explorar ideias — durante muitos anos, ao longo de muitas horas, de muitos livros e de muitas das minhas colunas. Portanto, este livro é dedicado a eles: Nahum Barnea, Stephen P. Cohen, Larry Diamond, John Doerr, Yaron Ezrahi, Jonathan Galassi, Ken Greer, Hal Harvey, Andy Karsner, Amory Lovins, Glenn Prickett, Michael Mandelbaum, Craig Mundie, Michael Sandel, Joseph Sassoon e Dov Seidman. Sua capacidade intelectual tem sido fantástica, sua generosidade, extraordinária, e sua amizade, uma bênção.

Sumário

Parte I

Refletindo

1. Obrigado pelo atraso

As pessoas decidem ser jornalistas por diferentes razões — e elas, às vezes, são ditadas pelo idealismo. Há jornalistas investigativos, repórteres especializados, repórteres que fazem coberturas no calor do momento e jornalistas dedicados a explicar os fatos. Sempre tive a ambição de fazer parte desta última categoria. Abracei o jornalismo porque adoro ser um tradutor do inglês para o inglês.

Tenho prazer em abordar um tema complexo, tentar desconstruí-lo para melhor compreendê-lo e, então, ajudar os leitores a também entendê-lo melhor — seja esse tema o Oriente Médio, o meio ambiente, a globalização ou a política interna americana. Nossa democracia só pode funcionar se os eleitores souberem como o mundo funciona, de modo que possam fazer escolhas políticas inteligentes e não sejam presas fáceis de demagogos, fanáticos ideológicos ou adeptos de teorias conspiratórias que, na melhor das hipóteses, podem estar involuntariamente a confundi-los ou, na pior, a enganá-los deliberadamente. À medida que eu presenciava a maneira como a campanha presidencial de 2016 se desenrolava, as palavras de Marie Curie jamais me soaram tão verdadeiras e relevantes: "Nada na vida deve ser temido, se formos capazes de compreendê-lo. Agora é o momento de compreendermos mais, para que venhamos a temer menos".

Não surpreende que hoje tantas pessoas se sintam temerosas ou desamparadas. Neste livro, pretendo argumentar que estamos vivendo um dos maiores pontos de inflexão na história — talvez sem paralelo desde que Johannes

Gensfleisch zur Laden zum Gutenberg, um ferreiro e impressor alemão, deflagrou a revolução da imprensa na Europa, abrindo caminho para a Reforma. As três maiores forças do planeta — a tecnologia, a globalização e a mudança climática — estão todas acelerando ao mesmo tempo. Em consequência disso, muitos aspectos das nossas sociedades, ambientes de trabalho e geopolíticas vêm assumindo novas formas, e precisam ser repensados.

Quando ocorre uma alteração no ritmo de mudança em tantos campos diferentes ao mesmo tempo, como a que estamos vivenciando agora, é fácil nos sentirmos oprimidos. Como me disse certa vez John E. Kelly III, vice-presidente sênior de soluções cognitivas e de pesquisa da IBM: "Na condição de seres humanos, vivemos num mundo linear — no qual distância, tempo e velocidade são lineares". Porém, o crescimento da tecnologia hoje passa por "uma curva exponencial. A única coisa assim que alguma vez vivenciamos se dá quando algo está acelerando, como um carro, ou desacelerando de modo realmente brusco, como numa freada. E, quando isso acontece, nós nos sentimos bastante inseguros e desconfortáveis por um breve período de tempo". Essa experiência também pode ser empolgante. Podemos pensar: "Nossa, acabei de ir de zero a cem quilômetros por hora em cinco segundos". Mas ninguém gostaria de fazer uma longa viagem nessas condições. E, no entanto, argumentou Kelly, essa é justamente a viagem que estamos fazendo: "A sensação que muitas pessoas têm agora é a de estar sempre nesse estado de aceleração".

Em tempos assim, optar por fazer uma pausa e refletir, em vez de entrar em pânico e se recolher, é uma necessidade. Não um luxo ou uma distração, mas uma maneira de aumentar as chances de conseguirmos compreender melhor e de nos engajarmos de forma produtiva no mundo à nossa volta.

Como assim? "Quando apertamos o botão de pausa numa máquina, ela para. Mas, quando apertamos esse botão num ser humano, ele começa a funcionar", diz meu amigo e professor Dov Seidman, CEO da LRN, que assessora empresas globais em relação à ética e à liderança. "Começamos a funcionar e a refletir, a repensar nossos pressupostos, a reimaginar o que é possível e, o mais importante, a nos reconectar com as crenças que nos são mais caras. Uma vez que fazemos isso, podemos repensar em um caminho melhor."

Porém o mais importante "é aquilo que fazemos durante a pausa", ele acrescenta. "Ralph Waldo Emerson foi quem melhor o definiu: 'A cada pausa ouço o chamado.'"

E é justamente isso o que pretendo com este livro — fazer uma pausa, saltar do carrossel em que estive rodando por tantos anos como autor de uma coluna bissemanal no *New York Times* e realizar uma reflexão mais profunda a respeito do que me parece ser uma guinada fundamental na história.

Não me lembro da data exata em que decidi fazer isso, mas foi em algum momento no início de 2015, e aconteceu de modo inteiramente acidental. Costumo me encontrar regularmente com amigos e entrevistar funcionários do governo, especialistas e diplomatas durante o café da manhã, no centro de Washington, DC, perto da sucursal do *New York Times*. É minha maneira de adquirir mais conhecimento e ao mesmo tempo não desperdiçar o café da manhã comendo sozinho. De vez em quando, contudo, devido aos frequentes contratempos matinais no trânsito e no metrô, meus companheiros chegavam dez, quinze ou mesmo vinte minutos atrasados — invariavelmente esbaforidos, despejando desculpas enquanto se sentavam: "A Linha Vermelha do metrô teve um atraso..."; "A via expressa estava engarrafada..."; "Meu despertador deu defeito..."; "Meu filho estava doente...".

Numa dessas ocasiões, eu me dei conta de que não me importava nem um pouco com o atraso do meu convidado. Então disse: "Não, não, por favor... não se desculpe. Na verdade, sabe de uma coisa? Obrigado pelo atraso!".

Uma vez que ele havia se atrasado, expliquei, eu conseguira produzir algum tempo para mim mesmo. Tinha "encontrado" alguns poucos minutos só para sentar e pensar. Estava me divertindo escutando a conversa do casal na mesa ao lado (fascinante!) e espiando as pessoas que passavam pelo saguão (revoltante!). E, mais importante, durante aquela pausa, tinha estabelecido conexões entre algumas ideias com as quais andava ocupado já havia alguns dias. De modo que não era necessário pedir desculpas. Portanto: "Obrigado pelo atraso".

Da primeira vez, apenas murmurei a resposta casualmente, sem pensar de fato naquilo. Porém, depois de outro episódio semelhante, percebi que me sentia bem ao dispor daqueles poucos momentos não planejados, não programados, e não era apenas eu que me sentia melhor! E sabia o motivo disso. Como tantos outros, eu estava começando a me sentir oprimido e esgotado pelo ritmo atordoante com que as coisas vinham mudando. Precisava dar a mim mesmo (e a meus convidados) permissão para simplesmente desacelerar; precisava de permissão para ficar sozinho com meus pensamentos — sem ter que fazer tuítes a respeito, tirar uma foto deles ou compartilhá-los com alguém. A cada vez que assegurava a meus convidados que seu atraso não representava problema algum, eles a princípio me olhavam intrigados, mas então uma lâmpada se acendia de repente na cabeça deles e eles diziam coisas do tipo: "Sei o que quer dizer... 'Obrigado pelo atraso!' Ei, não tem de quê".

Em seu lúcido *Sabbath*, o pastor e escritor Wayne Muller observa que as pessoas costumam lhe dizer: "Ando tão ocupado". "Dizemos isso uns aos outros com uma razoável dose de orgulho", escreve Muller, "como se nossa exaustão fosse um troféu, como se nossa capacidade de suportar o estresse fosse um indício de força de caráter [...]. Não estar disponível para os amigos e para a família, não conseguir arrumar tempo para um pôr do sol (ou mesmo para saber simplesmente quando o sol se pôs), passar zunindo por nossas obrigações sem ter tempo para um único suspiro acompanhado de reflexão, isso acabou se tornando um modelo do que vem a ser uma vida bem-sucedida."

Prefiro aprender a fazer uma pausa. Como me disse certa vez o editor e escritor Leon Wieseltier: os tecnólogos querem que pensemos que a paciência só se tornou uma virtude porque no passado "não tínhamos escolha" — tínhamos de esperar mais tempo pelas coisas porque nosso modem era lento demais ou porque nossa banda larga não tinha sido instalada ou porque não tínhamos feito um upgrade e comprado um iPhone 7. "Então, agora, quando tornamos tecnicamente obsoleto o ato de esperar", acrescentou Wieseltier, "a atitude dos tecnólogos é: 'Quem agora ainda precisa de paciência?'. Porém os antigos acreditavam que havia um componente de sabedoria na paciência e que ela vinha dela mesma [...]. Paciência não era apenas a ausência de velocidade. Representava espaço para reflexão e pensamento." Estamos gerando hoje mais informação e conhecimento do que nunca, "mas o conhecimento só é bom se formos capazes de refletir a seu respeito".

E não é apenas o conhecimento que é aprimorado por meio de uma pausa. O mesmo ocorre com a capacidade de forjar confiança, "de criar conexões melhores e mais profundas, que não sejam apenas rápidas, com outros seres humanos", acrescenta Seidman. "Nossa capacidade de criar relacionamentos profundos — para amar, cuidar, ter esperança, confiar e construir comunidades voluntárias baseadas em valores compartilhados — é uma das aptidões mais distintamente humanas com que contamos. É o traço mais importante que nos distingue da natureza e das máquinas. Nem tudo fica melhor por ser mais rápido ou foi concebido para ser mais rápido. Sou construído para pensar nos meus netos. Não sou um guepardo."

Assim, provavelmente não foi por acaso que este livro tenha nascido de uma pausa — um encontro casual que tive, dentre todos os lugares possíveis, na garagem de um estacionamento — e da minha decisão de não me apressar em me afastar como de hábito, mas sim de estabelecer contato com um desconhecido que me abordou com um pedido pouco usual.

O FUNCIONÁRIO DO ESTACIONAMENTO

Era o começo de outubro de 2014. Eu tinha dirigido de Bethesda, onde moro, até o centro da cidade e deixado o carro na garagem de um estacionamento público no subsolo do hotel Hyatt Regency, onde tinha combinado de me encontrar com um amigo para o café da manhã. Seguindo a exigência, ao entrar, peguei um tíquete que trazia estampada a hora de chegada. Terminado o café da manhã, localizei meu carro na garagem e me dirigi para a saída. Parei o carro junto à cabine do controlador e entreguei o cupom ao homem que estava ali, mas, antes de examinar o tíquete, ele me examinou.

"Sei quem é você", disse um cavalheiro idoso com um sotaque estrangeiro e um sorriso simpático.

"Ótimo", eu me apressei a responder.

"Leio sua coluna", ele disse.

"Ótimo", respondi, louco para ir para casa.

"Nem sempre concordo", ele continuou.

"Ótimo", respondi. "Isso quer dizer que precisa sempre dar uma conferida."

Trocamos mais algumas gentilezas; ele me deu o troco e fui embora, pensando: "Bom saber que o sujeito do estacionamento lê minha coluna no *New York Times*".

Mais ou menos uma semana depois, estacionei na mesma garagem, como costumo fazer uma vez por semana antes de pegar a Linha Vermelha do metrô para ir até o centro de Washington, saindo da estação de Bethesda. Apanhei o mesmo tíquete com o horário marcado, peguei o metrô, passei o dia no escritório e peguei o metrô de volta. Fui então para a garagem, localizei meu carro e me dirigi para a saída — onde encontrei o mesmo funcionário na cabine.

Dei a ele o cupom, porém dessa vez, antes de me dar o troco, ele disse: "Sr. Friedman, eu também escrevo. Tenho o meu próprio blog. Gostaria de dar uma olhada nele?".

"Como posso acessá-lo?", perguntei. Ele então anotou o link num pedacinho de papel branco usado normalmente para imprimir recibos, disse "Odanabi.com" e me deu o papel junto com o troco.

Saí com o carro do estacionamento, curioso para dar uma olhada naquilo. Mas, durante o caminho, minha mente logo divagou para outros assuntos, como: "Minha nossa! *O cara do estacionamento é agora meu concorrente!* O cara do estacionamento tem seu próprio blog! Ele também é colunista! Que diabos está acontecendo?".

Então, cheguei em casa e dei uma olhada no site do sujeito. Era em inglês e tinha como foco temas políticos e econômicos do seu país, a Etiópia. A abordagem se concentrava nas relações entre as diferentes comunidades étnicas e religiosas, nas ações antidemocráticas do governo etíope e em algumas das atividades empreendidas pelo Banco Mundial na África. O blog contava com uma boa apresentação em termos de design e adotava um ponto de vista enfaticamente pró-democracia. O inglês era bom, mas não perfeito. Contudo, como o assunto não me interessava tanto assim, não dediquei muito tempo a ele.

No decorrer da semana seguinte, porém, fiquei pensando a respeito daquele cara. Como teria começado o blog? O que o fato de um homem como aquele, uma pessoa claramente instruída, que trabalhava no guichê de um estacionamento durante o dia mas mantinha o próprio blog à noite, uma plataforma que lhe dava a possibilidade de tomar parte num diálogo global, falando ao mundo inteiro sobre os assuntos que o mobilizavam, ou seja, a democracia e a sociedade etíopes, dizia a respeito do nosso mundo?

Decidi que precisava de uma pausa — e aprender mais a seu respeito. O único problema era que, como não tinha seu e-mail pessoal, a única maneira de contatá-lo era pegar o metrô todo dia para ir trabalhar e estacionar na garagem pública para ver se, por obra do acaso, acabaria por esbarrar com ele novamente. E foi o que fiz.

Depois de vários dias indo e vindo, fui recompensado certa manhã, ao chegar bem cedo, e vi que o blogueiro-atendente de estacionamento estava na sua cabine. Parei ao lado da máquina que emitia os tíquetes, deixei o carro na vaga, saí e acenei para ele.

"Oi, é o sr. Friedman de novo", eu disse. "Poderia me dar seu e-mail? Queria falar com você."

Ele arrumou um pedaço de papel e anotou para mim. Seu nome, descobri, era Ayele Z. Bojia. Naquela mesma noite mandei uma mensagem para ele, pedindo que me contasse um pouco da sua história e de quando tinha começado o blog. Disse que tinha a ideia de fazer um livro sobre como escrever a respeito do século XXI e que estava interessado em saber como outras pessoas haviam ingressado naquele universo dos blogs e começado a expor suas opiniões.

Ele me respondeu com um e-mail em 1º de novembro de 2014: "Considero que o primeiro artigo que postei no Odanabi.com marcou o dia em que comecei a fazer um blog [...]. É claro que, se a pergunta for sobre o que me motivou a fazer isso, existe uma quantidade razoável de temas ligados ao meu país de origem — a Etiópia — sobre os quais gostaria de expor meus pontos de vista. Espero que me desculpe por não poder responder imediatamente à sua mensagem, pois estou fazendo isso durante meu horário de trabalho. Ayele".

Em 3 de novembro enviei uma nova mensagem: "O que você fazia na Etiópia antes de vir para cá e quais são os assuntos que mais lhe interessam? Não tenha pressa em responder. Tom".

E no mesmo dia ele me respondeu: "Ótimo. Vejo uma grande reciprocidade aqui. Você está interessado em saber quais os assuntos que mais me mobilizam, enquanto eu estou interessado em saber qual a melhor forma de me comunicar com meus leitores e com um público mais amplo a respeito desses assuntos que julgo importantes".

Imediatamente respondi: "Negócio fechado, Ayele! Tom". Prometi compartilhar com ele tudo o que soubesse sobre como escrever uma coluna se ele me contasse a história da sua vida. Ele concordou imediatamente, e combinamos uma data. Duas semanas depois, vim do meu escritório no centro de Washington, DC, perto da Casa Branca, e Bojia veio da garagem do estacionamento, e nos encontramos ali perto, no Peet's Coffee & Tea, em Bethesda. Ele estava sentado em uma pequena mesa junto à janela. Tinha cabelos grisalhos, bigode e uma echarpe verde de lã enrolada no pescoço. Começou a me contar a história de como tinha se tornado um autor de artigos de opinião — e então lhe contei a minha história — enquanto bebíamos café feito com os melhores grãos do Peet.

Bojia, que tinha 63 anos quando nos encontramos pela primeira vez, explicou que se formara em economia na Universidade Hailé Selassié I, batizada com o nome do imperador etíope que governou durante tanto tempo o país. Bojia é um cristão ortodoxo e um oromo, o maior grupo étnico da Etiópia e que dispõe de um idioma próprio. Desde os tempos em que era um militante oromo, ativo no campus da universidade, explicou, ele vinha promovendo a cultura e as aspirações do povo oromo no contexto de uma Etiópia democrática.

"Todo o meu esforço está em tornar possível que os povos da Etiópia tenham orgulho da nacionalidade a que pertencem e ao mesmo tempo se orgulhem de sua cidadania", explicou Bojia. Esses esforços atraíram a ira do regime etíope, o que o obrigou a se tornar um exilado político em 2004.

Bojia, que se comporta com a dignidade de um imigrante educado cujo trabalho de dia serve apenas para o seu sustento, de modo que possa se dedicar com seriedade ao blog à noite, acrescentou: "Não estou tentando apenas escrever por escrever. Quero aprender as técnicas. [Mas] tenho uma causa a defender".

Ele deu ao seu blog o nome Odanabi.com numa referência a uma cidade perto da capital, Adis-Abeba. No momento, a cidade está sendo cogitada para se tornar a sede administrativa e cultural do governo regional dos oromos. Ele explicou que começou sua carreira de comentarista em várias plataformas etíopes da internet — Nazret.com, Ayyaanntu.net, AddisVoice.com e Gadaa.com, um site oromo —, mas que havia um descompasso entre o ritmo desses sites e a ânsia do próprio Ayele em participar dos debates em curso: "Sou grato a todos esses sites, que me deram a oportunidade de expressar meus pontos de vista, mas o processo era simplesmente lento demais". Então ele explicou que, na condição de "uma pessoa que trabalha na garagem de um estacionamento e vive sob certas limitações financeiras, tive de criar esse site [dele próprio] para poder contar com um veículo regular à minha disposição". Seu site é hospedado pela Bluehost.com em troca de uma pequena taxa.

A política na Etiópia é dominada pelos extremos, Bojia acrescentou: "Não existe um campo intermediário aberto à razão". Uma das coisas que o impressionavam nos Estados Unidos e que ele gostaria de levar para a Etiópia era o modo como "as pessoas defendiam seus direitos, mas também se mostravam abertas aos pontos de vista do outro lado". (Talvez seja preciso ser um estrangeiro vindo de um país dividido, trabalhando na garagem subterrânea de um estacionamento, para ver os Estados Unidos de hoje como um país onde as discussões estão aproximando as pessoas, mas adorei esse otimismo da parte dele!)

Naquela cabine, ele pode ser apenas o funcionário que dá o troco, ele me contou, mas está sempre tentando observar as pessoas e a maneira como se expressam e transmitem suas opiniões. "Antes de vir para cá, nunca tinha ouvido falar em Tim Russert", disse Bojia sobre o falecido e fantástico apresentador do programa *Meet the Press*. "Não o conheço, mas, quando comecei a acompanhar seu programa, aquilo de certa forma virou uma compulsão para mim. Ao lidar com outras pessoas, ele não as pressionava de modo exagerado. Ele era implacável ao apresentar os fatos e mostrava muita consideração pelos sentimentos dos outros." O resultado, concluiu Bojia, "é que, ao chegar ao fim de alguma discussão, temos a sensação de que ele nos passou alguma informação" — e deflagrou alguma coisa na mente da pessoa que entrevistou. Tim teria gostado disso.

"E você sabe quantas pessoas leem o seu blog?", perguntei.

"Os acessos flutuam de acordo com os assuntos tratados a cada mês, mas conto com um público regular no meu país", ele me informou, acrescentando que as métricas que utiliza sugerem que está sendo lido em cerca de trinta países diferentes. Então acrescentou: "Se você souber de algum jeito de me ajudar a gerir meu site, eu ficaria extremamente feliz". As 35 horas de trabalho que dedicava semanalmente ao estacionamento eram apenas "para a subsistência — minhas energias estão voltadas para o meu site".

Prometi fazer o que pudesse para ajudar. Quem seria capaz de resistir a um funcionário de estacionamento que domina as métricas do seu site! Mas não pude deixar de perguntar: "O que significa para você — funcionário de estacionamento durante o dia, ativista virtual à noite — contar com seu próprio blog global, enquanto vive em Washington e alcança pessoas em trinta países", ainda que os números sejam modestos?

"Eu me sinto agora como se estivesse um pouco mais fortalecido na minha capacidade de intervir", respondeu Bojia sem hesitar. "Hoje em dia, lamento ter desperdiçado meu tempo. Deveria ter começado há três ou quatro anos, em vez de ficar mandando material pra aqui e pra ali. Se tivesse me concentrado em desenvolver meu próprio blog, a essa altura já contaria com um público mais amplo [...]. O que faço me proporciona enorme satisfação. Estou fazendo algo positivo, que ajuda meu país."

Assim, ao longo das semanas seguintes, enviei a Bojia e-mails com dois memorandos sobre como consolidei o trabalho em torno da minha coluna e combinei com ele outro encontro no Peet's, para me certificar de que tinha compreendido o que eu estava tentando dizer. Não sei em que medida aquilo o ajudou, mas aprendi muito com os nossos encontros — mais do que tinha imaginado.

Para começar, só o fato de entrar, ainda que minimamente, no mundo de Bojia abria para mim uma nova perspectiva. Uma década atrás nós dois teríamos muito pouco em comum, e agora éramos — em alguma medida — colegas. Estávamos empenhados numa jornada para levar nossas prioridades a um público mais amplo, para ter participação na discussão global e fazer o mundo se inclinar um pouco para o nosso lado. Nós dois fazíamos parte de uma tendência maior. "Nunca antes houve uma época em que um número tão grande de pessoas estivesse em condições de fazer história, registrar a história, publicar a história e amplificar a história, tudo ao mesmo tempo", observou Dov Seidman. Em épocas anteriores, "para fazer história você precisava de um exército, para registrá-la precisava de um estúdio de cinema ou de um jornal, para divulgá-la precisava de um publicitário. Agora, qualquer um pode dar início a uma onda. Agora, qualquer um pode fazer história apertando uma tecla".

E Bojia estava fazendo exatamente isso. Desde tempos imemoriais, artistas e escritores vêm subsistindo em empregos paralelos para atuar de forma independente. O que há de novo na situação atual é quantos deles podem fazer isso, quantas pessoas podem alcançar se o que escrevem for convincente, quão rapidamente podem atingir um alcance global se tiverem algo a dizer e de quão pouco dinheiro precisam para fazer isso.

Para cumprir minha parte no acordo com Bojia, fui obrigado a pensar mais profundamente — mais do que jamais tinha feito — sobre o ofício de escrever para expressar opiniões. Quando nos encontramos, eu era colunista havia quase vinte anos, depois de ter trabalhado como repórter por dezessete, e nosso encontro me forçou a fazer uma pausa e traduzir em palavras a diferença entre escrever como repórter e praticar o jornalismo opinativo, além de explicar o que efetivamente faz com que uma coluna "funcione".

Em meus dois memorandos para Bojia, expliquei que não existia uma fórmula rígida sobre como escrever uma coluna, que nenhum curso ensinava a fazer isso e que cada um o faz, em certa medida, de maneiras diferentes. Havia, porém, algumas orientações básicas que eu poderia oferecer. Quando se é repórter, o foco se concentra no esforço de buscar fatos que expliquem o visível e o complexo e de fazer vir à tona e expor o impenetrável e o oculto — aonde quer que isso te leve. Você está ali para informar, de maneira imparcial e isenta. Notícias diretas frequentemente exercem uma enorme influência, mas sempre na proporção exata do que informam, expõem e explicam.

O jornalismo opinativo é diferente. Quando se é um colunista, ou um blogueiro, no caso de Bojia, o objetivo é influenciar ou provocar uma reação, e não apenas informar — argumentar em favor de determinada perspectiva e fazê-lo de modo convincente o bastante para persuadir os leitores a pensar ou sentir de modo diferente ou mais enfático ou a partir de um novo ponto de vista.

É por esse motivo, expliquei a Bojia, que, na condição de colunista, "estou ou no ramo do aquecimento ou no da iluminação". Cada coluna ou blog tem de acender uma lâmpada na cabeça do leitor — lançando luz sobre um assunto de modo a inspirá-lo a olhar de modo diferente para um tema — ou despertar nele uma emoção, levando-o a sentir ou agir de maneira mais intensa ou de modo diferente a respeito de um tema. A coluna ideal é aquela capaz de fazer as duas coisas.

Mas como sair por aí gerando luz ou calor? De onde vêm as opiniões? Estou certo de que cada colunista ofereceria uma resposta diferente. Minha resposta sucinta é a de que uma ideia para uma coluna pode surgir de qualquer lugar: de uma manchete de jornal que nos pareça curiosa, do gesto simples de um desconhecido, do discurso comovente de um líder, da pergunta ingênua de uma criança, da crueldade de um atirador numa escola, da história pungente de um refugiado. Absolutamente qualquer coisa pode se tornar matéria-prima para criar calor ou luz. Tudo depende das conexões que você faz e dos insights aos quais recorre para dar sustentação à sua opinião.

De um modo mais geral, contudo, contei a Bojia que escrever uma coluna é uma experiência química — justamente porque nós próprios temos de fazer esse ato de magia. Uma coluna não se escreve sozinha, por si mesma, como acontece com uma notícia, uma reportagem factual. Uma coluna precisa ser criada.

Essa composição química geralmente envolve a mistura de três ingredientes básicos: nossos próprios valores, prioridades e aspirações; o modo como, na nossa visão, as maiores forças, as maiores engrenagens e roldanas do mundo estão dando forma aos acontecimentos; e o que aprendemos a respeito das pessoas e da cultura — como reagem ou deixam de reagir — sob o impacto dessas grandes forças.

Quando falo de nossos próprios valores, prioridades e aspirações, eu me refiro às coisas que mais valorizamos e que aspiramos mais intensamente a ver concretizadas. Esse conjunto de valores nos ajuda a determinar o que é importante e sobre o que vale a pena opinarmos, assim como aquilo que vamos dizer. Não há problema algum no fato de um jornalista opinativo mudar seu ponto de vista; o problema é não ter opinião alguma — não defender nada, ou defender tudo, ou apenas se manifestar sobre assuntos fáceis e seguros. Um jornalista opinativo deve ter em sua origem alguma estrutura de valores que dê forma ao seu pensamento a respeito do que deve ser apoiado ou combatido. Você é um adepto do capitalismo, um comunista, um libertário, um keynesiano, um conservador, um liberal, um neoconservador ou um marxista?

Quando me refiro às grandes engrenagens e roldanas do mundo, estou falando do que chamo de "a Máquina". (Com a permissão de Ray Dalio, conhecido investidor de fundos hedge que descreve a economia como "uma máquina".) Para ser um jornalista opinativo, também é preciso ter sempre à mão uma hipótese a ser testada sobre como você acha que a Máquina funciona — já que seu objetivo básico é, levando em conta seus valores, empurrar a Máquina na direção deles. Se não contamos com uma teoria sobre como a Máquina funciona, ou vamos empurrar a Máquina numa direção que não coincide com as nossas convicções ou não vamos conseguir fazer com que ela sequer saia do lugar.

E quando me refiro a pessoas e cultura, falo de como diferentes povos e culturas são afetados pela Máquina quando ela se move e de como eles, por sua vez, afetam a Máquina quando reagem a tudo isso. Em última instância, colunas são sobre gente — as coisas malucas que as pessoas dizem, fazem, odeiam e pelas quais anseiam. Gosto de reunir dados para dar mais substância às minhas colunas — mas nunca esqueço: falar com outro ser humano também consiste num dado. As colunas que suscitam respostas mais claras são sempre aquelas a respeito de pessoas, não de números. Também nunca se esqueça de que o maior best-seller de todos os tempos é uma coletânea de histórias sobre pessoas. Chama-se a Bíblia.

Argumentei com Bojia que as colunas mais bem-sucedidas surgem a partir da mistura e da aproximação entre esses três ingredientes: não se pode ser um bom jornalista opinativo sem dispor de um conjunto de valores que dê substância àquilo que defendemos. Dov Seidman gosta de nos lembrar de uma frase do Talmude: "O que vem do coração entra no coração". O que não vem do coração jamais entrará no coração de outra pessoa. É preciso se importar com os outros para suscitar o mesmo sentimento nos outros; é preciso empatia para despertar empatia. Também não se pode fazer uma coluna relevante sem arriscar uma opinião sobre as maiores forças que moldam o mundo em que vivemos e como exercer influência sobre elas. Sua visão da Máquina jamais poderá ser perfeita ou imutável. Precisa estar sendo sempre aperfeiçoada, construída e reconstruída à medida que obtemos novas informações e que o mundo vai mudando. Porém é muito difícil convencer as pessoas a fazer alguma coisa se não conseguimos estabelecer conexões convincentes entre os fatos — por que tal ação produz tal resultado —, porque é assim que as engrenagens e as roldanas da Máquina funcionam. E, por último, eu disse a Bojia que ele jamais terá uma coluna que funcione a menos que ela seja inspirada e receba subsídios de pessoas reais. Ela não pode se limitar à defesa de princípios abstratos.

Quando ajustamos o conjunto de nossos valores com a nossa análise de como a Máquina funciona e nossa compreensão de como vem afetando povos e culturas em diferentes contextos, temos uma visão de mundo que podemos então aplicar a todo tipo de situações de modo a gerar as nossas opiniões. Da mesma forma que cientistas que trabalham com dados precisam de algoritmos para enxergar algo em meio à soma de dados desestruturados e ruídos e assim vislumbrar padrões relevantes, um escritor que vive de manifestar sua opinião precisa de uma visão de mundo para gerar calor e luz.

Contudo, para manter essa visão de mundo renovada e relevante, sugeri a Bojia que é preciso estar permanentemente reportando e aprendendo — hoje mais do que nunca. Qualquer um que se atenha a fórmulas surradas e a dogmatismos num mundo que se transforma em tamanha velocidade está pedindo para se meter em encrenca. E, de fato, à medida que o mundo se torna mais complexo e interdependente, é cada vez mais vital a necessidade de ampliar nosso raio de visão e sintetizar mais pontos de vista.

Meus próprios pensamentos a esse respeito foram profundamente influenciados por Lin Wells, que dá aulas de estratégia na Universidade de Defesa

Nacional. Segundo Wells, é ilusório supor que possamos opinar a respeito deste mundo ou explicá-lo enquanto nos atemos ao lado de dentro ou de fora de alguma rígida caixa explicativa ou do silo de uma única disciplina. Wells descreve três maneiras de pensarmos sobre um problema: "dentro da caixa", "fora da caixa" e "outra, na qual não existe caixa alguma". A única abordagem admissível para pensarmos os problemas de hoje consiste em "pensar sem caixa nenhuma".

É claro que isso não significa deixar de ter uma opinião. Significa, ao contrário, não impor limites para a nossa curiosidade ou para as diferentes disciplinas às quais podemos recorrer para avaliarmos a forma como funciona a Máquina. Wells considera essa abordagem — a qual vou adotar neste livro — "radicalmente inclusiva". Ela implica trazer para a sua análise o maior número possível de pessoas, processos, disciplinas, organizações e tecnologias — fatores que costumam ou ser mantidos separados ou simplesmente excluídos. A única maneira, por exemplo, de compreender a natureza em constante transformação da geopolítica hoje é combinar o que está acontecendo na informática com o que está ocorrendo nas telecomunicações com o que está acontecendo no meio ambiente com o que está ocorrendo com a globalização com o que está acontecendo com a demografia. Não há outra maneira de chegar a uma visão que abranja todos os aspectos.

Essas foram as principais lições que compartilhei com Bojia em meus memorandos e em nossas conversas no café. Mas aqui vai uma confissão que também fiquei feliz em compartilhar com ele em nosso último encontro, que teve lugar quando estava concluindo este livro: nunca antes eu tinha refletido tão profundamente sobre o meu próprio ofício e sobre o que torna uma coluna bem-sucedida até o nosso encontro casual no estacionamento. Se não tivesse parado para estabelecer contato com ele, eu nunca teria desconstruído, examinado e depois remontado o quadro de referências que me ajudam a entender o mundo num período de rápidas transformações.

Não é de surpreender que a experiência tenha posto minha mente para funcionar. E não é de surpreender que meus encontros com Bojia logo tenham me levado a me fazer as mesmas perguntas que lhe pedi que explorasse. Qual é o meu conjunto de valores e de onde eles vieram? Como acredito que a Máquina funciona atualmente? E o que aprendi sobre o modo como diferentes povos e culturas têm sido impactados pela Máquina e como têm reagido a isso?

Foi isso que comecei a fazer durante a pausa — e minha resposta vem a ser o restante deste livro.

A Parte II é sobre como acredito que a Máquina funciona agora — quais as maiores forças que estão dando novas formas a mais coisas, em mais lugares, de mais maneiras e em mais dias. Uma dica: a Máquina está sendo conduzida por acelerações simultâneas nas áreas da tecnologia, globalização e mudança climática, todas interagindo umas com as outras.

E a Parte III é sobre a maneira como essas forças em aceleração estão afetando os povos e as culturas. Ou seja, como estão transformando os ambientes de trabalho, a geopolítica, a política, as escolhas éticas e as comunidades — inclusive a pequena cidade em Minnesota onde cresci e onde meus valores tomaram forma.

A Parte IV oferece as conclusões que extraí de tudo isso.

Resumindo, este livro é uma gigantesca coluna que escrevi a respeito do mundo de hoje. Seu objetivo é definir as principais forças que estão impulsionando as mudanças em curso por todo o mundo, explicar de que modo elas vêm afetando diferentes povos e culturas e identificar os valores e reações que julgo mais apropriados para administrar essas forças, de modo a extrair delas o máximo para o maior número possível de pessoas, no maior número possível de lugares, e a amortecer os aspectos mais brutais do seu impacto.

Sem dúvida, é impossível saber o que pode acontecer quando decidimos parar para falar com outra pessoa. Para resumir a história, Bojia obteve um quadro de referências para o seu blog, e eu, outro, para escrever este livro. Pensem nele como o guia de um otimista para ter sucesso e adquirir maior resistência nessa era das acelerações, certamente um dos grandes momentos transformadores na história.

Como repórter, nunca deixo de me surpreender com o fato de que, muitas vezes, ao escrever de novo sobre um episódio ou um período da história, sempre descubro coisas que não tinha percebido da primeira vez. Ao começar a escrever este livro, ficou imediatamente claro para mim que o ponto de inflexão tecnológica que vem impulsionando a Máquina hoje se deu num ano aparentemente inócuo: 2007.

Que diabos aconteceu em 2007?

Parte II

Acelerando

2. Que diabos aconteceu em 2007?

John Doerr, o lendário investidor de risco que financiou Netscape, Google e Amazon, não se lembra mais exatamente da data; só que foi pouco antes de Steve Jobs subir ao palco do Moscone Center, em San Francisco, em 9 de janeiro de 2007, para anunciar que a Apple tinha reinventado o celular. Contudo, Doerr nunca esqueceu o momento em que pôs os olhos naquele telefone pela primeira vez. Ele e Jobs, seu amigo e vizinho, estavam assistindo a um jogo de futebol da filha de Jobs na escola, perto de onde moravam, em Palo Alto. Enquanto a partida se arrastava, Jobs disse a Doerr que queria lhe mostrar algo.

"Steve meteu a mão no bolso do jeans e sacou o primeiro iPhone", relembrou Doerr numa conversa comigo. "E disse: 'John, este dispositivo quase levou a empresa à falência. É a coisa mais difícil que fizemos até hoje'. Pedi então que me desse os detalhes. Steve contou que tinha cinco rádios em diferentes faixas, uma capacidade X de processamento, uma memória RAM de tanto, além de não sei mais quantos gigabytes de memória flash. Eu nunca tinha ouvido falar de tamanha capacidade de memória flash num dispositivo tão pequeno. Ele também me contou que o aparelho não tinha botão algum — usariam softwares para tudo — e que num mesmo dispositivo 'teremos o melhor reprodutor de mídia do mundo, o melhor telefone do mundo e a melhor maneira de acessar a internet já inventada — todas as três coisas numa só'."

Doerr imediatamente se ofereceu para lançar um fundo com o objetivo de apoiar a criação de aplicativos para esse dispositivo por parte de outros desenvolvedores, mas na época Jobs não se mostrou interessado. Não queria gente de fora se metendo com seu sofisticado telefone. A Apple faria os aplicativos. Um ano mais tarde, contudo, ele mudou de opinião; o fundo foi lançado, e a indústria dos aplicativos para celulares explodiu. O momento em que Steve Jobs apresentou o iPhone acabou se revelando um ponto de inflexão crucial na história da tecnologia — e do mundo.

Existem anos especiais nas safras de vinhos e existem anos especiais na história, e 2007 com certeza foi um deles.

Pois não foi apenas o iPhone que emergiu em 2007 — por volta desse ano, surgiu todo um novo grupo de companhias. Juntas, essas novas empresas e inovações mudaram a forma como as pessoas e as máquinas se comunicam, criam, colaboram e pensam. Em 2007, a capacidade de armazenamento disponível para computação explodiu graças ao surgimento de uma plataforma de software chamada Hadoop, que colocou o "*big data*" ao alcance de todos. O ano de 2007 marcou o início do desenvolvimento de uma plataforma de código aberto, chamada GitHub, que tornava possível escrever e cooperar na criação de softwares. Isso viria a expandir vastamente a capacidade dos softwares de, como disse certa vez o fundador da Netscape, Marc Andreessen, começar a "comer o mundo". Em 26 de setembro de 2006, o Facebook, um site de relacionamento social até então confinado a usuários de universidades e escolas de ensino médio, abriu seu acesso a todos que tivessem pelo menos treze anos e um endereço válido de e-mail, tendo começado então a se expandir em escala global. Em 2007, uma empresa de microblogs chamada Twitter, que tinha sido parte de uma startup mais ampla, foi desmembrada com uma plataforma própria e também começou a se expandir globalmente. O Change.org, o mais popular site de mobilização social, surgiu em 2007.

No fim de 2006, a Google comprou o YouTube, e em 2007 lançou o Android, uma plataforma de padrões abertos que acabaria por ajudar os smartphones a se expandir globalmente com um sistema operacional alternativo ao IOS da Apple. Em 2007, a AT&T, o provedor exclusivo de conectividade para o iPhone, investiu nas chamadas *software-enabled networks** — expandindo assim rapidamente sua capacidade de lidar com todo o tráfego de informações

* Redes que, por meio de softwares, podem ter aumentada sua capacidade de transmissão. (N. T.)

via celulares criado pela revolução promovida pelo smartphone. De acordo com a AT&T, o tráfego de dados via celular na sua rede nacional sem fio aumentou em mais de *100 000%* entre janeiro de 2007 e dezembro de 2014.

Também em 2007, a Amazon anunciou uma coisa chamada Kindle, que, graças à tecnologia 3G da Qualcomm, permitia que milhares de livros fossem baixados em qualquer lugar num piscar de olhos, deflagrando a revolução do e-book. Em 2007, a Airbnb foi concebida num apartamento em San Francisco. No fim de 2006, o número de usuários da internet ultrapassou a cifra de 1 bilhão em todo o mundo, no que parece ter sido um momento crucial. Em 2007, a Palantir Technologies, líder no uso de dados analíticos e inteligência expandida para, entre outras coisas, ajudar a comunidade de inteligência a encontrar agulhas em palheiros, lançou sua primeira plataforma. "O poder da computação e a capacidade de armazenamento alcançaram um nível que possibilitou a criação de um algoritmo que desse sentido a muitas coisas que até então nos pareciam sem sentido", explicou o cofundador da Palantir, Alexander Karp. Em 2005, Michael Dell decidiu deixar o cargo de CEO da Dell e diminuir o ritmo frenético para se limitar a ser o presidente do conselho da empresa. Dois anos mais tarde ele compreendeu que havia escolhido o momento errado. "Percebi que o ritmo das mudanças tinha realmente acelerado. Compreendi que podíamos fazer muitas coisas de um jeito diferente. Então voltei a dirigir a companhia em... 2007."

Foi também em 2007 que David Ferrucci, que chefiava o Departamento de Análise Semântica e Integração no Centro de Pesquisas Watson da IBM em Yorktown Heights, Nova York, começou a construir com sua equipe um computador cognitivo chamado Watson — "um sistema de computadores concebido com a finalidade específica de expandir as possibilidades no campo das perguntas e respostas em nível profundo, da análise aprofundada e da compreensão da linguagem natural pelo computador", observou o site HistoryofInformation.com. "O 'Watson' tornou-se o primeiro computador cognitivo, combinando a aprendizagem de máquina e a inteligência artificial."

Em 2007, a Intel adotou pela primeira vez nos microchips o uso de materiais diferentes de silício nos chamados *high-k/metal gates* (o termo é uma referência ao transistor de porta com eletrodo e dielétrico). Essa decisão altamente técnica foi de importância fundamental. Ainda que materiais sem silício já fossem empregados em outras partes do microprocessador, sua introdução no transistor ajudou a lei de Moore — a expectativa de que a potência dos microchips iria mais ou menos dobrar a cada dois anos — a seguir seu caminho, proporcionando um crescimento exponencial na potência dos computadores. Naquele momento havia efetivamente uma preocupação com a possibilidade de a lei de Moore ter chegado ao ápice com os transistores tradicionais, feitos de silício.

"A introdução de materiais sem silício deu uma nova injeção de ânimo na lei de Moore, numa época em que muita gente achava que ela estava chegando ao fim", disse Sadasivan Shankar, que àquela altura trabalhava na equipe de design de materiais da Intel e hoje dá aulas sobre ciências da computação e de materiais na Escola de Engenharia e Ciências Aplicadas de Harvard. Comentando aquele avanço, John Markoff, repórter do *New York Times* que cobria o Vale do Silício, escreveu em 27 de janeiro de 2007: "A Intel, a maior fabricante de chips do mundo, reconfigurou a pedra basilar da informática, abrindo caminho para uma nova geração de processadores mais velozes e mais econômicos em termos de energia. Os pesquisadores da empresa disseram que esse avanço representa a mudança mais significativa quanto a materiais usados na confecção de chips com silício desde que a Intel introduziu o moderno circuito de transistores integrados há mais de quatro décadas".

Por todas as razões mencionadas acima, 2007 marcou também "o início da revolução da energia limpa", disse Andy Karsner, secretário-adjunto de energia dos EUA para eficiência e energia renovável entre 2006 e 2008. "Se alguém em 2005 ou 2006 dissesse que seus modelos de previsão tinham detectado para onde a tecnologia limpa e a energia renovável iriam em 2007, certamente estaria mentindo. Pois o que aconteceu a partir de 2007 foi o começo da onda exponencial de crescimento em termos de energia solar, energia eólica, biocombustíveis, lâmpadas LED, edifícios com sistemas inteligentes de energia e o advento dos automóveis elétricos. Foi um momento de salto de qualidade."

Por último, mas não menos importante, também em 2007 o custo do sequenciamento do DNA caiu drasticamente, quando a indústria de biotecnologia adotou novas plataformas e técnicas de sequenciamento, alavancando toda a capacidade de processamento e armazenagem que, naquele momento, estava explodindo. Essa mudança representou um ponto de virada para a engenharia genética, levando à "rápida evolução das tecnologias de sequenciamento nos últimos anos", segundo o site Genome.gov. Em 2001, estabelecer a sequência do genoma de uma única pessoa implicava um gasto de 100 milhões de dólares. Em 30 de setembro de 2015, a revista *Popular Science* informava: "Ontem, a Veritas Genetics, empresa dedicada à genética pessoal, anunciou que havia atingido uma marca importante: os participantes do seu Programa de Genética Pessoal, uma iniciativa de alcance restrito, mas num ritmo regular de expansão, podem ter seu genoma inteiramente sequenciado por apenas mil dólares".

Como mostram os gráficos nas páginas seguintes, 2007 representou claramente uma guinada decisiva para muitas tecnologias.

A tecnologia sempre avançou por meio de saltos qualitativos. Todos os elementos que ditam a capacidade de processamento dos computadores — chips, softwares, chips de armazenamento de dados, redes e sensores — tendem a se aprimorar mais ou menos em conjunto. À medida que sua capacidade de aperfeiçoamento atinge certo ponto, eles tendem a se fundir numa única plataforma, e essa plataforma avança rumo a um novo espectro de competências que acaba se tornando o novo "normal". À medida que fomos passando de mainframes para desktops para laptops para smartphones com aplicativos móveis, cada geração de recursos tecnológicos fez com que seu uso pelas pessoas se tornasse mais fácil e natural do que antes. Quando surgiram os primeiros computadores mainframe, era preciso ter um diploma em alguma área técnica para lidar com eles. Os smartphones de hoje podem ser usados por nossos filhos pequenos e até por analfabetos.

No entanto, mesmo levando em conta que a tecnologia avança em saltos qualitativos, o progresso obtido em torno do ano de 2007 esteve entre os maiores avanços já ocorridos na história. Ele difundiu um novo conjunto de competências capazes de conectar, colaborar e criar em todos os aspectos da vida, do comércio e do governo. De súbito, aumentou imensamente o número de coisas que podiam ser digitalizadas; a capacidade de armazenamento de todos esses dados digitais; o número de computadores rápidos e de softwares inovadores capazes de processar dados para obter novos insights, e também a quantidade de organizações e de pessoas (das maiores multinacionais aos menores fazendeiros indianos) que podiam ter acesso a esses insights, ou contribuir para eles, de qualquer lugar do mundo, a partir de seus computadores de mão — os smartphones.

Custo do sequenciamento do DNA, por genoma

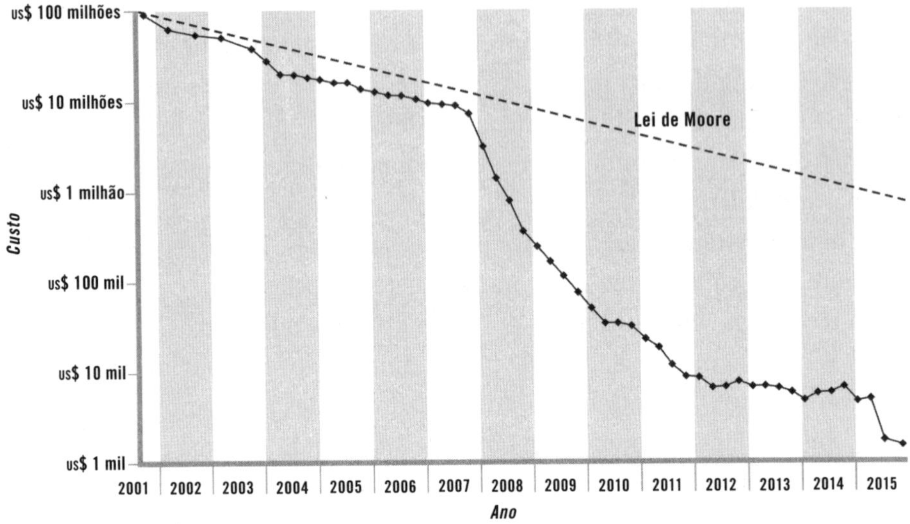

Fonte: National Human Genome Research Institute.

Concessão de patentes em biotecnologia, 1963-2014

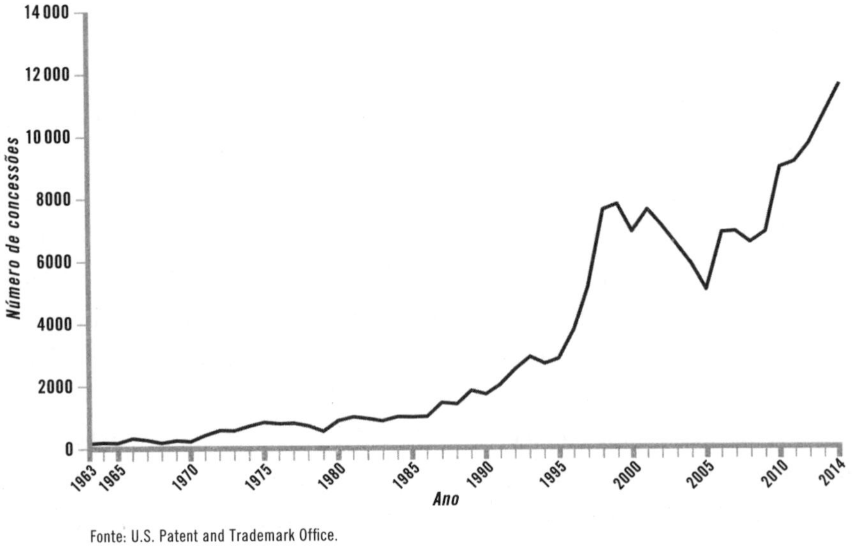

Fonte: U.S. Patent and Trademark Office.

Expansão da energia solar

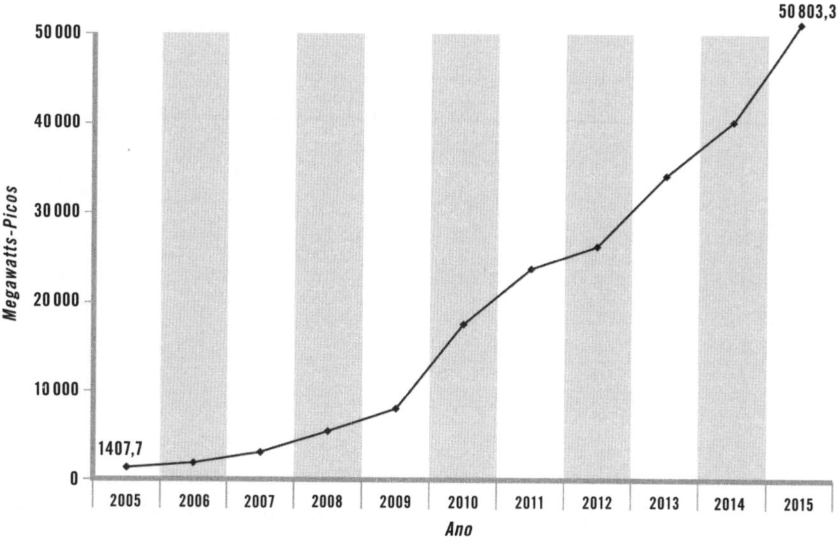

Cortesia de Paula Mints, SVP Market Research.

É esse o principal motor tecnológico a impulsionar a Máquina nos dias de hoje. Ele entrou na nossa vida com uma rapidez espantosa. Em 2004, comecei a escrever um livro sobre o que julgava ser a grande força que vinha movimentando a Máquina — ou seja, o modo como o mundo estava ficando conectado numa escala em que mais pessoas, em um número maior de lugares, detinham uma oportunidade maior de, em condições de igualdade, competir, conectar e colaborar com mais pessoas por menos dinheiro e com maior facilidade do que em qualquer outro momento da história. Dei ao livro o título *O mundo é plano: uma breve história do século XXI*. A primeira edição saiu em 2005. Adaptei o texto para uma segunda edição em 2006 e para uma terceira, em 2007. E então parei, acreditando ter construído um quadro de referências sólido o bastante para durar um bom tempo como uma base para o meu trabalho como colunista.

Não podia estar mais enganado! Decididamente, 2007 foi um péssimo ano para se parar de pensar.

Só compreendi quão equivocada foi a escolha do momento de parar no instante em que me sentei em 2010 para escrever meu livro mais recente, *Éramos nós: a crise americana e como resolvê-la*, em coautoria com Michael Mandelbaum. Como relembrei naquele livro, a primeira coisa que fiz ao começar a trabalhar nele foi tirar da estante a primeira edição de *O mundo é plano* — só para lembrar a mim mesmo o que estava pensando lá atrás, em 2004. Abri no índice e corri o dedo pela página, descobrindo na mesma hora que não havia referência alguma ao Facebook! É isso mesmo — quando saí por aí em 2004 proclamando que o mundo era plano, o Facebook nem sequer existia; a expressão Twitter em inglês descrevia apenas um ruído; a nuvem ainda estava no céu; 4G queria dizer apenas uma vaga num estacionamento; aplicações eram os formulários que mandávamos para a faculdade; quase ninguém tinha ouvido falar em LinkedIn, e a maioria achava que era uma prisão; e Big Data era um bom nome para um rapper famoso. Todas essas tecnologias deslancharam depois que escrevi *O mundo é plano* — a maior parte delas por volta de 2007.

De modo que, alguns poucos anos mais tarde, comecei a atualizar a sério minha visão de como a Máquina funcionava. Um impulso fundamental nesse esforço veio de um livro que li em 2014, escrito por dois professores da escola de administração do MIT — Eryk Brynjolfsson e Andrew McAfee — e intitulado *A segunda era das máquinas: trabalho, progresso e prosperidade em uma época de tecnologias brilhantes*. A primeira era das máquinas, eles argumentavam, tinha sido a Revolução Industrial, que acompanhou o advento da máquina a vapor nos anos 1700. Esse período foi todo voltado "para sistemas de energia que aumentassem os músculos humanos", explicou McAfee numa entrevista, "e cada invenção sucessiva nessa era proporcionou uma quantidade cada vez maior de energia. Mas todas elas exigiam seres humanos para tomar decisões a seu respeito". Portanto, tais invenções na realidade tornaram "mais importantes e mais valiosos" o controle e o esforço humanos.

O trabalho humano e as máquinas eram, de modo geral, complementares, acrescentou ele. Na segunda era da máquina, no entanto, observou Brynjolfsson, "estamos começando a automatizar um número cada vez maior de tarefas cognitivas, uma quantidade cada vez maior de sistemas de controle que determinam em que essa energia deve ser usada. Em muitos casos, hoje em dia, máquinas com inteligência artificial podem tomar melhores decisões do que as dos seres humanos". Desse modo, máquinas operadas por softwares e máquinas operadas por humanos podem cada vez mais substituir umas às outras, não sendo complementares.

A principal força, mas não a única, a tornar isso possível, argumentam os autores, foi o crescimento exponencial da capacidade de processamento dos computadores da forma representada pela lei de Moore: a teoria sustentada pela primeira vez pelo cofundador da Intel, Gordon Moore, em 1965, de que a velocidade e a potência dos microchips — ou seja, sua capacidade de processamento — iriam aproximadamente dobrar a cada ano, o que ele mais tarde corrigiu para a cada dois anos, por uma quantia em dinheiro apenas ligeiramente superior a cada geração. A lei de Moore vem confirmando esse padrão há cinquenta anos.

Para ilustrar esse tipo de crescimento exponencial, Brynjolfsson e McAfee evocaram a famosa lenda sobre o rei que, impressionado com o homem que inventara o jogo de xadrez, se propôs a recompensá-lo com o que quisesse. O inventor do jogo de xadrez disse que tudo o que queria era arroz suficiente para a sua família. O rei disse: "É claro, isso será feito. Quanto arroz você gostaria de ter?". O homem pediu ao rei que colocasse simplesmente um grão de arroz no primeiro quadrado do tabuleiro, então mais dois no seguinte, quatro no próximo e assim por diante, com cada quadrado recebendo o dobro do número de grãos do anterior. O rei concordou, observaram Brynjolfsson e McAfee — sem se dar conta de que dobrar um número 63 vezes acabaria por produzir um número fantasticamente grande: algo como 18 quintilhões de grãos de arroz. Tal é a força do crescimento exponencial. Quando continuamos a dobrar algo por cinquenta anos, começamos a alcançar números bem altos, até começarmos a ver coisas bem estranhas, que nunca tínhamos visto antes.

Os autores argumentaram que a lei de Moore tinha acabado de entrar "na segunda metade do tabuleiro", onde o ato de dobrar atinge somas tão grandes e velocidades tão altas que começamos a ver coisas fundamentalmente diferentes em potência e capacidade de qualquer coisa vista antes — carros que dirigem a si mesmos, computadores que podem pensar por conta própria e derrotar qualquer ser humano num jogo de xadrez ou de perguntas ou respostas da televisão ou mesmo no Go, um jogo de tabuleiro criado há 2500 anos e considerado fantasticamente mais complicado do que o xadrez. É isso que acontece "quando o ritmo da mudança e a aceleração do ritmo dessa mudança aumentam ao mesmo tempo", disse McAfee, e "ainda não vimos nada!".

De modo que, em certa medida, minha visão do que é a Máquina hoje foi erguida tendo como base o insight fundamental de Brynjolfsson e McAfee sobre como a constante aceleração da lei de Moore tem afetado a tecnologia — mas penso que a Máquina hoje é ainda mais complicada. Por esse motivo não foi uma mudança puramente tecnológica o que atingiu a segunda metade do tabuleiro. Foram também duas outras forças gigantescas: as acelerações do Mercado e da Mãe Natureza.

O "Mercado" é o termo que uso para sintetizar o fenômeno da aceleração da globalização. Ou seja, fluxos globais de comércio, finanças, crédito, redes sociais e conectividade tecem uma trama que mantém mercados, mídia, bancos centrais, companhias, escolas, comunidades e indivíduos mais estreitamente vinculados do que jamais estiveram. Os fluxos de informação e conhecimento resultantes desse processo estão tornando o mundo não apenas interconectado e hiperconectado, mas interdependente — todo mundo em toda parte se encontra agora mais vulnerável às ações de qualquer um em qualquer lugar.

E "Mãe Natureza" é o termo que uso para evocar de modo sucinto a mudança climática, o crescimento populacional e a perda de biodiversidade — todos fatores que também se encontram em aceleração, enquanto entram, eles também, na segunda metade de seus tabuleiros.

Também aqui estou me apoiando sobre os ombros de outros. Extraí a expressão "a era das acelerações" de uma série de gráficos reunidos por uma equipe de cientistas liderados por Will Steffen, um especialista e pesquisador em mudança climática na Universidade Nacional da Austrália, em Camberra. Os gráficos, divulgados originalmente num livro de 2004 intitulado *Global Change and the Earth System: A Planet under Pression* [Mudança global e o Sistema Terra: um planeta sob pressão], examinavam como impactos tecnológicos, sociais e ambientais vinham acelerando e se estimulando uns aos outros entre 1750 e 2000, e em particular desde os anos 1950. O termo "Grande Aceleração" foi cunhado em 2005 por esses mesmos cientistas para captar a natureza holística, abrangente e interligada de todas essas mudanças que varreram simultaneamente o globo, dando nova forma às paisagens humanas e biofísicas do Sistema Terra. Uma versão adaptada desses gráficos veio a ser publicada na *Anthropocene Review* de 2 de março de 2015; eles aparecem nas páginas 199-200 deste livro.

"Quando demos início ao projeto, fazia dez anos que as primeiras acelerações tinham sido publicadas, as que cobriam de 1750 a 2000", explicou Owen Gaffney, diretor de estratégia do Centro de Resiliência de Estocolmo e integrante da equipe Grande Aceleração. "Queríamos atualizar os gráficos até 2010 para ver se alguma trajetória tinha sido alterada" — e, na verdade, isso tinha acontecido, ele disse: o processo havia acelerado.

O argumento central sustentado neste livro reside na ideia de que essas acelerações simultâneas no Mercado, na Mãe Natureza e na lei de Moore constituem conjuntamente a "era das acelerações", na qual agora nos encontramos. Estas vêm a ser as engrenagens centrais que, hoje, põem a Máquina em movimento. Essas três acelerações estão impactando umas às outras — a lei de Moore está promovendo uma maior globalização, que por sua vez está levando a uma maior mudança climática. O fortalecimento da lei de Moore também está propiciando um número maior de soluções potenciais para a mudança climática e para toda uma série de outros desafios — e ao mesmo tempo transformando quase todos os aspectos da vida moderna.

Craig Mundie, que projetou um supercomputador e foi chefe de pesquisa e estratégia da Microsoft, define este momento em termos simples extraídos do mundo da física: "A definição matemática de velocidade é a primeira derivada e a aceleração é a segunda derivada. De modo que a velocidade aumenta ou diminui como uma função da aceleração. No mundo em que vivemos agora, a aceleração parece estar aumentando. [Isso significa que] você não apenas passa para uma maior velocidade de mudança. O ritmo da mudança também se torna mais rápido [...]. E quando o ritmo da mudança acaba superando nossa capacidade de se adaptar a ele, temos um 'deslocamento'. Uma 'ruptura' é o que acontece quando alguém faz alguma coisa inteligente, levando você ou sua empresa a parecerem obsoletos. Um 'deslocamento' se dá quando o meio ambiente como um todo está sendo alterado tão rapidamente que todos começam a achar que não vão conseguir acompanhar o ritmo".

É o que está acontecendo agora. "O mundo não está apenas mudando rapidamente", acrescenta Don Seidman, "mas está sendo drasticamente reconfigurado — está começando a operar de maneira diferente" em várias esferas ao mesmo tempo. "E essa reconfiguração está acontecendo mais rápido do que conseguimos reconfigurar a nós mesmos, assim como nossas lideranças, nossas instituições, nossas sociedades e nossas escolhas éticas."

Existe efetivamente um descompasso entre a mudança no ritmo da mudança e nossa capacidade de desenvolver sistemas de aprendizagem, sistemas de treinamento, sistemas de administração, redes de segurança social e regulamentação governamental que dariam aos cidadãos a capacidade de extrair o máximo dessas acelerações e amortecer seus impactos mais severos. Esse descompasso, como veremos, encontra-se no centro de grande parte da turbulência que vem sacudindo a política e a sociedade hoje, tanto nos países desenvolvidos como naqueles em desenvolvimento. É ele que hoje provavelmente constitui em todo o planeta o maior desafio em termos de governança.

O GRÁFICO DE ASTRO TELLER

A ilustração mais esclarecedora a propósito desse fenômeno foi esboçada para mim por Eric "Astro" Teller, CEO do Laboratório X de pesquisa e desenvolvimento da Google, responsável, entre outras inovações, pelo automóvel autodirigido criado pela empresa. De modo mais do que apropriado, o título formal do cargo de Teller no Laboratório X é "Capitão dos Moonshots".* Imagine alguém cuja função seja ir ao escritório todos os dias e, com seus colegas, produzir soluções revolucionárias — transformando o que outros considerariam ficção científica em produtos e serviços capazes de mudar o modo como vivemos e trabalhamos. Seu avô paterno foi o físico Edward Teller, o homem que projetou a bomba de hidrogênio, e seu avô materno, Gérard Debreu, um economista agraciado com um Prêmio Nobel. Bons genes, diriam alguns. Estávamos numa sala de conferência na sede do Laboratório X, adaptado a partir de um antigo shopping center. Teller chegou para nossa entrevista de patins, o método que encontra para cumprir uma agenda carregada de reuniões.

Ele não perdeu tempo, mergulhando logo numa explanação sobre como as acelerações, tanto na lei de Moore como no fluxo de ideias, estão levando conjuntamente a um aumento na velocidade da mudança que está desafiando a capacidade do ser humano de se adaptar.

Teller começou sacando um pequeno notepad amarelo 3M e dizendo: "Imagine duas curvas num gráfico". Ele então desenhou um gráfico com o eixo Y indicando "velocidade da mudança" e o eixo X indicando "tempo". Então desenhou a primeira curva — uma sinuosa linha exponencial que começava

* *Moonshot* (literalmente voo para a Lua) é o termo usado para projetos arriscados e inovadores que recorrem a tecnologias revolucionárias para solucionar problemas desafiadores. (N. T.)

bem plana e subia lentamente antes de disparar para cima, no canto superior do gráfico, como a ponta curva de um taco de hóquei: "Esta linha representa o progresso científico", disse. A princípio, ela se move para cima gradualmente, e então começa a subir ainda mais à medida que as inovações vão se acumulando sobre outras, ocorridas anteriormente, e depois dispara para o céu.

O que seria abrangido por essa linha? Pense na introdução da imprensa, no telégrafo, na máquina de escrever manual, no telex, no computador mainframe, no primeiro processador de texto, no PC, na internet, no laptop, no telefone celular, na ferramenta de busca, nos aplicativos de celular, no *big data*, na realidade virtual, no sequenciamento do genoma humano, na inteligência artificial e no carro que dirige a si mesmo.

Há cerca de mil anos, explicou Teller, aquela curva representando o progresso científico e tecnológico subia de forma tão gradativa que seriam necessários cem anos para que o mundo parecesse drasticamente diferente. Séculos se passaram, por exemplo, até que o arco de grande porte passasse da fase de desenvolvimento até seu uso militar na Europa no final do século XIII. Se vivêssemos no século XII, as características básicas da nossa vida não seriam assim tão diferentes de quando vivíamos no século XI. E quaisquer mudanças que estivessem sendo introduzidas nas grandes cidades da Europa e da Ásia levariam uma eternidade para chegar até o campo, quanto mais para alcançar regiões distantes da África e da América do Sul. Nada se propagava instantaneamente em escala global.

Contudo, por volta de 1900, observou Teller, esse processo de mudança científica e tecnológica "começou a ganhar velocidade", e a curva se pôs a acelerar para cima. "Isso se dá porque a tecnologia se desenvolve ao se apoiar nos seus próprios avanços — cada geração de invenções toma como base as invenções anteriores", disse Teller. "De modo que, por volta de 1900, vinte ou trinta anos se passavam até que a tecnologia desse um passo à frente grande o bastante para que o mundo se tornasse desconfortavelmente diferente. Basta pensar no advento do automóvel e do avião."

Então a inclinação da curva começou a se voltar ainda mais para cima, quase saindo do gráfico com a convergência de dispositivos móveis, conexões de banda larga e computação em nuvem (que discutiremos logo em seguida). Esses desdobramentos difundiram ferramentas de inovação junto a um número bem maior de pessoas por todo o planeta, capacitando-as a levar a mudança ainda mais adiante, mais rapidamente e a um custo menor.

"Agora, em 2016", ele acrescentou, "essa janela de tempo — tendo continuado a encolher à medida que cada tecnologia se apoiava no avanço das tecnologias passadas — tornou-se tão pequena que se encontra na grandeza de cinco a sete anos entre o momento em que alguma coisa é introduzida até se tornar onipresente e o mundo se sentir desconfortavelmente mudado."

Como é vivenciar esse processo? Meu primeiro livro sobre a globalização, *O lexus e a oliveira: entendendo a globalização*, inclui um caso que me foi contado por Lawrence Summers e que captava a essência do trajeto entre de onde nós viemos e para onde vamos. Corria o ano de 1988, lembrou Summers, e ele estava trabalhando na campanha presidencial de Michael Dukakis, que o tinha enviado a Chicago para fazer um discurso. Um carro o pegou no aeroporto para levá-lo até o evento, e, ao entrar no veículo, ele deu de cara com um telefone instalado no banco da frente. "Em 1988, eu achava tão fantástico ter um telefone celular dentro de um automóvel que costumava usá-lo só para contar à minha mulher que estava num carro que tinha um telefone", Summers me disse. Ele também costumava ligar para todo mundo de que conseguisse se lembrar, e todos se mostravam igualmente empolgados.

Apenas nove anos mais tarde, Summers era vice-secretário do Tesouro. Numa viagem à Costa do Marfim, na África, teve de inaugurar um projeto financiado pelos Estados Unidos num vilarejo rio acima, onde estava sendo aberto o primeiro poço de água potável do lugar, perto da principal cidade do país, Abidjan. No entanto, segundo ele, a coisa que ficou gravada mais nitidamente na sua memória foi que, voltando do vilarejo, ao entrar na canoa que o levaria rio abaixo, um funcionário do governo da Costa do Marfim lhe passou um celular e disse: "O pessoal de Washington quer lhe fazer uma pergunta". Em nove anos, Summers havia passado do ponto em que se gabava de ter um telefone móvel num carro em Chicago para o seu uso corriqueiro no banco de trás de uma canoa em Abidjan. O ritmo da mudança tinha não apenas acelerado como agora estava acontecendo numa escala global.

AQUELA OUTRA LINHA

Então era isso que estava acontecendo em termos de progresso científico e tecnológico — mas Teller não havia terminado de desenhar seu gráfico para mim. Ele tinha prometido duas linhas e agora desenhava a segunda, uma reta que começava muitos anos antes, acima da linha do progresso científico, mas que tinha desde então subido de modo bem mais suave, tão suave que mal era possível perceber sua inclinação positiva.

"A boa-nova é que existe uma curva concorrente", explicou Teller. "Ela vem a ser o ritmo no qual a humanidade — indivíduos e sociedade — se adapta às mudanças em seu ambiente." Essas podem ser mudanças tecnológicas (conectividade móvel), geofísicas (como do aquecimento e resfriamento globais) ou sociais (houve uma época em que nos sentíamos constrangidos com casamentos inter-raciais, pelo menos aqui, nos Estados Unidos). "Muitas dessas grandes mudanças foram impulsionadas pela sociedade, e acabamos nos adaptando. Alguns se sentiam mais ou menos desconfortáveis. Mas nos adaptamos."

E, de fato, a boa notícia é que passamos a nos adaptar um pouco mais rapidamente ao longo dos séculos, graças à maior instrução por meio da leitura e da difusão do conhecimento. "A velocidade com que nos adaptamos está aumentando", disse Teller. "Há cerca de mil anos provavelmente passariam duas ou três gerações até que nos adaptássemos a alguma coisa nova."

Infelizmente, no entanto, pode ser que isso não seja bom o suficiente. Hoje, disse Teller, a crescente velocidade das inovações científicas e tecnológicas (e eu acrescentaria, de novas ideias, como o casamento gay) pode ultrapassar a capacidade do ser humano médio e de nossas estruturas sociais de se adaptarem a elas e de absorvê-las. Com isso em mente, Teller acrescenta mais uma coisa ao gráfico — um grande ponto. Ele desenhou esse ponto na curva velozmente ascendente da tecnologia, logo acima do lugar onde faz uma intercessão com a linha da adaptabilidade, e escreveu: "Estamos aqui". O gráfico, do modo como foi redesenhado para este livro, pode ser visto a seguir.

Aquele ponto, explica Teller, ilustra um fato importante: ainda que seres humanos e sociedades tenham se adaptado regularmente à mudança, em média, a velocidade da mudança tecnológica vem agora acelerando tão rápido que se elevou acima da velocidade média na qual a maior parte das pessoas pode absorver todas essas mudanças. Muitos de nós já não conseguimos acompanhar esse ritmo.

"E isso vem causando uma espécie de angústia cultural", diz Teller. "Também está impedindo que nos beneficiemos plenamente de toda essa nova tecnologia que está vindo à tona todos os dias [...]. Nas décadas que se seguiram à invenção do motor interno movido a combustão — antes de as ruas se encherem de automóveis produzidos em massa —, as leis e convenções de trânsito foram sendo gradualmente implantadas. Muitas dessas leis e convenções continuam a nos atender muito bem hoje, e, ao longo de um século, tivemos tempo de sobra para adaptá-las a novas invenções, como a das vias expressas. Hoje, no entanto, os avanços da ciência estão provocando abalos sísmicos nos modos como usamos nossas estradas; as legislações e as municipalidades estão correndo para se manter em dia, empresas tecnológicas percebem como um estorvo regulamentações que julgam ultrapassadas ou às vezes absurdas, e a opinião pública parece perdida, sem saber que partido tomar. A tecnologia do smartphone deu origem ao Uber, mas, antes que o mundo encontre um jeito de regulamentar essa modalidade de transporte compartilhado, os automóveis autodirigidos terão tornado essas regulamentações obsoletas."

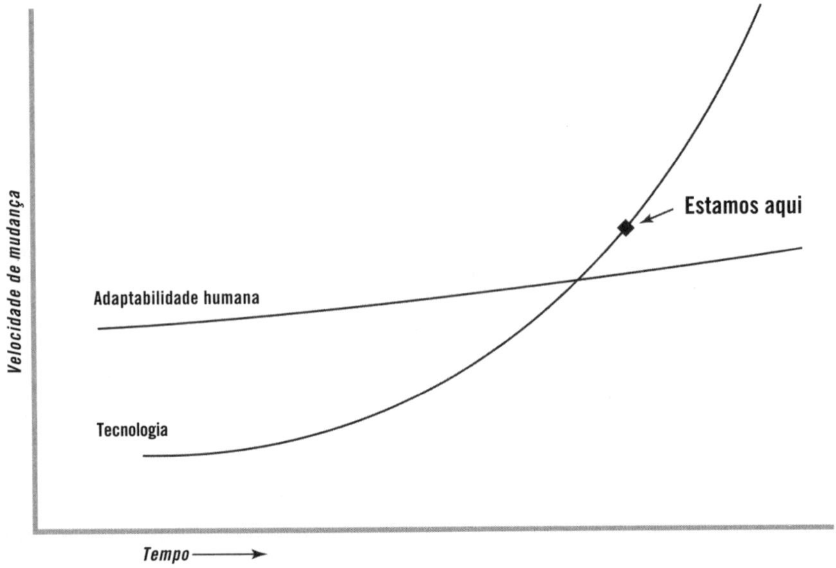

Isso representa um problema de verdade. Quando o que é rápido se torna realmente rápido, diminuir a velocidade para se adaptar faz com que nos tornemos realmente lentos — e desorientados. É como se estivéssemos numa dessas esteiras rolantes dos aeroportos que se movem a oito quilômetros por hora e de repente ela acelerasse para 25 quilômetros por hora – ainda que tudo à nossa volta permanecesse mais ou menos como era antes. Para muitas pessoas isso é realmente desorientador.

Se a plataforma tecnológica para a sociedade pode mudar em cinco ou sete anos, mas leva entre dez e quinze anos para que nos adaptemos a isso, explica Teller, "todos nós nos sentiremos como se estivéssemos perdendo o controle, porque não conseguimos nos adaptar ao mundo na mesma velocidade com que ele está mudando. No momento em que nos habituarmos a uma mudança, esta não vai ser mais a mudança em questão – estaremos correndo atrás de alguma nova mudança".

Isso é atordoante para muitas pessoas, porque elas ouvem falar de avanços – como o uso de robôs em cirurgias, edição de genes, clonagem ou inteligência artificial –, mas não têm a menor ideia de aonde esses desdobramentos vão nos levar.

"Nenhum de nós dispõe da capacidade de compreender profundamente mais de um desses campos – a soma do conhecimento humano ultrapassou em muito a capacidade de aprendizado de um único indivíduo humano –, e mesmo os especialistas nessas áreas não podem prever o que acontecerá na próxima década ou no século seguinte", diz Teller. "Sem um claro conhecimento do potencial futuro ou mesmo das futuras consequências acidentais negativas de novas tecnologias, é quase impossível preparar regulamentações que promovam avanços importantes – e ao mesmo tempo nos protejam de todos os efeitos colaterais nocivos."

Em outras palavras, se é verdade que agora são necessários de dez a quinze anos para se compreender uma nova tecnologia, para depois então formular novas legislações e regulamentações a fim de proteger a sociedade, como criar uma regulamentação quando a tecnologia veio e se foi em cinco ou sete anos? Isso é um problema.

Tomemos as patentes como exemplo de um sistema que foi construído para um mundo no qual as mudanças ocorriam mais lentamente, explicou Teller. O procedimento-padrão quanto às patentes era: "Daremos a você o monopólio sobre a sua ideia por vinte anos" – em geral excluindo o tempo necessário para obter efetivamente a patente –, "e em troca disso as pessoas terão acesso às informações da patente depois que ela expirar". Mas o que acontece se a maior parte das tecnologias fica obsoleta após quatro ou cinco anos, perguntou Teller, "e se forem necessários quatro ou cinco anos para que sua patente seja concedida? Isso torna as patentes cada vez mais irrelevantes no mundo da tecnologia".

Outro grande desafio é o modo como educamos nossa população. Vamos à escola por doze anos ou mais durante a infância e início da vida adulta e depois paramos. Porém, quando o ritmo da mudança passa a ser tão rápido, a única maneira de conservar uma capacidade de trabalho ao longo da vida inteira é se empenhar num aprendizado contínuo. Existe todo um grupo de pessoas — a julgar pela eleição americana de 2016 — "que ingressaram no mercado de trabalho aos vinte anos sem saber que teriam de se empenhar num aprendizado contínuo ao longo da vida", acrescentou Teller, e elas não estão contentes com isso.

Todos esses indícios mostram que "as estruturas de nossa sociedade não estão conseguindo acompanhar o ritmo da mudança", ele disse. Tudo parece estar em permanente estado de intensa competição. O que fazer? Com certeza não desejamos desacelerar o progresso tecnológico ou abandonar a regulamentação. A única resposta adequada, disse Teller, "é tentarmos aumentar a capacidade de nossa sociedade de se adaptar". Essa é a única maneira de nos livrarmos dessa inquietação generalizada em relação à tecnologia que marca nossa sociedade. "Podemos remar contra a maré dos avanços tecnológicos", argumentou Teller, "ou reconhecer que a humanidade enfrenta um novo desafio: devemos reconfigurar nossas ferramentas e instituições de modo que nos permitam acompanhar o ritmo. A primeira opção — tentar desacelerar a tecnologia — pode parecer a solução mais fácil para nosso mal-estar em relação à mudança, mas a humanidade vem enfrentando alguns problemas ambientais catastróficos que ela mesma engendrou, e afundar nossa cabeça na areia não vai ajudar muito. A maior parte das soluções para os grandes problemas no mundo virá do progresso científico."

Se pudéssemos "incrementar, ainda que minimamente, a capacidade de nos adaptarmos", continuou, "isso faria uma diferença significativa". Ele então voltou ao nosso gráfico e traçou uma linha pontilhada que se erguia ao longo da linha de adaptabilidade, porém de modo mais rápido. Essa linha simulava nossa capacidade para aprender mais rapidamente assim como para praticar uma governança mais inteligente, fazendo, portanto, uma intercessão com a linha da mudança tecnológica/científica num ponto mais acima.

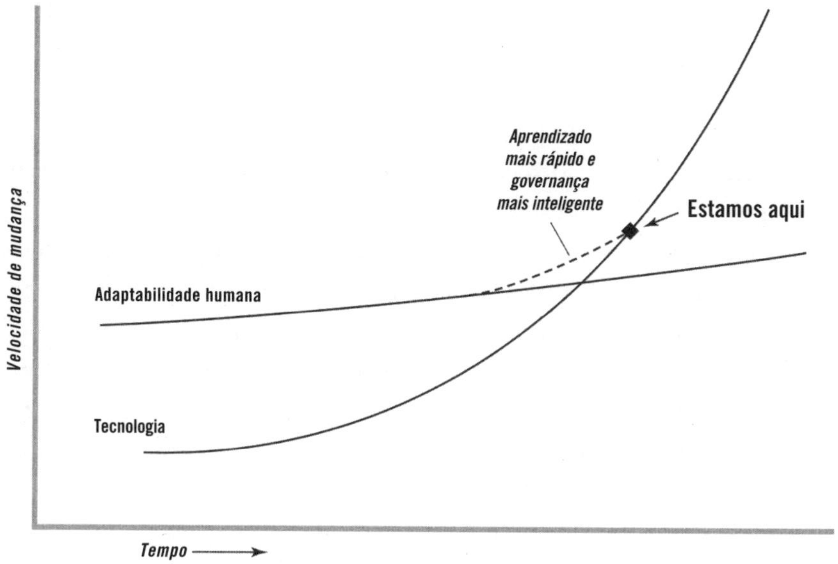

Noventa por cento do aumento da adaptabilidade humana, argumentou Teller, consiste em "otimizar o aprendizado" – aplicar características que canalizem a inovação tecnológica para nossas estruturas culturais e sociais. Qualquer instituição, seja o escritório de patentes, que fez grandes progressos nos últimos anos, ou qualquer outro órgão regulador do governo, precisa estar sempre tentando se tornar mais ágil – tem de estar disposta a experimentar rapidamente e a aprender com os erros. Em vez de alimentar a expectativa de que as novas regras se mantenham válidas por décadas, elas deveriam reavaliar constantemente as maneiras como atendem à sociedade. Universidades estão agora fazendo experiências num esforço para mudar seus currículos com maior frequência e rapidez, tentando acompanhar a aceleração ocorrida no ritmo da mudança – colocando um "prazo de validade" em certos cursos. Os órgãos do governo precisam adotar uma abordagem semelhante. Precisam inovar na mesma medida dos inovadores. Precisam operar na velocidade da lei de Moore.

"Inovação", disse Teller, "é um ciclo de experimentação, aprendizagem, aplicação de conhecimento e, em seguida, de aferição do sucesso ou fracasso. E, quando o resultado é um fracasso, esse é mais um motivo para recomeçar o ciclo novamente." Um dos lemas do Laboratório X é "Fracasse rapidamente". Teller diz às suas equipes: "Não me importa que o índice de fracassos de vocês aumente este mês; meu trabalho é fazer com que aumente seu índice de sucesso — como podemos cometer o mesmo erro na metade do tempo pela metade do dinheiro?".

Em resumo, disse Teller, o que estamos vivenciando hoje, com ciclos cada vez mais curtos de inovação, e com cada vez menos tempo para aprendermos a nos adaptar, "é a diferença entre um estado constante de desestabilização versus uma desestabilização ocasional". Ficou para trás a época da estabilidade estática, ele acrescentou. Isso não quer dizer que não possamos viver um novo tipo de estabilidade, "mas o novo tipo de estabilidade precisa ser uma estabilidade dinâmica. Existem algumas maneiras de ser e de estar, como quando andamos de bicicleta, em que não podemos ficar parados. Porém, uma vez que estejamos em movimento, tudo fica mais fácil. Não é nosso estado natural. Mas a humanidade precisa aprender a viver nesse estado".

Todos nós vamos ter de aprender esse truque da bicicleta.

Quando isso acontecer, disse Teller, "nós vamos, curiosamente, nos sentir mais calmos de novo, porém isso vai implicar uma substancial reeducação. Decididamente, não treinamos nossas crianças para adquirirem estabilidade dinâmica".

Contudo, vamos precisar fazer isso — e cada vez mais — se quisermos que as futuras gerações se desenvolvam plenamente e encontrem seu próprio equilíbrio. Os quatro capítulos seguintes são sobre as acelerações subjacentes à lei de Moore, o Mercado e a Mãe Natureza, que definem o modo como a Máquina funciona hoje. Se vamos alcançar a estabilidade dinâmica da qual Teller fala, precisamos compreender como essas forças estão reformulando o mundo e por que se tornaram particularmente dinâmicas — tendo esse processo começado em torno de 2007.

3. A lei de Moore

As vidas mudam quando as pessoas se conectam.
A vida muda quando tudo se conecta.
Lema da Qualcomm

Para a mente humana, uma das coisas mais difíceis de compreender é o poder do crescimento exponencial — o que acontece quando alguma coisa permanece dobrando ou triplicando ou quadriplicando ao longo de muitos anos e quão grandes esses números podem se tornar. De modo que, sempre que tenta explicar o impacto da lei de Moore — o que acontece quando se dobra a potência dos microchips a cada dois anos durante cinquenta anos —, Brian Krzanich, o CEO da Intel, usa este exemplo: se considerarmos o microchip de primeira geração da Intel lançado em 1971, o 4004, ao lado do mais recente chip colocado no mercado pela empresa hoje, o processador Intel Core de sexta geração, veremos que o último chip oferece uma performance 3500 vezes melhor; é 90 mil vezes mais eficiente em termos de gasto de energia; e é cerca de 60 mil vezes mais barato. Para passar essa ideia de modo mais expressivo, os engenheiros da Intel fizeram um cálculo aproximado do que aconteceria se um fusquinha da Volkswagen fosse aperfeiçoado na mesma medida dos microchips sob o efeito da lei de Moore.

Estes são os números: hoje o fusquinha seria capaz de andar a 480 mil quilômetros por hora. Rodaria mais de 3 milhões de quilômetros com quase quatro litros de gasolina e custaria apenas quatro centavos de dólar! Os engenheiros da Intel também estimaram que, se a eficiência no uso de combustível de um automóvel fosse aprimorada na mesma velocidade da lei de Moore, seria possível, falando em termos gerais, dirigir um carro ao longo de uma vida inteira só com um tanque de gasolina.

O que torna tão extraordinário o ritmo das mudanças é o seguinte: não é apenas a velocidade computacional dos microchips que vive uma aceleração não linear constante; o mesmo ocorre com todos os outros componentes do computador. Todo computador hoje em dia dispõe de cinco componentes básicos: 1) os circuitos integrados responsáveis pela computação; 2) as unidades de memória que armazenam e recuperam informação; 3) os sistemas em rede que tornam possíveis as comunicações dentro e através dos computadores; 4) os softwares que permitem que diferentes computadores realizem uma infinidade de tarefas, individual e coletivamente; e 5) os sensores — câmeras e outros dispositivos em miniatura capazes de detectar movimento, linguagem, luz, calor, umidade e som e transformar qualquer um deles em dados digitalizados que podem ser garimpados em busca de insights. Espantosamente, a lei de Moore tem muitas primas. Este capítulo vai mostrar como a aceleração constante na potência de todos esses cinco componentes e sua combinação final no que hoje chamamos de "a nuvem" nos levaram a uma nova situação — àquele ponto desenhado por Astro Teller, o lugar onde o ritmo das mudanças tecnológicas e científicas ultrapassa a velocidade à qual os seres humanos e as sociedades geralmente podem se adaptar.

GORDON MOORE

Vamos começar nossa história com os microchips, também conhecidos como circuitos integrados, também conhecidos como microprocessadores. Estes vêm a ser os dispositivos que regem todos os programas e a memória de um computador. O dicionário nos dirá que um microprocessador é algo como um minimotor computacional construído num único chip de silício, daí o nome abreviado, "microchip", ou simplesmente "chip". Um microprocessador é construído de transistores, minúsculos comutadores que podem ligar ou desligar um fluxo de eletricidade. O poder computacional de um microprocessador é uma função de quão rapidamente os transistores efetivamente ligam e desligam e de quantos deles podemos inserir num único chip de silício. Antes da invenção do transistor, os técnicos que projetaram os primeiros computadores recorriam a válvulas, do tipo que costumávamos ver no interior das televisões antigas, para ligar e desligar a eletricidade com o objetivo de produzir computação. Isso fazia com que fossem muito lentos e difíceis de se construir.

E então tudo mudou no verão de 1958. Jack Kilby, um engenheiro da Texas Instruments, "encontrou a solução para esse problema", registra o site NobelPrize.org.

> A ideia de Kilby foi fazer todos os componentes e o chip a partir de um mesmo bloco (monólito) de material semicondutor [...]. Em setembro de 1958, ele construiu seu primeiro circuito integrado [...].
>
> Ao fazer todas as partes a partir de um mesmo bloco de material, acrescentando o metal necessário para conectá-los como uma camada disposta sobre o conjunto, deixou de haver a necessidade de componentes individuais separados. Fios e componentes não precisavam mais ser montados à mão. Os circuitos podiam ser diminuídos e o processo de manufatura, automatizado.

Seis meses depois, outro engenheiro, Robert Noyce, surgiu com sua própria ideia para criar um circuito integrado — uma ideia que solucionava de forma elegante alguns dos problemas do circuito de Kilby e tornava possível interconectar de modo mais integrado todos os componentes num único chip de silício. E assim nasceu a revolução digital.

Noyce foi cofundador da Fairchild Semiconductor em 1957 (mais tarde Intel), criada para desenvolver esses chips, ao lado de diversos outros engenheiros, inclusive Gordon E. Moore, que era doutor em química física pelo Instituto de Tecnologia da Califórnia e se tornaria diretor do laboratório de pesquisa e desenvolvimento da Fairchild. A grande inovação promovida pela empresa consistiu em desenvolver um processo para imprimir quimicamente pequeninos transistores sobre um chip de cristal de silício, facilitando seu aperfeiçoamento e tornando-o mais apropriado para a produção em massa. Como observa Fred Kaplan em seu livro *1959: The Year*

Everything Changed [1959: O ano em que tudo mudou], o microchip poderia não ter decolado não fosse por grandes programas governamentais, como o da corrida rumo à Lua e o dos mísseis balísticos intercontinentais Minuteman. Ambos necessitavam de sistemas sofisticados para guiar e que fossem pequenos o bastante para caber nos pequenos cones dos foguetes. A demanda criada pelo Departamento de Defesa começou a promover uma economia de escala para esses microchips, e a primeira pessoa a valorizar isso foi Gordon Moore.

"Moore talvez tenha sido o primeiro a compreender que a abordagem adotada pela Fairchild, recorrendo à impressão química, não apenas tornava o microchip menor, mais confiável e poupava mais energia do que os circuitos eletrônicos convencionais, como também tornaria sua produção mais barata", observou David Brock na edição especial de 2015 da *Core*, a revista do Museu da História do Computador. "No início da década de 1960, a indústria global de semicondutores como um todo adotou a abordagem da Fairchild para produzir microchips de silício, e um mercado surgiu para eles nas áreas militares, principalmente na computação aeroespacial."

Entrevistei Moore em maio de 2015 no Exploratorium, em San Francisco, por ocasião do quinquagésimo aniversário da lei de Moore. Ainda que na época estivesse com 86 anos, todos os *seus* microprocessadores continuavam funcionando sem dúvida alguma de forma fantasticamente eficiente! No fim de 1964, Moore me explicou, a *Electronics* lhe pediu que escrevesse um artigo para a edição do 35º aniversário da revista prevendo o que iria acontecer com a indústria de produção de componentes semicondutores nos dez anos seguintes. Então ele começou a tomar notas sobre o que tinha acontecido nessa área até aquele momento: a Fairchild havia partido da produção de um único transistor num chip para a produção de um chip com cerca de oito elementos — transistores e resistências —, enquanto os novos chips que estavam para ser lançados contavam com aproximadamente o dobro desse número de elementos, dezesseis, e no seu laboratório eles estavam fazendo experiências com trinta elementos e imaginando como poderiam chegar a sessenta. Quando pôs tudo isso numa tabela, ficou claro que eles estavam dobrando aquele número a cada ano, de modo que, ao escrever o artigo, ele arriscou uma previsão arrojada, afirmando que esse resultado continuaria a ser dobrado por no mínimo mais uma década.

Ou, como ele mesmo formulou naquele hoje famoso artigo da revista *Electronics*, publicado em 19 de abril de 1965 e intitulado "Cramming More Components onto Integrated Circuits" [Encaixando mais componentes em circuitos integrados]: "A complexidade relativa ao custo de componentes mínimos aumentou numa relação de aproximadamente um para dois ao ano [...]. Não há motivo para acreditar que ela não continuará constante por ao menos dez anos". O professor de engenharia do Caltech, o Instituto de Tecnologia da Califórnia, Carver Mead, amigo de Moore, mais tarde batizou esse raciocínio de "lei de Moore".

Moore me explicou: "Havia algum tempo eu vinha considerando a questão dos circuitos integrados — eram realmente uma novidade naquela época, surgidos havia apenas alguns poucos anos —, mas eles eram muito caros. Havia muita discussão sobre por que jamais seriam baratos, e eu estava começando a perceber, do posto que ocupava como chefe do laboratório, que a tecnologia avançaria no sentido de conseguirmos colocar mais e mais coisas num chip e tornar a eletrônica menos cara [...]. Eu não fazia ideia de que esta se revelaria uma previsão relativamente precisa, mas sabia que a tendência geral caminhava naquela direção e tinha de oferecer algum tipo de motivo sobre a importância de baixar os preços dos componentes eletrônicos". A previsão original contemplava os dez anos seguintes, o que implicava partir de cerca de sessenta elementos num circuito integrado para 60 mil — uma multiplicação por mil ao longo de dez anos. Mas acabou sendo verdade. Contudo, Moore se deu conta de que era improvável que aquele ritmo se sustentasse, de modo que, em 1975, atualizou sua previsão, dizendo que aquele número dobraria aproximadamente a cada dois anos, enquanto o preço permaneceria mais ou menos o mesmo.

E foi isso que continuou acontecendo.

"O fato de que algo assim venha acontecendo há cinquenta anos é espantoso", me disse Moore. "Você sabe, havia todo tipo de obstáculos visíveis que nos impediriam de dar o passo seguinte, e, de um jeito ou de outro, à medida que chegávamos perto, os engenheiros sempre encontravam um modo de contorná-los."

O que é igualmente espantoso no artigo de 1965 escrito por Moore é a quantidade de previsões que conseguiu acertar a propósito do que esses microchips cada vez mais aperfeiçoados conseguiriam fazer:

A lei de Moore ilustrada pelos processadores da Intel

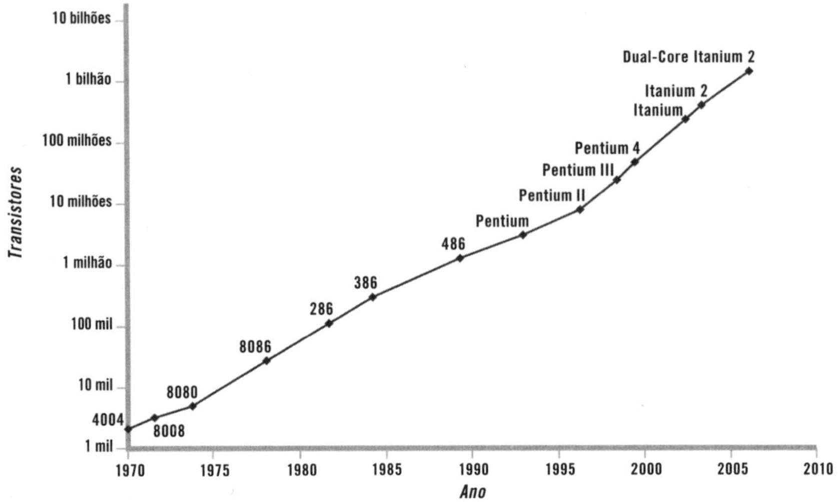

Circuitos integrados nos levarão a coisas maravilhosas, como computadores pessoais — ou pelo menos terminais conectados a um computador central —, controles automáticos para automóveis e equipamentos portáteis de comunicação pessoal. O relógio eletrônico de pulso precisa apenas de um visor para se tornar viável hoje em dia [...].

Nas comunicações telefônicas, circuitos integrados em filtros digitais vão separar canais em equipamentos com base em multiplexação. [Eles] também vão alternar os circuitos de telefone e realizar processamento de dados.

Os computadores vão se tornar mais potentes e serão organizados de maneira completamente diferente [...]. Máquinas semelhantes às que existem hoje serão fabricadas a custos mais baixos e superadas e substituídas mais rapidamente.

Seria justo dizer que Moore antecipou o advento dos computadores pessoais, do telefone celular, dos carros autodirigíveis, do iPad, do *big data* e do relógio da Apple. A única coisa que lhe escapou, brinquei com ele, foi a "pipoca de micro-ondas".

Perguntei a Moore qual foi o momento em que ele voltou para casa e contou à esposa, Betty: "Querida, deram meu nome a uma lei".

"Pelos primeiros vinte anos, não fui capaz de murmurar a expressão 'lei de Moore' — era constrangedor. Não era uma lei. Finalmente me acostumei com isso, de modo que agora posso mencioná-la em voz alta sem achar ridículo."

Levando isso em conta, eu lhe perguntei se havia alguma coisa que ele gostaria de ter previsto — como a lei de Moore —, mas não previu.

"A importância adquirida pela internet me surpreendeu", disse Moore. "A princípio parecia que seria apenas mais uma rede de comunicações e que resolveria alguns problemas. Eu não tinha me dado conta de que ela abriria um universo de novas oportunidades, e certamente foi o que aconteceu. Gostaria de ter previsto isso."

Existem tantos exemplos incríveis da lei de Moore em ação que é difícil escolher um favorito. Eis aqui um dos melhores que já encontrei, oferecido por John Lanchester num ensaio publicado na edição de 15 de março de 2015 da *London Review of Books* intitulado "The Robots Are Coming" [Os robôs estão chegando].

"Em 1996", escreveu John Lanchester, "numa reação à moratória russo-americana de testes nucleares, o governo dos Estados Unidos deu início a um programa chamado Iniciativa de Computação Estratégica Acelerada [ASCI]. A suspensão dos testes havia criado a necessidade de promover complexas simulações por computadores de como as antigas armas estariam envelhecendo, por razões de segurança — há um mundo perigoso lá fora! — e também para projetar novas armas que não desrespeitassem os termos da moratória."

Para conseguir fazer isso, acrescentou Lanchester:

> A ASCI precisava de uma capacidade de processamento maior do que a que qualquer máquina existente poderia proporcionar. A solução foi encomendar um computador chamado ASCI Red, projetado para ser o primeiro supercomputador a processar mais do que um teraflop. Um "flop" vem a ser uma operação de ponto flutuante, ou seja, um cálculo que envolve números com pontos decimais [...] (em termos computacionais, bem mais difícil do que cálculos envolvendo números binários com base em uns e zeros). Um teraflop implica 1 trilhão desses cálculos por segundo. Uma vez que o computador Red estava pronto e funcionando à plena capacidade, por volta de 1997, ele era realmente único. Sua potência era tamanha que conseguia processar 1,8 teraflop. Isso significa 18 seguido de 11 zeros.

O Red continuou sendo o mais poderoso supercomputador do mundo até mais ou menos o ano 2000.

Eu estava jogando no Red ontem mesmo — bem, isso não é exatamente verdade, mas de fato experimentei brincar numa máquina que podia processar 1,8 teraflop. Esse dispositivo equivalente ao Red é conhecido como PS3 [PlayStation 3]: foi anunciado pela Sony em 2005 e posto à venda em 2006. O Red era só um pouco menor do que uma quadra de tênis e gastava energia suficiente para alimentar oitocentas casas, a um custo de 55 milhões de dólares. O PS3 cabe debaixo de uma televisão, é alimentado por uma tomada comum e pode ser comprado por menos de duzentas libras [esterlinas]. No período de uma década, um computador capaz de processar 1,8 teraflop passou de um dispositivo que só poderia ser fabricado pelo governo mais rico do mundo para finalidades que beiravam o impossível em termos de capacidade de processamento para algo que um adolescente poderia esperar encontrar na sua árvore de Natal.

Agora que a lei de Moore entrou na segunda metade do tabuleiro de xadrez, até onde mais ela pode ir? Um microchip, ou chip, como dissemos, é feito a partir de transistores, que vêm a ser minúsculos comutadores; esses comutadores estão interligados por diminutos fios de cobre que funcionam como tubos por onde fluem os elétrons. Um chip funciona empurrando elétrons na maior velocidade possível através de muitos fios de cobre instalados num único chip. Ao enviar elétrons de um transistor para outro, estamos enviando um sinal para ligar ou desligar determinado comutador, de modo a cortar o fluxo de elétrons e realizar algum tipo de função ou cálculo pelo computador. A cada nova geração de microchips, o desafio é fazer com que os elétrons fluam através de fios cada vez mais finos para um número maior de comutadores cada vez menores, ligando e desligando mais rapidamente o fluxo de elétrons e gerando maior capacidade de processamento com o menor dispêndio de energia e dissipação de calor possível, pelo custo mais baixo possível, no menor tempo possível.

"Algum dia isso vai ter que parar", disse Moore. "Nenhuma exponencial como essa pode se manter para sempre."

Contudo, ainda não chegamos lá.

Ao longo de cinquenta anos, a indústria vem conseguindo encontrar novas maneiras de fazer encolher as dimensões do transistor em mais ou menos 50%, mais ou menos pelo mesmo custo, oferecendo, portanto, o dobro do número de transistores pelo mesmo preço, ou o mesmo número de transistores pela metade do custo. Ela conseguiu isso diminuindo os transistores, tornando os fios mais finos e diminuindo o espaço entre eles. Em alguns casos, isso implicou o desenvolvimento de novas estruturas e materiais, todos voltados para manter esse crescimento exponencial num ritmo mais ou menos igual a cada período de 24 meses. Para dar um único exemplo: os primeiros circuitos integrados usavam uma camada de fios de tubos de alumínio; hoje, empregam treze camadas de tubos de cobre, cada uma colocada por cima da outra num processo de manufatura em nanoescala.

"Já ouvi previsões sobre a morte da lei de Moore pelo menos uma dezena de vezes", me contou Brian Krzanich, o CEO da Intel. "Quando estávamos trabalhando com três microns [um milésimo de milímetro], as pessoas diziam: 'Como vamos conseguir baixar além disso? Será possível confeccionar uma película fina o bastante para fazer dispositivos como esses? Poderíamos reduzir o comprimento de onda da luz para se ajustar a padrões tão diminutos?'. Mas a cada vez encontramos maneiras de contornar os obstáculos. De antemão, a solução nunca parece óbvia e nem sempre a primeira resposta obtida é a que supera o desafio. Mas, em cada ocasião, acabamos afinal por vencer o obstáculo seguinte."

É verdade, disse Krzanich, que as duas últimas confirmações da lei de Moore se deram ao fim de um prazo que esteve mais perto de dois anos e meio do que de dois anos, de modo que houve alguma desaceleração. Porém, mesmo que a exponencial esteja acontecendo a cada um, dois ou três anos, o importante é que, graças a esse aperfeiçoamento regular não linear nos microchips, temos continuado a produzir constantemente máquinas, robôs, telefones, relógios, softwares e computadores mais inteligentes, mais rápidos, menores, mais baratos e mais eficientes.

"Estamos na geração da tecnologia de catorze nanômetros, o que está muito abaixo de qualquer coisa que possa ser vista pelo olho humano", explicou Krzanich, referindo-se à última geração de microchips da Intel. "O chip pode ser do tamanho da sua unha e conter cerca de 1 bilhão de transistores. Sabemos muito bem como chegar a dez nanômetros e dispomos da maioria das respostas para sete ou mesmo cinco. Para além de cinco nanômetros existem várias ideias que já estão sendo exploradas. Mas é assim que as coisas vêm acontecendo já há algum tempo."

Bill Holt, o vice-presidente de tecnologia e produção da Intel, é o homem encarregado de fazer com que a lei de Moore continue válida. Durante a visita na qual me guiou pela fábrica de chips da Intel em Portland, Oregon, fiquei vendo através de uma janela a sala imaculadamente limpa em que robôs, durante 24 horas por dia, movem os chips de uma etapa de fabricação para a seguinte, enquanto homens e mulheres vestindo jaleco branco se certificam se estão felizes. Holt também demonstra pouca paciência com os que têm certeza de que a lei de Moore está perdendo sua força. Há tanto trabalho sendo feito atualmente com novos materiais capazes de abrigar mais transistores, consumir menos energia e gerar menos calor, diz Holt, que ele se diz confiante de que em dez anos "alguma coisa" vai surgir e tomar a frente da nova geração da lei de Moore.

Porém, mesmo que novos materiais não sejam descobertos, é importante lembrar que, desde o começo, a capacidade de processamento nos microchips também foi incrementada pelos avanços nos softwares, e não apenas por meio do silício. "Foram os chips com maior capacidade de processamento que possibilitaram softwares mais sofisticados, e alguns desses softwares mais sofisticados foram então usados para tornar os chips mais velozes por meio de novos conceitos de design e da otimização de toda a complexidade que vinha aumentando no próprio chip", observou Craig Mundie.

E são esses avanços que reforçam uns aos outros no design do chip e no software que estabeleceram as bases para os recentes avanços no campo da inteligência artificial ou IA. Como são hoje capazes de absorver e processar dados em velocidade e quantidade num ritmo anteriormente inimaginável, as máquinas podem agora reconhecer padrões e aprender coisas na mesma medida de nosso cérebro biológico.

Porém tudo começou com o primeiro microchip e com a lei de Moore. "Muitas pessoas previram o fim da lei de Moore um monte de vezes", concluiu Holt, "e por diferentes motivos. A única coisa que todas têm em comum é o fato de todas terem errado."

SENSORES: POR QUE A ÉPOCA DOS PALPITES FICOU OFICIALMENTE PARA TRÁS

Houve uma época em que nos referíamos a alguém como sendo "burro feito um hidrante" ou "burro como uma lata de lixo", pelo menos nos Estados Unidos.

Eu não faria mais isso.

Uma das maiores e talvez mais inesperadas consequências da aceleração da tecnologia foi esta: hidrantes contra incêndio e latas de lixo estão agora ficando realmente inteligentes. Consideremos, por exemplo, o Telog Hydrant Pressure Recorder, que é conectado a um hidrante de incêndio e transmite sua pressão de água por uma rede sem fio diretamente para o escritório da empresa que presta esse serviço, reduzindo bastante o risco de um estouro ou de um defeito de funcionamento. E agora ele pode formar um par com as latas de lixo Bigbelly, que são carregadas com sensores que anunciam — via rede sem fio — quando estão cheias e precisam ser esvaziadas, assim os funcionários que fazem a coleta de lixo podem otimizar suas rondas de serviço, possibilitando que a cidade fique mais limpa gastando-se menos dinheiro. Sim, até o lixeiro é hoje um trabalhador tecnológico. O site da empresa observa que "cada recipiente Bigbelly mede 63,5 cm de largura, 68 cm de profundidade e 1,25 m de altura, e emprega painéis solares para fazer funcionar compactadores motorizados, que reduzem drasticamente o volume do lixo, ajudando a criar ruas mais verdes e limpas [...]. Os recipientes contêm tecnologia de computação em nuvem para digitalizar sinais dirigidos aos lixeiros assim que as latas alcançam sua capacidade e requerem atenção imediata".

Essa lata de lixo seria capaz de fazer uma prova de vestibular!

O que vem tornando hidrantes e latas de lixo tão mais inteligentes é uma outra aceleração, não diretamente relacionada à computação em si, mas a algo vital para expandir o que os computadores agora podem fazer — e nos referimos aos sensores. O site WhatIs.com define um sensor como "um dispositivo que detecta e reage a algo vindo do ambiente físico. Pode se tratar de luz, calor, movimento, umidade, pressão ou qualquer outro dos muitos fenômenos ambientais. A reação a isso geralmente consiste num sinal convertido em um painel que pode ser visto por um ser humano no local do sensor ou transmitido eletronicamente para uma rede, e então, numa etapa seguinte, ser lido ou processado".

Graças à aceleração na miniaturização dos sensores, somos agora capazes de digitalizar quatro sentidos — visão, som, toque e audição — e estamos trabalhando no quinto: o olfato. Um sensor de pressão conectado via rede sem fio a um hidrante cria uma aferição digital que informa a uma central quando a pressão está alta ou baixa demais. Um sensor de temperatura rastreia a expansão e a contração do líquido num termômetro para gerar uma leitura de temperatura digital. Sensores de movimento emitem fluxos regulares de energia – micro-ondas, ondas ultrassônicas ou raios de luz –, porém enviam um sinal digital quando o fluxo é interrompido por uma pessoa, um animal ou um automóvel que atravesse o seu caminho. A polícia agora emite sinais na direção dos carros para medir sua velocidade e emite ondas sonoras na direção de edifícios para localizar a fonte de um disparo. O sensor de luz no seu computador mede a luz em sua área de trabalho e então ajusta o brilho da tela de acordo com essa informação. Seu Fitbit é uma combinação de sensores que medem o número de passos que você dá, a distância que percorreu, as calorias que queimou e quão vigorosamente você move os seus membros. A câmera no seu telefone é uma câmera fotográfica e de vídeo que pode captar e transmitir imagens de qualquer lugar para qualquer lugar.

Essa vasta expansão em nossa capacidade de voltar nossos sentidos para o ambiente e transformá-lo em dados digitalizados foi possibilitada por avanços na ciência de materiais e na nanotecnologia, que criaram sensores tão pequenos, baratos, inteligentes e resistentes ao calor e ao frio que poderiam ser instalados e ajustados para medir a pressão sob condições extremas e em seguida transmitir os dados. Agora podemos até pintá-los – usando um processo chamado *3-D inking* – em quaisquer partes de uma máquina, edifício ou motor.

Para entender melhor o mundo dos sensores, visitei o enorme centro de software da General Electric em San Ramon, Califórnia, para entrevistar Bill Ruh, principal responsável pelo setor digital da GE. Isso em si mesmo já é uma história. A GE, graças em grande parte à sua capacidade cada vez maior de instalar sensores em todos os seus equipamentos industriais, está se transformando em algo mais parecido com uma empresa de software, contando agora com uma grande base no Vale do Silício. Esqueçam as máquinas de lavar – pensem em máquinas inteligentes. A capacidade da GE de instalar sensores por toda parte está ajudando a tornar possível a "internet industrial", também conhecida como "Internet das Coisas", permitindo que cada "coisa" carregue um sensor que transmita como está se sentindo a cada momento, e, assim, que seu desempenho seja imediatamente ajustado ou que uma reação seja providenciada. Essa Internet das Coisas, explicou Ruh, "está criando um sistema nervoso que permitirá que os seres humanos acompanhem o ritmo das mudanças, facilitando o uso de toda essa carga de informações" e, basicamente, "tornando todas as coisas inteligentes".

A própria General Electric reúne dados de mais de 150 mil equipamentos médicos, 36 mil motores de jato, 21500 locomotivas, 23 mil turbinas de vento, 3900 turbinas a gás e 20 700 partes de equipamento de gasolina e gás, todos reportando à GE via rede sem fio como se sentem a cada minuto.

Esse novo sistema nervoso industrial, argumentou Ruh, foi acelerado originalmente pelos avanços obtidos no aproveitamento do espaço oferecido ao consumidor — como ocorreu nos smartphones dotados de câmeras e de GPS. Eles significam para a internet industrial no século XXI, disse Ruh, o que a viagem à Lua significou para o progresso industrial no século XX — propiciaram um grande salto à frente numa série de tecnologias e materiais interligados entre si, tornando-os todos menores, mais inteligentes, mais baratos e mais rápidos. "Foi o smartphone que permitiu que os sensores se tornassem tão baratos, podendo ser produzidos em escala e instalados em toda parte", disse Ruh.

E agora esses sensores estão emitindo insights num nível de granularidade jamais visto. Quando todos esses sensores transmitem suas informações para bancos de dados centralizados, e em seguida softwares cada vez mais poderosos procuram discernir padrões nesses dados, de repente podemos ver sinais fracos antes que eles se tornem fortes, e padrões antes que se tornem problemas. Esses insights podem então ser testados retrospectivamente para formularmos uma ação preventiva — ao enchermos um recipiente de lixo até sua capacidade ótima ou ajustarmos a pressão de um hidrante antes de um estouro dispendioso, estamos economizando tempo, dinheiro, energia e vidas e, de modo geral, tornando a humanidade mais eficiente do que jamais tínhamos imaginado até então.

"A antiga abordagem era chamada de 'manutenção baseada nas condições' — se parece sujo, lave", explicou Ruh. "Manutenção preventiva significava: troque o óleo a cada 10 mil quilômetros, quer exija demais do carro ou não." A nova abordagem vem a ser uma "manutenção com base na previsão" e "manutenção prescritiva". Podemos agora prever quase o exato momento em que um pneu, um motor, uma bateria de carro ou caminhão, uma ventoinha de motor ou uma peça qualquer precisa ser trocado, e podemos indicar precisamente o detergente que funciona melhor com determinado motor operando sob circunstâncias diferentes.

Ao considerarmos a GE do passado, acrescentou Ruh, vemos que ela se baseava na crença dos engenheiros mecânicos de que, ao usar a física, poderíamos modelar o mundo inteiro e obter na mesma hora insights sobre como as coisas funcionavam. "A ideia", ele explicou, "era que, se você sabe exatamente como funcionam uma turbina a gás e um motor a combustão, então pode usar as leis da física e dizer: 'É assim que isso vai funcionar e é nesse determinado momento que vai quebrar'. Na comunidade tradicional dos engenheiros, não havia a crença de que os dados tinham muita coisa a oferecer. Eles usavam os dados para verificar seus modelos montados com base na física e então agiam sobre eles. A nova geração de cientistas que trabalha por aqui com dados diz: 'Não é preciso entender de física para buscar e compreender padrões'. Existem padrões que uma mente humana não seria capaz de encontrar porque os sinais são tão tênues no começo que não podemos vê-los. Mas, agora que contamos com toda essa capacidade de processamento, esses sinais fracos simplesmente aparecem no nosso campo de visão. E, assim, ao captarmos esse sinal fraco, agora fica claro que se trata de um indício precoce de que alguma coisa está prestes a quebrar ou está se tornando ineficiente."

No passado, detectávamos os sinais fracos seguindo a intuição, acrescentou Ruh. Trabalhadores experientes sabiam como processar dados incipientes. Mas agora, com o *big data*, "com uma nitidez muito mais refinada em termos de fidelidade, podemos fazer com que achar a agulha no palheiro seja *a regra*" — não a exceção. "E podemos então magnificar o trabalhador humano com máquinas, de modo que possam trabalhar como colegas, e capacitar os dois para processar juntos indícios fracos, transformando-os do dia para a noite no equivalente a veteranos com trinta anos de experiência."

Pense nisso. A intuição a respeito de como uma máquina trabalhava no chão da fábrica costumava vir do fato de trabalhar ali durante trinta anos e da capacidade de detectar um som ligeiramente diferente emitido pela máquina, nos dizendo que alguma coisa poderia não estar indo bem. Esse é um sinal fraco. Agora, com os sensores, um novo empregado pode detectar um sinal fraco no primeiro dia de trabalho — sem a ajuda de nenhuma intuição. Os sensores irão transmiti-lo.

Essa capacidade de gerar e de aplicar conhecimento tão mais rapidamente está fazendo com que sejamos capazes não apenas de extrair o máximo de seres humanos, mas também de vacas. A era dos palpites também chegou ao fim para os produtores de leite, explicou Joseph Sirosh, vice-presidente corporativo de dados da Divisão de Nuvem e Empresas da Microsoft. Parece um emprego bastante cerebral – administrar bits e bytes. Porém, ao me sentar com Sirosh para aprender algo sobre a aceleração em relação aos sentidos, ele optou por me explicá-la com um exemplo muito antigo: vacas.

Tudo bem, não foi assim tão simples. Ele queria conversar sobre "a vaca conectada".

A história contada por Sirosh é mais ou menos esta: produtores de leite no Japão procuraram a gigante do ramo de computação Fujitsu com uma pergunta. Será que eles poderiam melhorar a probabilidade de fazer vacas procriarem com maior sucesso em grandes unidades de produção leiteira? Ocorre que as vacas entram no cio, ou estro – seu período de receptividade e fertilidade sexual, no qual podem ser inseminadas artificialmente com sucesso –, numa janela de tempo bem estreita: apenas por cerca de doze a dezoito horas a cada 21 dias, e muitas vezes isso se dá à noite. Para um pequeno fazendeiro com um grande rebanho, isso pode tornar imensamente difícil monitorar todas as suas vacas e saber a hora ideal para inseminar artificialmente cada uma delas. Se isso puder ser feito com precisão, os produtores podem garantir uma produção ininterrupta de leite de cada vaca ao longo de todo o ano, maximizando a produção per capita da fazenda.

A solução providenciada pela Fujitsu, explicou Sirosh, foi munir as vacas de pedômetros conectados com a fazenda por sinal de rádio. Os dados eram transmitidos para um software de aprendizagem automática, ou reconhecimento de padrões, chamado GYUHO SaaS, rodando com Microsoft Azure, a plataforma de computação na nuvem da Microsoft. A pesquisa da Fujitsu havia constatado que um grande aumento no número de passos por hora representava um indício 95% acurado de ocorrência do estro nas vacas leiteiras. Quando o sistema GYUHO detectava uma vaca no cio, ele enviava um texto de alerta para os celulares dos fazendeiros, tornando possível que implementassem a inseminação artificial exatamente nas horas certas.

"Descobriu-se que se trata de um segredo simples saber quando uma vaca está no cio – o número de passos que ela costuma dar aumenta bastante", disse Sirosh. "É aí que a IA [inteligência artificial] encontra a IA [inseminação artificial]." Ter acesso direto a esse sistema tornou os fazendeiros mais produtivos não apenas quanto à ampliação dos seus rebanhos — "é possível obter um grande aumento no índice de concepção dos animais", disse Sirosh —, mas também quanto à economia de tempo: isso os liberava da obrigação de confiar apenas nos próprios olhos, nos instintos, numa dispendiosa mão de obra da fazenda, ou no *Almanaque do Fazendeiro*, para identificar as vacas no cio. Eles podiam canalizar o trabalho poupado para outros esforços produtivos.

Todos os dados gerados pelos sensores das vacas propiciaram outro insight ainda mais importante, disse Sirosh: os pesquisadores da Fujitsu descobriram que, dentro dessa janela ideal para a inseminação artificial, se o procedimento fosse realizado nas primeiras quatro horas, havia "70% de probabilidade de se obter uma vaca e não um bezerro, e se fosse feito nas quatro horas seguintes havia uma probabilidade mais alta de se obter um animal do sexo masculino". De modo que, com isso, um fazendeiro poderia "determinar a proporção de vacas e touros no seu rebanho de acordo com as suas necessidades".

Os dados simplesmente continuaram a gerar mais insights, disse Sirosh. Ao estudar os padrões dos passos, os fazendeiros passaram a ser capazes de detectar indícios iniciais de oito doenças diferentes, possibilitando que os problemas começassem a ser tratados logo, aprimorando a saúde geral e a longevidade do rebanho. "Um pouco de engenhosidade pode transformar até mesmo o mais antigo dos negócios, como o dos fazendeiros", concluiu Sirosh.

Se uma vaca munida de um sensor transforma um produtor de leite num gênio, uma locomotiva dotada de sensores deixa de ser um trem burro para se transformar num sistema de TI sobre rodas. Ela poderá de repente detectar e transmitir a qualidade dos trilhos a cada trecho de trinta metros. Pode perceber uma inclinação e determinar de quanta energia necessita para avançar por cada quilômetro de terreno, colocando um pouco menos de combustível quando estiver descendo e, em termos gerais, maximizando a eficiência do combustível ou a velocidade para ir do ponto A ao ponto B. E agora todas as locomotivas GE estão equipadas com câmeras para monitorar melhor a forma como os engenheiros estão operando as máquinas a cada curva. A GE agora também sabe que, se for preciso fazer o motor funcionar a 120% num dia quente, certas partes precisarão ter encurtado seu prazo de manutenção com base na previsão.

"Estamos constantemente aprimorando e treinando nosso sistema nervoso, e todos se beneficiam com esses dados", disse Ruh. Mas não se trata apenas do que podemos aprender com sensores e com softwares, mas também da transformação que podemos promover somando a ação dos sensores à dos softwares. Hoje, explicou Ruh, "não temos mais necessidade de promover mudanças físicas em cada produto para aperfeiçoar sua performance. Fazemos isso recorrendo apenas a softwares. Pego uma locomotiva burra e coloco nela sensores e software, e de repente posso fazer uma manutenção com base na previsão; posso operar a máquina para cima e para baixo pela via férrea em velocidades otimizadas para poupar combustível; programo todos os trens de modo mais eficiente e até os estaciono de forma mais eficiente". De repente uma locomotiva burra se torna mais rápida, mais barata e mais inteligente — sem que seja substituído um parafuso, um ferrolho ou um motor. "Posso usar os dados captados por sensores e softwares para fazer a máquina funcionar de maneira mais eficiente, como se tivesse sido fabricada toda uma nova geração delas", explicou Ruh.

Numa fábrica, ele acrescentou, "ao fecharmos o foco apenas no objetivo final do que se está fazendo, nossa visão pode acabar ficando restrita. Mas e se a máquina ficar vigiando as coisas para você, graças ao fato de tudo estar sob observação de uma câmera — tudo vai ter olhos e ouvidos? Estamos falando dos cinco sentidos. As pessoas ainda não se deram conta de que vamos conceder o dom dos cinco sentidos a máquinas para que elas interajam com os seres humanos da mesma maneira que interagimos hoje com nossos colegas".

E há muito dinheiro nisso — montes de dinheiro, como explicou Jeff Immelt, CEO da GE, numa entrevista para a McKinsey & Company em outubro de 2015:

> Todo CEO de uma ferrovia poderia dizer a velocidade de sua frota. A velocidade tende a ser, digamos, entre 32 e quarenta quilômetros por hora. Esta costuma ser a velocidade média em quilômetros por hora com que uma locomotiva circula num dia — 35. Não parece muito bom. E a diferença entre 37 e 35 para a Norfolk Southern equivale a US$ 250 milhões nos seus lucros anuais. É muita coisa para uma empresa desse porte. E isso só para dois quilômetros [por hora]. De modo

que tudo isso tem a ver com uma melhor programação. Tudo isso tem a ver com tempo desperdiçado. Com rodas quebradas e com o fato de conseguir chegar a Chicago mais rapidamente. Isso tudo tem a ver com análises profundas.

A cada dia que passa, explicou John Donovan, diretor de estratégia da AT&T, estamos transformando cada vez mais "resíduos digitais em combustível digital", e ao fazer isso estamos gerando e pondo em prática novos insights cada vez mais rapidamente. No início do século XX, o americano John Wanamaker, proprietário de uma loja de departamentos, era um pioneiro tanto no ramo do varejo como no da publicidade. Numa declaração famosa, certa vez ele observou: "Metade do dinheiro que gasto com publicidade é desperdiçado; o problema é que não sei qual das metades". Isso não precisa mais acontecer hoje em dia.

Latanya Sweeney, responsável na ocasião pelo setor de tecnologia da Comissão Federal de Comércio, explicou na National Public Radio em 16 de junho de 2014 como os sensores e os softwares estavam transformando a área do varejo: "O que muitas pessoas podem ainda não ter percebido é que, para que seu celular se conecte com a internet, ele fica permanentemente enviando um número embutido no telefone, chamado endereço MAC, para dizer: 'Ei, tem algum wi-fi por aí?' [...]. E que, usando esses constantes apelos dos telefones em busca de wi-fis, é possível na realidade rastrear onde esse telefone esteve, com que frequência passou por tal lugar, com uma precisão de poucos metros". O comércio de varejo agora usa essas informações para ver quanto tempo você ficou parado diante de determinada loja e em quais ficou tentado a fazer uma compra, levando as lojas a ajustarem os mostruários regularmente ao longo do dia. Mas isso não é nem metade da história — o *big data* agora permite que as lojas de varejo rastreiem quem passou de carro diante de qual outdoor e depois parou em uma de suas lojas.

Como informou o jornal *Boston Globe* de 19 de maio de 2016:

> Agora a maior empresa de anúncios em outdoors do país, a Clear Channel Outdoor Inc., está introduzindo nas rodovias interestaduais anúncios pop-up customizados. Seu programa Radar, funcionando em Boston e em dez outras cidades dos EUA, usa dados coletados pela AT&T Inc. junto a 130 milhões de celulares dos assinantes de seus serviços e de duas outras empresas, a PlaceIQ Inc. e a

Placed Inc., que usam aplicativos de telefone para rastrear o vai e vem de outros milhões de pessoas.

A Clear Channel sabe que tipos de pessoas estão passando de carro diante dos seus outdoors às 18h30 de uma sexta-feira — quantos são fregueses habituais do Dunkin' Donuts, por exemplo, ou quantos assistiram a três partidas dos Red Sox até agora neste ano.

Podem, então, dirigir seus anúncios diretamente para essas pessoas.

Sinto muito, sr. Wanamaker. Você viveu na era errada. Esse negócio de arriscar palpites é tão século XX. *A época dos palpites ficou oficialmente para trás*.

Porém o mesmo poderia ser dito sobre a privacidade. Quando se pensa na quantidade de dados que estão sendo aspirados por empresas gigantescas — Facebook, Google, Amazon, Apple, Alibaba, Tencent, Microsoft, IBM, Netflix, Salesforce, General Electric, Cisco e todas as companhias telefônicas — e na eficiência com que elas podem agora garimpar esses dados em busca de insights, fica-se imaginando como alguém poderia competir com elas. Ninguém contará com tantos resíduos digitais como matéria-prima para analisar e alimentar previsões mais acuradas. E o resíduo digital agora significa poder. Precisamos ficar de olho no monopólio de poder que o *big data* pode criar para as grandes empresas. Não se trata apenas de como eles podem agora dominar um mercado com seus produtos, mas de como são capazes de reforçar esse domínio com todos os dados que podem recolher.

ARMAZENAMENTO/MEMÓRIA

Como vimos, os sensores detêm um enorme poder. No entanto, o fato de todos esses sensores coletarem todos esses dados seria em si inútil sem avanços paralelos ocorridos no campo do armazenamento. Esses avanços nos proporcionaram chips que podem guardar mais dados e também softwares capazes de conectar efetivamente milhões de computadores, fazendo com que eles armazenem e processem dados como se fossem um único desktop.

Quão grande essa capacidade de armazenagem precisa se tornar e quão sofisticado precisa se tornar o software? Considerem a seguinte palestra, feita em 11 de maio de 2014 por Randy Stashick, o então presidente de engenharia da UPS, que falou sobre a importância do *big data* na Conferência da Sociedade de Gerenciamento de Produção e Operações. Ele começou mostrando um número com 199 dígitos.

"Alguém faz alguma ideia do que representa esse número?", ele perguntou à plateia.

"Deixem-me dizer a vocês algumas coisas que ele não representa", prosseguiu Stashick.

> Não é o número de cachorros-quentes que o famoso restaurante Varsity, aqui perto, vendeu na sua inauguração em 1928. Nem é o número de carros no tristemente famoso cruzamento de estradas interestaduais em Atlanta às cinco da tarde de uma sexta-feira. Na realidade, esse número, com todos os seus 199 dígitos, representa a quantidade de percursos diferentes que um motorista da UPS pode, em tese, seguir ao fazer uma média de 120 paradas diárias. Agora, se querem mesmo enlouquecer, peguem esse número e o multipliquem por 55 mil. Essa é a quantidade de percursos nos Estados Unidos que nossos motoristas estão fazendo a cada dia de trabalho. Para exibir esse número, provavelmente precisaríamos daquele telão em alta definição no estádio AT&T em Dallas, onde joga o time dos Cowboys. Porém de algum modo os motoristas da UPS encontram o caminho certo para chegar a mais de 9 milhões de clientes todos os dias, entregando quase 17 milhões de pacotes contendo de tudo, desde um novo iPad para o aluno de uma escola de ensino médio em Des Moines até insulina para um diabético em Denver, ou dois pandas sendo transferidos de um zoológico em Pequim para outro, em Atlanta. Como fazem isso? A resposta está nas pesquisas sobre operações.
>
> Mais de duzentos sensores nos dizem se o motorista está usando o cinto de segurança, com que velocidade o veículo está se deslocando, quando os freios são acionados, se a porta do espaço de carga está aberta, se o furgão está indo para trás ou para a frente, o nome da rua pela qual está passando e até mesmo por quanto tempo o veículo esteve parado em comparação com o que esteve andando. Infelizmente, não sabemos se o cachorro parado inocentemente na porta da frente vai morder.

Processar um número de possíveis percursos que exibe 199 dígitos e que também leva em conta dados recebidos de duzentos sensores instalados em cada caminhão da UPS exige *muita coisa* em termos de espaço de armazenamento, de processamento e de capacidade de software — mais do que qualquer coisa disponível, mais do que qualquer coisa que seria sequer imaginável para uma empresa média há tão pouco tempo como quinze anos atrás. Atualmente, trata-se de algo ao alcance de qualquer empresa. E temos aí uma história realmente importante de como a combinação de chips de armazenagem que atingiram a segunda metade do tabuleiro com a inovação promovida por um software batizado com o nome de um elefante de brinquedo pôs o selo de "big" nas análises avançadas sobre "big data".

Os microchips, como observamos, são simplesmente coleções cada vez maiores de mais e mais transistores. É possível programar esses transistores, seja para processamento, seja para transmissão, seja para memória. Os chips de memória existem em duas modalidades básicas — DRAM [de *dynamic random access memory*, ou memória dinâmica de acesso aleatório], que faz o trabalho temporário de movimentar o grosso dos dados enquanto eles estão sendo processados, ou a memória "flash", que armazena permanentemente dados quando apertamos o ícone de "salvar". A lei de Moore também se aplica aos chips de memória — temos colocado regularmente um número maior de transistores armazenando mais memória em cada chip por menos dinheiro e usando menos energia. Em média, uma câmera de telefone celular dispõe atualmente de uma memória de dezesseis gigabytes, o que significa que é capaz de guardar 16 bilhões de bytes de informação (um byte contém oito bits) num chip de memória flash. Há dez anos, a densidade da memória flash não estava avançada o bastante para armazenar sequer uma única foto num telefone — chegou a esse ponto a aceleração, tornando por sua vez tantas outras coisas ainda mais rápidas.

"O *big data* não estaria aqui não fosse pela lei de Moore", disse Mark Bohr, integrante sênior da Intel. "Ele nos deu uma memória maior, um processamento mais intenso e a potência, eficiência e confiabilidade que grandes fazendas de servidores exigem para lidar com toda essa capacidade de processamento. Se esses servidores fossem feitos de tubos de aspirador de pó, seria preciso uma represa Hoover inteira para operar apenas um deles."

Mas não foi apenas o hardware que colocou o "big" no *big data*. Foi também uma inovação em termos de software — talvez a mais importante ocorrida na última década e da qual você talvez jamais tenha ouvido falar. Esse software permitiu que milhões de computadores interligados atuassem como um único computador, e também que todos esses dados pudessem ser objeto de uma busca em um nível equivalente ao de achar uma agulha no palheiro. Esse avanço foi promovido por uma companhia cujo fundador deu à inovação o nome Hadoop – em homenagem ao elefante de brinquedo favorito de seu filho de dois anos, e de modo que fosse fácil de ser lembrado. Lembrem deste nome: Hadoop. Ele ajudou a mudar o mundo – mas com uma grande ajuda da Google.

O pai desse garotinho e desenvolvedor da Hadoop é Doug Cutting, que descreve a si mesmo como um "catalisador" de inovações em software. Cutting cresceu na área rural de Napa County, na Califórnia – e nunca tinha visto um computador até ingressar em Stanford, em 1981; para se matricular na universidade, ele precisou pedir dinheiro emprestado. Em Stanford ele estudou linguística, mas também fez alguns cursos de ciência da computação, aprendeu a programar e "achou aquilo divertido". Também chegou à conclusão de que fazer programas de computador seria a melhor maneira de pagar os empréstimos estudantis que havia feito. Então, em vez de fazer uma pós-graduação, arrumou um emprego no lendário centro de pesquisas PARC, da Xerox, onde acabou por integrar a equipe que trabalhava em inteligência artificial e num campo relativamente novo, conhecido na época como "busca".

As pessoas se esquecem de que "busca", como um campo de pesquisa, já existia antes da Google. A Xerox tinha perdido a oportunidade de entrar no mercado dos computadores pessoais, mesmo dispondo de ótimas ideias na área de tecnologia, disse Cutting, e estava tentando descobrir como fazer a transição "do mundo das cópias de papel e do toner para o mundo digital. Ela surgiu com a ideia de que as copiadoras viriam a substituir os gabinetes de arquivos. As pessoas iriam escanear tudo e depois procurar ali. A Xerox tinha essa visão de mundo voltada para o papel. Era o exemplo clássico de empresa que não conseguia se afastar de sua vaca leiteira – o papel estava no seu sangue –, e estava tentando descobrir como passar do papel para o mundo digital. Aquele era o seu raciocínio para examinar a questão da busca. Isso foi antes do surgimento da internet".

Quando surgiu a web, as empresas, lideradas pela Yahoo!, começaram a se organizar para os consumidores. A Yahoo! surgiu como um diretório dos diretórios. A cada vez que alguém criava um novo site, a Yahoo! o adicionava ao seu diretório, passando a seguir a desmembrar os sites da internet em grupos – finanças, notícias, esportes, negócios, entretenimento etc. "E então surgiu a busca", disse Cutting, "motores de busca como o AltaVista começaram a aparecer. Eu tinha catalogado 20 milhões de páginas da web. Isso era muita coisa — e durante algum tempo estive na frente de todo mundo. Isso foi por volta de 1995 e 1996. A Google apareceu logo depois [em 1997] com um pequeno motor de busca, mas dizendo ter métodos melhores. E aos poucos mostrou a que veio."

Enquanto a Google decolava, explicou Cutting, nas horas de folga ele escreveu um programa de busca aberto para competir com o sistema fechado da empresa. O programa se chamava Lucene. Poucos anos mais tarde, ele e alguns colegas fundaram o Nutch, o primeiro grande programa de busca de código aberto a competir com a Google.

O sistema de código aberto, ou *open source*, é um modelo para o desenvolvimento de software livre no qual qualquer um na comunidade pode contribuir para seu aperfeiçoamento permanente, usando gratuitamente o produto coletivo, em geral sob licença, contanto que compartilhe seus aperfeiçoamentos com uma comunidade mais ampla. Ele tira proveito do conceito do coletivo e da noção de que todos nós somos mais inteligentes do que apenas um de nós; se todos trabalharem num programa ou num produto e então compartilharem seus aperfeiçoamentos, esse produto se tornará mais inteligente mais rapidamente, vindo então a promover mudanças ainda mais rapidamente.

O desejo de Cutting de criar um programa de código aberto precisava superar um problema bastante básico: "Quando você tem um computador — e pode armazenar tantos dados nesse computador quanto seu disco rígido suporta e processar esses dados na medida e na velocidade permitidas pelo processador —, isso naturalmente limita o tamanho e a velocidade da computação que você pode realizar", explicou Cutting.

Porém, com a emergência da Yahoo! e da AOL, bilhões e bilhões de bits e de bytes de dados estavam se empilhando na web, exigindo aumentos constantes na capacidade de armazenamento e de poder de processamento para que pudessem ser navegados. De modo que as pessoas simplesmente começaram a combinar computadores. Se fosse possível combinar dois computadores, seria possível armazenar duas vezes mais dados e processá-los duas vezes mais rapidamente. Com os drives de memória e os processadores se tornando mais baratos graças à lei de Moore, as empresas começaram a se dar conta de que podiam criar edifícios do tamanho de campos de futebol abarrotados com processadores e discos de memória do chão ao teto, conhecidos como servidores de rede.

Contudo, o que estava faltando, disse Cutting, era a capacidade de interligar essas unidades de disco e processadores de modo que todos pudessem trabalhar de maneira coordenada para armazenar montes de dados e também fazer computações ao longo do conjunto de todos esses dados, com todos esses processadores funcionando juntos de forma paralela. A parte realmente difícil era a questão da confiabilidade. Se você tem um computador, ele pode quebrar uma vez por semana, mas, se você tem mil, isso acontecerá com uma frequência mil vezes maior. Então, para que tudo funcionasse, era preciso um software que pusesse os computadores para rodar de forma perfeitamente integrada e um outro programa para fazer com que esse oceano gigante de dados que havia sido criado se tornasse passível de buscas por meio de padrões e insights. Engenheiros do Vale do Silício gostam de se referir ironicamente a problemas desse tipo como SMOP — de *small matter of programming*, ou pequeno problema de programação.

Podemos agradecer à Google por criar esses dois programas de modo a expandir as possibilidades do ramo da busca na internet. O lance verdadeiramente genial da Google, disse Cutting, foi "descrever um sistema de armazenamento que fazia com que mil unidades de disco parecessem uma única unidade, de modo que, se uma única delas falhasse, não se notava a diferença", juntamente com um pacote de softwares para processamento de todos os dados armazenados de modo a torná-los úteis. A Google teve de desenvolver esses programas por conta própria, porque não havia na época tecnologia comercial capaz de atender às suas ambições em relação a armazenagem, processamento e busca de toda a informação do mundo. Em outras palavras, a Google teve de inovar para construir um motor de busca de modo a atender ao que achava que o mundo queria. Porém usaram esses programas exclusivamente para operar seu próprio negócio e não autorizaram seu uso por mais ninguém.

Contudo, seguindo a longa tradição adotada pelos engenheiros de programação, a Google, com orgulho do que tinha construído, decidiu compartilhar as noções básicas com o público. Assim, publicou dois documentos descrevendo em linhas gerais os dois principais programas que lhe permitiram acumular e rastrear tantos dados ao mesmo tempo. Um dos documentos, publicado em outubro de 2003, descrevia o GFS, ou Google File System [Sistema de Arquivos

Google], um sistema para administrar e acessar enormes quantidades de dados estocados em conjuntos de discos rígidos baratos do tipo usado em computadores. Devido à ambição da Google de organizar toda a informação do mundo, seriam necessários petabytes e posteriormente exabytes (cada um dos quais equivale aproximadamente a um quintilhão – 1 000 000 000 000 000 000 – de bytes de dados) para que esta fosse estocada e acessada.

E isso exigiu uma segunda inovação por parte da Google: o Google MapReduce, lançado em dezembro de 2004. A empresa descreveu-o como "um modelo de programação e uma implementação associada para o processamento e geração de grandes conjuntos de dados [...]. Programas escritos nesse paradigma funcional são executados automaticamente em paralelo num grande conjunto de máquinas padronizadas. O sistema cuida dos detalhes relativos à partilha dos dados inseridos, programando a execução do software através dos conjuntos de computadores, lidando com as falhas das máquinas e administrando a comunicação necessária entre elas. Isso permitiu que programadores sem nenhuma experiência em sistemas paralelos e distribuídos utilizassem com facilidade os recursos de um grande sistema distribuído". Em linguagem simples, as duas inovações de projeto concebidas pela Google significaram que passamos de repente a poder armazenar mais dados do que jamais acreditávamos ser possível e a poder usar softwares para explorar essa montanha de dados com uma desenvoltura nunca antes imaginada.

No mundo da computação/busca, a decisão da Google de compartilhar esses dois projetos básicos – mas na verdade não a propriedade efetiva sobre suas soluções do GFS e do MapReduce – com a comunidade mais ampla na área da informática teve um grande – enorme – significado. A empresa estava na verdade convidando a comunidade *open source* a promover avanços com base nos seus insights. Tomados em conjunto, esses dois documentos formaram uma combinação de efeito fenomenal, permitindo que o *big data* transformasse quase todos os ramos da economia. Também fizeram com que o Hadoop decolasse.

"A Google descreveu uma maneira de canalizar facilmente a capacidade de um monte de computadores disponíveis", disse Cutting. "Eles não nos deram o código-fonte que fazia aquilo funcionar, mas nos deram informações suficientes para que uma pessoa capacitada pudesse reimplementar aquele esquema e aperfeiçoá-lo." E foi exatamente isso que fez o Hadoop. Seus algoritmos permitiram que centenas de milhares de computadores operassem como um único computador gigante. De modo que qualquer um poderia simplesmente sair, comprar equipamentos de hardware e discos de armazenamento no atacado, colocá-los para funcionar com a ajuda do Hadoop e, pronto, processar montes de dados para gerar insights refinados e de alta precisão.

Não demorou muito para que grupos como Facebook, Twitter e LinkedIn começassem todos a se expandir com base no Hadoop. E foi por isso que todos surgiram em 2007! Fazia todo o sentido. Eles dispunham de enormes quantidades de dados fluindo através de seus negócios, mas sabiam que não estavam usando esse material da melhor maneira possível. Não podiam. Eles dispunham de dinheiro para comprar os discos rígidos para armazenagem, porém não as ferramentas para extrair o máximo desses discos rígidos, explicou Cutting. A Yahoo! e a Google desejavam capturar páginas da web e analisá-las de modo que as pessoas pudessem realizar buscas nelas — um objetivo precioso —, porém a busca se tornou ainda mais eficaz quando companhias como Yahoo!, LinkedIn e Facebook passaram a ser capazes de ver e armazenar cada clique feito numa página na internet, para compreender exatamente o que os usuários estavam fazendo. Os cliques já podiam ser registrados, mas, até o advento do Hadoop, ninguém a não ser a Google podia fazer muita coisa com esses dados.

"Com o Hadoop eles podiam armazenar todos esses dados num único lugar e ordená-los por usuário e pela hora, e de repente podiam ver o que cada usuário estava fazendo ao longo do tempo", disse Cutting. "Eles podiam descobrir qual parte de um site estava conduzindo as pessoas para outra parte. A Yahoo! saberia não apenas quando se clicava para acessar determinada página da web, mas também tudo naquela página que podia ser clicado. Então eles poderiam ver o que você havia realmente clicado e deixado de clicar, preferindo pular aquele item, dependendo do que dizia e dependendo de onde se encontrava na página. Isso nos proporcionava uma análise profunda do *big data*: quando podemos ver mais, podemos também entender mais e tomar decisões melhores em vez de fazer isso com base em palpites. De modo que os dados, quando associados a análises profundas, podem nos proporcionar uma visão melhor. O Hadoop permitiu que as pessoas, mesmo fora da Google, pudessem compreender e vivenciar isso, o que as inspirou a criar mais programas em torno do Hadoop, dando início a uma multiplicação virtuosa de capacidades."

Então contamos agora com o sistema da Google, um sistema fechado e proprietário que só roda nos centros de dados da empresa e que as pessoas usam para tudo, desde a busca básica até identificação facial, correção de ortografia, tradução e reconhecimento de imagem, e temos por outro lado o sistema do Hadoop, que é de código aberto e usado por todos os demais, dando a milhões de servidores baratos a capacidade de submeter dados à análise profunda. Hoje em dia, gigantes da área tecnológica como IBM e Oracle adotaram o sistema do Hadoop como padrão e têm contribuído para a sua comunidade aberta. E como existem muito menos atritos numa plataforma de código aberto, e um número tão maior de mentes trabalhando nela — comparado com um fechado —, ele se expandiu com uma velocidade espantosa.

O Hadoop expandiu o uso do *big data* graças também a um outro desenvolvimento crucial: a transformação dos dados não estruturados.

Antes do Hadoop, a maioria das grandes empresas dava pouca atenção aos dados não estruturados, valendo-se em vez disso do Oracle SQL — um banco de dados que usa uma linguagem de computador criada pela IBM na década de 1970 — para armazenar, administrar e pesquisar enormes quantidades de dados estruturados e de planilhas. A sigla SQL significa "Structured Query Language" [linguagem de pesquisa estruturada]. Em uma base de dados estruturados, o software nos diz o que cada parte desses dados é. Num sistema bancário, o mecanismo diz "isso é um cheque", "isso é uma transação", "isso é um saldo de conta". Estão todos numa estrutura, de modo que o software possa encontrar rapidamente o último depósito feito na sua conta.

Dados não estruturados eram qualquer coisa que não fosse possível pesquisar com a SQL. Eram uma bagunça só. O termo significava tudo o que você tinha conseguido aspirar, digitalizar e armazenar, sem nenhuma estrutura em particular. Porém o Hadoop tornou possível que os analistas fizessem buscas em todos esses dados não estruturados e encontrassem neles padrões. Essa capacidade de garimpar em meio a montanhas de dados não estruturados, sem saber necessariamente o que se estava olhando, e de pesquisar tudo isso e obter respostas identificando padrões, tudo isso representou um enorme avanço.

Como disse Cutting, o Hadoop apareceu e disse aos usuários: "Passem-nos seus dados estruturados ou não estruturados e conseguiremos dar um sentido a tudo isso. De modo que, por exemplo, uma companhia de cartões de crédito como a Visa estava constantemente procurando indícios de fraude, e dispunha de máquinas capazes de pesquisar numa janela de trinta a sessenta dias, porém não tinha meios para ir além disso. O Hadoop introduziu uma dimensão que não existia até então. Uma vez que a Visa instalou o Hadoop, passou a ser capaz de fazer pesquisas abrangendo períodos de quatro a cinco anos, encontrando de repente o maior padrão de fraudes já detectado ao abrir uma janela de tempo mais extensa. O Hadoop acionava as mesmas ferramentas que as pessoas já sabiam como usar, porém empregando-as numa escala e com um grau de acessibilidade inexistente até então."

É por esse motivo que o Hadoop é hoje o principal sistema de análise de dados em operação, lidando tanto com dados estruturados quanto com não estruturados. Costumávamos jogar dados fora porque armazená-los era caro demais, em especial os não estruturados. Agora que podemos armazenar tudo e encontrar padrões neles, passou a valer a pena coletar e guardar tudo. "Quando olhamos para a quantidade de dados que estão sendo criados pelas pessoas e aos quais elas estão se conectando, e quando consideramos novas ferramentas de software para analisar tudo isso, vemos que todas essas coisas estão crescendo pelo menos exponencialmente", disse Cutting.

Antes disso, o que era pequeno era rápido, porém não relevante, e o que era grande possuía economia de escala e eficiência, mas não era ágil, explicou John Donovan, da AT&T. "E se agora pudermos adotar uma escala de massa, mas com agilidade?", ele perguntou. No passado, "atuando em grande escala, perdemos a agilidade, a personalização e a customização, porém agora, com o *big data*, podemos ter todas as três". Ele permite que passemos de 1 milhão de interações que eram impessoais, volumosas e não passíveis de uso para 1 milhão de soluções individuais, lidando com cada pilha de dados separadamente, fazendo que se tornem funcionais, garimpando-as e definindo-as por meio de software.

Isso não é pouca coisa. Como Sebastian Thrun, fundador da Udacity e um dos pioneiros dos cursos on-line abertos e de alcance de massa (MOOCs), observou quando era professor em Stanford numa entrevista concedida para a edição de novembro/dezembro de 2013 da revista *Foreign Affairs*:

> Com o advento da informação digital, o registro, a armazenagem e a disseminação de informações se tornaram praticamente gratuitos. A última vez em que houve uma mudança tão significativa na estrutura de custos da disseminação da informação foi

quando o livro se tornou popular. A imprensa foi inventada no século XV, tornou-se popular poucos séculos depois e exerceu um grande impacto, fazendo com que pudéssemos passar os conhecimentos culturais que estão no cérebro humano para a linguagem da escrita impressa. Vivemos agora o mesmo tipo de revolução, só que em escala muito maior, e ela está afetando cada dimensão da vida humana.

E estamos agora apenas no fim do começo. O Hadoop surgiu porque a lei de Moore tornou mais baratos os chips de armazenagem de dados; porque a Google demonstrou autoconfiança bastante para compartilhar alguns dos seus mais importantes insights e estimular a comunidade *open source* a alcançar e ultrapassar o que já havia sido realizado — e porque a comunidade *open source*, via Hadoop, se mostrou à altura do desafio. O Hadoop nunca foi um mero clone do projeto da Google, e hoje em dia diverge dele de muitas formas criativas. Como disse Cutting: "Ideias são importantes, mas implementações que as levem até o público são ainda mais importantes. O PARC da Xerox foi responsável em grande medida pela invenção da interface gráfica de usuário, com janelas e um mouse, dos terminais em rede, da impressão a laser etc. Mas foram necessárias as implementações da Apple e da Microsoft, muito mais voltadas para a sua comercialização, para que essas ideias viessem a mudar o mundo".

E essa é a história de como o Hadoop nos deu a grande revolução do *big data* — com a ajuda da Google, a qual, ironicamente, como parte de seu negócio, deseja oferecer ao público suas ferramentas para lidar com o *big data*, agora que o Hadoop difundiu esses instrumentos de modo a criar todo um novo setor.

"A Google está vivendo alguns anos à frente, no futuro", concluiu Cutting, "e nos envia cartas do futuro nesses documentos, e todos nós procuramos segui-los, e eles, por sua vez, estão agora seguindo nossos passos, fazendo com que a coisa agora se desenvolva como uma via de mão dupla."

SOFTWARE: TORNANDO A COMPLEXIDADE INVISÍVEL

É impossível falar sobre a aceleração no desenvolvimento e difusão dos softwares sem falar sobre a singular contribuição dada por Bill Gates e seu parceiro Paul Allen, fundadores da Microsoft. Os softwares já existiam muito tempo antes de Bill Gates. Só que os usuários de computadores não tinham percebido isso, uma vez que eles vinham embutidos nos computadores que compravam, uma espécie de mal necessário que acompanhava todo aquele equipamento vistoso. Os srs. Gates e Allen mudaram todo esse cenário a partir dos anos 1970, com suas primeiras aventuras ao criarem um interpretador para uma linguagem de programação chamada BASIC e, em seguida, o sistema operacional DOS.

Naqueles tempos, as empresas de hardware geralmente compravam os direitos de uso ou produziam seus próprios softwares, operando cada uma delas com seus diferentes sistemas operacionais e aplicativos. Gates acreditava que, se existisse um sistema comum de softwares capaz de funcionar em todos os tipos de máquinas — que um dia viriam a ser Acer, Dell, IBM e centenas de outras marcas —, o software em si adquiriria valor, deixando de ser apenas uma coisa a ser dada junto com o hardware. Hoje, é difícil ver até que ponto essa ideia era radical na época. Porém a Microsoft nasceu com essa proposta — a de que as pessoas não deveriam pagar uma única vez por um software a ser desenvolvido como parte de uma máquina; em vez disso, cada usuário individual deveria pagar para usufruir das capacidades oferecidas por cada programa de software. O que o sistema operacional DOS fez foi, basicamente, abstrair as diferenças existentes em termos de hardware entre os computadores. Não importava se você comprasse um Dell, um Acer ou um IBM. Todos eles de repente tinham o mesmo sistema operacional. Isso transformava os desktops e laptops em commodities — a última coisa que seus fabricantes desejavam. O valor então migrou para quaisquer softwares que fossem criados para operar por cima do DOS — e cujo custo poderia ser cobrado individualmente de cada usuário. Foi assim que a Microsoft ficou muito rica.

Atualmente, o conceito dos softwares nos parece tão natural que na verdade esquecemos o que eles realmente fazem. "Qual o negócio por trás dos softwares?", pergunta Craig Mundie, que por muitos anos trabalhou com Gates como chefe de pesquisa e estratégia da Microsoft e tem sido meu mentor em todos os temas relacionados a softwares e hardwares. "Software é essa coisa mágica que pega cada nova forma de complexidade que está surgindo e a enxerga de forma abstrata, em suas linhas gerais. Isso cria um novo parâmetro a partir do qual a pessoa empenhada em solucionar o próximo desafio começa a trabalhar, evitando que precise ela mesma dominar a complexidade subjacente àquele conceito. Tudo que tem a fazer é começar já a partir daquela nova camada, agregando o seu valor. A cada vez que o parâmetro é elevado, as pessoas inventam novas coisas, e o efeito cumulativo disso tem resultado em softwares que agora abstraem a complexidade por toda parte."

Paremos por um instante para considerar um software como o Google Photos. Hoje em dia ele pode muito bem reconhecer tudo em cada fotografia que você armazenou em seu computador. Há vinte anos, se sua esposa lhe dissesse "Querido, encontre algumas fotos de nossas férias na praia na Flórida", você iria, manualmente, folhear álbum após álbum, caixa de sapato após caixa de sapato, atrás das tais fotos. Então as fotos se tornaram digitais e você passou a poder colocar todas elas on-line. Hoje, o Google Photos faz um backup de todas as suas fotos, as organiza e, recorrendo a softwares de reconhecimento, torna possível que encontremos qualquer cena de praia que quisermos apenas com alguns poucos cliques e gestos, talvez até mesmo descrevendo a imagem verbalmente. Em outras palavras, o software abstraiu toda a complexidade desse processo de ordenação e de recuperação, reduzindo-o a alguns poucos toques no teclado, na tela ou comandos de voz.

Pense por um segundo sobre como era pegar um táxi há uns cinco anos. "Táxi, táxi", a gente gritava do meio-fio, talvez parado na chuva, enquanto os táxis passavam um após o outro, já carregados de passageiros. Então tínhamos de ligar para uma companhia de táxi de alguma cabine telefônica nas proximidades, ou talvez de um celular, e — depois de nos manterem no telefone por uns cinco minutos — eles nos diriam que o carro chegaria em vinte minutos — e a gente não acreditava no que eles diziam, nem eles mesmos. Hoje todos sabemos como tudo é diferente: a complexidade associada ao ato de telefonar, localizar, agendar, despachar, pagar e até mesmo de avaliar o motorista do seu táxi foi abstraída — oculta, camada sob camada —, sendo agora reduzida a alguns toques no aplicativo do Uber no seu smartphone.

A história dos computadores e dos softwares, explica Mundie, "é na verdade a história da abstração dos níveis de complexidade por meio de combinações de hardware e software". O que permite que os criadores de aplicativos realizem essas mágicas são as APIs, de *application programming interfaces*, ou interfaces de programação de aplicativos. As APIs são na realidade os comandos de programação pelos quais os computadores realizam cada um de nossos desejos. Se você estiver criando um aplicativo e quiser que ele tenha um botão de "salvar", de modo que, ao tocá-lo, seu arquivo seja armazenado numa memória flash, você cria essa possibilidade com um conjunto de APIs — o mesmo vale para "criar arquivo", "abrir arquivo", "enviar arquivo", e assim por diante.

Hoje em dia, APIs desenvolvidas por diferentes desenvolvedores, sites e sistemas se tornaram muito mais integralmente interativas; as empresas compartilham muitas de suas APIs umas com as outras de modo que desenvolvedores possam criar aplicativos e serviços capazes de manter uma interface e operar nas plataformas uns dos outros. Posso, portanto, usar as APIs da Amazon de modo que as pessoas comprem livros lá clicando no meu site, ThomasLFriedman.com.

"As APIs possibilitam uma variedade cada vez maior de '*mashups*', nas quais desenvolvedores misturam e combinam APIs de fontes com a Google, Facebook ou Twitter para criar aplicativos e serviços inteiramente novos", explica o site ReadWrite.com. "Em muitos sentidos, a disseminação do acesso às APIs para serviços de maior porte foi o que tornou possível aquilo que experimentamos modernamente na internet. Ao procurarmos por restaurantes nas redondezas no aplicativo Yelp para Android, por exemplo, ele vai plotar suas locações no Google Maps em vez de criar seus próprios mapas", e faz isso graças à integração com a API do Google Maps.

Esse tipo de integração é chamado de "*seamless*" [perfeitamente integrada], explica Mundie, "pois o usuário nunca percebe quando as funções de software passam de um serviço de rede subjacente para o outro [...]. As APIs escondem, camada sob camada, a complexidade do que está sendo acionado no interior de um computador individual — e os protocolos de transporte e formatos de mensagem escondem a complexidade implícita no ato de combinar tudo isso horizontalmente numa rede". Essa pilha vertical e essas interconexões horizontais criam as experiências de que você desfruta todos os dias no seu computador, tablet ou celular. A nuvem da Microsoft, a Hewlett-Packard, sem falar nos serviços do Facebook, Twitter, Google, Uber, Airbnb, Skype, Amazon, TripAdvisor, Yelp, Tinder ou NYTimes.com são todos produtos de milhares de APIs verticais e horizontais e de protocolos rodando em milhões de máquinas falando em ambas as direções através da rede.

A produção de softwares está agora acelerando ainda mais, e não apenas porque as ferramentas para a criação de softwares estão sendo aprimoradas num ritmo exponencial. Essas ferramentas também estão fazendo com que pessoas no interior das empresas e entre uma empresa e outra colaborem com uma frequência crescente para criar softwares cada vez mais complexos e códigos de APIs que abstraiam tarefas cada vez mais complexas — de modo que agora não temos apenas 1 milhão de pessoas inteligentes criando códigos, temos 1 milhão de pessoas *trabalhando juntas* para criar todos esses códigos.

E isso nos leva ao GitHub, uma das plataformas mais avançadas para a criação de softwares. O GitHub é a plataforma mais popular para fomentar esforços colaborativos voltados para a criação de softwares. Esses esforços podem assumir qualquer forma — indivíduos com outros indivíduos, grupos fechados no interior de companhias ou códigos completamente abertos. Seu uso explodiu a partir de 2007. Mais uma vez, partindo do pressuposto de que todos nós juntos somos mais inteligentes do que apenas um de nós, mais e mais indivíduos e companhias estão agora lançando mão da plataforma GitHub. Ela permite que todos aprendam mais rapidamente a tirar proveito das melhores criações de software colaborativo que já se encontram à disposição para qualquer aspecto associado ao comércio, e então promovam avanços sobre essa base com equipes colaborativas que se valem dos recursos intelectuais tanto de fora como de dentro das suas empresas.

O GitHub é usado hoje por mais de 12 milhões de programadores para criar, aperfeiçoar, simplificar, armazenar e compartilhar softwares, e vem crescendo rapidamente — tendo ganhado mais 1 milhão de usuários entre minha primeira entrevista lá, no início de 2015, e minha última, no início de 2016.

Imagine um lugar que seja uma mistura da Wikipédia com a Amazon — apenas para softwares: você entra na internet para acessar a biblioteca GitHub e escolhe ali direto da estante o software de que precisa — para, digamos, um sistema de gestão de estoques ou um sistema de processamento de cartões de crédito ou um sistema de administração de recursos humanos ou um motor de video game ou um sistema de controle de drones ou um sistema de administração robótica. Você então baixa o software no computador da sua empresa ou no seu próprio computador, adapta-o para suas necessidades específicas, aprimora-o em alguns aspectos e então sobe esses aperfeiçoamentos de volta na biblioteca digital GitHub, de modo que a pessoa seguinte possa usar sua nova versão aperfeiçoada. Agora imagine que os melhores programadores no mundo, *de toda parte* — seja trabalhando a serviço de uma empresa, seja atuando em troca apenas de um pouco de reconhecimento —, estejam todos fazendo a mesma coisa. O resultado é um ciclo virtuoso em prol da rápida aprendizagem e aperfeiçoamento de programas de software num processo que promove uma inovação cada vez mais rápida.

Fundada originalmente por três *geeks* geniais — Tom Preston-Werner, Chris Wanstrath e P. J. Hyett —, a GitHub é hoje o maior hospedeiro de códigos do mundo. Como não conseguia visitar nenhuma grande empresa hoje sem descobrir ali programadores que usassem a plataforma GitHub para tomar parte nessa colaboração, decidi que tinha de visitar a origem de tantos códigos de fontes na sua sede em San Francisco. Por coincidência, na semana anterior eu acabara de entrevistar o presidente Barack Obama no Salão Oval da Casa Branca a respeito do Irã. Menciono isso apenas porque o saguão por onde os visitantes chegam ao GitHub é uma réplica exata do Salão Oval, nos seus mínimos detalhes, incluindo até o carpete!

Eles gostam de fazer com que seus convidados sintam que são especiais.

Meu anfitrião, o CEO da GitHub, Chris Wanstrath, começou por me dizer como o termo "Git" entrou no nome GitHub. O Git, ele explicou, é um sistema de controle de versões distribuídas que foi inventado em 2005 por Linus Torvalds, um dos grandes e curiosamente pouco reconhecidos inovadores de nossa época. Torvalds é o pregador do evangelho do *open source*, o criador do Linux, o primeiro sistema operacional de código aberto a competir seriamente com o Windows da Microsoft. O Git, o programa de Torvalds, permitia que os codificadores de uma equipe trabalhassem juntos usando todos os mesmos arquivos, ao deixar que cada programador trabalhasse retomando o processo a partir do que os outros tinham feito ou lado a lado ao trabalho dos outros, enquanto também permitia que cada um visse quem tinha feito quais mudanças — e permitia que as salvassem, desfizessem, aperfeiçoassem e fizessem experiências com elas.

"Pense na Wikipédia — trata-se de um sistema de controle de versões distribuído para se escrever uma enciclopédia de código aberto", explicou Wanstrath. As pessoas contribuem com cada verbete, mas sempre se pode ver, aprimorar e desfazer as mudanças. A única regra é que quaisquer aperfeiçoamentos devem ser compartilhados com o conjunto da comunidade. O software proprietário — como o Windows ou o iOS da Apple — também é produzido por uma versão de sistema de controle, mas trata-se de um sistema de código fechado, e nem seu código de fonte nem as mudanças são compartilhadas com uma comunidade mais ampla.

O modelo *open source* hospedado pelo GitHub "é um sistema de controle de versões distribuídas: qualquer um pode contribuir, e a comunidade basicamente decide todos os dias quem dispõe da melhor versão", disse Wanstrath. "A melhor chega ao topo devido à natureza social da colaboração — da mesma forma que os livros recebem uma avaliação de clientes da Amazon.com. No GitHub, a comunidade avalia as diferentes versões e concede estrelas ou "curtidas", ou então se pode rastrear os downloads para ver qual versão está sendo adotada mais amplamente. Sua versão de um software poderia ser a mais popular na quinta-feira e eu poderia então trabalhar nela, aperfeiçoá-la e fazer com que minha versão assumisse o primeiro lugar na sexta-feira, porém enquanto isso a comunidade como um todo desfrutará dos benefícios. Poderíamos fundir nossas duas versões ou seguir caminhos diferentes. Em todo caso, porém, haveria maior margem de escolha para o consumidor."

Perguntei a Wanstrath, que tinha então 31 anos, como ele havia chegado a essa linha de trabalho. "Comecei a criar programas quando tinha doze ou treze anos", disse ele. "Queria fazer video games. Adorava video games. Minha primeira criação foi um programa *fake* de Inteligência Artificial. Mas naquela época programas de video games eram muito difíceis para mim, então aprendi a fazer sites de internet." Wanstrath se matriculou na Universidade de Cincinnati como estudante de inglês, mas passou a maior parte do tempo escrevendo códigos, em vez de lendo Shakespeare, e participando nas então ainda rudimentares comunidades on-line voltadas para o código aberto. "Estava desesperado atrás de orientação e procurando programas que precisassem de ajuda, e isso me levou a uma vida voltada para a construção de ferramentas para desenvolvedores de programas", explicou.

Assim, Wanstrath enviou para várias empresas de software no Vale do Silício seu currículo voltado para o modelo de código aberto, com a esperança de encontrar um modesto emprego como programador. Um gerente da CNET.com, uma plataforma de mídia que hospeda sites, acabou decidindo lhe dar uma chance, tomando como referências não as suas notas na faculdade, mas a quantidade de "curtidas" que seu trabalho como programador tinha recebido em diferentes comunidades *open source*. "Eu não sabia muita coisa sobre San

Francisco", disse. "Achava que se resumia a praias e patins." Ele logo descobriu que não eram praias e patins, mas bits e bytes.

Desse modo, em 2007, "eu era um engenheiro de software usando software de código aberto para construir nossos produtos para a CNET". Enquanto isso, em 2007, Torvalds foi até a Google e lá, certo dia, deu uma palestra Tech Talk sobre o Git — sua ferramenta colaborativa para a criação de códigos. "Estava no YouTube, de modo que um monte dos meus colegas de *open source* disse: 'Vamos experimentar essa ferramenta Git e sair de todos esses servidores diferentes que atendem diferentes comunidades'."

Até aquele momento, a comunidade *open source* era bastante aberta, porém também bastante balcanizada. "Naquela época não existia realmente uma *comunidade open source*", recordou Wanstrath. "Havia uma coleção de comunidades *open source* baseadas em projetos, não em pessoas. Era essa a cultura. E todas as ferramentas, toda a ideologia, estavam focadas em como fazer rodar e baixar esse projeto, e não em como as pessoas poderiam trabalhar juntas e falar umas com as outras. Era tudo projetocêntrico." A visão que surgiu na mente de Wanstrath foi: por que não tornar possível que trabalhemos em dez projetos ao mesmo tempo no mesmo lugar e fazer com que todos compartilhem uma linguagem comum, de modo que possamos falar uns com os outros e que os programadores possam passar de um projeto para o seguinte e depois voltar?

Então ele começou a conversar sobre uma abordagem diferente com seu colega da CNET, P. J. Hyett, que era graduado em ciência da computação, e com Tom Preston-Werner, com quem Wanstrath tinha colaborado em projetos de código aberto muito antes de terem se encontrado pessoalmente.

"Estávamos dizendo a nós mesmos: 'É tão difícil, enlouquecedor mesmo, usar esse tal de Git. Que tal se fizéssemos um site para tornar seu uso mais fácil?'", lembrou Wanstrath. "E então pensamos: 'Se conseguirmos fazer com que todo mundo use o Git, poderemos parar de nos preocupar com quais ferramentas estamos usando e começar a focar no que estamos criando'. Eu queria que tudo pudesse ser feito com um clique na internet, de modo que fosse possível deixar comentários sobre determinado programa e seguir pessoas e códigos do mesmo jeito que sigo pessoas no Twitter — e com a mesma facilidade." Dessa maneira, se você quisesse trabalhar em uma centena de projetos de softwares diferentes, não precisaria aprender cem maneiras diferentes de contribuir com eles. Bastaria aprender a lidar com o Git e facilmente conseguiria trabalhar em todos eles.

Assim, em outubro de 2007, os três criaram um *hub* para o Git — daí "GitHub". Foi lançado oficialmente em abril de 2008. "Seu núcleo consistia nesse sistema de controle de versões distribuídas com uma camada social que conectava todas as pessoas e todos os projetos", disse Wanstrath. O principal competidor naquela época — o SourceForge — levava cinco dias para decidir se iria ou não hospedar seu software de código aberto. O GitHub, ao contrário, era um lugar do tipo compartilhe-seu-código-com-o-mundo.

"Vamos dizer que você quisesse um programa chamado 'Como escrever uma coluna'", ele me explicou. "Digamos que você tenha acabado de publicar o programa no GitHub sob o seu nome. Eu vejo o programa na internet e digo: 'Ei, tem alguns pontos que queria acrescentar'. Nos velhos tempos, eu provavelmente iria colocar por escrito as mudanças que gostaria de ver adotadas e expô-las num resumo para a comunidade. Agora pego o seu código para brincar um pouco com ele. Chamamos isso de 'fork'. Trabalho nisso e agora minhas mudanças estão totalmente acessíveis a quem quiser — é a minha versão. Se eu quiser submeter minhas mudanças de volta a você, o autor original, faço uma solicitação. Você então olha a nova maneira como arrumei o programa 'Como escrever uma coluna'; você pode ver todas as mudanças. E, se você gostar, você aperta o botão de 'mesclar'. De modo que a próxima pessoa que for olhar o programa verá a versão agregada. Se não gostar de tudo, temos como discutir, comentar e rever cada linha do código. É uma espécie de *crowdsourcing** supervisionado. Mas dispomos, em última instância, de um especialista — a pessoa que escreveu o programa original, 'Como escrever uma coluna' — a quem cabe decidir o que aceitar e o que rejeitar. O GitHub vai mostrar que eu trabalhei nisso, mas você detém o controle do que foi fundido com a sua versão original. Atualmente, essa é a maneira como construímos softwares."

Há uma década e meia a Microsoft criou uma tecnologia chamada .NET — uma plataforma de código fechado e proprietária — voltada para desenvolver softwares empresariais sérios destinados a bancos e companhias de seguros. Em setembro de 2014, decidiu transformá-lo numa plataforma de código aberto no interior do GitHub para ver o que a comunidade iria acrescentar.

* Compartilhamento de ideias e soluções por uma comunidade. (N. T.)

Em seis meses a Microsoft tinha mais gente trabalhando de graça na .NET do que tinham trabalhando no interior da companhia desde a sua fundação, contou Wanstrath.

"Código aberto não significa que as pessoas podem sair fazendo o que quiserem", ele se apressou em acrescentar. "A Microsoft estabeleceu uma série de metas estratégicas para esse programa, disse à comunidade aonde queria chegar com ele, e a comunidade implementou correções e aperfeiçoamentos que a Microsoft então aceitou. Originalmente, a plataforma deles só rodava no Windows. Então, certo dia, a Microsoft anunciou que no futuro eles fariam com que ela funcionasse em iOS e Linux. No dia seguinte a comunidade disse: 'Ótimo, muito obrigado. Vamos fazer um desses para você'." A comunidade GitHub criou sozinha a versão para Mac — do dia para a noite. Foi um presente dado à Microsoft por eles terem compartilhado o código.

"Quando uso o Uber", concluiu Wanstrath, "agora tudo em que estou pensando é aonde quero ir. Não em como chegar lá. É a mesma coisa com o GitHub. Agora você só precisa pensar sobre o problema que quer resolver, não sobre as ferramentas que vai usar." Você agora pode ir até a prateleira do GitHub, encontrar exatamente aquilo de que precisa, pegar, aperfeiçoar e colocar ali de volta para a pessoa seguinte. E, nesse processo, ele acrescentou, "estamos eliminando todas as possibilidades de atrito. O que você está vendo acontecer no GitHub, você está vendo em todos os ramos".

Quando o mundo é plano, você pode colocar todas as ferramentas lá fora à disposição de todo mundo, mas o sistema ainda está cheio de atritos. Porém o mundo fica mais *rápido* quando as ferramentas desaparecem e você só precisa pensar no projeto. "No século XX, todas as limitações eram impostas pelo hardware, e a dificuldade era tornar o hardware mais rápido — processadores mais rápidos, mais servidores", disse Wanstrath. "No século XXI, o fator decisivo é o software. Não podemos fazer mais seres humanos, mas podemos fazer mais programadores, e queremos dar às pessoas o poder de construir ótimos softwares elevando o nível daqueles que já existem e abrindo o mundo do desenvolvimento de softwares para formar pessoas capazes de elaborar códigos [...] de modo que possam criar a próxima grande startup ou o próximo projeto inovador."

Há algo maravilhosamente humano na comunidade *open source*. No seu cerne, ela é mobilizada por um desejo humano profundo por reconhecimento e afirmação do trabalho bem-feito — não pela recompensa financeira. É espantosa a quantidade de valor que pode ser criada com as palavras: "Ei, o que você acrescentou é realmente genial. Belo trabalho. Parabéns!". Milhões de horas de trabalho gratuito são liberadas quando se recorre ao desejo inato que existe nas pessoas de inovar, compartilhar e obter reconhecimento por isso.

Na realidade, o que é mais empolgante de ver hoje em dia, disse Wanstrath, "é o fato de as pessoas por trás dos projetos estarem agora descobrindo umas às outras no GitHub. São companhias encontrando desenvolvedores, desenvolvedores encontrando-se uns com os outros, estudantes encontrando orientadores, e excêntricos em busca de adeptos para suas conspirações — o GitHub é tudo isso. Ele está se tornando uma biblioteca no sentido holístico. Está se tornando uma comunidade no sentido mais profundo da palavra". Ele acrescentou: "As pessoas encontram umas às outras no GitHub e descobrem que estão vivendo na mesma cidade e então saem e dividem uma pizza e conversam a noite toda sobre criação de softwares".

Contudo, mesmo um projeto *open source* precisa de dinheiro para operar, especialmente quando se tem 12 milhões de usuários, então o GitHub concebeu um modelo de negócio. Ele cobra das empresas pelo uso de sua plataforma para contas privadas voltadas para negócios, nas quais as companhias criam repositórios privados de software com seus códigos e decidem quem deixarão colaborar neles. Atualmente, um grande número de empresas de peso mantém repositórios tanto públicos quanto privados no GitHub, porque isso permite que avancem mais rapidamente, recorrendo à maior quantidade possível de capacidade intelectual.

"Construímos nossa arquitetura de nuvem num software de código aberto chamado OpenStack, de modo que pudéssemos nos valer da comunidade, e temos 100 mil desenvolvedores que não trabalham para nós — mas o que eles fazem numa semana, não poderíamos fazer em um ano", disse Meg Whitman, presidente e CEO da Hewlett-Packard Enterprise. "Estou convencida de que o mundo é movido pela ânsia de se sentir avalizado, e é isso o que torna essas comunidades tão poderosas. As pessoas são mobilizadas pelo desejo de que outros na comunidade avalizem seu trabalho. Você gosta de mim? *De verdade?* A maioria das pessoas não obtém toneladas de aprovação. Aprendi isso no eBay. As pessoas enlouqueciam quando obtinham um feedback. Onde mais você pode acordar e ver como todos o adoram?!"

As companhias costumavam esperar até que o próximo chip aparecesse. Mas, agora que podem usar softwares para fazer qualquer hardware dançar e cantar de mil novas maneiras diferentes, é pelo software que as pessoas mais esperam e é por ele que se mostram ávidas para colaborar umas com as outras. É por esse motivo que John Donovan, da AT&T, disse: "Para nós, a lei de Moore tem a ver com os bons e velhos tempos. A cada doze ou 24 meses podíamos planejar um novo chip e sabíamos que ele estaria para aparecer, e podíamos testar aspectos relacionados a ele e fazer planos em função dele". Hoje em dia, o negócio é saber qual é o software que está para aparecer. "O ritmo da mudança está sendo ditado por aqueles que podem criar o software", ele acrescentou. "A gente sabe que alguma coisa está mudando quando os caras com todos aqueles caminhões e escadas que sobem nos postes telefônicos te dizem: 'Donovan, agora somos uma empresa de software'. Os softwares costumavam ser a boca do gargalo e agora estão passando a abranger tudo. Acabaram se tornando um fator multiplicador da lei de Moore."

TRABALHANDO EM REDE: BANDA LARGA E MOBILIDADE

Ainda que os avanços que propiciaram a aceleração no processamento, nos sensores, no armazenamento e no software tenham sido fundamentais, eles nunca teriam se expandido na proporção em que se expandiram sem os avanços que aceleraram a conectividade — ou seja, a capacidade e a velocidade da rede terrestre e submarina de cabos de fibra óptica e de sistemas wireless, que são a espinha dorsal da internet, assim como da telefonia móvel. Ao longo dos últimos vinte anos, o progresso ocorrido nesse campo também tem se dado num ritmo próximo ao da lei de Moore.

Em 2013, visitei Chattanooga, no Tennessee, apelidada de "Gig City" depois que instalaram na cidade o que na época era o serviço de internet mais rápido dos Estados Unidos — uma rede ultraveloz de fibra óptica que transferia dados na razão de um gigabit por segundo, o que vinha a ser em torno de trinta vezes mais rápido do que a velocidade média numa cidade comum dos Estados Unidos. Segundo um registro de 3 de fevereiro de 2014 no *New York Times*, foram necessários meros "33 segundos para baixar um filme de duas horas em alta definição em Chattanooga comparado com os 25 minutos necessários numa conexão de banda larga de alta velocidade média disponível no resto do país". Quando estive na cidade, o grande assunto local ainda era um dueto incomum ouvido ali em 13 de outubro, usando uma tecnologia de videoconferência com latência superbaixa. Quanto menor a latência, menos perceptível é a defasagem de tempo quando duas pessoas falam uma com a outra a partir de dois pontos diferentes do país. E, com a então recém-inaugurada rede de alta velocidade, essa defasagem era baixa a ponto de ser imperceptível ao ouvido humano. Para frisar esse ponto, T-Bone Burnett, um vencedor do Grammy, cantou "The Wild Side of Life" com Chuck Mead, um dos fundadores da banda BR549, para uma plateia de 4 mil pessoas. Porém Burnett cantou sua parte numa tela em um estúdio em Los Angeles, enquanto Mead cantava num palco armado em Chattanooga. O dueto transcontinental foi possível, informou o site Chattanooga.com, porque a latência da nova rede de fibras de Chattanooga era de 67 milissegundos, ou seja, o áudio e o vídeo viajaram 3400 quilômetros de Chattanooga até Los Angeles em um quarto de um piscar de olhos — tão rápido que nenhum ouvido humano capta o hiato mínimo na transmissão do som.

Esse dueto também era um subproduto de avanços bastante recentes que propiciaram uma aceleração na ciência das fibras ópticas, explicou Phil Bucksbaum, professor de ciências naturais no departamento de física da Universidade Stanford. Bucksbaum, um especialista da ciência do laser, base das comunicações ópticas, foi presidente da Optical Society. No início de sua carreira, nos anos 1980, ele trabalhou no Bell Labs. Naqueles dias, cientistas da computação podiam usar um comando chamado "ping" para descobrir se um computador com o qual estivessem querendo se comunicar numa outra parte do edifício da Bell Labs estava "acordado". O ping enviaria uma mensagem eletrônica que iria testar o outro computador e indicar se estava desperto e disponível para uma conversa envolvendo duas partes. O ping também tinha um relógio que diria quanto tempo levava para o sinal elétrico ir até o fim da linha e voltar.

"Já não usava o ping havia mais de uma década", Bucksbaum me contou num café da manhã em setembro de 2015. Mas, só pela diversão, "me sentei diante do computador na minha casa em Menlo Park, outro dia, e mandei uns pings até um punhado de outros computadores pelo mundo afora", só para ver quão rápido o sinal podia chegar até lá e voltar. "Comecei a mandar pings para computadores em Ann Arbor, Michigan; no Imperial College, em Londres;

no Instituto Weizmann, em Israel; e na Universidade de Adelaide, Austrália. Foi espantoso. A velocidade chegava a pouco mais da metade da velocidade da luz", que vem a ser 300 milhões de metros por segundo. Assim, aquele sinal foi de uma tecla apertada no computador de Bucksbaum até seu cabo de fibra óptica local, viajou pela rede terrestre e submarina de cabos de fibra e chegou a um computador do outro lado do mundo a uma velocidade maior que a metade da velocidade da luz.

"Em termos de velocidade, já alcançamos metade da rapidez que as leis da física nos permitem; e tentar ir mais rápido implicará diminuir o retorno", ele explicou. "Em vinte anos", acrescentou, "fomos do estágio em que isso talvez fosse uma boa ideia até a compreensão de que atingir os limites físicos não nos trará retorno algum [...]. Com o ping, descobri quão perto estávamos dos limites impostos pela física, e isso foi realmente espantoso. É uma revolução fantástica."

Essa revolução aconteceu, explicou Bucksbaum, graças a uma espécie de lei de Moore que vem acelerando numa razão constante as velocidades de transmissão de dados e de voz pelos cabos de fibra óptica. "A velocidade com que podemos transmitir dados pelos cabos submarinos de fibra óptica vem aumentando o tempo todo", disse ele. A versão resumida dessa história é mais ou menos assim: começamos enviando vozes e dados usando uma frequência digital de rádio por cabos coaxiais feitos originalmente de fios de cobre. Foi com eles que a primeira companhia telefônica ou de cabo instalou um aparelho na sua casa e na caixa do seu aparelho de televisão. O mesmo cabo coaxial também era usado para levar voz e dados sob o oceano para os quatro cantos do globo.

E então cientistas em lugares como o Bell Labs e Stanford começaram a explorar a ideia de usar lasers para enviar vozes e dados em pulsos de luz através de fibras ópticas — basicamente tubos de vidro longos, finos e flexíveis. Tendo começado no fim da década de 1980 e no início da de 1990, isso evoluiu até se transformar no novo padrão. Os cabos originais de fibra óptica eram feitos de cadeias de cabos que só funcionavam até certo ponto. Depois de percorrer determinada distância, o sinal se enfraquecia, precisando parar numa caixa de amplificação, na qual seria transformado de luz em sinal eletrônico, amplificado, e então convertido de novo em luz e enviado para o seu caminho. Porém, com o tempo, o setor descobriu novas maneiras de usar substâncias químicas e fatiar os cabos de fibra, tanto para aumentar a capacidade de voz e data como para transmitir um sinal de luz que jamais se enfraqueceria.

"Isso foi um avanço gigantesco", explicou Bucksbaum. "Com toda essa amplificação interna eles puderam se livrar das caixas eletrônicas de amplificação e instalar cabos de fibra óptica que fariam o percurso inteiro, de uma ponta a outra", da América para o Havaí ou China ou África, ou então de Los Angeles a Chattanooga. "Isso abriu espaço para um crescimento não linear ainda maior", ele disse — sem falar na capacidade de transmitir filmes diretamente para a nossa casa. Tornou possível a internet de banda larga.

"Desde o momento em que deixou de ser necessário quebrar o sinal de luz de laser para amplificá-lo, a velocidade com que podíamos transmitir informação não se viu mais limitada pelos limites das propriedades da luz", ele explicou. "Então, nós, o pessoal do laser, fizemos umas coisas sinistras." Eles encontraram um monte de novas maneiras de empurrar uma quantidade ainda maior de informação usando laser e vidro. Entre elas, a multiplexação por divisão no tempo — ligar e desligar a luz, ou usar o laser para gerar pulsos, criando maior capacidade — e a multiplexação por divisão de comprimento de onda, usando diferentes cores de luz para carregar diferentes conversas telefônicas ao mesmo tempo —, e em seguida combinações dessas duas coisas.

Eles não esgotaram as possibilidades de aceleração. "A história dos últimos vinte anos é a de que estamos o tempo todo encontrando meios mais rápidos e melhores de dividir as diferentes propriedades da luz e de embutir uma quantidade ainda maior de informação", disse Bucksbaum. "A velocidade da transferência de dados para um cabo submarino é agora de trilhões de bits por segundo." Em algum momento, acabaremos "nos chocando contra as leis da física", ele acrescentou, mas ainda não chegamos lá. As companhias estão agora experimentando não apenas maneiras de mudar o sinal ou a cor da luz para criar uma maior capacidade, como também novas maneiras de dar forma a essa luz de modo a aumentar a capacidade de transmissão para mais de 100 trilhões de bits por segundo ao longo das suas linhas de fibra.

"Estamos nos aproximando cada vez mais da capacidade de transmitir uma quantidade quase infinita de informação a um custo zero — esses são tipos de acelerações não lineares sobre os quais você está falando", disse Bucksbaum. A maior parte das pessoas hoje está usando essa nova potência para transmitir filmes, mas ela vai passar a impregnar tudo. "Esta manhã encomendei um livro às cinco horas e ele vai ser entregue pela Amazon hoje mesmo."

A APOSTA DA AT&T

Apesar de seu enorme poder, todas essas fibras ópticas em cabos terrestres e marítimos contam apenas parte da história da conectividade. Para liberar o poder da revolução dos telefones celulares, também foi necessário expandir a velocidade e o alcance das redes sem fio.

Muitos protagonistas participaram dessa história, a começar pela AT&T e a grande aposta que fez — fato conhecido por poucas pessoas. Aconteceu em 2006, quando o então COO (Chief Operating Officer, ou diretor de operações) e futuro CEO da empresa, Randall Stephenson, discretamente fechou negócio com Steve Jobs para que a AT&T passasse a ser a operadora exclusiva nos Estados Unidos para essa coisa nova chamada iPhone. Stephenson sabia que o acordo colocaria sob pressão a capacidade das redes da AT&T, mas não tinha a menor ideia de em que grau isso se daria. O iPhone se propagou com tal rapidez e a necessidade de uma capacidade maior explodiu numa escala tão gigantesca devido à revolução dos aplicativos que a AT&T se viu diante de um desafio monumental. Ela era obrigada a aumentar sua capacidade, praticamente do dia para a noite, usando a mesma linha básica e infraestrutura de comunicação sem fio já instalada. De outro modo, todos que comprassem um iPhone acabariam tendo suas chamadas interrompidas. A reputação da AT&T estava em risco — e Jobs não ficaria nada feliz se as chamadas no seu maravilhoso telefone ficassem caindo. Para lidar com o problema, Stephenson voltou-se para o seu diretor de estratégia, John Donovan, e Donovan por sua vez recrutou Krish Prabhu, atual presidente do AT&T Labs.

Donovan conta a história: "Estamos em 2006 e a Apple está negociando os contratos de serviço para iPhone. Ninguém nem sequer tinha visto um deles. Decidimos apostar em Steve Jobs. Quando o telefone apareceu pela primeira vez [em 2007], ele só tinha aplicativos da Apple, e funcionava numa rede 2G. De modo que existia um duto muito pequeno, mas funcionava porque as pessoas queriam apenas usar alguns poucos aplicativos que vinham com o telefone". Porém, logo depois, Jobs decidiu abrir o iPhone para aplicativos de todas as origens, como tinha sugerido o investidor de risco John Doerr.

Alô, AT&T! Está me ouvindo agora?

"Em 2008 e 2009, quando a loja de aplicativos se tornou disponível, a demanda por voz e dados simplesmente explodiu — e nós tínhamos o contrato exclusivo" para fornecer a banda larga, disse Donovan, "mas ninguém tinha antecipado a escala em que aquilo estava acontecendo." A demanda explodiu 100 000% [ao longo dos poucos anos seguintes]. Imagine a ponte sobre a baía de San Francisco recebendo um volume de tráfego 100 000% maior. Então, tínhamos um problema. Contávamos com um duto muito pequeno, que teria de deixar de alimentar um rato para alimentar um elefante; e um dispositivo que, de uma novidade, viria a se tornar uma necessidade" para todos no planeta. Stephenson insistiu que a AT&T oferecesse dados, textos e voz numa capacidade ilimitada. Os europeus optaram por outro caminho, com ofertas mais restritivas. Péssima jogada. Acabaram atropelados pelo estouro de uma manada que exigia dados, textos e voz em termos ilimitados. Stephenson tinha razão, mas a AT&T tinha apenas um único problema — como satisfazer essa promessa de capacidade ilimitada sem expandir vastamente sua estrutura do dia para a noite, o que era fisicamente impossível.

"A visão de Randall era a de 'nunca ficar no caminho da demanda'", disse Donovan. Aceite-a, abrace-a, mas encontre um meio de atendê-la rapidamente antes que a marca acabe sendo assassinada pelo número de chamadas caídas. Ninguém na opinião pública sabia que isso estava acontecendo, mas tratava-se de um momento decisivo para a AT&T, e Jobs estava de olho em cada detalhe do que acontecia desde seu quartel-general na Apple.

"Era esperado que tivéssemos que lidar com algumas exponenciais", disse Donovan. "E eu sabia que não conseguiria chegar lá contando apenas com o efeito da lei de Moore sobre o hardware. Seria necessário um tempo longo demais para lidar com a situação numa escala como aquela. Eu precisava encontrar uma solução mais rápida — daí o software. Fomos pioneiros em *networking*, a comunicação em rede possibilitada por softwares. Colocamos todo mundo com quem podíamos contar na empresa para trabalhar com desenvolvimento de softwares e fomos até os nossos fornecedores [de infraestrutura] e falamos para eles: 'Estamos passando nosso negócio para a área de software'."

Pedi a Prabhu que explicasse a expansão das conexões em rede via software, o que ele fez recorrendo a um exemplo simples: "Pense na calculadora do seu telefone", disse. "Ela cria o efeito virtual de um hardware — uma calculadora de mesa — usando software. Ou pense na lanterna do seu iPhone. Isso é o software usando o hardware subjacente para criar uma lanterna virtual."

Em termos de networking, explicou Prabhu, isso significa inventar grandes quantidades de novas capacidades para transmitir dados, textos e voz, lançando mão dos mesmos comutadores, fios, chips e cabos, fazendo com que trabalhem melhor e mais rapidamente ao — com a ajuda da mágica do software — tornar virtual uma série de operações. A melhor maneira de compreender isso é pensar nos fios de telefone como uma autoestrada, e então imaginar que os únicos carros nessa autoestrada são carros que rodam sozinhos, controlados por computadores, de modo que jamais possam vir a bater uns nos outros. Se fosse esse o caso, então poderíamos colocar muito mais carros na estrada, porque eles seriam capazes de se mover com os para-choques quase colados uns nos outros a 160 quilômetros por hora, a apenas quinze centímetros de distância um do outro. Quando consideramos a energia elétrica fluindo por dentro de um fio de cobre ou por um cabo de fibra ou pelo transmissor de um celular e então aplicamos determinado software a esse sinal eletrônico, podemos manipular essa energia num número muito maior de maneiras diferentes e criar um volume muito maior de capacidade para além dos limites e das margens de segurança tradicionais, tudo obtido no interior do hardware original.

E da mesma forma que podemos arrumar uma rodovia com carros autômatos dirigindo a 160 quilômetros por hora separados por apenas quinze centímetros, disse Donovan, podemos "pegar o mesmo fio de cobre projetado para carregar duas vozes de uma ligação comum e fazer com que ele transmita oito fluxos de vídeo ao maximizar a maneira como os bits atuam. O software se adapta e aprende. O hardware não pode fazer isso. Então, desconstruímos os componentes do hardware e obrigamos todos a repensá-los. Basicamente transformamos o hardware numa commodity e então criamos um sistema operacional como parâmetro para cada roteador, e o batizamos de ONOS, de Open Network Operating System [Sistema Operacional de Rede Aberta]". Os usuários podiam então escrever nele programas destinados a continuar a aprimorar sua performance.

Softwares, concluiu Donovan, "têm mais poder e mais flexibilidade do que qualquer material pode oferecer. Softwares são melhores do que os materiais quando se trata de captar novos conhecimentos". Basicamente, "[o que fizemos foi] amplificar a lei de Moore com o software. A lei de Moore era vista como o tapete mágico no qual vínhamos voando, e então descobrimos que podíamos usar software e literalmente acelerar a lei de Moore".

IRWIN: O CARA DO CELULAR

A ocorrência de todos esses avanços nas redes de comunicação foi maravilhosa para os consumidores, porém alguém tinha de embuti-los num telefone que pudéssemos carregar no bolso para chegarmos à revolução definitiva – e nenhum indivíduo foi mais responsável por essa revolução da telefonia celular do que Irwin Jacobs. No panteão dos grandes inovadores que desencadearam a era da internet – Bill Gates, Paul Allen, Steve Jobs, Gordon Moore, Bob Noyce, Michael Dell, Jeff Bezos, Marc Andreessen, Andy Grove, Vint Cerf, Bob Kahn, Larry Page, Sergey Brin e Mark Zuckerberg –, guardemos algumas linhas para Irwin Jacobs e acrescentemos a Qualcomm à lista de importantes empresas das quais mal ouvimos falar.

A Qualcomm está para os celulares assim como a Intel e a Microsoft estão para os desktops e laptops – a primeira a inventar, projetar e fabricar os microchips e o software que fazem funcionar smartphones e tablets portáteis. E tudo o que temos a fazer é caminhar pelo museu da Qualcomm na sua sede em San Diego e ver o seu primeiro telefone móvel – basicamente uma maleta com um telefone dentro, fabricada em 1988 – para avaliarmos a jornada da empresa feita sob o signo da lei de Moore. Como a Qualcomm hoje não vende seus produtos para consumidores, apenas para fabricantes e provedores de serviço, a maior parte das pessoas não conhece Jacobs e o papel por ele desempenhado no lançamento da telefonia móvel. A história merece um pequeno replay.

Conforme me explicou numa entrevista concedida na cafeteria do saguão da sede da Qualcomm, Jacobs tinha e continua a ter um objetivo geral na vida: "Quero que todas as pessoas no planeta tenham seu próprio número de telefone".

Agora com 82 anos, Jacobs ainda mantém essa determinação férrea, disfarçada sob o sorriso típico de um vovô e uma atitude calorosa, comum aos grandes inovadores que costumam inicialmente ser descartados pelas pessoas como malucos: *Foi incrível conhecer você – agora saia da frente enquanto desfaço tudo o que você vem fazendo. Ah, e tenha um ótimo dia!*

Hoje nos esquecemos de que achar que era possível colocar um telefone na palma da mão de cada um – tendo cada um o seu próprio número – não era exatamente um sonho banal lá atrás, nos anos 1980. E com certeza não era tão inevitável como nos parece hoje. Jacobs era professor de engenharia no

MIT, onde foi coautor de um manual sobre comunicações digitais. Em 1966, seduzido pelo clima ameno do Oeste, ele assumiu um posto na Universidade da Califórnia em San Diego. Logo depois de chegar lá, criou uma startup de consultoria de telecomunicações com alguns colegas, chamada Linkabit, que foi aberta em 1968 e a qual ele mais tarde vendeu.

Na década de 1980, o negócio da telefonia móvel estava apenas começando. A primeira geração, os telefones 1G, eram dispositivos analógicos que recebiam e transmitiam por rádio FM. Cada país desenvolvia seus próprios padrões, e para um lugar como a Europa — que havia originalmente liderado essa tecnologia — isso tornava difícil que o serviço passasse de um país para o outro. A geração seguinte, a dos telefones 2G, era baseada no padrão europeu então emergente para redes de celulares digitais, chamada de Sistema Global para Comunicações Móveis [Global System for Mobile, GSM], e usava como protocolo de comunicação a tecnologia de Acesso Múltiplo por Divisão de Tempo [Time Division Multiple Access, TDMA]. Todos os governos no âmbito do Mercado Comum Europeu adotaram o GSM como padrão em 1987, tornando possível que os usuários usassem seus celulares e recebessem chamadas em qualquer país da Europa Ocidental. A União Europeia fez então um lobby para que o resto do mundo aderisse a esse padrão, estimulado por companhias europeias como a Ericsson e a Nokia.

Na época em que tudo isso estava acontecendo, por volta de 1985, Jacobs e seus colegas fundaram uma nova startup na área de telecomunicações chamada Qualcomm. Um de seus primeiros clientes foi a Hughes Aircraft. "A Hughes tinha nos procurado com um projeto", lembrou Jacobs. "Eles haviam submetido uma proposta à Comissão Federal de Comunicações para lançar um sistema de comunicações por satélite, e então vieram até a Qualcomm perguntando se teríamos condições de oferecer algum aperfeiçoamento técnico à proposta deles."

Com base em pesquisas, Jacobs pensava que um protocolo chamado Acesso Múltiplo por Divisão de Código [Code Division Multiple Access, CDMA] poderia ser a melhor maneira de avançar, uma vez que aumentava drasticamente a capacidade de comunicação sem fio, tornando assim a telefonia móvel acessível a um número bem maior de pessoas — podendo abarcar um número maior de assinantes por satélite — do que o protocolo TDMA que estava sendo imposto na Europa.

Na época, contudo, o GSM da Europa e seus equivalentes nos EUA que haviam adotado o TDMA se encontravam em sua fase inicial de crescimento, e quase todos os investidores faziam a Jacobs a mesma pergunta: "Por que precisaríamos de mais uma tecnologia sem fio quando o GSM e o TDMA parecem ser bons o bastante?".

Tanto o CDMA quanto o TDMA, explicou Jacobs, funcionavam enviando múltiplas conversas por uma única onda de rádio. O CDMA, no entanto, também podia extrair vantagens de pausas naturais na maneira como as pessoas falavam de modo a tornar possível um maior número de conversas simultâneas. Isso é conhecido como "espalhamento espectral", no qual a cada chamada é atribuído um código que é embaralhado num amplo espectro de frequência e depois reconstruído na ponta em que a chamada é recebida, permitindo assim que múltiplos usuários ocupem o mesmo espectro simultaneamente, usando códigos de software bastante complicados e outras técnicas. O espalhamento espectral reduz a interferência gerada por outras conversas de outras bases de antenas de celulares. Com o TDMA, ao contrário, cada chamada telefônica ocupava sua própria vaga. Isso limitava sua capacidade de crescimento, porque a operadora de uma rede de celulares acabaria em algum momento ficando sem vagas se um número muito grande de pessoas tentasse fazer ligações ao mesmo tempo. Qualquer rede pode ficar sobrecarregada, mas com o TDMA sua capacidade se esgotaria mais cedo com um número menor de usuários. Pesando os prós e contras, o CDMA prometia um uso muito mais eficiente do espectro — mais tarde, viria também a dar suporte à transmissão de dados via banda larga em redes sem fio. Em resumo, o TDMA oferecia uma chave para uma sala finita. O CDMA tinha a chave para uma sala quase ilimitada. E Jacobs teve o pressentimento de que isso um dia poderia vir a ser muito importante.

Jacobs e seus colegas, ainda na época da Linkabit, tinham trabalhado numa das três redes que tomaram parte na primeira demonstração da internet, em 1977. Assim, ele já podia imaginar que um dia os telefones celulares poderiam vir a ser usados para se conectar com a internet. Quando Jacobs e seu colega Klein Gilhousen propuseram sua abordagem alternativa, a indústria de telefonia disse que seria complicada e cara demais, com o risco de talvez não gerar uma capacidade adicional. Além disso, nos anos 1990, quantas pessoas imaginavam que poderiam usar seus celulares para acessar a internet? As pessoas já ficavam contentes só com o fato de as ligações não caírem. Enquanto isso, a Hughes descartou o projeto com Jacobs, deixando que a Qualcomm, na época uma startup na tenra infância, *mantivesse a propriedade intelectual e as patentes que tinha desenvolvido para a telefonia móvel.*

Uma péssima decisão para a Hughes – porque Jacobs não desistiria tão cedo.

"Enfim, emitimos o padrão para CDMA no verão de 1993 e não conseguimos convencer nenhum outro fabricante de dispositivos portáteis a produzir um telefone CDMA", disse Jacobs. "Fizemos chips, software, telefones e infraestrutura, tudo por conta própria – porque ninguém mais saberia fazer." Em setembro de 1995, contudo, Jacobs convenceu a companhia telefônica Hutchison Telecom, de Hong Kong, a adotar os telefones e o protocolo CDMA da Qualcomm, fazendo dela a maior operadora comercial dessa tecnologia.

"Até então todos eram bastante céticos em relação às perspectivas de funcionamento do CDMA num ambiente comercial", ele disse. "Isso foi em outubro de 1995, e em 1996 a Coreia do Sul começou a usar nossos telefones fabricados em San Diego. A qualidade da voz era melhor, as ligações caíam menos, e o CDMA era capaz de transmitir tanto dados como voz numa escala impossível para o TDMA."

E isso preparou o cenário para a disputa decisiva entre os protocolos CDMA e TDMA. Ainda que os telefones 2G trabalhassem com voz e um pouco de texto, à medida que a popularidade da internet foi aumentando, operadores e fabricantes reconheceram a necessidade de um acesso sem fio mais eficiente, propondo então uma terceira geração, ou 3G, de comunicação via celular que tornasse possível a transmissão de grandes quantidades de dados e de voz com mais eficácia. Estava sendo travada uma guerra telefônica global para decidir qual padrão iria prevalecer.

Encurtando a história, Jacobs venceu e o padrão europeu GSM/TDMA perdeu. Eles perderam porque sua tecnologia dispunha de uma quantidade finita de espectro e o CDMA tornava possível obter muito mais com a mesma quantidade de espectro – e logo havia um volume muito maior a ser transmitido, graças à internet. Hoje em dia não nos lembramos mais dessas guerras, mas elas foram sangrentas. O padrão inventado nos EUA prevaleceu não apenas porque era melhor, mas também porque, ao contrário do que aconteceu na Europa, onde os governos impuseram um padrão, nos Estados Unidos o governo permitiu que o mercado escolhesse, e muitos escolheram o caminho de Jacobs e do CDMA. Mais uma vez, você provavelmente mal se deu conta de tudo isso, mas foi algo que teve enormes implicações. Ao acessar a internet hoje, a vasta maioria da população mundial o faz pelo telefone, e não por um laptop ou desktop. E o motivo de isso ter acontecido à velocidade e ao preço que aconteceu — tornando o smartphone a plataforma de tecnologia que mais rapidamente cresce na história — foi o fato de Jacobs ter reconhecido logo que o CDMA ofereceria um acesso mais eficiente não apenas à voz, mas à internet.

É claro, pode-se muito bem dizer que, no fim das contas, tudo acaba sendo inventado e que alguém teria chegado ao CDMA como base do acesso à internet via telefonia móvel. Talvez. No entanto, foi graças à titânica teimosia de Jacobs em apoiar o padrão CDMA, quando mais ninguém o julgava necessário e a Europa fazia pressão no sentido contrário, que isso se deu de forma mais rápida, mais abrangente e mais barata. E, como consequência desse processo, as empresas americanas assumiram a dianteira em 3G e 4G. Enquanto isso, assim que seu protocolo e seu software foram escolhidos para adoção em massa, a Qualcomm saiu do negócio da fabricação de telefones e plataformas de transmissão para focar exclusivamente em chips e software.

Hoje, disse Jacobs, "pessoas em todas as partes do mundo contam com acesso eficiente tanto à voz como à internet, e isso proporciona apoio à educação, ao crescimento econômico, à saúde e à boa governança". Um dos principais motivos "de nossa vitória", ele acrescentou, "foi que, mesmo que fosse mais complicado implementar o CDMA, as pessoas estavam pensando na capacidade dos chips *naquele momento*. Não estavam levando em conta o efeito da lei de Moore, que permite um aperfeiçoamento da tecnologia a cada dois anos capaz de levar à maior eficiência que poderia ser alcançada com o CDMA". As pessoas dizem que no hóquei no gelo não basta ir aonde está o *puck*, o disco de borracha; é preciso ir *na direção* em que ele está indo, e a Qualcomm está indo aonde o disco está indo: na direção da lei de Moore, que seguia uma curva para cima, semelhante à de um taco de hóquei. "Em algum momento no início da década de 2000, quando estávamos tentando expandir para a Índia e para a China", disse Jacobs, "fiz a previsão alucinada de que um dia teríamos telefones que custariam cem dólares. Hoje eles estão custando menos de trinta dólares na Índia."

Porém as invenções da família Jacobs não pararam por aí. No fim de 1997, Paul Jacobs, que mais tarde veio a suceder ao pai como CEO, teve uma ideia genial. Certo dia, ele apareceu numa reunião de sua equipe em San Diego, pegou um celular da Qualcomm, juntou-o a um Palm Pilot e disse ao seu pessoal: "É isso que vamos fazer". A ideia era tentar criar um dispositivo que combinasse um Palm Pilot — na época basicamente uma combinação de calendário, Filofax, livro de endereços e agenda com capacidade para fazer anotações e um navegador de mensagens ligado à internet via rede sem fio — com um telefone celular 3G. Dessa maneira, para ligar para um número no caderno de endereços do Palm Pilot, bastava clicar nele e o celular faria a ligação. E com o mesmo dispositivo seria possível navegar na internet. Jacobs procurou a Apple para ver se estariam interessados numa parceria com a Qualcomm nesse projeto, usando o Apple Newton, o concorrente do Palm.

Porém a Apple — isso foi pouco antes da volta de Steve Jobs — recusou a proposta e acabou por matar o Newton. Então Jacobs procurou a Palm e juntos acabaram por fazer o primeiro "smartphone" — o pdQ 1900, da Qualcomm —, em 1998. Foi o primeiro telefone projetado não apenas para retransmitir mensagens, mas para combinar a conectividade oferecida de banda larga de internet sem fio via celular com a tecnologia *touchscreen* e um sistema operacional aberto que acabaria sendo capaz de rodar aplicativos baixados pela internet. Mais tarde a Qualcomm criou a primeira loja de aplicativos para telefones, chamada Brew, posta no mercado pela Verizon em 2001.

Paul Jacobs relembra o preciso momento em que soube que uma revolução estava prestes a acontecer. Era o Natal de 1998 e ele estava sentado na praia, em Maui. "Peguei um protótipo do pdQ 1900 que tinham me enviado e digitei nele 'Maui sushi' no motor de busca do AltaVista. Estava usando uma conexão sem fio Sprint. E apareceu um restaurante de sushi em Maui. Não me lembro mais do nome do restaurante, mas o sushi era ótimo! Naquele momento, senti de maneira visceral que aquilo que eu tinha teorizado — dispor de um telefone com a capacidade de conexão de um Palm ligado à internet — acabaria por mudar tudo. Os dias do PDA desconectado tinham chegado ao fim. Fiz uma busca por alguma coisa que me interessava e que nada tinha a ver com tecnologia. Hoje parece óbvio, mas naquela época era uma experiência nova — a de que você podia se sentar na praia em Maui e encontrar o melhor sushi."

Paul Jacobs não mede as palavras: "Nós fizemos a revolução do smartphone". Porém Jacobs se apressa a acrescentar que eles estavam à frente — e atrás — do seu tempo. O dispositivo pioneiro criado por eles era um tanto desajeitado:

não dispunha de nenhuma das interfaces que facilitam a vida dos usuários, nem do design elegante que o iPhone da Apple de Steve Jobs viria a oferecer em 2007, e surgiu antes que existisse a internet de banda larga e as muitas coisas que ela podia fazer.

De modo que a Qualcomm voltou a se concentrar em fazer com que tudo coubesse dentro do smartphone. A Qualcomm consegue promover seus aperfeiçoamentos recorrendo a técnicas de software e hardware a fim de acomodar e comprimir bits mais densamente, e Jacobs acredita que pode avançar ainda mais nesse aspecto — talvez multiplicando a capacidade por mil — antes de atingir seu limite. A maioria das pessoas acredita que pode assistir a *Game of Thrones* no celular porque a Apple apareceu com um telefone melhor ainda. Não, a Apple nos deu uma tela maior e um visor melhor, mas o motivo de a conexão não estar engasgando está no fato de a Qualcomm, a AT&T e outros terem investido bilhões de dólares para tornar os telefones e a conexão sem fio mais eficientes.

Para relembrar essa aceleração: o 2G trouxe voz e dados, com transmissões de texto simples, mas não via internet; o 3G permitia a conexão com a internet, mas num nível de velocidade e precariedade que lembrava os tempos em que precisávamos de um acesso discado para acessar a web; o 4G sem fio, o padrão atual, possibilita uma conectividade de banda larga perfeitamente integrada por uma linha fixa, com acesso particularmente integrado para aplicativos que trabalhem com grande volume de dados, como vídeos. Como será o 5G? Os engenheiros da Qualcomm o descrevem como o estágio em que os pronomes saem de cena — "você", "mim", "eu" — e o telefone aprende quem é você, quais lugares gosta de visitar e com quem gosta de se conectar, e então pode antecipar grande parte disso, fazendo tudo para você.

Como Chris Anderson, que escreve sobre tecnologia, disse à revista *Foreign Policy* de 29 de abril de 2013:

> É difícil argumentar que não estamos vivendo num período de inovação tecnológica exponencial. O drone pessoal é, basicamente, o dividendo pacífico das guerras do smartphone, o que significa dizer que os componentes do smartphone — os sensores, o GPS, a câmera, os processadores ARM, a conexão sem fio, a memória, a bateria e todas essas coisas — estão sendo impulsionados pelas fantásticas economias de escala e que os equipamentos inovadores da Apple, Google e outros

estão disponíveis por alguns poucos dólares. Há dez anos eles tinham um custo essencialmente "inacessível". Eram coisas que costumavam ser usadas pela tecnologia industrial militar; agora você pode comprá-las numa loja RadioShack. Nunca vi a tecnologia avançar mais rapidamente do que vem acontecendo hoje, e isso se dá por causa do supercomputador que levamos no bolso.

E, no que diz respeito a Irwin Jacobs, vocês não viram nada ainda. Antes de ir embora, ele me disse: "Ainda estamos na era em que carros tinham rabo de peixe".

A NUVEM

Se as tecnologias que hoje vêm crescendo numa razão exponencial continuam a acelerar numa velocidade multiplicadora, isso se deve em grande medida ao fato de estarem se fundindo numa coisa que veio a ser chamada de "a nuvem", que amplifica todas elas individual e coletivamente. A nuvem não é determinado lugar ou edifício. O termo se refere a softwares e serviços que rodam na internet, e não no disco rígido do seu computador. A Netflix, por exemplo, ou o Microsoft Office 365, rodam na nuvem. A beleza da nuvem está no fato de que se todos os seus softwares estão lá e todas as suas "coisas" estão armazenadas lá, em vez de no seu computador ou telefone – ou seja, suas fotos favoritas, dados sobre sua saúde, o texto do livro em que você está trabalhando, seu portfólio de ações, o discurso que está para fazer, seus games de celular preferidos e seus aplicativos de design e escrita –, então podemos acessá-los a partir de qualquer computador, smartphone ou tablet em qualquer lugar, contanto que disponha de uma conexão com a internet.

Colocando as coisas em outros termos, a nuvem é na realidade uma vasta rede de servidores de computadores espalhados por todo o mundo que pode ser acessada por meio de empresas como Amazon, Microsoft, Google, HP, IBM e Salesforce e que funciona como uma infraestrutura que está no céu. E como os serviços e aplicativos oferecidos pela nuvem – como o Google Photos – estão armazenados lá e não no seu disco rígido ou smartphone, eles podem ser permanentemente atualizados pelos provedores. As APIs permitem que cada componente alimente os outros de forma perfeitamente integrada e com incrível eficiência. Tudo isso significa que qualquer um com um smartphone, em qualquer lugar, conta agora com acesso a uma caixa de ferramentas atualizada com frequência e contendo o melhor em software e armazenamento para realizar absolutamente qualquer tarefa. De modo que a nuvem é de fato uma força multiplicadora.

Para muitas pessoas pode ser difícil — isto é compreensível — aceitar a ideia de que toda essa força pode ser baixada desde essa nuvem lá fora, no éter. É por esse motivo que, numa enquete nacional realizada em 2012 pela Wakefield Research a pedido da Citrix, descobriu-se que "a maior parte dos consultados acredita que a nuvem tem alguma relação com o clima [...]. Por exemplo, 51% dos entrevistados, que incluem uma maioria de jovens nascidos depois do ano 2000, acredita que tempestades podem interferir na computação em nuvem", informou a revista *Business Insider* de 30 de agosto de 2012. Apenas 16% compreendiam que se tratava de uma "rede de armazenamento, acesso e compartilhamento de dados a partir de dispositivos conectados na internet".

Sei exatamente o que é a nuvem, mas não gosto mais de usar o termo. Não porque induza à confusão, mas porque, por conotação, sugere uma coisa tão suave, tão leve, tão fofa, tão passiva, tão benévola. Isso me faz lembrar de uma canção de Joni Mitchell: "I've looked at clouds from both sides now/ from up and down, and still somehow/ it's cloud illusions I recall/ I really don't know clouds at all".*

A imagem está longe de captar a natureza transformacional do que vem sendo criado. Quando combinamos robôs, *big data*, sensores, biologia sintética e nanotecnologia, integrando-os da forma mais harmoniosa no interior da nuvem e canalizando para lá sua energia, eles acabam alimentando-se a si mesmos — expandindo as fronteiras de vários campos ao mesmo tempo. E quando combinamos a força da nuvem com a força da conectividade de banda larga, tanto sem fio como por linha fixa, a mistura resultante de mobilidade, conectividade e aumento constante de poder de processamento resulta em algo sem precedente. Isso acaba por liberar um tremendo volume de energia

* "Olhei para as nuvens de um lado e de outro/ de cima e de baixo, e ainda assim, de algum modo/ tudo de que consigo lembrar é a ilusão das nuvens/ No fundo, não conheço as nuvens nem um pouco." (N. T.)

à disposição dos seres humanos para competir, projetar, pensar, imaginar, conectar e colaborar com qualquer um em qualquer lugar.

Ao olharmos para trás, para a história humana, apenas algumas poucas fontes de energia mudaram de modo fundamental tudo para quase todos — o fogo, a eletricidade e a computação. E agora, considerando o que a computação alcançou com a nuvem, não é exagero sugerir que está se tornando algo mais profundo do que o fogo ou a eletricidade. Fogo e eletricidade foram importantíssimas fontes de energia produzida em massa. Eram capazes de aquecer nossas casas, dar energia às nossas ferramentas ou transportar-nos de um lugar para o outro. Em si e por si mesmas, porém, não podiam nos ajudar a pensar ou pensar por nós. Não poderiam nos conectar com todo o conhecimento do mundo ou com as pessoas de todo o mundo. Simplesmente nunca contamos com uma ferramenta como essa, que pudesse ser acessada por pessoas em todo o mundo ao mesmo tempo por meio de um smartphone.

Há vinte anos era preciso ser um governo para ter acesso a esse tipo de capacidade de processamento na nuvem. Depois, uma grande empresa. Agora tudo de que você precisa é um cartão Visa, e é tudo seu enquanto você pagar. Hoje em dia já existem mais dispositivos móveis conectados no planeta do que existem pessoas, embora isso se deva ao fato de muitas pessoas no mundo desenvolvido possuírem dois deles. Cerca de metade da população mundial ainda não dispõe de um celular, smartphone ou tablet. Porém esse número vem diminuindo a cada dia. Uma vez que todos estejam conectados, e veremos esse dia chegar dentro de uma década, estou certo disso, a força intelectual coletiva a ser gerada será espantosa.

Isso é mais que uma nuvem, pessoal!

Assim, em vez de chamar essa nova fonte de energia criativa de "a nuvem", este livro a partir de agora usará o termo sugerido certa vez por Craig Mundie, que projetou computadores para a Microsoft. Eu a chamarei de "a supernova" — uma supernova computacional.

A Nasa, a agência espacial dos EUA, define a supernova como "a explosão de uma estrela [...], a maior explosão que acontece no espaço". A única diferença está no fato de que enquanto a supernova de uma estrela consiste numa única incrível liberação de energia, a supernova tecnológica simplesmente continua a liberar energia numa velocidade exponencialmente acelerada — porque todos os componentes vitais estão sendo empurrados para baixo, em termos de custo, e para cima, em termos de desempenho, num ritmo exponencial ditado pela lei de Moore. "E essa liberação de energia está tornando possível a reformatação de absolutamente todos os sistemas feitos pelo ser humano sobre os quais se assentam a sociedade moderna — e essas capacidades estão sendo estendidas na prática para cada pessoa no planeta", disse Mundie. "Tudo está sendo transformado e todos estão sofrendo seu impacto tanto de maneiras positivas como de negativas."

Não, não, não: *Esta não é uma nuvem suave e fofinha.*

4. A supernova

Pressinto um distúrbio na Força.
Luke Skywalker para Kyle Katarn no video game
Star Wars: Jedi Knight

Você sempre pressente um distúrbio na Força.
Mas é isso aí — também estou sentindo.
Katarn para Skywalker

É isso aí — eu também estou sentindo.

Em 14 de fevereiro de 2011, um momento crucial na história da humanidade foi alcançado — imaginem só — em um dos mais antigos programas de perguntas e respostas da televisão americana, o *Jeopardy!* Naquela tarde, um dos participantes, conhecido apenas pelo sobrenome, Watson, competiu com dois dos maiores campeões de todos os tempos do programa, Ken Jennings e Brad Rutter. O sr. Watson não tentou responder após a primeira dica, porém na segunda foi o primeiro a tocar a campainha para responder.

A pista era: "Pedaço de ferro ajustado no casco de um cavalo ou caixa usada na distribuição de cartas num cassino".

Watson, no mais perfeito estilo *Jeopardy!*, respondeu com a pergunta: "O que é 'shoe'?".*

Essa resposta deveria entrar para a história com as primeiras palavras jamais murmuradas num telefone a 10 de março de 1876, quando Alexander Graham Bell, o inventor, chamou seu assistente — cujo nome, ironicamente, era Thomas Watson — e disse: "Sr. Watson, venha aqui. Quero vê-lo". Na minha opinião, "O que é 'shoe'?" também merece figurar ao lado das primeiras palavras ditas por Neil Armstrong ao pisar na Lua, em 20 de julho de 1969: "Um pequeno passo para o homem, mas um grande salto para a humanidade".

"O que é 'shoe'?" foi um pequeno passo para Watson e um grande salto tanto para os computadores como para a humanidade. Pois Watson, é claro, não era um ser humano, mas um computador, projetado e construído pela IBM. Ao derrotar os maiores campeões humanos do *Jeopardy!* numa competição que durou três dias, Watson demonstrou a solução para o problema que "pesquisadores da área de inteligência artificial vinham havia três décadas se esforçando para resolver": criar "um computador semelhante ao que aparece em *Star Trek*, capaz de compreender perguntas formuladas numa linguagem natural e também de respondê-las" numa linguagem natural, como disse meu colega John Markoff em 16 de fevereiro de 2011 numa reportagem para o *New York Times* que resumia o que ocorrera na competição.

Watson, aliás, obteve uma vitória folgada, demonstrando grande facilidade para lidar com pistas bastantes complexas que poderiam muito bem confundir um ser humano, como a seguinte: "Você só precisa é de uma soneca. Não está sofrendo desse distúrbio de sono que faz com que as pessoas pareçam estar cochilando de pé".

Watson apertou a campainha primeiro — em menos de 2,5 segundos — e retrucou: "O que é 'narcolepsia'?".

Ao refletir a respeito do desempenho de Watson e dos avanços obtidos desde aquele dia, John E. Kelly III, vice-presidente sênior da IBM para soluções cognitivas e pesquisa, que supervisionou o projeto Watson, colocou as coisas para mim nos seguintes termos: "Por muitos anos houve coisas que eu podia

* Em inglês, "shoe" significa tanto "sapato" quanto "ferradura" e "dispensador de cartas". De acordo com o formato do *Jeopardy!*, a resposta deve ser sempre apresentada na forma de uma pergunta, geralmente iniciando com "o que é?" ou "quem é?". (N. T.)

imaginar, mas que nunca julguei que fossem possíveis de serem realizadas enquanto eu estivesse vivo. Então comecei a pensar, bem, talvez quando me aposentar. Agora compreendo que vou ver essas coisas acontecerem antes de me aposentar".

Craig Mundie expôs as coisas de modo bem mais sucinto, com palavras que me trouxeram à mente o gráfico de Astro Teller: "Acabamos de pular para uma curva diferente".

Kelly e Mundie estão se referindo ao fato de que essa coisa que chamamos de nuvem, e que eu chamo de supernova, está criando uma liberação de energia que vem amplificando todos os tipos de poder — o poder das máquinas, das pessoas individualmente, do fluxo de ideias e da humanidade como um todo — em níveis sem precedentes.

Por exemplo, *o poder das máquinas* — sejam computadores, robôs, carros, telefones celulares, tablets ou relógios — ultrapassou uma nova fronteira. Muitas delas estão sendo dotadas de todos os cinco sentidos de que dispõem os seres humanos e de um cérebro para processá-los. Em muitos casos as máquinas podem agora pensar por si mesmas. Mas podem também desfrutar da visão — são capazes de reconhecer e comparar imagens. Têm o sentido da audição — podem reconhecer a fala. Têm vozes — são capazes de atuar como guias de viagem, intérpretes e traduzir de um idioma para outro. Podem se mover e tocar coisas por conta própria, assim como reagir ao toque; podem atuar como motoristas ou carregar nossos pacotes ou mesmo demonstrar sua habilidade, usando uma impressora 3-D, para imprimir um órgão humano inteiro. Algumas estão sendo ensinadas a reconhecer cheiros e sabores. E nós, seres humanos, podemos evocar todos esses poderes com um simples toque, gesto ou palavra.

Ao mesmo tempo, a supernova vem expandindo de forma acelerada o *poder dos fluxos*. Os fluxos de conhecimento, novas ideias, aconselhamento médico, inovação, insultos, rumores, colaboração, mediação, empréstimos, serviços bancários, negócios, laços de amizade, comércio e aprendizagem agora circulam globalmente numa velocidade e amplitude jamais vistas. Esses fluxos digitais carregam energia, serviços e ferramentas da supernova por todo o mundo, e qualquer um pode conectar-se a eles para abrir e fazer prosperar um novo negócio, participar do debate global, adquirir uma nova habilidade ou exportar seu mais recente produto ou hobby.

Tudo isso, por sua vez, está amplificando enormemente *o poder do um*. O que uma pessoa – uma única e solitária pessoa – pode agora fazer de maneira construtiva ou destrutiva também está sendo multiplicado numa nova escala. Costumava ser necessário uma pessoa para matar outra pessoa; agora é possível imaginar um mundo no qual um dia uma pessoa poderia matar a todos. Certamente aprendemos com o Onze de Setembro como dezenove homens enfurecidos e potencializados pela tecnologia poderiam mudar todo o curso da história americana e, talvez, mundial. E isso se deu há quinze anos! Mas isso também vale para o outro lado da moeda – um indivíduo pode agora ajudar um número muito maior de pessoas; uma pessoa pode ajudar milhões de outras criando uma plataforma de ensino na internet; uma pessoa pode divertir ou inspirar milhões de outras; uma pessoa pode agora comunicar uma nova ideia, uma nova vacina, um novo aplicativo para o mundo inteiro de uma só vez.

E, finalmente, essa mesma supernova vem amplificando *o poder dos muitos*. Também nesse aspecto foi ultrapassada uma nova fronteira. Os seres humanos enquanto entidade coletiva são agora não apenas parte da natureza; eles se tornaram uma força da natureza – uma força que está perturbando e mudando o clima e os ecossistemas do nosso planeta numa velocidade e numa extensão jamais vistas na história humana. Porém, mais uma vez, isso vale para o outro lado da moeda. Com seu poder amplificado por essa supernova, *os muitos* – todos nós agindo conjuntamente – dispomos agora do poder de fazer o bem numa velocidade e numa extensão nunca vistas antes: reverter a degradação ambiental ou alimentar, abrigar e vestir cada pessoa no planeta, se ajustarmos nossa mente coletiva com esse objetivo. Nunca detivemos tamanho poder coletivo como espécie.

Em suma, os seres humanos vêm construindo melhores ferramentas para si mesmos com regularidade, mas nunca antes tinham construído uma ferramenta como a supernova. "No passado", disse Craig Mundie, "algumas ferramentas tinham alcance, mas não eram ricas em termos de capacidade; outras eram ricas em termos de capacidade, mas só podiam ser usadas por um número limitado de pessoas – ou seja, não tinham alcance." Com a supernova que está emergindo, "nunca tivemos tanto dessa riqueza com um alcance tão grande".

E as pessoas são capazes de sentir isso, ainda que não possam compreendê--lo plenamente. É por isso que, nas pesquisas que fiz para este livro, a frase que mais ouvi dos engenheiros foi "e isso só nestes últimos anos...". Tantas pessoas me explicaram algo que tinham feito ou que havia sido feito com elas, algo que nem sequer poderiam ter imaginado — "e isso só nestes últimos anos".

Este capítulo explicará exatamente como a supernova tornou possível que isso acontecesse e, em particular, como estimulou — e está estimulando — alguns espantosos avanços no que indivíduos e empresas podem fazer com a tecnologia. Os dois capítulos que se seguem a este discutirão de que forma essa mesma supernova vem amplificando e acelerando os fluxos globais no Mercado e os impactos humanos sobre a Mãe Natureza. Juntos, os três capítulos mostrarão como essas acelerações na tecnologia, na globalização e no meio ambiente constituem a Máquina que vem dando uma nova forma a tudo à nossa volta — não apenas aos programas de perguntas e respostas na TV.

A COMPLEXIDADE É GRÁTIS

Descobri que a melhor maneira de compreender como e por que a supernova está amplificando o poder das máquinas, dos indivíduos, da humanidade e dos fluxos é nos aproximarmos na maior medida possível do que vem a ser o seu limite máximo, como se estivéssemos nos aproximando de um vulcão. Para mim, isso implica entrar em grandes e dinâmicas empresas multinacionais. Ao contrário dos governos, essas companhias não podem se deixar imobilizar por nenhum impasse, nem interromper suas atividades, como o Congresso, apenas por despeito, ou perder um único ciclo de tecnologia. Se fizerem isso, elas morrem — e rapidamente. Em consequência, elas se mantêm bem próximas dos limites da supernova. Extraem sua energia dela e também a impelem adiante. São as primeiras a sentir o calor das crises e acordam a cada manhã para ler os obituários do noticiário de finanças e se certificar de que não estão sendo derretidas por ela. De modo que podemos aprender muito sobre o que vem por aí em termos de novas tecnologias e serviços e sobre o que já está aqui e como está mudando as coisas entrevistando os engenheiros, pesquisadores e líderes dessas companhias.

E, de fato, ao visitar seus laboratórios, me senti como James Bond visitando "Q" no laboratório de pesquisa do serviço secreto britânico no início de cada filme da série, no qual 007 é munido da mais recente caneta venenosa ou de um Aston Martin capaz de voar. Sempre vemos coisas que não fazíamos a menor ideia de que eram possíveis.

Vivi essa experiência em 2014, quando decidi escrever uma coluna a respeito do centro de pesquisas da General Electric em Niskayuna, Nova York. O laboratório da GE é como uma versão das Nações Unidas em miniatura. Cada equipe de engenharia se parece com um desses anúncios multiétnicos da Benetton. Mas não se tratava da implantação de nenhuma política de ação afirmativa; vigorava ali uma brutal meritocracia. Quando se está competindo diariamente na olimpíada tecnológica global, é preciso recrutar os melhores talentos que possam ser encontrados, onde quer que estejam. Nessa viagem, fui conduzido pela unidade tridimensional de produção numa visita guiada pela sua então diretora Luana Iorio. Nos velhos tempos, explicou Iorio, quando a GE pretendia construir um componente de um motor a jato, um designer teria de projetar o produto e então a GE teria de construir as ferramentas que fariam o protótipo daquele componente, o que poderia levar até um ano. Em seguida aquela parte seria manufaturada e testada, sendo que cada teste de iteração duraria alguns poucos meses. O processo inteiro, disse Iorio, muitas vezes exigia "dois anos a partir do momento em que surgia a ideia para alguns de nossos componentes mais complexos".

Agora, Iorio me disse, ao usar softwares computadorizados tridimensionais, os engenheiros podiam projetar esse componente na tela de um computador e então enviá-lo para uma impressora 3-D, cheia de um fino pó de metal e munida de um dispositivo laser que literalmente construía, ou "imprimia", a peça a partir daquele pó metálico diante dos nossos olhos, seguindo especificações precisas. Então, imediatamente a peça era testada — quatro, cinco, seis vezes num dia, sendo ajustada a cada iteração com a ajuda do computador e da impressora 3-D — e, quando estava perfeita, pronto, lá estava o novo componente. É claro que partes mais complexas exigiam mais tempo, mas esse era o novo sistema, e constituía um avanço significativo em relação à forma como a GE tinha construído componentes desde que fora fundada por Thomas Edison, em 1892.

"O hiato em termos de feedback é agora tão curto", explicou Iorio, "que em alguns dias é possível ter um conceito, o design da peça, o protótipo, trazê-lo de volta e testá-lo até que seja aprovado", e "dentro de uma semana já é possível ter a peça produzida [...]. Isso permite que tenhamos tanto um melhor desempenho como maior velocidade". No passado, o desempenho atuava contra a velocidade: quanto mais testes fazíamos para otimizar o desempenho, mais tempo durava o processo. O que poucos anos antes tinha levado dois anos para ser feito agora estava sendo concluído em *uma semana*. Tal é o poder amplificado das máquinas.

Então, sintetizando tudo o que há de novo, Iorio me disse que hoje em dia "a complexidade é de graça".

Perguntei: "O que você disse?".

"A complexidade é de graça", ela repetiu.

Refleti que isso realmente representava uma nova maneira de ver as coisas. Nunca esqueci daquilo. Mas apenas ao escrever este livro compreendi plenamente a importância do que ela havia dito. Como havíamos observado, ao longo dos últimos cinquenta anos, microprocessadores, sensores, armazenagem, software, comunicação em rede e agora dispositivos móveis vêm se aperfeiçoando constantemente num ritmo acelerado. Em diferentes estágios eles se aglutinam e formam o que pensamos em termos de uma plataforma. A cada nova plataforma, o poder de processamento, a banda larga e as capacidades dos softwares se combinam todos, mudando o método, o custo, o poder e a velocidade com a qual fazemos as coisas, ou levando-nos a criar coisas inteiramente novas e que jamais teríamos imaginado — e muitas vezes tudo isso ao mesmo tempo. E esses saltos estão agora se tornando cada vez mais rápidos, a intervalos cada vez mais curtos.

Antes de 2007, nosso mais recente salto em termos de plataforma tecnológica tinha acontecido por volta do ano 2000, impulsionado pela mudança qualitativa na conectividade. O que aconteceu foi que o boom, a bolha e finalmente o estouro do fenômeno pontocom naquele período desencadeou um excesso de investimento nos cabos de fibra óptica capazes de carregar a banda larga da internet. Mas bolhas não são apenas negativas. A combinação daquela bolha com sua subsequente explosão — culminando na derrocada pontocom no ano de 2000 — fez com que desabasse drasticamente o preço da conectividade de banda larga, o que, de modo inesperado, fez a interconexão do mundo atingir um grau nunca visto. O preço da conexão de banda larga caiu tanto que, de repente, uma empresa americana poderia tratar uma empresa em Bagalore, Índia, como um departamento interno, e quase mesmo como se estivesse instalada nos fundos da empresa. Dito de outro modo, todos esses avanços ocorridos em torno do ano 2000 tornaram a conectividade *rápida, grátis, fácil de usar e onipresente*. De repente podíamos tocar pessoas a quem nunca tínhamos podido tocar antes. E de repente podíamos todos ser tocados por pessoas que nunca tinham podido nos alcançar. Descrevi essa nova sensação com as seguintes palavras: "O mundo é plano". Mais pessoas que nunca podem agora competir, se conectar e colaborar em mais coisas por menos dinheiro com maior facilidade e equidade do que jamais aconteceu antes. O mundo da maneira como conhecíamos assumiu uma nova forma.

Acredito que o que ocorreu em 2007 – com a emergência da supernova – veio a ser mais um passo gigantesco rumo a uma nova plataforma. Só que esse movimento foi voltado para facilitar a complexidade. Quando todos os avanços em termos de hardware e software se aglutinaram na supernova, eles expandiram enormemente a velocidade e a extensão com que os dados podiam ser digitalizados e armazenados, a velocidade com que podiam ser analisados e transformados em conhecimentos, e aumentaram também a distância e a rapidez com que podiam ser distribuídos desde a supernova para qualquer pessoa, em qualquer lugar, com um computador ou dispositivo móvel. O resultado foi que, de repente, a complexidade se tornou *rápida, grátis, fácil de usar e invisível*.

De repente, toda a complexidade implícita no ato de conseguir um táxi, alugar um quarto vago na Austrália, projetar um componente de motor ou comprar móveis na internet para serem entregues no mesmo dia, tudo isso ganhou uma forma abstraída de quaisquer complicações ao comando de um toque, graças a aplicativos como Uber, Airbnb e Amazon ou a inovações nos laboratórios da General Electric. Nenhuma inovação tecnológica simboliza melhor esse salto à frente do que a invenção pela Amazon do check-out com um clique, presente em qualquer site de comércio eletrônico. Como observou a Rejoiner.com, site que acompanha o comércio eletrônico, graças à inovação daquele clique único "a Amazon alcançou um nível extremamente alto de conversão junto aos seus clientes. Como as informações do cliente relativas ao pagamento e à remessa já estão armazenadas nos servidores da Amazon, isso cria um processo de check-out totalmente isento de quaisquer atritos".

Os dois gráficos a seguir ajudam a demonstrar como a complexidade se tornou grátis. O primeiro mostra como a velocidade máxima de transmissão dos dados aumentou drasticamente – expandindo as possibilidades do que se poderia fazer com um dispositivo móvel e atraindo assim mais usuários — no exato momento em que caía drasticamente o custo dos usuários para consumir cada megabyte de todos esses dados, de modo que um número muito maior de pessoas podia acessar a supernova com maior frequência. Essas fronteiras foram ultrapassadas por volta de 2007-8. O segundo gráfico mostra como a supernova/nuvem surgiu logo após… 2007.

Lendo o anúncio original da Apple a respeito do iPhone em 2007, percebemos que a questão toda se concentrava em como a Apple havia abstraído toda a complexidade de tantas interações, operações e aplicativos complicados — de mandar e-mails a fazer buscas em mapas, fotografar, telefonar e navegar na internet — e em como tinha usado softwares para condensar de forma tão precisa tantas coisas em único toque na "notável e prática interface do iPhone". Ou, como colocou Steve Jobs na época: "Todos nós nascemos com o mais vital dispositivo para apontar — os nossos dedos —, e o iPhone recorre a eles para criar a mais revolucionária interface desde o advento do mouse".

Custo para o consumidor de dados por megabyte e por velocidade de dados

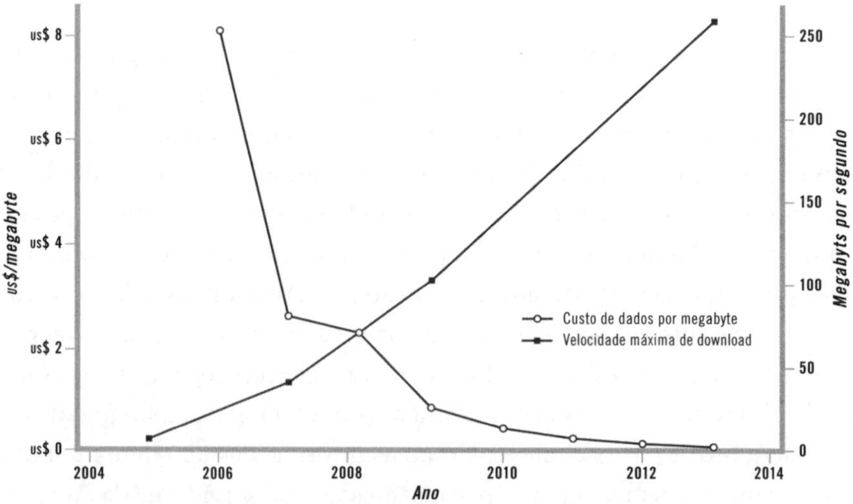

Obs.: Velocidade de dados indica a velocidade máxima de *downlink* (do satélite para a estação em terra), não as velocidades médias registradas. As velocidades médias registradas dependem de muitos fatores, incluindo infraestrutura, densidade de usuários e dispositivos de hardware e software.

Cortesia do Boston Consulting Group (BCG), do seu relatório "The Mobile Revolution: How Mobiles Technologies Drive a Trillion Dollar Impact" [A revolução da telefonia móvel: como as tecnologias de dispositivos móveis exercem um impacto de 1 trilhão de dólares] (2015). Fontes: Cisco Visual Networking Index; International Telecommunication Union; IE Market Research; Motorola; Deutsche Bank; Qualcomm.

Tamanho total do mercado público da computação em nuvem, 2008-20

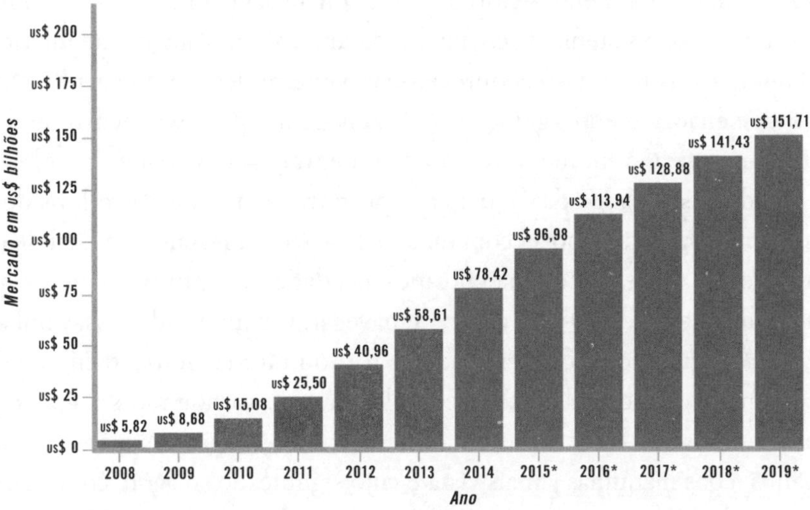

* Indica uma projeção.

Cortesia de Statista.

A MUDANÇA DE FASE

Isso nos traz à essência do que realmente aconteceu entre 2000 e 2007: entramos num mundo em que a conectividade era *rápida, grátis, fácil de usar e onipresente* e no qual a complexidade se tornou *rápida, grátis, fácil de usar e invisível*. Não apenas você podia agora tocar pessoas a quem nunca tinha tocado antes e ser tocado por elas, como podia fazer todas essas coisas complexas e espantosas com um único toque. Esses desdobramentos foram alimentados pela energia da supernova, e, ao se aglutinarem, o processamento de dados se tornou tão potente e tão barato, passando a requerer um esforço tão pequeno, que acabou por se infiltrar "em cada dispositivo e em cada aspecto das nossas vidas e da nossa sociedade", disse Craig Mundie. "Está tornando nosso mundo não apenas plano, mas rápido. A rapidez representa uma evolução natural no sentido de agrupar toda essa tecnologia e então difundi-la por toda parte."

Esse processo vem eliminando os atritos de um número cada vez maior de negócios e de processos industriais e interações humanas. "É como graxa", acrescentou Mundie, "e vem penetrando em cada recanto, fresta e poro, e tudo está ficando muito lubrificado e fluido, de modo que podemos mover qualquer coisa com menos esforço" – seja uma rocha, um país, uma pilha de dados, um robô, o sistema de chamadas de um táxi ou o aluguel de um quarto em Timbuctu. E tudo isso aconteceu na primeira década do século XXI. O preço do sensoriamento, geração, armazenagem e processamento de dados desabou no mesmo momento em que aumentou a velocidade de upload ou download desses dados da ou para a supernova, e em que Steve Jobs deu ao mundo um dispositivo móvel com uma interface espantosamente fácil de usar, com conexão à internet e uma enorme variedade de softwares com os quais uma criança de dois anos era capaz de navegar. Quando todas essas linhas se cruzaram – quando a conectividade se tornou rápida, grátis, fácil de usar e onipresente e quando lidar com a complexidade se tornou rápido, grátis, fácil de usar e invisível –, ocorreu uma liberação de energia nas mãos dos seres humanos e das máquinas jamais vista e cujo significado só agora começamos a compreender. Esse é o ponto de inflexão ocorrido por volta de 2007.

"A mobilidade nos dá um mercado de massa, a banda larga nos dá acesso à informação de modo digital, e a nuvem armazena todos os softwares de modo que possamos usá-los a qualquer momento, em qualquer lugar e com custo zero – isso mudou tudo", disse Hans Vestberg, antigo CEO do Grupo Ericsson.

Isso equivale à "mudança de fase" na química, do sólido para o líquido. O que caracteriza algo sólido? É cheio de fricção. O que caracteriza algo líquido? Parece isento de qualquer fricção. Ao eliminarmos simultaneamente a fricção e a complexidade de um número cada vez maior de coisas e proporcionarmos soluções interativas baseadas num único toque, todos os tipos de interação de ser humano para ser humano, entre empresa e consumidor e entre empresa e empresa se movem de sólidos para líquidos, de devagar para rápido, da condição em que sua complexidade é um fardo e cheia de fricção para uma em que se torna invisível e sem fricção. De modo que não importa o que queiramos mover, submeter a processamento, analisar ou comunicar, tudo pode ser feito com menos esforço.

Em consequência, o lema vigente no Vale do Silício hoje é: tudo que é analógico está sendo digitalizado, tudo que está sendo digitalizado está sendo armazenado, tudo que está sendo armazenado está sendo analisado por softwares nesses sistemas de computação mais potentes, e todo o conhecimento está sendo imediatamente aplicado para fazer as coisas funcionarem melhor, para fazer com que novas coisas sejam possíveis e para fazer coisas antigas de maneiras fundamentalmente novas. Por exemplo, a invenção do Uber fez todas estas coisas: não apenas criou uma nova e competitiva frota de táxis, mas também uma maneira fundamentalmente nova e melhor de chamar um táxi, de reunir dados sobre as necessidades e desejos dos passageiros, de pagar por um táxi e de avaliar o comportamento do motorista e do passageiro.

Transformações desse tipo estão acontecendo agora em todos os negócios, graças à energia liberada pela supernova. Frequentemente, o motivo que torna um problema complexo e, portanto, de solução dispendiosa reside no fato de a informação de que precisamos não estar acessível ou em condições de ser consumida, tornando difícil reunir os dados relevantes e transformá-los em conhecimentos que possam ser aplicados. Porém, quando as operações de detectar, coletar e armazenar dados, assim como transmiti-los para a supernova e analisá-los por meio de softwares, tornaram-se absolutamente gratuitas, isso levou a um avanço crucial: agora qualquer sistema pode ser otimizado para atingir um desempenho máximo — com um esforço muito menor.

Um único exemplo: pensem no problema histórico representado pela eletricidade gerada pelo vento. Como o vento sopra de forma intermitente e a eletricidade gerada não pode ser armazenada em grande escala, uma empresa de distribuição de energia não poderia jamais contar de forma totalmente garantida com um suprimento suficiente, fato que sempre havia limitado a capacidade do vento de substituir a energia proporcionada pelo carvão. Porém, agora, ao recorrer à análise do *big data*, o software de previsão do tempo se tornou tão inteligente que pode nos dizer a hora exata em que o vento vai soprar ou em que a chuva vai cair ou em que a tempestade vai acontecer. Desse modo, uma concessionária de energia numa cidade como Houston pode saber com 24 horas de antecedência que o dia seguinte será especialmente quente e que a demanda por ar condicionado vai sofrer um pico exatamente nessas horas, o que significa que a demanda por energia produzida pelo vento poderia superar a oferta. Essa empresa pode agora dizer aos edifícios em Houston para ligar automaticamente sua refrigeração entre seis horas e nove horas da manhã, antes de os empregados chegarem, no momento em que o vento estará gerando o máximo de energia. Edifícios são propícios à armazenagem de resfriamento, de modo que o ar frio armazenado mantém os ambientes no edifício em condições confortáveis pela maior parte do dia. Assim, a quantidade de energia eólica oferecida por essa concessionária, em vez de ser insuficiente, se mostra perfeitamente adequada à demanda — sem que ela precise se preocupar com estocá-la em baterias ou recorrer à energia gerada por carvão. Um problema incrivelmente complexo, envolvendo a reação à demanda, foi resolvido a um custo... zero — bastando para isso que se agregasse inteligência às máquinas de modo a otimizar todo o sistema. Com a ajuda de softwares, toda a complexidade foi abstraída desses processos, e é isso que agora está começando a acontecer por toda parte.

MOSTRE-ME O DINHEIRO

Porém, se essas transformações são reais, por que está demorando tanto tempo para que transpareçam nos números relativos à produtividade, da forma como os economistas a definem — a relação entre, por um lado, o total produzido em termos de bens e serviços e, por outro, as horas de trabalho dedicadas à produção desse total? Como os aumentos na produtividade impulsionam o crescimento, esse é um tema importante e objeto de uma acalorada polêmica entre especialistas em economia. O economista Robert Gordon produziu um argumento convincente em seu livro *The Rise and Fall of American Growth: The US Standard of Living Since the Civil War* [Ascensão e queda do crescimento americano: o padrão de vida nos EUA desde a Guerra Civil], sustentando que os tempos de crescimento constante ficaram definitivamente para trás. Ele acredita que todos os grandes ganhos ocorridos se deram no "século especial", entre 1870 e 1970 — com coisas como automóveis, carros, rádio, televisão, encanamento doméstico, difusão da eletricidade, vacinas, água tratada, viagens aéreas, aquecimento central, direitos das mulheres, ar condicionado e antibióticos. Gordon se mostra cético em relação à possibilidade de que as novas tecnologias de hoje venham a produzir algum dia um salto em termos de produtividade comparável ao ocorrido no século especial.

Contudo, Erik Brynjolfsson, do MIT, contrapôs ao pessimismo de Gordon um argumento que considero ainda mais convincente. À medida que fazemos a transição de uma economia da era industrial para uma economia impulsionada pelo complexo computador-internet-dispositivos móveis-banda larga — ou seja, para uma economia movida pela supernova —, estamos vivendo as dores de crescimento do ajuste. Tanto os empregadores como os trabalhadores estão sendo obrigados a absorver essas novas tecnologias — em função delas, a forma como trabalham, os processos executados por fábricas e ramos de negócio e as regulamentações do governo precisam ser reformulados. A mesma coisa, observa Brynjolfsson, aconteceu há 120 anos, na Segunda Revolução Industrial, quando a eletrificação — a supernova da época — foi introduzida. Para aumentarem a produtividade, as antigas fábricas não precisaram apenas ser eletrificadas; tiveram de ser reprojetadas, juntamente com todos os processos relativos aos seus ramos de negócio. Foram necessários trinta anos, período em que uma geração de gerentes e trabalhadores se aposentou e uma nova geração surgiu, para que as vantagens proporcionadas por essa nova fonte de energia se manifestassem na sua plenitude.

Um estudo de dezembro de 2015 elaborado pela McKinsey Global Institute a respeito da indústria americana revelou "uma defasagem considerável entre os setores mais digitalizados e o resto da economia ao longo do tempo e [descobriu] que, a despeito de uma disposição geral de se adaptar com urgência à nova situação, a maior parte dos setores mal havia conseguido superar o hiato surgido na última década [...]. Como os setores menos digitalizados são alguns dos maiores em termos de contribuição para o PIB e para o emprego, descobrimos que a economia dos Estados Unidos como um todo atingiu apenas 18% de seu potencial digital [...]. O país precisará adaptar suas instituições e suas políticas de treinamento para ajudar os trabalhadores a adquirirem habilidades relevantes de modo a poderem atravessar esse período de transição e de turbulência".

A supernova é uma nova fonte de energia, e levará algum tempo até que a sociedade se reconfigure de modo a absorver seu pleno potencial. À medida que isso venha a acontecer, acredito que Brynjolfsson provará ter razão e que começaremos a ver os benefícios — uma ampla gama de novas descobertas relacionadas a saúde, ensino, planejamento urbano, transporte, inovação e comércio — que estimularão o crescimento. Esse é um debate para economistas e fora do escopo deste livro, mas estarei ansioso para ver seus desdobramentos.

O que é absolutamente claro no momento é que mesmo que a supernova ainda não tenha tornado nossas economias *mais produtivas numa medida aferível*, ela está claramente fazendo com que todas as formas de tecnologia e, portanto, indivíduos, empresas, ideias, máquinas e grupos se tornem mais fortes — mais aptos a dar forma ao mundo à sua volta, de uma maneira sem precedentes e com menos esforço do que nunca.

Se você quer fazer as coisas acontecerem, fundar uma startup, tornar-se um inventor ou um inovador, esta é a época ideal. Ao usar o potencial da supernova, agora é possível fazer muito mais com muito menos. Como observou Tom Goodwin, vice-presidente sênior de estratégia e inovação da Havas Media, num ensaio publicado em 3 de março de 2015 no site TechCrunch.com: "A Uber, maior empresa de táxi do mundo, não é proprietária de nenhum veículo. O Facebook, o proprietário da mídia mais popular do mundo, não cria conteúdo algum. O Alibaba, a maior loja de varejo, não tem nenhum estoque. E o Airbnb, maior fornecedor de acomodações do mundo, não possui nenhum imóvel. Alguma coisa interessante está acontecendo".

Alguma coisa com certeza está acontecendo, e o restante deste capítulo discute como empreendedores, grandes e pequenos, estão tirando partido de todas essas novas forças emergindo da supernova para fazer coisas totalmente inovadoras, e fazer coisas antigas de um jeito mais rápido e mais inteligente. E não importa se você é um oncologista, um varejista tradicional, um designer de vanguarda, um inovador instalado num canto remoto nas montanhas do Leste da Turquia ou alguém que queira transformar a casa no alto de uma árvore no seu quintal numa fonte de lucro, alugando-a na internet para turistas vindos de tão perto como Nova York ou de tão longe como a Nova Guiné. Na era da supernova, nunca houve um momento tão adequado para ser um empreendedor — em qualquer lugar.

O DR. WATSON AGORA VAI ATENDER O SENHOR

Tive a oportunidade de conhecer o próprio Watson em pessoa — e de tirar uma foto a seu lado — numa visita ao Centro de Pesquisas Thomas J. Watson em Yorktown Heights, Nova York. Ele não falou muita coisa. Está aposentado, agora. Na verdade, desligaram sua tomada — porém ele enche uma sala de tamanho razoável com todas as suas pilhas de servidores.

Também conheci o neto de Watson — ou algo do tipo. Ele é do tamanho de uma grande mala. Na realidade, contudo, trata-se de um modelo — o que se pareceria com uma versão atual do Watson, depois de duas gerações ou mais da lei de Moore. Falando em termos técnicos, a versão atual do Watson não é nem mesmo aquela mala, pois Watson vive agora na supernova.

"Watson não está mais numa caixa não conectada à internet, mas pairando na internet", explicou David Yaun, um vice-presidente de comunicações da IBM. A empresa montou o modelo do mini-Watson para "ilustrar como poderíamos hoje alojar toda a capacidade de processamento do Watson do *Jeopardy!* em uma mala. Mas o Watson em si agora faz parte literalmente da supernova — liberto de um paradigma do século XX, como uma caixa ou um servidor isolado".

E, de qualquer modo, o neto de Watson jamais perderia seu tempo se esforçando para derrotar seres humanos no *Jeopardy!* Isso é tão 2011! Watson hoje está ocupado ingerindo todo o volume conhecido de pesquisas a respeito de temas como diagnósticos de câncer e seus tratamentos. Na realidade, ao nos sentarmos para almoçar na sede em que Watson está instalado, Yaun me confidenciou que "estamos pensando em fazer Watson se submeter ao conselho de radiologia" — de modo que possa ser credenciado para ler e interpretar raios X. *Ahan, eu estava inclusive pensando em fazer a mesma coisa.* Certo! Watson poderia praticamente fazer isso em seu tempo livre, enquanto se submeteria ao exame da ordem dos advogados nos EUA, dos conselhos de odontologia, de urologia... e tudo isso enquanto derrotasse com folga qualquer um no *Jeopardy!*

A supernova oferece capacidade de processamento para todo mundo em toda parte. Watson oferece um tipo de conhecimento profundo em toda parte para todo mundo. Watson é mais do que um grande motor de busca ou um assistente digital. Ele não opera procurando por palavras-chave em si. E não é apenas um grande computador programado por engenheiros de software para realizar certas tarefas concebidas por eles. Watson é diferente. Não vimos nada parecido com ele, a não ser em *Star Trek*. Watson representa nada menos do que a aurora de "uma Era Cognitiva da computação", disse John E. Kelly III, que divide a história da computação em três eras distintas.

A primeira, diz ele, é a "Era da Tabulação", que durou do início dos anos 1900 até a década de 1940 e tinha um único propósito, sistemas mecânicos que contavam coisas e usavam cartões perfurados para calcular, ordenar, cotejar e interpretar dados. A ela se seguiu "a Era da Programação" — da década de 1950 até o presente. "As populações cresceram e os sistemas econômicos e sociais se tornaram mais complexos, os sistemas manuais e baseados em princípios mecânicos simplesmente não conseguiram acompanhá-los. Nós nos voltamos, então, para softwares programados por humanos que aplicavam a lógica do se/então e a iteração para calcular respostas para situações predeterminadas. Essa tecnologia surfou na onda da lei de Moore e nos deu os computadores pessoais, a internet e os smartphones. O problema é que, por mais potentes e transformacionais que tenham sido esses avanços – e o foram por um período muito longo –, a tecnologia programável é inerentemente limitada pela nossa capacidade de projetá-la."

Assim, de 2007 em diante, vimos o nascimento de uma "Era Cognitiva" da computação. Ela só podia acontecer depois de a lei de Moore entrar na segunda metade do tabuleiro de xadrez e nos dar força suficiente para digitalizar quase qualquer coisa imaginável – palavras, fotos, dados, planilhas, voz, vídeo e música –, assim como a capacidade de carregar tudo isso nos nossos computadores e na supernova, de operar em rede para mover tudo isso em alta velocidade, e de escrever múltiplos algoritmos, por meio de softwares, capazes de ensinar um computador a extrair sentido de dados não estruturados, da mesma forma que um cérebro humano, aprimorando assim cada aspecto do processo de tomada de decisão por um ser humano.

Ao projetar o Watson para disputar o *Jeopardy!*, Kelly me explicou, a IBM já sabia, a partir de estudos sobre o programa de TV e seus participantes, exatamente quanto tempo era necessário para digerir a pergunta e apertar o sinal da resposta. Watson teria um segundo para compreender a pergunta, meio segundo para decidir qual seria a resposta e um segundo para apertar a campainha para responder primeiro. Mas o que tornava Watson tão rápido e, em última instância, tão preciso não era o fato em si de que estava "aprendendo", mas sim sua habilidade para melhorar o próprio desempenho usando todas as suas capacidades associadas ao *big data* e à operação em rede para fazer correlações estatísticas cada vez mais rápidas a respeito de um volume cada vez maior de material bruto.

"A façanha de Watson é um indício da medida do progresso obtido em termos de aprendizado de máquina, o processo pelo qual a computação por algoritmos aprimora a si mesma em tarefas que dizem respeito à análise e à previsão", observou John Lanchester na *London Review of Books* de 5 de março de 2015. "As técnicas envolvidas no processo são basicamente estatísticas:

por meio de tentativa e erro, a máquina aprende qual resposta tem maior probabilidade de estar correta. Isso parece um tanto modesto e primitivo, mas, como graças à lei de Moore os computadores vêm se tornando espantosamente mais potentes, os hiatos entre tentativa e erro podem se suceder em alta velocidade, e a máquina pode rapidamente aprimorar seu desempenho a ponto de ser quase irreconhecível."

Essa é a diferença entre um computador cognitivo e um programável. Computadores programáveis, explicou Kelly em um ensaio de 2015 para a IBM Research intitulado "Computing, Cognition and the Future of Knowing" [Computação, cognição e o futuro do saber], "tomam como base regras que conduzem os dados através de uma série de processos predeterminados de modo que cheguem a certos resultados. Mesmo sendo potentes e complexos, eles são deterministas, funcionando melhor com dados estruturados; são incapazes de processar material qualitativo e imprevisível que seja inserido neles. Essa rigidez limita sua utilidade para lidar com muitos aspectos de um mundo complexo marcado por grande ambiguidade e incerteza".

Sistemas cognitivos, por outro lado, ele explicou, são "probabilísticos, ou seja, são projetados para adaptar e dar sentido à complexidade e à imprevisibilidade de informações não estruturadas. Eles não podem 'ler' textos, 'ver' imagens e 'ouvir' fala natural. Eles interpretam a informação, organizam-na e oferecem explicações para o que ela significa, juntamente com uma justificativa racional para as suas conclusões. Não oferecem respostas definitivas. Na realidade, eles não 'sabem' a resposta. São, em vez disso, projetados para avaliar informações e ideias vindas de múltiplas fontes, para raciocinar e a seguir oferecer hipóteses para consideração". Esses sistemas então atribuem um grau de confiança a cada insight ou resposta potencial. Eles até aprendem com os próprios erros.

Desse modo, quando montaram o Watson que venceu o *Jeopardy!*, observou Kelly, eles primeiramente criaram um conjunto de algoritmos que tornou possível que o computador analisasse criticamente a pergunta — da mesma forma que nosso professor de gramática nos ensinou a fazer diagramas de análise sintática de uma oração. "Os algoritmos decodificam a linguagem e tentam compreender o que está sendo perguntado: é um nome, uma data, um animal — o que estou procurando?", disse Kelly. O segundo conjunto de algoritmos é projetado para fazer uma varredura em toda a literatura baixada no Watson — tudo, da Wikipédia à Bíblia — a fim de tentar encontrar o que possa ser relevante para determinada área de interesse, uma pessoa ou uma data. "O computador procuraria por vários indícios e criaria uma lista preliminar de quais poderiam ser as possíveis respostas, e então buscaria evidências adicionais que corroborassem cada resposta possível — [como se] estivessem procurando por uma pessoa que trabalha na IBM e eu sei que Tom trabalha lá."

Então, com um outro algoritmo, Watson estabeleceria um ranking com aquelas que considerava as respostas certas, atribuindo níveis de confiança a todas elas. Se uma dessas respostas contasse com um grau de confiança suficientemente alto, ele iria apertar a campainha e responder.

A melhor maneira de entender a diferença entre computadores programáveis e cognitivos é apelar para dois exemplos oferecidos por Dario Gil, vice-presidente de ciência e soluções da IBM. Quando a IBM começou pela primeira vez a desenvolver um software de tradução, ele explicou, isso levou à criação de uma equipe para desenvolver um algoritmo que pudesse traduzir do inglês para o espanhol. "Achamos que a melhor maneira de fazer isso seria contratar todo tipo de linguistas, que nos dariam aulas de gramática, e, uma vez que tivéssemos entendido a natureza da linguagem, encontraríamos uma maneira de escrever um programa de tradução", disse Gil. Não deu certo. Depois de trabalhar com *muitos* linguistas, a IBM decidiu se livrar de todos eles e optou por uma abordagem diferente.

"Dessa vez, nós pensamos: 'E se adotássemos uma abordagem estatística, pegando apenas dois textos traduzidos por humanos, comparando-os e vendo qual seria o mais preciso?'." E como o potencial de processamento e de armazenagem tinha explodido a partir de 2007, a capacidade de fazer isso de repente passou a existir. Esse fato levou a IBM a perceber algo crucial: "Cada vez que nos livrávamos de um linguista, nosso grau de precisão aumentava", disse Gil. "De modo que agora usamos apenas algoritmos estatísticos" que podem comparar gigantescas quantidades de textos em busca de padrões de repetição. "Não temos problema nenhum para traduzir do urdu para o chinês, mesmo que ninguém de nossa equipe fale urdu ou chinês. Agora, aprendemos por meio de exemplos." Se dermos ao computador uma quantidade suficiente de exemplos do que é certo e do que é errado — e na era da supernova é possível fazer isso numa medida praticamente ilimitada —, ele encontrará um meio de avaliar de forma apropriada as respostas e de aprender ao fazer isso. E nunca precisará na verdade aprender gramática ou urdu ou chinês, apenas estatística!

Foi assim que Watson ganhou o *Jeopardy!* "Os sistemas programáveis que tinham revolucionado a vida ao longo das seis décadas anteriores jamais poderiam ter dado algum sentido à bagunça representada pelos dados não estruturados necessários para se jogar *Jeopardy!*", escreveu Kelly. "A capacidade do Watson de responder com precisão a perguntas sutis, complexas, permeadas por jogos de palavras, deixou claro que uma nova era da computação estava à vista."

A melhor ilustração disso se encontra na única pergunta que Watson respondeu de forma incorreta ao fim do primeiro dia de competição, quando os participantes receberam todos a mesma pista para a "Final Jeopardy!". A categoria em questão era "Cidades Americanas", e a pista era: "Seu maior aeroporto recebeu o nome de um herói da Segunda Guerra Mundial; e o segundo maior, o nome de uma batalha da Segunda Guerra Mundial". A resposta era Chicago (O'Hare e Midway). Mas Watson pensou: "O que é Toronto?????". Com todos esses pontos de interrogação incluídos.

"Há muitas razões para Watson ter se confundido com essa pergunta, entre os quais sua estrutura gramatical, a presença de uma cidade em Illinois chamada Toronto e o fato de o Toronto Blue Jays jogar beisebol no campeonato americano", disse Kelly. "Porém o erro lançou uma luz importante sobre a maneira como o Watson funciona. O sistema não responde às nossas perguntas porque 'sabe'. Na verdade, ele é concebido para avaliar e estimar informações originadas de diferentes fontes e em seguida oferecer sugestões para consideração. E atribui um nível de confiança a cada resposta. No caso da 'Final Jeopardy!', o grau de confiança de Watson era bastante baixo: 14%, o que é a maneira de Watson dizer: 'Não confie nessa resposta'. Num certo sentido, ele sabia o que não sabia."

Pelo fato de ser um fenômeno novo, muitas coisas assustadoras vêm sendo escritas a propósito da Era Cognitiva da computação — que os computadores cognitivos vão tirar dos humanos o controle sobre o mundo. Não é essa a opinião da IBM. "A percepção popular sobre a inteligência artificial e a computação cognitiva está bem distante da realidade — toda essa ideia de que sistemas de computação providos de sentidos adquirem consciência, ficam alertas e assumem uma direção própria devido ao que aprendem", disse Arvind Krishna, vice-presidente sênior e diretor de pesquisa da IBM. O que podemos fazer é ensinar aos computadores algo a respeito de certas áreas delimitadas de conhecimento — como oncologia, geologia, geografia — escrevendo algoritmos que permitam que eles "aprendam" sobre cada uma dessas disciplinas por meio de múltiplos padrões de reconhecimento sobrepostos. "Porém se um computador for construído para entender de oncologia, isso será a única coisa que será capaz de fazer — e ele poderá seguir aprendendo à medida que for surgindo nova literatura sobre o domínio restrito para o qual foi concebido. Mas quanto à ideia de que ele poderia de repente começar a projetar carros, as chances de isso acontecer são zero."

Por volta de junho de 2016, Watson já estava sendo usado por quinze dos mais importantes institutos dedicados ao câncer, já tinha ingerido mais de 12 milhões de páginas de artigos médicos, trezentas publicações acadêmicas sobre medicina, duzentos manuais e dezenas de milhões de históricos de pacientes, e esse número aumenta dia a dia. A ideia não é provar que Watson algum dia poderia substituir os médicos, disse Kelly, mas que poderia ser de inestimável ajuda para os médicos, que há muito têm dificuldade para se manter em dia com a literatura especializada e com as novas descobertas na área. A supernova simplesmente veio tornar esse desafio ainda maior: estimativas sugerem que um clínico geral precisaria de mais de 630 horas por mês para se manter atualizado em relação à avalanche representada pela nova literatura produzida sobre a área em que atua.

A ponte para o futuro consiste num Watson capaz de fazer diagnósticos em grande quantidade e isentos de complexidade. No passado, quando ficava estabelecido que tínhamos câncer, os oncologistas decidiam entre três formas diferentes de tratamento baseadas em uma dezena de artigos mais recentes que pudessem ter lido. Hoje, observa a equipe da IBM, é possível obter o sequenciamento genético do nosso tumor em uma hora graças a um teste de laboratório, e o doutor, recorrendo ao Watson, pode escolher quais remédios têm mais chance de exercer um efeito positivo sobre aquele tumor em particular — também em uma hora. Hoje a IBM alimentará um Watson especializado em medicina com 3 mil imagens, duzentas das quais de melanomas e 2800 não, e então Watson usará seus algoritmos para começar a aprender que os melanomas exibem determinadas cores, topografias e bordas. E depois de examinar dezenas de milhares deles e compreender as características que têm em comum, poderá, mais rápido do que um ser humano, identificar aqueles que são particularmente indicativos de câncer. Essa capacidade libera os médicos para manter o foco onde eles são mais necessários — no paciente.

Em outras palavras, a mágica realizada por Watson acontece quando ela é combinada com as habilidades que são exclusivas de um médico humano — como intuição, empatia e discernimento. A síntese proporcionada pelos dois pode conduzir à criação e à aplicação de conhecimento que é em muito superior a qualquer coisa que os dois pudessem fazer isoladamente. O *Jeopardy!*, disse Kelly, colocou dois campeões humanos contra uma máquina; o futuro vai girar em torno de Watson e dos médicos — homem e máquina — resolvendo problemas juntos. A ciência da computação, ele acrescentou, acabará por "evoluir rapidamente, e a medicina evoluirá com ela. Isso é a coevolução. Vamos ajudar um ao outro. Antevejo situações nas quais eu mesmo, o paciente, o computador, minha enfermeira e meus colegas de universidade estaremos todos na sala de exames interagindo uns com os outros".

A certa altura, tudo isso acabará por dar uma nova forma à medicina e por mudar o critério pelo qual nos consideramos inteligentes, argumenta Kelly: "No século XXI, o que vai determinar a inteligência de uma pessoa não vai ser o fato de ela saber todas as respostas — o que caracterizará sua genialidade será a capacidade de fazer todas as perguntas certas".

E, realmente, todos os dias lemos sobre como a inteligência artificial vem sendo inserida num número cada vez maior de máquinas, tornando-as mais flexíveis, intuitivas, parecidas com humanos e acessíveis com um simples toque, um gesto, um comando de voz. Em breve, todos que quiserem contarão com um assistente inteligente, com o seu próprio Watson, sua Siri ou sua Alexa, que aprende mais sobre as suas preferências e interesses a cada vez que lida com eles, de modo que sua capacidade de dar assistência se torna cada vez mais focada e mais útil. Isso não é ficção científica. Isso vem acontecendo hoje.

Por esse motivo não me surpreendi quando Kelly, ao fim de nossa entrevista no lar de Watson, na IBM, ruminou o seguinte pensamento: "Você sabe como o espelho do seu carro diz 'Objetos no seu espelho retrovisor estão mais próximos do que aparentam'?". Bem, ele disse, "isso hoje se aplica ao que você está vendo no seu para-brisa, na frente, porque agora é o futuro que está muito mais perto do que imagina".

OS DESIGNERS

É divertido ficar por perto dos empreendedores realmente criativos na segunda metade do tabuleiro de xadrez, para ver o que podem fazer como indivíduos com todas as ferramentas empoderadoras que se tornaram acessíveis com a supernova. Conheci Tom Wujec em San Francisco em um evento do Exploratorium. Achamos que tínhamos muita coisa em comum e combinamos de continuar nossas conversas numa ligação via Skype. Wujec é um membro da Autodesk e um líder global em design em 3-D, engenharia e softwares de entretenimento. Ainda que seu título sugira um sujeito encarregado de projetar calotas para uma empresa de componentes automotivos, a verdade é que a Autodesk é mais uma dessas companhias realmente importantes que pouca gente conhece — é ela que cria os softwares que arquitetos, projetistas de automóveis, criadores de games e os estúdios de cinema usam para imaginar e projetar edifícios, carros e filmes nos seus computadores. Ela é a Microsoft do design. A Autodesk oferece em torno de 180 ferramentas de software usadas por cerca de 20 milhões de profissionais e mais de 200 milhões de designers amadores, e a cada ano essas ferramentas reduzem a complexidade a um simples toque. Wujec é um especialista em visualização de negócios — usando *design thinking* para ajudar grupos a resolver problemas especialmente complicados. Da primeira vez que falamos por telefone, ele ilustrou nossa conversa em tempo real numa tela digital branca compartilhada. Fiquei deslumbrado.

Durante nossa conversa, Wujec me contou sua história favorita sobre em que medida o poder da tecnologia havia transformado seu trabalho como designer/criador. Há tempos atrás, lá em 1995, lembrou ele:

> Eu era um diretor criativo do Royal Ontario Museum, o maior museu do Canadá, e meu último grande projeto lá antes de ir trabalhar no setor privado foi dar vida a um dinossauro chamado Maiasaura. O processo foi complicado. Começou com o deslocamento de uma laje de pedra de duas toneladas, duas vezes maior do que uma mesa, do campo para o museu. Ao longo de muitos meses, vários paleontólogos talharam a pedra cuidadosamente, extraindo dela o fóssil de duas espécies, um adulto e um filhote. Pensava-se que os dinossauros eram um adulto e sua cria: Maiasaura significa "mãe-lagarto". À medida que os ossos fossilizados

emergiam, nosso trabalho era escanear essas peças. Usávamos instrumentos portáteis de digitalização para medir exatamente as coordenadas tridimensionais de centenas e milhares de pontos na superfície dos fósseis. Isso levava uma eternidade e representava um enorme esforço para nossa modesta tecnologia. Nós nos demos conta de que precisávamos de ferramentas de última geração.

Então, fizemos um upgrade. Obtivemos um financiamento de 200 mil dólares para aquisição de software e de 340 mil dólares para aquisição de hardware. Depois que os fósseis ficaram totalmente limpos, contratamos um artista para criar um modelo físico do adulto de quase três metros de comprimento, primeiramente em argila, depois em bronze. Essa escultura se tornou uma referência adicional para o nosso modelo digital. Mas criar esse modelo não foi fácil. Levamos ainda vários meses para medir cuidadosamente suas pequenas características e inserir — manualmente — esses dados em nossos computadores. O software era instável, o que nos obrigava a recomeçar o trabalho todo a cada vez que o sistema caía. No fim, acabamos por conseguir fazer modelos digitais decentes. Com ajuda de outros especialistas, nós articulamos, demos textura, iluminamos, animamos e apresentamos [esses modelos] numa série de filmes de alta resolução. O esforço valeu a pena: ao apertarem um botão num painel da exposição, os visitantes do museu agora podiam ver dinossauros em tamanho natural — do tamanho de enormes camionetas SUVs — se movendo da maneira como os paleontólogos achavam que eles se moviam. "É assim que eles andariam, comeriam e ficariam equilibrados nas patas traseiras." Depois que a exposição abriu, pensei: "Nossa, foi muito trabalhoso".

Do começo até o fim, o projeto tomou dois anos de trabalho, custando cerca de 500 mil dólares.

Agora, vamos acelerar o filme. Em maio de 2015, quase vinte anos mais tarde, Wujec foi a um coquetel no mesmo museu, onde não trabalhava havia já muitos anos, e viu que tinham colocado novamente em exposição o modelo original em bronze do dinossauro Maiasaura que ele havia construído. Ele relembra:

Fiquei surpreso ao encontrar a escultura lá. Fiquei imaginando como seria digitalizar aquele processo usando ferramentas modernas. Então, numa noite de sexta-feira, com um copo de vinho na mão, peguei meu iPhone e andei ao redor do modelo, tirando umas vinte fotos ou mais em cerca de noventa segundos, e coloquei os dados num aplicativo grátis chamado 123-D Catch, disponível na nuvem e produzido por nossa empresa. O aplicativo converte fotos de qualquer coisa num modelo digital 3-D. Quatro minutos depois, recebi de volta um fantástico modelo, muito preciso, pronto para ser animado, fotorrealístico, em 3-D – melhor do que o produzido por nós vinte anos antes. Naquela noite, vi como meio milhão de dólares em hardware e software, além de meses e meses de trabalho duro, de natureza bastante técnica e especializada, podiam ser em grande medida substituídos por um aplicativo usado durante um coquetel, com uma taça de vinho numa das mãos e um smartphone na outra. Em poucos minutos reproduzi o modelo digital totalmente de graça – e era melhor do que o original!

E essa é a questão-chave, concluiu Wujec, no que diz respeito aos avanços obtidos em sensoriamento, digitalização, computação, armazenagem, comunicação em rede e softwares: todos "os ramos da economia estão se tornando adaptáveis à computação. Quando isso acontece com um ramo de negócios, ele passa por uma série de mudanças previsíveis: passa do fato de ser digitalizado para então viver uma ruptura, sendo em seguida democratizado". Com o Uber, o próprio processo analógico de chamar um táxi numa cidade estranha passou a ser digitalizado. Então esse ramo de negócio como um todo viveu uma turbulência. E agora o setor inteiro foi democratizado – qualquer um pode ser motorista de táxi e atender a qualquer outra pessoa em qualquer parte, e qualquer um pode agora com bastante facilidade fundar uma empresa de táxi. Com a ajuda do design, o processo analógico de criar um dinossauro acabou sendo digitalizado, e então, graças à supernova, sofreu uma ruptura e agora está sendo democratizado, de modo que atualmente qualquer um munido de um smartphone pode fazer isso, aumentando drasticamente o poder detido por um único indivíduo. É possível conceber uma ideia, obter financiamento para concretizá-la e então tornar o processo inteiro acessível a um número muito maior de pessoas.

É por esse motivo que Wujec gosta de dizer que, "no século XX, o importante era fazer com que as pessoas adorassem as coisas que nós fazíamos. E o século XXI é sobre como fazer as coisas que você adora".

Estamos adentrando o paraíso dos empreendedores, dos que fazem. Sabe qual será o brinquedo das crianças da nova geração? Faça você mesmo – faça o brinquedo que você adora. O sistema também logo permitirá que se faça o remédio que o seu exato DNA exige. Ou, como me disse Andrew Hessel, um respeitado cientista da área de pesquisas da Autodesk: "A distância que separa a ficção científica da ciência está realmente se estreitando agora, porque assim que uma pessoa tem determinada ideia e a articula, ela pode se manifestar num período muito curto de tempo".

O negócio da Autodesk envolve abstrair cada vez mais a complexidade implícita em diferentes aspectos do design ao comando de simples toques para amplificar o poder de um único designer. Carl Bass, o CEO da empresa, me mostrou como o mais recente software da Autodesk para arquitetos evoluiu de uma ferramenta de desenho digital para uma na qual o software trabalha em parceria com o designer ou o arquiteto, por meio de um conceito chamado "modelagem de informação da construção".

Para começar, o processo de design se desloca de um conjunto de desenhos para um banco de dados interativo. Quando o desenhista desenha na tela do computador, o sistema pode computar as propriedades da construção e mesmo sugerir aperfeiçoamentos a respeito de tudo, de eficiência no uso da energia ao fluxo de pessoas, ao mesmo tempo que orça o custo de todas as opções possíveis. Cada variável é incluída no software, de modo que, quando o designer muda o formato ou os pisos do edifício como um todo, o software imediatamente diz a ele quanto essa mudança vai custar, quanta energia será poupada ou acrescentada e qual será o impacto sobre as pessoas que usam aquele edifício.

"O arquiteto não está trabalhando apenas com um conjunto de desenhos, mas com um modelo de dados que compreende o edifício inteiro como um sistema vivo tridimensional — suas janelas, ar refrigerado, luz do sol, elevadores e como eles interagem", explicou Bass. As diferentes equipes trabalhando no edifício também podem interagir e colaborar, já que cada mudança feita é dinamicamente integrada e otimizada em relação às outras.

Quando a tecnologia nos possibilita um salto tão grande no processo de realização de um protótipo, isso confere maior poder a quem faz o projeto — essa pessoa pode então ver imediatamente todas as consequências de qualquer ideia que tenta viabilizar. Ao mesmo tempo, o processo diminui o espaço para palpites e, consequentemente, para muitos erros, eliminando a perda de tempo e dinheiro. Também induz a uma maior experimentação e criatividade.

E o próximo estágio será algo de "espantoso", explica Bass. "Chamamos isso de design generativo." O computador se torna um verdadeiro parceiro em termos de design. "Digamos que eu queira projetar uma cadeira e procure o meu designer de móveis e diga: 'Por favor, desenhe uma cadeira para mim'. Se digo isso a qualquer um de nós, 'Por favor, desenhe uma cadeira para mim', vai surgir algo que nós entendemos como uma cadeira." Mas se usarmos o software Project Dreamcatcher da Autodesk e simplesmente dissermos: "Preciso de uma plataforma de tal altura que suporte tal peso e seja o mais leve possível, usando a menor quantidade de material possível, mas que ainda assim seja capaz de suportar tal peso com tal altura e com uma plataforma que tenha exatamente tal tamanho", o computador vai produzir uma série de incríveis variações criadas por conta própria. A Autodesk pôs à mostra alguns desses resultados nos seus escritórios de San Francisco e eles têm uma aparência de coisa do outro mundo — mas você pode se sentar nessas cadeiras com o maior conforto!

Da mesma forma que acontece com o Watson, quando o poder das máquinas é amplificado, a natureza do "poder do um" muda — a criatividade se torna, em parte, uma questão de fazer as melhores perguntas. "O mundo do designer muda", explica Bass. "Ele deixa de ser aquele que concebe a forma para ser aquele que cria as metas e os limites dos objetos a serem projetados — [e a pessoa] então não cria mais os designs, mas seleciona o design em meio a uma paisagem que inclui várias possibilidades. Estamos passando do que era anteriormente um ponto de solução para algo mais próximo de uma colaboração [entre o homem e a máquina], porque, com a ajuda do computador, o designer é agora capaz de compreender o completo alcance [de qualquer sistema] para além do que qualquer mente humana pode compreender por conta própria."

OS GERADORES DE CONFIANÇA QUE TAMBÉM ALUGAM QUARTOS

Como dissemos, a supernova está possibilitando mudanças radicais no custo, na velocidade e na maneira como as coisas são feitas, assim como nas coisas que podem ser feitas — e tornando possível que indivíduos e pequenos grupos surjam do nada para fazer essas coisas. Ou que tal todas elas ao mesmo tempo? Não há melhor exemplo de empreendedores que tenham tido seu potencial multiplicado, que tenham revolucionado um ramo inteiro de negócio de longa tradição no espaço de apenas alguns poucos anos, sem necessidade de um grande investimento, do que os fundadores do Airbnb. A empresa é uma autêntica filha da supernova — inconcebível sem ela, e agora completamente lógica e irreversível.

E tudo isso começou de forma tão analógica... com colchões de ar.

Um dos cofundadores do Airbnb, Brian Chesky, tinha pais que desejavam para ele uma única coisa quando se diplomasse pela Rhode Island School of Design — que conseguisse um emprego estável, do tipo que já vem com um plano de saúde. Chesky tentou por um momento seguir esse caminho com uma empresa de design em Los Angeles, mas acabou se entediando com o emprego. Colocou, então, suas malas num Honda Civic e dirigiu até San Francisco para morar com seu amigo Joe Gebbia, que concordou em rachar o aluguel de sua casa com Chesky.

"Infelizmente, minha parte chegava a 11050 dólares e eu só tinha mil dólares no banco, de modo que havia um problema de matemática — e estava desempregado", Chesky me contou quando o entrevistei pela primeira vez para uma coluna. Mas ele teve uma ideia. Na semana em que chegou à cidade, no começo de outubro de 2007, San Francisco estava hospedando a Industrial Designers Society of America, e todos os quartos de hotéis no site da conferência estavam esgotados. Então Chesky e Gebbia pensaram: por que não transformar a casa deles num *bed and breakfast* para os participantes?

O problema era que eles não tinham camas, porém Gebbia tinha três colchões de ar. "Então enchemos os colchões e batizamos nosso empreendimento de 'Airbed and Breakfast'. Três pessoas ficaram conosco, e cobramos oitenta dólares por noite. Também fizemos café da manhã para elas e ficamos sendo seus guias locais", explicou Chesky, de 34 anos. Ao longo do processo, acabaram ganhando dinheiro suficiente para pagar o aluguel. Mais importante, no entanto, descobriram uma ideia maior que, desde então, floresceu e se transformou num negócio multibilionário, criando toda uma nova maneira para que as pessoas ganhem dinheiro e viajem pelo mundo. A ideia era criar uma rede global por meio da qual qualquer um em qualquer lugar poderia alugar um espaço vago em sua casa para ganhar algum dinheiro. Numa homenagem às suas raízes, eles deram à companhia o nome Airbnb, e ela acabou crescendo tanto que hoje é maior do que todas as maiores redes de hotéis somadas — ainda que, ao contrário do Hilton e do Marriott, não possua uma única cama. E a nova tendência que acabou por deflagrar foi a da "economia do compartilhamento".

Ao ouvir Chesky descrever sua empresa pela primeira vez, confesso que o fiz com certo ceticismo: quero dizer, quantas pessoas em Paris realmente desejariam alugar o quarto vago do filho logo ali no corredor para um total desconhecido — alguém que contataram pela internet? E quantos estranhos teriam vontade de ficar no quarto logo ali no corredor?

Resposta: muita gente! Em 2016, havia 68 mil quartos de hotel em Paris e mais de 80 mil registrados no Airbnb.

Hoje, ao consultar o site do Airbnb, é possível optar por ficar em um de centenas de castelos, um de dezenas de pavilhões montados em jardins, em cavernas e cabanas indígenas equipadas com TVs, torres de caixa-d'água, iglus com wi-fi e casas na árvore — centenas delas —, as quais são os espaços mais rentáveis por metro quadrado no site do Airbnb.

"A casa montada numa árvore em Lincoln, Vermont, é mais rentável do que a casa principal da propriedade", disse Chesky. "Temos casas na árvore em Vermont com listas de espera de seis meses. As pessoas planejam suas férias em função da disponibilidade da casa na árvore!" E, de fato, os três maiores campeões em popularidade das listas do Airbnb são casas montadas em árvores — sendo que duas delas geraram aos donos dinheiro suficiente para quitar a hipoteca de suas casas de verdade. O príncipe Hans-Adam II ofereceu seu principado inteiro em Liechtenstein para alugar no Airbnb (70 mil dólares por noite), "tudo incluído, com direito a sinais de trânsito próprios e a sua própria moeda corrente temporária", informou o jornal *The Guardian* em 15 de abril de 2011. Pode-se dormir em casas que pertenceram a Jim Morrison, da banda The Doors, passar uns tempos numa das casas projetadas por Frank Lloyd Wright ou mesmo se espremer numa casa de um metro quadrado em Berlim que sai por treze dólares por noite.

Em julho de 2014, quando a Copa do Mundo foi realizada no Brasil, foi apenas graças ao Airbnb que todos os visitantes puderam encontrar lugar para ficar, porque o Brasil não tinha hotéis suficientes para abrigar todos os que queriam vir para assistir às partidas. Chesky: "Quase 120 mil pessoas — um em cada cinco visitantes internacionais — ficaram no Brasil em espaços alugados por meio do Airbnb durante a Copa do Mundo; eles vieram de cerca de 150 países. Os anfitriões filiados ao Airbnb ganharam cerca de 38 milhões de dólares em reservas. Em média, cada anfitrião recebeu em torno de 4 mil dólares durante o período que durou o evento (um mês): mais ou menos o quádruplo do salário médio mensal no Rio. E 189 mil alemães ficaram com brasileiros na noite da semifinal da Copa entre Brasil e Alemanha".

Parece que existe um hospedeiro no fundo de cada um de nós! Porém, ainda que o insight de Chesky e seus sócios tenha sido profundo, seu senso de oportunidade foi ainda melhor. Por quê? Porque coincidiu com 2007. Sem as tecnologias nascidas naquele ano, disse Chesky, não poderia ter havido nenhum Airbnb. Para começar, a conectividade tinha de ser mais rápida, gratuita, fácil de usar e onipresente — do Havaí a Hong Kong, passando por Havana —, o que aconteceu no início da década de 2000, ele explicou. "Por essa época as pessoas já se sentiam à vontade para dar informações sobre seus cartões de crédito, pagar pelas coisas on-line e fazer transações on-line. As pessoas esquecem que, quando o eBay começou, costumava-se mandar cheques para eles pelo correio, de modo que a cada dia eles terminavam com aqueles enormes sacos cheios de cheques." Seria preciso esperar para que existisse tanto um razoável grau de experiência de uma ampla faixa da população mundial com o comércio eletrônico e com sistemas de pagamento entre iguais (*peer-to-peer*), como o PayPal, para que as pessoas pudessem pagar ao Airbnb sem cartão de crédito. A globalização dos fluxos tornou isso possível no início da década de 2000. As pessoas então precisaram estar conectadas on-line com perfis de identidade reais, o que o Facebook ajudou a tornar possível ao explodir para fora das escolas e universidades por volta de 2007 — de modo que tanto as pessoas que estavam alugando suas casas como aquelas que esperavam alugá-las pudessem saber quem era a outra pessoa com um razoável grau de certeza. Porque não se tratava apenas de comprar um livro ou vender um taco de golfe de segunda mão para um estranho no eBay — ou mesmo de procurar alguém na Craigslist para rachar um quarto. Você ficaria num cômodo da casa de alguém ou então alugaria para outras pessoas o seu espaço.

Também era preciso um sistema de avaliação, disse Chesky, no qual ambos os lados pudessem avaliar um ao outro e construir reputações que se tornassem uma espécie de moeda corrente, a qual o eBay e o Airbnb ajudaram a introduzir e a popularizar. Era preciso que existisse a difusão em massa de smartphones munidos de câmeras fotográficas, de modo que as pessoas pudessem, com facilidade e praticamente de graça, fotografar o aposento ou o imóvel que estivessem oferecendo para alugar, colocando as fotos num perfil visualizado na internet — sem a necessidade de contratar um fotógrafo (ainda que muitos o façam). Steve Jobs resolveu esse problema em 2007. E era preciso um sistema de mensagens, como o WhatsApp, fundado em 2009, para que as pessoas oferecendo acomodações no Airbnb e aquelas em busca de um espaço para alugar pudessem se comunicar de graça sobre quando e onde deixar a chave, e tantos outros detalhes, e, como diz Chesky, "para que pudessem deixar 'o desconhecido' de fora da transação e se encontrarem virtualmente antes".

E, por último, era preciso "reunir todos os envolvidos numa interface realmente bem concebida — éramos todos estudantes de design — na qual fosse possível fazer tudo isso com um toque", disse Chesky. Assim que todas essas peças se encaixaram em seus lugares e foram dispostas em camadas alguns poucos anos depois de 2007, o Airbnb simplesmente decolou, não apenas porque toda aquela complexidade — alguém em Minnesota alugando uma tenda de alguém na Mongólia — podia ser reduzida a um toque, mas também porque isso seria feito de modo a inspirar total confiança em todas as partes envolvidas.

Na verdade, a coisa mais interessante que Chesky e seus companheiros empreendedores do Airbnb fizeram foi justamente uma das coisas mais complexas de se produzir em grande escala: *confiança*.

Os fundadores do Airbnb compreenderam que o mundo estava ficando interdependente — ou seja, a tecnologia estava lá para conectar qualquer proprietário de um espaço para alugar com qualquer turista ou viajante a negócios em qualquer lugar do planeta. E se alguém criasse uma plataforma de confiança que fosse capaz de unir todos eles, uma enorme quantidade de valor seria criada para todas as partes envolvidas. Essa foi a verdadeira inovação proporcionada pelo Airbnb — *uma plataforma de confiança* na qual todas as pessoas pudessem não apenas ver a identidade umas das outras, como também avaliá-las em termos de hóspedes e anfitriões bons, maus ou medíocres. Isso significa que o usuário do sistema viria rapidamente a desenvolver uma "reputação" relevante visível para todos os demais. Se pegarmos as identidades confiáveis e as reputações relevantes e as colocarmos juntas na supernova e nos fluxos globais, de repente contaremos com mais de 3 milhões de casas ou quartos listados no Airbnb — isso é mais do que as redes Hilton, Marriott e Starwood somadas. E o Hilton começou em 1919!

"Costumávamos confiar em instituições e companhias apenas porque tinham uma reputação e uma marca", concluiu Chesky. "E também só costumávamos confiar em pessoas da nossa comunidade. Conhecíamos as pessoas da nossa comunidade, e qualquer um de fora dali era um estranho. O que fizemos foi dar a esses desconhecidos identidade e marcas nas quais pudessem confiar. Você quer que um estranho fique na sua casa? Não. Mas gostaria de hospedar Michelle, que estudou em Harvard, trabalha num banco e tem uma reputação cinco estrelas como hóspede no Airbnb? Claro!"

Chesky adoraria aplicar o que o Airbnb nos ensinou a respeito da economia do compartilhamento a outros campos e experiências, ou, como certa vez ele me disse: "Existem 80 milhões de furadeiras nos Estados Unidos que são usadas, em média, durante treze minutos. Será que todo mundo realmente precisa ter sua furadeira?".

A distância entre imaginar alguma coisa, projetar essa coisa, manufaturá-la e vendê-la em qualquer lugar nunca foi tão curta, rápida, barata e fácil — tanto para engenheiros como para não engenheiros.

Francamente, se não está acontecendo é porque você não está fazendo.

OS VAREJISTAS

Se a supernova dá aos inovadores poderes para criar novos modelos de negócio radicalmente revolucionários — modelos que podem atingir uma escala global quase que do dia para a noite —, também permite que empresas já estabelecidas possam concorrer com eles de modo mais eficiente do que nunca, se estiverem dispostas a se submeter elas próprias a uma revolução. Se você está interessado nessa competição, o melhor que tem a fazer é estudar o modo como a Walmart, a mais convencional das lojas "físicas", que tem seu quartel-general numa cidadezinha no Arkansas, vem tentando tirar partido da supernova para aumentar sua capacidade de competir com uma gigante do varejo filha legítima da era das acelerações — a Amazon. Bem, tenho pena de qualquer varejista que precise competir com a Amazon, mas a Walmart não é simplesmente uma varejista qualquer, então achei que seria especialmente instrutivo ver como ela estava enfrentando esse desafio.

Em abril de 2015, o CEO da Walmart, Doug McMillon, me convidou para falar na lendária convenção da empresa, sábado pela manhã, na sua sede em Bentonville, Arkansas — uma mistura de show de variedades, encontro motivacional corporativo e diversão geral, com uma plateia de cerca de 3 mil pessoas. É uma produção e tanto. Eu lhe disse que ficaria feliz em participar — meu papel era preparar a plateia para a entrada de Kevin Costner —, mas que gostaria de ser pago, e "muito bem" pago — no entanto, o *New York Times* não permite que eu aceite dinheiro de empresas. Ele me perguntou, então, o que eu queria. Eu lhe disse que, como recompensa, queria que os engenheiros da Walmart me mostrassem o que acontece nos bastidores, na supernova, quando tento fazer uma compra — escolhemos como exemplo uma TV de 32 polegadas — no aplicativo da Walmart ao usar meu iPhone. Foi assim que eles me "pagaram", e valeu a viagem.

O Walmart.com foi lançado na década de 2000, usando a tecnologia-padrão disponível para a criação de uma plataforma de comércio eletrônico. Não era um competidor à altura da Amazon. Em 2011, a Walmart passou a levar o negócio a sério, e, quando o maior varejista do mundo leva a coisa a sério, pode apostar que é sério mesmo. A empresa se estabeleceu como uma presença importante no Vale do Silício, contratando milhares de engenheiros. Não era difícil recrutá-los, explicou Neil Ashe, presidente e CEO de comércio eletrônico global da Walmart Stores, Inc. na ocasião em que visitei a empresa. "Falamos às pessoas: se querem problemas difíceis, nós temos — e se estão interessados em escala, temos isso também!" Na condição de empresa, "temos 'conversas' com 200 milhões a 300 milhões de pessoas por semana".

O que me chamou especialmente a atenção foi a maneira rápida e barata que a Walmart encontrou para fazer seu aplicativo para dispositivos móveis — graças, em grande parte, ao que havia ocorrido em 2007. O Hadoop permitiu que trabalhassem com *big data* em grande escala. O GitHub deu a eles condições de tirarem partido de todos os softwares de varejo inventados por outros, e as APIs possibilitaram que fechassem parcerias com todo mundo. E os progressos proporcionados pela lei de Moore quanto a armazenagem, computação e telecomunicações, já no território avançado da segunda metade do tabuleiro de xadrez, fizeram com que se tornassem competitivos do dia para a noite.

Jeremy King, principal responsável pelo setor de tecnologia da Walmart e-Commerce, integrara anteriormente a equipe de tecnologia que tinha construído a plataforma de comércio eletrônico da eBay — antes que a supernova realmente existisse e quando tudo tinha de ser construído do zero. "Quando estava na eBay, há dez anos [em 2005], construímos uma plataforma bastante semelhante, e precisamos do trabalho de duzentos engenheiros de software para fazer isso — na época não havia nada parecido disponível. Levamos vários anos nesse trabalho." Hoje, nem pensar. Não depois de 2007. "Em 2011", disse King, a Walmart "construiu uma plataforma semelhante graças à nuvem, com doze pessoas, em menos de 24 meses". Os milhares de engenheiros de software que contratou desde então têm como tarefa disseminar tecnologia de informação em todos os aspectos do seu negócio.

Na era do GitHub, disse Ashe, "quando foi preciso construir nosso próprio motor de busca, apenas tivemos de recorrer à melhor opção de código aberto para criar um índice de dados a serem buscados — chamado Solr —, então criamos nosso próprio motor de relevância por cima disso". Nos velhos tempos, os códigos para se fazer isso eram mantidos como informação interna da empresa, mas agora são todos compartilhados no GitHub. Quando todas essas ferramentas e componentes estão na nuvem, disponíveis por meio dos códigos abertos, sendo infinitamente combináveis graças às APIs interoperáveis, "a questão importante agora é saber como juntar tudo isso de modo a criar maior valor para o cliente", disse Ashe.

Bem, voltemos agora à minha busca por uma TV de 32 polegadas. Assim que digitei o número "32" no aplicativo da Walmart no meu telefone, seus algoritmos e seu banco de dados sabiam, por experiência, que eu provavelmente estava procurando uma "TV de 32 polegadas", mesmo que tivesse grafado errado "polegada" e "televisão". Então, passados alguns milissegundos, ele exibiu uma série de TVs de 32 polegadas disponíveis no estoque.

"O cliente está esperando uma experiência sem nenhum atrito", explicou Ashe. "Hoje em dia as pessoas são muito impacientes." Ele disse que a Walmart sabe que, a cada cem milissegundos, as pessoas perdem a paciência. "Elas desistem [de comprar algo] por causa de meio segundo [de demora] [...]. São necessários sete milissegundos para deslocar informações do nosso centro de dados no Colorado para nosso centro em Bentonville — e isso significa uma viagem de ida e volta de catorze milissegundos. De modo que não podemos usar esse centro de dados no Colorado para certas transações. Temos de contar com os dados de Bentonville."

E, de fato, a Walmart descobriu que o consumidor é mesmo capaz de distinguir uma diferença em milissegundos — um milésimo de um único segundo — e, quando aciona o botão de comprar ou de enviar ou de buscar, espera uma resposta em dez milissegundos. A pesquisa da Walmart chegou à conclusão de que cada meio segundo acrescentado ao tempo que leva para o consumidor receber uma resposta ao fazer sua compra on-line resulta em dois ou mais pontos percentuais em transações perdidas entre os milhões efetuados todos os dias. É dinheiro para valer.

Acabei colocando uma Samsung de 32 polegadas no meu carrinho virtual e cliquei em "comprar". As APIs que ligam a Walmart e a Visa lidaram com a compra de maneira perfeitamente integrada. Mas então ouvi uma das minhas frases preferidas ao pesquisar este livro. Depois de apertar o botão de comprar, o sistema usou meu código postal para determinar se havia uma TV de 32 polegadas numa loja Walmart perto de mim onde eu pudesse ir pegá-la com o meu carro, ou se minha TV poderia ser entregue a partir de uma loja Walmart da região, ou se teria que vir de um dos novos megacentros de abastecimento da Walmart dedicados às encomendas on-line — grandes o bastante para abrigar cada um deles o equivalente a dois navios de cruzeiro. Em relação a alguns produtos, o sistema da Walmart já havia previsto um aumento na demanda e pré-posicionado o estoque de modo a atender ao cliente com o menor preço disponível em qualquer lugar: isso significa pás em Michigan no inverno, bolas de golfe na Flórida o ano todo e televisões de tela grande e Doritos na semana anterior ao Super Bowl Sunday, o domingo da final do campeonato de futebol americano.

"Então, no momento em que você apertou o botão 'comprar', prometemos a você uma data de entrega", disse King. "Fizemos isso com base em cálculos de probabilidade." Agora, no entanto, o sistema precisa passar por toda uma série de otimizações para decidir pela melhor opção de entrega/retirada do produto, ou pela combinação das duas. Ele faz isso com base no local onde você está situado, em outros itens que você pode ter comprado junto com a TV de 32 polegadas e de onde esses itens virão, e em quantas caixas e de quais tamanhos tudo isso pode exigir. Existe uma infinidade de combinações a serem consideradas, levando em conta o fato de que a Walmart dispõe de 4 mil lojas e inúmeros centros de atendimento.

"Existem cerca de 400 mil variáveis", disse King. Mas agora que você — o cliente — já fez a compra e não está esperando on-line, ele acrescentou, "temos tempo, de modo que podemos fazer isso em menos de um segundo".

Comecei a rir. "O que você acabou de dizer?", perguntei, incrédulo. "Depois de eu apertar o botão de comprar, há tempo de sobra. *Mas vocês precisam de menos de um segundo?*"

Ele riu também.

Na supernova da Walmart hoje em dia, dispor de menos de um segundo para tornar a complexidade gratuita significa ter todo o tempo do mundo para que o sistema considere as 400 mil variáveis possíveis em termos de entrega. Quando a conectividade é onipresente e a complexidade é gratuita, o mundo se torna rápido de verdade. Porém a corrida nunca termina. Justo na hora em que você julga ter alcançado velocidade o bastante para deixar para trás os concorrentes, alguém se torna mais rápido. Quando eu estava quase terminando este livro, a Walmart anunciou que, para aumentar sua capacidade de competir com a Amazon no comércio eletrônico – que ainda vende oito vezes mais do que a Walmart na internet –, estava comprando a Jet, uma startup do varejo com apenas um ano de existência. A revista *The Economist* registrou em 13 de agosto de 2016 que o que atraía a Walmart na Jet era "seu algoritmo de precificação em tempo real, que seduz os clientes com preços mais baixos se eles acrescentarem mais itens no seu carrinho de compras. O algoritmo também identifica quais dos vendedores da Jet se encontra mais perto do consumidor, ajudando a minimizar os custos de entrega e permitindo que sejam oferecidos descontos. A Walmart está fazendo planos para integrar esse software no seu".

Parece que "menos de um segundo" ainda era um tanto devagar.

A STARTUP DE BATMAN

Em março de 2016, eu estava visitando Sulaimaniya, no Curdistão iraquiano, onde um amigo comum me apresentou a Sadik Yildiz, cuja família mantém várias companhias ligadas à tecnologia da informação. Entre elas está a Yeni Medya, ou New Media Inc., um exemplo de quão rapidamente um pequeno empreendedor, mesmo operando de um lugar tão remoto, pode se tornar muito grande recorrendo à supernova.

Fundada pelo sobrinho de Yildiz, Ekrem Teymur, a New Media Inc. faz análise de *big data* e monitoramento de mídia, entre muitas outras coisas, para o governo turco, para outros governos e para o setor privado. Eles rastreiam toda a mídia, inclusive as redes sociais, em tempo real e podem relatar a seus clientes quais notícias a respeito deles aparecem em qualquer lugar. Também são capazes de informar ao cliente em tempo real quais os vinte assuntos mais comentados no momento e em que proporções. Tudo é exibido num painel organizado em caixas coloridas, com a manchete e a porcentagem em cada caixa.

"A presidência da Turquia é um de nossos clientes, e por meio de nosso sistema eles podem receber um serviço de pesquisa de opinião em tempo real — a cada minuto é possível fazer uma sondagem da opinião do público", Yildiz me explicou. "O *big data* está tornando as coisas mais fáceis para todo mundo agora. O software que desenvolvemos por conta própria agrega a cada cinco minutos todas as fontes de notícias na Turquia e nos Estados Unidos — nem mesmo o Google News rastreia todas as fontes de notícias nesse ritmo o tempo todo. Acompanhamos todos os artigos e reportagens no Twitter e arquivamos tudo que encontramos — 1 milhão de matérias por dia; ninguém está arquivando tanta coisa assim, nem mesmo nos Estados Unidos. Então, se uma fonte de notícias deleta determinada história sobre você depois que ela foi publicada, ainda é possível usar nosso sistema e recuperá-la para fins judiciais. E então qualquer governo ou empresa pode usar isso para rastrear o que foi dito a seu respeito."

Como você ganha dinheiro?

"O negócio gera dinheiro com base num sistema de assinaturas que depende do número de palavras-chave que você deseja ver rastreadas e de quantos usuários recorrerão ao sistema", explicou Yildiz. "'Thomas Friedman', por exemplo, contaria como uma só palavra." (Uma pechincha!) "Eles podem lhe dar análise de conteúdo, o que está sendo dito sobre você, desmembrar isso em termos geográficos, dizer de onde está vindo, quantas pessoas em quais cidades estão lendo, quem deu origem à história ou à tendência sobre você — ou seja, quem são os influenciadores — ou quantos seguidores usaram as mesmas palavras e frases ou de que maneira a formulação daqueles argumentos evoluiu e foi mudando."

Fiquei intrigado. Parece que os boatos — assim como os palpites — deixaram oficialmente de existir. "Todos os membros do Parlamento turco estão usando esse sistema para rastrear referências feitas a eles mesmos", disse Yildiz. "O mesmo ocorre com as agências de notícias, [que podem] avaliar seus repórteres checando quais matérias estão sendo mais lidas."

Eu tinha absoluta certeza de que não queria ouvir tudo que estava sendo dito a meu respeito, mas estava intrigado com a ferramenta que eles tinham construído. Quanto custa? Os pacotes de serviço variam entre mil e 20 mil dólares, ele disse, dependendo mais uma vez do número de palavras-chave que sejam rastreadas.

De modo que, tendo à sua disposição toda essa fantástica tecnologia e alcance, perguntei onde ele tinha começado aquela companhia.

"Batman", ele respondeu.

"Isso é mesmo um lugar de verdade?", perguntei.

"É, sim!", Yildiz retrucou. "E na realidade o prefeito de Batman processou o filme *Batman* por ter usado o nome sem permissão!" Yildiz é um curdo turco, de modo que o negócio de sua família está baseado na região Leste da Turquia, onde se fala o idioma curdo, em Batman, a cidade natal da família. Eles têm outros negócios – como construção civil e tratamento de água. Mas seu maior sucesso foi obtido quando lançaram mão dos poderes da supernova, a partir de Batman. Como fizeram isso? Foi um negócio de família que estourou assim que os fluxos globais emanados pela supernova atingiram sua cidade.

"Meu sobrinho, Ekrem Teymur, é o fundador e engenheiro-chefe por trás do empreendimento – ele está com 42 anos", explicou Yildiz. "Ele nasceu em Batman e é o melhor engenheiro de dados da Turquia – a companhia foi ideia dele." A New Media Inc. tem cem empregados, e por um bom tempo competiu com as maiores companhias do mundo. A maior parte dos postos importantes na empresa é ocupada por integrantes da família – Ekrem e suas seis irmãs, todos nascidos em Batman. As irmãs, que em sua maioria tinham apenas educação básica, ocupam agora as funções de editora-chefe, gerente de vendas e gerente de produção de aplicativos – algo notável para uma cidade onde a maior parte das mulheres não tem autorização da família nem para trabalhar.

O escritório central, contudo, fica agora em Istambul, diz Yildiz. "Mas ainda empregamos muita gente em Batman." Graças a toda a conectividade existente hoje, eles "podem se sentar em casa na frente dos seus computadores e fazer esse serviço para nós – de modo que isso cria muitas oportunidades de trabalho". Além de Batman e Istambul, eles também têm escritórios em Dublin, Dubai, Beirute e Palo Alto. Por que diabos não teriam?

"Hoje não se pode mais falar em 'desfavorecidos'", disse Yildiz. "Tudo de que uma pessoa precisa é de um cérebro que funcione, um pouco de treinamento, e então pôr em prática sua ideia sobre algum negócio fantástico a partir de qualquer lugar do mundo onde esteja!"

A história de Sadik Yildiz — e conheci muitos como ele na década passada — é um exemplo eloquente de como a educação, somada à conectividade, somada à supernova, fez com que "cada vez mais pessoas venham sendo empoderadas em mais baixas faixas de renda do que antes, de modo que pensam e agem como se fossem de classe média, exigindo segurança humana e dignidade e seus direitos como cidadãos", explicou Khalid Malik, ex-diretor do Gabinete do Relatório de Desenvolvimento Humano da ONU. "Isso representa uma mudança tectônica. A Revolução Industrial era uma história envolvendo 10 milhões de pessoas. Essa agora é a história de alguns bilhões de pessoas." E estamos só no começo dela.

Terei outras coisas a dizer a esse respeito mais adiante neste livro. Mas tinha sim uma última pergunta a fazer a Yildiz:

"Quando sua família começou esse negócio?"

"Em 2007", ele disse.

5. O Mercado

Kayvon Beykpour é o CEO e cofundador do Periscope — o aplicativo para transmissões de vídeo lançado em março de 2014 que, em quatro meses, já tinha conquistado 10 milhões de usuários. Ele foi rapidamente comprado pelo Twitter, que compreendeu que a ferramenta oferecia uma espécie de versão em vídeo do que eles faziam com suas mensagens em tempo real. O Periscope se tornou popular rapidamente ao criar uma plataforma que permitia que seus usuários recorressem aos seus smartphones para compartilhar com qualquer um em qualquer lugar do mundo um vídeo ao vivo de qualquer evento do qual estivessem participando ou assistindo, fosse um furacão, um terremoto, uma enchente, um comício de Donald Trump, uma montanha-russa na Disney World, uma discussão com um policial ou uma manifestação de ocupação da Câmara dos Deputados pelos parlamentares democratas. Beykpour diz que a missão do Periscope é possibilitar que qualquer um "explore o mundo pelos olhos de alguma outra pessoa" e, ao fazer isso, construa "empatia e verdade" — empatia ao colocar pessoas em contato intenso umas com as outras e suas circunstâncias, e verdade porque o vídeo ao vivo não mente com facilidade. Tudo pode ser visto em estado bruto.

Em que medida esse material é mostrado em sua forma bruta pode ser avaliado pela história que Beykpour me contou:

> Em julho passado [2015] eu estava voando de San Francisco para Londres para ir a Wimbledon. Estava num voo da United e me amaldiçoava por ter esquecido

de baixar filmes no iTunes para ver no meu iPad. Estava imaginando o que iria ficar fazendo por nove horas. Decidi ver se o wi-fi da United era potente o bastante para entrar no Periscope e assistir a algum vídeo, porque isso exige muita banda larga. Então entrei no Periscope e vi que funcionava! A primeira coisa que fiz foi ver minha namorada levar nosso cachorro para passear, ao vivo, na praia de Crissy Field [em San Francisco], perto da ponte Golden Gate. Então pensei em dar uma olhada para ver quem mais estava no Periscope. Quando se entra na plataforma, há um mapa-múndi que mostra em que lugares outras pessoas estão transmitindo vídeos. Basta clicar em determinado ponto e você vê o vídeo de alguém. [Também é possível ver um replay de vídeos transmitidos anteriormente ao vivo.] Vi aquele ponto no rio Hudson. Pensei "quem será?", e cliquei nele. Era uma mulher cruzando o rio Hudson numa barca em meio a uma tempestade. E ela estava dizendo: "Estou no meio de uma tempestade horrível e realmente apavorada". Ela estava ali falando, no meio do escuro, na fileira da frente, e dava para ver ao fundo a silhueta do capitão conduzindo a barca, movendo o timão, e toda aquela chuva desabando, batendo com força no vidro, e dava para sentir a turbulência. Ela estava aterrorizada.

Outras sete pessoas no site estavam assistindo àquilo, e todos nós estávamos procurando tranquilizá-la, dizendo que ia ficar tudo bem. E eu estou naquele avião, em algum lugar sobre a Groenlândia, e nós estamos enfrentando nossa própria turbulência, e todas aquelas pessoas estavam espalhadas pelo mundo, todas desconhecidas e tentando consolá-la. Fiquei vendo aquilo por dez ou quinze minutos. Depois, comecei a pensar comigo mesmo: "Como é possível que tenhamos ajudado a criar algo que permite que eu me coloque no lugar de outra pessoa dessa forma? Parece algo como um superpoder". É impossível deixar de estabelecer uma empatia quando vemos as coisas pelos olhos de outra pessoa, especialmente quando são pessoas com quem de outro modo não teríamos como estabelecer uma conexão, muito menos em tempo real. Imagine que você é um refugiado sírio num barco e está transmitindo ao vivo enquanto cruza o oceano ou entra na Sérvia [...].

A experiência de Beykbour é uma ilustração convincente de como a globalização — à qual irei me referir pelo termo abrangente "o Mercado" — está hoje também em aceleração. Por um longo tempo muitos economistas insistiram que a globalização era apenas uma medida para o comércio de bens físicos, serviços e transações financeiras. Essa definição peca por ser muito estreita. Globalização, para mim, sempre significou a capacidade de qualquer indivíduo ou companhia de competir, conectar, trocar ou colaborar globalmente. E, por essa definição, a globalização está agora explodindo. Podemos hoje digitalizar muitas coisas e, graças aos celulares e à supernova, podemos agora enviar esses fluxos digitais a toda parte e recebê-los de qualquer lugar. Esses fluxos impulsionam a globalização das amizades e das finanças, do ódio e da exclusão, da educação e do comércio eletrônico, de notícias que podem ser usadas, de fofocas que vão atiçar a curiosidade e de rumores capazes de desestabilizar. Ainda que o comércio de bens físicos, produtos financeiros e serviços — as marcas registradas da economia global do século XX — na realidade tenha parado de crescer nos últimos anos, a globalização medida por fluxos está crescendo — "transmitindo informações, ideias e inovação ao redor do mundo e ampliando a participação na economia global" — mais do que nunca, concluiu um estudo pioneiro a respeito do assunto publicado em março de 2016 pela McKinsey Global Institute e intitulado *Digital Globalization: The New Era of Global Flows* [Globalização digital: a nova era dos fluxos globais]: "O mundo está mais interconectado que nunca".

Pensem no fluxo de amigos via Facebook, no fluxo de pessoas que alugam espaços pelo Airbnb, no fluxo de opiniões no Twitter, no fluxo do comércio eletrônico via Amazon, Tencent e Alibaba, no fluxo de *crowdfunding* por meio do Kickstarter, Indiegogo e GoFundMe, no fluxo de ideias e mensagens instantâneas pelo WhatsApp e WeChat, no fluxo de pagamentos e de crédito via PayPal e Venmo, no fluxo de imagens via Instagram, no fluxo de educação por meio da Khan Academy, no fluxo de cursos de faculdade via MOOCs, no fluxo de ferramentas de design por meio do Autodesk, no fluxo de música via Apple, Pandora e Spotify, no fluxo de vídeos via Netflix, no fluxo de notícias via NYTimes.com ou BuzzFeed.com, no fluxo de recursos sediados na nuvem pela Salesforce, no fluxo de pesquisas voltadas para o conhecimento por meio da Google, no fluxo de vídeos em estado bruto pelo Periscope e Facebook. Todos esses fluxos dão substância à alegação da McKinsey de que o mundo, na verdade, está mesmo mais interconectado que nunca.

Efetivamente, esses fluxos digitais se tornaram tão abundantes e poderosos que estão para o século XXI como os rios que desciam das montanhas estavam para as civilizações e cidades da Antiguidade. Naquela época, todos queriam construir sua cidade ou sua fábrica às margens de um rio com uma corrente poderosa, como o Amazonas — e deixar que ele fluísse através de você. Aquele rio daria poder, mobilidade, alimentos e acesso aos vizinhos e suas ideias. O mesmo ocorre com esses rios digitais que entram e saem da supernova. Só que os rios junto aos quais as pessoas querem agora construir são a Amazon Web Services e o Azure, da Microsoft, conectores gigantes que possibilitam que o seu negócio ou sua nação tenham acesso a todos aqueles aplicativos na supernova que dão maior poder computacional, onde você pode se ligar a qualquer fluxo no mundo do qual queira participar.

O mundo não pode se tornar tão conectado em tantos novos domínios de novas maneiras e com tamanha profundidade sem acabar sendo reformulado. E este capítulo é sobre como esses fluxos digitais globais vêm fazendo exatamente isto: possibilitando que um número cada vez maior de pessoas ao redor do mundo tenham acesso à caixa de ferramentas tecnológicas da supernova e se tornem aqueles que fazem e acontecem; tornando o mundo muito mais interdependente em termos financeiros, de modo que todo país se encontra hoje numa situação mais vulnerável em relação à economia de outro país; estimulando o contato entre desconhecidos a um ritmo e numa escala nunca vistos, fazendo com que ideias boas e más se tornem virais, podendo extinguir ou fabricar preconceitos muito mais rapidamente; tornando todos os líderes mais expostos e transparentes; e garantindo que os preços que os países pagam por aventuras no exterior sejam muito mais altos do que esperam, tornando esses fluxos uma nova fonte de comedimento geopolítico.

INTERCONEXÕES OU INTERCURSO?

Esses rios digitais correndo agora ao redor do globo, vinculando mais estreitamente a todos, só tendem a se tornar mais caudalosos e mais rápidos à medida que as pessoas se conectam com a supernova usando seus dispositivos móveis. Em janeiro de 2015, o Boston Consulting Group divulgou um estudo, *The Mobile Revolution: How Mobile Technologies Drive a Trillion-Dollar Impact*, financiado pela Qualcomm. Entre os impactos que analisava estava a medida do apego que as pessoas hoje demonstram pelos seus celulares. Para aprofundar a questão, a Qualcomm encomendou uma pesquisa de opinião que fazia a seguinte pergunta-chave a pessoas nos Estados Unidos, na Alemanha, na Coreia do Sul, no Brasil, na China e na Índia: "De quais entre as seguintes coisas você preferiria abrir mão durante um ano a renunciar ao uso pessoal do seu celular?". Jantar fora? Sessenta e quatro por cento disseram que desistiriam disso. Ter um bicho de estimação? Cinquenta e um por cento desistiriam disso. Sair de férias? Cinquenta por cento. Um dia de folga na semana? Cinquenta e um por cento. Ver os amigos em pessoa — em torno de 45% se disseram prontos a abrir mão disso. Então, falando realmente a sério, perguntaram: "De que prefeririam abrir mão por um ano — seu celular ou sexo?". Trinta e oito por cento dos entrevistados disseram que *prefeririam desistir de sexo por um ano* a abrir mão de seu celular!

Na análise de país a país, os sul-coreanos figuraram em primeiro lugar entre os que se prontificavam a trocar o intercurso humano pelo intercurso de voz e dados: 60%! Seus motivos não são difíceis de imaginar. A Ericsson, gigante sueca das telecomunicações, observa:

> As tecnologias móveis transformaram o modo como vivemos, trabalhamos, aprendemos, viajamos, fazemos compras e nos mantemos conectados. Nem mesmo a Revolução Industrial engendrou uma explosão tão súbita e radical em inovação tecnológica e crescimento econômico em todo o mundo. Quase todos os esforços humanos foram de algum modo tocados, quando não revolucionados, pelos dispositivos móveis. Em menos de quinze anos, as tecnologias 3G e 4G alcançaram 3 bilhões de assinaturas, transformando os celulares na tecnologia mais rapidamente adotada pelo consumidor na história.

Se, há uma década, dizíamos ter a sensação de viver num vilarejo superpovoado, hoje, afirma Dov Seidman, "a sensação é a de que estamos todos vivendo num teatro superlotado. O mundo não está apenas interconectado, ele agora está se tornando *interdependente*. Mais do que nunca antes, nós nos erguemos e caímos juntos. Um número tão pequeno de pessoas pode agora, com tanta facilidade e tanta profundidade, afetar um número enorme de pessoas a grande distância [...]. Estamos vivenciando as aspirações, esperanças, frustrações, as provações dos outros de maneiras tão diretas e viscerais" — exatamente do jeito que Kayvon Beykpour fez ao compartilhar aquela viagem numa embarcação em plena tempestade com um estranho, enquanto ele mesmo sobrevoava o oceano.

Fonte: International Communication Union, World Telecomunication/ICT Development Report and Database.

O presidente da França, François Hollande, num café da manhã com um pequeno grupo de colunistas durante a sessão de abertura das Nações Unidas em setembro de 2015, teve uma conversa que se concentrou sobretudo no fluxo de imigrantes vindos do Oriente Médio e da África que tentavam todos os dias encontrar um meio de chegar à Europa. Depois, um dos assessores de Hollande me fez a seguinte observação: é espantosa a rapidez como as informações são disseminadas e utilizadas por esses refugiados; eles estão constantemente em movimento, tentando cruzar o Mediterrâneo, e ainda assim conseguem se manter informados pelas redes sociais a respeito das coisas que precisam saber.

"Certo dia", disse o diplomata francês, "mudamos as regras e dissemos que qualquer barco que trouxesse a bordo uma pessoa com algum tipo de deficiência não poderia ser mandado de volta [do litoral europeu]." Muito pouco tempo depois, contou ele, barcos vindos de toda parte começaram a chegar com pessoas em cadeiras de rodas. "Foi rápido assim."

Em abril de 2016 fui ao Níger, no oeste da África, para fazer um documentário para a série *Years of Living Dangerously* [Os anos em que vivemos perigosamente], do National Geographic Channel. Nossa equipe estava acompanhando a rota seguida pelos imigrantes do oeste da África, através do Níger, atravessando o Saara na direção da Líbia para alcançar a Europa. Estávamos na cidade de Dirkou, no norte do país, cerca de 160 quilômetros ao sul da fronteira com a Líbia, entrevistando homens do Níger que, tendo chegado à Líbia, não tinham conseguido fazer a travessia para a Europa e acabaram voltando para casa, sem um tostão. Eles estavam de pé, junto a um caminhão de carga carregado de alimentos e cereais secos. Depois de filmá-los, perguntei se poderia tirar uma foto deles com meu iPhone. Todos assentiram. E então todos sacaram seus celulares e começaram a tirar fotos de mim. De modo que tenho uma foto minha tirando fotos deles tirando fotos de mim.

Duvido que qualquer um deles tivesse muito dinheiro no bolso, mas todos tinham telefone com câmera e agora iriam usá-lo para participar dos fluxos globais, ainda que num nível rudimentar. Recorrendo ao poder da supernova, qualquer um, por mais pobre que seja, pode agora se tornar um sujeito, não apenas um objeto, não apenas um ornamento para a viagem de algum ocidental à África, mas o autor de sua própria narrativa diante de uma plateia global. E isso é uma coisa boa — impossível há apenas uma década.

Quando vemos a que ponto a difusão desses fluxos digitais continua a acelerar, sentimos como que uma vertigem ao pensarmos quão interdependente será o mundo dentro de mais uma década. Considerem apenas alguns poucos números. O estudo feito pela McKinsey intitulado Digital Flows [Fluxos digitais] registrou que, em 1990, "o valor total dos fluxos globais de bens, serviços e recursos financeiros chegava a 5 trilhões de dólares, ou 24% do PIB mundial. O número de chegadas de turistas internacionais era de 435 milhões e o público da internet ainda estava na sua tenra infância. Vamos agora para 2014: cerca de 30 trilhões de dólares em bens, serviços e recursos financeiros, o equivalente a 39% do PIB, se deslocavam através das fronteiras. As chegadas de turistas internacionais subiram para mais de 1,1 bilhão". Mas há algo ainda mais interessante:

> A banda larga através das fronteiras [terabits por segundo] aumentou 45 vezes desde 2005. Prevê-se que virá a ser multiplicada por nove nos próximos cinco anos, enquanto os fluxos digitais de comércio, informação, buscas, vídeos, comunicação e o tráfego intercompanhias continuarem a aumentar [...].

Graças às mídias sociais e a outras plataformas da internet, os indivíduos estão formando suas próprias conexões através das fronteiras. Estimamos em 914 milhões o número de pessoas ao redor do mundo que têm pelo menos uma conexão internacional nas mídias sociais, e em 361 milhões as que participam do comércio eletrônico através das fronteiras [...]. No Facebook, 50% dos usuários têm agora pelo menos um amigo internacional. Essa fatia é ainda maior — e cresce mais rapidamente — entre usuários das economias emergentes.

Em consequência disso, toda essa conectividade vem aumentando drasticamente as "trocas instantâneas de bens virtuais":

E-books, aplicativos, jogos on-line, arquivos de música em MP3 e serviços de transmissão, softwares e serviços de computação em nuvem podem todos ser transmitidos para clientes em qualquer parte do mundo com uma conexão de internet. Muitos sites importantes da mídia estão mudando seu foco da construção de públicos nacionais para internacionais; uma série de veículos, incluindo *The Guardian*, *Vogue*, BBC e BuzzFeed, têm mais da metade de suas consultas on-line vindas de países estrangeiros. Ao expandir seu modelo de negócios, do envio de DVDs para a venda de assinaturas para transmissão on-line, a Netflix ampliou drasticamente seu alcance internacional para mais de 190 países. Enquanto mídia, música, livros e games representam a primeira onda do comércio digital, a impressão 3-D poderia expandir o comércio digital para um número muito maior de categorias de produtos.

E esqueça o fato de que tantos "amigos" estão se conectando pelo Facebook. Que tal pensar em todas as "coisas" que estão conhecendo umas às outras? Se quer ver fluxos, espere só até que a "internet das coisas" se expanda para uma escala em massa e as máquinas comecem a falar com outras máquinas por toda parte o tempo todo! "Apenas 0,6% das coisas está conectada hoje", observou Plamen Nedeltchev, um importante engenheiro de TI na Cisco, em um ensaio intitulado "It is inevitable. It is here. Are we ready?" [É inevitável. Está aqui. Estamos prontos para isso?], publicado em 29 de setembro de 2015 em Cisco.com. "Havia cerca de mil dispositivos interconectados pela internet em 1984", dizia ele no artigo; 1 milhão em 1992 e 10 milhões em 2008. Estima-se que 50 bilhões de dispositivos estejam interconectados em

2020. Em 2011, o número de novas coisas conectadas à internet ultrapassou o número de novos usuários conectados à internet."

Hoje, os fluxos de dados estão exercendo "um impacto maior sobre o crescimento do que os fluxos de bens tradicionais", descobriu a McKinsey. "Isso é um desdobramento notável, considerando que as redes de comércio mundial se desenvolveram ao longo dos séculos, mas o tráfego de dados através das fronteiras estava no seu primórdio há apenas quinze anos." Com certeza isso vai crescer, observou o estudo, porque originalmente "as maiores corporações construíram suas próprias plataformas digitais para gerenciar seus fornecedores, conectar-se com clientes e possibilitar a comunicação interna e compartilhar dados entre seus empregados ao redor do mundo", porém agora "surgiu um conjunto diferente de plataformas da internet para conectar todo mundo em qualquer lugar", por meio de celulares — incluindo o Facebook, YouTube, WhatsApp, WeChat, Alibaba, Tencent, Instagram, Twitter, Skype, eBay, Google, Apple e Amazon.

Alguns aplicativos voltados para mensagens — como o Facebook Messenger e o WeChat — estão não apenas explodindo em termos de popularidade, como também substituindo o e-mail como meio preferido de comunicação e se tornando veículos para um número cada vez maior de capacidades de interação. Estão se tornando plataformas para o comércio eletrônico, e-banking, reservas e comunicações rápidas. O fenômeno foi batizado de "comércio conversacional" e promete tornar as relações ainda mais estreitas e mais rápidas no mundo. Com o Venmo, por exemplo, os jovens hoje não apenas dividem harmoniosamente a conta de um jantar pelos aplicativos de seus bancos nos celulares, como também compartilham pensamentos sobre a comida e a conversa usando o mesmo recurso.

Eleonora Sharef, consultora da McKinsey, diz que os aplicativos de mensagens usados em seu trabalho, como Slack e HipChat, decolaram rapidamente porque são como dispor de "um painel que envia a você em tempo real todas as informações relevantes sobre o seu negócio ao longo do dia, enquanto permite ao mesmo tempo que você converse sobre o trabalho numa atmosfera divertida [...]. Todos esses recursos para conversas também estão disponíveis no seu smartphone, de modo que você possa contatar rapidamente seus empregados e ver estatísticas a qualquer hora do dia ou da noite — e se tornar um escravo do seu trabalho!".

Esses aplicativos de mensagens vão fazer o e-mail convencional parecer aos nossos filhos o que o correio convencional de papel parecia para a primeira geração de usuários de e-mail. Os aplicativos de mensagens para dispositivos móveis são "a próxima plataforma e acabarão por mudar uma série de coisas", disse David Marcus, que dirige o Facebook Messenger e que anteriormente dirigia o PayPal. "Se tivermos sucesso, uma boa parte da sua vida virá a ser regida por um aplicativo de mensagens. Ele está se tornando o centro da rede de interações do dia a dia com pessoas, negócios e serviços. O e-mail continuará sendo usado para conexões menos imediatas." Quando conversamos, em maio de 2016, o Facebook Messenger estava prestes a cruzar a marca de 1 bilhão de usuários por mês. Quando 1 bilhão de pessoas estão usando alguma coisa, é melhor prestar atenção.

"Pense nisso", disse Marcus, aprofundando sua argumentação ao postar num blog uma reflexão sobre essas plataformas de mensagens:

> O SMS e a mensagem de texto surgiram na época dos *flip phones*, os celulares que abriam e fechavam. Agora, muitos de nós podemos fazer muito mais coisas com nossos telefones; passamos do estágio em que fazíamos apenas chamadas de voz ou enviávamos mensagens só de texto para outra fase, em que temos computadores de bolso. E, da mesma maneira que o *flip phone* está desaparecendo, os velhos estilos de comunicação também estão desaparecendo. Com o Messenger, oferecemos todas as coisas que tornaram a mensagem de texto tão popular, mas também muito mais coisas. Sim, você pode enviar mensagens de texto, mas também pode enviar stickers, fotos, vídeos, clips de voz, GIFs, a sua localização e dinheiro para as pessoas. Pode fazer chamadas de vídeo e de voz sem sequer saber o número de telefone de alguém.

Aplicativos de mensagem, é claro, são baseados nos números de telefone, porém a visão de Marcus para o Facebook Messenger inclui o objetivo de fazer com que os números de telefone desapareçam. Tudo o que você precisará fazer será clicar nos nomes das pessoas e companhias no seu Facebook e não precisará nunca mais lembrar de um número de telefone novamente, ele observou, "o que tornará os números de telefone obsoletos". Imagine o que isso fará para intensificar o fluxo dos fluxos.

À medida que todas essas ferramentas se difundirem em grande escala, o custo das comunicações e transações através das fronteiras continuará a cair, de modo que dar início a um negócio que já nasça como um empreendimento global é agora algo incrivelmente barato. A McKinsey observou que por volta de 2016 havia 50 milhões de pequenos negócios no Facebook. "Isso é o dobro do número de negócios que existia há dois anos [...]. O Alibaba na China dispõe de 10 milhões de pequenas e médias empresas que vendem produtos para o resto do mundo através de sua plataforma. A Amazon conta com 2 milhões de pequenas empresas [...]. Cerca de 900 milhões de pessoas dispõem de conexões internacionais nas mídias sociais e 360 milhões tomam parte no comércio eletrônico internacional."

Pela mesma razão, acrescentou a McKinsey, "os produtos podem se tornar virais numa escala jamais vista. Em 2015, 'Hello', a canção de Adele, atingiu a marca de 50 milhões de visualizações no YouTube em suas primeiras 48 horas, e seu álbum *25* vendeu o número recorde de 3,38 milhões de unidades nos EUA só na sua primeira semana, mais do que qualquer outro disco na história. Em 2012, Michelle Obama apareceu usando um vestido do varejista on-line britânico ASOS numa foto que foi enviada pelo Twitter 816 mil vezes e compartilhada por mais de 4 milhões de pessoas no Facebook; o item esgotou na mesma hora".

Enquanto isso, todos esses macro e microfluxos estão mudando de modo crucial a forma como pensamos sobre o poder econômico — em que ele consiste e quem o detém.

A GRANDE MUDANÇA

Foi por esse motivo que os especialistas em administração John Hagel III, John Seely Brown e Lang Davison cunharam o termo "a Grande Mudança". A Grande Mudança, argumentam eles, reside no fato de que estamos passando de um longo período na história em que a medida de riqueza e o motor do crescimento eram os *estoques* — a quantidade de qualquer recurso imaginável passível de ser armazenada para, em seguida, ser aproveitada e explorada — para um mundo no qual a fonte mais relevante de vantagens comparativas estará na riqueza e na quantidade dos *fluxos* que passam pelo seu país e sua comunidade e em que medida seus cidadãos-trabalhadores estarão treinados para tirar vantagem deles.

"Estamos vivendo em um mundo no qual o fluxo irá prevalecer e superar quaisquer obstáculos em seu caminho", Hagel me disse numa entrevista. "À medida que o fluxo ganha impulso, ele vai minando os preciosos estoques de conhecimento que no passado nos deram segurança e riqueza. Isso exige que aprendamos mais rapidamente a trabalhar juntos, extraindo de nós mesmos uma parte maior de nosso verdadeiro potencial, tanto individual como coletivamente. Isso nos dá motivos para ficar empolgados com as possibilidades que só podem ser concretizadas com a participação em um espectro mais amplo de fluxos. Essa é a essência da Grande Mudança."

Hagel, Seely Brown e Davison elaboraram seus argumentos a respeito desse tema num ensaio publicado em 27 de janeiro de 2009 na *Harvard Business Review* intitulado "Abandon Stocks, Embrace Flows" [Abandonem os estoques, adotem os fluxos]. "Onde está o dinheiro?", perguntaram eles:

> A resposta para essa pergunta costumava ser simples: em estoques de conhecimento. Se sabíamos alguma coisa que fosse útil, algo a que ninguém mais poderia ter acesso, isso significava na prática permissão para imprimir dinheiro. Tudo o que você precisava fazer era proteger e defender esse conhecimento e então entregar, da maneira mais eficiente e abrangente possível, produtos e serviços baseados naqueles conhecimentos. Pensem na fórmula da Coca-Cola, que tem um dono, ou nas patentes que protegem os remédios mais vendidos da indústria farmacêutica.
>
> A força, a simplicidade e o sucesso desse modelo explicam o fato de estar tão enraizado na mente dos executivos [...].
>
> Isso não se aplica apenas a firmas. Como indivíduos, esperamos passar por programas educacionais estruturados nos estágios iniciais da nossa vida. Então nos integramos à força de trabalho certos de que as habilidades e os conhecimentos que adquirimos nos serão úteis ao longo de nossas carreiras. É claro que vamos adquirir novos conhecimentos à medida que trabalharmos, porém o mais importante é tirar partido de modo eficaz do estoque de conhecimentos adquiridos ao passarmos pelo sistema educacional.

Mas e se o advento da supernova tiver tornado todo esse modelo obsoleto? E se, como dizem os autores, uma fonte diferente de valor estiver se tornando mais forte? Acreditamos ter boas razões para pensar que o valor está se transferindo dos estoques de conhecimento para os fluxos de conhecimento. Em termos mais simples, acreditamos que *os fluxos superam os estoques* [grifo meu] [...].

À medida que o mundo acelera, os estoques de conhecimento se desvalorizam mais rapidamente. Para um exemplo simples, bastar considerar a rápida compressão do ciclo de vida de muitos ramos de negócio numa escala global. Mesmo os produtos mais bem-sucedidos são postos de lado mais velozmente à medida que novas gerações entram em cena numa sucessão cada vez mais rápida. Em épocas mais estáveis, podíamos nos sentar e relaxar assim que aprendíamos uma coisa útil, certos de que poderíamos, por um tempo indeterminado, gerar valor a partir daquele conhecimento. Esse tempo ficou para trás.

Para ter sucesso agora, temos de renovar continuamente nossos estoques de conhecimento ao tomar parte em fluxos relevantes de novos conhecimentos.

Mas não podemos nos contentar em simplesmente extrair algo dos fluxos. Para "estar nos fluxos", também é preciso contribuir para eles. "Não podemos tomar parte de forma efetiva nos fluxos de conhecimento — pelo menos não por muito tempo — sem contribuirmos com nossos próprios conhecimentos", observam os autores. "Isso acontece porque os participantes desses fluxos de conhecimento não estão ali para 'pegar uma carona de graça': eles querem desenvolver relacionamentos com pessoas e instituições capazes de contribuir com conhecimentos próprios."

É possível ver isso claramente nas comunidades de software de código aberto, como o GitHub, mas isso pode ser confirmado num sentido mais amplo. "Ainda que existam certos riscos associados ao compartilhamento de conhecimento, os danos provocados pelos roubos de propriedade industrial diminuem na mesma proporção da rapidez com que as coisas se tornam obsoletas", argumentam eles. "Ao mesmo tempo, as recompensas pelo compartilhamento do conhecimento aumentam substancialmente."

Um exemplo disso: a General Electric. Quando a GE pretende inventar um novo componente, não apela mais exclusivamente aos seus próprios engenheiros na Índia, na China, em Israel e nos Estados Unidos — com uma frequência cada vez maior, para complementar o esforço desses engenheiros, ela recorre agora aos "fluxos", promovendo "concursos" que estimulam as melhores mentes em todo o mundo a participar de suas inovações.

Cada motor de avião conta com componentes fundamentais que mantêm tudo o mais no lugar — como ganchos e braçadeiras. Tornar esses componentes mais fortes e mais leves é o Santo Graal a ser perseguido, pois, quanto mais leves forem, menos combustível consumirá o avião. De modo que em 2013 a GE se concentrou numa braçadeira, descreveu as condições sob as quais ela funcionava, a função específica que desempenhava, e postou on-line o desafio GE envolvendo a braçadeira de motor. A empresa ofereceu uma recompensa a qualquer um, em qualquer lugar do mundo, que fosse capaz de projetar aquele componente com um peso menor, usando uma impressora 3-D. Divulgaram a iniciativa em junho de 2013. Como escrevi numa coluna, em poucas semanas eles tinham recebido 697 inscrições vindas de todo o mundo — de empresas, indivíduos, estudantes de graduação e projetistas.

De acordo com o site da GE:

> Em setembro [de 2013], foram escolhidos dez finalistas que receberam mil dólares cada um.
>
> A Aviation 3-D imprimiu os dez projetos selecionados em sua fábrica de componentes em Cincinnati, em Ohio. Operários da GE confeccionaram a braçadeira com uma liga de titânio numa máquina de fundição direta de metal a laser (DMLM), que usa um raio laser para fundir camadas de pó metálico na sua forma final.
>
> A equipe então enviou as braçadeiras acabadas para o Centro Global de Pesquisas (GRC) da GE, em Niskayuna, Nova York, para o teste de destruição. Os engenheiros do GRC ataram cada braçadeira a uma máquina MTS servo-hidráulica de testes e as expuseram a cargas axiais que variavam de 3,6 mil quilos a 4,3 mil quilos.
>
> Apenas uma das braçadeiras fracassou no teste. As demais avançaram para a etapa seguinte, sendo submetidas a um teste de pressão em torção, no qual foram expostas a uma rotação de 2,3 mil quilos por centímetro quadrado.

Nenhuma das finalistas era americana, e nenhuma delas havia sido projetada por engenheiros aeronáuticos. O melhor projeto, a GE me informou, veio na verdade de Ármin Fendrik, um estudante do terceiro ano de uma faculdade na Hungria. Aquela foi uma de suas primeiras experiências com impressão em 3-D. Porém mais tarde se soube que ele já tinha trabalhado como estagiário na filial da GE em Budapeste e, por isso, não pôde ser premiado. Então o prêmio de primeiro lugar, 7 mil dólares, foi para Arie Kurniawan, um engenheiro de 21 anos de Salatiga, na região central de Java, Indonésia. A braçadeira de Kurniawan, disse a GE, "possuía a melhor combinação de rigidez e leveza. A braçadeira original pesava dois quilos, mas Kurniawan foi capaz de diminuir o peso em quase 84%, para apenas 327 gramas". Os funcionários da GE me disseram que o gerente que organizou a disputa trabalhava na empresa havia mais tempo do que aquele garoto tinha de idade.

Kurniawan, segundo a General Electric, teria dito que "a impressão em 3-D estará disponível para todos num futuro bem próximo". O rapaz — que, ainda segundo a GE, "dirige com o irmão uma pequena firma de engenharia e design chamada DTECH-ENGINEERING" — acrescentou: "É por esse motivo que quero me familiarizar o quanto antes com a confecção de componentes".

A GE acabou oferecendo um emprego ao estagiário húngaro. Ainda que tivesse obviamente um enorme talento, ele não tinha conseguido passar na disciplina de análise estrutural, disse Bill Carter, um engenheiro mecânico sênior no Laboratório de Fabricação de Componentes da GE: "Isso mostra que, se for possível fazer com que os jovens se entusiasmem com coisas pelas quais sintam alguma afinidade e com as quais possam se relacionar, nessas situações eles se empenham — e, em vez de estar numa sala de aula, estudando, ele decidiu participar do concurso. Ele foi lá e aprendeu com pessoas com quem normalmente não teria falado".

Discutindo todo esse projeto dois anos mais tarde, Prabhjot Singh, gerente do Laboratório de Fabricação de Componentes da GE, me explicou em que medida esses fluxos globais estão sendo estimulados hoje por empresas: "Quando estamos procurando por novas ideias, podemos reunir uma variedade de respostas de todo o mundo, e assim engajamos a comunidade para dar velocidade a esse processo. Posso rapidamente expandir ou reduzir minha equipe dependendo de quanto queira engajar a comunidade. Isso nos ajuda a ficar em dia com as coisas".

Porém tudo isso também significa que, com todos esses fluxos de energia em todos os sentidos, a competição pode agora surgir vinda de um número muito maior de direções, de indivíduos e de companhias. Historicamente, observou James Manyika, um dos autores do relatório McKinsey, as companhias ficavam de olho em concorrentes "que se parecessem com elas, que estivessem no mesmo setor e que fossem do mesmo ambiente geográfico". Isso mudou. A Google começou como um motor de busca e agora também está se tornando uma empresa automobilística e um sistema de administração de energia doméstica. A Apple é uma fabricante de computadores que virou a maior vendedora de músicas do mundo e está entrando no mercado de automóveis, porém, nesse meio-tempo, juntamente com a ApplePay, também está virando um banco. A varejista Amazon saiu do meio do nada para se antecipar à IBM e à HP no nicho da computação em nuvem. Há dez anos, nenhuma das duas empresas teria listado a Amazon como uma concorrente. Só que a Amazon precisava de maior capacidade de processamento em nuvem para tocar seu próprio negócio e decidiu que essa área também era um negócio! E agora a Amazon é também um estúdio de Hollywood.

Em 12 de janeiro de 2016, o CNNMoney.com divulgou uma matéria sobre a entrega dos prêmios Globo de Ouro que começava assim:

> "Gostaria de agradecer à Amazon, a Jeff Bezos..."
>
> Essas palavras foram ditas num show de premiação em Hollywood [pela diretora Jill Soloway] pela primeira vez, no domingo, quando a série de TV humorística *Transparent* ganhou dois Globos de Ouro, derrotando programas da HBO, Netflix e CW.
>
> Os prêmios confirmaram a ampliação do cenário da televisão atual, no qual serviços de transmissão como Netflix e Amazon Prime Instant Video estão começando a produzir programas premiados, da mesma forma que as redes de TV...
>
> Pouco depois, a estrela de *Transparent*, Jeffrey Tambor, ganhou o prêmio de melhor ator numa comédia feita para TV. Ele chamou a Amazon de "minha nova melhor amiga".

Fico imaginando: como a HBO estará se sentindo a esse respeito?

Por todas essas razões, a McKinsey criou sua própria medida para aferir a globalização, que, basicamente, pergunta a um país, a uma empresa ou a um cidadão: Você está no fluxo? Trata-se do "Índice de Conectividade MGI". Ele estabelece um ranking entre diferentes países indicando o seu nível de participação em todos os diferentes índices de fluxos globais e vem a ser um excelente indicador de prosperidade e crescimento. Cingapura encabeça a lista – seguida pela Holanda, Estados Unidos e Alemanha.

Porém há uma mensagem na garrafa: Cingapura investiu muito em infraestrutura para garantir que participará de cada fluxo global, mas também na educação de sua força de trabalho, para garantir que se pudesse tirar partido desses fluxos se o governo os tornasse acessíveis. Cidades que vêm fazendo a mesma coisa podem agora colher os benefícios. Então, não é complicado: vencem aqueles que contarem com uma educação melhor; que se conectarem com a maior parte dos fluxos e usufruírem da melhor governança e da melhor infraestrutura. Eles contarão com mais dados para garimpar; poderão ver as melhores ideias antes dos outros; serão desafiados por essas ideias antes e terão de responder e tirar vantagens delas primeiro. Estar no fluxo passará a ser uma importante vantagem econômica e estratégica.

Uma pesquisa publicada no *International Journal of Business, Humanities and Technology* em fevereiro de 2013 encontrou uma correlação entre países com PIB alto e "alta penetração da internet" não apenas nos países nórdicos, altamente desenvolvidos e saturados de internet, como também para além dessa região. "Um padrão começa a emergir; quando ocorre um crescimento na TIC [tecnologia de informação e comunicação], e à medida que a população se torna mais confortável em relação à tecnologia e mais produtiva, o nível do PIB começa também a subir."

É uma *grande mudança* — mas a era da globalização é exatamente sobre isso.

A GRANDE MUDANÇA VAI A TODA PARTE

O que é mais empolgante a respeito da aceleração na globalização dos fluxos é o fato de que esses rios digitais correm agora por toda parte com igual energia, e, com os celulares e tablets em qualquer lugar, as pessoas podem buscar ali material para competir, conectar, colaborar e inventar. Tive sorte o bastante para, numa visita à Índia, em novembro de 2011, ver e escrever uma coluna sobre como as pessoas mais pobres do mundo podem aderir ao fluxo. Estava numa viagem a trabalho, como jornalista, e fui convidado por Prem Kalra, então diretor do Instituto Indiano de Tecnologia (IIT) no Rajastão, parte da elite dos MITs da Índia, para fazer uma palestra no campus, conversar com os seus estudantes e dar uma olhada num projeto no qual ele vinha trabalhando no instituto em Jodhpur, concebido especificamente para conectar as pessoas mais pobres da Índia com os fluxos globais.

Kalra explicou que existe um conceito em telecomunicação chamado "a última milha" — o trecho de qualquer sistema telefônico que vem a ser o mais difícil de conectar; a parte que leva das linhas principais às casas das pessoas. Ele disse que estava fazendo com que seu IIT se dedicasse a um desafio paralelo: conectar "a última pessoa". Se queremos vencer a pobreza, ele argumentou, é preciso responder a esta pergunta hoje: como alcançaremos a última pessoa – ou seja, a pessoa mais pobre da Índia? A pessoa "financeiramente menos favorecida" da Índia pode "ser empoderada?" – ele perguntou. Em outras palavras, pode-se dar a ela as ferramentas básicas para adquirir habilidades suficientes para superar a extrema pobreza? Em um país onde 75% das pessoas vivem com menos de dois dólares por dia, poderia existir uma questão mais importante?

Mais especificamente, o Ministério de Desenvolvimento de Recursos Humanos da Índia lançou um desafio que Kalra e seu instituto de tecnologia decidiram aceitar naquela época: será que alguém seria capaz de projetar e produzir um tablet elementar, semelhante ao iPad, conectado à internet, com rede sem fio, que a família mais pobre da Índia, economizando 2,50 dólares por mês, pudesse comprar ao fim de um ano se o restante fosse subsidiado pelo governo? Mais especificamente, será que eles conseguiriam produzir um tablet simples, que pudesse ser usado para o aprendizado à distância, para o ensino de inglês e matemática ou apenas para rastrear os preços de commodities, tudo isso por menos de cinquenta dólares, incluindo aí o lucro do fabricante, de modo que milhões de indianos vivendo em condições de pobreza extrema também pudessem se somar aos fluxos globais?

A equipe de Kalra – liderada por dois professores de engenharia elétrica do IIT do Rajastão, um deles vindo de um vilarejo que até hoje não contava com eletricidade – venceu a competição e apresentou o seu tablet Aakash. Em híndi, *Aakash* quer dizer céu. A versão original tomava como base o sistema operacional Android 2.2, com uma tela *touchscreen* de dezoito centímetros, bateria com autonomia de três horas e capacidade para baixar vídeos do YouTube, PDFs e softwares educacionais. Se os indianos fossem comprar apenas os tablets feitos no Ocidente, o nível dos preços seria tão alto que eles jamais estariam ao alcance da última pessoa, disse Kalra, de modo que "tínhamos de romper com esse nível" de maneira decisiva. Conseguiram isso tirando plena vantagem dos fluxos da globalização atual: trazendo componentes principalmente da China e da Coreia do Sul, usando software e ferramentas de colaboração de código aberto e recorrendo às capacidades de design/manufatura/

montagem de duas empresas do Ocidente – DataWind e Conexant Systems – e da Quad, na Índia.

Porém o que mais me marcou naquela visita foi a história que Urmila, a esposa de Kalra, me contou sobre uma conversa que teve com sua empregada depois que o projeto do Aakash foi divulgado pela imprensa em 5 de outubro de 2011. Urmila contou que sua empregada, que tinha dois filhos jovens, foi procurá-la, dizendo que o vigia noturno lhe contara que "o sr. Kalra tinha feito um computador que era muito barato, tão barato que até ela poderia comprar um. O vigia havia mostrado a ela uma foto do computador publicada no jornal e ela a estava procurando para saber se era verdade".

Urmila disse à sua empregada que sim, era verdade, e que o aparelho era destinado aos que não podiam comprar um computador maior.

"Ela perguntou: 'Quanto vai custar?'."

"Eu disse: 'Vai lhe custar mais ou menos 1500 rupias [trinta dólares]'."

Espantada pelo fato de o preço ser tão baixo, a empregada perguntou: "Mil e quinhentas ou 15 mil?".

Urmila respondeu: "Mil e quinhentas". Mas, acrescentou Urmila, a empregada "tinha certeza de que se o governo estava fazendo uma coisa tão boa para os pobres, devia haver alguma desvantagem qualquer. "O que dá para fazer com ele?", ela me perguntou. Eu disse: '"Se sua filha for à escola, ela pode usá-lo para baixar vídeos de aulas', da mesma forma que ela tinha visto meu filho fazer, baixando palestras sobre física a cada semana do site do MIT".

O filho de Urmila já estava assistindo a palestras na plataforma OpenCourse Ware do MIT – um precursor dos MOOCs, os cursos on-line abertos e de alcance de massa –, as quais o MIT havia disponibilizado de graça na internet; consistiam simplesmente em palestras on-line e guias de cursos. Urmila disse à empregada: "Você tem visto nosso filho sentado diante do computador ouvindo um professor falando. Aquele professor, na verdade, está nos Estados Unidos".

Os olhos da empregada "estavam cada vez mais arregalados", lembrou Urmila. "Então ela me perguntou se os filhos dela poderiam aprender inglês naquele aparelho. Eu disse: 'Sim, com certeza poderão aprender inglês', o que aqui é como o passaporte para a mobilidade social. Eu disse: 'Será tão barato que você poderá comprar um para o seu filho e outro para a sua filha!'."

O filho de Urmila já estava tirando partido dos fluxos globais para, de sua casa em Jodhpur, estudar na plataforma do MIT, e os filhos da empregada não ficariam muito para trás. Quanto mais nos afastamos das capitais conectadas do mundo desenvolvido, mais claramente podemos ver como a globalização de hoje está distribuindo rapidamente energia através desses fluxos de modo a chegar até "a última pessoa".

Isso não é um exagero. E para mim é um importante motivo para me manter otimista.

Os primeiros estágios da moderna globalização digital tendem todos a se centrar em torno do *outsourcing*, outro nome para o fato de as empresas americanas e europeias recorrerem às vantagens de a conectividade estar se tornando rápida, grátis, fácil de usar e onipresente, contratando um enorme número de engenheiros relativamente baratos em qualquer parte do mundo para resolver *problemas americanos*. Quando se tornou possível fazer isso em grande escala no fim dos anos 1990, o grande problema que a maior parte das pessoas queria resolver era o Y2K — o medo de que muitos computadores iriam parar de funcionar por causa de um bug a ser deflagrado em seus relógios internos em 1º de janeiro de 2000. Milhares de sistemas envolvendo muitos computadores precisavam ser reparados, e a Índia contava com centenas de milhares de engenheiros capazes de fazer isso a um baixo custo. Logo, problema resolvido.

O que aconteceu, contudo, com o advento da supernova, quando a complexidade se tornou rápida, grátis, fácil para você e invisível, e a globalização fez com que qualquer um, em qualquer lugar que dispusesse de uma conexão a internet, pudesse acessar os fluxos digitais, foi algo muito empolgante: engenheiros indianos, mexicanos, paquistaneses, indonésios, ucranianos e muitos outros começaram a sondar esses fluxos para resolver *os seus problemas*. E agora algumas dessas inovações de baixo custo estão chegando até nós de volta e para nos beneficiar. A Índia sempre teve uma forte tradição de educação nos campos da matemática, ciência e engenharia, e os Estados Unidos foram em outros tempos o grande beneficiário disso — nas décadas de 1950, 1960 e 1970, quando os fluxos globais eram, em muitos países, ou inexistentes ou desprezíveis, esses estudantes formados na Índia não conseguiam arrumar emprego em seu país, indo por esse motivo para os Estados Unidos e suprindo assim deficiências da sua força de trabalho. Agora, graças aos fluxos digitais que chegam até eles vindos da supernova, eles podem permanecer em seu país e atuar de forma mais global que nunca. Em consequência, muito mais pessoas estão agora trabalhando para enfrentar as maiores oportunidades e os maiores problemas do mundo.

Vejo isso em todos os lugares para onde viajo. A cada vez que visito a Índia para escrever minhas colunas, visito a NASSCOM, a associação de alta tecnologia, para me encontrar com exemplos da mais nova safra de inovadores indianos. Eles representam apenas uma pequena fração dos 1,2 bilhão de habitantes da Índia, muitos dos quais são ainda vítimas de uma pobreza dolorosa, porém centro meu foco nesses inovadores porque muitos deles se dedicam à missão de tornar a Índia menos pobre.

Em 2011, a equipe da NASSCOM me apresentou a Aloke Bajpai, o qual, a exemplo de outro integrante de sua jovem equipe, deu seus primeiros passos trabalhando para companhias da área de tecnologia no Ocidente, mas voltou à Índia animado pela esperança de poder começar alguma coisa ali — só não sabia o quê. O resultado foi a Ixigo.com, um serviço de busca de viagens capaz de rodar no mais barato dos telefones celulares e ajudar os indianos a fazer reservas em pacotes de turismo mais baratos, seja um agricultor que deseje ir de trem ou ônibus por algumas poucas rupias de Chennai a Bangalore, seja um milionário que queira ir de avião para Paris. A Ixigo é hoje a maior plataforma de busca de viagens na Índia, com milhões de usuários. Para construí-la, Bajpai se valeu da supernova, usando software gratuito de código aberto, Skype e ferramentas acessíveis na nuvem, como os Google Apps, e o marketing via mídias sociais no Facebook. Esses recursos "me permitiram crescer muito rapidamente sem precisar investir dinheiro", ele me contou.

Ir a um lugar como Monterrey, polo tecnológico do México, e encontrar ali uma massa crítica de jovens que não se limitam a aceitar as conclusões óbvias — a de que o seu governo é uma bagunça, a de que vão ser atropelados pela China ou a de que a vida nas ruas é muito perigosa — pode se revelar uma experiência incrivelmente animadora. Em vez disso, eles tiram proveito do fato de que a conexão com os fluxos globais agora lhes dá condições de começar coisas novas e de colaborarem entre si por um custo muito baixo — e é o que eles estão fazendo. Monterrey tem dezenas de milhares de pessoas vivendo em favelas. Elas vivem ali há décadas. O que é novo, contudo, é o fato de que existe agora uma massa crítica de inovadores cheios de autoconfiança tentando resolver os problemas do México recorrendo à tecnologia e à globalização.

Fui a Monterrey em 2013 e escrevi uma coluna sobre um pequeno grupo de jovens com quem me encontrei: entre eles estava Raúl Maldonado, fundador da Enova, empresa que criou um programa de aprendizagem combinada – professor mais internet –, para uso depois do horário escolar, com o objetivo de ensinar matemática e leitura a crianças pobres, bem como familiarizar adultos com os recursos da informática. "Formamos 80 mil pessoas nos últimos três anos", ele me disse. "Planejamos criar setecentos centros nos próximos três anos, alcançando 6 milhões de pessoas nos cinco anos seguintes." Lá estava Patricio Zambrano, da Alivio Capital, que criou uma rede de clínicas de atendimento odontológico, oftalmológico e auditivo de modo a proporcionar alternativas de baixo custo para todas as três áreas, além de empréstimos para que hospitais atendam pessoas sem planos de saúde. Havia Andrés Muñoz Jr., da Energryn, que apresentou seu aquecedor de água a energia solar que também purifica a água e cozinha carne. Havia o administrador da CEDIM, uma universidade startup que oferece um "curso de inovação em negócios". E havia Arturo Galván, fundador da Naranya, uma empresa de internet para dispositivos móveis que criou uma série de serviços, incluindo micropagamentos para consumidores no nível mais baixo da pirâmide. "Nós todos estávamos aqui já havia muitos anos, mas agora a nossa autoconfiança está começando a se firmar", explicou Galván. "Começamos a ver que aqueles que nos serviram de modelos e que partiram do zero estão agora abrindo o capital de suas empresas. Somos bastante criativos. Tivemos de enfrentar muitos obstáculos." Em consequência disso, acrescentou, "estamos convencidos de que agora somos fortes e que o ecossistema da inovação está se tornando uma realidade". "Naranya" tem sua origem na palavra em espanhol para "laranja", ou *naranja*. Por que esse nome, perguntei a Galván. "Já tinham usado 'Apple'", ele disse.

Porém conectar-se com os fluxos não se resume à história de quão facilmente esses países em desenvolvimento podem agora inovar e criar novos bens e serviços para si mesmos e em seguida empurrá-los para o resto do mundo como produtos de exportação. É também a história do que os mais pobres entre os pobres podem agora facilmente *extrair* dos fluxos globais. Considerem, por exemplo, o serviço 3-2-1 em Madagascar, fundado por David McAfee, CEO da Human Network International. Ele explicou:

> Em momentos de necessidade, os usuários podem utilizar seus modelos simples de celulares para obter de forma proativa informações sobre uma série de assuntos.

> Eles discam um número de ligação gratuita a qualquer hora, de qualquer lugar, e escutam um menu com várias opções: "*Gostaria de saber alguma coisa sobre: Saúde? Aperte 1. Agricultura? Aperte 2. Meio ambiente? Aperte 3. Água e saneamento? Aperte 4. Posse de terra? Aperte 5. Microfinanças? Aperte 6. Planejamento familiar? Aperte 7*".
>
> Usamos o mesmo software convencional padrão empregado por todo número 1-800 — "*Aperte 1 para continuar em inglês. Aperte 2 para trocar para espanhol*". Mas o adaptamos de modo que um público não alfabetizado possa usar o teclado de seus telefones para selecionar e ouvir mensagens pré-gravadas gratuitas e sob demanda. A inovação aqui está no fato de o usuário *puxar* a informação. Eles podem obter a informação num momento de necessidade [...]. Até hoje, organizações humanitárias e de estímulo ao desenvolvimento vêm se esforçando para atender a esse "momento de necessidade". Funcionários em agências de desenvolvimento que precisam lidar com mudanças de comportamento — como encorajar as mães a fazer com que seus filhos durmam protegidos por um mosquiteiro — usam canais da mídia de massa — rádio, televisão — ou comunicações interpessoais — visitas de porta em porta — para que mensagens fundamentais cheguem aos destinatários. Porém esses canais nos quais as mensagens são "empurradas" não estão adaptados aos momentos individuais de necessidade. Isso parece tolo e óbvio [...], mas as pessoas devem ter acesso à informação no momento em que precisam: no seu próprio momento de necessidade. E não podem *puxar* a informação dos seus rádios! [...] Nos seis anos desde o lançamento, mais de 5 milhões de pessoas fizeram 60 milhões de ligações em busca de informações [...]. Todas gratuitas para os usuários.

O serviço 3-2-1 está em atividade atualmente no Camboja, em Gana, em Madagascar e no Malawi, e o plano era estender o serviço a onze países adicionais na África e na Ásia até o fim de 2016. Quando o 3-2-1 tiver sido lançado nesses quinze países, mais de 120 milhões de usuários terão acesso a um serviço público fundamental gratuito e sob demanda. Em 2016, uma média de 400 mil pessoas por mês contataram o serviço 3-2-1, fazendo 1,7 milhão de consultas. São muitos fluxos sendo empurrados e puxados. A equipe de McAfee então garimpa esses fluxos, porque eles são digitais, como um recurso para aprimorar seu serviço. Ao contrário das emissoras de rádio e TV na África, observou McAfee, "sabemos exatamente quantas pessoas escutaram as nossas principais mensagens. Coletamos metadados em cada ligação: número do telefone, marca do dia/hora, a decisão por cada opção do menu e a mensagem selecionada".

Nunca é demais enfatizar o fato de que estamos em um estágio bem inicial nessa aceleração dos fluxos. Já podemos perceber no horizonte uma nova fase se formando — a criação de plataformas de centros de coordenação que irão compatibilizar de modo eficiente os fluxos saindo do mundo em desenvolvimento com aqueles que desejam entrar nele, aproximando o mundo ao tecer uma trama ainda mais estreita. Uma das startups mais interessantes que encontrei nesse espaço foi a Globality.com, fundada em março de 2015 por Joel Hyatt e Lior Delgo com a missão de criar uma plataforma que use as inteligências artificial e humana para possibilitar que empresas pequenas e médias se tornem "micromultinacionais", participando da economia global com uma facilidade comparável à desfrutada pelas gigantes do mercado.

Digamos que você seja um pequeno fabricante nos Estados Unidos e precise de um escritório de advocacia e uma firma de marketing em Lima, Peru, ou que seja um serviço de dados na Índia comprando uma startup de três pessoas em Houston. Você iria então à plataforma da Globality e criaria um estatuto de projeto, usando o painel de tecnologia oferecido por eles. "Então pegamos o estatuto de projeto e, usando inteligência artificial e a precisão humana, damos de volta para a sua empresa — de graça — uma pequena seleção das firmas mais qualificadas para atender às suas necessidades, que determinamos com base na nossa expertise em termos de indústrias, pesquisa e algoritmos de emparelhamento", explicou Hyatt.

A Globality então conecta você, no site deles, à firma ou às firmas que você escolheu, providenciando a tecnologia de vídeo para que as duas partes forjem os parâmetros do acordo e acertem os detalhes da estrutura legal, chequem as referências, concluam os contratos e façam todo o faturamento — juntamente com o sistema de atribuição de estrelas para que as duas partes se avaliem do modo que o Uber, o Airbnb e o eBay fazem. Tudo de que uma companhia precisaria para atuar globalmente "do primeiro ao último momento está disponível na plataforma de uma maneira facilitada e num formato uniforme", disse Hyatt. A Globality — que ganha dinheiro cobrando do provedor do serviço (ou seja, do vendedor) uma comissão baseada no valor da transação — pretende fazer pelas pequenas empresas o mesmo que o Airbnb fez por proprietários de residências que desejem alugar seus espaços globalmente e por turistas individuais que queiram viajar globalmente e desfrutar da experiência de se hospedar numa residência. Ela espera criar uma plataforma de confiança entre desconhecidos que permitirá que um maior comércio global flua entre *players* bem menores.

Algumas grandes corporações multinacionais já estão explorando a plataforma da Globality para identificar firmas pequenas e médias que façam trabalho de alta qualidade a custos mais baixos do que os de grandes empresas internacionais. Quando os gigantes pararem de fazer negócios apenas com outros gigantes – e começarem a incluir mais e mais *players* menores no jogo global –, um outro acelerador começará a exercer efeito sobre a globalização.

QUANDO A GRANDE MUDANÇA ATINGE OS FLUXOS FINANCEIROS

A globalização sempre foi impulsionada pelos fluxos financeiros, porém, graças à supernova, esses fluxos agora digitalizados estão ocorrendo em velocidades quase imensuráveis. Em consequência disso, a interdependência dos mercados – em particular dos mercados mais importantes – está se tornando mais estreita a cada dia. Quando o governo chinês adotou alguns procedimentos financeiros bastante questionáveis no verão de 2015, abalando os seus próprios mercados, os americanos sentiram imediatamente o efeito nos balanços de suas aposentadorias e fundos de ações. Em 26 de agosto de 2015, o site CNN.com registrou:

> O mercado de ações americano perdeu espantosos 2,1 trilhões de dólares apenas nos últimos seis dias de caos nos mercados.
>
> As enormes perdas refletem o profundo temor que ronda os mercados a respeito de como a economia mundial se comportará em meio a uma profunda desaceleração da economia na China.
>
> Os índices Dow, S&P 500 e Nasdaq sentiram o baque, entrando todos no território das correções, na primeira vez em que caem mais de 10% desde um episódio recente em 2011.

> A S&P 500 — o melhor barômetro para as maiores empresas americanas — perdeu trilhões em valor de mercado durante os seis dias, que culminaram nessa terça-feira, marcados por grandes vendas, de acordo com os índices S&P Dow Jones [...]
>
> É como se tivesse desaparecido o equivalente ao valor inteiro da versão britânica da S&P 500, conhecido como S&P BMI UK [...]
>
> O drástico recuo em Wall Street foi motivado por sérias preocupações em relação à queda provocada pelo desaquecimento da economia chinesa.

Com novas maneiras de digitalizar dinheiro sendo criadas todos os meses — empréstimos, depósitos, retiradas, transações, verificações e pagamentos de contas —, essa interdependência só tende a se estreitar mais rapidamente. O tema, por si só, mereceria um livro, de modo que apenas posso oferecer aqui algo como um aperitivo, e a melhor hora e lugar para saborear uma prova disso se deu às 9h30 da manhã de 6 de maio de 2010.

O índice médio do setor industrial Dow Jones tinha acabado de abrir pela manhã e ficara na pontuação de 10 862. Parecia se tratar de um dia como outro qualquer. Porém, cinco horas mais tarde, ele iria entrar para a história. Às 14h32, o Dow começou a tropeçar. Às 14h47 já tinha caído 9% — a maior queda em um único dia já registrada na história, perdendo 998,5 pontos até chegar a 9880. Uma hora e treze minutos mais tarde, às 16h, fechou o dia em 10 517, recuperando a maior parte das suas perdas. Se você tivesse comprado ou vendido nesse período de noventa minutos, poderia ter ganhado ou perdido o equivalente ao produto interno bruto de um país de tamanho razoável: a queda súbita criou mais de 1 trilhão de dólares em perdas no intervalo de trinta minutos.

Como a disposição do mercado poderia ter mudado tanto, tão rapidamente? O que estava passando pela cabeça das pessoas?

As pessoas não estavam pensando — as máquinas, sim. Eram problemas causados por algoritmos ditados por computadores na era das acelerações e da interdependência.

Levou algum tempo para ficar claro o que tinha acontecido, mas, em 21 de abril de 2015, as autoridades britânicas prenderam Navinder Singh Sarao, 36 anos, a pedido de promotores americanos, que alegaram que ele tinha ajudado a provocar a queda e lucrado com isso 875 mil dólares. O espantoso é que

Sarao operava com um computador e uma rede *a partir da casa dos pais*, em Hounslow, na região oeste de Londres. Porém, num mundo hiperconectado, ele conseguiu usar algoritmos de computador para manipular o mercado ao criar ordens fictícias que falsificavam procedimentos da Bolsa Mercantil de Chicago e que, segundo as autoridades, acabaram por desencadear uma reação em cadeia.

Spoofing, termo empregado para essa prática, explicou o site Bloomberg.com em 9 de junho de 2015, vem a ser "uma técnica ilegal que implica inundar o mercado com ordens falsas de venda ou de compra de modo a induzir os preços num sentido ou em outro. O objetivo é enganar os outros operadores, tanto humanos como computadores, possibilitando que o perpetrador venha a comprar na baixa e vender na alta [...]. As autoridades dizem que Sarao desenvolveu os algoritmos de seu computador em junho de 2009 para alterar a maneira como suas ordens seriam percebidas pelos outros computadores [...]. [Ele criou] um algoritmo que sugeria uma impressão enganosa a respeito do volume das suas ordens de venda".

Seus métodos eram diferentes daqueles usados por outras operadoras de alta frequência, porém o resultado que ele supostamente produziu foi ampliado pela presença de tantas firmas desse tipo no mercado, assim como pelo aumento da difusão das operações globais, em alta velocidade, regidas por computadores. Estimuladas pela lei de Moore, essas firmas ingressaram numa espécie de corrida armamentista para ver quem seria capaz de executar operações mais rapidamente. E, de fato, as velocidades perseguidas hoje são tão altas que, ao fazer pesquisas sobre esse aspecto da globalização, encontrei alguns dos materiais mais úteis não nas publicações sobre finanças, mas sim numa publicação de ciência e física.

Por exemplo, a *Nature*, publicação semanal internacional sobre ciência, trouxe um artigo na sua edição de 11 de fevereiro de 2015, intitulado "Physics in Finance: Trading at the Speed of Light" [A física nas finanças: fazendo negócios na velocidade da luz], no qual observava:

> [Operadores do mundo financeiro] estão empenhados numa corrida para realizar seus negócios numa velocidade cada vez mais alta. No mundo atual das Bolsas high-tech, firmas podem executar mais de 100 mil operações num segundo para um único cliente. Neste verão, os centros financeiros de Londres e Nova York

passarão a ser capazes de se comunicar 2,6 milissegundos (cerca de 10%) mais rapidamente depois que for aberta uma linha transatlântica de fibra óptica apelidada de Hibernia Express, a um custo de 300 milhões de dólares. À medida que a tecnologia avança, a velocidade das transações é cada vez mais limitada apenas pelos fundamentos da física, e pela última barreira — a velocidade da luz [...].

As operações de corretagem em alta frequência dependem de computadores rápidos, de algoritmos para decidir o que e quando comprar ou vender, e do abastecimento em tempo real de dados financeiros das Bolsas. Cada microssegundo de vantagem conta. Links de dados mais rápidos entre diferentes Bolsas minimizam o tempo necessário para fazer uma operação; as firmas concorrem para saber de quem será o computador mais próximo; os operadores disputam avidamente para saber quem ficará sentado mais perto da boca da tubulação por onde saem essas informações. Tudo isso exige dinheiro — o aluguel de links mais rápidos custa em torno de 10 mil dólares por mês.

A disputa é tão intensa, registrou a *Nature*, que os operadores se deram conta de que "cabos de fibra óptica carregam a maior parte dos dados, mas não proporcionam a velocidade necessária. Os links mais rápidos carregam informação ao longo de um arco geodésico — o caminho mais curto na superfície da Terra entre dois pontos. Por isso, as micro-ondas em linha de virada constituem uma opção mais vantajosa; ondas milimétricas e lasers são uma opção melhor ainda, porque apresentam uma densidade mais alta de dados". Operações rápidas realmente mantêm os mercados líquidos, observou a *Nature*, o que pode "beneficiar as transações da mesma forma que o tráfego livre e fluido ajuda o transporte. Esses mercados tendem a ter *spreads* menores — a diferença entre preços em que alguém pode comprar ou vender uma ação, o que se reflete na taxa pedida pelos operadores e, portanto, nos custos das transações para os investidores".

Há, porém, desvantagens, o artigo acrescenta: "Os algoritmos usados por eles para fazer transações lucrativas geram mais erros e são programados para sair totalmente dos mercados quando estes se tornam muito voláteis. O problema é exacerbado pela similaridade dos algoritmos usados por muitas firmas que fazem operações em alta frequência — todas elas resgatam ao mesmo tempo. Foi isso que aconteceu na queda-relâmpago de 2010". Seres humanos podem fazer o mesmo, porém as máquinas podem fazê-lo em maior escala, mais rápido, e — poderia ser dito — são mais facilmente enganadas e induzidas a sofrer grandes perdas. "Em 2012, uma falha nos algoritmos de uma das maiores firmas de operações em alta frequência dos EUA, a Knight Capital, provocou perdas de 440 milhões de dólares em 45 minutos quando o seu sistema comprou a preços mais altos do que tinha vendido."

Contudo, minha citação favorita do artigo da *Nature* ainda está por vir. A matéria observava que, "nos Estados Unidos, algumas grandes firmas estabeleceram espaços privados de compra e venda para eliminar a vantagem de tempo desfrutada pelos operadores de alta frequência. Por exemplo, o sistema alternativo IEX, lançado em 2013 [...], introduziu uma espécie de 'quebra-molas' de operações de compra e venda — um retardamento automático de 350 microssegundos —, o que torna impossível que os operadores se beneficiem de uma obtenção mais rápida de dados".

É sério? Isso quer dizer que 350 microssegundos no mercado dos dias de hoje constituem um "quebra-molas". Na mesma hora me lembrei do engenheiro da Walmart me dizendo que, uma vez que eu apertasse o botão "comprar", seus computadores tinham tempo de sobra para descobrir como entregar minha televisão — eles tinham menos de um segundo.

Não é de admirar que a *Nature* concluísse que "as pesquisas sobre finanças sugerem que pode existir um ponto ótimo de velocidade para fazer operações e que este já foi ultrapassado em muito pelos mercados dos dias de hoje". De qualquer modo, há poucos indícios de que "quebra-molas" possam reverter o fato de que os mercados globais nunca foram tão interdependentes. A lei de Moore continua a suscitar inovações para estreitar ainda mais a relação entre compradores e vendedores, poupadores e investidores, numa malha ainda mais densa, explicou Michael L. Corbat, o diretor executivo do Citigroup, que ofereceu um de meus exemplos favoritos.

Se você fosse um aposentado britânico vivendo na Austrália, ele me disse, o Ministério das Finanças costumava fazer um cheque para você e pôr num caminhão do correio rumo ao Aeroporto de Heathrow, onde ele era retirado, colocado num voo para Sydney, enfiado numa caixa de cartas a serem remetidas e distribuído pelo correio na Austrália, terminando por chegar à sua caixa de correio entre o dia 7 e 8 do mês. Você então iria depositá-lo e pedir que fosse convertido em dólares australianos. Lá pelo dia 20 do mês, aqueles dólares australianos iriam aparecer na sua conta, descontada uma taxa.

O Citibank, então, entrou na história, disse Corbat, e falou: "Podemos botar o dinheiro vivo na conta deles no dia seguinte e fazer isso por um custo menor – transferindo-o eletronicamente em moeda local". Então o Reino Unido confiou ao Citibank essa tarefa, e outros, na Europa e na Ásia, fizeram o mesmo. Mas então certo dia, lembrou Corbat, "a Itália nos disse: 'Temos alguns aposentados que já têm mais de cem anos'" – vivendo em lugares realmente remotos. "'Como vamos mandar o dinheiro para eles?' Para enviarmos eletronicamente o dinheiro para eles, tínhamos antes de ter alguma prova de vida. Isso costumava ser feito com formulários e notários. Agora estamos fazendo tudo sem papel." Felizmente, havia uma solução. Aposentados mais idosos agora podem confirmar sua identidade por meio de portais da internet e requisitar o pagamento de seus benefícios, e o dinheiro é depositado nas suas contas. Como? Descobriu-se que a voz de uma pessoa é na realidade um indicador mais acurado do que a sua impressão digital, o escaneamento de sua íris ou qualquer outro meio de identificação. E, como mais consumidores usam seus smartphones para pagar pelas coisas, acessar dados e checar suas contas, as senhas e os PINs já são menos eficientes. De modo que a sua voz, inconfundível, se torna a chave capaz de abrir todas as portas. "Agora, quando um cliente com um cartão de crédito liga para um centro de atendimento, ele dispõe da opção de não mais ter de registrar um código, um PIN ou um número da previdência", disse Corbat. "Você simplesmente diz: 'Oi, aqui é o Tom Friedman', e então sabemos, pela sua voz, que se trata de você. Então o sistema diz: 'Oi, Tom, quer dar uma olhada no seu extrato?'. Ele sabe que é você e começa a aprender o que você gosta de fazer." Todo esse tráfego é digitalizado e automatizado, e parte dele se tornou agora ativado por voz, disse Corbat, "e isso nos dá o tempo e os recursos para realmente lidar com as coisas que geram insatisfação".

Um dos mais importantes motores de digitalização de finanças hoje é o PayPal, a plataforma de pagamentos digitais que nasceu como parte do eBay e se especializa na transmissão segura, digital e em alta velocidade envolvendo todos os tipos de transações financeiras, abrangendo desde os compradores e vendedores mais remotos até os mais conectados.

Dan Schulman, o CEO da PayPal, explicou que a meta da companhia "é democratizar os serviços financeiros e fazer com que mover e gerir o dinheiro se torne um direito e uma possibilidade ao alcance de qualquer cidadão

— não apenas dos mais prósperos". Os bancos, ele explicou, "foram criados numa era dominada pela presença física, não pelos fluxos digitais, e o mundo físico exige uma infraestrutura dispendiosa. Uma agência de banco exige 30 milhões de dólares em depósitos para ser lucrativa. E então onde os bancos estão fechando suas agências? Em todas as áreas nas quais o nível de renda média está abaixo da média nacional". Essas agências não conseguem atrair depósitos suficientes.

"O que aconteceu com a explosão de celulares e smartphones", disse Schulman, "é que todo o poder de uma agência bancária se encontra agora concentrado na palma da mão do consumidor. E o custo adicional para se acrescentar um cliente se aproxima de zero quando o software está disseminado em grande escala. De repente, a transação implícita no ato de depositar um cheque ou pagar uma conta ou obter um empréstimo ou enviar uma quantia a alguém que você ama — coisas que já eram, para nós, nos EUA, coisas simples e fáceis — se torna simples e fácil" — e a um custo quase zero — para os 3 bilhões de pessoas em todo o mundo que vêm sendo mal atendidas. Essas são pessoas que há décadas têm ficado "na fila durante três horas para fazer operações de câmbio e então vão para uma outra fila para pagar uma conta e então são cobradas em 10% [em taxas]. A tecnologia está mudando drasticamente as possibilidades para elas".

O PayPal, por exemplo, criou uma plataforma global de empréstimos chamada Working Capital que pode garantir empréstimos para usuários do PayPal em questão de minutos, em vez das semanas que isso exigiria num banco. Isso faz uma enorme diferença para pequenos negócios que precisam comprar estoque ou aproveitar uma oportunidade de crescimento. Em menos de três anos o produto já soma um total de 2 bilhões em empréstimos. Como podem fazer isso?

Big data.

Schulman explicou:

> A questão-chave se concentra na quantidade de dados que agora podemos analisar. Posso pegar todos os resíduos de dados da nossa plataforma — 6 bilhões de transações por ano e passando por um aumento exponencial — e com isso tornar possível que tomemos melhores decisões. Você quer um empréstimo? Se você for um cliente regular do PayPal, nós te conhecemos. *E conhecemos todas as outras*

pessoas como você. E sabemos que você não mudou – mas as circunstâncias em que você se encontra [talvez] tenham mudado porque você perdeu o emprego ou porque aconteceu um desastre natural, e sabemos que você vai encontrar outro [emprego]. Num segundo, usando nossos algoritmos, podemos comparar você com qualquer outra pessoa como você em todo o mundo, porque dispomos de todos esses dados e possibilidades de modelagem e podemos lhe conceder um empréstimo com base nesses modelos.

A PayPal Working Capital não se apoia em pontuações FICO, o tradicional sistema de avaliação usado por bancos e companhias de cartão de crédito representando o grau de confiança em uma pessoa que contrai uma dívida e a probabilidade com que ressarcirá o empréstimo. O motivo é que alguém pode certa vez ter declarado falência, adquirindo, portanto, uma mancha permanente na sua ficha no FICO, disse Schulman. A PayPal descobriu que sua própria análise de *big data*, baseada nas transações financeiras efetivas ocorridas no seu site, oferece um quadro muito mais confiável da capacidade de contrair crédito do que o FICO. Essa abordagem permite que eles concedam empréstimos instantâneos a mais pessoas em todo o mundo com uma taxa maior de retorno.

Usando a análise de *big data*, a PayPal também consegue garantir cada transação em sua plataforma. Então, se um pequeno comerciante na Índia abre um site vendendo sáris indianos e um cliente na Europa compra dois sáris desse comerciante indiano pagando por meio do PayPal, esse cliente "ou vai obter o sári que está encomendando ou terá reembolsada a quantia que pagou", disse Schulman. "E podemos fazer essa garantia valer porque, *mais uma vez*, nós o conhecemos, e dispomos de todos os dados [...]. Temos 190 milhões de clientes em todo o mundo e estamos acrescentando de 15 milhões a 20 milhões de novos clientes por ano." Essas garantias também estão impulsionando a globalização.

Lentamente, mas de forma constante, as pessoas estão recorrendo ao PayPal para deixar de lidar com dinheiro vivo.

A exemplo de todos os grandes *players* do mundo financeiro, a PayPal está fazendo experiências com o uso da tecnologia introduzida recentemente e conhecida como *blockchain*, para validar e retransmitir transações globais através de inúmeros computadores. O *blockchain*, um recurso que tem entre seus usuários mais notórios a moeda virtual bitcoin, é "uma maneira de inspirar confiança absoluta entre duas partes envolvidas numa transação financeira", explicou Schulman. "Ele usa protocolos da internet para fazer com que a transação circule por qualquer Estado-nação de um modo que seja visível para todos os participantes, indo além dos intermediários e órgãos reguladores — e portanto promete fazer baixar seus custos." Na velocidade com que vem ocorrendo a digitalização do dinheiro, tenho certeza de que estarei escrevendo sobre o *blockchain* na futura segunda edição deste livro.

QUANDO A GRANDE MUDANÇA ATINGE OS ESTRANGEIROS

Em 24 de fevereiro de 2016, o Facebook, como parte de sua iniciativa "Um mundo de amigos", anunciou que estava rastreando o número de relacionamentos estabelecidos em seu site por inimigos de longa data. O Fabebook disse que só naquele único dia havia conectado 2 031 779 pessoas da Índia e do Paquistão; 154 260 de Israel e da Palestina; e 137 182 da Ucrânia e da Rússia. Quantas sólidas amizades emergiram desses contatos, quão duradouras elas virão a ser e se acabarão por contribuir para a superação de profundas rivalidades históricas — isso é outro problema. Mas seria preciso ser muito ranzinza para olhar esses números e deixar de ver que eles representam um grau de contato bastante impressionante entre estranhos e inimigos.

A aceleração de fluxos vem claramente impulsionando todas as formas de contato humano, em particular os contatos entre desconhecidos. Qualquer que seja o lugar do planeta onde você se encontre, exceto pelos locais mais remotos, é provável que esteja, direta ou indiretamente, entrando em contato com um número maior de ideias e pessoas do que jamais aconteceu antes na história humana. Foi por esse motivo que me peguei lendo a obra do falecido historiador William H. McNeill, autor do clássico *A ascensão do Ocidente*. No 25º aniversário do lançamento desse livro, em maio de 1995, McNeill escreveu um ensaio para o *Journal of History and Theory*, "The Changing Shape of World History" [A forma da história mundial em transformação], no qual tornava a fazer e a responder uma das perguntas mais profundas enfrentadas pelos historiadores e que animavam sua obra original: qual o motor da história? O que leva a história a avançar, mais do que qualquer outro fator ou fatores?

Seria esse motor o que ele descreve como "o esporádico porém inevitável avanço da Liberdade", que "permitiu que historiadores nacionalistas erigissem uma magnífica visão eurocêntrica do passado humano, já que a Liberdade (definida em termos de instituições políticas) se aclimatou de forma única nos Estados da Europa, tanto no passado como nos tempos atuais?". Segundo essa visão, "o resto do mundo, em função disso, aderiu a essa corrente dominante da história ao ser descoberto, colonizado ou conquistado pelos europeus".

Não, decidiu McNeill, não era esse o motor da história – a Primeira Guerra Mundial pôs um fim a esse pensamento, pois "a liberdade de viver e morrer nas trincheiras não era o que os historiadores do século XIX esperavam como resultado das instituições políticas liberais".

Então ele ofereceu outra opção: "Spengler e Toynbee foram dois dos mais importantes historiadores a reagirem [...] ao estranho esquartejamento sofrido pela Liberdade na Primeira Guerra Mundial", escreveu McNeill. Eles acreditavam que

> a história humana poderia ser compreendida de forma mais apropriada se a víssemos como uma relativamente ordenada ascensão e queda de civilizações isoladas, cada uma delas recapitulando os traços essenciais da trajetória de suas antecessoras e contemporâneas [...].
>
> Para muitas pessoas ponderadas, seus livros deram um novo e sombrio sentido a acontecimentos inesperados e angustiantes, como a Primeira Guerra Mundial, o colapso da Alemanha em 1918, o início da Segunda Guerra Mundial e a ruptura das Grandes Alianças vitoriosas após ambas as guerras [...]. Spengler e Toynbee colocaram as civilizações europeias e não europeias no mesmo plano.

McNeill ofereceu, então, uma terceira resposta – sua própria teoria sobre aquilo que move a história exposta em *A ascensão do Ocidente*, uma teoria em relação à qual, com o passar do tempo, ele foi se sentindo cada vez mais seguro: "O principal fator a promover historicamente mudanças sociais significativas é o contato com estrangeiros que possuam novas habilidades com as quais não se estava familiarizado anteriormente". O corolário dessa proposição, argumentou ele,

> é o de que centros de alta capacidade (ou seja, civilizações) tendem a desestabilizar seus vizinhos, expondo-os a novidades atraentes. Povos ao seu redor que detêm

menos habilidades são então impelidos a tentar adotar essas novidades de modo a alcançarem, eles também, a riqueza, o poder, a verdade e a beleza que as habilidades da civilização conferem àqueles que as possuem. Esses esforços, contudo, despertam uma dolorosa ambivalência entre o impulso para imitar e um desejo igualmente fervoroso de preservar seus costumes e instituições característicos, que os distinguem das corrupções e injustiças que também são inerentes à vida civilizada.

McNeill explicou:

Mesmo que não exista um consenso perceptível a respeito do que significaria o termo "civilização", e tampouco uma palavra ou frase apropriadas para descrever a "zona interativa" [...], considero correto afirmar que vem aumentando o reconhecimento da realidade e da importância histórica dos encontros transcivilizacionais, sendo que a tendência promete vir a ser a principal corrente no futuro trabalho a ser desenvolvido sobre a história mundial [...].

Quando escrevi *A ascensão do Ocidente*, eu me propus a avançar a partir da visão de Toynbee, ao mostrar como as diferentes civilizações da Eurásia interagiram desde as origens mais remotas de sua história, tomando de empréstimo umas das outras habilidades vitais, desencadeando assim mudanças ainda mais profundas à medida que foram sendo necessários ajustes entre, de um lado, conhecimentos antigos e valorizados e, de outro, novos conhecimentos e práticas.

Em última instância, a fonte da variabilidade humana reside, é claro, na nossa capacidade de inventar novas ideias, práticas e instituições. Porém as invenções também floresceram mais facilmente quando o contato com estrangeiros estimulou diferentes maneiras de pensar e fazer, levando a que estas competissem por atenção, de modo que a escolha se tornou consciente e a adaptação deliberada de outras práticas se tornou mais fácil e, na verdade, frequentemente inevitável.

CONTATO À ENÉSIMA POTÊNCIA

Acredito profundamente na visão de história sustentada por McNeill, que coincide com tudo que vi como correspondente estrangeiro. Da mesma maneira que o clima está mudando e as condições atmosféricas se propagam de forma diferente, a globalização está mudando a velocidade com que as ideias circulam e mudam. E isso agora vem suscitando alguns verdadeiros desafios em matéria de adaptação. Em consequência da aceleração vivida por todos os fluxos, estamos vendo os contatos entre estranhos hoje serem elevados à enésima potência — com civilizações e indivíduos se encontrando, se chocando, se absorvendo e rejeitando as ideias uns dos outros de uma infinidade de maneiras diferentes — por meio do Facebook, de video games, TV por satélite, Twitter, aplicativos de mensagens, telefones celulares e tablets. Algumas culturas, sociedades e indivíduos mostram-se predispostos a absorver os contatos com estranhos, aprendendo com eles, sintetizando o que há de melhor e ignorando o resto. Outros, mais irritadiços, se sentem ameaçados por contatos desse tipo, ou facilmente humilhados pelo fato de que o que consideravam ser sua cultura superior precisa agora se adaptar e aprender com as outras.

A diferença entre aquelas culturas que podem lidar e tirar partido dessa explosão de contatos entre estranhos e suas estranhas ideias e aquelas que se mostram incapazes disso definirá em grande parte a história na era das acelerações numa medida ainda maior do que naquelas eras sobre as quais McNeill escreveu. Especificamente, aquelas sociedades mais abertas aos fluxos de comércio, informação, finanças, cultura ou educação, e aquelas mais dispostas a aprender e contribuir com elas, são as que terão mais chances de prosperar na era das acelerações. As que não conseguem fazer isso terão dificuldades.

Os benefícios a serem desfrutados pelo fato de se estar no fluxo são exemplificados pelo trabalho de pessoas como o professor Hossam Haick, do Technion, o mais importante instituto de tecnologia de Israel. O professor Haick é israelense. Um árabe-israelense. Um especialista em nanotecnologia. E foi o primeiro professor árabe-israelense a dar aulas num curso aberto on-line, ou MOOC, sobre nanotecnologia — em árabe, dado a partir de uma universidade israelense.

Como era de se esperar, o professor me explicou, quando o visitei em fevereiro de 2014, em Haifa, para escrever uma coluna, ele recebeu alguns e-mails muito interessantes de estudantes inscritos no seu MOOC, enviados de todo o mundo árabe. As perguntas incluíam: você é uma pessoa de verdade? Você é mesmo árabe ou é um judeu israelense falando árabe, fingindo ser árabe? Haick é um cristão árabe, de Nazaré, e estava dando aquele curso do instituto universitário em que trabalha, o Technion.

Seu curso era intitulado "Nanotecnologia e nanossensores" e foi concebido para qualquer um interessado em aprender a especialidade de Haick – "novas ferramentas sensíveis que empregam a nanotecnologia para projetar, detectar e monitorar vários eventos na sua vida pessoal ou profissional". O curso incluía dez aulas de três a quatro conferências curtas em vídeo – em árabe e em inglês –, e qualquer um com uma conexão de internet poderia assistir e participar de graça nos exames quinzenais, no fórum de atividades e realizar um projeto final.

Se havia alguma dúvida a respeito da sede de conhecimento existente no Oriente Médio hoje – e como ela é capaz de superar o sentimento de animosidade em relação aos que são considerados estranhos ou estrangeiros, quando não velhos inimigos –, o MOOC de Haick serviria para dissipá-las. Ele recebeu quase 5 mil inscrições para a versão em árabe do curso, incluindo estudantes do Egito, Síria, Arábia Saudita, Jordânia, Iraque, Kuwait, Argélia, Marrocos, Sudão, Tunísia, Iêmen, Emirados Árabes Unidos e Cisjordânia. Os iranianos se inscreviam na versão em inglês. Como as inscrições eram feitas por meio do site Coursera MOOC, baseado nos EUA, alguns inscritos inicialmente não se deram conta de que o curso estava sendo dado por um cientista árabe-israelense, no Technion, em Haifa, e ao descobrirem isso alguns dos professores e estudantes anularam suas inscrições. Mas a maioria, não.

Ao ser perguntado por que achava que o curso estava atraindo tanta atenção nos países vizinhos, Haick me disse: "Porque a nanotecnologia e os nanossensores são vistos como algo futurístico, e as pessoas se mostram curiosas para entender qual será a aparência do futuro". Haick, na época com quarenta anos, com doutorado pelo Technion, onde o seu pai tinha se formado, é uma espécie de prodígio da ciência. Ele e o Technion já tinham aberto uma startup juntos, desenvolvendo o chamado "nariz eletrônico" – um conjunto de ferramentas sensoriais que imita o modo como um nariz de cachorro funciona para detectar o que Haick e sua equipe provaram ser sinalizadores eficazes na respiração exalada capazes de indicar diferentes tipos de câncer no corpo. Entre esse projeto e as aulas de engenharia química, o presidente do Technion, Peretz Savie, sugeriu que Haick guiasse a escola na terra dos fluxos e dos MOOCs.

Lavie, explicou Haick, acreditava que existia "uma necessidade aguda de levar a ciência a transpor as fronteiras entre os países. Ele me disse que havia uma coisa chamada MOOC. Eu não sabia o que vinha a ser um MOOC. Ele disse que era um curso que podia ser dado a milhares de pessoas pela internet. E me perguntou se eu desejava dar o primeiro MOOC promovido pelo Technion — em árabe". O Technion financiou o projeto, o que exigiu nove meses de preparação, e Haick cedeu o direito sobre as palestras. Haick disse, sem querer se gabar: "Tenho jovens que me dizem desde o mundo árabe: 'Você se tornou nosso modelo em termos de ideal a ser imitado. Queríamos que nos dissesse que ingredientes devemos usar para ser como você".

Em 23 de fevereiro de 2016, a Associated Press fez uma entrevista com Zyad Shehata, estudante egípcio que concluiu o curso de Haick. "Algumas pessoas me disseram para tirar esse certificado do meu currículo", disse Shehata. "Disseram que eu poderia ter problemas. Para mim não interessa se é uma universidade israelense ou não; tenho muito orgulho do professor Haick e o vejo como um líder."

Traduzindo: *Nunca fique no caminho de um estudante sedento e de um novo fluxo de conhecimento na era das acelerações.*

O DERRETIMENTO DAS MENTES

Todo esse contato entre estranhos, juntamente com a aceleração dos fluxos de ideias nas redes sociais, com certeza está contribuindo para rápidas mudanças na opinião pública. Pontos de vista, tradições e a sabedoria convencional, coisas que pareciam tão sólidas como um iceberg, e tão permanentes como um deles, podem agora derreter de uma hora para outra, de maneiras que anteriormente exigiriam uma geração.

A bandeira dos estados confederados tremulou na sede da Assembleia Legislativa da Carolina do Sul por 54 anos. Mas em 10 de julho de 2015 ela foi arriada para sempre por uma guarda de honra da Patrulha Rodoviária da Carolina do Sul apenas poucas semanas depois que nove devotos foram mortos a tiros numa igreja histórica da comunidade negra em Charleston por um autoproclamado supremacista branco — que havia posado ao lado do símbolo dos estados confederados. Os assassinatos desencadearam uma enorme reação por meio das redes sociais, e a bandeira confederada deixou para sempre as instalações da Assembleia.

Ao concorrer para presidente em 17 de abril de 2008, Barack Obama declarou: "Acredito que o casamento seja a união entre um homem e uma mulher. Agora, para mim, como cristão, é também uma união sagrada. Deus faz parte disso". Apenas três anos mais tarde, em 1º de outubro de 2011, o presidente Obama, falando a respeito de uma das mais antigas convenções da história das relações entre homens e mulheres, disse, num jantar anual da organização Human Rights Campaign, que ele agora apoiava o casamento gay: "Todo americano ou americana – gay, hétero, lésbica, bissexual, transexual – cada um deles merece ser tratado de forma igual aos olhos da lei e aos olhos da sociedade. É uma afirmação bastante simples".

Ao vermos quão rapidamente mudaram as atitudes em relação a lésbicas, gays, bissexuais e transexuais apenas nos últimos cinco anos, argumentou Marina Gorbis, diretora executiva no Instituto para o Futuro, em Palo Alto, "temos de acreditar que isso tem algo a ver com o fato de tantos jovens estarem hoje imersos no que é cada vez mais um diálogo global – frequentemente a respeito de valores". Esse sistema, acrescentou ela, "amplifica tudo que passa por ele, de modo que cria brechas, em termos de feedback, que são usadas para intimidar as pessoas, e criam mais pontos de interação e muito mais oportunidades para pessoas que são homofóbicas terem contato com uma pessoa gay. Se a empatia surge a partir da interação humana, esse sistema cria muitas oportunidades para isso".

No dia em que entrevistei Gorbis, Bettina Warburg, pesquisadora do Instituto para o Futuro, me contou a seguinte história, presenciada numa recente viagem pela área de San Francisco: "Certa manhã, eu estava usando o Lyft, o sistema de compartilhamento de carros no qual se pega uma carona com os que vão na mesma direção. Meu motorista estava conversando comigo e mencionou que seu último [passageiro] tinha sido 'botado para fora do carro' porque estava adotando uma retórica homofóbica em termos exaltados. Ele disse: 'Você não vai conseguir uma carona em San Francisco com esses valores – você está na cidade errada'. Nós éramos um negro, um hispânico e uma mulher no carro falando de como a intolerância não se coaduna bem com uma economia construída sobre plataformas que valorizam a participação".

Levando em conta as inúmeras novas oportunidades tecnológicas para se ter contato com estranhos, "o conceito de comunidade vai evoluir", disse Justin Osofsky, vice-presidente de operações globais e de parcerias de mídia do

Facebook. Na era pré-Facebook, antes do advento das redes sociais, a noção de comunidade "era limitada ao que estava ao seu redor, àquele determinado tempo, àquele determinado lugar". Agora, com as redes sociais, temos "a capacidade de manter relacionamentos em qualquer contexto que desejarmos" — e criar novos contextos para relacionamentos que seriam inimagináveis há uma década. "Sem esse nível de conectividade, costumávamos viver nossa vida em esferas separadas", ele explicou, "e você crescia como pessoa em cada uma delas, mas agora existe uma conectividade entre essas esferas" e é possível abrir esferas que se encontram bem distantes do nosso contexto geográfico e que abranjam pessoas que compartilhem nossos interesses. "Nossa missão é conectar o mundo. E, à medida que isso acontece, 'a natureza da comunidade' acabará por evoluir. No passado, tínhamos apenas duas opções de vida — ficar numa comunidade ou ir embora dela." Hoje, ele disse, "se você cresceu num mundo de telefones celulares com Facebook, a conectividade com uma comunidade pode permanecer forte tanto para os que ficam como para os que vão embora".

Além disso, "se você for um especialista em política da Eritreia, pode encontrar um público de pessoas afins numa escala enorme", disse Osofsky. "Você ou seus filhos poderiam ter uma doença rara e, antes do Facebook, se sentiriam solitários e perdidos." Agora podem instantaneamente "encontrar grupos que estão enfrentando o mesmo problema".

Essa é a melhor parte da globalização dos fluxos que vivemos hoje — sua capacidade de promover contatos entre desconhecidos que tenham alguma afinidade ou de transformar novamente em amigos e agrupar numa comunidade velhos amigos que tinham se tornado estranhos.

Infelizmente, existe também um aspecto negativo nessa facilidade de acesso a pessoas com as quais temos afinidade. Algumas pessoas aspiram ardorosamente a transformar grupos de apoio em neonazistas ou em jihadistas suicidas. As redes sociais se tornaram um presente dos céus para extremistas se comunicarem entre si e recrutarem jovens e desconhecidos impressionáveis, e a supernova continua a aumentar seu poder de fogo. É perturbador, porém inevitável. (Discutirei essa questão mais detalhadamente no capítulo 9, ao lidar com "os destruidores".) Porém, por enquanto, vejo muito mais vantagens do que desvantagens.

E, de fato, é bem empolgante ver como é fácil recorrer ao fluxo para lutar contra as coisas ruins e promover as boas. Ben Rattray fundou a Change.

org em 2007 para criar uma plataforma em que qualquer Davi digital fosse capaz de enfrentar qualquer Golias: em termos de corporações, governos ou qualquer outra coisa. A revista *Fast Company* descreveu o site Change.org, em sua edição de 5 de agosto de 2013, como "a primeira opção para ativistas amadores e criadores de caso de todos os tipos". O site dispõe agora de 150 milhões de usuários globais, número que vem crescendo com regularidade — e lança mais de mil abaixo-assinados por dia. O Change.org oferece tanto conselhos sobre a forma de lançar uma petição on-line como uma plataforma na qual publicá-la, atraindo tanto atenção como adeptos.

Um testemunho eloquente sobre a capacidade do Change.org de tirar partido dos fluxos globais para promover rápidas mudanças pode ser oferecido por Ndumie Funda, uma lésbica sul-africana cuja noiva foi estuprada por um grupo de cinco homens — um estupro supostamente corretivo — por causa da sua sexualidade. Numa consequência direta do ataque, a noiva desenvolveu uma meningite criptocócica, uma infecção no cérebro e na coluna vertebral, vindo a morrer em 16 de dezembro de 2007. "Estupro corretivo é um termo relativamente novo", explicou Funda em entrevista concedida em 15 de fevereiro de 2011 ao site WomenNewsNetwork.net. "Essa forma de estupro 'impregnada de ódio' existe ao redor de todo o mundo. É baseada na ideia de que o ato de forçar uma lésbica a fazer sexo com um homem irá 'curá-la' da sua 'vida desviante', e costuma ser acompanhada de extrema violência."

Em dezembro de 2010, Funda abriu um cibercafé na Cidade do Cabo e, por meio do Change.org, lançou um abaixo-assinado que pedia ação por parte do governo no sentido de coibir o "estupro corretivo" de lésbicas nas favelas da África do Sul. Conseguiu quase imediatamente 170 mil assinaturas em todo o mundo. Um movimento em torno de outra petição foi lançado pelo site ativista Avaaz.org, registrou a WomenNewsNetwork.net. As duas petições juntas obtiveram quase 1 milhão de assinaturas no mundo todo e constrangeram o Parlamento sul-africano, levando-o a criar uma força-tarefa para deslegitimizar essa prática. O casamento gay é considerado legal desde 2007 na África do Sul, e, ainda que o estupro corretivo continue a ser um problema, seus perpetradores já não contam com a mesma aceitação pública do passado.

Perguntei a Rattray o que ele e sua equipe da Change.org tinham aprendido com aquela experiência. Ele respondeu: "Se perguntarmos às pessoas sobre um grande problema social, como o estupro, elas lhe dirão que são contra, contudo dificilmente farão algo a respeito. Porém se contarmos a elas uma história pessoal sobre alguém diretamente afetado e lhes dermos a oportunidade de se unirem a um movimento em prol da mudança, frequentemente elas reagem a isso".

CONSTRUA PISOS, NÃO PAREDES

A globalização sempre foi tudo e também o seu exato oposto – pode ser incrivelmente democratizante e concentrar um poder fantástico nas mãos de gigantescas multinacionais; pode enfatizar de modo incrível o que há de particular em algumas coisas – as menores vozes podem agora ser ouvidas por toda parte – e ser incrivelmente homogeneizadora, com as grandes marcas sendo agora capazes de englobar tudo em qualquer lugar. Numa medida incrível, pode conceder poder aos que antes não o tinham, já que pequenas companhias e indivíduos podem criar empresas globais do dia para a noite, com clientes, fornecedores e colaboradores globais. Assim como pode ser também incrivelmente fragilizadora – grandes forças aparecem do nada e esmagam seu negócio sem que você sequer tenha se dado conta de que elas estavam no seu ramo. O lado para o qual ela vai oscilar depende dos valores e das ferramentas que todos nós trazemos para esses fluxos.

Diante de uma imigração cada vez mais descontrolada, a globalização hoje se sente mais ameaçada do que nunca. Vimos isso no voto da Grã-Bretanha para se retirar da União Europeia e na candidatura de Donald Trump. Porém, desconectar-se de um mundo que está se tornando cada vez mais digitalmente conectado, de um mundo no qual os fluxos digitais serão uma fonte vital de ideias novas e desafiadoras, de inovações e de energia comercial, não é uma estratégia favorável ao desenvolvimento econômico.

Dito isso, as pessoas têm corpo e alma, e, quando você alimenta um, mas não a outra, sempre acaba se metendo em encrenca. Quando as pessoas sentem que sua identidade e seu senso do que vem a ser um lar estão sendo ameaçados, elas deixarão de lado seus interesses econômicos e optarão por muros em vez de redes, pelo que é fechado em vez de aberto, e farão isso num segundo – nem todos, mas muitos.

O desafio reside em encontrar o ponto certo de equilíbrio. De várias maneiras diferentes e em muitas ocasiões diferentes, nós deixamos de fazer isso durante a última década nas democracias industriais do Ocidente. Se muitos americanos estão se sentindo esmagados nesses tempos de globalização, isso acontece porque deixamos que todas as tecnologias físicas que a impulsionam (imigração, comércio e fluxos digitais) se adiantassem muito em relação às tecnologias sociais (os recursos para aprendermos e nos adaptarmos) necessárias para amortecer os impactos e ancorar as pessoas em comunidades saudáveis que possam ajudá-las a prosperar quando os ventos da mudança estiverem soprando com força, trazendo tantos estranhos e tantas ideias de fora diretamente para dentro de suas salas. Cuidado: na era das acelerações, se uma sociedade não constrói pisos sob as pessoas, muitos sairão em busca de um muro — e não importa o quanto isso venha a contrariar seus interesses. Com tanta coisa mudando tão rapidamente, é mais fácil que nunca sentir a falta de algo que as pessoas possam chamar de um "lar", no seu sentido mais profundo. E elas vão resistir. Lidar com essa ansiedade é um dos maiores desafios a serem enfrentados pelas grandes lideranças hoje, e discutirei essa questão mais adiante neste livro.

Nesse meio-tempo, se existe alguma razão fundamental para sermos otimistas em relação ao futuro e continuarmos a tentar extrair o melhor da globalização digital e amortecer os efeitos do que ela tem de pior, é certamente o fato de que essa supernova apoiada na banda larga e nos celulares está criando muitos fluxos, possibilitando assim que tantas pessoas escapem da pobreza e participem da solução dos maiores problemas do mundo. Estamos sondando os recursos de um número muito maior de cérebros e trazendo-os para dentro da rede global neural para que se transformem nos que "fazem". Essa é, certamente, a tendência mais positiva — porém menos discutida ou valorizada — no mundo de hoje, quando "globalização" está virando uma espécie de palavrão por ser completamente associada no Ocidente a disfunções no comércio.

É por esse motivo que, ao encerrar este capítulo, gostaria de dar a última palavra ao dr. Eric C. Leuthardt, neurocirurgião e diretor do Centro para Inovação em Neurociência em St. Louis, que propôs e respondeu à pergunta "Por que o mundo está mudando tão rapidamente?" em seu blog "Brains & Machines":

Eu afirmaria que a razão dessa mudança acelerada é semelhante à que explica o fato de os computadores que funcionam em rede serem tão potentes. Quanto mais núcleos de processamento acrescentarmos, mais rapidamente determinada função será desempenhada. De forma semelhante, quanto mais integrada for a forma como os seres humanos trocam ideias, mais rapidamente eles serão capazes de ter insights inovadores. Diferentemente da lei de Moore, que implica a compilação de unidades lógicas para o desempenho mais rápido de funções analíticas, uma maior comunicação vem a ser a compilação de unidades criativas (ou seja, seres humanos) para desempenhar tarefas cada vez mais criativas.

6. A Mãe Natureza

Deus sempre perdoa. O homem muitas vezes esquece. A natureza nunca perdoa.
Provérbio

Somos perversamente ruins ao lidarmos com as implicações da matemática composta.
Jeremy Grantham, investidor

Em 31 de julho de 2015, o jornal *USA Today* registrou que em Bandar Mahshahr, cidade de 100 mil habitantes no sudoeste do Irã, junto ao golfo pérsico, o chamado índice de calor subiu até atingir espantosos 72 graus Celsius:

> Uma onda de calor continuava a cozinhar o Oriente Médio, que já é normalmente uma das regiões mais quentes da Terra.
>
> "Esse foi um dos registros de temperatura mais incríveis de que tive notícia, e é uma das marcações mais extremas registradas em todo o mundo", declarou o meteorologista Anthony Sagliani, do AccuWeather.
>
> Ainda que a temperatura estivesse em "apenas" 46 graus, o chamado ponto de orvalho ficava em incompreensíveis 32 graus. A combinação de calor e umidade,

> medida pelo ponto de orvalho, é o que determina o índice de calor — ou a efetiva sensação provocada pela temperatura ao ar livre.
>
> "Uma forte ocorrência de pressão alta insistiu em pairar sobre o Oriente Médio durante a maior parte do mês de julho, resultando numa onda de calor extremo numa região conhecida por muitos como um dos lugares mais quentes do planeta", disse Sagliani.

Ao ler esse artigo, lembrei-me de uma expressão que tinha aprendido pouco antes, naquele mesmo ano, ao comparecer ao Congresso Mundial de Parques em Sydney, Austrália. A expressão era "elefante negro".

Um "elefante negro", explicou-me o investidor e ambientalista Adam Sweidan, que mora em Londres, é uma mistura de "cisne negro" — um evento raro, pouco provável, inesperado e com enormes desdobramentos — e o "elefante na sala: aquele problema que é totalmente visível para todos e que mesmo assim ninguém quer enfrentar, ainda que todos nós saibamos que um belo dia ele terá consequências muito amplas, à maneira do que ocorre com um cisne negro".

"Atualmente", Sweidan me disse, "existe uma verdadeira manada de elefantes negros ambientais se aglomerando lá fora" — aquecimento global, desflorestamento, acidificação dos oceanos e extinção em massa de biodiversidade, para citar apenas quatro. "Quando eles nos atingirem, vamos alegar que se tratava de cisnes negros e que ninguém poderia tê-los previsto, mas na verdade são elefantes negros, bastante visíveis agora mesmo" — simplesmente não estamos lidando com eles com a abrangência e a velocidade necessárias.

Um índice de calor de 72 graus no Irã é, na realidade, um elefante negro: podemos vê-lo sentado no meio da sala, podemos tocá-lo e podemos ler a seu respeito nos jornais. E, como qualquer elefante negro, também sabemos que extrapola as normas a ponto de assumir todas as características de um cisne negro — esse é o prenúncio de algumas grandes e imprevisíveis mudanças no nosso sistema climático que poderemos não conseguir controlar. No entanto, isso parece não ter penetrado na consciência coletiva de Washington, DC, e em particular na do Partido Republicano. "Durante a Guerra Fria passamos um cheque em branco para deter um evento de baixa probabilidade — uma guerra nuclear — com grandes consequências", observou Robert Litwak, vice-presidente do Wilson Center e antigo conselheiro do presidente Clinton a respeito de proliferação de armas nucleares. "Agora somos incapazes de cobrar sequer um tostão [de imposto] sobre a gasolina para impedir um evento de alta probabilidade – a mudança climática – e de grandes consequências."

É verdade que nem um único episódio climático isolado pode nos dizer conclusivamente algo num sentido ou em outro a respeito da mudança climática, mas o que chama a atenção neste momento é a grande quantidade de registros anormais relacionados ao tempo e ao clima que vêm se acumulando. Esses registros estão como que nos gritando que, quando se trata de mudança climática, perda de biodiversidade e crescimento populacional, em especial nos países mais vulneráveis, também a Mãe Natureza entrou na segunda metade do tabuleiro de xadrez, da mesma forma que a lei de Moore e o mercado. E, de muitas maneiras diferentes, ela foi empurrada para lá pelas múltiplas acelerações na tecnologia e na globalização.

Quando temos um número cada vez maior de pessoas no planeta e amplificamos o impacto que cada pessoa isoladamente pode exercer, o "poder dos muitos" pode se tornar incrivelmente construtivo, se for canalizado para os objetivos certos. Porém, se não for objeto de alguma restrição, não for moderado por nenhum tipo de ética conservacionista, pode ser uma força incrivelmente destrutiva. E é isso o que vem acontecendo. Enquanto a força dos homens, das máquinas e dos fluxos vem remodelando os ambientes de trabalho, a política, a geopolítica e a economia e mesmo algumas escolhas éticas, o poder dos muitos está aumentando a aceleração da Mãe Natureza, que vem transformando toda a biosfera, todo o sistema ecológico global, e alterando os contornos físicos e climáticos do planeta Terra, o único lar de que dispomos.

APRENDENDO A LÍNGUA DO CLIMA

Na verdade, podemos ouvir as mudanças antes que sejamos capazes de ver algumas delas. Basta ouvir a maneira como as pessoas falam hoje em dia, as expressões que vêm usando. Elas sabem que há alguma coisa no ar. Chamo isso de "língua do clima". Ela já é falada em muitos países, e com certeza nossos filhos serão fluentes nela. Você mesmo provavelmente já anda falando esse idioma, só que não sabe.

Aprendi pela primeira vez a língua do clima ao escrever colunas sobre a placa de gelo da Groenlândia, a qual visitei em agosto de 2008, com Connie

Hedegaard, na época ministra de clima e energia da Dinamarca. A Groenlândia é um dos melhores lugares para se observar os efeitos da mudança climática. É a maior ilha do mundo, porém tem apenas 55 mil habitantes e nenhuma indústria, de modo que a condição da sua gigantesca placa de gelo — assim como sua temperatura, precipitação e ventos — é altamente influenciada pelas correntes atmosféricas e oceânicas globais que convergem para lá. Seja o que for que aconteça na China ou no Brasil, isso é sentido na Groenlândia. E como os seus habitantes vivem mais próximos da natureza, eles vêm a ser barômetros vivos da mudança climática, sendo, portanto, fluentes na língua do clima.

É fácil aprender. Existem apenas quatro frases que temos de dominar.

A primeira é: "*Há apenas alguns poucos anos,... mas então algo aconteceu...*". Esta é a versão da Groenlândia: há apenas alguns poucos anos, era possível, no inverno, ir num trenó puxado por cães desde a Groenlândia, atravessando uma banquisa de gelo de 64 quilômetros, até a ilha de Disko. Porém as temperaturas em alta registradas no inverno da Groenlândia acabaram por derreter essa passagem. Agora Disko fica isolada. E você pode colocar aquele trenó de cachorros num museu. De acordo com um estudo publicado na *Nature*, em dezembro de 2015, por quinze cientistas, a Groenlândia vem perdendo seu gelo numa velocidade crescente. "Concluímos que a perda em massa ocorrida no período 2003-10 foi não apenas mais do que o dobro em relação ao período 1983-2003, como também a velocidade em que isso se deu foi duas vezes maior do que a da perda ocorrida ao longo do século XX." Atualmente a Nasa afirma que a Groenlândia está perdendo 287 bilhões de toneladas de gelo por ano, informou o jornal *The Washington Post* em 16 de dezembro de 2015. Quando a visitei em 2008, esse número era de "apenas" 200 bilhões por ano.

A segunda frase é: "*Nossa, nunca vi nada igual antes...*". Choveu em dezembro e janeiro em Ilulissat, Groenlândia, no ano em que estive lá. Isso fica bem acima do Círculo Ártico! Em princípio, não chove lá no inverno. Konrad Steffen, então diretor do Instituto Cooperativo para Pesquisas do Meio Ambiente na Universidade do Colorado, que monitora o gelo, me disse durante aquela visita: "Há vinte anos, se eu tivesse dito às pessoas de Ilulissat que iria chover no Natal de 2007, elas teriam rido na minha cara. Hoje, é uma realidade".

A terceira frase é: "*Bem, normalmente sim, mas agora não sei mais...*". Padrões climáticos tradicionais com os quais as pessoas idosas da Groenlândia estiveram familiarizadas durante sua vida inteira mudaram tão rapidamente em

Danos em bilhões de dólares provocados por eventos climáticos extremos, 1980-2012

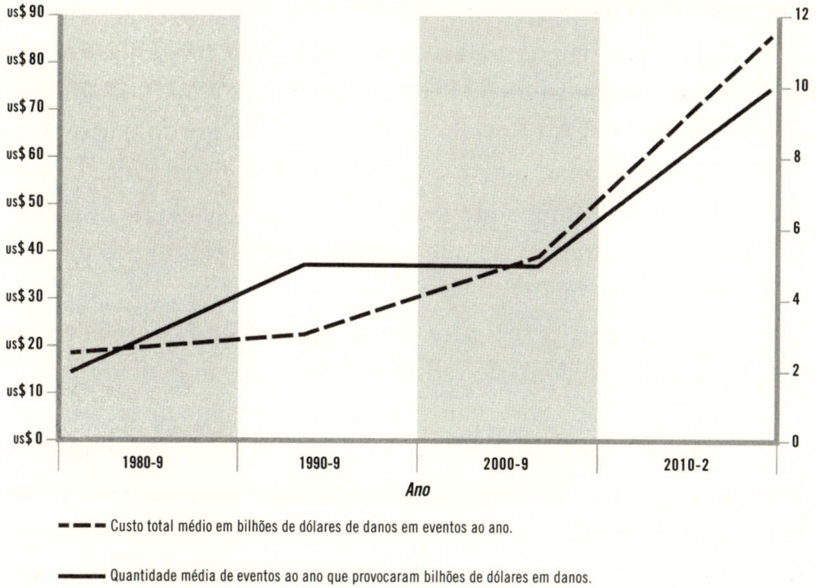

Fonte: National Oceanic and Atmospheric Administration.

alguns lugares que os conhecimentos e as intuições dos mais velhos agora já não são mais tão úteis como costumavam ser. O rio que sempre tinha passado por ali agora está seco. A geleira que sempre havia coberto aquela colina agora desapareceu. As renas que sempre estavam ali quando começava a temporada de caça em 1º de agosto não apareceram este ano...

E a última frase é: "*Não tínhamos visto nada parecido desde...*". Aqui, preencha o espaço pontilhado com um número fantasticamente grande indicando os anos decorridos. Eis o que Andrew Freedman escreveu para o site ClimateCentral.org em 3 de maio de 2013, depois que o Observatório Mauna Loa, no Havaí, registrou pela primeira vez que tínhamos, por um breve período, atingido a mais alta concentração de CO_2 já registrada na atmosfera na história humana — quatrocentas partes por milhão: "Na última vez em que existiu tamanha quantidade de dióxido de carbono (CO_2) na atmosfera da Terra, não existiam seres humanos. Tubarões munidos com megadentes rondavam o oceano, os mares do mundo eram trinta metros mais altos do que hoje e a temperatura média da superfície da Terra era até dezoito graus mais alta do que é agora".

Ou considerem o parágrafo de um artigo sobre meio ambiente publicado em 7 de janeiro de 2016 no site Bloomberg.com: "É notório que o CO_2 está agora entrando na atmosfera *cem vezes mais rapidamente* do que ocorria quando o planeta emergiu da mais recente era do gelo, há *12 mil anos*. A concentração de CO_2 na atmosfera é 35% mais alta do que o máximo atingido nos últimos *800 mil anos*. Os níveis do mar estão mais altos do que têm estado pelos últimos *115 mil anos*, e essa tendência vem se acelerando. Um século de produção de fertilizantes sintéticos rompeu com o ciclo de nitrogênio da Terra de forma mais drástica do que qualquer outro evento nos últimos *2,5 bilhões de anos*" (grifos meus).

E às vezes os registros recordes desde que a Mãe Natureza entrou na segunda metade do tabuleiro de xadrez são em tão grande quantidade e tão profundos que os órgãos governamentais que os acompanham parecem ter esgotado até mesmo seus recursos em termos de língua do clima para descrever os elefantes negros que estamos vendo. Eis aqui o relatório da Administração Nacional Oceânica e Atmosférica [National Oceanic and Atmospheric Administration — NOAA] divulgado em abril de 2016: "No mês de março, a temperatura média do globo foi de cerca de 1,2 grau Celsius acima da média do século XX. Essa foi não apenas a mais alta registrada para o mês de março no período 1880-2016, como também o mais alto desvio em termos de temperatura mensal entre todos os meses já registrados, superando em 0,01 grau Celsius a máxima anterior, ocorrida no mês passado. Em março também foi registrado o 11º mês consecutivo em que uma temperatura mensal global quebrou um recorde, e esta é a sequência mais longa constatada nos 137 anos de registros mantidos pela NOAA". Mas então veio julho de 2016. Não foi apenas o mais quente mês de julho já registrado, mas, como observou a revista *Discover*, "como julho costuma ser, em termos globais, o mês mais quente do ano, isso significa que foi o mais quente entre todos os 1639 meses já registrados".

Tudo isso é a língua do clima — "ultrapassar", "o mais alto", "recorde", "quebrar", "maior", "mais longo". Esses números são impressionantes. Eles nos dizem que alguma coisa grande e fundamentalmente diferente está acontecendo, algo que nós, seres humanos, não vivenciamos há muito tempo. Nosso planeta está sendo transformado pelo crescente poder dos muitos à medida que os limites que definiram nossa biosfera por milênios estão sendo, um a um, rompidos ou quase rompidos.

Para compreendermos a importância desse momento a partir de um ponto de vista do meio ambiente, precisamos parar para uma rápida revisão didática a respeito das eras geológicas.

"O estudo da Terra desde a origem dos tempos até o presente tem estado no centro dos esforços dos geólogos que procuram elucidar os eventos que acabaram por dar ao nosso planeta a forma que tem hoje", explica o ScienceViews.com, um site de história da ciência. Isso acontece porque "a Terra carrega a história desses eventos geológicos em suas camadas rochosas [...]. Ao reunirem todas essas camadas, os cientistas elaboraram o conceito do que conhecemos como coluna estratigráfica ou o registro das diferentes sequências rochosas. Esse registro abrange 4,6 bilhões de anos da história da Terra. Para simplificar a enorme quantidade de informação geológica, os geólogos desmembraram a história da Terra em seções que chamamos de eras, períodos e épocas geológicas".

A Terra foi formada há cerca de 4,6 bilhões de anos, mas os registros de fósseis só exibem indícios de formas simples de vida surgindo há 3,8 bilhões de anos, e de formas complexas de vida há apenas 600 milhões de anos. Ao longo de milênios, as formas de vida mudaram e evoluíram, dependendo da época. Pelos últimos 11 500 anos, nos dizem os geólogos, estivemos no Holoceno, que se seguiu ao Pleistoceno, também conhecido como a "Grande Era do Gelo".

Por que deveríamos nos importar com isso? Porque vamos sentir falta do Holoceno se ele for embora, e é o que parece estar acontecendo.

Pela maior parte dos 4,6 bilhões de anos de história da Terra, seu clima não foi muito hospitaleiro em relação aos seres humanos, oscilando entre "severas eras do gelo e períodos exuberantemente quentes", que "mantiveram a humanidade restrita a estilos de vida seminomádicos", explicou Johan Rockström, diretor do Centro de Resiliência de Estocolmo, um dos mais importantes cientistas no campo de estudos sobre a Terra e um de meus professores em relação a todos os temas ligados ao clima. Foi apenas durante os últimos 11 mil anos que passamos a desfrutar de condições climáticas calmas e estáveis, que permitiram a nossos ancestrais emergir de suas cavernas paleolíticas e criar uma agricultura sazonal, animais domésticos, erguer aldeias e cidades e, ao fim de certo tempo, deflagrar a Renascença, a Revolução Industrial e a revolução da tecnologia da informação.

Esse período, chamado pelos geólogos de Holoceno, foi um "quase milagrosamente estável e ameno equilíbrio interglacial, que vem a ser a única condição do planeta capaz de, com certeza, suportar o mundo moderno como o conhecemos", disse Rockström, autor de *Big World, Small Planet* [Grande mundo, pequeno planeta]. Foi o que finalmente nos proporcionou o equilíbrio ideal de "florestas, savanas, recifes de corais, pradarias, peixes, mamíferos, bactérias, qualidade do ar, camada de gelo, temperatura, disponibilidade de água doce e solos produtivos" sobre os quais nossa civilização foi erguida.

No que diz respeito às eras geológicas, o Holoceno tem sido a nossa "era do Jardim do Éden", acrescentou Rockström. Nesse período, mantivemos a camada precisamente correta de dióxido de carbono na atmosfera, de acidez nos oceanos, de corais no mar, de cobertura de florestas tropicais ao longo do equador e de gelo nos dois polos, de modo a armazenar água e refletir os raios do sol, para suportar a vida humana e uma população mundial em crescimento constante. O equilíbrio entre todas essas coisas determinou nosso clima e, em última análise, nossas condições meteorológicas. E, quando qualquer um desses sistemas se desequilibrou, a Mãe Natureza demonstrou uma espantosa capacidade de absorver, amortecer e reduzir os piores impactos sobre o planeta como um todo.

Isso, porém, não pode continuar a acontecer indefinidamente sem alguma espécie de limite. Os para-choques, amortecedores e pneus reservas da Mãe Natureza não são inesgotáveis. E, neste exato momento, toda a nossa língua do clima e todos aqueles elefantes negros estão nos dizendo que estamos forçando ao máximo os limites — e mesmo rompendo alguns — de muitos dos sistemas individuais do sistema de sistemas que proporcionou aos seres humanos a época geológica mais estável e benevolente que jamais conhecemos — o Holoceno.

E falamos de *mudar* o mundo...

"Existe a ameaça de estarmos empurrando a Terra para fora de seu ponto ideal", disse Rockström, e rumo a uma época geológica que estará bem longe de ser tão acolhedora e condizente com a vida humana e a civilização como é o Holoceno. É em torno disso que se dá o debate atual.

O argumento essencial é o de que, desde a Revolução Industrial – e em particular desde 1950 –, tem havido uma enorme aceleração dos impactos humanos sobre os mais importantes ecossistemas e estabilizadores da Terra, os mesmos que nos mantiveram na posição equilibrada do Holoceno. Em décadas recentes, esses impactos se tornaram tão fortes, tendo começado a transformar as operações de tantos sistemas individuais, que muitos cientistas acreditam que estejam nos empurrando para fora do relativamente benevolente Holoceno rumo a uma época geológica nova e ainda não mapeada.

É isso que entendo pelo "poder dos muitos". Como espécie, somos agora *uma força da, na e sobre a natureza*. Isso nunca foi dito a respeito de seres humanos no século XX, porém, a partir dos anos 1960 e 1970, quando a Revolução Industrial alcançou muitas novas partes do globo com toda a sua força, em especial em lugares como a China, a Índia e o Brasil, as populações em geral e as classes médias começaram a se expandir conjuntamente. Na realidade, um número muito maior de pessoas ao redor do mundo começou a viver segundo o estilo de vida da classe média americana – carros, uma casa por família, autoestradas, viagens aéreas, dietas ricas em proteínas.

Então, a partir da década de 2000, a supernova criou um outro surto expansionista global na indústria, urbanização, telecomunicações, turismo e comércio. A combinação de todas essas tendências começou a pressionar cada um dos mais importantes ecossistemas da Terra e suas ramificações a um grau jamais visto na história de nosso planeta. O resultado: nosso estilo de vida associado ao Jardim do Éden está agora em perigo.

A GRANDE ACELERAÇÃO

Para avaliarmos a profundidade em que isso está se dando, era importante que os cientistas que estudam a Terra tentassem quantificar as pressões crescentes que estão agindo sobre a Mãe Natureza e, quase com certeza, empurrando-a para fora de suas zonas de conforto, para além de determinados limites conhecidos nos quais opera. Eles deram um nome a essas pressões: "a Grande Aceleração". Como observei no primeiro capítulo, os gráficos relativos à Grande Aceleração foram reunidos pela primeira vez em um livro publicado em 2004, *Global Change and the Earth System*, escrito por uma equipe de cientistas liderada por Will Steffen — um químico americano e ex-diretor do Instituto Nacional Australiano para a Mudança Climática.

Os gráficos ilustram de modo eloquente o "poder dos muitos": o fato de que muitas forças tecnológicas, sociais e ambientais, nas mãos de mais e mais pessoas, estão exercendo um impacto acelerador sobre o corpo da Mãe Natureza — as paisagens humanas e biofísicas do planeta — de 1750 a 2000, e em particular desde 1950. Quando Steffen e seus colegas Wendy Broadgate, Lisa Deutsch, Owen Gaffney e Cornelia Ludwig publicaram uma versão atualizada dos gráficos da Grande Aceleração — estendendo-os de 1750 a 2010 — na *Anthropocene Review* de 2 de março de 2015, eles ficaram ainda mais convencidos de que essas acelerações estavam nos empurrando para além dos limites planetários do Holoceno na direção de algo não apenas desconhecido, mas também impossível de ser conhecido.

Foi assim que eles se expressaram:

> A Grande Aceleração marca o crescimento fenomenal do sistema socioeconômico global, a parte humana do Sistema Terra. É difícil superestimar a dimensão e a velocidade da mudança. Em pouco menos de duas gerações — ou a duração de uma única vida —, a humanidade (ou até bem recentemente uma pequena fração dela) tornou-se uma força geológica em escala planetária. Até então as atividades humanas eram insignificantes quando comparadas com o Sistema Terra biofísico, e os dois podiam operar independentemente. Contudo, é agora impossível levar em conta um deles separadamente do outro. As tendências associadas à Grande Aceleração proporcionam uma visão dinâmica da conjugação emergente, em escala planetária, via globalização, entre o sistema socioeconômico e o Sistema Terra biofísico. Alcançamos um ponto em que muitos indicadores biofísicos se deslocaram claramente para além dos limites da variabilidade do Holoceno. Estamos vivendo agora em um mundo sem equivalente.

Vamos repetir: *Estamos vivendo agora em um mundo sem equivalente*. Isso significa que nos encontramos onde nunca estivemos antes como espécie humana. Pressionamos os principais sistemas da Terra para cima e talvez para além dos limites seguros em que podem operar e que definem o Holoceno. "Um mundo sem equivalente"... Com certeza vou acrescentar essa expressão ao meu dicionário de língua do clima.

O gráfico tem a seguinte aparência:

Tendências do Sistema Terra

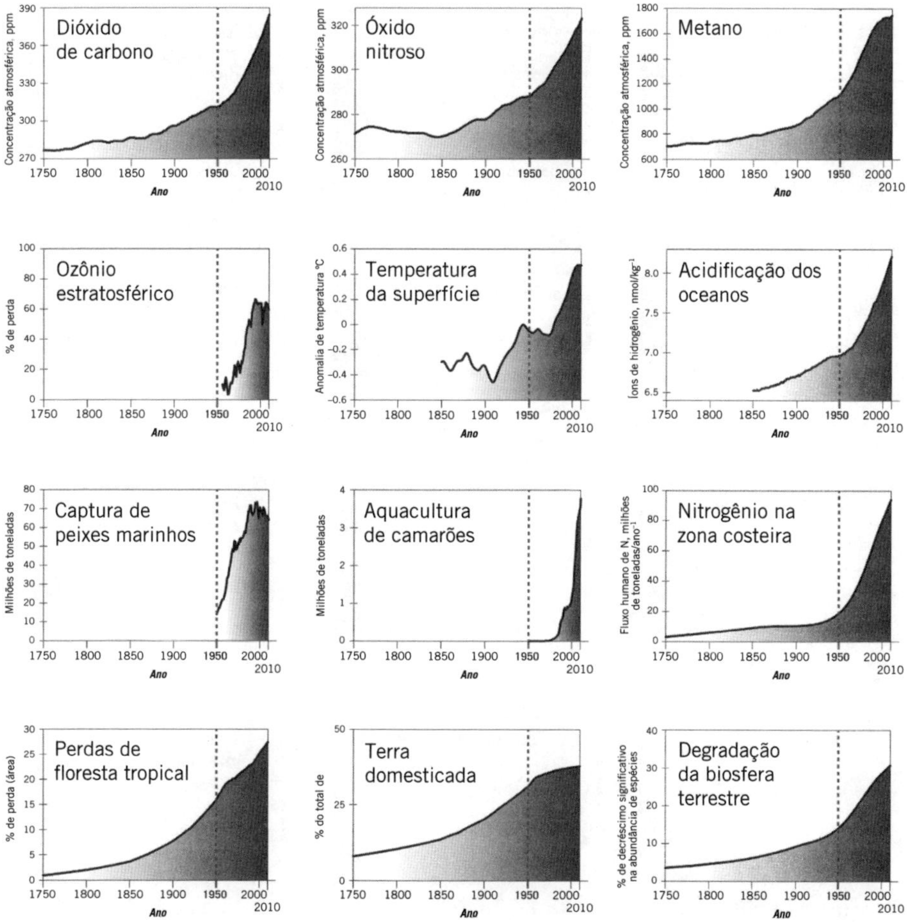

Fonte: Steffen, W., Broadgate, W., Deutsch, L., Gaffney, O. e Ludwig, C., "The Trajectory of the Anthropocene: The Great Acceleration", *Anthropocene Review* (vol. 2, n. 1), pp. 81-98.

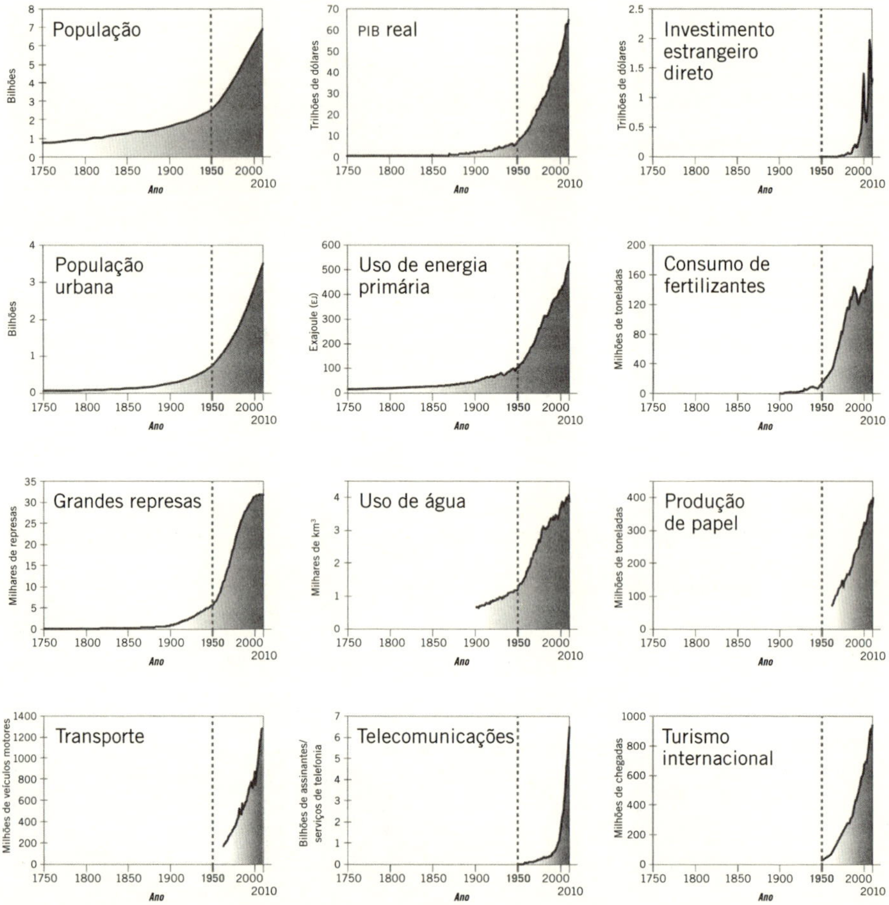

Fonte: Steffen, W., Broadgate, W., Deutsch, L., Gaffney, O., e Ludwig, C., "The Trajectory of the Anthropocene: The Great Acceleration", *Anthropocene Review* (vol. 2, n. 1), pp. 81-98. Copyright © 2015 pelos autores. Reimpresso com permissão da SAGE Publications, Ltd.

OS LIMITES PLANETÁRIOS

Uma vez constatadas essas acelerações, tornou-se vital tentar quantificar, da melhor maneira possível, os impactos que elas estavam exercendo sobre os sistemas mais importantes da Mãe Natureza, já que esta não nos podia dizer quais eram eles. Assim, Rockström, Steffen e um grupo de outros cientistas que estudam os sistemas da Terra se propuseram em 2008 a identificar os "sistemas que suportam a vida planetária", ou seja, que são necessários para a sobrevivência humana, assim como as prováveis fronteiras dentro das quais precisaríamos nos manter em cada domínio para evitar "mudanças abruptas e irreversíveis no meio ambiente", capazes de, basicamente, pôr fim ao Holoceno e tornar a Terra inabitável. Eles divulgaram suas conclusões na revista *Nature*, em 2009, e em seguida as atualizaram na publicação científica *Science*, em 13 de fevereiro de 2015.

Seu argumento era simples: quer tenhamos ou não conhecimento disso, organizamos nossas sociedades, indústrias e economias sobre a base do ambiente do Holoceno, e, portanto, caso venhamos a romper os níveis operacionais dos principais sistemas ambientais que o sustentaram por todos esses anos, poderíamos colocar o planeta numa nova condição que tornaria impossível manter a vida moderna da forma como aprendemos a desfrutá-la. Era o equivalente a imaginar a Mãe Natureza como uma pessoa saudável e então identificar o ponto máximo admissível de peso, colesterol, açúcar no sangue, gordura, consumo de oxigênio, pressão sanguínea e massa muscular para garantir que ela permanecesse saudável e ainda fosse capaz de correr maratonas.

Da mesma forma que o corpo humano é um sistema de sistemas e órgãos, cada um dos quais tem certas condições operacionais ideais, o mesmo vale para a Mãe Natureza, explica Rockström. Nossos órgãos e nosso corpo como um todo podem operar para além dessas condições ideais e na verdade fazem isso — até certo ponto. Não sabemos até onde podemos ir além desse ponto ótimo em cada um desses aspectos sem que o nosso corpo entre em colapso, mas em alguns casos sabemos. Sabemos que a temperatura máxima ideal de nosso corpo é 37 graus Celsius. Aprendemos que, em média, os seres humanos morrerão — seus sistemas internos entrarão em colapso — se sua temperatura corporal esquentar a cerca de 42 graus ou esfriar a 21 graus. Esses são os limites tolerados pela nossa saúde, e, quanto mais próximos estivermos de qualquer dos dois extremos, mais prejudicado estará o funcionamento dos nossos órgãos e fluidos internos.

Bem, a Mãe Natureza é um sistema de sistemas e órgãos — oceanos, florestas, atmosfera, placas de gelo —, e os cientistas que estudam a Terra aprenderam ao longo dos anos quais são os níveis operacionais mais estáveis para cada um desses sistemas e órgãos. É verdade que a Mãe Natureza é uma unidade complexa biogeofísica, que funciona em termos racionais", como um corpo humano, me disse Rockström, mas ela não pode nos dizer o que está sentindo. "Não sabemos exatamente onde estão seus limites operacionais, porque não compreendemos a Mãe Natureza de modo tão preciso como um corpo humano, porém *ela sabe* exatamente quais são eles. E não há como barganhar sobre isso. A placa de gelo da Groenlândia derrete quando se atinge determinado ponto de ruptura. A floresta tropical da Amazônia sucumbe uma vez atingido seu ponto de ruptura. E da mesma forma que jamais manteríamos nosso corpo no limiar desse ponto de ruptura, não deveríamos estar fazendo o mesmo com o planeta."

De modo que, como não podemos esperar que a Mãe Natureza nos diga como seus sistemas mais importantes estão se sentindo, Rockström, Steffen e sua equipe de cientistas que estudam os limites planetários tentaram fazer algumas estimativas aproximadas sobre a definição desses pontos críticos, além dos quais os sistemas passam a uma condição diferente. Eles identificaram nove limites planetários cruciais que nós, seres humanos, precisamos estar certos de não ultrapassar (ou de não ultrapassar ainda mais, pois já rompemos vários deles). Romper esses limites poderia desencadear reações em cadeia, ameaçando lançar o planeta em uma nova condição, incapaz de sustentar a civilização moderna.

Eis aqui seu relatório de 2015 sobre os limites da saúde do planeta. Um aviso: as coisas parecem não estar nada bem.

O primeiro limite é dado pela *mudança climática* — e nós já o ultrapassamos. Em sintonia com o consenso vigente entre os cientistas que estudam o clima, a equipe dos limites planetários acredita que precisaríamos ficar abaixo do índice de 350 partes por milhão de dióxido de carbono na atmosfera da Terra se quiséssemos permanecer confortavelmente abaixo do aumento médio de dois graus Celsius na temperatura média global desde a Revolução Industrial — a linha vermelha além da qual a maior parte dos especialistas em clima acredita que estaremos correndo o risco de incorrer no derretimento inevitável de camadas de gelo, no aumento do nível do mar, em variações extremas de temperatura, além de provocar tempestades e secas mais severas. Nós nos encontramos no momento com mais de quatrocentas partes por milhão de CO_2 na atmosfera – esse cobertor está se tornando agora realmente espesso, e a velocidade com que isso acontece vem se acelerando –, empurrando, como foi dito antes, a temperatura média combinada sobre as superfícies terrestres e nos oceanos do globo para os níveis mais altos já vistos desde antes da Revolução Industrial.

A Mãe Natureza sabe que está ficando com febre. O relatório Sinais Vitais do Planeta, preparado pela Nasa a respeito das temperaturas da superfície do globo, observou no fim de 2015: "Os dez anos mais quentes já observados ao longo dos 134 anos em que foram mantidos registros ocorreram todos depois do ano 2000, com a exceção de 1998. O ano de 2015 figura como o mais quente já registrado". O sistema do clima determina o ambiente de crescimento para todas as espécies vivas, e esse ambiente está se encaminhando para uma zona bem além do limite planetário – ameaçando transformar a Terra numa estufa, algo diferente de qualquer coisa na qual seres humanos tenham vivido antes.

O segundo limite, argumentam eles, é dado pela *biodiversidade* – a qual inclui todas as espécies vivas na biosfera e toda a natureza cobrindo o planeta –, ou seja, florestas, pradarias, pântanos, recifes de corais, assim como todas as plantas e animais existentes neles. A equipe que estuda os limites planetários determinou que deveríamos manter 90% da cobertura de biodiversidade que existia nos níveis pré-industriais. Atualmente já caímos para 84% em partes da África e continuamos descendo ainda mais.

As pessoas esquecem, observou Rockström, que é impossível regular o clima sem biodiversidade. Se não contamos com polinizadores no ar e micro-organismos no solo, e pássaros e outros animais que depositem as sementes de novas árvores por meio dos seus dejetos, não temos uma floresta. Se não temos uma floresta, não temos árvores para absorver o carbono. Se não temos árvores para absorver o carbono, ele vai para a atmosfera e intensifica o aquecimento global ou impregna os oceanos, mudando sua composição. O índice de perda de espécies naturais é de uma espécie ou menos por ano para cada milhão de espécies. "Fixamos o limite em dez", explicou Rockström, porém com a globalização esse nível vem sendo regularmente ultrapassado – estamos perdendo agora algo entre dez e cem espécies para cada milhão de espécies por ano. Essa é a aproximação mais exata possível à qual podemos chegar sobre o quanto estamos perdendo em termos de biodiversidade.

O terceiro limite planetário que ultrapassamos, disse Rockström, é o *desflorestamento*. Isso diz respeito ao nível mínimo de biomas – principalmente florestas tropicais, florestas boreais e florestas temperadas – que precisamos manter na superfície terrestre para contarmos com um Holoceno equilibrado, regulado. Os cientistas estimam que precisamos manter em torno de 75% das florestas que originalmente cobriam a Terra. Estamos agora abaixo de 62%, e algumas florestas vêm dando sinais de estar absorvendo menos carbono.

O quarto limite que já foi ultrapassado é conhecido pelo termo *fluxos biogeoquímicos*. "Estamos atualmente acrescentando uma quantidade excessiva de fósforo, nitrogênio e outros elementos nos sistemas agrícolas do mundo, envenenando a Terra" com fertilizantes e pesticidas, disse Rockström, e essas substâncias químicas acabam por escorrer para os oceanos, prejudicando também a vida das plantas e peixes que ali vivem. "Para o desenvolvimento de plantas e animais que comem e produzem proteínas, precisamos de um equilíbrio entre nitrogênio e fósforo", ele explicou. "Eles determinam a condição dos oceanos e das paisagens em terra – nitrogênio e fósforo demais podem fazer com que eles fiquem sufocados; com uma quantidade pequena demais, eles não crescem. Tudo gira em torno da questão de saber qual a quantidade de fertilizantes e de pesticidas que podemos usar, sem fazer com que outras plantas na biosfera acabem sufocadas." A mudança climática pode fazer com que o limite seja estourado de cima para baixo, enquanto fertilizantes e pesticidas podem fazer o mesmo de baixo para cima. No estágio em que nos encontramos, disse Rockström, "precisamos baixar para 25% do uso atual".

Em quatro outros campos, conseguimos nos manter apenas no limiar dos níveis definidos pela equipe dos limites planetários, porém sem muita margem extra de manobra. Um deles é o da acidificação dos oceanos. Parte do CO_2 que emitimos vai para a atmosfera, mas uma grande parte é absorvida pelos oceanos. Isso, entretanto, vem afetando cada vez mais os peixes e os recifes de corais, que vêm a ser as florestas tropicais do oceano. Ao misturarmos CO_2 com água, obtemos ácido carbônico, que dissolve o carbonato de cálcio, o componente essencial de todos os organismos marinhos, em particular aqueles com conchas, assim como dos recifes de corais. Quando isso acontece, "os oceanos, em vez de exercerem o papel de anfitriões dos organismos marinhos, os desestruturam", disse Rockström. "Só podemos destruir carbonato de cálcio até determinado ponto; além daí o sistema marinho muda de condição, deixando de poder abrigar peixes e recifes de coral, como fez anteriormente durante toda a época do Holoceno."

Outra área na qual a equipe dos limites planetários afirma que estamos conseguindo nos manter apenas no limiar do que foi definido é a do *uso da água doce* — a quantidade máxima de água que podemos remover dos rios e reservas subterrâneas do mundo, de modo que nossos mangues e florestas tropicais possam permanecer em sua condição do Holoceno e possamos continuar nos ocupando da agricultura em grande escala.

Um terceiro limite ainda não ultrapassado por nós é o da *carga de aerossóis atmosféricos*. Trata-se das partículas microscópicas que colocamos na atmosfera por meio da poluição convencional vinda de fábricas, usinas de energia e veículos. A queima ineficiente de biomassa (em sua maior parte em fogões domésticos) e combustíveis fósseis cria camadas de fumaça que causam danos à vida das plantas ao bloquear a luz do sol; e também contribuem para a asma e outras doenças pulmonares dos seres humanos.

E a quarta área na qual estamos prestes a chegar ao limite estabelecido é conhecida como *introdução de novas substâncias*, ou seja, a invenção por nós de produtos químicos, compostos, plásticos, resíduos nucleares e materiais afins que não são próprios da natureza e que se infiltram nos solos e na água. Eles fazem coisas estranhas, que não compreendemos plenamente, e teme-se que possam vir um dia a mudar o código genético de diferentes espécies, inclusive o dos seres humanos.

Existe um domínio no qual recuamos para limites seguros depois de tê-los rompido no passado. Trata-se da espessura apropriada da *camada de ozônio atmosférico* que nos protege das perigosas radiações UV que causam câncer de pele. Sem essa camada de ozônio, extensas áreas de nosso planeta seriam inabitáveis. Depois que os cientistas descobriram um buraco crescente na camada de ozônio gerado por produtos químicos criados pelos homens — clorofluorcarbonetos —, o mundo se uniu e implementou o Protocolo de Montreal em 1989, banindo CFCs, e, como resultado, a camada de ozônio permanece em condição segura, aquém de seu limite planetário indicado por perdas não maiores do que 5% dos níveis pré-industriais.

A equipe dos limites planetários não pretende que nenhum dos limites por ela estabelecido seja imutável e indiscutível, ou que, caso sejam transpostos, cairemos diretamente num abismo. Essas linhas vermelhas são estimativas ponderadas, além das quais entraremos numa "zona de incerteza" — na qual ninguém pode prever o que acontecerá, porque jamais estivemos nela como humanos.

A única coisa a nosso favor com que temos contado é o fato de que até agora a Mãe Natureza tem sido muito boa ao encontrar maneiras de se adaptar à pressão, observa Rockström. Oceanos e florestas absorvem quantidades extras de CO_2; ecossistemas como a Amazônia se adaptam ao desflorestamento e ainda assim proporcionam chuva e água doce; a calota polar encolhe, mas não desaparece. Novamente, a Terra conta com muitos amortecedores e capacidades adaptativas. Porém, em algum momento, poderemos esgotá-los. E é isso precisamente o que temos feito, em particular durante o último meio século.

"O planeta demonstrou uma impressionante capacidade de conservar seu equilíbrio, usando todos os truques ao seu alcance para se manter na sua condição atual, amortecendo nossas ações", acrescentou Rockström. Porém, se continuarmos a ultrapassar esses limites, "poderemos fazer com que o planeta passe de amigo a inimigo". Esse seria um mundo no qual a Amazônia se transformaria numa savana e o Círculo Ártico num oceano permanente, que absorve o calor do sol em vez de refleti-lo para longe da Terra. Isso certamente criaria um mundo para os seres humanos que "não seria nem de longe tão benevolente e amistoso como o Holoceno — com certeza o estado de coisas conhecido por nós capaz de dar suporte à única civilização que jamais conhecemos".

Muitos cientistas que estudam a Terra já argumentam que deixou de ser apropriado descrever nossa atual época geológica como Holoceno. Eles acreditam que *já a deixamos para trás* e que entramos numa nova era que vem sendo impulsionada por... nós. O nome que vem sendo dado a essa era é "Antropoceno", de *antropo*, "homem", e *ceno*, "novo". É um nome científico sofisticado para o poder dos muitos.

"A atividade humana está deixando uma marca abrangente e persistente sobre a Terra", disse Colin Waters, do Serviço Geológico da Grã-Bretanha, coautor de um ensaio publicado na edição de 8 de janeiro de 2016 da revista *Science*, no qual se argumenta que o Antropoceno merece ser definido como uma nova época, distinta do Holoceno.

Os autores admitem que "qualquer reconhecimento formal de uma época do Antropoceno na escala geológica do tempo depende de saber se os seres humanos mudaram suficientemente o Sistema Terra para produzir uma assinatura estratigráfica, em sedimentos e em gelo, distinta daquela do Holoceno", e seguem adiante para defender uma resposta positiva a essa pergunta. Tudo, desde as centenas de milhões de toneladas despejadas por nós por toda a superfície da Terra até os radionuclídeos produzidos por testes atômicos, dará uma nova forma ao planeta ao longo dos muitos e muitos anos pela frente.

Como disse a cantora Joni Mitchell certa vez em sua canção "Big Yellow Taxi", "They paved paradise/ And put up a parking lot" [Eles asfaltaram o paraíso/ E fizeram ali um estacionamento].

Waters e seus colegas apenas transpuseram essa letra em linguagem científica:

> Recentes depósitos antropogênicos contêm novos minerais e tipos de rocha, refletindo a rápida disseminação de novos materiais, incluindo alumínio elemental, concreto e plásticos, que formam "tecnofósseis" abundantes e em rápida transformação. A queima de combustíveis fósseis disseminou carbono preto, esferas de cinza inorgânica e partículas esféricas carbônicas por todo o mundo, com um aumento mundial quase sincrônico a partir da década de 1950. Os fluxos sedimentares antropogênicos se intensificaram, com uma erosão mais intensa causada pelo desflorestamento e pela construção de estradas. A retenção disseminada de sedimentos por represas amplificou o afundamento dos deltas.

É estranho pensar nos futuros geólogos explorando nossas camadas de sedimentos e tentando compreender o que vinham a ser iPods, Cadillacs rabos de peixe e paus de selfie. Mesmo que os geólogos venham algum dia a chegar a um acordo a respeito dessa nova era, permanece uma controvérsia sobre quando ela teria começado. Alguns dizem que isso se deu com o advento da agricultura — há milhares de anos; outros argumentam que ela foi desencadeada a partir do colonialismo ocidental transoceânico, no início do século XVII. "De todos os candidatos a uma data que marque o começo do Antropoceno", escreveram Steffen e a equipe da Grande Aceleração, "o início da Grande Aceleração é, de longe, a mais convincente a partir de uma perspectiva científica do Sistema Terra. É apenas depois de meados do século XX que existe um claro indício de mudanças fundamentais no estado e no funcionamento do Sistema Terra que 1) vão além do espectro de variabilidade do Holoceno e 2) são impulsionadas por atividades humanas, e não pela variabilidade natural".

Devido a essa controvérsia, a Comissão Internacional de Estratigrafia, à qual cabe a prerrogativa de batizar as épocas geológicas, ainda nos mantém no Holoceno. Porém, para os propósitos deste livro, nós nos encontramos no Antropoceno, uma época em que o poder dos muitos — ou seja, nós — é agora o fator dominante para formar e reformar os sistemas da Terra e forçar os limites planetários.

Mas, seja qual for a era em que nos encontremos, insiste Rockström, "temos a responsabilidade de deixar este planeta numa condição a mais próxima possível do Holoceno". Isso, entretanto, não vai ser fácil, porque os "muitos" no poder dos muitos também estão em aceleração, mais do que muitas pessoas se dão conta em muitos lugares.

O PODER DOS MUITOS, MUITOS, MUITOS

Em abril de 2016, ao visitar o Níger para fazer um documentário a respeito do impacto da mudança climática sobre os padrões africanos de imigração, nossa primeira parada foi na cidade de Dirkou, no Norte do país, no meio do Saara. Fazia 41,5 graus Celsius no mês de abril; eu estava entrevistando imigrantes africanos, muitos deles do Níger, que tinham viajado para a Líbia em busca de trabalho e, para alguns poucos de sorte, de uma precária viagem de barco para a Europa. Como mencionei antes, a maioria, contudo, não encontrou nem trabalho nem barco algum, apenas maus-tratos por parte de líbios que não os queriam em seu país, às voltas com sua própria desintegração econômica e política.

De modo que o que encontramos em Dirkou foram centenas de homens do Níger e de outros países da África Ocidental que se achavam encalhados numa terra de ninguém, sem emprego nem dinheiro, sem ter como ir para o norte, em busca de trabalho, nem para o sul, para voltar para casa. Eles estavam sob os cuidados da Organização Internacional para a Migração. Entrevistei vários deles sob um sol escaldante, junto a um caminhão de carga, sobrecarregado de mercadorias destinadas ao sul. A maioria estava havia mais de um ano longe das aldeias onde tinha nascido, de modo que perguntei a um deles, Mati Almaniq, do Níger, como sua família estava se virando.

Ele me contou que tinha deixado três esposas e dezessete filhos para sair em busca de trabalho na Líbia ou na Europa e estava voltando profundamente desiludido. Almaniq me disse que os deixou com um estoque de comida, mas, àquela altura, sabia que os alimentos deviam ter sido consumidos havia muito tempo. "Estão nas mãos de Deus, agora", afirmou. É assim a vida no limite da subsistência. A seu lado, um de seus companheiros de viagem me contou ter deixado doze crianças em casa. Isso não era incomum — as mães do Níger têm uma média de sete filhos cada.

Escrevi tudo isso na minha coluna do *New York Times* e no dia seguinte recebi um e-mail de meu amigo Robert Walker, presidente do Instituto da População, comentando que "a população do Níger em 1950 era de apenas 2,5 milhões. Hoje é de 19 milhões, e a mais recente projeção populacional da ONU indica que, apesar das taxas de fertilidade em declínio, alcançará os 72 milhões em 2050. Some-se a isso a mudança climática, juntamente com os conflitos regionais e a instabilidade, e pode-se dizer que temos um país inviável. Para tornar as coisas ainda mais insustentáveis, há a questão do índice de casamentos forçados de crianças no Níger: o mais alto do mundo".

O Níger é um dos muitos países, nem todos na África, em que a outra aceleração que eu incluiria sob a bandeira da "Mãe Natureza" — crescimento populacional — ainda está em curso. Esse crescimento acarretará o consumo cada vez maior de "capital natural", prejudicando rios, lagos, solos e florestas em seus países e além. Mesmo que em muitas outras partes do mundo o crescimento populacional tenha se estabilizado ou mesmo revertido, a população total do planeta subirá de 7,2 bilhões hoje para 9,7 bilhões por volta de 2050, segundo o mais recente relatório das Nações Unidas. Isso significa que em apenas trinta anos existirão mais 2 bilhões de pessoas no planeta.

Pare um momento e pense neste número: mais 2 bilhões de pessoas.

E ainda mais importante é o fato de que o impacto exercido sobre os sistemas naturais e o clima do planeta se tornará exponencialmente mais devastador, porque um número cada vez maior desses 9,7 bilhões estão se mudando para grandes áreas urbanas, subindo na escala social socioeconômica para as suas respectivas classes médias, consumindo mais água e eletricidade e comendo mais proteínas. Seu impacto per capita sobre o planeta será muito maior.

Hoje, em torno de 86% dos americanos têm ar-condicionado em suas casas e apartamentos. Apenas 7% dispõem disso no Brasil e um número menor ainda na Índia. Porém, uma vez que suas necessidades básicas sejam satisfeitas, eles também vão desejar ter um ar-condicionado, e têm tanto direito a isso quanto qualquer pessoa vivendo no Japão, Europa ou Estados Unidos.

Tendo nascido em 1953, pertenço à geração do *baby boom*,* o que me torna parte de uma faixa da população bastante peculiar. Desde que Adão conheceu Eva, que deu à luz Caim e Abel, nenhuma outra geração foi capaz de dizer o que eu e meus companheiros *baby boomers* podemos dizer: a população do mundo dobrou durante nosso tempo de vida. E, de fato, se comermos iogurte o bastante, fizermos exercícios e praticarmos ioga, poderemos viver o suficiente para vê-la *triplicar*. Eram 3 bilhões em 1959 e 6 bilhões em 1999, e, como eu disse, espera-se que esse número atinja 9,7 bilhões em 2050.

Usei a construção "espera-se que esse número atinja" para frisar o ponto enfatizado pelo Instituto da População em seu relatório de 2015: é verdade que, de modo geral, o mundo vem passando por uma transição demográfica, da alta mortalidade e alta fertilidade para a baixa mortalidade e baixa fertilidade; em muitas partes do mundo a transição já está bem avançada. Na Europa, na América do Norte, em grande parte da América Latina e no Leste Asiático, as taxas de mortalidade e fertilidade caíram tanto e tão rapidamente que se encontram agora no mesmo nível da — ou abaixo da — taxa de reposição, e a população está na realidade diminuindo em países como Taiwan, Alemanha e Japão. Mas essa não é a história inteira.

"Do outro lado do 'bônus demográfico' global", observa o Instituto da População, "taxas de mortalidade e fertilidade permanecem relativamente altas, porém as taxas de mortalidade caíram mais rapidamente. Em consequência, a população vem aumentando, e, em alguns casos, rapidamente. Nas atuais taxas de crescimento, *quase quarenta países podem dobrar sua população nos próximos 35 anos*" (grifo meu).

Isso não chamou muita atenção, mas o órgão da ONU dedicado à população — a Divisão de População do Departamento de Assuntos Econômicos e Sociais — segue discretamente aumentando suas projeções a respeito da população global. Em 29 de julho de 2015, divulgou o seu "World Population

* Geração nascida entre 1946 e 1964 na América do Norte e na Europa. (N. T.)

Prospects: The 2015 Revision" [Perspectivas para a população mundial: atualização de 2015] – revisando para cima suas projeções feitas há apenas dois anos. Nesse documento, dizia que a população mundial atual de 7,3 bilhões de pessoas alcançaria 8,5 bilhões por volta de 2030 (a previsão anterior era de 8,4 bilhões), 9,7 bilhões em 2050 (o número anterior era de 9,55 bilhões) e 11,2 bilhões em 2100 – acima da previsão anterior de 10,8 bilhões.

Afirmou a ONU:

> A maior parte do aumento previsto na população mundial pode ser atribuída a uma pequena lista de países com altas taxas de fertilidade, localizados principalmente na África, ou países que já contam com grandes populações. Durante o período 2015-50, espera-se que metade do crescimento da população mundial se concentre em nove países: Índia, Nigéria, Paquistão, República Democrática do Congo, Etiópia, República Unida da Tanzânia, Estados Unidos da América, Indonésia e Uganda [...].
>
> China e Índia seguem sendo os dois maiores países do mundo, com mais de 1 bilhão de habitantes cada, representando respectivamente 19% e 18% da população mundial. Porém, por volta de 2022, espera-se que a população da Índia ultrapasse a da China.
>
> Atualmente, entre os dez maiores países do mundo, um deles fica na África (Nigéria), cinco na Ásia (Bangladesh, China, Índia, Indonésia e Paquistão), dois na América Latina (Brasil e México), um na América do Norte (EUA) e um na Europa (Federação Russa). Destes, a população da Nigéria, hoje a sétima maior do mundo, é a que cresce mais rapidamente. Em decorrência disso, prevê-se que a população da Nigéria ultrapasse a dos Estados Unidos por volta de 2050, momento em que se tornaria a terceira maior do mundo. Por volta de 2050, espera-se que seis países ultrapassem a marca dos 300 milhões: China, Índia, Indonésia, Nigéria, Paquistão e os EUA [...].
>
> Com a mais alta taxa de crescimento populacional, estima-se que a África responda por mais da metade do crescimento da população mundial entre 2015 e 2050.
>
> Durante esse período, prevê-se que as populações dos 28 países africanos mais do que dobrem de tamanho.

O Instituto da População observa que grande parte do crescimento populacional previsto acontecerá em países que já lutam para amenizar os efeitos da fome e da pobreza extrema. Muitos países com populações em rápido crescimento estão sob ameaça de escassez de água ou desflorestamento; outros enfrentam conflitos ou instabilidade política. Ainda que não impeça o progresso, o rápido crescimento da população é um desafio que multiplica as dificuldades para esses países. Suas populações são demograficamente vulneráveis, correndo mais riscos de sofrerem com a fome, a pobreza, a escassez de água, a degradação ambiental e a turbulência política.

Em outras palavras, se passarmos da alta mortalidade para a baixa mortalidade e da alta fertilidade para a baixa fertilidade, estaremos criando enormes pressões. Se uma mulher tem vinte filhos e todos eles vivem e têm por sua vez vinte filhos, ela terá quatrocentos netos – e isso em uma família. É o que está efetivamente acontecendo em lugares como o Níger. Os países cuja população continua a se expandir devido às contínuas altas taxas de fertilidade somadas às baixas na mortalidade "são também aqueles com os mais altos níveis de desigualdade entre os gêneros e com alto índice de casamentos prematuros de crianças", explicou Walker. "O Níger ocupa o primeiro lugar em fertilidade total." Arábia Saudita, Egito e Paquistão também estão lá em cima nesse quesito. O problema não é a falta de anticoncepcionais. O que falta são normas modernas de relações entre os gêneros e uma persistente oposição masculina e religiosa ao controle da natalidade. A bênção "que você tenha sete filhos e sete filhas" está mais viva que nunca nesses países. Da mesma forma que a pobreza, a escassez de escolas e de infraestrutura.

Essa nunca foi uma boa combinação. Porém, quando a lei de Moore e a globalização aceleram ainda mais seus índices atuais e um país fica para trás em educação e infraestrutura, esse atraso também se dá de forma acelerada. De modo que temos mais pessoas com uma capacidade menor de participar dos fluxos globais. E ocorre que elas têm ainda mais filhos, como forma de garantir maior segurança para a sua velhice. E a mudança climática, então, começa a exercer seus efeitos, prejudicando a agricultura. E isso pode levar a uma desordem muito maior (que analisaremos adiante) – quando tivermos um número tão maior de pessoas e ao mesmo tempo governos menos equipados para conseguirem sair dessa encrenca. Trata-se de um ciclo vicioso assustador que já está em curso no Afeganistão, no Oriente Médio e na África Ocidental.

Adair Turner, ex-presidente da Financial Services Authority [Autoridade de Supervisão Financeira] do Reino Unido, atual presidente do Instituto para o Novo Pensamento Econômico e autor do livro *Between Debt and the Devil: Money, Credit, and Fixing Global Finance* [Entre a dívida e o diabo: Dinheiro, crédito e o ajuste das finanças globais], apresentou esse problema de forma sucinta num ensaio publicado em 21 de agosto de 2015 no Project Syndicate. Ele observou que ainda que seja verdade que as mais recentes projeções sobre população feitas pela ONU indiquem que Europa, Rússia e Japão enfrentam consideráveis problemas de envelhecimento devido às baixas taxas de fertilidade, esse é um problema administrável.

O que não é administrável é o seguinte, ele escreveu: "De 1950 a 2050, a população de Uganda terá aumentado vinte vezes e a do Níger, trinta vezes. Nem os países que se industrializavam no século XIX nem as bem-sucedidas economias do Sudeste Asiático que os alcançaram no fim do século XX jamais experimentaram algo semelhante a essas taxas de crescimento populacional. Taxas como essas impossibilitam que ocorra um aumento per capita em termos de capital social ou de capacitação da força de trabalho rápido o bastante para alcançar os outros países no plano econômico ou criar empregos com rapidez suficiente para evitar o desemprego crônico". E tudo isso está acontecendo mesmo antes de levarmos em conta o aumento do poder das máquinas e dos robôs para suplantar funções menos complexas entre operários de fábrica e trabalhadores de escritório nesses países em desenvolvimento, sem falar nos desenvolvidos.

Turner também observou:

> Ao tornar possível que bens sejam manufaturados em fábricas quase desprovidas de trabalhadores nas economias avançadas, a automação poderia cortar o modelo do crescimento animado pelas exportações, caminho trilhado por quase todas as economias bem-sucedidas do Leste da Ásia. O alto desemprego resultante, particularmente entre os jovens, pode estimular a instabilidade política. A violência radical do ISIS tem muitas raízes, porém a triplicação da população do Norte da África e do Oriente Médio ao longo dos últimos cinquenta anos é uma delas [...]
>
> Com o provável aumento de mais 3 bilhões de pessoas na população da África nos próximos 85 anos, a União Europeia poderia enfrentar uma nova onda de imigração capaz de fazer parecer irrelevantes os atuais debates a respeito da aceitação de centenas de milhares de pessoas em busca de asilo [...].

Tanto o aumento da longevidade quanto o decréscimo das taxas de fertilidade são evoluções imensamente positivas para o bem-estar humano [...].

Alcançar essa meta não exige a inaceitável coerção da política chinesa de imposição de um único filho. Exige apenas altos níveis de educação feminina, um amplo fornecimento de anticoncepcionais e liberdade para as mulheres fazerem suas próprias escolhas quanto à reprodução, livres da pressão moral de autoridades religiosas conservadoras ou de políticos agindo sob a ilusão de que um rápido aumento populacional induzirá ao sucesso econômico nacional.

Tom Burke, presidente da E3G, Third Generation Environmentalism, um grupo ecologista na Grã-Bretanha, gosta de reduzir o problema a quatro números: 1, 1,5, 2 e 2,5. Diz Burke:

Temos hoje 1 bilhão de pessoas no planeta que chegaram à condição de classe média ou acima disso, com patrimônio seguro e renda alta e segura. Existem 1,5 bilhão de pessoas que estão em meio a essa transição. Elas se mudaram para as cidades há quinze anos nas economias emergentes. A esta altura, já contam com algum patrimônio e renda segura, mas começam a ficar nervosas porque muitas trabalham no setor público e estão sendo espremidas pela globalização e pela tecnologia. Existem outros 2 bilhões que acabaram de se mudar para as cidades, não têm patrimônio algum e contam com renda bastante incerta; e nós os vemos sentados ao longo das estradas, vendendo coisas. E há 2,5 bilhões de pessoas que são os pobres que habitam as áreas rurais, vivendo da agricultura de subsistência e junto às florestas, e que não se integraram de modo algum à economia. Se o clima muda, alguns migram e o resto morre.

Se não pudermos atender às expectativas dos 1,5 e dos 2 — que se encontram basicamente nas cidades e num mundo hiperconectado, onde podem ver tudo o que estão perdendo, acrescentou Burke —, eles vão desestabilizar as classes médias nesses países. Eles se tornarão o substrato para o ISIS e outros movimentos que mobilizam os descontentes. Os futuros crescimento e estabilidade dependerão em grande medida da criação de aumentos reais de renda para as duas das quatro partes que reúnem os mais pobres da população urbana. São as pessoas que compram coisas quando conseguem dinheiro, e são as mais afetadas pelo aumento dos preços dos alimentos e do abastecimento de água e por eventos climáticos mais graves. Um número significativo dos que participaram da Primavera Árabe, que teve início no fim de 2010, saiu desses 1,5 e 2 recém-urbanizados.

"Da mesma forma que existem os que negam a mudança climática, haverá sempre os que negam a questão da população, que se recusam a admitir o impacto exercido pelo crescimento populacional sobre o nosso planeta", observou Robert Walker em artigo postado no *Huffington Post* em 30 de janeiro de 2015. "O problema da população, de uma forma ou de outra, acaba tocando numa série de preocupações científicas, inclusive na mudança climática [...]. Se a população mundial crescer segundo a atual projeção, é difícil imaginar que conseguiremos atingir as metas ambiciosas que precisam ser alcançadas para evitarmos as piores consequências da mudança climática."

Esse argumento não se destina, na verdade, a culpar o mundo em desenvolvimento, ainda que alguns desses países de fato mantenham certas práticas culturais, em particular no tocante ao tratamento concedido às mulheres, que deveriam, para o seu próprio benefício, ser superadas. Em se tratando dos impactos determinados pelo clima, nós no Ocidente nos comportamos muito pior por muito mais tempo. Temos uma responsabilidade muito maior de inventar uma energia limpa, assim como modelos de eficiência e conservação, capazes de fazer com que um planeta com uma classe média cada vez maior permaneça do lado certo dos limites planetários.

A SALA DA CHUVA

Em 1º de novembro de 2015, o programa Weekend Edition da National Public Radio (NPR) apresentou uma reportagem instrutiva como poucas a respeito do desafio colocado pela Grande Aceleração na Mãe Natureza. Era sobre uma exposição incomum montada no Los Angeles County Museum of Art chamada "Sala da Chuva". Numa entrevista, Hannes Koch, um dos artistas responsáveis pela mostra, disse que ele e seus colegas quiseram explorar as relações entre arte, natureza e tecnologia.

Daí terem criado a Sala da Chuva, a qual foi descrita pelo site Artnet.com em 30 de outubro de 2015 como um aposento isolado, amplo, sombrio, com chuva artificial e "um forte foco de luz, brilhando num canto". Os visitantes são convidados a andar e solicitados a acreditar que, em qualquer lugar que pararem, sensores farão com que a chuva pare. Ou, como explicava o artigo, eles são exortados a "entrar numa sala onde chove torrencialmente, confiando que, graças à ciência e à arte, não ficarão molhados, mesmo que a chuva continue a cair direto [...]. Apenas sete pessoas devem ficar na sala ao mesmo tempo, e as visitas não podem se estender por mais de quinze minutos. Por mais frustrante que possa parecer para visitantes em potencial, isso tudo é para o bem deles: sensores que detectam a presença de visitantes param a chuva acima deles, criando uma área seca de 1,80 metro. Com gente demais, não haveria chuva nenhuma".

Adoro esta frase: *Com gente demais, não haveria chuva nenhuma.*

Tal é o impacto do *poder dos muitos*. Ainda que a lei de Moore e a globalização tenham expandido drasticamente o poder das máquinas, o poder do um e o poder dos fluxos, o fato de que também expandiram enormemente o poder dos muitos significa que, pela primeira vez na história, tanto dos seres humanos como do planeta Terra, a humanidade se tornou grande o bastante em número de habitantes e suficientemente fortalecida com o poder concedido pela supernova para ser tanto uma força *da* natureza como uma função que exerce pressão *sobre* a natureza.

Hoje, nossas ações, mais do que nunca, podem ligar e desligar a chuva — literalmente. A mudança climática significa mais extremos — mais tempestades torrenciais em algumas regiões, secas mais demoradas em outras. Esse poder é tão novo que é difícil fazer com que seja plenamente compreendido pelas pessoas. "O.k.", dirão alguns céticos, "admito que o clima esteja mudando, mas não acredito que os seres humanos tenham alguma coisa a ver com isso." Estamos programados para encarar a natureza como algo sem limites porque durante muitos anos ela nos pareceu ilimitada — e nós éramos relativamente poucos e representávamos uma pressão relativamente leve sobre ela; como pode ser que não tenhamos a liberdade de devorar o quanto quisermos? Porém, infelizmente, somos agora muitos, e os muitos estão se tornando mais ainda, e cada contingente que se soma a esse todo significa um maior impacto e um maior consumo do que jamais houve antes.

Como observou certa vez Jeremy Grantham, o conhecido investidor global: nós, seres humanos, "somos perversamente ruins ao lidarmos com as implicações da matemática composta" — uma outra maneira de dizer que é difícil reconhecer o impacto poderoso que podemos ter no meio ambiente quando o Mercado, a Mãe Natureza e a lei de Moore continuam conjuntamente a acelerar, todos ao mesmo tempo, na segunda metade do tabuleiro de xadrez.

Adam Sweidan, com uma franqueza brutal, acrescenta: "Temos colhido as recompensas do progresso tecnológico, sem encararmos com a devida preocupação suas consequências indesejadas". Todos os seres vivos, ele explicou em seu blog, "existem no interior de ecossistemas e como ecossistemas", que vêm a ser a base de toda a vida e de todo tipo de intercâmbio. "A erosão desse fundamento acabará por fazer com que a pirâmide desmorone." E é a isso que a Máquina está nos levando, se não levarmos em consideração os limites planetários. "O sistema hoje parece estar funcionando de modo descontrolado", acrescentou Sweidan. "A crescente demanda por bens levou ao uso de tecnologias cada vez mais invasivas para a extração de recursos naturais que mantêm a economia crescendo. Isso agride a terra e degrada os ecossistemas naturais enquanto aumenta desigualdades, desloca populações humanas e provoca inquietação social."

E "aconteceu tão rapidamente", escreve Rockström em seu livro *Big World, Small Planet*: "Em apenas duas gerações, a humanidade extrapolou a capacidade da Terra de continuar a suportar nosso mundo de uma forma estável. Passamos da condição de um pequeno mundo num grande planeta para a de um grande mundo num pequeno planeta. Agora a Terra está reagindo à economia global com choques ambientais. Esta é uma mudança crucial".

A história não precisa necessariamente terminar assim. A porta para o Holoceno não precisa ser completamente fechada atrás de nós. Ou, se isso acontecer, talvez ainda seja possível ter, como me disse certa vez Rockström, um "equilíbrio planetário baseado no Antropoceno para nós — para o mundo — sem que sejamos empurrados de forma irreversível para um quadro desastroso de altas temperaturas", resultando num desequilíbrio permanente.

Porém o que sabemos com certeza é que este é o momento, o ponto de inflexão, em que nossas opções serão moldadas e determinadas de forma decisiva. Isso depende, em grande medida, se faremos da era das acelerações uma amiga nossa ou uma inimiga mortal. A supernova pode amplificar nossos poderes para destruir ou para proteger e preservar.

Temos de transformar nossos recém-descobertos poder do um, poder das máquinas, poder dos muitos e poder dos fluxos — e nossos recursos para criar abundância dentro dos limites planetários – em nossos amigos, e não apenas em nossos inimigos. Contudo, o fato de nos organizarmos para usá-los dessa forma exigirá um nível de vontade, de gerenciamento e de ação coletiva em um grau jamais demonstrado pela humanidade como um todo. A cada dia presenciamos novos avanços revolucionários na energia solar, na energia eólica, nas baterias e na eficiência energética que sustentam a esperança de podermos desfrutar de energia limpa em grande escala e a um preço que bilhões de pessoas possam pagar – contanto que mostremos a determinação de fixar um preço para o carbono de modo que essas tecnologias possam rapidamente ganhar em escala e forçar para baixo a curva custo-volume.

Como os ambientalistas têm observado com frequência, temos mostrado uma enorme capacidade de reação diante de grandes cataclismos geopolíticos – depois que Hitler invadiu seus vizinhos, depois de Pearl Harbor, depois do Onze de Setembro. Porém, esta é a primeira vez na história humana que temos de agir em nome de uma geração que ainda nem nasceu – e fazer isso antes que os limites planetários tenham sido ultrapassados.

É esse o desafio que a humanidade tem agora, bem agora, e que deve ser enfrentado por esta geração. Fomos capazes de reconstruir a Europa depois da Segunda Guerra Mundial, de reconstruir a área do World Trade Center e até de reconstruir a economia depois das crises de 1929 e 2008, mas, se ultrapassarmos os limites planetários da Mãe Natureza, há coisas que jamais poderão ser reconstruídas. Não podemos reconstruir a placa de gelo da Groenlândia, a floresta tropical da Amazônia ou a Grande Barreira de Coral. O mesmo pode ser dito sobre os rinocerontes, as araras e os orangotangos. Nenhuma impressora 3-D os trará de volta à vida.

É por esse motivo que a única maneira de fazer face a essas ameaças exponenciais antes que façam a curva virar na direção errada é assumir um compromisso exponencial com uma melhor governança, uma determinação exponencial de agir coletivamente, empreender pesquisas cada vez maiores e com investimentos exponenciais na produção de energia limpa e no consumo mais eficiente, juntamente com a disposição, pelo menos nos Estados Unidos, de impor um imposto sobre o carbono de modo a aumentar os investimentos em energia limpa e em eficiência, acrescentando a tudo isso um compromisso exponencial com a educação feminina e com uma ética de empoderamento por toda parte. Sem compromissos exponenciais, numa escala crescente, em todas essas frentes, numa medida proporcional à magnitude do desafio que enfrentamos, não teremos nenhuma chance — zero — de preservar um planeta estável, onde existirá um número tão maior de pessoas, munidas de recursos tão mais poderosos, multiplicados pela supernova.

Eu disse isso antes e voltarei a dizer enquanto me restar fôlego: somos a primeira geração para a qual "mais tarde" será o momento em que todos os amortecedores da Mãe Natureza, todos os pneus reservas, todos os truques de sua caixa de ferramentas e recursos de adaptação e de recuperação do que foi perdido terão se esgotado ou quebrado. Se não agirmos rapidamente todos juntos para amenizar essas tendências, seremos a primeira geração de seres humanos para a qual mais tarde significará *tarde demais*.

Sylvia Earle, a conhecida oceanógrafa, coloca a questão de modo sucinto: "O que fizermos agora, ou deixarmos de fazer, determinará o futuro — não apenas para nós, mas para toda a vida na Terra".

Parte III

Inovando

7. Infernalmente rápido

Estamos entrando em uma era de aceleração. Os modelos sobre os quais a sociedade está baseada em todos os níveis, apoiados em grande parte em um modelo linear de mudança, terão de ser redefinidos. Devido à força explosiva do crescimento exponencial, o século XXI será o equivalente a 20 mil anos de progresso concretizados ao ritmo do progresso atual; as organizações precisam ser capazes de se redefinir a uma velocidade cada vez maior.
Ray Kurzweil, diretor de engenharia na Google

Meu outro carro é autodirigido.
Adesivo no vidro traseiro de um carro no Vale do Silício

Agora que definimos a era das acelerações, duas questões vêm à mente — uma, primal; outra, intelectual. A primal é a seguinte: *será que as coisas estão ficando infernalmente rápidas demais?* A intelectual é: já que as forças tecnológicas que vêm mudando o ritmo da mudança provavelmente não vão diminuir sua velocidade, *como nos adaptamos a isso?*

Se sua resposta à primeira pergunta é "sim", então posso garantir que você não está sozinho. Eis minha história favorita do livro *A segunda era das máquinas*, de Erik Brynjolfsson e Andrew McAfee: perguntaram ao grande mestre de xadrez Jan Hein Donner, um holandês, como ele se prepararia para disputar uma partida de xadrez com um computador, como o Deep Blue, da IBM.

Donner retrucou: "Eu levaria um martelo".

Donner não está sozinho ao fantasiar que gostaria de fazer em pedaços alguns avanços recentes em matéria de software e de inteligência artificial (IA). Esses avanços estão não apenas substituindo empregos no setor manufatureiro, como também suplantando habilidades de trabalhadores no setor de administração — até mesmo aquelas típicas de um mestre de xadrez. Empregos vão e vêm; sempre foi assim, graças à destruição criativa. Se cavalos votassem, os carros jamais teriam existido. Porém rupturas desse tipo parecem realmente estar chegando com maior rapidez, à medida que os avanços tecnológicos vão se acumulando e multiplicando seu efeito, nos levando de uma plataforma para outra, ceifando áreas cada vez maiores do mercado de trabalho.

Sei disso porque, na condição de um jornalista com 63 anos de idade, passei por um punhado dessas mudanças de plataformas, e tenho visto como elas chegam cada vez mais rapidamente. Já estou me preparando para o dia em que terei netos e um deles virá me perguntar: "Vovô, o que é uma máquina de escrever?".

Eis aqui uma pequena história sobre como senti pessoalmente o impacto da mudança no ritmo da inovação tecnológica. Tenho certeza de que muitos leitores se reconhecerão nessa experiência.

Logo após me formar num curso de árabe e de história moderna do Oriente Médio na Universidade de Oxford, fui contratado no meu primeiro emprego pela United Press International (UPI), a agência de notícias, em sua sucursal de Londres, na Fleet Street, na primavera de 1978. Para escrever minhas matérias no escritório de Londres da UPI, usávamos tanto máquinas de escrever manuais como alguns dos primeiros modelos de processadores de texto. Para os que são jovens demais para se lembrar disso, o site About.com explica que uma "máquina de escrever" era "uma pequena máquina, elétrica ou manual, com teclas de tipos que produziam caracteres, um de cada vez, sobre uma folha de papel inserida em torno de um rolo". A Wikipédia afirma que as máquinas de escrever foram inventadas "por volta de 1860" e "rapidamente se tornaram uma ferramenta indispensável para praticamente todo tipo de tarefa envolvendo a escrita, com exceção de correspondência pessoal". Foram amplamente usadas por escritores profissionais, em escritórios e para correspondência comercial em residências particulares até fins da década de 1980, quando "processadores de texto e computadores pessoais [...] substituíram numa grande medida as máquinas de escrever no [...] mundo ocidental".

Pense por um momento: autores, empresas e governos basicamente usaram a mesma máquina — a máquina de escrever — por mais de um século. Isso significa três gerações. Era lento assim o ritmo da mudança tecnológica — ainda que fosse bem mais rápido do que acontecia antes da Revolução Industrial. É claro que na época eu não sabia disso, mas estava começando minha carreira no jornalismo no momento em que se encerrava a Revolução Industrial — justo no fim da era das máquinas de escrever — e bem no alvorecer da revolução promovida pela tecnologia da informação.

E, assim que chegamos ao fim do século XX, aquele progresso começou a fluir de maneira ainda mais rápida. Porém, tendo começado na Revolução Industrial, eu primeiramente precisava aprender a bater mais rápido numa máquina de escrever! De modo que, depois de ter sido contratado pela UPI, em 1978, a primeira coisa que fiz foi me matricular num curso noturno de secretariado em Londres para aprender a tomar notas com técnicas de estenografia e a datilografar usando as duas mãos. Meus colegas de classe eram, em sua maioria, mulheres jovens à procura de emprego como secretárias.

Também não existiam celulares na época. Por causa disso recebi minha primeira grande lição de jornalismo. Aconteceu já na primeira história que a UPI me mandou cobrir assim que comecei na sucursal de Londres. E essa lição foi: *Nunca peça ao concorrente que segure o telefone para você.*

A Revolução Islâmica no Irã estava apenas começando. Um grupo de estudantes iranianos pró-aiatolá Khomeini, em Londres, invadiu a embaixada iraniana na cidade, expulsou os diplomatas do xá, e então se trancou dentro do principal edifício da embaixada. Consegui dar um jeito de entrar no edifício para entrevistar os estudantes revolucionários. Não me lembro do que eles disseram, mas, seja lá o que tenha sido, estava tão empolgado que, depois de encher meu bloco de anotações, corri para a cabine telefônica mais próxima da embaixada para passar minha matéria por telefone para o escritório. Era uma dessas clássicas cabines telefônicas vermelhas inglesas. Havia uma fila de seis ou sete repórteres — todos veteranos de Fleet Street, já grisalhos — esperando para usar a cabine e transmitir suas matérias. Esperei pacientemente pela minha vez. Quando, depois de uns vinte minutos na fila, entrei na cabine, empolgado, contei aos meus editores tudo que tinha visto e ouvido dos estudantes dentro do edifício, folheando as páginas de meu bloco para não deixar passar nenhum detalhe. A certa altura, o editor que estava tomando nota do que eu ditava me perguntou sobre um detalhe a respeito do edifício da embaixada sobre o qual eu não estava informado. Eu disse: "Espere um minuto, vou checar".

Então abri a porta da cabine telefônica vermelha e disse ao repórter de Fleet Street que esperava na fila atrás de mim: "Me faz um favor, segura o telefone para mim". Então corri para fora da cabine para conseguir o detalhe de menor importância que o editor tinha me pedido.

Antes que eu tivesse dado dois passos, o sujeito na fila atrás de mim se esgueirou para dentro da cabine, trancou a porta, bateu o telefone, desligando minha chamada, começou a discar para o seu próprio jornal e se virou para mim para dizer duas palavras que jamais esquecerei: "Desculpe, colega".

Desde então jamais pedi à concorrência que segure o telefone para mim.

É claro que na nossa era, em que celulares são onipresentes, nenhum repórter do mundo jamais precisará aprender — ou ensinar — essa lição.

Um ano depois, em 1979, a UPI me mandou para Beirute na condição de correspondente número dois em meio à guerra civil que estava sendo travada ali. Era esta a minha plataforma tecnológica: redigia minhas matérias numa grande máquina de escrever sobre uma mesa. Passava essas histórias para a sede da UPI em Londres por meio do telex, o qual, mais uma vez, para os que são jovens demais para saber isso, é definido pelo *Merriam-Webster's Collegiate Dictionary* como "um serviço de comunicação envolvendo teletipos conectados por telégrafo por meio de trocas automáticas". Para transmitirmos nossas matérias, primeiro nós as datilografávamos numa folha de papel branco, em espaço duplo, e apenas três parágrafos de cada vez. Então passávamos esses três parágrafos a um operador de telex, que os datilografava numa fita de telex em papel e então enfiava essa fita em código numa grande e barulhenta máquina de telex em nosso escritório. Aquilo seguia via cabos telefônicos globais, desde aquele fim de mundo, atravessando o oceano, e acabava por ser expelido por uma máquina impressora de telex do outro lado do mundo — no meu caso, primeiramente no escritório de Londres, e mais tarde na sede do *New York Times*, em Manhattan.

Escrever uma matéria de três em três parágrafos, sem a possibilidade de deslocá-los, deletar ou checar a ortografia pode ser um desafio. Tente fazer isso um dia! Meu método era o seguinte: datilografava a reportagem ou o artigo opinativo do início ao fim, então fazia a coisa toda de novo, e depois, quando estava satisfeito com os parágrafos e com a ordem em que se encontravam, e sabia para que direção o texto se encaminhava, escrevia tudo uma terceira vez, de três em três parágrafos, e levava o texto ao operador de telex. O sistema de telex de Beirute passava pelas instalações do Correio libanês, no centro de Beirute, bem ao lado da linha que dividia os dois campos que travavam a guerra civil.

Em 1981, fui para o *New York Times*. Trabalhei durante um ano como repórter da área de economia em Nova York, e, em 1982, o *Times* me mandou de volta a Beirute como chefe do escritório local. Voltei com uma máquina de escrever portátil. Lembro-me bem dela. Era uma máquina alemã, da marca Adler, que vinha numa valise branca. Era a melhor que se podia comprar na época e provavelmente me custou trezentos dólares. Lembro-me de ter pensado, ao comprá-la: "Agora sou um correspondente estrangeiro de verdade!". Tinha o maior orgulho daquela máquina. Sentíamos de fato sua firmeza ao pressionar cada tecla para produzir uma letra.

Assim, ao escrever este livro, digitei no Google "máquina de escrever portátil Adler" para refrescar minha memória sobre qual era a sua aparência, e o terceiro item que surgiu chamou minha atenção. Dizia: RARA PEÇA VINTAGE MÁQUINA DE ESCREVER PORTÁTIL ALEMÃ ADLER, à venda no eBay.

Nossa! Difícil acreditar que o instrumento que eu usava para escrever ao começar minha carreira de jornalista há quase quatro décadas é agora uma "rara peça vintage". Faz parecer que se trata de algo de 1878. Gostaria de poder mostrar uma foto dela, mas infelizmente não tenho mais essa máquina. Ela foi destruída, juntamente com o resto do meu apartamento em Beirute, nos primeiros dias da guerra entre israelenses e palestinos em junho de 1982, quando dois grupos de refugiados do Sul do Líbano se enfrentaram para saber quem ficaria com os apartamentos vazios no meu edifício numa via transversal à rua da Bem-Aventurança. O grupo que perdeu a disputa destruiu o edifício inteiro, matando, de forma trágica, a esposa do meu motorista e suas duas filhas, que estavam no escritório do meu apartamento.

Eu estava no Sul do Líbano quando Israel invadiu o país em junho de 1982 e fiquei em Beirute durante todo aquele verão. Meu trato com o *New York Times* era que eu ficaria lá até que os combatentes da Organização para a Libertação da Palestina, de Yasser Arafat, começassem a deixar o país em navios, o que acabou sendo negociado em 21 de agosto de 1982, a partir do porto de Beirute. No meu livro de recortes, eu queria que essas duas enormes manchetes em seis colunas, "Israel invade" e "Arafat parte", figurassem como as páginas de abertura e de encerramento. Bem, esse dia chegou. Era uma linda manhã. Eu estava no porto ao lado de Peter Jennings, da ABC News, e juntos assistimos a tudo – caminhões cheios de guerrilheiros palestinos, disparando para o ar seus Kalachnikovs, fazendo chover sobre nós os cartuchos, trocando Beirute pela Argélia e pela Tunísia e um futuro de incerteza. Era uma cena dramática, pungente, incrivelmente vívida, e, quando tudo terminou, fui ao escritório da Reuters, em Beirute, onde tinha uma mesa, tirei minha máquina portátil da valise e comecei a escrever, de três em três parágrafos – despejando toda a paixão e a energia vividas naquele verão nesse capítulo final.

Quando o texto ficou pronto, eu o passei para o operador de telex. Ele bateu o texto na fita, mas, antes que pudesse transmitir o material para os escritórios do *New York Times*, em Nova York, todas as comunicações entre Beirute e o resto do mundo foram cortadas. Naqueles dias, tudo era transmitido por meio de um único cabo que passava pelo mesmo painel de distribuição no Correio do Líbano, que, por um motivo qualquer, sofreu uma pane. Passei a noite toda ao lado da máquina de telex, esperando que ela voltasse à vida de modo que pudesse transmitir minha matéria para Nova York. O que nunca aconteceu. É isso aí, crianças, houve uma época e um lugar em que coisas como essas ocorriam. Nada de telefone, nada de telex, nada de celular, nada de internet, nada de nada. Até hoje guardo numa caixa de sapato, no porão, aquela fita de telex datilografada. Na manhã seguinte, 22 de agosto de 1982, o *New York Times* trazia uma tarja com a manchete anunciando a partida de Arafat de Beirute, e o cabeçalho trazia a informação: "Da Associated Press", que tinha enviado a matéria várias horas antes de mim, antes da pane no Correio do Líbano.

Ao fim do meu período em Beirute, em 1984, a revolução digital na TI estava apenas começando a se fazer sentir, e o *New York Times* me mandou uma coisa chamada TeleRam Portabubble, que vinha a ser um processador de texto numa caixa do tamanho de uma mala, com uma tela pequenina e concavidades nas quais se encaixava um telefone que transmitia seu texto por ondas sonoras para os computadores de primeira geração do *Times*, em Times Square. De Beirute fui para Jerusalém, onde fiquei de 1984 a 1988. Inicialmente, trabalhei com o TeleRam lá também, sendo que, mais ou menos no meu último ano, recebemos os primeiros desktops da IBM, com grandes disquetes. O ritmo da mudança estava começando a acelerar um pouquinho. Minhas plataformas tecnológicas estavam sendo aperfeiçoadas mais rapidamente.

Depois de minha passagem por Jerusalém, fui para a sucursal de Washington, onde trabalhei para o *New York Times* como correspondente diplomático, a partir de 1989. Viajei num dos assentos da primeira fileira, ao lado do secretário de Estado James A. Baker III, para presenciar a queda do Muro de Berlim e o fim da Guerra Fria. Nessas viagens usávamos laptops Tandy para escrever e transmitir por meio de linhas telefônicas de longa distância. Nós, repórteres, nos tornamos especialistas em desmontar telefones de quartos de hotel para ligar diretamente neles os fios de nossos Tandys. Tínhamos de levar chaves de fenda em todas as nossas viagens, além dos cadernos de notas.

Quando comecei a cobrir a Casa Branca já sob um novo presidente, Bill Clinton, em 1992, não conhecia ninguém que tivesse e-mail. Ao fim do seu segundo mandato, todo mundo que eu conhecia tinha e-mail. Minha última função como repórter no *New York Times* foi a de correspondente de economia internacional, entre 1993 e 1994. Comecei como colunista em janeiro de 1995. Naquele mesmo ano, em 9 de agosto de 1995, uma startup chamada Netscape tornou-se uma companhia aberta, colocando suas ações na Bolsa, vendendo um negócio chamado "browser" de internet, que traria ao vivo para a tela do computador a internet, o e-mail e, finalmente, a World Wide Web, numa iniciativa jamais vista. A oferta pública de ações da Netscape — cotadas a US$ 28, seu preço havia disparado para US$ 74,75 já ao meio-dia, fechando a US$ 58,25 — daria a partida ao boom da internet e a sua bolha.

Desde então, passei por uma sucessão cada vez mais vertiginosa de laptops e desktops da Dell, IBM e Apple, com conectividade cada vez mais rápida com a rede. Há cerca de aproximadamente uma década, tornou-se óbvio que as oportunidades de trabalho no ramo dos jornais estavam encolhendo rapidamente à medida que mais e mais jornais fechavam as portas e uma quantidade cada vez maior de anunciantes se transferia para a internet e cada vez mais pessoas liam os jornais em seus dispositivos móveis. Acompanhei um cenário no qual os repórteres deixaram de escrever uma única matéria por dia para a edição impressa do *New York Times* para escrever várias delas por dia, de modo a manter atualizada a edição on-line do jornal, assim como transmitir tuítes, postar textos no Facebook e narrar vídeos. Isso me lembrava os tempos em que trabalhei como repórter de agência de notícias em Beirute — alimentando a agência com flashes de desdobramentos dos acontecimentos, transmitindo uma foto, gravando um spot para o rádio — todas as coisas que precisávamos fazer freneticamente ao mesmo tempo e que me faziam querer ser jornalista de um veículo impresso, com um único prazo a cumprir. Hoje, os repórteres de jornal, da mesma forma que os repórteres de agências de notícias do passado, têm um prazo a cada segundo.

A cada ano que passa, vejo o meu próprio ramo, meus próprios recursos e os instrumentos de outros trabalhadores do setor administrativo serem mudados com uma rapidez cada vez maior, graças à supernova. Em maio de 2013, eu me vi na fila do aeroporto de Heathrow, em Londres, esperando na seção de controle de imigração para receber o carimbo no passaporte e entrar no país. A certa altura o homem à minha frente se virou, apresentou-se como um leitor e, numa atitude simpática, começou a conversar comigo. Perguntei a ele o que fazia. Disse que se chamava John Lord e que trabalhava no ramo dos softwares.

"Que tipo de software?", perguntei. Ele me disse que o objetivo da sua companhia era transformar os advogados, sempre que possível, em "algo obsoleto", criando softwares que dessem às pessoas oportunidades cada vez maiores de realizar procedimentos legais sem a ajuda deles. E, de fato, a Neota Logic, a empresa em que ele trabalha, afirma que sua meta é aperfeiçoar em grande escala o acesso a conselhos e operações legais para os cerca de "mais de 40% dos americanos que não têm como pagar um advogado quando necessário" — para elaborar testamentos e documentos legais e até mesmo para lidar com eventos cruciais da vida, como execuções de hipoteca, agressão doméstica ou proteção infantil.

A Neota Logic faz parte de um novo filão de softwares chamado de "sistemas especializados", que procura identificar uma ampla faixa de negócios de que os clientes precisam, e que costumam ser cobrados por advogados, mas que na verdade são coisas que podem ser feitas com a ajuda de softwares: pense numa espécie de TurboTax para o campo da Justiça. O site da empresa menciona um comentário no qual se reclama que a tecnologia da Neota Logic não é capaz de "ler nas entrelinhas [...] [ou] segurar as mãos do cliente e enxugar suas lágrimas". Ao que a Neota Logic respondeu: "Certamente, quando pudermos fazer isso, vamos enviar um press release avisando". Lord mais tarde me explicou que "sempre tive um respeito especial por advogados que atuam nos tribunais, e espero que se passe ainda muito tempo antes que algoritmos venham a substituir esses advogados e os júris". Infelizmente, ele acrescentou, "é claro que isso não se encontra fora da alçada do possível, mas ainda não é um objetivo na Neota".

De repente fiquei feliz que minhas filhas não estivessem planejando seguir a carreira de advogadas.

Porém coisas como essas continuavam a acontecer — a todo momento eu me via presenciando algo que jamais sonhara ver, o que me lembrava que a supernova estava alterando nosso mundo de maneira irreversível. No começo de 2015, me vi enviando uma matéria do meu telefone celular no banco de trás de um veículo que não tinha motorista! Estava numa visita ao X, o laboratório de pesquisa e inovação da Google, e ali me deram uma carona num SUV Lexus RX 450h. No banco da frente estavam dois funcionários do X. O que estava no banco da direita era uma engenheira da Google com um laptop aberto no colo. O outro era um funcionário sentado no banco de motorista, porém sem levar as mãos ao volante. Estava ali, basicamente, como uma peça cenográfica, só para tranquilizar os outros motoristas que pudessem parar ao nosso lado num sinal fechado, fazendo-os pensar que havia alguém dirigindo aquele carro — mesmo que não houvesse! Eu ia sentado no banco de trás.

E lá íamos nós, rodando pelos bairros e distritos comerciais de Mountain View, Califórnia. O percurso tinha sido pré-programado e o carro se autodirigia — ou melhor, seu software o dirigia. Estávamos no "modo de autonomia". Depois de cinco minutos vendo o carro lidar calmamente com cada cruzamento, fazer curvas perfeitas à esquerda, esperar pelos pedestres e passar cuidadosamente ao largo de bicicletas, percebi que eu mesmo havia ultrapassado uma barreira — algo pelo qual nunca tinha esperado: eu me sentia mais seguro com um software dirigindo do que comigo mesmo ou com qualquer outro motorista.

E por uma boa razão: o site do X informa que milhares de pequenos acidentes acontecem todos os dias em típicas ruas americanas, 94% envolvendo erros humanos, e com cerca de 55% deles deixando de ser registrados. No entanto, até 2016, os 53 veículos da Google já tinham circulado sozinhos por mais de 2,25 milhões de quilômetros, tendo se envolvido em apenas dezessete batidas, sendo que nenhuma delas tinha sido culpa dos veículos ou resultado em mortes. A Google admitiu, contudo, que mais de uma dezena de vezes motoristas humanos tinham precisado intervir para evitar uma batida iminente. (Infelizmente, em 14 de fevereiro de 2016, um carro autodirigido da Google, ao tentar desviar de um saco de areia na estrada, bateu de lado num ônibus a cerca de três quilômetros por hora. Em termos de desempenho na direção, é mais do que razoável para um período de seis anos.)

Assim, quando confessei à engenheira da Google no banco da frente do veículo autônomo que me conduzia o quanto me sentia à vontade, ela calmamente desviou o olhar do laptop — que vinha rastreando cada movimento feito pelo carro — e me disse uma frase que, como repórter, eu nunca ouvira antes.

"Sr. Friedman", ela disse, "este carro não tem nenhum ponto cego. Quase todos os acidentes acontecem com motoristas que dão a ré em cima da gente porque não estavam prestando atenção."

Este carro não tem nenhum ponto cego! Tomei nota da frase no meu bloco de anotações.

Sergey Brin, cofundador da Google, assumiu o papel de anfitrião da visita quando voltamos à sede do X. Lá, ele me mostrou o protótipo do veículo autônomo da Google para duas pessoas. Ainda não tem nome, mas se parece com um grande ovo sobre rodas ou alguma coisa com a qual você subiria uma montanha num daqueles elevadores para quem vai esquiar. Conta apenas com dois assentos, nenhum painel e nenhum volante — nada. Mas é um veículo que se dirige sozinho.

"Como dizemos a ele aonde queremos ir?", perguntei a Brin.

"É só programá-lo com o seu celular", ele respondeu, como se fosse a coisa mais óbvia do mundo.

É claro, por que não pensei nisso? Meu celular, o qual eu vinha usando para tirar fotos, como um bom repórter, acabaria acumulando a função de ser a chave de meu próximo carro. Por que não? De repente me dei conta daquilo que o consultor organizacional Warren Bennis quis dizer quando, certa vez, numa frase famosa, afirmou que "a fábrica do futuro contará apenas com dois empregados, um homem e um cachorro. O homem só estará ali para alimentar o cachorro. O cachorro estará ali para impedir que o homem mexa no equipamento".

E então parei de rir até mesmo dessa piada. A coisa toda estava ficando séria e vinha se aproximando demais da minha experiência cotidiana.

Em 7 de março de 2015, o *New York Times* publicou a seguinte matéria/desafio: "Foi um ser humano ou um computador quem escreveu isso? Grande parte do que lemos — numa medida espantosa — é criada não por humanos, mas por algoritmos de computadores. Você pode distinguir a diferença? Faça o teste".

1. "Um terremoto de baixa magnitude, 4,7 na escala Richter, foi registrado na manhã de segunda-feira a oito quilômetros de Westwood, Califórnia, de acordo com o Serviço Geológico dos EUA. O tremor ocorreu às 6h25, hora da costa do Pacífico, a uma profundidade de oito quilômetros."
   - Ser humano
   - Computador

2. "O faturamento do período de festas da Apple para 2014 quebrou todos os recordes. A companhia teve um lucro de 18 bilhões de dólares a partir de uma receita de 74,6 bilhões de dólares. Esse lucro foi maior do que o obtido por qualquer outra empresa na história."
   - Ser humano
   - Computador

3. "Quando, em sonhos, contemplo vossas feições tão belas
   Cuja aura em sonhos evoca mesmo a aurora adormecida
   A sombra que de dia é projetada pelo meu amor, ao ser traída
   Empresta à noite horrenda a forma do meu sonhar esmaecida."
   - Ser humano
   - Computador

4. "Benner fez um grande jogo, armando uma boa oportunidade para Forcini, seu companheiro de equipe na Hamilton Athletics. Benner converteu duas rebatidas em três. Na primeira delas, alcançou a primeira base; na outra, chegou à terceira base na quinta entrada."
   - Ser humano
   - Computador

5. "Kitty não conseguiu dormir durante um bom tempo. Seus nervos estavam tensos como duas cordas esticadas, e mesmo uma taça de vinho quente, que Vronsky fez com que bebesse, não a ajudou. Deitada na cama, ela continuava a remoer sem parar aquela cena medonha ocorrida no prado."
   - Ser humano
   - Computador

6. "Terça foi um grande dia para W. Roberts, já que o arremessador, mesmo sem ser o titular, completou uma jogada perfeita, levando a equipe da Universidade de Virgínia a uma vitória por 2-0 sobre o time da Universidade de George Washington no estádio de Davenport."
   - Ser humano
   - Computador

7. "Fui colocado deitado, atravessado no assento macio de uma van americana, com vários jovens ainda me abastecendo com vodcas, as quais bebi, obedientemente, já que, para um russo, recusar seria uma ofensa."
   - Ser humano
   - Computador

8. "Queria na verdade montar um versinho a você
   E gerá-lo um bilhão de vezes ao dia
   Digite então um tema para eu pensar
   Vai demorar, mas sei que você ficaria"
   - Ser humano
   - Computador

   Respostas: 1. Algoritmo de computador. 2. Ser humano. 3. Aplicativo de poesia por computador. 4. Algoritmo de computador. 5. Algoritmo de computador. 6. Algoritmo de computador. 7. Ser humano. 8. Aplicativo de poesia por computador.

Hoje, são os poetas. Amanhã, serão os colunistas...

Em abril de 2016, como contei, fui a Agadez, no norte do Níger, no meio do Saara, na companhia do ministro do Meio Ambiente do país, Adamou

Chaifou, para ver as caravanas de migrantes econômicos que atravessam a região rumo à Líbia e — se tiverem sorte — à Europa. Em 13 de abril de 2016, escrevi uma coluna desde o Níger que trazia uma declaração de Chaifou. O texto apareceu no site NYTimes.com às 3h20 da manhã, horário de Nova York, ou 8h20, no horário do Níger. Eu ia deixar o país naquela tarde e fui para o aeroporto por volta das 13h. Chaifou apareceu para se despedir e aproveitei a oportunidade para lhe contar: "Citei você em minha coluna no *New York Times* de hoje. Está na internet, no NYTimes.com".

"Eu sei", ele respondeu. "Meus filhos estudam na China e já me mandaram o artigo!" Então, um ministro no Níger está me dizendo que seus filhos, a partir de uma longínqua universidade na China, lhe passaram por e-mail minha coluna, escrita no Níger, antes que a minha esposa tivesse acordado e lido a matéria em Bethesda.

E, finalmente, houve a experiência de escrever este livro. Nos dois anos e meio em que fiz a pesquisa, precisei entrevistar quase todos os mais importantes especialistas em tecnologia pelo menos duas vezes, e até mesmo três, para me certificar de que o que tinha escrito permanecia atual. Nunca antes tinha passado por uma experiência dessa como autor — era como caçar uma borboleta com uma rede, e, cada vez que eu me aproximava para apanhá-la, ela voava longe, para fora do meu alcance.

Aí está: no período de quatro décadas, passei de escrever minhas próprias matérias de três em três parágrafos numa máquina de escrever manual para andar a bordo de um automóvel autodirigido e registrar a experiência no meu telefone; daí para ler poesia escrita por meio de algoritmos; transmitir uma matéria por um dispositivo sem fio conectado à internet desde o Níger e ter o texto lido na manhã seguinte por alguém na China e enviado de lá por e-mail para o meu anfitrião no Níger — antes mesmo que tivesse a chance de lhe contar que o tinha citado na minha coluna; e escrever um livro sobre mudança tecnológica que a todo momento corria o risco de ser atropelado... pela própria mudança tecnológica.

Sou eu agora quem precisa de um martelo?

Por mais que, certos dias, eu me entregue a fantasias desse tipo, a resposta é não. Não temos outra opção a não ser aprendermos a nos adaptar a esse novo ritmo de mudança. Será mais difícil e vai exigir uma maior automotivação — e essa realidade é certamente um dos fatores a provocar turbulência no cenário político em todo o mundo, em particular nos Estados Unidos e na Europa. As acelerações que mapeamos efetivamente abriram um largo vão, um hiato entre o ritmo da mudança tecnológica, da globalização e das pressões sobre o meio ambiente e a capacidade das pessoas e dos sistemas de governo de se adaptarem e de administrarem essas mudanças. Muitas pessoas parecem estar sentindo uma perda de controle e se mostram aflitas, clamando por ajuda para lidar com isso e encontrar um sentido para tudo isso.

Quem pode culpá-las? Quando tantas coisas estão acelerando ao mesmo tempo, é fácil sentir que estamos manobrando um caiaque em meio a uma corredeira cheia de espumas, carregados pela corrente a uma velocidade cada vez maior. Nessas condições, existe a tentação quase irresistível de fazer a coisa instintiva — mas a coisa errada: enfiar seu remo na água e usá-lo como um freio para tentar ir mais devagar.

Isso não vai funcionar, explicou Anna Levesque, ex-integrante da equipe canadense de caiaque em estilo livre em corredeiras e medalhista de bronze nas Olimpíadas, que conta com mais de quinze anos de experiência como competidora internacional, instrutora e guia. Ela postou no seu blog algumas estratégias simples para controlar um caiaque numa corredeira que vale a pena ter em mente ao lidar com a nossa era das acelerações.

Seu texto tinha como título "Why 'Keep Your Paddle in the Water' Is Bad Advice for Beginners" [Por que "mantenha seu remo na água" é um mau conselho para iniciantes].

> Você já parou para refletir no que a frase "mantenha seu remo na água" realmente quer dizer? Em caso afirmativo, você jamais faria essa recomendação a um canoísta iniciante às voltas com corredeiras. Os canoístas e instrutores que deram esse conselho são bem-intencionados e o que estão realmente querendo dizer é: "Não pare de remar para manter sua estabilidade enquanto estiver descendo a corredeira". Quando os iniciantes ouvem "mantenha seu remo na água", eles aca-

bam deixando o remo arrastar na água junto à popa, usando-o como uma versão piorada de um leme, com o qual tentam manobrar o caiaque. Essa é uma situação muito ruim para se estar [...].

Para aumentar a estabilidade numa corredeira, é importante avançar tão ou mais rápido do que a corrente. A cada vez que você usa o remo como um leme ou deixa que ele arraste na água para tentar dirigir o barco, você perde o impulso e isso aumenta o risco de virar.

E o mesmo vale para o ato de governar nos dias de hoje. A única maneira de conduzir o barco é remar num ritmo igual ou mais veloz do que aquele que dita as mudanças na tecnologia, na globalização e no meio ambiente. A única maneira de prosperar é manter uma *estabilidade dinâmica* — o truque da bicicleta de que Astro Teller falou. Mas qual seria o equivalente político e social de remar tão rápido quanto a corrente ou a manter a estabilidade dinâmica? É inovar em *todas as coisas que não se limitem à tecnologia*. É reimaginar e reprojetar o ambiente de trabalho, a política, a geopolítica, a ética e as comunidades da sua sociedade — de modo a permitir que mais cidadãos, mais vezes e de mais maneiras, acompanhem o ritmo com que essas acelerações estão dando uma nova forma à sua vida, gerando assim maior estabilidade à medida que descemos por essas corredeiras.

Será necessário inovar no ambiente de trabalho para identificar exatamente o que os seres humanos podem fazer melhor do que as máquinas e *com* as máquinas e treinar cada vez mais as pessoas para desempenhar essas tarefas. Será preciso levar a inovação à geopolítica para descobrir como podemos, coletivamente, administrar um mundo onde o poder do um, o poder das máquinas, o poder dos fluxos e o poder dos muitos estão levando os Estados mais fracos ao colapso, concedendo maior poder aos destruidores e dando mais espaço para os Estados fortes. Será preciso inovar na política para ajustar nossas plataformas partidárias tradicionais com base na oposição esquerda-direita, nascidas para responder à Revolução Industrial, ao New Deal e à Guerra Fria, de modo a atender às novas demandas em termos de resiliência social na era das três grandes acelerações. Será preciso inovar no plano moral — para reimaginar como expandir valores sustentáveis para o maior número possível de pessoas quando o poder do um e o poder das máquinas forem amplificados a ponto de o ser humano assumir uma dimensão quase divina. E, finalmente, será preciso inovar no plano social, aprender a construir novos contratos sociais, oportunidades de aprendizagem contínua e parcerias público-privadas mais amplas, de modo a ancorar e estimular populações mais diversas e construir comunidades mais saudáveis.

Um dos meus pensadores favoritos a respeito desse desafio é Eric Beinhocker, diretor executivo do Instituto para o Novo Pensamento Econômico na Universidade de Oxford e autor de *The Origin of Wealth: The Radical Remaking of Economics and What it Means for Business and Society* [A origem da riqueza: A reformulação radical da teoria econômica e o que ela significa para os negócios e para a sociedade]. Numa entrevista, Beinhocker resumiu sucintamente o desafio à nossa frente. Começou por fazer a distinção entre a evolução de "tecnologias físicas" — utensílios feitos de pedra, arados puxados por cavalos, microchips — e a evolução de "tecnologias sociais" — dinheiro, o império da lei, regulamentos, a fábrica de Henry Ford, as Nações Unidas:

> Tecnologias sociais são os meios pelos quais nos organizamos para captar os benefícios da cooperação — jogos nos quais não é apenas um lado que sai ganhando. Tecnologias físicas e tecnologias sociais vivem um processo de coevolução. As inovações da tecnologia física tornam possíveis novas tecnologias sociais, da mesma forma que tecnologias de combustíveis fósseis tornaram possível a produção em massa ou que os smartphones tornaram possível a economia compartilhada. E, da mesma forma, as tecnologias sociais possibilitaram novas tecnologias físicas — Steve Jobs não poderia ter feito o smartphone sem uma cadeia global de suprimentos.

Existe, porém, uma grande diferença entre essas duas formas de tecnologia, ele acrescentou:

> Tecnologias físicas evoluem ao ritmo da ciência — rapidamente e se tornando exponencialmente mais rápidas, enquanto tecnologias sociais evoluem no ritmo no qual os seres humanos podem mudar — muito mais lentamente. Enquanto a mudança na tecnologia física cria novas maravilhas, novos aparelhos, uma medicina mais aprimorada, a mudança na tecnologia social frequentemente gera grandes tensões e turbulências, como acontece quando os países da Primavera Árabe tentam passar de autocracias tribais à condição de democracias onde existe o império da lei. Também há o fato de que nossas tecnologias físicas podem ficar bem à fren-

te da capacidade de nossas tecnologias sociais de administrá-las — proliferação nuclear, bioterrorismo, crimes cibernéticos — fenômenos que, em muitos casos, estão tendo lugar à nossa volta neste exato momento.

Nossas tecnologias físicas não vão desacelerar — a lei de Moore vai se impor. Estamos, portanto, numa corrida para fazer com que nossas tecnologias sociais acompanhem o ritmo. Precisamos compreender de modo mais profundo como a psicologia individual, as organizações, as instituições e as sociedades funcionam, e encontrar maneiras de acelerar sua capacidade de se adaptar e de evoluir.

Isso se constituirá num desafio permanente.

Toda sociedade e toda comunidade devem chegar a um acordo a respeito da velocidade na qual se propõem a reimaginar e a reinventar suas tecnologias sociais, já que nossas tecnologias físicas dificilmente virão a desacelerar num futuro próximo. Como colocou o pensador de sistemas Lin Wells em seu ensaio de 1º de novembro de 2014, "Better Outcomes Through Radical Inclusion" [Melhores resultados por meio de uma inclusão radical], se, de modo geral,

> a capacidade de processamento por custo de unidade vem dobrando mais ou menos a cada dezoito meses, num ano e meio teremos mais 100% em poder de processamento, em cinco anos mais 900% e em dez anos cerca de 10 000% [...]. Além disso, a mudança não está se dando apenas no domínio da informação. A biotecnologia está mudando ainda mais rapidamente do que o campo da informação; a robótica e os sistemas autônomos estão se tornando onipresentes; a nanotecnologia está fadada a afetar uma série de áreas úteis do ponto de vista comercial, de novos materiais à armazenagem de energia, e a própria energia está passando por profundas mudanças que afetam toda a nossa sociedade. Coletivamente, o ritmo das mudanças apenas nessas cinco áreas — bio, robô, info, nano e energética (abreviadas na sigla BRINE) — abre oportunidades nos planos legal, ético, político, operacional e estratégico, assim como suscita riscos com os quais nenhuma companhia ou indivíduo pode lidar sozinho.

Isso vem a ser um desafio que implica uma plena reinvenção da sociedade.

Os Estados Unidos, justamente por serem descentralizados em cinquenta estados e milhares de localidades abertos a diferentes experimentos em termos de governança, se encontram na situação ideal para um projeto tão amplo em termos de reinvenção social. Porém, em 2008 – logo depois de 2007 ter dado à luz toda uma nova série de tecnologias aceleradoras –, ingressamos numa grave recessão econômica, que também desencadeou um impasse político em Washington. Em consequência disso, temos visto muitas de nossas tecnologias físicas saírem em disparada, enquanto nossas tecnologias sociais – a aprendizagem, o governo e os sistemas regulatórios dos quais precisamos para acompanhar essas acelerações de modo a tirar o melhor proveito delas enquanto atenuamos seus piores efeitos – se encontram empacadas. Como sugeri anteriormente, é como se o chão sob os nossos pés começasse a se mover cada vez mais depressa bem na hora em que os sistemas de governo se encontram em grande medida congelados, os mesmos sistemas que deveriam ajudar as pessoas a se ajustarem e se adaptarem ao que está acontecendo.

Essa defasagem política deixou um número excessivo de cidadãos nos Estados Unidos e no mundo se sentindo à deriva, levando uma quantidade cada vez maior deles a buscar candidatos da extrema direita ou extrema esquerda. Assim, muitas pessoas parecem hoje estar procurando alguém para puxar o freio, ou para usar o martelo a serviço das forças da mudança – ou simplesmente alguém que lhes dê uma resposta simples para afastar a sua angústia.

É hora de redobrar nossos esforços para sanar essa defasagem angustiante, de recorrer à imaginação e à inovação em vez de lançar mão de táticas baseadas no medo e em soluções simplistas que nada resolverão. Não vou sequer fingir saber de tudo o que há por fazer a esse respeito. Porém, na parte seguinte do livro, oferecerei algumas das melhores ideias em relação a adaptação que fui capaz de recolher, e que certamente são necessárias em cinco áreas vitais – o mundo do trabalho, a geopolítica, a política, a ética e a construção de comunidades – para ajudar as pessoas a se sentirem mais ancoradas, a terem maior capacidade de adaptação e a adquirirem maior determinação na era das acelerações. A última coisa que desejamos é que as pessoas enfiem seus remos na água para tentar diminuir a velocidade em meio à corredeira. É exatamente dessa forma que se desestabilizam um caiaque e um país.

8. Transformando IA em AI

Vamos deixar uma coisa clara: *os robôs não estão destinados a ficar com todos os empregos*. Isso só acontecerá se deixarmos — se não acelerarmos a inovação nos domínios do trabalho/educação/startup, se não repensarmos toda a linha de montagem, da educação primária até a aprendizagem contínua, passando pelo trabalho.

Isso, contudo, deve começar por uma conversa franca a respeito do trabalho — e, nos Estados Unidos, há muito, muito tempo, não temos uma conversa franca a esse respeito. Desde o início dos anos 1990, o presidente Bill Clinton e seus sucessores têm contado aos americanos a mesma velha história: se você "trabalhar duro e respeitar as regras", o sistema americano acabará por lhe proporcionar uma vida decente, num padrão de classe média, e a oportunidade de os seus filhos levarem uma vida melhor do que a sua. Isso foi verdade num determinado momento: mostre-se disponível, tenha um desempenho médio, faça seu trabalho, siga as regras e tudo acabará bem...

Bem, diga adeus a tudo isso.

Justo no momento em que parecemos estar saindo do Holoceno — esse período perfeitamente edênico, quando tudo na natureza se encontrava agradavelmente em equilíbrio —, também estamos deixando a época que equivale ao Holoceno do trabalho. Naquelas décadas "gloriosas" após a Segunda Guerra Mundial, antes de o Mercado, a Mãe Natureza e a lei de Moore entrarem todos na segunda metade dos seus tabuleiros, era possível manter um estilo de vida razoável na condição de um trabalhador médio com uma educação média — ensino secundário ou quatro anos de faculdade — sendo filiado a um sindicato médio ou a nenhum sindicato. E apenas trabalhando uma média de cinco dias por semana, numa média de oito horas por dia, era possível comprar uma casa, ter uma média de dois filhos, visitar ocasionalmente a Disney e guardar algumas economias para a aposentadoria e a fase final da vida.

Muitas coisas naquela época favoreciam o trabalhador médio. Os Estados Unidos dominavam uma economia mundial na qual os alicerces industriais de muitos países europeus e asiáticos tinham sido destruídos pela Segunda Guerra, de modo que durante muitos anos havia uma enorme quantidade de vagas a serem preenchidas no setor manufatureiro. O recurso à terceirização era limitado, a China ainda não havia aderido à Organização Mundial do Comércio (o que aconteceu em dezembro de 2001) e sua força de trabalho ainda não representava uma ameaça à maior parte dos bons e velhos empregos em fábricas. Com as turbulências provocadas pela globalização em um nível ainda relativamente suave, com a inovação mais lenta e barreiras comerciais mais altas protegendo diferentes setores, os sindicatos eram relativamente mais fortes, mostrando capacidade de negociar salários razoáveis e seguros com os empregadores, além de pacotes de benefícios. As empresas também podiam arcar com maior treinamento interno para seus trabalhadores, que tinham uma menor mobilidade, tornando improvável que largassem o emprego depois de treinados. Como o ritmo da mudança era mais lento, o que quer que tivéssemos aprendido na escola ou na universidade continuava a ser útil e importante por mais tempo; as defasagens em termos de formação eram menos relevantes. Máquinas, robôs e — mais importante — softwares não tinham avançado a ponto de abstrair tanta complexidade com tanta facilidade e a um custo tão baixo — e, ao fazer isso, minar o poder de barganha dos sindicatos, tanto da área industrial como da área de serviços.

Devido a todos esses fatores, muitos trabalhadores no Holoceno das relações de trabalho desfrutavam do que era então conhecido como um "emprego com alto salário para uma formação mediana", explicou Stefanie Sanford, responsável por diretrizes globais e promoção de políticas para o College Board.

Bem, pode dizer adeus a tudo isso também.

O emprego com alto salário e formação mediana desapareceu com os filmes da Kodak. Na era das acelerações, tornou-se um animal cada vez mais raro no zoológico. Ainda existem empregos com salários excelentes para formação excelente. E ainda há salários médios para capacitação mediana. Mas já não há mais empregos com altos salários para uma formação mediana.

O empregado médio é uma categoria oficialmente extinta. Quando me formei na faculdade, tive de *encontrar* um emprego; minhas filhas têm de *inventar* o delas. Frequentei a faculdade para aprender habilidades que me seriam úteis pelo resto da vida, e, posteriormente, o aprendizado contínuo era para mim algo como um hobby. Minhas filhas foram para a faculdade com objetivo de se capacitarem de modo a obter o primeiro emprego, e o aprendizado contínuo é para elas uma necessidade para quaisquer outros empregos que venham a ter no futuro. O sonho americano de hoje é mais uma viagem do que um destino fixo — e se parece cada vez mais com subir uma escada rolante que na verdade está descendo. Dá para fazer. Todos fizemos isso quando crianças — mas para isso é preciso andar mais rápido do que a escada, ou seja, se esforçar mais, reinventar regularmente a si mesmo, obter pelo menos alguma forma de educação pós-ensino médio, se assegurar de estar empenhado em um aprendizado para a vida inteira, e jogar de acordo com as novas regras enquanto, ao mesmo tempo, reinventamos algumas delas. *Só então você consegue chegar à classe média.*

Isso não daria uma boa frase de para-choque, eu sei. E digo isso sem nenhum tipo de prazer — eu gostava do mundo à moda antiga. Mas de outro modo estaremos induzindo as pessoas a um erro terrível. Prosperar no mundo do trabalho de hoje tem tudo a ver com o que o cofundador do LinkedIn chamou de investir numa "startup de você mesmo". Nenhum político nos Estados Unidos vai nos dizer isso, mas qualquer patrão vai: Não basta apenas se apresentar. É preciso ter um plano para ser bem-sucedido.

Como tudo o mais na era das acelerações, conseguir e manter um emprego exige *estabilidade dinâmica* — é preciso continuar pedalando (ou remando) o tempo todo. Hoje em dia, argumenta Zach Sims, o fundador da Codecademy, "você tem de saber mais, tem de atualizar com maior frequência o que já sabe e tem de fazer mais coisas criativas com isso" do que apenas as tarefas rotineiras. "Esse contínuo recomeçar define na verdade o trabalho e o aprendizado hoje. E é por esse motivo que a automotivação é hoje tão mais importante" — porque uma grande parte do aprendizado terá agora de acontecer muito tempo depois de você ter deixado o ensino médio, a faculdade, a casa dos seus pais — não em meio à disciplina de uma sala de aula. "Um mundo sob demanda exige uma aprendizagem sob demanda para todos, acessível a qualquer um em todo o mundo, em qualquer parte, seja no seu telefone ou no seu iPad, e isso realmente muda a definição do que vem a ser aprender", acrescentou Sims, cuja plataforma oferece um método fácil para aprender a escrever um código de computador. "Quando ando de metrô e vejo pessoas jogando Candy Crush [Saga] no celular, [penso] que aí estão cinco minutos perdidos, porque elas poderiam em vez disso estar aprimorando a própria formação."

Durante mais de uma década depois da consolidação da internet nos anos 1990, ouviram-se muitas queixas a respeito da "divisão digital" — a cidade de Nova York tinha internet; o estado de Nova York, não. Os Estados Unidos tinham; o México, não. A África do Sul tinha; o Níger, não. Isso realmente fazia diferença, porque limitava o que se podia aprender; como e onde era possível fazer negócios; e com quem era possível colaborar. Na década seguinte, essa divisão digital iria, em grande medida, desaparecer. E, quando isso acontece, uma única divisão passa a ter importância, diz Marina Gorbis, diretora executiva do Instituto para o Futuro: a "divisão motivacional". O futuro pertencerá àqueles que tiverem automotivação para tirar vantagem de todas as ferramentas e fluxos, gratuitos e baratos, que chegam até nós vindos da supernova.

Durante os cinquenta anos que se seguiram à Segunda Guerra Mundial, se o mundo contasse com um dial, isto é, um disco de sintonização, esse disco, politicamente, girava para a esquerda, e, quanto mais próximo da União Soviética, mais à esquerda apontava. E aquilo para o qual apontava era um aviso que dizia: "Você vive num mundo de benefícios definidos: faça o seu trabalho de todos os dias, esteja disponível, fique na média e eis os benefícios que você vai ter". Desde a emergência da supernova, esse disco virou drasticamente para a direita, e o aviso para o qual ele aponta hoje diz: "Você vive num mundo de contribuições definidas — seus salários e benefícios serão agora cada vez mais diretamente proporcionais à sua exata contribuição, e, com ajuda do *big data*, poderemos medir com precisão cada vez maior qual é exatamente a sua contribuição". Este é agora um mundo de 401(k).* Parafraseando um antigo pôster da Segunda Guerra Mundial, o Tio Sam quer — *sobrecarregar* — você.

* Referência a uma modalidade de aposentadoria promovida por empresas nos EUA pela qual o dinheiro retido na fonte é colocado em aplicações financeiras, como ações e títulos da dívida pública. (N. T.)

Jeff Immelt, CEO da General Electric, se expressou de maneira bem direta num discurso para os formandos da Stern School of Business da Universidade de Nova York, em 20 de maio de 2016: "A tecnologia aumentou as exigências competitivas para as empresas e para as pessoas". John Hagel, o especialista em gestão, disse de forma ainda mais brutal: "Existe uma crescente exigência sobre todos nós em prol de um melhor desempenho — como indivíduos e instituições. Toda essa conectividade implica barreiras significativamente mais baixas para entrar e para se movimentar, mudanças em velocidade acelerada e a ocorrência cada vez mais frequente de eventos extremos, desestabilizadores, os quais exercem uma grande pressão sobre as nossas instituições [...]. Num nível pessoal, o exemplo que emprego é o de um outdoor que costumava ficar numa autoestrada aqui perto, no Vale do Silício, e que fazia uma única pergunta: 'Como você se sente sabendo que existem pelo menos 1 milhão de pessoas no mundo capazes de fazer o seu trabalho?'. Ainda que possamos discutir se esse número é de mil ou 1 milhão, teria sido uma pergunta absurda para se fazer há vinte ou trinta anos, porque isso realmente não importava — eu estou aqui e eles estão em algum outro lugar. Agora esta se torna uma questão cada vez mais central, e poderíamos acrescentar: 'Como se sente sabendo que existem pelo menos 1 milhão de robôs que podem fazer seu trabalho?'. Todos nós estamos sentindo uma crescente pressão sobre o nosso desempenho num plano bastante pessoal".

O NOVO CONTRATO SOCIAL

Mas todos estão à altura desse desafio?

Essa é uma das mais importantes questões econômicas do nosso tempo — provavelmente *a* mais importante. Eis uma maneira de se pensar a respeito: a cada grande mudança na economia, "um novo tipo de ativo se torna a principal base para o crescimento da produtividade, para a criação de riqueza e oportunidade", argumentou Byron Auguste, ex-assessor econômico do presidente Obama e cofundador da Opportunity@Work, um empreendimento social que se propõe a dar a pelo menos mais 1 milhão de americanos, na próxima década, condições para "trabalharem, aprenderem e serem recompensados segundo seu pleno potencial". "Na economia agrária, esse ativo era a terra", disse Auguste. "Na economia industrial, era o capital físico. Na economia de serviços eram ativos intangíveis, como métodos, projetos, softwares e patentes."

"Na atual economia do conhecimento humano será o capital humano — talento, habilidades, know-how tácito, empatia e criatividade", ele acrescentou. "Esses são os grandes ativos humanos, subavaliados, a serem aproveitados" — e nossas instituições educacionais e mercados de trabalho precisam se adaptar a isso. Precisamos, a todo custo, evitar um modelo de crescimento baseado em ativos ou oportunidades acessíveis apenas a alguns poucos afortunados. A ampla redistribuição de riqueza que seria necessária para viabilizar uma sociedade assim não é politicamente sustentável.

"Precisamos focar num modelo de crescimento baseado no investimento em capital humano", argumentou Auguste. "Isso pode vir a produzir uma economia mais dinâmica e uma sociedade mais inclusiva, já que talento e capital humano são distribuídos de forma bem mais igualitária que oportunidade ou capital financeiro."

Então, por onde começar? A resposta curta, segundo Auguste, é que na era das acelerações precisamos repensar três contratos sociais fundamentais — entre trabalhadores e empregadores, entre estudantes e instituições educacionais, e entre cidadãos e governos. Essa é a única maneira de criar um ambiente no qual cada pessoa é capaz de realizar seu pleno potencial em termos de talento, fazendo com que o capital humano se torne assim um ativo universal, inalienável.

CONTRATEMOS MAIS CAIXAS DE BANCO

Para compreender os componentes necessários dessa nova série de contratos sociais, temos de começar por um quadro nítido do que está realmente acontecendo no mercado de trabalho, de modo a saber exatamente o que estamos tentando consertar.

Aqui recorro à excelente obra do economista James Bessen, pesquisador e conferencista na Faculdade de Direito da Universidade de Boston e autor de *Learning by Doing: The Real Connection Between Innovation, Wages, and Wealth* [Aprender fazendo: A verdadeira conexão entre inovação, salários e riqueza]. Existem muitos mitos e equívocos em torno desse tema.

O principal desafio no qual precisamos focar, argumenta Bessen, é a questão das habilidades — não a questão do emprego em si. Há uma enorme diferença, insiste ele, entre automatizar algumas das tarefas de uma função e a completa automação de determinado emprego — que implica prescindir totalmente dos seres humanos. É claro que há empregos que desapareceram completamente porque pertenciam a setores que desapareceram completamente. É provável que não exista mais ninguém nos Estados Unidos, ou, aliás, em qualquer outro lugar, que ganhe a vida produzindo chicotes usados por cocheiros — não desde que os cavalos e as carruagens deram lugar aos automóveis. Porém é fundamental lembrar que mesmo 98% de automação de determinada função não é o mesmo que 100% de automação. Por quê? No século XIX, 98% do trabalho investido no ato de tecer um metro de pano foi automatizado. As tarefas abrangidas pelo trabalho manual passaram de 100% para 2%.

"E o que aconteceu?", perguntou Bessen. "O número de vagas para tecelões aumentou."

Por quê? "Porque quando você automatiza um emprego que até então foi em grande medida manual, você o torna muito mais produtivo." E, quando isso acontece, ele explicou, "os preços caem e a demanda pelo produto sobe". No começo do século XIX, muitas pessoas tinham um conjunto de roupas — e todas elas eram feitas à mão. E, ao fim daquele século, a maior parte das pessoas tinha vários jogos de roupa, cortinas nas janelas, tapetes no chão e estofamento em sua mobília. Ou seja, à medida que aumentou o índice de automação nas tecelagens e o preço caiu, "as pessoas encontraram uma quantidade muito maior de usos para os tecidos, e assim a demanda explodiu de modo a compensar a substituição do trabalho manual por mais máquinas", explicou Bessen.

Usando dados do governo, Bessen estudou o impacto exercido por computadores, softwares e pela automação sobre 317 ocupações, desde 1980 até 2013. Em uma pesquisa publicada em 13 de novembro de 2015, ele concluiu: "O nível de emprego cresce num ritmo significativamente mais rápido em ocupações nas quais é maior o uso do computador". Ele citou o exemplo dos caixas eletrônicos, que começaram a ser utilizados em grande quantidade na década de 1990 e agora se encontram por toda parte. Todos supunham que fossem substituir os empregados que trabalhavam como caixas de banco. Isso não aconteceu.

Os caixas eletrônicos são às vezes tomados como um caso paradigmático de tecnologia substituindo trabalhadores; essas máquinas assumiram tarefas que envolviam a manipulação de dinheiro em espécie. Mesmo assim o número de funcionários nos bancos em tempo integral aumentou desde que o uso dessas máquinas se disseminou amplamente no fim da década de 1990 e início dos anos 2000. Na realidade, desde 2000 o número de bancários em tempo integral vem aumentando 2% ao ano, num ritmo substancialmente mais rápido do que ocorreu com o mercado de trabalho como um todo. Por que o número de empregos não caiu? Porque os caixas eletrônicos fizeram com que os bancos abrissem um número maior de agências, compensando a perda inicial de vagas para bancários. Ao mesmo tempo, mudaram as habilidades exigidas desses empregados. Tarefas associadas ao marketing e a habilidades interpessoais tornaram-se mais valorizadas, enquanto os procedimentos rotineiros que envolvem lidar com dinheiro em espécie tornaram-se menos importantes. Ou seja, embora os bancários desempenhassem menos tarefas burocráticas, o número de empregados aumentou.

Ainda que as máquinas tenham automatizado as tarefas que envolviam dinheiro vivo, a tecnologia por si só não determina se o número de bancários vai aumentar ou diminuir; os fatores econômicos, sim. A nova tecnologia pode aumentar a demanda por um tipo de ocupação, compensando a perda de vagas que supostamente ocorreria. E este exemplo também não representa uma exceção:

- Scanners de códigos de barra reduziram em 18-19% o tempo de que os caixas de lojas precisavam para fazer suas tarefas, porém o número de caixas aumentou desde que o uso de scanners se difundiu amplamente a partir dos anos 1980.
- Desde o fim da década de 1990, os softwares eDiscovery para procedimentos legais transformaram-se num negócio bilionário ao assumir um trabalho geralmente feito por despachantes, porém o número de despachantes aumentou de forma substancial.
- O comércio eletrônico também aumentou rapidamente desde o fim dos anos 1990, respondendo agora por cerca de 7% das vendas no varejo, porém o número total de pessoas trabalhando em ocupações no setor de vendas tem subido desde o ano 2000.

O argumento de Bessen é o de que os impactos exercidos pela tecnologia não se dão de maneira uniforme: podem vir a reduzir a demanda por certas atividades — tarefas burocráticas como atender ao telefone e anotar recados, por exemplo, desapareceram, em grande medida, graças ao uso das gravações de chamadas. Porém a tecnologia também pode transferir tarefas de uma ocupação para outra. "Ainda existem recepcionistas que atendem ligações e anotam recados", observou Bessen, "mas eles também fazem outras coisas. Assim, o número de telefonistas caiu drasticamente (de 317 mil em 1980 para 57 mil, hoje), enquanto o número de recepcionistas aumentou numa proporção maior (438 mil para 896 mil); recepcionistas agora precisam demonstrar novas e diferentes habilidades — não mais, é claro, apenas a de operar mesas telefônicas."

Ao mesmo tempo, observou ele, a tecnologia pode criar uma demanda por ocupações totalmente novas — pensem, por exemplo, em engenheiros da área de ciência da computação —, mesmo ao transformar as habilidades necessárias em empregos burocráticos bem antigos, como o dos bancários, técnicos em direito e balconistas, que poderiam parecer fadados a se tornar obsoletos graças aos computadores e robôs, quando na realidade isso não acontece. A tecnologia pode também aumentar drasticamente as habilidades necessárias para o desempenho de ocupações antigas — a dos designers gráficos, por exemplo. É por isso que designers gráficos que sabem usar softwares de design ganham muito mais dinheiro do que um tipógrafo dos velhos tempos.

Alguns economistas continuam a nos dizer que não existe nenhuma defasagem em termos de habilidades exigidas no trabalho — porque, se houvesse, os salários médios subiriam nas profissões em que a oferta de mão de obra qualificada não atende à demanda. Eles precisam examinar a questão mais profundamente, argumenta Bessen.

"Os salários de um trabalhador médio nos revelam apenas que não existe escassez em termos das habilidades exigidas de um trabalhador médio", disse Bessen. Ao mesmo tempo, alguns trabalhadores em determinado ramo podem ter habilidades altamente demandadas, e a força de trabalho pode ter uma defasagem em termos de trabalhadores capazes de atender a essa demanda. "A tecnologia não torna mais valiosas as habilidades de todos os trabalhadores; algumas habilidades passam a ser valorizadas; outras se tornam obsoletas", explica Bessen. Quando nos debruçamos sobre muitas profissões, descobrimos que existe uma demanda crescente e salários bastante altos para os que sabem tirar partido da tecnologia — e o contrário acontece para os que se mostram menos capazes disso. É aí que surgem as verdadeiras "defasagens em termos de habilidades" em muitas ocupações. Tente contratar hoje no Vale do Silício um cientista de dados de qualidade capaz de recorrer à supernova para achar uma agulha num palheiro. Pode entrar na fila!

Por todas essas razões, Bessen conclui: "Os empregos não vão desaparecer, porém o nível das habilidades exigidas nos melhores deles está subindo cada vez mais". E, com essa plataforma de nova tecnologia com a qual convivemos hoje, tudo acontece mais rapidamente. Por exemplo, novos softwares — como o AngularJS e o Node.js, ambos plataformas de programação baseadas em JavaScript para construir aplicativos para dispositivos móveis baseados na web — apareceram do nada e se tornaram, do dia para a noite, o padrão a ser adotado pela indústria, com uma rapidez muito maior do que uma universidade é capaz de ajustar seu currículo. Quando isso ocorre, disparam a demanda e os salários para pessoas com essas habilidades.

Então, estamos agora definindo o problema de modo mais preciso — não são os empregos que acabaram. O que acabou foi *a era do Holoceno dos empregos*. Cada emprego de classe média está sendo agora puxado em quatro direções diferentes ao mesmo tempo — e se vamos treinar nossos cidadãos para prosperar num mundo como esse, temos de repensar cada direção dessas, e quais novas habilidades e atitudes são exigidas para se encontrar um emprego, manter um emprego e progredir num emprego.

Para iniciantes, os empregos de classe média estão sendo *puxados para cima* com maior rapidez — eles exigem maiores conhecimentos e uma melhor educação para ser desempenhados com sucesso. Para concorrer a esses empregos, é preciso mais em termos de conhecimentos convencionais — leitura, escrita e aritmética — e em termos dos "quatro Cs" — criatividade, colaboração, comunicação e codificação.

Considerem uma reportagem do *New York Times* de 22 de abril de 2014, que registrava:

> Algo estranho anda acontecendo nas fazendas do estado de Nova York. As vacas estão ordenhando a si mesmas.
>
> Buscando desesperadamente mão de obra confiável e animadas pelos preços em alta, as empresas produtoras de leite por todo o estado estão ingressando num admirável mundo novo do cuidado com os úberes: robôs ordenhadores [...].

> Os robôs permitem que as vacas definam seus próprios horários, fazendo fila para serem ordenhadas cinco ou seis vezes por dia por um sistema automatizado — transformando numa coisa do passado as sessões antes do amanhecer e ao final da tarde em torno das quais os antigos fazendeiros organizaram a vida deles.
>
> Com *transponders* pendurados no pescoço, as vacas contam com um serviço individualizado. Lasers escaneiam e mapeiam a barriga delas, enquanto um computador registra a "velocidade de ordenha", fator vital numa operação que dura 24 horas por dia.
>
> Os robôs também monitoram a quantidade e a qualidade do leite produzido, a frequência das visitas à máquina, o quanto cada vaca comeu, e mesmo o número de passos que dão a cada dia, o que pode indicar que estão no cio.

No futuro, um ordenhador bem-sucedido pode precisar se tornar um arguto leitor e analista de dados.

Cada emprego também está sendo *puxado em direções contrárias* mais rapidamente. O trabalho de um ordenhador, por exemplo, pode vir a ser desmembrado. A parte que exige habilidades sofisticadas pode ser *puxada para cima* — agora, ou você tem de aprender computação, ou se tornar um veterinário versado na anatomia das vacas, ou ser um técnico em *big data* capaz de analisar o comportamento de uma vaca. Ao mesmo tempo, a parte que requer habilidades mais simples — tocar as vacas para dentro e para fora do curral onde serão ordenhadas ou limpar o esterco por elas produzido — pode vir a ser *puxada para baixo*, de modo a poder ser desempenhada por um salário mínimo (e, provavelmente, dentro de algum tempo, por um robô). Esta, como observou Bessen, é uma tendência geral no mundo do trabalho: a parte do trabalho que exige melhor formação e maior habilidade será mais bem recompensada, enquanto a parte burocrática e repetitiva, que pode vir a ser automatizada muito mais facilmente, será paga com salários mínimos ou simplesmente confiada a um robô.

Ao mesmo tempo, todo emprego também está sendo *puxado para fora* mais rápido — mais máquinas, robôs e trabalhadores na Índia e na China podem agora competir por todos esses empregos ou pela maior parte deles. Isso exige uma maior automotivação, persistência e garra para, por meio de aprendizagem contínua, adquirir novas habilidades técnicas ou socioemocionais de modo a se manter um passo à frente de robôs, indianos, chineses e de outros trabalhadores estrangeiros capacitados.

E, finalmente, todos os empregos estão sendo *puxados para baixo* mais rapidamente — estão sendo terceirizados pela história e transformados em algo obsoleto mais rapidamente do que nunca. E isso exige uma mentalidade mais empreendedora em todos os níveis: uma busca constante por novos nichos, novas oportunidades para começar algo que possa dar lucro e gerar empregos.

Assim, precisamos, no mínimo, que nossos sistemas educacionais sejam repensados de modo a maximizar essas habilidades e qualidades exigidas: bases sólidas em termos de leitura, escrita, programação e matemática; criatividade, pensamento crítico, comunicação e colaboração; garra, automotivação e hábitos de aprendizagem contínua, além de empreendedorismo e improvisação — em todos os níveis.

A SOLUÇÃO EXPONENCIAL

Felizmente, as ferramentas propiciadas pelas novas tecnologias nos ajudarão nesse esforço. Os novos contratos sociais de que precisamos entre governos, empresas, o setor social e os trabalhadores serão bem mais viáveis se encontrarmos maneiras criativas — para tomar de empréstimo a frase do fundador do Nest Lab, Tony Fadell — de transformar "IA em AI". Na minha versão, isso significaria transformar inteligência artificial em assistência inteligente, assistentes inteligentes e algoritmos inteligentes.

Assistência inteligente envolve canalizar a inteligência artificial para que o governo, as empresas consideradas individualmente e o setor social não lucrativo desenvolvam mais plataformas on-line sofisticadas e móveis capazes de dar a cada trabalhador a chance de se engajar numa aprendizagem contínua no seu tempo livre, tendo sua própria aprendizagem reconhecida e recompensada com promoções. *Assistentes inteligentes* surgem quando usamos inteligência artificial para aperfeiçoar através de softwares as interfaces entre seres humanos e suas ferramentas, de modo que os seres humanos possam não apenas aprender mais rapidamente, como também agir mais rapidamente e de modo mais inteligente. Por último, precisamos recorrer à IA para criar mais *algoritmos inteligentes*, ou o que Reid Hoffman chama de "redes humanas" — de modo que possamos conectar as pessoas com uma eficiência muito maior a todas as oportunidades de trabalho existentes, a todas as habilidades necessárias a cada emprego e a todas as oportunidades de aquisição dessas habilidades de maneira barata e fácil.

"Quando temos um problema exponencial, precisamos de uma solução exponencial", acrescenta Hoffman. A questão do emprego "é um problema de lei de energia, e a única maneira de resolver um problema de lei de energia é com uma solução baseada na lei de energia", que venha aumentar a capacidade adaptativa da humanidade. Transformar mais formas de IA em mais formas de AI vem a ser essa solução.

A ASSISTÊNCIA INTELIGENTE DA MA BELL

Ao realizar pesquisas para escrever este livro, visitei muitas empresas, e nenhuma delas mostrou-se mais inovadora ao criar assistência inteligente para ajudar seus empregados a se tornarem aprendizes para a vida toda do que a velha AT&T. Não se deixem enganar pelo apelido "Ma Bell" [Mamãe Bell]. Não se deixem enrolar pelo sotaque de garoto de Oklahoma de seu CEO, Randall Stephenson. Não deixe que as maneiras afáveis, típicas do Meio-Oeste, de Bill Blase, chefe do setor de recursos humanos, o peguem desprevenido. E, o que quer que faça, não tire os olhos do chefe de estratégias John Donovan e de Krish Prabhu, chefe dos laboratórios da AT&T, porque eles vão desestabilizar seu negócio em favor de um de seus concorrentes antes que você termine o café da manhã. Podem até fazer isso só para se divertir.

Atenção, pessoal da Kmart: essa não é mais a Ma Bell da vovó!

Lá atrás, em 2007, quando se viu introduzindo redes dotadas de softwares capazes de lidar com a explosão de dados criados pelo iPhone, para o qual tinha sido escolhida como provedor exclusivo de rede, a AT&T se deu conta de que tinha de aprimorar seu próprio metabolismo de inovação — de maneira abrangente e rápida. Se estava correndo com a Apple, tinha de correr tão rápido quanto a Apple. Em 2016, a AT&T seguia empenhada nisso. Nesse ano, ela abriu uma "Fundição de Internet das Coisas" em Dallas, uma oficina de inovação repleta de engenheiros de rede. Eles convidaram clientes com a seguinte proposta, explicou o vice-presidente Ralph de la Vega: "Queremos que vocês nos digam que problema querem que nós resolvamos e nós nos comprometemos a, em duas semanas, apresentar a vocês o protótipo de uma solução que funcione em rede [...]. A cada vez que fizermos isso, esse esforço resultará num contrato".

Assim, por exemplo, a gigante do setor de transportes marítimos Maersk precisava de um sensor capaz de rastrear seus contêineres em qualquer parte do mundo. O sensor precisava ser afixado em 200 mil contêineres de carga refrigerados, teria de medir sua umidade, temperatura, detectar se tinham sofrido algum tipo de dano, sendo que esses dados teriam de ser transmitidos às suas sedes, e — era este o nó da questão — teria de operar sem baterias e durar dez anos, já que não poderia ficar sendo trocado o tempo todo. Em duas semanas, os engenheiros da AT&T construíram um protótipo de sensor, do tamanho da metade de uma caixa de sapato, que poderia ser afixado a todos os contêineres da Maersk e que era alimentado por uma combinação de luz solar e energia cinética.

O que aconteceu com a AT&T foi que a supernova transformou seu negócio do dia para a noite. Para expandir sua capacidade, ela decidiu tornar as redes virtuais e, ao fazer isso, tornou-se uma empresa mais voltada para redes e softwares, encontrando então seu pote de ouro com a ascensão do *big data*. Isso significava que o tráfego de dados e de voz carregado pela AT&T através de seus cabos poderia ser agregado, transformado em algo anônimo e então garimpado em busca de tendências a serem detectadas. Desse modo, de repente, como mencionei antes, a AT&T, usando dados de telefones celulares conectados à internet, podia dizer a uma companhia quantas pessoas que passavam em frente ao seu outdoor na autoestrada acabavam por comprar na loja anunciada na propaganda — e se o anúncio se tornasse digital e fosse mudado de hora em hora, eles poderiam lhes dizer qual das mensagens era a mais eficaz. A AT&T começou a dizer a certos clientes: sabem de uma coisa, fazemos um abatimento para vocês nos custos de transmissão se pudermos garimpar esses dados e usá-los para resolver enigmas ou problemas de nossos clientes. Num piscar de olhos sua simpática empresa de telefonia se tornou uma empresa versátil, dedicada a encontrar soluções para outras companhias, competindo com a IBM e a Accenture.

Precisamente porque Stephenson compreendeu que, para que sua companhia prosperasse como provedora de redes e de soluções às empresas mais desestabilizadoras do mundo, ele tinha de dar uma sacudida na sua própria força de trabalho durante esse processo.

"Sentimos uma obrigação fundamental de retreinar nossa força de trabalho", disse Donovan. "Precisávamos de uma força de trabalho menor e mais inteligente. As habilidades STEM* são agora requisitos mínimos." Mas eles também sabiam que, quando se está lidando com 300 mil funcionários e existe o desafio de aprimorar sua formação, é necessária uma estratégia que chamo de "assistência inteligente" para criar os alicerces e incentivos que tornem viável para tantas pessoas embarcar numa nova jornada de conhecimento.

A versão da assistência inteligente da AT&T começa, explicou Blase, com as equipes de administração deixando cada vez mais transparente a direção assumida pela companhia e as habilidades de que ela precisará. Cada ano começa com Stephenson fazendo um discurso num encontro aberto a todos os principais gerentes da AT&T. "A ideia é sermos totalmente transparentes com nossos empregados sobre o rumo que nosso negócio está tomando e quais serão os desafios", explicou Stephenson.

Essa mensagem é filtrada através de todos os gerentes, de modo que cada empregado acaba adquirindo uma compreensão geral a respeito dos objetivos da empresa para os próximos doze ou catorze meses, "e para onde a companhia está se dirigindo nos próximos cinco ou dez anos", acrescentou Blase. "Começamos em janeiro e por volta de julho todos captaram a mensagem." Em termos ideais, ele disse, a maioria dos empregados dirá: "Compreendi; quero ser parte disso. Sou um dos 300 mil. Como posso fazer parte disso?". Outros, contudo, dirão: "Sabe de uma coisa? Já estou aqui há 35 anos. Está na hora de ir embora. Não estou pronto para aprender algo novo". De modo que mais ou menos 10% da força de trabalho deixa a empresa a cada ano.

Blase acrescentou:

> Não contamos internamente com um número suficiente de pessoas que disponham das capacidades necessárias para assumir a liderança de modo eficiente ao longo dessa mudança ou com o conhecimento técnico do que estamos vendendo ou do que está por trás do que vendemos. Assim, vamos buscar lá fora e contratamos 30 mil [empregados] por ano. Preenchemos outros 30 mil cargos recorrendo a deslocamentos internos e promoções. O simples fato de contratar alguém nos custa cerca de 2 mil dólares, de modo que nossa primeira opção é sempre escolher entre

* Sigla, em inglês, com as iniciais de ciência, tecnologia, engenharia e matemática. (N. T.)

> nosso pessoal interno. É mais vantajoso em termos de custo-benefício e gera maior comprometimento e produtividade, o que significa que os empregados farão um esforço extra para deixar os clientes satisfeitos, aumentando o valor gerado para nossos acionistas. Empresas que contam com uma força de trabalho engajada faturam três vezes mais do que aquelas que têm empregados menos comprometidos.

Mas isso significa aumentar a exigência de uma aprendizagem contínua junto a um número muito maior de funcionários. A maior parte deles "adere ao que estamos tentando fazer", disse Blase. "Eles dizem: 'Basta me dar os recursos, mostrar a direção certa, me ajudar a fazer [a transição] de forma harmoniosa e tornar seu custo viável, oferecer suporte móvel e acesso via internet, de modo que eu possa fazer isso no meu tempo livre, e basta que haja flexibilidade e que o treinamento seja feito num formato que me permita aprender rapidamente e de forma eficiente'."

Donovan acrescentou: "Temos empregados que querem desempenhar um papel importante — funcionários que construíram esta companhia e que morreriam por ela — e precisamos lhes dar a oportunidade de exercer esse papel. Muitos deles desempenhavam originalmente funções mais simples, com formação apenas de ensino médio, e concluíram somente o segundo grau, e precisamos constantemente retreiná-los de modo que possam trabalhar num ambiente conectado em rede".

Tirando proveito desse potencial, há cinco anos a AT&T pediu a todos os seus 107 mil gerentes (categoria que agora abrange todos os profissionais empregados não cobertos por contratos sindicais, independentemente do fato de serem supervisores ou de atuação individual) que elaborassem perfis internos semelhantes aos do LinkedIn, detalhando suas experiências de trabalho, habilidades, educação, certificados e especialidades. Atualmente, 90% deles já fizeram isso. Agora, quando uma vaga é aberta, a primeira coisa que a equipe de Blase faz é checar esses perfis para ver quais candidatos internos detêm os conjuntos de habilidades necessários. Ao mesmo tempo, a companhia posta avisos sobre esses novos empregos valorizados, identificando onde estão, as capacidades exatas exigidas pelas novas funções e *como obter o treinamento necessário para adquirir essas capacidades*.

Para proporcionar este último fator, a AT&T firmou parcerias com muitas universidades — da Georgia Tech à Notre Dame, passando pela Oklahoma, por

Stanford e por universidades on-line como Udacity e Coursera — de modo a proporcionar cursos acessíveis de graduação e pós-graduação, ou apenas treinamento especializado para cada uma das habilidades de que necessita. A única exigência da AT&T é a de que os cursos sejam feitos *fora do horário de serviço*, mas ela reembolsa os custos até o teto de 8 mil dólares por ano (ou mais, para certos cursos) e de 30 mil dólares ao longo de toda a sua vida na empresa.

Então, para se certificar de que o dinheiro será aproveitado da melhor maneira possível, a AT&T pressionou as universidades a criarem um menu on-line exibindo oportunidades de aprendizagem que coubessem no seu orçamento. Essa abordagem propiciou muitas iniciativas inovadoras em educação, em particular a parceria entre Udacity, AT&T e Georgia Tech para a criação de um curso de graduação on-line em ciência da computação pelo preço de 6600 dólares — comparados aos 45 mil dólares que custariam dois anos de curso no campus da Georgia Tech. A Coursera fechou uma parceria com as universidades Johns Hopkins e Rice para criar um curso semelhante sobre ciência de dados.

Isso está levando a uma queda do custo da educação para todos. "A torta da educação ficou maior", disse Blase. "Agora podemos ajudá-lo a conseguir o emprego dos seus sonhos."

Isso é a assistência inteligente. "Gastamos 250 milhões de dólares com treinamento por ano", disse Blase.

> Muitas dessas iniciativas são voltadas para ensinar as pessoas a subirem em postes de fiação, a instalar serviços e a administrar lojas de varejo, mas agora um número muito maior delas se dedica à ciência dos dados, a redes definidas por softwares, desenvolvimento da web, introdução à programação, aprendizado de máquina e à Internet das Coisas. E, se você quiser fazer um curso geral na área de STEM que não seja parte do seu programa, nós também pagaremos isso. Se quiser aprender, estamos nessa, porque, mais uma vez, isso leva a um maior comprometimento por parte dos funcionários; isso resulta em melhor atendimento ao cliente, clientes mais fiéis e maior valor para os acionistas. Não contávamos com nada parecido na época em que cresci na companhia.

Esses recursos de apoio são para empregos que pagam de 60 mil a 90 mil dólares por ano.

A empresa registra todos os certificados e diplomas adquiridos por seus empregados nos seus perfis internos e pode facilmente fazer uma busca neles com ferramentas associadas ao *big data*. E se você mostrar que está motivado para conquistar um desses certificados e diplomas, disse Blase, "seremos os primeiros a informar se abrir uma vaga. As pessoas precisam saber que, se você estiver claramente motivado para aprender, será recompensado".

O modo como o sistema funciona, disse Blase, é o seguinte:

> Digamos que eu seja um gerente e tenha dez vagas abertas para funções técnicas. Vou até o RH e eles me dizem que primeiramente temos de buscar alguém nos perfis on-line e encontrar pessoas que tenham demonstrado disposição de assumir uma dessas funções. Então o RH vai sacar uma lista de nomes com condições de preencher essas dez vagas, [incluindo] alguém que dispõe da maior parte dessas habilidades. Você escolhe as pessoas que têm essa aspiração e as que se encaixam perfeitamente e pedimos então à pessoa encarregada da contratação que dê uma chance àqueles que estão tentando conseguir os novos postos.

Porque, conforme disse Blase, esses empregados vão então contar sua história aos colegas: joguei de acordo com as novas regras e fui recompensado. Como ele diz:

> É um contrato entre a companhia e os empregados. É um novo acordo. Se quer ganhar uma nota A em sua avaliação de desempenho, agora você tem de fazer o "O quê" e o "Como". O "Como" implica se dar bem com as pessoas; você obtém resultados quando se torna efetivamente um parceiro, quando integra uma equipe e lidera a mudança por meio dos outros [e com eles], não se limitando a apenas ficar sentado no seu cubículo. O "O quê" significa que você não apenas é competente no seu trabalho, mas que está se retreinando para aprimorar sua capacidade, continuar a aprender, e que aspira a ir além do ponto a que já chegou. Talvez você seja um profissional de vendas e esteja procurando se tornar mais útil para a empresa ao se esforçar para aprender também a respeito do aspecto técnico. Você está não apenas vendendo produtos, mas compreendendo como nossa rede funciona. Nossos melhores funcionários dominam isso, e eles sabem que se trata do "O quê" e do "Como".

O novo contrato social, acrescentou Donovan, é que

> *você pode ser um empregado para a vida toda se estiver pronto para ser um aprendiz a vida toda.* Nós lhe daremos a plataforma, mas você tem de optar por participar disso [...]. Todos têm um portal pessoal de aprendizagem e podem ver qual é o ponto de chegada [não importa qual capacitação seja visada] e quais os cursos necessários para se chegar lá. É possível escolher um futuro diferente e como chegar até ele. Nesse sistema você pode ser o que quiser. Mas, de novo, *é preciso optar por fazer parte dele*. O papel do executivo aqui é oferecer as ferramentas e as plataformas para que os empregados cheguem lá, enquanto o papel do indivíduo é proporcionar a seleção e a motivação. Precisamos nos certificar de que qualquer um que decida deixar a empresa não fez isso porque não providenciamos uma plataforma para ele — de que apenas a sua falta de motivação fez com que isso acontecesse.

A AT&T é como uma grande baleia. Quando se move no sentido de colocar a educação a serviço do emprego, provoca muitas marolas à sua volta. Como diz Blase: "As universidades agora estão modificando sua atitude para nos encontrar no mercado de trabalho. Estamos escrevendo um novo modelo". Se as universidades estiverem prestando atenção, começarão a criar mais graduações e certificados "que sejam lucrativos para elas, mas que também sejam viáveis em termos de custo para esse modelo".

Donovan está seguro de que esse novo contrato social vem elevando tanto o nível médio de capacitação da empresa como o seu moral. "O que fizemos foi pegar o que temos de melhor e transformar isso em nossa média", ele disse, "e nossa média está agora num nível bem alto. Nossos ciclos [em torno de novas ideias] se desenrolam agora num ritmo bem mais veloz. Quando alguém encontra uma solução, podemos rapidamente difundi-la através de toda a empresa. Nossas sondagens relativas ao comprometimento com a empresa mostram uma melhoria de 30% nos dias perdidos devido a doenças em um ano. As pessoas estão se declarando doentes com uma frequência menor por se sentirem mais fortalecidas em sua capacidade, por sentirem que a empresa também é delas e estarem mais conectados com ela."

O modelo da AT&T traz implicações abrangentes para o mundo da educação como um todo. Considerem a Udacity, que montou um curso on-line de mestrado de baixo custo em ciência da computação com a Georgia Tech. Hoje em dia, o negócio que criou em parceria com a AT&T possibilita a oferta da mesma assistência inteligente ao público em geral, plantando as sementes de uma verdadeira revolução na educação.

A Udacity foi fundada por Sebastian Thrun. Nascido na Alemanha, ele foi professor de inteligência artificial em Stanford e um especialista em robótica. Thrun gosta de lembrar do seu primeiro encontro com Randall Stephenson na sede da AT&T, em Dallas: os dois se sentaram no chão da suíte executiva de Stephenson e Thrun usou seu laptop para vender ao executivo da AT&T a ideia de como minicursos on-line, ou nanodiplomas, capazes de ensinar as mais recentes habilidades tecnológicas, poderiam elevar o nível da força de trabalho da AT&T. Stephenson se levantou do chão após a apresentação e fechou o acordo com ele na hora. Uma das coisas que Thrun aprendeu a partir do trabalho em equipe com a Georgia Tech para criar o curso on-line de mestrado de 6600 dólares em ciência da computação foi que ele não canibalizava os cursos de mestrado bem mais caros oferecidos pela Georgia Tech em seu campus. Ficou claro que havia dois mercados diferentes — um para pessoas que queriam vivenciar a experiência do campus e outro para pessoas ansiosas por um tipo de aprendizagem contínua, à qual pudessem se dedicar no seu tempo livre a um preço acessível. "A idade média dos estudantes no nosso curso on-line é de 34 anos e a do campus é de 23", ele explicou. Era evidente a demanda por mais plataformas dedicadas ao aprendizado contínuo. As pessoas abraçaram a ideia. Assim, hoje, a Udacity oferece programas de nanodiplomas sobre construção de sites, introdução à programação, aprendizado de máquina, desenvolvimento de aplicativos para dispositivos móveis com Android ou iOS, entre outros.

Mas aqui é que as coisas ficam realmente interessantes. A Udacity desenvolve agora alguns de seus cursos com a ajuda de engenheiros da Google. Assim, por exemplo, em outubro de 2015, a Google divulgou os algoritmos básicos de um programa chamado TensorFlow para consumo público da comunidade de código aberto. O TensorFlow é um conjunto de algoritmos que possibilita que computadores velozes se dediquem ao "*deep learning*"* com conjuntos de *big data* de modo a desempenhar tarefas com mais eficiência do que um cérebro humano.

"Em janeiro de 2016 tivemos um curso on-line sobre como usar a plataforma TensorFlow de código aberto para escrever algoritmos de *deep learning* de modo a ensinar uma máquina a fazer qualquer coisa – revisar e editar um texto, pilotar um avião ou rastrear documentos em busca de informações legais", explicou Thrun. Esse é um novo e amplo campo da ciência da computação. O TensorFlow foi liberado para o público em outubro, e em janeiro, a Udacity, trabalhando diretamente com engenheiros da Google, estava ensinando como usá-lo na sua plataforma. "Podemos agora aprimorar sua capacitação na velocidade da lei de Moore, no ritmo do nosso setor", explicou Thrun. "O mundo acadêmico tradicional não poderia fazer isso." Provavelmente levaria um ano para que uma universidade montasse um curso semelhante sobre o TensorFlow, e para muitas delas muito mais do que isso.

A Udacity formou ao redor do mundo um grupo de freelancers que trabalham sob demanda e os quais ela emprega para avaliar seus estudantes on-line – e os estudantes também avaliam seus avaliadores. "Posso contratar mil avaliadores em uma semana de qualquer parte do mundo", disse Thrun, "faço uma experiência com eles, escolho os duzentos melhores e dispenso os outros oitocentos." É uma maneira rápida de se obter alta qualidade. Existem avaliadores freelancers da Udacity que ganham vários milhares de dólares por mês avaliando projetos de computação – sobre, por exemplo, como montar um mapa a partir do GPS da Google – enviados por estudantes de várias partes do mundo. "Tivemos um avaliador que ganhou 28 mil dólares em um mês", disse Thrun. "A economia *gig***está em alta. Não é mais uma coisa que só mobiliza o pessoal da TaskRabbit."

E a Udacity não está apenas proporcionando assistência inteligente para companhias como a AT&T. Sua plataforma vem criando assistência inteligente para a "startup de você" – seja lá quem for ou onde quer que esteja. No outono

* *Deep learning* (aprendizagem profunda), um ramo do chamado aprendizado de máquina, é uma função da inteligência artificial que imita o funcionamento do cérebro humano ao processar dados e criar padrões úteis no processo de tomada de decisões. (N. T.)

** Economia na qual as empresas recorrem a freelancers e trabalhadores temporários em vez de contratar funcionários em tempo integral. (N. T.)

de 2015, eu me vi numa pequena sala de conferência na sede da Udacity, em Palo Alto, entrevistando – pelo Skype – Ghada Sleiman, uma libanesa de trinta anos que estava fazendo o curso on-line da Udacity para aperfeiçoar seus conhecimentos em web design. Ela explicou que estava sentada em sua casa, em Beirute, fazendo um curso de uma companhia em Palo Alto para melhor atender seus clientes, a maioria dos quais ela jamais encontrou pessoalmente, na Austrália e no Reino Unido.

"Estudei design gráfico na Universidade Americana de Ciência e Tecnologia em Ashrafiyya", um subúrbio de Beirute Oriental, ela me explicou. "Depois da faculdade, estava procurando um curso de web design e encontrei o da Udacity, e decidi, então, fazer uma experiência. Comecei no ano passado [em 2014]. Eu costumava aprender [na internet] exclusivamente por meio de tutoriais." Porém ela descobriu que, com a plataforma da Udacity, "existia um sentido de comunidade, e eu podia me comunicar com outras pessoas, de modo que era mais interessante e interativo".

Por que precisou recorrer à internet para fazer esse curso? – perguntei.

"As universidades aqui oferecem design gráfico e ciência da computação, mas não web design", ela explicou. "É todo um campo novo, e as universidades não acompanharam isso [...]. O curso que estou fazendo [na Udacity] é de web design e programação. Sou boa em design, mas precisava me aprofundar mais na parte de desenvolvimento de programas. Isso complementa o meu trabalho."

Que tipos de clientes você tem na Austrália? – perguntei.

"Um deles é uma publicação sobre startups, outro é um blog sobre negócios, um terceiro é um blog voltado para jovens mães e outro é uma empresa australiana de mídias sociais", disse Sleiman, que vende seu trabalho sob o nome Astraestic.com, uma combinação de "artístico" com seu apelido, "Astra". "No início meus pais ficaram surpresos e perguntaram: 'Como você conheceu essas pessoas?' – mas agora eles gostam da ideia e acreditam que tenho um grande futuro pela frente por causa disso, já que posso alcançar pessoas em outros países. Não existem tantos clientes aqui em comparação com o que podemos encontrar em termos globais."

Que conselho ela daria a outros jovens na sua idade? – perguntei. "Diria a eles que, antes de mais nada, devem desenvolver sua capacitação, mas isso não é o bastante. Eles também precisam saber como fazer o marketing de si mesmos. Marketing não é apenas para marqueteiros – representa uma grande parte do desafio de arrumar trabalho. *Eu diria que trabalhassem para aperfeiçoar a si mesmos.*"

O caso de Sleiman enfatiza o novo contrato que precisamos firmar com nós mesmos — maior automotivação para explorar os novos fluxos globais em busca de trabalho e aprendizado — e o novo contrato que as escolas precisam firmar com seus estudantes. As pessoas pensavam que o advento dos MOOCs era o prenúncio de uma revolução na educação. Era uma revolução, mas se tratava apenas da ponta do iceberg, porque ainda era baseada no antigo modelo: os MOOCs basicamente usavam a internet e o vídeo como um novo sistema de entrega de conferências convencionais. A supernova está tornando possível uma revolução mais profunda que está apenas começando, impulsionada por plataformas de aprendizagem como a Udacity, a edX e a Coursera, que acabarão por mudar o próprio metabolismo e a forma da educação universitária e, espera-se, aumentar a capacidade de adaptação, atendendo à exortação feita por Astro Teller. Quando uma companhia como a Udacity é capaz de responder a um grande salto à frente em termos tecnológicos, como o TensorFlow da Google, e oferecer um curso on-line para ensinar essa nova tecnologia a qualquer pessoa no mundo num prazo de três meses, essa notícia vai correr e o mercado vai mudar. Quem vai esperar até o ano que vem para fazer um curso no campus da universidade — se é que essa universidade vai ser capaz de mudar seu currículo com tamanha rapidez?

Além disso, existem agora plataformas de games, como o Foldit, o jogo de computador no modelo de *crowdsourcing*, que abre espaço para que qualquer um contribua para importantes pesquisas científicas. Essas estão se tornando plataformas de aprendizagem populares. O Foldit criou um "game" on-line no qual qualquer um pode jogar e ganhar uma soma substancial de dinheiro projetando proteínas. "Como as proteínas são parte de um número tão grande de doenças, elas podem ser também parte da cura. Os jogadores podem desenhar proteínas inteiramente novas que poderiam ajudar a prevenir ou curar doenças importantes", conforme o Foldit explica no seu site. O jogo atraiu milhares de concorrentes de todo o mundo, alguns sem nenhuma educação formal relativa à biologia, para competir por prêmios e, ao fazer isso, ganhar não um diploma de um curso científico, mas um distintivo em termos de reputação que em breve poderá vir a ser até mais importante no mercado de trabalho do que um diploma.

Essas novas abordagens de aprendizagem rápida já estão se infiltrando nas instituições convencionais que funcionam em sedes físicas, propiciando o surgimento de alguns modelos radicalmente novos. Considerem um exemplo: o do Olin College. Num discurso, o presidente da faculdade, Richard K. Miller, explicou que, "em 1997, a Fundação F. W. Olin criou o Olin College [em Needham, Massachusetts] com o propósito específico de inventar um novo paradigma para o ensino de engenharia com o objetivo de preparar os estudantes para se tornarem exemplares inovadores em engenharia", prontos para enfrentar os maiores problemas. "O papel do engenheiro segundo a nossa visão é o de 'arquiteto de sistemas' de sistemas complexos, técnicos, sociais, econômicos e políticos, capazes de lidar com os desafios globais que agora encaramos", disse Miller.

Para produzir tais engenheiros, ele disse, o Olin College mantém uma estrutura altamente flexível que é capaz de se mover na velocidade da internet. O Olin "não é organizado internamente em departamentos acadêmicos", e os integrantes do corpo docente não dispõem de estabilidade", explicou Miller. "Eles são, em vez disso, empregados com base em contratos renováveis com períodos de duração diferentes." Fui o paraninfo ali no ano de 2016 e não pude deixar de observar que a maioria dos formandos era composta de mulheres — algo sem precedentes em se tratando de uma faculdade de engenharia.

"Um aspecto particularmente importante do Olin College", acrescentou Miller, "é a máxima segundo a qual a universidade deve se dedicar à contínua melhora e inovação". Em consequência disso, no Olin quase tudo tem uma "data de validade". Isso inclui os regulamentos e o currículo. "O currículo do Olin College se mantém em contínua evolução — como projeto", disse Miller. "A sua forma atual oferece um retrato dos melhores esforços da comunidade do Olin no sentido de propor um novo paradigma para a educação na área da engenharia. Em sua forma atual o currículo caduca a cada sete anos, necessitando ser ativamente revisto, sendo ou revisado ou confirmado." Para se formar, acrescentou Miller, todos os estudantes do Olin "precisam concluir um projeto de engenharia com duração de um ano, elaborado em pequenas equipes, tendo uma empresa como patrocinadora, garantindo assim suporte financeiro para cada um deles. Os projetos exigem a participação de um engenheiro do setor privado que exerça o papel de agente de ligação com a empresa e frequentemente envolvem acordos de confidencialidade e desenvolvimento de novos produtos".

O Olin é uma instituição nova e de pequeno porte, porém esse laboratório acadêmico de engenharia exibe muitas das feições revolucionárias que acabarão por ser incorporadas pela maioria das faculdades – o fim da estabilidade para o corpo docente, a estreita parceria com agentes de mudança no mundo do trabalho, a constante adaptação do currículo e a inexistência de departamentos, além de uma abordagem de ensino que promove uma síntese, unindo engenharia e ciências humanas – como um curso que combina biologia e a história das pandemias. Isso é assistência inteligente na sua forma mais perfeita. Essa é a verdadeira revolução na educação, e ela estará chegando em breve a uma comunidade perto da sua casa, à medida que mais e mais trabalhadores necessitarem e demandarem assistência inteligente. Miller chama isso de "aprendizagem expedicionária" – criar seu próprio conhecimento e inventar sua própria carreira.

"Improvisação é algo que devemos fazer constantemente", ele disse. "É algo que vai muito além da aprendizagem com base em problemas ou da aprendizagem com base em projetos. Você se encontra literalmente avançando para o interior de uma floresta que ninguém jamais explorou em busca de coisas nunca vistas." Tudo o que ele pode prometer, disse Miller, é que lá você vai encontrar empregos que nem sequer podemos imaginar hoje e eles requerem uma aprendizagem rápida e contínua.

ASSISTENTES INTELIGENTES

Um dos mais intrigantes assistentes inteligentes voltados para o mundo do trabalho que encontrei atuando na internet enquanto fazia pesquisas para este livro foi a LearnUp.com, que teve como cofundadora Alexis Ringwald, uma jovem empreendedora de espírito aventureiro a quem encontrei pela primeira vez na Índia, onde ela e um sócio, determinados a chamar a atenção para as iniciativas locais voltadas para a energia renovável, viajavam a bordo de um carro movido a energia solar – com uma banda de rock movida a energia solar!

Depois de dar início a uma startup de energia solar nos EUA, Ringwald teve seu interesse despertado pelo setor de empregos e passou seis meses entrevistando pessoas em busca de trabalho. Ela descobriu algo que não esperava — que a maioria dos empregos oferecidos hoje não requer quatro anos de estudo numa faculdade, e nove entre as dez principais ocupações dos EUA em volume de vagas não exigem mais do que um diploma de ensino médio. Porém também descobriu que a suposição amplamente aceita no país de que qualquer um pode obter esses empregos típicos de iniciante simplesmente se apresentando e demonstrando disposição era uma noção ainda mais enganosa: esses empregos efetivamente requerem habilidades básicas que um grande número de candidatos na verdade não possui.

Como ela diz: "Mesmo um vendedor da Gap, alguém que bota um hambúrguer do McDonald's na chapa ou uma recepcionista precisa contar com certa capacitação básica para o trabalho", mas "a maior parte dos que se candidatam a essas posições não dispõe dessas habilidades — eles simplesmente pensam: 'Ei, eu gosto de roupas, então posso trabalhar aqui' —, e suas escolas de ensino médio ou as faculdades da sua comunidade não lhes ensinam isso".

"Minha primeira revelação foi compreender que o sistema como um todo é projetado para botar as pessoas para fora, não para trazê-las para dentro", explicou Ringwald. "O sistema todo é construído para que os empregadores afastem todas as pessoas que estão abarrotando seus sistemas de carreiras. E então elas simplesmente se jogam ali, se candidatando para cem funções ao mesmo tempo; e aí são rejeitadas e não sabem o motivo [...]. Vi empregadores inundados com candidatos sem qualificação para ocupações elementares, e trabalhadores que não sabiam realmente a que estavam se candidatando."

Ela também descobriu que, depois que a pessoa consegue o emprego, muitas vezes enfrenta enormes dificuldades para conservar o posto — havia quem pensasse que, se não pudesse trabalhar num dia, seja porque estivesse doente, porque o carro tivesse quebrado ou porque tivesse que ficar em casa com os filhos, isso significava que tinha de largar o emprego, em vez de tentar explicar o problema ao seu superior.

Ringwald acreditava que todos esses problemas eram solucionáveis e decidiu cofundar o LearnUp, em 2012, para fazer exatamente isto: aqueles que procuram trabalho acessam o seu site e ali encontram uma plataforma com um minicurso no qual podem aprender algo sobre os verdadeiros requisitos e habilidades necessários para determinado emprego antes de se candidatar a ele. O LearnUp oferece módulos sobre como se preparar para uma entrevista, assim como as habilidades específicas exigidas para diferentes vagas abertas, incluindo como construir uma relação com um cliente na AT&T, como vender roupas na Old Navy e como resolver o problema de um freguês na Fresh Market — além de como ajudar um cliente a encontrar uma peça de roupa do tamanho certo, como fazer a loja ter uma boa aparência e como utilizar equipamentos básicos de escritório — copiadoras, por exemplo, se estiver se candidatando a uma empresa de varejo, como a Staples. Os treinamentos são formatados de modo a durarem apenas de uma a duas horas, mas isso basta para que os candidatos aprendam algo sobre a companhia, adquiram as habilidades necessárias àquela ocupação e se tornem aptos a se candidatar ao emprego. Para as empresas, o site também distingue aqueles que são persistentes o bastante para aprender as coisas básicas daqueles que não o são. Uma vez que a pessoa tenha terminado o curso, o LearnUp na verdade providencia uma entrevista sobre uma possível colocação numa empresa da sua escolha.

O LearnUp tem um link com uma vaga para um emprego específico e com a perspectiva de uma verdadeira entrevista visando a um emprego", explicou Ringwald. "Os que procuram emprego e estão prestes a se candidatar on-line a um de nossos parceiros — como Old Navy, Fresh Market e AT&T — podem acessar o LearnUp clicando um botão no site de recrutamento da empresa empregadora que diz 'prepare-se antes de se candidatar'." O LearnUp não faz uma triagem dos candidatos para excluir os não aptos — procura, em vez disso, treiná-los e aconselhá-los na perspectiva da vaga para uma ocupação específica. À medida que aprendem mais coisas sobre o emprego por meio do LearnUp, os candidatos optam por seguir em frente com sua candidatura ou por clicar o botão que diz: "Não quero esse emprego".

Mais importante, na minha opinião, o LearnUp oferece um "coach" on-line, que assume a iniciativa de encorajar a pessoa, aconselhar e lembrar coisas importantes para uma entrevista, estando disponível para responder a perguntas. É muito fácil esquecer que um número muito grande de pessoas nos Estados Unidos não dispõe de uma rede profissional, de uma rede de ex-alunos, de dois pais ou, em alguns casos, de qualquer pessoa à sua volta que tenha um emprego a quem possam fazer uma consulta sobre como conseguir um. Ringwald ficou surpresa ao saber quantas pessoas faziam ao seu coach perguntas tão elementares como "Que roupa devo usar em uma entrevista de emprego? O que fazer se souber que vou me atrasar?". Alguns candidatos mandam ao coach uma mensagem com uma foto anexada mostrando o que estão vestindo e perguntando: "Tudo bem com essa roupa?".

Essas questões podem parecer elementares para você, mas, segundo Ringwald, ficaríamos espantados com a quantidade de pessoas que precisam desse tipo de conselho: "Todas as pessoas com as quais falamos se mostram agradecidas por isso". Ela explicou que o botão do coach era

> inspirado na força dos coaches humanos de verdade que encontramos nos escritórios voltados para a preparação da força de trabalho. Seu entusiasmo e apoio fazem uma enorme diferença quanto ao sucesso de quem está em busca de um emprego. Foi por esse motivo que montamos algo como um coach na plataforma. O ato de conseguir um emprego envolve um nível muito grande de atrito — enquanto nesse-meio tempo a pessoa tem de lidar com a própria vida e a de seus familiares —, desde decidir que empresas procurar, preencher um formulário de interesse pela vaga, calcular se você mora suficientemente perto do lugar, se certificar de que possui as qualidades necessárias, se preparar, providenciar transporte para a entrevista, usar a roupa apropriada, falar as coisas certas, acompanhar o desdobramento do contato. E então imagine fazer isso umas mil vezes enquanto procura uma ocupação. As pessoas sofrem não apenas com o estresse do processo de decisão, mas também com a falta de esperança e a confusão. Num mundo com tantas escolhas, é difícil saber o que fazer. E é mil vezes mais difícil quando não se tem ninguém perto de você que já tenha passado por isso. Para 70% da força de trabalho, em funções que não exigem diplomas, é esse o mundo em que eles vivem. *Não existe* nenhum tipo de apoio. Se você não conta com isso na sua família, na sua comunidade, é muito difícil [...]. A força do coach oferecido pelo LearnUp reside no fato de ser acessível e fácil de usar. A maior parte da faixa demográfica que não dispõe de um diploma nos EUA nem sequer pensa em procurar alguém que possa dar um conselho ou que seja um mentor. Na verdade, poderíamos dizer que existe até um estigma no ato de uma pessoa ir até uma agência de emprego e pedir ajuda. É algo realmente difícil.

Pedi a Ringwald exemplos do que os seus coaches oferecem ao longo do processo que leva à contratação. Ela me mandou a seguinte lista:

- Dizer o que vestir e oferecer uma previsão do tempo para o dia da entrevista.

- Com ajuda do mapa da Google e do recurso *street view*, obter as coordenadas para a localização do emprego e a rota do transporte para se chegar até lá.
- Enviar lembretes sobre a entrevista no que diz respeito ao horário e ao tempo de locomoção necessário.
- Serviço telefônico de treinamento para entrevistas, com gravação das respostas, podendo-se depois ouvir as respostas "mais apropriadas".
- A cada etapa, oferecer dicas por meio de gerentes e pessoas já contratadas para aquela função.
- Proporcionar uma maior transparência sobre o quê e o porquê a cada etapa da busca pelo emprego, de modo que os benefícios se tornem claros.
- Mostrar, nos seus locais de trabalho, outras pessoas que acabaram sendo contratadas.
- Compartilhar com outras pessoas em busca de uma colocação fatos interessantes sobre o local do emprego e o administrador.
- Proporcionar maiores informações sobre a pessoa que vai fazer a contratação e com a qual os candidatos vão se encontrar.
- Pedir aos candidatos à vaga que compartilhem fatos interessantes sobre si mesmos com os gerentes encarregados da contratação.
- Deixar autoprogramada uma chamada para um Lyft ou um Uber que possa levá-lo ao local da entrevista.
- Lembrar o candidato de enviar uma nota de agradecimento ao entrevistador

Concluiu Ringwald: "Todo mundo precisa de alguém que lhe diga: 'Eu acredito em você' [...]. Não existe apenas uma defasagem em termos de capacitação — há uma defasagem de confiança".

E não é possível resolver uma coisa sem a outra.

VOCÊ PRECISA ESTUDAR MAIS FRAÇÕES

Talvez o assistente inteligente mais popular no mundo de hoje seja a Khan Academy, lançada em 2006 pelo educador Salman "Sal" Khan e que oferece aulas curtas e gratuitas em inglês, via YouTube, sobre temas como matemática, arte, programação de computadores, economia, física, química, biologia e medicina até finanças, história e outros assuntos. Qualquer pessoa em qualquer lugar pode recorrer a elas para aprender ou atualizar seus conhecimentos sobre qualquer tema. Ele se tornou não apenas o mais importante assistente inteligente para aprendizagem de modo geral em todo o mundo, como, em 2014, firmou uma parceria com o College Board, que administra os exames de admissão SAT para as universidades e os exames PSAT.* Juntas, as duas instituições criaram uma assistência inteligente para qualquer um que queira aperfeiçoar seu desempenho no SAT para ingressar numa faculdade. Elas não apenas oferecem gratuitamente uma preparação para o SAT — de modo que você não tenha de pagar uma pequena fortuna a algum serviço particular de preparação para conseguir que seu filho entre numa faculdade — como também criaram uma fantástica plataforma de exercícios para ajudar os estudantes a corrigir eventuais lacunas em seus conhecimentos.

O sistema funciona da seguinte maneira, explica Stefanie Sanford, do College Board: na 10ª ou 11ª série, o estudante se submete ao exame preliminar ao SAT, conhecido como PSAT. E digamos, por exemplo, que ele atinja 1060 pontos sobre 1600 em inglês e matemática. Esses resultados são passados para um computador, o qual, usando IA e *big data*, cospe a seguinte mensagem: "Tom, você se saiu muito bem, mas precisa estudar frações um pouco mais. Você tem realmente a oportunidade de se aprimorar nesse aspecto. Clique aqui para ter aulas personalizadas sobre frações".

De repente, não apenas sei exatamente aquilo em que preciso melhorar, como também recebo uma assistência inteligente por meio de um programa de exercícios que aborda precisamente os pontos nos quais estou mais fraco. Não preciso me exercitar em tudo e mergulhar em problemas destinados a rever todas as matérias. Posso focar exatamente nos aspectos em que a inteligência artificial da plataforma do College Board diz que preciso de ajuda. Até o momento, 1,4 milhão de jovens já se inscreveram para contar com a preparação gratuita oferecida pela Khan Academy na internet. Isso equivale ao quádruplo da população de estudantes que recorrem a aulas de preparação pagas oferecidas por sites comerciais a cada ano. Na verdade, há hoje mais

* O SAT (Scholastic Assessment Test) é um exame educacional padronizado, adotado nos EUA, pelo qual estudantes do ensino médio se candidatam às universidades. O PSAT é o exame preliminar que afere as capacidades dos estudantes de ensino fundamental em termos de leitura, escrita e matemática. (N. T.)

jovens usando a Khan Academy do que pagando por aulas de preparação em todas as faixas de renda. Isso revela em que medida o site se tornou uma assistência inteligente realmente útil. E 450 mil estudantes estabeleceram um link entre os seus resultados nos PSATs administrados pelo College Board e Khan Academy de modo a obter um acompanhamento personalizado em relação às questões que erraram, podendo assim dedicar maior atenção a elas no seu tempo livre onde quer que estejam – inclusive por meio dos seus celulares.

Essa é uma das mais discretas, porém mais importantes, ferramentas de assistência em educação sendo oferecidas gratuitamente nos Estados Unidos hoje. Exercícios para o SAT – e conselhos para ingressar numa faculdade – há muito são considerados, com razão, áreas nas quais o privilégio, e não o mérito, é o mais importante, e ao qual os ricos têm um acesso especial.

"Estamos tentando mudar as coisas de modo a fazer com que um número cada vez maior de estudantes disponha das ferramentas para ter mais poder sobre si mesmos", explicou David Coleman, presidente do College Board. "Estamos proporcionando uma aprendizagem personalizada numa fase em que os estudantes precisam exercer um maior comando sobre o aperfeiçoamento de seus talentos e a trajetória de sua carreira. O College Board costumava simplesmente oferecer os exames para aferir e assinalar o progresso feito, mas agora estamos na verdade tentando providenciar os instrumentos para o estudante se exercitar e o aconselhando no sentido de mudar trajetórias."

Fazer isso, contudo, requer algumas mudanças importantes de atitude em sintonia com os rumos que o mundo do trabalho está tomando. "Você precisa ser o dono do seu próprio desempenho", disse Coleman, "e compreender que não se trata de algo que é dado, mas sim de algo que se conquista por meio da prática." Coleman tem trabalhado para mudar todos os aspectos dos SATs, para deixar claro que o teste não afere o QI ou a competência geral, mas sim um conjunto específico de habilidades usadas repetidamente no ensino médio e na faculdade. "Foi por esse motivo que fizemos a parceria com a Khan Academy – para oferecer o que há de melhor em termos de preparação para os exames", acrescentou Coleman. "Agora todos os estudantes podem ser donos do próprio desempenho, porque têm acesso aos melhores instrumentos para se aperfeiçoar."

Tudo isso, por sua vez, dá condições ao College Board de criar uma outra forma de AI – "aconselhamento inteligente" –, feita sob medida para você e com a ajuda da IA. "Com a permissão dos estudantes e das famílias, compartilhamos com os que dão os conselhos não apenas dados sobre os estudantes, como também os padrões nos dados vistos pelo College Board, para nos assegurarmos de que o mentor esteja plenamente informado", disse Coleman. E para garantir que existam conselheiros e coaches para os que mais precisam deles, o College Board firmou uma parceria com os Boys & Girls Clubs of America de modo a garantir que o maior número possível de estudantes aproveite em todo o país esses instrumentos gratuitos de aperfeiçoamento. Também fechou uma parceria com o College Advising Corps para fazer com que conselheiros treinados gratuitamente atendam a estudantes de renda baixa ou média com alto desempenho — ajudando-os a fazerem as melhores escolhas em relação à universidade — e construiu links com possíveis oportunidades em termos de bolsas universitárias. A plataforma também identifica jovens que poderiam ter sucesso em cursos de AP* nos anos iniciais ou finais do ensino médio, mas que se sentiram intimidados demais para se candidatar por acharem que podiam não ser bons o bastante. Isso se aplica com frequência aos estudantes não brancos, que se sentem alijados dessas oportunidades, motivo pelo qual Stefanie Sanford gosta de dizer: "As pessoas dizem que os testes não são isentos de preconceito; bem, exames não são nem de longe tão preconceituosos como as pessoas". Assistentes inteligentes não distinguem a cor de ninguém.

A colaboração Khan-College Board merece realmente ser estudada por ser um microcosmo de como podemos vencer os robôs — como podemos fazer a transição para um contrato social diferente que promova a passagem da fase da educação-para-o-trabalho para a da aprendizagem-contínua-para--toda-a-vida na era das acelerações. Estes são os três ingredientes básicos da revolução promovida pela parceria Khan-College Board: 1) mais coisas dependerão de você, e é bom que você saiba disso e busque assistentes inteligentes e assistência inteligente onde for possível; 2) precisamente porque mais coisas dependerão de você, o governo e as organizações sociais precisam levar a sério a necessidade de provê-lo não apenas de quaisquer instrumentos, mas com

* Programas de *Advanced Placement* [colocação avançada] criam currículos e testes para estudantes de alto desempenho no ensino médio que, eventualmente, por meio deles, podem obter vagas na universidade. (N. T.)

instrumentos muito melhores — concebidos com inteligência artificial, feitos sob medida para você e para as suas necessidades, e reforçados pelo apoio de um adulto ou de um coach atencioso, sempre que possível; e 3) a tecnologia só pode levá-lo até certo ponto. A concentração também é importante. Coleman gosta de dizer que, atualmente, a "tecnologia da interrupção suplantou a tecnologia da concentração". Os estudantes precisam, mais do que nunca, aprender a disciplina da concentração prolongada e ficar imersos eles próprios na prática do estudo — sem headphones. Nenhum atleta, nenhum cientista, nenhum músico jamais se tornou melhor sem centrar o foco na sua prática, e não existe nenhum programa para isso que você possa baixar. É algo que vem de dentro.

Se você vier, eles farão isso — a cada ano que passa, o ato de transformar IA em AI só vai ganhar em eficiência. "Antigamente, uma pessoa publicava um livro didático de cálculo e não tinha nenhum dado, nenhum feedback em termos de em que medida o livro estava ou não atendendo às pessoas", explicou Sal Khan. Então ela passava os cinco anos seguintes apenas mudando a numeração das páginas. Hoje, disse ele, a Khan Academy pode publicar um conjunto de tutoriais sobre cálculo e, em questão de horas, identificar aqueles que conseguem fazer com que os estudantes cheguem às respostas certas, iterá-los de imediato e começar a difundi-los globalmente em algumas poucas horas. É espantosa a capacidade de revisar o conteúdo e de aperfeiçoá-lo em grande escala.

"O fato de contar com altos índices de alfabetização foi um acelerador para o crescimento do mundo desenvolvido, mas imagine agora que contamos com um acelerador para o mundo em desenvolvimento" — onde, em vez de 5% terem a possibilidade de participar e de contribuir, temos 50%, acrescentou Khan. Os jovens motivados a aprender podem agora recorrer à plataforma Khan e fazer progressos na velocidade que quiserem, e alguns começaram a avançar muito, muito rapidamente.

"Agora o céu é o limite", disse Khan.

O ZELADOR BRILHANTE

Assistentes inteligentes não se limitam a ser sites que podem ser acessados. São também instrumentos portáteis, capazes de transformar IA em AI de maneiras novas e extraordinárias, de modo que um número bem maior de pessoas, qualquer que seja seu nível de habilidade ou educação, possa viver acima da linha de adaptabilidade — e até mesmo prosperar ali.

Considerem o que significa ser um zelador hoje no campus da Qualcomm, em San Diego. Uma dica: graças a assistentes inteligentes, tornou-se um emprego associado ao conhecimento. Ashok Tipirneni, diretor de gestão de produtos para o projeto Smart Cities da empresa, me explicou o motivo: a Qualcomm criou um ramo de negócios ao mostrar às companhias como elas poderiam reciclar seus sensores sem fio, instalando-os em qualquer parte de seus edifícios, de modo a gerar uma espécie de eletrocardiograma ou ressonância magnética non-stop do que está se passando nas profundezas de cada um dos sistemas de seus prédios. Para criar um modelo para efeito de demonstração, Tipirneni começou com seis edifícios no campus da Qualcomm de Pacific Center, San Diego, que incluíam edifícios-garagem, espaços para escritórios e pátios de alimentação; a área abrangia um total de quase 1 milhão de metros quadrados usados por cerca de 3200 pessoas. Eles reciclaram pequenos sensores, com baterias próprias, de modo a transmitir todos os seus dados — de portas, latas de lixo, banheiros, janelas, sistemas de iluminação, sistemas de aquecimento, cabos, resfriadores e bombas — para um receptor instalado no campus. O receptor faz com que todos os dados subam para a supernova, onde são armazenados, analisados e transformados em aconselhamento inteligente para a equipe de manutenção dos prédios. "Não houve necessidade de arrebentar uma única parede", disse Tipirneni.

O primeiro resultado foi uma significativa economia. Laboratórios começaram a competir uns com os outros para ver quem poupava mais. "Descobrimos que grande parte do uso de energia se devia aos PCs dos laboratórios, e que o simples fato de colocar esses computadores em modo de hibernação nos seis edifícios quando não estavam sendo usados resultará numa economia prevista de cerca de 1 milhão de dólares por ano — ficamos chocados ao descobrir o que poderia ser obtido com uma medida tão simples", disse Tipirneni. "Esses dados que coletamos fazem com que tenhamos esses insights — é fantástico."

Mas a parte divertida é que eles começaram a transmitir todos os dados na forma de ícones para um iPad e então fizeram com que cada funcionário da manutenção fosse equipado com um deles. No instante em que acontece um vazamento ou curto-circuito, ou que uma válvula é deixada aberta, isso aparece na tela do iPad. E, se alguma coisa quebra, o tablet mostra imediatamente o manual de reparos em sua tela. Se algo quebra ou vaza e a equipe de manutenção não sabe como consertar, eles tiram uma foto do problema com o tablet. "O sistema saberá que essa parte do edifício está conectada a uma tubulação no quarto andar e que a responsabilidade por esse andar é atribuída a tal técnico, e o aparelho então envia automaticamente para ele uma mensagem para que o conserto seja feito", disse Tipirneni. "O dispositivo saberá exatamente onde se encontra a tubulação atrás da parede divisória", de modo que não é preciso arriscar um palpite sobre onde o buraco vai ser feito. "Poupa-se tempo e dinheiro, usando apenas o que é necessário do modo mais eficiente possível. E então aproveitamos o tempo poupado no tratamento dos sintomas para atacar as causas na sua raiz."

A Qualcomm está colocando esses sensores, fixados com uma garra, em todos os 48 edifícios em San Diego. De repente os sujeitos da manutenção "foram convertidos em engenheiros de dados, o que para eles é empolgante", acrescentou Tipirneni. Cuidou-se para que os dados fossem "apresentados de maneira fácil de entender e operar". Antigamente, quando olhavam para um edifício, os responsáveis pelas instalações diziam: "Se houver um vazamento, alguém vai me chamar ou eu vou ver". Eles eram reativos. Agora, diz Tipirneni, "nós os treinamos para que olhem os sinais e os dados que vão indicar um vazamento antes que ele aconteça e venha a causar destruição. Eles não sabiam quais dados deveriam olhar, e o nosso desafio era justamente fazer com que os dados captados pelos sensores pudessem ser interpretados com facilidade, de modo que não os sobrecarregássemos com dados demais e simplesmente disséssemos: 'Você pode dar um jeito nisso'. Nossa meta era: 'Vamos lhe dar informações que possam ser usadas'".

"A carga cognitiva é grande demais", ele acrescentou, "e a tecnologia tem de reduzi-la, porque ela pesa sobre o usuário. Todos vão precisar de um assistente pessoal e todos terão um."

Os integrantes da equipe de manutenção agora veem a si mesmos mais como técnicos em edifícios do que apenas como zeladores. "Eles se sentem um degrau acima", disse Tipirneni. "Ficaram bastante empolgados com as interfaces."

E a melhor parte, ele acrescentou: "Recebemos quarenta funcionários municipais de quatro cidades diferentes para uma demonstração, e alguns dos homens da manutenção que estavam aqui fizeram a apresentação, mostrando o que tinham aprendido, e isso sensibilizou os funcionários municipais. Alguns poucos meses de experiência bastaram para que eles se sentissem confiantes o bastante para falar a respeito".

É isso que um assistente inteligente é capaz de fazer.

ALGORITMOS INTELIGENTES

Eu poderia contar a vocês por que os algoritmos inteligentes são tão importantes para o mundo do trabalho na era das acelerações. Mas prefiro apenas contar a história de como LaShana Lewis, uma engenheira da MasterCard especializada em servidores de computador, conseguiu seu emprego. Conheci Lewis numa mesa-redonda que discutia como "reconectar o mercado de trabalho americano", organizada pela Opportunity@Work.

Lewis, uma afro-americana de quarenta anos, é filha de uma mãe solteira (que tinha apenas quinze anos quando ela nasceu) em East St. Louis, Illinois. "Minha mãe vivia do seguro-desemprego e nós morávamos em um conjunto habitacional. Todos à nossa volta viviam do seguro-desemprego. Não contávamos com muitos recursos em casa; não havia computadores nas escolas, que eram sustentadas com impostos prediais." Porém Lewis descobriu ainda bem jovem que "tinha um dom para consertar coisas". De modo que, o que quer que quebrasse na sua casa — de torradeiras a pias —, ela mesmo consertava sozinha. Assim que chegou à escola de ensino médio, onde havia computadores, ela mergulhou num curso de ciência da computação; e acabou orientando outros alunos e atraindo a atenção do professor, que lhe disse: "Você precisa ir para uma faculdade e estudar mais sobre computadores". Ela obteve uma bolsa para frequentar a Michigan Tech, mas, mesmo com a bolsa, não dispunha do suficiente para se sustentar e acabou tendo de deixar a faculdade depois de três anos e meio — sem um diploma. Ela teria se formado em 1998.

"Então voltei para casa e tentei arrumar um emprego em computação, mas acabava sempre sendo vetada", disse Lewis. "As pessoas me perguntavam se eu tinha me formado e eu, que não mentia, respondia que 'não', então arrumei um emprego como motorista, levando e trazendo crianças negras num programa de educação complementar da escola de ensino médio onde eu tinha estudado, em East St. Louis, até a faculdade comunitária local. Então lá estava eu dirigindo a van quando o professor de ciência da computação que trabalhava no programa decidiu sair. Eles então me pediram que assumisse a função, o que eu fiz. No fim do mês, perguntei se poderia exercer aquela função em tempo integral, e eles me disseram: 'Não, você não tem um diploma'. Depois de experimentar essa frustração, procurei uma firma que fazia o papel de agência de empregos e eles me encaminharam para trabalhar no setor de suporte ao usuário." Ela trabalhou em outros lugares, sempre nessa função, por dez anos, ajudando pessoas obtusas como eu a reiniciarem suas senhas e coisas parecidas.

A sorte de Lewis mudou quando ela foi trabalhar no setor de suporte ao usuário na Universidade Webster, em St. Louis, e um colega e integrante do corpo docente percebeu o quanto ela era talentosa. (Ela costumava andar sempre com o pessoal da área de TI, trabalhando como técnica em backup.) Certo dia, quando Lewis estava renovando seus conhecimentos, fazendo um curso sobre computação na Webster, seu professor, que tinha ouvido falar de um novo site de assistência inteligente — o LaunchCode.org —, sugeriu que ela desse uma olhada. O objetivo do LaunchCode é ajudar "a encontrar os melhores recursos na internet e na sua comunidade para que você se prepare e consiga obter um emprego na área de tecnologia". Sua promessa: "Não dê tanta importância às suas credenciais, apenas mostre o que sabe fazer. Candidate-se on-line a fazer uma aprendizagem conosco e o ajudaremos a expandir sua capacidade e sua paixão pela tecnologia, ao mesmo tempo que colocaremos você em contato com orientadores e ofereceremos um feedback sobre seus progressos. O LaunchCode o encaminhará para uma de nossas quinhentas empresas parceiras para um período de aprendizagem paga de cerca de doze semanas de duração. Aperfeiçoe suas habilidades trabalhando e aprendendo com profissionais experientes. Nove em cada dez aprendizes acabam sendo contratados em tempo integral".

Lewis aderiu à proposta do LaunchCode em junho de 2014, sendo contratada pela MasterCard em St. Louis como aprendiz em setembro daquele ano e promovida a engenheira de sistemas assistente em novembro, para ajudar a empresa de cartões de crédito a lidar com sua gigantesca rede de servidores. Em março de 2016, ela foi promovida a engenheira de sistemas.

E, como Lewis me disse com uma piscadela, "ainda não tenho meu diploma".

Numa estimativa aproximada, existem cerca de 35 milhões de pessoas como LaShana Lewis nos Estados Unidos hoje; pessoas que começaram a faculdade, mas jamais a terminaram. Imaginem em que medida nosso país poderia ser mais produtivo se encontrássemos uma maneira de valorizar e captar os conhecimentos de que dispõem esses 35 milhões de pessoas. Simplesmente não podemos continuar apegados a esse sistema binário – com diploma ou sem diploma – no qual a chave para a inclusão é o pedigree, e não o que você realmente sabe e efetivamente é capaz de fazer. A emergência de algoritmos inteligentes e de redes como o LaunchCode, que podem ser usados por empregadores como instrumentos confiáveis de validação para incluir pessoas no sistema e não para arrancá-las dele, promete destravar uma enorme quantidade de talentos desperdiçados.

"Se você é capaz de fazer o trabalho, então deveria conseguir o emprego", afirma Lewis.

Felizmente, algoritmos inteligentes e redes inteligentes estão surgindo e possibilitando um novo contrato social. Existem na verdade muitas pessoas com as habilidades que certos empregadores estão buscando, mas que não dispõem das credenciais que as tornem valorizadas. Há muitas pessoas que ficariam felizes em adquirir essas habilidades, mas não têm informação para saber que habilidades são essas, nem acesso a plataformas de aprendizado, pois algumas destas são pouco convencionais, além de não contarem com os financiamentos tradicionais do governo. Há empresas que dispõem de empregados com capacidade – ou que aspiram a adquirir essa capacidade – para desempenhar novas funções, porém os empregadores não sabem quem são eles ou não estão organizados para lhes oferecer oportunidade de treinamento on-line. E existem faculdades excelentes quando se trata de ensinar essas habilidades, mas ninguém sabe quais são as melhores.

À medida que desenvolvermos algoritmos mais inteligentes "para superar essas falhas do nosso mercado de trabalho", argumentou Byron Auguste, poderemos colocar muito mais gente para trabalhar – em maior sintonia com os próprios talentos, melhorando sua contribuição à nossa economia e à nossa sociedade –, não importa quantas máquinas e robôs existam lá fora. Esses algoritmos ou redes inteligentes são chamados de "plataformas de talentos on-line".

No topo da escada do mercado de trabalho, os profissionais já contam com um algoritmo inteligente global para sondar oportunidades: o LinkedIn, que é uma rede voltada para as carreiras profissionais. Porém seus fundadores agora desejam expandir esse algoritmo inteligente para o conjunto do mundo do trabalho, criando um "gráfico econômico" global. Eis como o CEO do LinkedIn, Jeff Weiner, descreve a proposta no blog da empresa:

> Reid Hoffman e os outros fundadores do LinkedIn criaram inicialmente uma plataforma para ajudar as pessoas a estimar o valor das suas redes profissionais, e desenvolveram uma infraestrutura capaz de rastrear esses relacionamentos a três graus de distância. Ao fazerem isso, eles proporcionaram os fundamentos do que viria a ser o maior mapeamento do mundo em termos das relações entre profissionais e o mercado de trabalho.
>
> Nossa atual visão de longo prazo para o LinkedIn é estender esse mapeamento profissional para que ele se torne um mapeamento econômico ao manifestar digitalmente cada oportunidade econômica [ou seja, empregos] no mundo (seja em tempo integral ou temporário); as capacidades necessárias para se obter essas oportunidades; os perfis para cada empresa no mundo oferecendo essas oportunidades; os perfis profissionais de cada uma desses 3,3 milhões de pessoas na força de trabalho global; e posteriormente sobrepor os conhecimentos profissionais desses indivíduos aos das empresas nesse "gráfico" [de modo que profissionais individuais possam compartilhar com qualquer um sua expertise e experiência].

Todos poderão ter acesso a redes inteligentes como o gráfico global do LinkedIn, ver quais habilidades estão sendo demandadas ou estão disponíveis, e até mesmo oferecer cursos on-line. Você poderia ensinar tricô ou edição ou jardinagem ou a lidar com encanamentos ou consertar motores. Um número muito maior de pessoas se sentirá estimulada a oferecer seus conhecimentos técnicos aos outros, e o mercado para isso sofrerá uma drástica expansão.

Weiner acrescenta:

> Com o mapeamento econômico, poderíamos saber onde estão os empregos em cada localidade, identificar quais ocupações vêm se expandindo mais rapidamente em determinada área, as habilidades exigidas para se obter esses empregos, as habilidades da força de trabalho agregada existente ali, e então quantificar o tamanho dessa defasagem. Ainda mais importante, poderíamos então abastecer com esses dados as instituições de treinamento vocacional locais, assim como faculdades que preparam os jovens etc., de modo que fossem adaptando o currículo para proporcionar aos que buscam empregos na área as habilidades necessárias aos

empregos que existem ou virão a existir, e não apenas aos empregos que existiram no passado.

Separadamente, colocaríamos ao alcance dos atuais estudantes universitários a possibilidade de ver a trajetória profissional percorrida por todos os ex-alunos de sua faculdade classificada por empresas, critério geográfico e papel funcional.

Por exemplo, dê uma olhada em linkedin.com/edu. O LinkedIn estudou seu banco de dados de 100 milhões de trabalhadores para determinar quais faculdades parecem estar colocando mais ex-alunos nas principais companhias em vários campos profissionais. Talvez você se surpreenda: contabilidade? Villanova e Notre Dame. Mídia? Universidade de Nova York e Hofstra. Desenvolvimento de software? Carnegie Mellon, Caltech e Cornell. Não importa se você quer ser um encanador ou um cirurgião, é útil saber quais faculdades têm seus ex-alunos em ascensão nas principais companhias.

O LinkedIn já está ocupado construindo seu mapeamento, tendo como partida várias cidades escolhidas como projetos-piloto, e se algum dia tiver sucesso ao criar um algoritmo inteligente para o mundo inteiro, isso terá sido uma realização de enorme utilidade. Mas como podemos oferecer uma ferramenta inteligente como essa para a metade do mercado de trabalho que se encontra fora das redes usadas pelos profissionais do LinkedIn? Essa questão é um dos motivos pelos quais Reid Hoffman, o cofundador do LinkedIn, é um dos principais apoiadores do algoritmo inteligente Opportunity@Work, liderado por Auguste e Karan Chopra, que vem tentando dar um jeito na parte de baixo do mercado de trabalho, a área da qual emergiu LaShana Lewis, e onde existem ainda maiores oportunidades de "arbitragem de talentos" a serem encontradas.

Há um número excessivo de pessoas como Lewis, que desenvolveram habilidades por conta própria mas não dispõem necessariamente de certificados, títulos ou diplomas nos quais os empregadores se acostumaram a confiar numa era em que as pessoas contam com um número muito maior de opções para aprender por conta própria.

A Opportunity@Work vem tentando resolver esse problema trabalhando no nível das comunidades para criar redes inteligentes que ajudem as empresas que estão prontas — e mesmo desesperadas — para contratar alguém que possa efetivamente desempenhar as funções técnicas que precisam ser desempenhadas. Muitos empregadores afirmam que diplomas nem sempre garantem que seus detentores possuam as habilidades exigidas – ainda assim os instrumentos que utilizam para contratar fazem com que muitas pessoas que efetivamente dispõem dessas capacidades sejam deixadas de lado por não terem diplomas, títulos ou certificados.

Se alguém conta com a habilidade – mas não com o pedigree ou currículo profissional – para ser administrador de sistemas de TI ou desenvolvedor de web, a Opportunity@Work testa a capacidade dessa pessoa em sua plataforma TechHire.org, certifica o seu domínio dessas habilidades em várias ocupações da área de tecnologia e então a conecta com os empregadores adequados ou lhe oferece o treinamento adequado para ganhar ou aprender mais.

"Temos de passar a contratar mais pessoas com base na sua capacidade, não na sua história", argumenta Chopra. "Podemos tornar mais íngreme a curva da aprendizagem, mas, se essa aprendizagem e essas habilidades não forem reconhecidas no mercado de trabalho, não há incentivo e nenhuma recompensa." Há hoje muitas companhias investindo em softwares para fazer triagens no sentido de eliminar pessoas com base em suas credenciais, mas poucas investindo em softwares de aprendizagem e compatibilização de interesses, capazes de descobrir o que cada um tem de mais valioso e mais útil.

Quer saber até que ponto essa situação é uma loucura? Eis aqui um dado interessante de uma pesquisa sobre mercado de trabalho realizada em 2015 pela Burning Glass Technologies: 65% dos anúncios de emprego em busca de candidatos aos cargos de secretárias e assistentes executivos exigem agora um diploma de graduação, mas "apenas 19% dos atualmente empregados nesses postos têm diploma". De modo que quatro quintos das secretárias hoje nem sequer seriam consideradas para ocupar dois terços dos anúncios de empregos em seu próprio setor porque não têm um diploma para a função que já estão desempenhando.

Uma mensagem dos empregadores: se você for uma secretária em atividade hoje, sem um diploma, e estiver disposta a trocar de emprego, outro empregador vai levá-la em consideração, mas primeiro você tem de pedir demissão, contrair uma dívida de 80 mil dólares para obter um diploma e então se apresentar para uma entrevista para preencher a exata função que já está exercendo. Bem-vinda ao atual mercado de trabalho americano, no qual, observa a Burning Glass, um "número cada vez maior de pessoas em busca de emprego está sob a ameaça de ser excluído de ocupações de nível médio, de classe média, pela exigência cada vez mais difundida pelos empregadores de um diploma de graduação", entendido como um requisito da qualificação necessária ao emprego, mesmo que possa ser irrelevante para a função ou para as suas reais capacidades.

O que a Opportunity@Work está tentando criar por meio de suas redes, disse Auguste, é nada menos do que "um novo anúncio de demanda por capital humano". Esse anúncio diria o seguinte: "Qualquer um que seja capaz de desempenhar determinada tarefa num determinado padrão e num determinado contexto terá direito de ser posto à prova. Não estamos interessados em saber como você aprendeu. O que estamos contratando é a sua competência, não o seu pedigree — nem todo mundo consegue especificamente determinado emprego, mas todos ganham a oportunidade de tentar". E se há habilidades que você ainda não domina, aqui estão as escolas, faculdades ou plataformas de aprendizagem nas quais pode adquiri-las da maneira que achar mais conveniente.

Na situação atual, nenhum empregador conta com um incentivo para construir essa plataforma, motivo pelo qual precisamos de grupos como o Opportunity@Work ou o LinkedIn para criar as redes inteligentes que mostrem a todos como isso pode funcionar. O atual sistema, no qual existe um único vencedor na corrida por um emprego e mil perdedores, representa simplesmente um desperdício exagerado de capital humano, e, na era das acelerações, isso pode ser politicamente perigoso. Chopra e Auguste têm certeza de que, se conseguirem formar uma massa crítica de empregadores que contratem com base nas habilidades demonstradas, não na história, e também criar o vínculo entre potenciais empregados e as faculdades, coaches e tutores, de modo a ajudá-los a adquirir as habilidades mais solicitadas, eles poderão mudar o mercado de trabalho.

Se você é o administrador de uma faculdade comunitária, essas redes inteligentes são uma maneira fantástica de descobrir o que os empregadores estão procurando e, consequentemente, quais habilidades você deveria estar ensinando. Você pode, então, inovar ao buscar soluções inteligentes para financiar seus projetos, diz Auguste: imagine um microfundo de investimento em participações em um curso para estudantes talentosos de baixa renda e despesas de manutenção para um "intensivo de programação" com duração de quinze semanas, que só se converte em dívida a ser cobrada assim que a pessoa arrume seu primeiro emprego como desenvolvedora de software. Podemos abrir oportunidades de trabalho, resolver nossas discrepâncias em termos de oferta e demanda de habilidades e liberar uma enorme quantidade de valor em capital humano se superarmos as antiquadas estruturas de empréstimo público e privado para estudantes. Estas poderiam dar lugar a sistemas de financiamento mais personalizados, com base no talento e num mecanismo que passasse adiante os benefícios recebidos, nos quais tanto as instituições educacionais como os empregadores teriam interesse em garantir aos estudantes uma resposta ao seu esforço na forma de um emprego para o qual haja uma demanda.

"Nossas instituições gastam muito tempo trabalhando em arrumar um jeito de otimizar os retornos obtidos pelo capital financeiro", disse Auguste. "Já é hora de pensarmos mais sobre como otimizar o retorno sobre o capital humano."

QUE VENHA A REVOLUÇÃO

No decorrer deste livro tenho enfatizado o fato de que a tecnologia sobe a passos largos — de plataforma em plataforma. Mas nem todas as plataformas foram criadas da mesma maneira. E venho defendendo que os dois últimos passos que demos — aquele que tornou a competitividade *rápida, gratuita, fácil de usar e onipresente* por volta do ano 2000, e aquele que tornou a complexidade *rápida, gratuita, fácil de usar e invisível* por volta de 2007 — constituíram um ponto de inflexão fundamental no poder dos homens, máquinas, grupos e fluxos. Um ponto de inflexão tão profundo que levou à explosão do mundo do trabalho como o conhecíamos desde que a Revolução Industrial implodiu aquele baseado nas guildas. Graças à supernova, o ambiente de trabalho foi globalizado, digitalizado e robotizado numa velocidade, amplitude e escala nunca vistas antes. Difícil pensar em alguma carreira que não tenha sido tocada por esse processo, e é por isso que ele vem apresentando um desafio tão fundamental à maneira como pensamos sobre a educação das pessoas para o trabalho, sobre a organização das pessoas no trabalho e sobre como ajudá-las a se adaptarem a essas duas novas realidades.

A maior parte dos empregos de classe média hoje — e aqueles que não podem ser terceirizados, automatizados, robotizados ou digitalizados — provavelmente são o que eu chamaria de empregos *stempathy*.* São empregos que requerem e recompensam a capacidade de tirar proveito de habilidades técnicas e interpessoais — combinando cálculo e a psicologia humana (ou animal); manter uma conversa com Watson para fazer um diagnóstico de câncer e segurar a mão de um paciente para informá-lo desse diagnóstico; ter um robô ordenhando as vacas, porém também cuidar conscienciosamente das vacas que exigem maior atenção, tratando-as com benevolência.

"No século XIX, a maior parte dos americanos passava boa parte do tempo ao ar livre, no campo, ao lado de animais e plantas", escreveu o historiador Walter Russel Mead num ensaio publicado em 10 de maio de 2013 na *American Interest* intitulado "The Jobs Crisis: Bigger Than You Think" [A crise dos empregos: maior do que você pensa]:

> No século XX, a maior parte dos americanos passa seu tempo envolvida em tarefas burocráticas dentro de escritórios ou manipulando ferramentas em fábricas. No século XXI a maioria de nós vai trabalhar com pessoas, oferecendo serviços com os quais melhoraremos a vida uns dos outros [...].
>
> Teremos de descobrir a dignidade inerente ao trabalho que se baseia na relação pessoa para pessoa, e não pessoa para coisas. Teremos de compreender que nos relacionar com outras pessoas, entender suas esperanças e necessidades, e usar nossos próprios conhecimentos, habilidades e talentos para dar a elas o que desejam a um preço acessível consiste em trabalho honesto.

As mais recentes pesquisas comprovam isso. Em um ensaio publicado no *New York Times* em 18 de outubro de 2015 e intitulado "Why What You Learned in Preschool Is Crucial at Work" [Por que aquilo que você aprendeu na pré-escola é vital para o trabalho], Claire Cain Miller observou que, "mesmo com todos os trabalhos que as máquinas hoje podem fazer — seja realizar uma cirurgia, dirigir carros ou servir comida —, falta a elas uma característica tipicamente humana. Elas não têm habilidades sociais. Contudo, habilidades

* Neologismo do autor combinando a palavra *sympathy* (simpatia) com o acrônimo STEM, alusivo aos domínios da ciência, tecnologia, engenharia e matemática. (N. T.)

como cooperação, empatia e flexibilidade se tornaram cada vez mais cruciais no dia a dia do trabalho moderno".

Essas ocupações que requerem sólidas habilidades sociais, ela acrescenta,

> têm adquirido muito mais importância do que as outras desde 1980, de acordo com novas pesquisas. E as únicas ocupações cujos salários têm mostrado um aumento constante desde 2000 exigem habilidades tanto cognitivas como sociais [...].
>
> Entretanto, para preparar os estudantes para a mudança no modo como estamos trabalhando, talvez as escolas precisem mudar as habilidades que vêm ensinando. Na educação tradicional, as habilidades sociais raramente são enfatizadas.
>
> "As máquinas estão automatizando ramos inteiros de atividades, de modo que dominar essas soft skills, saber demonstrar aquele toque humano e como complementar a tecnologia é fundamental, e nosso sistema educacional não está organizado em função disso", disse Michael Horn, cofundador do Clayton Christensen Institute, onde ele estuda educação.

Miller consultou David Deming, professor-adjunto de educação e economia na Universidade Harvard e autor de um novo estudo sobre o assunto. Conforme explicou Miller, a pesquisa de Deming mostra que, no setor tecnológico, "os empregos que estão em alta são aqueles que combinam habilidades técnicas e interpessoais, como o do cientista da computação que trabalha num projeto que envolve um grupo". Miller cita David Autor, um economista no MIT especializado em questões de mercado de trabalho, segundo o qual, "quando se trata de uma habilidade meramente técnica, são grandes as chances de que ela possa ser automatizada, e se é apenas uma questão de ter empatia e se mostrar flexível, há uma oferta infinita de pessoas, e por isso esse emprego não será bem pago. É justamente a interação entre os dois aspectos que é valorizada".

Repetindo: o novo ambiente de trabalho transformado pela era das acelerações exigirá múltiplos novos contratos sociais. Um deles será entre patrões e empregados: os patrões terão de aprender a contratar as pessoas com base no que elas podem comprovadamente fazer, e não apenas em seu pedigree, e também a proporcionar vários caminhos para a aprendizagem contínua no interior da estrutura da companhia. Outro será o contrato entre você e você mesmo: se os patrões criam as oportunidades de aprendizagem e o ajudam com a devida orientação, você terá de entrar com a garra e a automotivação necessárias para tirar vantagem de ambas — tornar-se senhor do seu próprio aprendizado e do seu constante reaprendizado. Em uma era na qual os empregos se tornaram bolas que não param de quicar, sendo disputadas por mais pessoas, máquinas e robôs, você tem de se mostrar disposto e ser capaz de pular. Um terceiro contrato terá de ser firmado entre educadores e estudantes: as companhias não têm mais paciência para ficar esperando que as universidades compreendam o seu mercado, adaptem os seus currículos, contratem os professores certos e ensinem aos estudantes as novas habilidades, especialmente quando plataformas educacionais que começam a emergir estão agora fazendo tudo isso mais rápido e a partir do zero. Se as escolas de ensino médio tradicionais quiserem continuar a ser relevantes num mundo onde todos precisarão de aprendizagem contínua, os educadores precisam proporcionar essas oportunidades a uma velocidade viável, com um preço acessível e um grau de mobilidade sob demanda. Finalmente, precisaremos de um novo contrato social entre governos e cidadãos: temos de criar todo incentivo possível em termos de regulamentação e impostos para que todas as companhias proporcionem e todo trabalhador tenha acesso à assistência inteligente, a assistentes inteligentes, a redes inteligentes e políticas inteligentes de financiamento para a aprendizagem contínua.

Porém, antes que você fique com os olhos rasos d'água ao lamentar o fim do Holoceno do trabalhador que estamos agora vivendo, pare por um momento para pensar sobre os potenciais aspectos positivos do novo ambiente de trabalho. Marina Gorbis compartilhou um memorando para o seu instituto sobre como isso poderia na verdade resultar em uma mudança para melhor para muitos trabalhadores, se formos capazes de pôr de pé os alicerces apropriados a essa nova situação:

> Imagine que você, como trabalhador, possa decidir quando e como quer ganhar a sua renda, usando uma plataforma que tenha informações sobre as suas habilidades, capacidades e as tarefas que já tenha concluído anteriormente. Você estará em perfeita sintonia com a tarefa que otimiza sua oportunidade de obter uma renda. Imagine que a mesma plataforma, ou alguma outra, poderia conduzi-lo a oportunidades de aprendizado que maximizariam seus potenciais ganhos ou daria suporte ao seu desejo de adquirir novas habilidades. Suponha que, em vez de ir ao escritório, você possa trabalhar em casa ou em espaços compartilhados

com outros trabalhadores na sua vizinhança, propiciando a você conexões sociais, uma comunidade e a infraestrutura necessária ao desempenho das suas tarefas. E imagine que, nesse mundo, a rede de seguridade social – todos os seus benefícios – não está vinculada ao seu empregador, sendo, em vez disso, ditada pela portabilidade. Todas as vezes que você trabalhasse em troca de um pagamento, independentemente da plataforma e da organização, seus benefícios iriam se acumulando na sua conta pessoal de seguridade. Partes desse novo ecossistema de trabalho já estão começando a tomar forma, mas o processo avança de maneira fragmentária, com muitas defasagens e passos em falso.

Contudo, ela acrescenta, a solução está em

não forçar muitos dos trabalhadores sob demanda a se ajustarem ao modelo formal de emprego, minando assim os elementos positivos das novas disposições do mundo do trabalho, ou seja, a flexibilidade e a autonomia. Não deveríamos voltar ao antigo sistema operacional. Deveríamos, em vez disso, fazer um upgrade ou reconstruir o antigo sistema operacional de trabalho, levando seus benefícios não apenas à crescente população de trabalhadores sob demanda, como também àqueles que trabalham nas organizações já existentes. Como seriam as coisas se os empregados das empresas pudessem trabalhar quando quisessem, com base nas suas necessidades individuais e nas da sua família? E se as companhias pudessem usar internamente os mesmos algoritmos a serviço do Uber e do Upwork para distribuir tarefas, criar métricas dinâmicas de reputação e mecanismos de feedback em vez de gastar enormes quantidades de energia nas temidas avaliações de performance? Além de proporcionarem níveis sem precedentes de autonomia e flexibilidade, os novos mecanismos, se bem concebidos, também poderiam ajudar a eliminar abordagens preconceituosas nas contratações e promoções [...]. Talvez, apenas talvez, se trouxéssemos novos mecanismos de coordenação para as organizações já existentes, o comprometimento por parte dos trabalhadores e a sua satisfação pudessem na realidade aumentar.

Resumindo, não derrame lágrimas pela antiga era do trabalho baseado no horário rígido das nove às cinco. Ela se foi e não vai mais voltar. Porém, uma vez que superar essa transição, e não será fácil, estou convencido de que há uma grande probabilidade de que um ambiente de trabalho melhor e mais justo esteja nos esperando do outro lado dessa trajetória, se formos capazes de combinar o melhor que existe no novo — a inteligência artificial — com o melhor do que nunca muda e nunca vai mudar: automotivação, adultos e mentores que se importam com os estudantes e o exercício da prática na sua área de interesse ou naquela a que aspira ingressar.

Pouco antes de começar o ano letivo de 2014, o Gallup divulgou uma extensa pesquisa realizada entre pessoas que, depois de obterem um diploma, tinham ocupado funções no mercado de trabalho por ao menos cinco anos. A pesquisa procurava responder à seguinte pergunta: quais os fatores vivenciados na faculdade ou numa escola técnica que, mais do que qualquer outra coisa, se revelaram decisivos para produzir empregados "comprometidos" numa trajetória profissional bem-sucedida?

"Costumamos dar muita importância" à faculdade onde estudamos, explicou-me Brandon Busteed, diretor da divisão de educação do Gallup, para uma coluna que escrevi a respeito da pesquisa. "Porém não encontramos muita diferença no tipo de instituição na qual as pessoas estudaram — pública, privada, mais de elite ou não — quanto aos resultados de longo prazo. *Como* você adquiriu sua educação universitária revelou ser um ponto mais importante."

E duas experiências se destacaram na pesquisa feita junto a mais de 1 milhão de trabalhadores, educadores e empregadores americanos: *estudantes bem-sucedidos contaram com um ou mais professores que exerceram o papel de mentores e demonstraram real interesse por suas aspirações, e esses estudantes também realizaram um estágio relacionado ao que estavam aprendendo na faculdade*. Os empregados mais comprometidos com o trabalho, disse Busteed, atribuíram sistematicamente seu sucesso profissional ao fato de terem contado com um professor ou com professores "que mostraram se importar com eles como pessoas", ou ao fato de terem tido "um mentor que os encorajasse quanto às suas metas e aos seus sonhos", ou ao fato de terem passado por "um estágio onde puseram em prática o que estavam aprendendo". Esses trabalhadores, concluiu ele, "apresentavam uma probabilidade duas vezes maior de se mostrarem comprometidos com o trabalho e de se sentirem mais realizados como pessoas de modo geral".

Existe uma mensagem nessa garrafa.

9. Controle vs. Kaos

O violento caos que domina o Iêmen não é suficientemente organizado para merecer ser chamado de uma guerra civil.
Simon Henderson, "The Rising Menace from Disintegrating Yemen" [A crescente ameaça de desintegração do Iêmen], *The Wall Street Journal*, 23 de março de 2015

De 1965 a 1970, o público da televisão americana se divertiu com uma série popular chamada *Agente 86*. O programa, uma paródia de James Bond, era estrelado por Don Adams no papel do agente secreto Maxwell Smart, conhecido pelo codinome "Agente 86", tendo Barbara Feldon como sua assistente, a "Agente 99". Escrita por Buck Henry e Mel Brooks, *Agente 86* ficou conhecida por apresentar o notório telefone-sapato às plateias americanas, mas também apresentou algo mais: sua própria versão da geopolítica e de um mundo bipolar.

Vocês se lembram do nome da agência de inteligência para a qual Maxwell Smart trabalhava? Chamava-se "Controle". E lembram-se do nome do inimigo global da 'Controle'? Chamava-se "Kaos" – "uma organização internacional a serviço do mal".

Os criadores de *Agente 86* estavam bem à frente do seu tempo. Afinal, cada vez mais temos a impressão de que a mais importante dicotomia no "mundo pós-Guerra Fria", no qual nos encontramos agora, se dá entre regiões de

"Controle" e regiões de "Caos" — ou, como prefiro descrevê-las, "o Mundo da Ordem" e "o Mundo da Desordem".

Não era isso o que muitos americanos e europeus estavam esperando que acontecesse após a Guerra Fria. Ela era uma luta entre dois sistemas de ordem concorrentes, dominados por duas superpotências concorrentes e capazes, de modo geral, de conservar seus aliados ideologicamente na linha e de se manterem fisicamente intactas e militarmente contidas. As linhas divisórias relevantes em termos geográficos e ideológicos eram as entre Oriente-Ocidente, comunista-capitalista, totalitário-democrático.

No mundo pós-Guerra Fria, de 1989 até o começo do ano 2000, a luta em curso — e na verdade não chegava nem a ser uma luta — era entre a hegemonia americana e todos os demais. Nosso sistema econômico e político tinha "vencido". O sistema comunista tinha perdido, e, em grande medida, o único problema que teríamos pela frente seria o ritmo no qual todos os demais adotariam nossa fórmula democrático-capitalista para o sucesso — e então tudo o mais estaria bem com o mundo.

E como os Estados Unidos e seus aliados detinham tamanho superávit em termos de poder militar e econômico, eles optaram por usar parte dessa força para se opor a bolsões de resistência à tendência democratizante — como Saddam Hussein no Iraque, os militares que governavam o Haiti e Slobodan Milošević na Sérvia/Bósnia — e para pressionar a China com uma campanha pelos direitos humanos e a Rússia com as campanhas de expansão da OTAN e da União Europeia. Parecia ser apenas uma questão de tempo antes que o mundo inteiro seguisse pelo nosso caminho.

Como Michael Mandelbaum, professor de política internacional da Universidade Johns Hopkins, argumentou em seu livro *Mission Failure: America and the World in the Post-Cold War Era* [Missão fracassada: A América e o mundo na era pós-Guerra Fria], no período dessa janela de absoluta predominância dos Estados Unidos, "o principal foco da política externa americana passou da guerra para a governança, do que outros governos faziam para além de suas fronteiras para o que eles faziam e como estavam organizados dentro das suas fronteiras".

Ao se referir às operações dos Estados Unidos na Somália, Bósnia, Kosovo, Iraque e Afeganistão, às políticas de direitos humanos para a China, à democratização da Rússia, à expansão da OTAN e ao processo de paz israelense-

-palestino, escreveu Mandelbaum: "Os Estados Unidos, depois da Guerra Fria [...], tornaram-se o equivalente a uma pessoa muito rica, o multibilionário entre as nações. O país deixou o campo da necessidade que tinha habitado durante a Guerra Fria para adentrar o mundo da escolha. Escolheu gastar na geopolítica parte das suas vastas reservas de poder com o equivalente a produtos de luxo: a reconstrução de outros países".

Porém essa era tropeçou em importantes obstáculos quando as intervenções no Iraque e no Afeganistão vieram a atolar numa situação que configurava um fracasso, ao mesmo tempo que a grande recessão de 2008 desacelerou o crescimento americano. Tudo isso se somou para minar o poder e a autoconfiança dos EUA — de que sabia quais eram as coisas certas a fazer para tornar o mundo estável e também como fazer essas coisas, e que *era capaz* de fazê-las. Tudo isso se refletiu na política externa do presidente Barack Obama, caracterizada por aspirações restritas, por uma humildade quanto ao fato de os EUA saberem mais do que os outros, por um ceticismo em relação aos estrangeiros, em especial no Oriente Médio, que diziam compartilhar nossos valores e nos convocavam a sermos seus parceiros, assim como pela disposição de despachar tropas para o exterior com um conta-gotas, quase que contando os soldados um a um. Digo tudo isso não com a intenção de criticar; havia boas razões para a contenção demonstrada por Obama em se tratando do Oriente Médio. Em outras áreas, Obama reforçou a presença militar americana para compensar o peso da Rússia e da China, e seu uso dos militares americanos para estancar a eclosão do ebola na África Ocidental foi decisiva para evitar uma pandemia global. De modo que a noção de que os EUA, sob a administração Obama, se retirou do mundo não faz sentido. Houve, contudo, um recuo no Oriente Médio, e isso teve duas grandes consequências: estimulou a ascensão do Estado Islâmico (ISIS) no Iraque e na Síria e contribuiu para que um enorme fluxo de refugiados deixasse a região rumo à Europa. Esse êxodo por sua vez ajudou a promover uma reação anti-imigração que alimentou a saída da Grã-Bretanha da União Europeia e a ascensão dos movimentos populistas/nacionalistas em quase todos os Estados integrantes da União Europeia.

É importante lembrar que os Estados Unidos são um personagem tão importante no cenário mundial que mesmo pequenas mudanças na maneira como projetamos nosso poder podem ter impactos decisivos. E é a combinação de um poder americano em retração com a transformação do resto do mundo, de modo geral, pelas acelerações do Mercado, da Mãe Natureza e da lei de Moore, que define a era na qual vivemos, a qual chamo de mundo pós-pós-Guerra Fria. É um mundo caracterizado por algumas formas de competição geopolítica muito antigas e outras muito novas, todas envoltas ao mesmo tempo num só redemoinho. Ou seja, a tradicional competição entre superpotências, basicamente entre os Estados Unidos, a Rússia e a China, está de volta (se é que algum dia chegou a desaparecer), tão forte como nunca, com as três grandes potências disputando de novo suas esferas de influência, ao longo das antigas falhas sísmicas dos velhos tempos, como a fronteira OTAN-Rússia ou o mar do sul da China. Essa competição é alimentada pela história, pela geografia e pelos tradicionais imperativos da geopolítica das grandes potências e se vê reforçada hoje pela ascensão do nacionalismo na Rússia e na China. Seus contornos podem ser determinados pelo equilíbrio de poder entre os três grandes Estados-nação. Essa história foi bem documentada e não ocupa o centro do meu foco.

Estou mais interessado por esse novo mundo pós-pós-Guerra Fria: como as acelerações simultâneas do Mercado, da Mãe Natureza e da lei de Moore estão dando nova forma às relações internacionais e obrigando os Estados Unidos, em particular, e o mundo como um todo a repensarem como podemos estabilizar a geopolítica. Mais do que em qualquer outro momento desde o início da Guerra Fria, nós nos encontramos, mais uma vez, "presentes no momento da criação", ou *Present at the Creation*, título escolhido por Dean Acheson para suas memórias a respeito do período bastante formador em que foi secretário de Estado americano, logo após a Segunda Guerra Mundial (1949-53), uma época que viu a ascensão da União Soviética como superpotência global, a disseminação das armas nucleares, a decadência de impérios e o surgimento de uma variedade de novos Estados.

A era das acelerações na geopolítica é um período igualmente transformador, porém ainda não está claro se temos a capacidade ou a imaginação para construir alianças e instituições globais capazes de promover a estabilidade da mesma maneira que os estadistas do período pós-Segunda Guerra fizeram — e, no entanto, é essa a nossa missão.

Vejo vários novos desafios surgirem à nossa frente. O primeiro deles decorre da crescente interdependência existente no mundo; esse fenômeno criou, em particular, algumas inversões geopolíticas incomuns que agora influenciam cada uma das decisões tomadas pelos EUA em sua política externa. Por exemplo:

durante a Guerra Fria, seus aliados ajudaram a protegê-los de seus inimigos. No mundo pós-pós-Guerra Fria, no qual somos todos tão interdependentes, seus aliados — como a Grécia — podem agora matá-los mais rapidamente do que seus inimigos. Se a Grécia não conseguir pagar suas dívidas públicas e privadas, ou se a União Europeia começar a se fragmentar por causa da saída da Grã-Bretanha, isso pode desencadear uma reação em cadeia com uma queda de dominós que terminaria por minar a União Europeia e a OTAN — tão profunda e rapidamente como qualquer coisa que a Rússia ou a China pudessem fazer. Isso acarretaria enormes consequências estratégicas para os Estados Unidos, já que a UE é o outro grande centro do capitalismo democrático no mundo e o principal parceiro dos EUA na promoção desses valores no plano global, assim como na garantia de estabilidade de modo geral.

Uma inversão paralela determina as relações dos EUA com a Rússia e com a China numa era de interdependência. Não está claro hoje o que mais ameaça os EUA, se a força ou a fraqueza desses países. Se qualquer um deles entrasse em colapso em meio ao Mundo da Desordem, isso seria um desastre. A Rússia dispõe de um território que se estende por nove fusos horários e conta com milhares de ogivas nucleares que precisam ser controladas e centenas de pessoas capazes de projetar bombas nucleares. Precisamos de um Estado russo que funcione razoavelmente para manter sob controle suas armas, seus chefões da máfia, seus traficantes de drogas e seus criminosos cibernéticos. E precisamos de uma Rússia estável para contrabalançar o peso da China, para ser um parceiro global em termos de suprimento de energia para a Europa e para tomar conta de seus cidadãos em fase de envelhecimento. Se a China, por sua vez, entrasse em colapso em meio à desordem, isso exerceria um impacto negativo sobre todas as outras coisas, do preço dos sapatos que você calça e da camisa que está vestindo até a hipoteca da sua casa e o valor da moeda na sua carteira. A China pode ser um rival dos EUA, mas, no mundo interdependente de hoje, seu colapso representaria para os EUA uma ameaça muito maior do que a sua ascensão. Provavelmente, a pior coisa que uma China em ascensão poderia fazer seria ameaçar de forma truculenta seus vizinhos para seguirem sua orientação, tomar mais ilhas no mar do sul ou exigir maiores concessões dos investidores estrangeiros. Contudo, uma China em decadência poderia fazer com que a Bolsa de Valores americana derretesse e desencadeasse uma recessão global, se não algo ainda pior.

Embora o alto grau de interdependência apresente um novo conjunto de desafios, o crescente risco de colapso estatal em vários países apresenta outro problema. Esses riscos podem ser percebidos hoje em todo o mundo. Julian Lindley-French, vice-presidente da Atlantic Treay Association e pesquisador visitante na Universidade de Defesa Nacional em Washington, DC, adverte a respeito do que chama de "fragilismo" ou "desintegracionismo" – entendendo por isso a desintegração até o ponto em que impera o domínio de gangues e tribos, com a emergência de grupos como o Estado Islâmico e o Boko Haram, que preenchem vácuos de poder. A desintegração bastante concreta de Estados frágeis na África e no Oriente Médio está agora alcançando uma escala que leva à criação de crescentes zonas de desordem, ou Kaos, para tomar emprestado o termo de *Agente 86*, e estas por sua vez vêm expelindo um número tão grande de refugiados ou de imigrantes econômicos a ponto de começar a ameaçar a estabilidade do Mundo da Ordem – veja-se a fragmentação da União Europeia.

Na Guerra Fria, o maior desafio enfrentado pela política externa americana consistia quase sempre em administrar a força – nossa própria força, a de nossos aliados, como a União Europeia e o Japão, e a de nossos principais rivais, a Rússia e a China. Hoje em dia, o presidente americano gasta muito mais tempo administrando e lidando com fraquezas: a fraqueza de nossos aliados na UE e no Japão, a fraqueza de uma Rússia enfurecida, humilhada e economicamente frágil, a fraqueza dos Estados que se desintegraram, e a fraqueza econômica dos EUA depois do Onze de Setembro e da crise de 2008. Administrar fraquezas representa uma enorme dor de cabeça. Se você ocupa a posição dos EUA e não intervém para apoiar Estados em desintegração, acabará por disseminar a desordem. E se mete o pé para intervir de modo decisivo, pode acabar descobrindo que seu pé passou direto pelas tábuas do assoalho e que retirar a perna dali será um procedimento extremamente doloroso. Sem falar na enorme conta. (Exemplo: Afeganistão, Somália e Iraque.)

O fragilismo e o desintegracionismo de que fala Lindley-French coincidem e ajudam a dar forma a outro novo desafio que encaramos hoje: a lei de Moore e o Mercado também estão estimulando o nascimento de toda uma nova categoria de protagonistas internacionais, os quais chamo de destruidores empoderados. Discutimos anteriormente como o poder daqueles que fazem estava sendo amplificado pela supernova. Essa mesma fonte de energia, contudo, vem possibilitando que jihadistas, Estados fora da lei, como a Coreia do Norte, lobos solitários enraivecidos e criminosos cibernéticos entrem em competição com as superpotências e com os protagonistas empoderados que se propõem a construir algo no plano de uma superfície de ataque superestendida — incluindo o seu computador pessoal, que pode ser travado por um ataque cibernético e só ser liberado por meio do pagamento de um resgate.

Junte todos esses novos e velhos desafios e compreendemos por que nós, pelo menos na América, enfrentamos com relativa facilidade o período da Guerra Fria, quando podíamos nos apegar a uma única política unificadora — a contenção da União Soviética — e descobrir que ela atendia a quase todas as questões que tínhamos pela frente no que dizia respeito à política externa. O desafio apresentado pelo mundo do pós-pós-Guerra Fria, da forma como vem sendo transformado pelas grandes acelerações, é bem mais complexo. Exige a dissuasão de tradicionais potências rivais, como nos velhos tempos, e que façamos o possível para encolher o Mundo da Desordem e impedir a desintegração de Estados frágeis, às voltas com um derrame de migrações humanas que ameaçam, em particular, a coesão da União Europeia; ao mesmo tempo devemos conter e enfraquecer os destruidores empoderados — e tudo isso em um mundo muito mais interdependente.

É por esse motivo que reimaginar a geopolítica na era das acelerações é hoje tão fundamental — porém devemos fazer isso com humildade. Como disse Henry Kissinger perante a comissão do Senado sobre as Forças Armadas em 29 de janeiro de 2015: "Desde o fim da Segunda Guerra, os Estados Unidos não enfrentam tantas crises de natureza diversa". O problema da paz, ele acrescentou, "estava historicamente colocado pela acumulação de poder — a emergência de um país potencialmente dominante ameaçando a segurança de seus vizinhos. No nosso período, a paz é muitas vezes ameaçada pela desintegração do poder — o colapso da autoridade em 'espaços não governados' propagando a violência para além das suas fronteiras e da sua região". Isso se dá de forma particularmente grave no Oriente Médio, observou Kissinger, no qual "múltiplas convulsões vêm se desdobrando ao mesmo tempo. Existe uma luta pelo poder no interior dos Estados; existe uma disputa entre Estados; um conflito entre grupos étnicos e sectários; e um ataque ao sistema internacional de Estados. Em consequência disso, espaços geográficos significativos têm se tornado ingovernáveis, ou pelo menos não governados".

Os manuais padronizados de política externa americana não foram escritos para esse mundo; nossos instrumentos tradicionais não foram concebidos para esse mundo; as instituições globais ainda não se adaptaram a esse mundo; e nossos debates domésticos não estão realmente sintonizados com os desafios desse mundo. O que significa ser "liberal" ou "conservador" em termos de política externa neste mundo pós-pós-Guerra Fria?

De modo que, sim, com certeza estamos presentes no momento de criação de algo novo na arena geopolítica, e uma enorme responsabilidade recairá sobre os EUA para compreender essa nova situação e oferecer as novas políticas necessárias, assim como a generosidade para administrá-las. O que vocês lerão a seguir é a minha opinião sobre como chegamos a esse ponto e como poderemos pelo menos começar a pensar numa maneira de avançar em meio a essa situação.

Um único conselho: se qualquer presidente ligar para você oferecendo o posto de secretário de Estado, diga a ele ou ela que adoraria aproveitar o avião, mas que na verdade você tem uma queda pela Secretaria de Agricultura.

O HOLOCENO DA GEOPOLÍTICA

Hoje, é fácil esquecer até que ponto a ordem global estabelecida no nosso planeta após a Segunda Guerra Mundial, e que perdurou até a era pós-Guerra Fria, foi, em retrospecto, o equivalente geopolítico da era climática do Holoceno. Ou seja, da mesma forma que representou o perfeito Jardim do Éden climático para a Mãe Terra, e o perfeito clima econômico para os trabalhadores de classe média, o Holoceno também apresentou o clima perfeito para os recém-criados Estados independentes. E havia muitos deles.

Na sequência da Primeira Guerra Mundial e da queda de vários impérios, foram criados vários Estados independentes. O Império Austro-Húngaro deu lugar a Áustria, Hungria, Tchecoslováquia e Iugoslávia. A Rússia cedeu a Finlândia, Estônia, Letônia e Lituânia. E a Rússia e o Império Austro-Húngaro também deram origem à nova Polônia e à Romênia. Do Império Otomano se desmembraram uma série de Estados recém-independentes ou colonizados, como Líbano, Egito, Síria, Iraque, Jordânia, Chipre e Albânia. E, na África, o desmantelamento do Império Alemão deu origem a Estados como Namíbia e Tanzânia. Então, após a Segunda Guerra, foi deflagrada uma onda de descolonização, resultando numa série de países independentes, como Índia, Paquistão, Líbia, Sudão, Tunísia, Etiópia, Marrocos, Mali, Senegal, Congo, Somália, Níger, Chade, Camarões, Nigéria, Argélia, Ruanda, Eritreia, Zâmbia, Indonésia, Vietnã, Laos, Camboja, Tailândia, Malásia, Cingapura e Coreia do Sul – e outros mais. E então, depois do colapso da União Soviética no começo da década de 1990, todos os seus satélites periféricos se destacaram, incluindo o Cazaquistão, Quirguistão, Turcomenistão, Uzbequistão, Armênia, Azerbaijão e Moldávia, sem falar nas várias partes da Iugoslávia – Eslovênia, Croácia, Bósnia e Herzegovina, Sérvia, Montenegro e Macedônia. Lituânia, Letônia, Geórgia, Ucrânia e Estônia também se tornaram independentes.

Ainda que muito poucos desses novos Estados contassem com os recursos econômicos, naturais e humanos necessários para se tornarem sólidas democracias industrializadas, suas fraquezas permaneceram mascaradas por muitos anos – durante a Guerra Fria e no período imediatamente posterior – por uma variedade de fatores que faziam com que um Estado "médio" ou "abaixo da média" parecesse razoavelmente sustentável.

Para começar, o ambiente geopolítico global à sua volta era, em relação a um século que tinha passado por duas guerras mundiais, bastante estável. Nenhum sistema era liderado por um Hitler ou por um jihadista. As duas superpotências mantinham inclusive uma linha direta – um sistema especial de comunicação ligando a Casa Branca ao Kremlin – de modo a esclarecer qualquer mal-entendido que pudesse levar a uma *guerra quente* com armas nucleares. Em termos estratégicos, ambos os lados dispunham de armas nucleares suficientes para garantir não apenas a capacidade de um primeiro ataque, como também a capacidade de um segundo ataque retaliatório, caso o outro lado atacasse primeiro, criando o sistema de "mútua destruição assegurada", conhecido pela sigla MAD, o qual praticamente impedia que qualquer um dos lados chegasse a usar algum dia suas armas atômicas.

Mais importante, contudo, a intensa competição entre os Estados Unidos e a União Soviética em seu esforço para acumular aliados nos respectivos lados do tabuleiro de xadrez garantia um fluxo contínuo de recursos para criar e reforçar a ordem nesses novos Estados, o que permitiu que tantos deles sobrevivessem com lideranças de qualidade apenas medíocre – ou, para colocar a situação em termos humanos, que sobrevivessem sem se exercitar regularmente, sem baixar o colesterol, acumular massa muscular, estudar duro ou melhorar sua frequência cardíaca. Por que fariam isso quando as duas superpotências se encarregavam de abastecê-los com dinheiro para construir estradas, dando assistência técnica para manter seus governos operantes e armas para formarem serviços de segurança interna de modo a controlar suas fronteiras e populações? Moscou e Washington também enviaram bilhões de dólares e rublos em ajuda externa a países e líderes de porte médio, de modo que pudessem equilibrar seus orçamentos, manter escolas funcionando e construir estádios. Também ofereceram bolsas aos seus jovens para que se matriculassem na Universidade da Amizade entre os Povos, na Rússia, ou na Universidade do Texas, nos Estados Unidos.

Como a estabilidade de cada quadrado no tabuleiro mundial tinha importância para Washington e Moscou, a União Soviética mostrou-se disposta a reconstruir o exército sírio derrotado em três guerras contra Israel, em 1967, 1973 e 1982 — e os Estados Unidos se dispuseram a apoiar, ano após ano, governos corruptos, da América Latina às Filipinas. E, quando a ajuda não funcionava, intervinham diretamente para apoiar aliados — os russos na Europa Oriental e no Afeganistão e os americanos na América Latina e no Vietnã do Sul. Os EUA queriam se assegurar de que, quando seus aliados europeus, exaustos, perdessem suas colônias ou lhes concedessem independência, comunistas locais apoiados pelos russos não tomassem o poder; enquanto isso o Kremlin mostrava-se disposto a gastar o que fosse preciso para manter a Europa Oriental sob o seu domínio ou fazer com que um país na América Central passasse da esfera americana para a dos soviéticos.

Ao mesmo tempo, não era tão difícil influenciar outro país. Como as populações das novas nações eram relativamente pequenas e pouco educadas, e poucas pessoas tinham condições de comparar suas condições de vida com as de qualquer povo de outro lugar, a ajuda externa pesava muito. A população do Irã em 1989, por exemplo, era de 40 milhões, comparada aos mais de 80 milhões de hoje — e a mudança climática não havia atingido os pontos extremos de desestabilização que vemos hoje, de modo que as estações eram mais confiáveis. Na época, a China havia se fechado e não constituía numa ameaça aos trabalhadores de baixa renda de todos os países do mundo. E, é claro, não existiam robôs que pudessem ordenhar vacas ou costurar tecidos.

Enquanto isso, as tendências econômicas e populacionais também tornavam mais fácil para os Estados Unidos apoiarem vários países médios. Como observam Erik Brynjolfsson e Andrew McAfee em seu livro, os quatro critérios mais importantes para se aferir a saúde de uma economia (PIB per capita, produtividade do trabalho, número de empregos e renda média familiar) subiam todos ao mesmo tempo durante a maior parte dos anos de Guerra Fria. "Durante mais de três décadas depois da Segunda Guerra Mundial, todos os quatro subiram com regularidade em sintonia quase perfeita", disse Brynjolfsson numa entrevista de junho de 2015 para a *Harvard Business Review*: "O crescimento do número de empregos e dos salários, em outras palavras, acompanhou o ritmo dos ganhos em produção e em produtividade. Os trabalhadores americanos não apenas criaram mais riqueza, como também ficaram com uma parte proporcional dos ganhos".

Retrospectivamente, podemos dizer que o período da Segunda Guerra até a queda do Muro de Berlim foi "de incrível moderação econômica", argumentou James Manyika, um dos diretores da McKinsey Global Institute. E a moderação econômica trouxe moderação política e estabilidade. Tornou mais fácil tolerar a inclusão e a imigração. A maior parte dos países também estava ainda se beneficiando da melhoria nos serviços de saúde e da queda na taxa de mortalidade infantil, produzindo um bônus demográfico de crescentes populações jovens com um número relativamente menor de idosos para serem cuidados. Isso tornou mais fácil a concessão de aposentadorias mais generosas em muitos países. E muitos deles ainda não tinham consumido seu capital natural. Considerando prós e contras, ainda era relativamente fácil ser uma democracia ou autocracia médias durante a Guerra Fria e mesmo no período pós-Guerra Fria. Era o Holoceno geopolítico.

Bem, é hora de dizer adeus a tudo isso também.

PARA OS PAÍSES, SER MÉDIO NÃO É MAIS UMA OPÇÃO

Absolutamente todas essas coisas que facilitavam a existência de um Estado frágil médio na era da Guerra Fria agora desapareceram. Passemos a lista em revista: a China e o Vietnã podem agora absorver um número enorme de empregos de baixa remuneração no mundo, em particular em setores menos sofisticados como o têxtil. Robôs podem ordenhar vacas. Os preços do petróleo caíram agora em termos globais, levando a um enfraquecimento tanto dos petroestados como daqueles por eles apoiados. Ao mesmo tempo, um crescimento mais lento na China diminuiu recentemente a voracidade de seu apetite por commodities africanas, australianas e latino-americanas. A China foi responsável por mais de um terço do crescimento global nos últimos anos, e o seu motor de crescimento multiplicou o crescimento de muitos outros países que exportavam matéria-prima para Pequim. Esse processo desacelerou. O total da dívida chinesa passou de algo em torno de 150% do PIB em 2007 para cerca de 240% hoje — um aumento de grandes proporções numa década e que está abalando seu crescimento e as suas importações, levando-a a enxugar seu portfólio de ajuda externa e investimentos na África e nos países exportadores de matéria-prima da América Latina.

Em maio de 2011, passei algum tempo no Egito cobrindo o tumultuado período pós-Hosni Mubarak. Depois de duas semanas separado de minha esposa, eu me preparei para voltar para casa. Matando o tempo no aeroporto do Cairo, passei por uma loja de "preciosidades egípcias", esperando encontrar alguns suvenires para levar comigo. Não me interessavam muito os pesos de papel com o rei Tut ou os cinzeiros em forma de pirâmide, mas fiquei intrigado com um camelo empalhado, o qual, ao ter sua corcunda apertada, emitia um guincho. Quando o virei de cabeça para baixo para ver onde tinha sido fabricado, li: "Made in China". A mesma coisa com os cinzeiros de pirâmide. De modo que o Egito, um país no qual quase metade das pessoas vivia com dois dólares por dia e no qual pelo menos 12% da população, especialmente os jovens, estava desempregada, se via de repente competindo em um mundo em que um país, do outro lado do planeta, era capaz de transformar seus ícones nacionais em cinzeiros ou camelos barulhentos, transportá-los numa rota transcontinental e ainda assim ter lucro com mais eficiência do que os egípcios. Enquanto isso, a agitação pela qual passava o país impedia turistas de virem montar nos camelos de verdade.

Como diz Warren Buffett, "a gente só sabe quem está nadando nu quando a maré baixa". Todo esse processo de retirada de apoio por parte das grandes potências e essas mudanças na economia global estavam deixando à mostra quem tinha realmente construído uma economia interna e quem estava apenas surfando no boom das commodities agrícolas e do petróleo. Acabamos por descobrir que muitos países estavam pelados. E alguns, como a Venezuela, que gastou sem maior controle e não guardou nada para os dias chuvosos, estão agora se desintegrando. Mas isso não é tudo. Hoje, a mudança climática está castigando muitos países em desenvolvimento de forma mais inclemente, sobretudo no Oriente Médio e na África, prejudicando sua produção agrícola. E na África e em partes do mundo árabe, como já mostramos, as contínuas altas taxas de crescimento populacional estão multiplicando todas as formas de pressão — enquanto isso, a internet, os celulares e as mídias sociais estão tornando as coisas mais fáceis para os descontentes, antes dispersos, derrubarem governos, e mais difíceis para os que tentam organizar alternativas estáveis.

E essa maré poderia refluir, mudando ainda mais coisas. Antoine van Agtmael, o investidor que cunhou o termo "mercados emergentes", argumenta que nos encontramos no começo de uma mudança de paradigma em termos da indústria de manufatura que poderia na verdade trazer muitos empregos de volta do mundo em desenvolvimento para os Estados Unidos e a Europa. "Os últimos 25 anos tiveram tudo a ver com quem podia fabricar as coisas mais baratas, e os próximos 25 anos serão sobre quem conseguirá fazer as coisas mais inteligentes", diz Van Agtmael. A combinação de energia barata nos Estados Unidos e inovação mais flexível e aberta — onde universidades e startups compartilham recursos intelectuais com empresas para propiciar descobertas; onde a indústria manufatureira recorre a uma nova geração de robôs e impressoras 3-D que permitem um maior índice de produção local; e onde novos produtos integram sensores por conexões sem fio a novos materiais, de modo que se tornem mais rápidos e mais inteligentes que nunca — está transformando os Estados Unidos, diz Agtmael, "no novo grande mercado emergente". Bom para nós, mas talvez não muito bom para os antigos mercados emergentes.

Somando-se todos esses fatores, veremos por que era tão mais fácil ser um país em desenvolvimento médio nas eras da Guerra Fria e do pós-Guerra Fria do que nos dias de hoje — e por que alguns dos Estados estão começando a resvalar para o Mundo da Desordem. Hoje, esse mundo inclui partes da Somália, Nigéria, Sudão do Sul, Senegal, Iraque, Síria, a região egípcia do Sinai, Líbia, Iêmen, Afeganistão, Paquistão ocidental, Chade, Mali, Níger, Eritreia, Congo e vários trechos da América Central, incluindo partes de El Salvador, Honduras e Guatemala, e as águas infestadas de piratas do oceano

Índico. Esse mundo também inclui zonas dominadas por senhores da guerra que a Rússia desmembrou de Estados vizinhos da sua periferia — no Leste da Ucrânia, Abecásia, Chechênia, Ossétia do Sul e Transnístria. O traço comum a todos esses países reside no fato de que a autoridade central ou entrou em colapso ou mal pode estender seu domínio para além da capital. Em alguns casos esses Estados foram desestabilizados pelo fato de os Estados Unidos e seus aliados decapitarem seus governos — Iraque e Líbia — sem construir de forma eficaz autoridades para sucedê-los. Outros se desintegraram por conta própria, devido a pressões da guerra civil, degradação ambiental e pobreza extrema, e são agora objeto de uma hemorragia de refugiados em todas as direções.

Talvez seja apenas uma coincidência, mas muitos, embora não todos, países em desintegração têm fronteiras quase inteiramente traçadas por linhas retas. Essas linhas e fronteiras com ângulos em noventa graus foram determinadas em sua maioria por potências imperiais e coloniais — atendendo aos interesses particulares de determinado estágio colonial da história e não à lógica real de critérios étnicos, religiosos, raciais, tribais ou mesmo geográficos, muito menos da associação voluntária de pessoas unidas por contratos sociais em torno de uma ideia de nação.

Esses Estados têm menos condições de lidar com a era das acelerações. São como trailers, casas-reboque paradas em um estacionamento construído sobre lajes de cimento, sem fundações de verdade ou alicerces. As pessoas às vezes se perguntam: "Por que os tornados parecem sempre atingir esses estacionamentos de trailers?". Não é isso que acontece. O fato é que estacionamentos de trailers se mostram tremendamente frágeis e vulneráveis quando atingidos. É o que vem acontecendo hoje com tantos desses países médios. As três acelerações vêm fazendo estragos através desses Estados precários, falsos, artificiais, como um tornado num estacionamento repleto de trailers.

Porém esse problema não está afligindo apenas os Estados com fronteiras de linhas retas. Seu impacto também se faz sentir sobre Estados fracos de todos os formatos e tamanhos. Passei muito tempo fazendo reportagens desde o Mundo da Desordem nos últimos anos, observando os Estados mais duramente atingidos pela era das acelerações. Eis aqui uma breve amostra de Madagascar à Síria, do Senegal ao Níger, que revela de que forma o fim do mundo da Guerra Fria e a ascensão de um mundo moldado pelas acelerações do Mercado, da Mãe Natureza e da lei de Moore pressionaram esses já frágeis Estados até o seu limite — e além dele.

MADAGASCAR

Madagascar, a ilha-nação na costa oriental da África, é um dos dez países mais pobres do mundo. Eu o visitei no verão de 2014. É o exemplo mais típico do "fim dos países médios" provocado pelas três acelerações. Por onde começar? A população de Madagascar explodiu nas últimas duas décadas, com um índice de crescimento de 2,9%, entre os mais altos da África. A população da ilha cresceu em mais de 3 milhões apenas entre 2008 e 2013 — passando para 23 milhões, quase o dobro do que tinha em 1990. Estamos falando de uma ilha. E ela não está crescendo. A combinação de uma ajuda estrangeira cada vez menor desde o fim da Guerra Fria com os danos provocados por ciclones cada vez mais violentos tem devastado a infraestrutura associada a estradas, energia e água. Fiz uma viagem de jipe de duas horas pelo interior do país ao longo de uma grande estrada que estava tão danificada que dirigir por ela significava avançar de buraco em buraco. Posso dizer com segurança que foi a pior estrada pela qual já dirigi no planeta. Mais de 90% da população de Madagascar vive com menos de dois dólares por dia, e, portanto, de maneira nada surpreendente, cerca de 600 mil crianças que deveriam estar na escola não estão lá.

Madagascar recebeu ajuda externa de toda parte ao longo das diferentes fases da Guerra Fria. Por algum tempo, os Estados Unidos pagaram para instalar ali uma estação de rastreamento de satélites da Nasa; os franceses forneceram ajuda externa para a sua ex-colônia e enviaram armas para as Forças Armadas malgaxes, inclusive caças MiG-21; os cubanos enviaram professores, e os chineses mandaram engenheiros rodoviários e chegaram até a construir uma fábrica de açúcar. E, finalmente — esta seria difícil de inventar —, o Palácio Presidencial, de um branco reluzente, a versão malgaxe da Casa Branca americana, foi projetado e construído na década de 1970 pelos norte-coreanos, que também treinaram o serviço de segurança do presidente e proporcionaram assistência nas áreas de agricultura e irrigação.

Atualmente, grande parte dessa ajuda não está mais sendo oferecida, e trechos da ilha estão sendo tomados pela água. O solo agrícola em Madagascar é rico em ferro, pobre em nutrientes e frequentemente mole demais. Durante o século passado, 90% das florestas de Madagascar foram destruídas em queimadas para abrir espaço para a agricultura, ou para obter madeira, lenha e carvão. E, efetivamente, a maioria das colinas não tem mais árvores que possam segurar o solo e evitar sua erosão pelas chuvas. Sobrevoando o litoral noroeste do país, é impossível deixar de ter uma ideia da dimensão do problema. Vê-se uma gigantesca chama vermelha de solo sangrando para o interior do rio Betsiboka, para a baía de Bombetoka, para o oceano Índico. O estrago é tão grande que os astronautas tiraram fotos da área desde o espaço. É como se o país inteiro estivesse sangrando.

Isso representa uma tragédia para todos: "98% dos mamíferos terrestres de Madagascar, 92% dos seus répteis, 68% das suas plantas e 41% de suas espécies de pássaros que ali mantêm ninhos não existem em nenhum outro lugar da Terra", de acordo com o World Wildlife Fund. Madagascar também é o lar de "dois terços dos camaleões existentes no mundo e de cinquenta espécies de lêmures, que são exclusivos da ilha". Lamentavelmente, um número muito grande deles foi alvo de caçadores. Graças à globalização dos fluxos ilícitos, o comércio de espécies selvagens deixou Madagascar exposta à ação de mercadores chineses, que contam com funcionários corruptos para exportar ilegalmente tudo o que encontram de valor, de madeira pau-rosa a tartarugas raras.

Por um breve período, a globalização chegou a trazer algumas indústrias têxteis para Madagascar, criando empregos. Fábricas foram montadas e mão de obra pouco qualificada foi aproveitada. Porém elas levantaram acampamento e foram embora para o Vietnã e para outros lugares quando o cenário político local se tornou muito volátil. Esses empresários dispunham de opções e, assim que se sentiram assustados, foram embora. As fábricas vazias contam essa história. E, no mundo pós-pós-Guerra Fria, o que Madagascar chegou a considerar como médio está agora abaixo da média. A educação só é obrigatória na ilha até os quinze anos, e é feita no idioma local malgaxe, tornando difícil a concorrência por trabalho mais qualificado com países como, por exemplo, a Estônia, que hoje oferece aulas de programação já no primeiro grau.

É difícil imaginar como Madagascar poderia reverter essas tendências. Russ Mittermeier, o conhecido especialista em primatas da Conservation International, que vem trabalhando desde 1984 no país para preservar o meio ambiente, disse certa vez: "Quanto maior a erosão, mais pessoas com menos solo sob os pés no qual podem plantar alguma coisa". E, quanto mais inseguras as pessoas se sentem, mais crianças elas têm, como uma espécie de seguro.

SÍRIA

A Síria é a supertempestade geopolítica da era das acelerações. É o que acontece quando todas as tendências negativas convergem para um mesmo lugar — clima extremo, globalização extrema, crescimento populacional extremo, lei de Moore extrema e uma recém-adquirida extrema resistência dos Estados Unidos e de muitas outras potências menores em intervir de maneira decisiva porque tudo que ganhariam seria uma conta a ser paga.

No entanto, para compreender plenamente a questão, melhor começar com a Mãe Natureza. Em 2014, viajei pela região do norte da Síria para escrever colunas e fazer um documentário sobre o impacto da seca — chamada, em árabe, *jafaf* — na guerra civil ali em curso para a série de TV *Years of Living Dangerously*, na época produzida pelo canal Showtime. "A seca não causou a guerra civil na Síria", me explicou o economista sírio Samir Aita, porém o fracasso do governo em lidar com o problema foi um fator crítico para aumentar a tensão que resultou no levante.

Esta é a história, ele explicou: depois que recebeu o poder das mãos de seu falecido pai em 2000, Bashar al-Assad abriu o setor agrícola na Síria, até então regulamentado, aos grandes produtores, muitos deles saídos dos círculos próximos do governo, permitindo que comprassem terras e desviassem quanta água julgassem necessário, o que resultou numa drástica diminuição do lençol freático. Isso acabou fazendo com que pequenos agricultores deixassem as terras e fossem para as cidades, onde eram forçados a vagar em busca de trabalho. Devido à explosão populacional, que realmente deslanchou nos anos 1980 e 1990 em decorrência da queda dos índices de mortalidade, os que estavam deixando o campo chegaram com famílias numerosas e se instalaram em vilarejos ao redor de cidades como Aleppo. Alguns desses vilarejos incharam, com populações passando de 2 mil pessoas para mais ou menos 400 mil em uma década. O governo não conseguiu providenciar escolas adequadas, empregos ou serviços para essa nova população jovem.

A Mãe Natureza se manifestou. Entre 2006 e 2011, cerca de 60% do território sírio foi devastado pela pior seca registrada na história moderna. Com o lençol freático num nível já baixo demais e a irrigação proporcionada pelos rios também em baixa, essa seca arrasou os meios de subsistência de algo entre 800 mil e 1 milhão de agricultores e pastores sírios. E isso aconteceu num período em que a população tinha dobrado em sessenta anos. Assim, metade da população do país instalada entre os rios Tigre e Eufrates trocou a área rural pelos centros urbanos, num processo desencadeado no começo da década de 2000, disse Aita. E, como Assad nada fizesse para ajudar os refugiados da seca, muitos daqueles fazendeiros rústicos e seus filhos acabaram se politizando.

A ideia de um governo organizado como um Estado "foi inventada nessa parte do mundo, na antiga Mesopotâmia, precisamente com o propósito de administrar a irrigação e a produção agrícola", disse Aita, "e Assad falhou nessa tarefa elementar". Jovens e agricultores ávidos por empregos — e a terra ávida por água — eram ingredientes apropriados para uma revolução.

Essa, especificamente, foi a mensagem dos refugiados da seca, como Faten, a quem encontrei em maio de 2013, no seu apartamento simples em Sanliurfa, uma cidade turca na fronteira com a Síria. Faten, então com 38 anos, uma muçulmana sunita, tinha fugido para lá com o filho, Mohammed, dezenove anos, integrante do Exército Livre da Síria e gravemente ferido meses antes. Criada no vilarejo agrícola de Mohasen, no nordeste do país, Faten, que me pediu que não mencionasse seu sobrenome, me contou sua história: ela e o marido "sempre foram donos da sua própria terra [...]. Fazíamos colheitas anuais. Tínhamos trigo, cevada e alimentos do dia a dia — legumes, pepinos, qualquer coisa que pudéssemos plantar em vez de comprar no mercado. Graças a Deus não faltavam chuvas; na verdade, as colheitas eram muito boas. E então, de repente, veio a seca".

Qual era a situação? "Ver a terra daquele jeito nos deixava muito tristes", ela disse. "A terra ficou parecendo um deserto, como sal." Tudo ficou amarelo.

O governo de Assad ajudou? "Eles não fizeram nada", ela disse. "Pedimos ajuda, mas eles pareciam não ligar. Não se importavam com esse assunto. Nunca, nunca. Tínhamos de resolver nós mesmos os nossos problemas."

Então o que ela fez? "Quando veio a seca, conseguimos lidar com aquilo durante uns dois anos, e então dissemos: 'Chega'. Decidimos nos mudar para a cidade. Arrumei um emprego público como enfermeira e meu marido abriu uma loja. Era muito difícil. A maioria das pessoas deixou o vilarejo e foi para a cidade tentar arrumar um emprego, qualquer coisa que desse o suficiente para comer."

A seca representou um duro golpe especialmente para jovens que pretendiam estudar ou se casar, mas que agora não tinham recursos para fazer nem uma coisa nem outra, acrescentou Faten. As famílias costumavam casar as filhas ainda bem jovens porque não tinham condições de sustentá-las. Faten, a cabeça envolta por pudor com um lenço preto, disse que a seca e a falta de qualquer tipo de apoio por parte do governo acabaram por radicalizar a ela, a seus vizinhos e aos seus filhos, que aderiram aos combatentes da oposição. De modo que, quando a primeira fagulha do protesto dos revolucionários se inflamou na pequena cidade de Dara'a, no sul da Síria, em março de 2011, Faten e outros refugiados da seca não hesitaram em se juntar ao movimento. "Desde o primeiro grito de '*Allahu akbar*', todos nós aderimos à revolução. Na mesma hora." Tudo isso teve a ver com a seca? "É claro", ela disse, "que a seca e o desemprego contribuíram muito para empurrar as pessoas para a revolução." (Na verdade, ela estava na Turquia em busca de tratamento médico para o filho, Mohammed, que permaneceu sentado, calado, durante a entrevista, olhando ora cenas de batalha no seu celular, ora a transmissão por satélite de uma estação de televisão dos rebeldes no interior da Síria.)

Abu Khalil foi um dos que não se limitaram a protestar. Um ex-plantador de algodão que teve de virar contrabandista para dar de comer aos dezesseis filhos depois que a seca devastou sua fazenda, ele se tornou um comandante do Exército Livre da Síria na área de Tel Abyad. Nós nos encontramos nos escombros de um posto de controle do exército sírio em Tel Abyad quando entrei na província de Rakah — o epicentro da seca. Depois de apresentado por nosso intermediário sírio, Abu Khalil, que tinha a compleição de um pequeno lutador de boxe, me mostrou sua unidade de combatentes. Não me apresentou a cada um deles por patente, mas sim por grau de parentesco, apontando para cada um dos homens armados ao seu redor e dizendo: "Meu sobrinho, meu primo, meu irmão, meu primo, meu sobrinho, meu filho, meu primo...". As unidades do Exército Livre da Síria são, com frequência, estruturadas em torno de famílias. Num país em que o governo quis, durante décadas, que ninguém confiasse em ninguém, isso não chega a ser uma surpresa.

“Podíamos aceitar a seca porque isso vinha de Alá”, disse Abu Khalil, “mas não podíamos aceitar o fato de o governo não fazer nada.” Levando tudo em consideração, restava o fato de que essa “era uma revolução dos famintos”. Antes de nos separarmos, ele me puxou de lado para dizer que tudo de que os seus homens precisavam para dar cabo de Assad eram armas antitanque e antiaéreas. “Será que Obama não poderia simplesmente deixar que a Máfia nos mandasse as armas?”, ele perguntou. “Não se preocupem, não vamos usá-las contra Israel.”

Alguns diplomatas perceberam a situação ainda num estágio embrionário. Em 21 de janeiro de 2014, escrevi uma coluna no *New York Times* citando uma mensagem de 8 de novembro de 2008 enviada pela embaixada americana em Damasco para o Departamento de Estado que foi recuperada pelo Wikileaks. Isso ocorreu durante a seca na Síria. A embaixada estava informando ao Departamento de Estado que o responsável da ONU por alimentação e agricultura na Síria, Abdullah bin Yehia, pedia ajuda das Nações Unidas para o problema da seca e desejava que os Estados Unidos contribuíssem.

Eis alguns dos trechos mais importantes:

> O Escritório das Nações Unidas para a Coordenação de Assuntos Humanitários lançou um apelo em 29 de setembro pedindo 20,23 milhões de dólares para ajudar uma população estimada em 1 milhão de pessoas sob o impacto do que a ONU descrevia como a pior seca sofrida no país em quatro décadas [...].
>
> Yehia propõe que o dinheiro obtido com a ajuda seja usado para a oferta de sementes e de assistência técnica a 15 mil pequenos agricultores no nordeste da Síria em um esforço para preservar o tecido social e econômico dessa comunidade rural e agrícola. Se os esforços da FAO [Food and Agriculture Organization – Organização das Nações Unidas para a Alimentação e a Agricultura] fracassarem, Yehia prevê uma migração em massa a partir do nordeste, o que poderia multiplicar as pressões sociais e econômicas já em ação e acabar por levar a uma desestabilização [...]
>
> Yehia não acredita que [o governo de Bashar al-Assad] deixará que os cidadãos sírios morram de fome [...]. Contudo, ele nos contou que o ministro da Agricultura da Síria [...] afirmou publicamente que as consequências econômicas e sociais da seca estavam “além da nossa capacidade como país de lidar com elas”. O que a ONU vem procurando evitar com este apelo, diz Yehia, é a potencial “destruição

social" que acompanharia a erosão da indústria agrícola na Síria rural. Essa destruição social levaria à instabilidade política.

É impossível desvincular a Primavera Árabe dos distúrbios climáticos ocorridos nos anos que a precederam, 2009-10. Nesse período, por exemplo, a Rússia, quarto maior exportador mundial de trigo, sofreu sua pior seca em cem anos. Conhecida como a "Seca do Mar Negro", incluiu uma onda de calor que deflagrou incêndios que vieram a queimar vastas extensões de florestas. A seca inutilizou áreas de lavoura e diminuiu de tal modo a produção de alimentos que o governo russo proibiu a exportação de trigo durante um ano.

Ao mesmo tempo, Christian Parenti, autor de *Tropic of Chaos: Climate Change and the New Geography of Violence* [Trópico do caos: Mudança climática e a nova geografia da violência], escreveu num ensaio no site CBS.com em 20 de julho de 2011 que grandes inundações ocorreram na Austrália, outro importante exportador de trigo. Isso coincidiu com chuvas excessivas no Meio-Oeste americano e no Canadá, afetando ainda mais a produção de milho e trigo, enquanto "inundações de dimensões inéditas no Paquistão, que deixaram cerca de 20% do país debaixo d'água, também assustaram os mercados e estimularam os especuladores".

O resultado: o índice de preços dos alimentos da FAO atingiu um nível nunca antes registrado na história em fevereiro de 2011 — bem no momento da eclosão da Primavera Árabe —, lançando cerca de 44 milhões de pessoas na pobreza, segundo a ONU. Esses preços inflados pela mudança climática começaram a aumentar drasticamente o preço do pão no Egito, deflagrando uma convulsão no país. E, quanto maior a convulsão por que passava o Oriente Médio, mais subia o preço do petróleo, até alcançar 125 dólares o barril, tornando tudo mais difícil, já que fazia aumentar o custo tanto dos fertilizantes como o do uso dos tratores.

Em junho de 2013, eu me encontrava no Cairo; certo dia, acordei às cinco horas da manhã para ver uma das padarias subsidiadas pelo governo funcionando no bairro miserável de Imbaba. Ao fundo, através de uma janela aberta, vi crianças em uma escola religiosa repetindo alegremente os versos do Corão para o seu professor. Assim que o padeiro levantou sua persiana, uma multidão ávida de homens, mulheres e crianças avançou para disputar seus sacos de pita, o pão que é a base de sua dieta. Eles sabiam que precisavam chegar ali cedo porque o padeiro vendia apenas determinada quantidade de pães pelo preço subsidiado; o resto dos pães feitos com farinha subsidiada pelo governo era vendido no mercado negro a padarias privadas, que cobravam um preço cinco vezes mais alto do que o oficial. Ele não tinha escolha, me contou, porque os preços do combustível estavam disparando. Na verdade, cheguei a ver os sacos de farinha subsidiada, estampados com os carimbos do governo, saindo nos ombros de alguns jovens por uma porta lateral. "Esse é o emprego mais difícil no Egito", o padeiro me disse. Todos estavam sempre furiosos com ele, em particular os que chegavam cedo para fazer fila e no final ficavam sem o pão.

Não por acaso, a principal palavra de ordem gritada pelos manifestantes que derrubaram o presidente Mubarak em 2011 era "Pão, liberdade, dignidade" — e o pão vinha em primeiro lugar. Assim se dá a política na era das acelerações.

SENEGAL E NÍGER

Conheci Monique Barbut, que lidera a Convenção de Combate à Desertificação, na conferência da ONU sobre o clima realizada em Paris no fim de 2015. Seu cartão de apresentação exibia três mapas da África, cada um deles mostrando uma forma alongada em torno de alguns pontos amontoados no meio do continente. Mapa número um: as regiões mais vulneráveis à desertificação na África em 2008. Mapa número dois: conflitos e levantes provocados por falta de comida na África em 2007-8. Mapa número três: ataques terroristas na África em 2012. Todos esses mapas se sobrepunham no centro da mesma região da África subsaariana. "A desertificação age como um gatilho", explicou Barbut, "e a mudança climática age como um amplificador dos desafios políticos que estamos testemunhando hoje — migrantes econômicos, conflitos interétnicos e extremismo."

O argumento de Barbut é o de que o problema de um Mundo da Desordem em expansão não se resume a uma história sobre guerras no Oriente Médio. É uma história que tem a ver com o clima, a desertificação e a população da África. É de cortar o coração assistir às imagens de barcos frágeis e superlotados de migrantes virando em meio a águas revoltas no Mediterrâneo, enquanto as pessoas lutam entre si para deixar o Mundo da Desordem e entrar no Mundo da Ordem. Porém o que muitas vezes deixamos de ver, observa Barbut, é que apenas um terço desses refugiados está vindo da Síria, do Iraque e do Afeganistão. Os outros dois terços vêm, principalmente, de um punhado de países africanos bastante áridos: Senegal, Níger, Nigéria, Gâmbia e Eritreia. O melhor lugar para começar a compreender a desordem que vem se expandindo em partes da África é nas nascentes do fluxo de migração humana e então acompanhar esses migrantes na direção noroeste, através do Níger e da Líbia, de onde eles tentam alcançar a Europa pelo mar. É possível ver as três acelerações em ação.

Comecemos em Ndiamaguene, um vilarejo no extremo noroeste do Senegal. Se eu estivesse transmitindo um endereço para vocês, diria que é a última parada depois da última parada — é o vilarejo que fica depois do ponto em que a autoestrada termina, depois que acaba o asfalto, depois que acaba o cascalho e depois que a trilha do deserto chega ao fim. Vire à esquerda depois do último baobá. A viagem é dura, mas vale a pena se queremos saber onde e por que começa esse fluxo migratório.

Visitei o lugar em abril de 2016 para escrever colunas sobre a relação entre mudança climática e migração humana e para gravar outro documentário com a equipe de *Years of Living Dangerously*, agora para o National Geographic Channel. No dia em que chegamos, 14 de abril de 2016, fazia 45 graus Celsius — bem acima da média histórica para aquele dia do ano, um índice louco, de condições climáticas extremas. Porém havia uma anormalidade ainda maior em Ndiamaguene, um vilarejo de agricultores com casas feitas de tijolos de argila e teto de palha. O chefe da aldeia reuniu absolutamente todo mundo em sua comunidade para nos receber, e as mulheres formaram um círculo de boas-vindas com roupas coloridas e meninos e meninas alegres, exibindo sorrisos radiantes, chegando de volta da escola para almoçar em casa. Porém no exato instante em que me sentei com eles, percebi que havia alguma coisa errada naquele quadro.

Não havia praticamente nenhum homem jovem ou de meia-idade naquele vilarejo de trezentos habitantes. Todos tinham ido embora.

Não se tratava de uma doença. Todos tinham metido o pé na estrada. Castigadas pelo clima, as áreas que podiam ser cultivadas não podiam mais sustentá-los, e, com tantas crianças — 44% da população do Senegal tem menos de catorze anos de idade —, existiam simplesmente bocas demais para alimentar com lavouras cada vez mais exíguas. De modo que os homens tinham se espalhado em todas as direções em busca de qualquer emprego que pagasse o suficiente para sobreviver e mandar algum dinheiro de volta para suas esposas ou seus pais. Essa tendência vem se repetindo através de toda a África Ocidental. Se dissermos a esses jovens que suas chances de chegar à Europa são mínimas, eles dirão, como um deles me disse, que, quando não se tem dinheiro sequer para comprar uma aspirina para sua mãe doente, você não calcula mais as probabilidades. Você simplesmente vai embora.

"Somos basicamente lavradores e dependemos das nossas plantações, mas isso agora não está funcionando", o chefe da aldeia, Ndiougua Ndiaye, me explicou no idioma wolof, por meio de um tradutor. Depois de uma série de secas em anos alternados nas décadas de 1970 e 1980, os padrões climáticos se estabilizaram um pouco, "até há uns dez anos", acrescentou o chefe. Então o clima realmente enlouqueceu. A estação chuvosa começava sempre em junho e continuava até outubro. Agora, as primeiras chuvas podem começar apenas em agosto, então param por um tempo, deixando os campos secos, e então começam de novo. Mas elas voltam na forma de aguaceiros torrenciais, que acarretam inundações. "Então, o que quer que você plante, as lavouras não pegam", disse o chefe. "Não colhemos nenhum lucro."

O chefe, que disse ter por volta de setenta anos, não sabendo ao certo sua idade, lembrava-se de uma coisa com certeza: quando era jovem, podia caminhar até os campos a qualquer momento durante a época de plantio "e os nossos pés afundavam" na terra úmida. "O solo era escorregadio e oleoso, grudando nas pernas e nos pés, a ponto de se ter de raspar depois." Agora, disse ele, apanhando um punhado de areia quente nas mãos, o solo "é como pólvora — não é mais algo vivo".

Ele já tinha ouvido falar de algo chamado "mudança climática"? — perguntei. "Ouvimos sobre isso no rádio e temos visto isso com nossos próprios olhos", disse Ndiaye. "Os ventos que sopram de leste para oeste mudaram, e os ventos do oeste estão agora mais quentes. O inverno não dura muito mais. E este ano nem houve inverno. Vivemos num verão constante."

Vivemos num verão constante. As impressões sugeridas pelo chefe não estavam erradas. O órgão oficial encarregado de aferir o clima no Senegal diz que, de 1950 a 2015, a temperatura média no país subiu dois graus Celsius, muito mais rapidamente do que se tinha previsto. Desde 1950, a média anual de chuvas diminuiu em cinquenta milímetros. De modo que os homens de Ndiamaguene não têm opção a não ser emigrar para cidades maiores ou para fora do país. Alguns poucos afortunados encontram maneiras de ser contrabandeados para a Espanha ou a Alemanha, via Líbia. A Líbia, ao que parece, funcionava como uma rolha na África, e, quando os Estados Unidos e a OTAN derrubaram seu ditador — mas não colocaram tropas no território para garantir uma transição segura para uma nova ordem —, o que eles fizeram foi basicamente tirar a rolha da África, criando um enorme funil em direção à costa do Mediterrâneo.

Os que têm menos sorte encontram trabalho em Dakar ou na Líbia ou na Argélia ou na Mauritânia, e os mais azarados acabam atolados em algum lugar no meio do caminho — na humilhante situação de ter deixado sua terra, não ter ganhado nada e não ter para onde voltar. Isso vem criando um número cada vez maior de alvos tentadores para o recrutamento de grupos jihadistas como o Boko Haram, que podem oferecer como pagamento algumas centenas de dólares por mês — um salário de rei para quem vive com dois dólares por dia.

O chefe me apresentou a Mayoro Ndiaeye, pai de um rapaz que tinha partido em busca de trabalho. "Meu filho foi para a Líbia há um ano, e desde então não tenho notícias dele — nenhum telefonema, nada", explicou. "Deixou aqui uma esposa e dois filhos. Ele trabalhava colocando azulejos. Depois de ganhar algum dinheiro [num vilarejo vizinho], partiu para a Mauritânia e em seguida para a Líbia. Mas desde então não ouvimos mais falar dele."

O pai começa a chorar. Essas pessoas vivem realmente no limite da sobrevivência. Uma razão para terem tantos filhos reside no fato de sua prole vir a ser uma rede de segurança para os pais idosos. Porém todos os rapazes estão sempre partindo, e a margem de sobrevivência está ficando ainda mais curta. O que significa que eles estão perdendo a única riqueza que lhes restava: uma profunda noção de comunidade. Aqui, você cresce com sua família, os pais cuidam dos filhos e os filhos cuidam dos pais, e todos comem e vivem juntos.

Contudo, como a terra agora não produz mais o bastante, eles estão perdendo sua comunidade, disse o chefe. "Todos têm um integrante da família [um homem ou rapaz] que precisou partir [...]. Quando eu era jovem, meus irmãos e eu íamos juntos cultivar o campo para o nosso pai. Nossa mãe esperava que trouxéssemos os produtos para casa e se encarregava do resto. E a família inteira desfrutava da colheita. Se essa situação continuar, chegará o tempo em que não poderemos mais permanecer aqui, porque não teremos meios para sobreviver. Vamos ser obrigados a seguir os nossos filhos e procurar outros lugares."

Todos os dados apontam nessa direção. Ousmane Ndiaye, diretor da Agência Nacional de Aviação Civil e de Meteorologia, é formado em ciência climática pela Universidade Columbia. Em seu escritório despojado no aeroporto de Dakar, Ndiaye clicou em alguns gráficos sobre clima na tela do seu computador, contando uma história assustadora.

"Semana passada a temperatura estava cinco graus Celsius acima da média, o que é uma temperatura extrema para esta época do ano", ele explicou. Clicando no gráfico dois: "De 1950 a 2015, a temperatura média no Senegal subiu dois graus Celsius", disse, acrescentando que toda a discussão da conferência da ONU sobre o clima em Paris foi sobre como evitar um aumento de dois graus na temperatura média global desde a Revolução Industrial [...]. E o Senegal já atingiu esse ponto. Novo clique. O Painel Intergovernamental da ONU sobre Mudança Climática "apresentou em 2010 quatro possíveis quadros para o Senegal, e o pior deles era inacreditável. E agora", disse ele, "os registros dizem que estamos seguindo por esse caminho ainda mais rapidamente do que imaginávamos, e ele aponta para um aumento em quatro graus Celsius na temperatura média por volta de 2100. Existem pessoas que ainda duvidam da mudança climática, e nós já estamos vivenciando isso". Clique.

"Nós vivemos aqui e vemos pela TV outras pessoas levando uma vida boa, e a democracia [na Europa]", ele acrescentou, "e aqui levamos uma vida de pobreza, as pessoas têm de fazer alguma coisa [...]. Elas não têm os instrumentos para viver aqui. O ser humano é apenas um animal mais inteligente, e se [ele ou ela] é empurrado para uma situação extrema, o instinto animal virá à tona para que sobreviva."

Para termos uma visão completa do quadro do fluxo de refugiados, temos de nos mover para o oeste e para o norte, para Agadez, no Níger, na borda ao sul do Saara. A partir de 2015, um ritual vem se repetindo ali a cada segunda-feira ao entardecer e apenas segunda-feira ao entardecer: milhares de jovens, amontoados na parte de trás de picapes Toyota, se unem para formar uma grande caravana prestes a fazer uma longa peregrinação que parte de uma versão (amena) do Mundo da Desordem — no Níger — através de uma versão (extrema) do Mundo da Desordem — a Líbia — na esperança de entrar a bordo de algum tipo de embarcação rumo ao Mundo da Ordem — a Europa. A formação da caravana é uma cena e tanto. Ainda que fosse início da noite, fazia 40,5 graus ao ar livre. Dois de nossos câmeras ficaram prostrados por causa do calor, permanecendo agarrados aos seus equipamentos. Isso é o deserto, bem nas imediações da cidade de Agadez, e há apenas pouco mais do que uma lua crescente para iluminar a noite.

Então, de repente, o deserto ganha vida.

Usando o serviço de mensagem de seus smartphones, os contrabandistas locais, vinculados a redes de traficantes de pessoas que se estendem por todo o oeste da África, começam a coordenar o carregamento clandestino com imigrantes a partir de esconderijos e porões espalhados pela cidade. Esses homens, quase todos jovens, vão se juntando em Agadez durante toda a semana — vindos do Senegal, Serra Leoa, Nigéria, Costa do Marfim, Libéria, Chade, Guiné, Camarões e Mali, assim como de vilarejos no Níger. Com cerca de quinze homens ou mais amontoados na caçamba de cada picape Toyota, seus braços e pernas para fora, os veículos vão deixando as vielas e seguindo os carros de batedores que vão à frente, assegurando-se de que nenhum oficial de polícia ou guarda de fronteira encrenqueiro, que não tenha sido subornado, esteja à espreita. É como assistir a uma sinfonia, mas não se tem a menor ideia de onde está o maestro. A certa altura todos os veículos acabam convergindo para um ponto de encontro ao norte da cidade, formando uma caravana gigante de cem ou duzentos veículos, dependendo da segunda-feira. Eles precisam se reunir em número grande o bastante para afugentar bandidos do deserto.

Eu estava parado no posto de controle da estrada para Agadez contemplando esse comboio. À medida que os Toyotas passavam por mim, levantando poeira, eles pintavam o deserto com sombras surpreendentes à luz da lua, mostrando as silhuetas desses jovens, silenciosos e de pé na traseira de cada veículo. Eles terão de aguentar de pé por mais de 24 horas enquanto se dirigem para a Líbia e para o litoral. A ideia de que sua terra prometida é a Líbia, um país devastado pela guerra, revela até que ponto são desesperadoras as condições que estão deixando para trás. Entre 9 mil e 10 mil homens fazem essa viagem todos os meses.

No passado, Agadez costumava viver do turismo de aventura e do comércio. Com suas estruturas rebuscadas feitas de lama ressecada, a cidade foi classificada pela Unesco como um Patrimônio da Humanidade devido às "suas numerosas casas em terracota e um preservado grupo de edificações palacianas e religiosas, incluindo um minarete de 27 metros de altura, feito inteiramente de tijolos de argila, a mais alta dessas estruturas em todo o mundo", de acordo com o site Unesco.org. Agora todos os veículos utilizados anteriormente para o turismo estão sendo adaptados para servir ao tráfico de seres humanos, levando pessoas do Mundo da Desordem para o Mundo da Ordem. Ou, como nos disse um dos traficantes de pessoas: "Antes estávamos no ramo do turismo. Nós criamos o setor de turismo aqui em Agadez. E turismo é algo que não existe mais. Agora temos nossos veículos. É como ganhamos a vida. Com o transporte. Vivemos disso".

Alguns poucos dos que estavam sendo transportados para fora ilegalmente concordaram em parar e falar — embora estivessem muito nervosos. Um grupo de rapazes bem jovens vindos de outra parte do Níger me contou que tinham se juntado à caravana para garimpar ouro em Djado, no extremo norte do Níger. Mais típicos eram cinco outros rapazes que tinham coberto o rosto com máscaras de esqui e falavam francês com sotaque do Senegal. Eles contaram uma história conhecida: não tinham trabalho no vilarejo onde viviam, foram para uma cidade, não havia nenhum trabalho na cidade, então saíram em direção ao norte.

Aqui e em outros lugares, a desertificação age como um deflagrador; a mudança climática e o crescimento populacional atuam como amplificadores; conflitos interétnicos e tribais são um subproduto político, e o WhatsApp proporciona tanto uma imagem atraente de um lugar onde as coisas poderiam ser melhores — Europa — como uma ferramenta barata para fazer com que uma caravana de imigrantes chegue lá. "Nos velhos tempos", disse Barbut, "podíamos simplesmente organizar um concerto beneficente na Europa ou nos Estados Unidos e nos esquecer deles. Mas isso não funciona mais. Eles não vão se contentar com isso. E o problema agora é bem maior."

Nenhum muro será capaz de segurá-los permanentemente ali. Entrevistei pelo menos vinte homens de no mínimo dez países africanos diferentes no centro de apoio da Organização Internacional para a Migração, em Agadez — todos tinham ido para a Líbia, fracassado ao tentar entrar na Europa e voltado, mas se encontravam sem um tostão e sem ter como voltar para suas aldeias de origem. Perguntei a eles: "Quantos de vocês e de seus amigos deixariam a África e embarcariam para a Europa se pudessem entrar lá ilegalmente?".

"*Tout le monde*", eles gritaram, e todos levantaram as mãos.

O mais impressionante nessa explosão tanto de refugiados como de imigrantes econômicos que estamos presenciando no cenário mundial hoje é que ela é resultado, em grande medida, do derretimento dos Estados-nação, não de guerras entre Estados. E, de fato, observou David Miliband, presidente do Comitê Internacional de Resgate, que supervisiona operações de apoio em mais de trinta países atingidos por guerras, mais pessoas hoje no mundo estão "fugindo de conflitos" em uma época em que as guerras entre nações atingiram "um recorde negativo". Isso acontece porque temos agora trinta guerras civis em curso em Estados fracos que são "incapazes de atender às necessidades básicas dos cidadãos ou de conter uma guerra civil", um indício de que os Estados estão desmoronando por dentro, sob pressão da era das acelerações.

Os Estados Unidos não têm ficado imunes a essa torrente. Ainda que a imigração a partir da América Latina tenha diminuído enormemente nos últimos anos, em outubro de 2014 os EUA se viram inundados por 50 mil crianças desacompanhadas, vindas da Guatemala, de El Salvador e de Honduras. "Elas estão fugindo das ameaças e da violência em seus países", observou o site Vox.com, "nos quais as coisas pioraram a tal ponto que muitas famílias acreditam não ter outra opção a não ser enviar suas crianças numa longa e perigosa viagem rumo ao norte." Honduras, Guatemala e El Salvador estão entre as regiões mais degradadas em termos ambientais e mais desflorestadas da América Central. Eles derrubam suas florestas; nós ficamos com suas crianças.

Não são apenas a Europa e os Estados Unidos que se tornaram a terra prometida para os imigrantes do Mundo da Desordem expulsos por problemas econômicos ou ambientais. O mesmo ocorreu com a Terra Prometida. Nos últimos anos, cerca de 60 mil imigrantes ilegais entraram em Israel, a maior parte vinda da Eritreia e do Sudão. Caminhe pelos quarteirões em torno da Estação Central de Ônibus em Tel Aviv, onde muitos deles encontraram abrigo, e você verá muitos africanos falando em seus celulares em todas as ruas. Eles vieram de barco, a pé ou de carro até as fronteiras de Israel e deram um jeito de entrar no país, sozinhos ou com a ajuda de beduínos que os trazem ilegalmente através do deserto do Sinai, no Egito. Foram atraídos não pelo sionismo ou pelo judaísmo, mas apenas pela esperança de obterem ordem e trabalho.

Em 20 de junho de 2016, a Agência da ONU para Refugiados (ACNUR), que rastreia deslocamentos forçados em todo o mundo com base em dados colhidos junto a governos, agências parceiras e nos relatórios da própria entidade, divulgou um balanço afirmando que um total de 65,3 milhões de pessoas tinham sido deslocados ao fim de 2015, comparados com os 59,5 milhões deslocados nos doze meses anteriores. No fim de 2013, esse número tinha ficado em 51,2 milhões, e uma década antes em 37,5 milhões. Além disso, o relatório dizia que a situação provavelmente ficaria ainda pior. Em termos globais, um em cada 122 seres humanos é agora um refugiado, uma pessoa internamente deslocada ou alguém em busca de asilo. Se esse total correspondesse aos habitantes de um país, disse o relatório, ele seria o 24º do mundo em termos de população.

A DESIGUALDADE DA LIBERDADE

As acelerações no Mercado, na Mãe Natureza e na lei de Moore vêm pressionando Estados frágeis não apenas a partir de fora, mas a partir de baixo. Ou seja, a tecnologia bem como a globalização vêm dando hoje maior poder tanto aos que, em termos políticos, querem "construir", reformar sociedades autocráticas, tornando-as mais consensuais, como aos que querem "destruir", derrubar governos com o objetivo de impor alguma tirania religiosa ou ideológica, ainda que não tenham capacidade para governar de maneira eficiente.

Vamos considerar os dois, começando pelos que desejam construir. O historiador Walter Russel Mead observou certa vez que, após a revolução da década de 1990, que levou ao colapso a União Soviética, os russos gostavam de dizer: "É mais fácil transformar um aquário em uma sopa de peixe do que transformar uma sopa de peixe em um aquário".

Para os habitantes de determinado país, nunca é fácil, mesmo nas condições mais favoráveis, voltar a fazer dele uma entidade funcional depois de ter entrado em colapso, mas isso pode ser ainda mais difícil na era das acelerações. As oportunidades de aprendizado contínuo que é preciso proporcionar à população; a infraestrutura necessária para se tirar proveito dos fluxos globais, e o ritmo da inovação que o país precisa acompanhar para manter a economia em crescimento, tudo isso ficou mais difícil de ser alcançado. E se o seu país passou o período do pós-pós-Guerra Fria tentando destruir a si mesmo — numa época em que nenhuma superpotência estará disposta a reconstruí-lo de graça, ou mesmo em troca de uma recompensa qualquer —, alcançar os outros vai ser muito, muito difícil. E há ainda outro fator (surpresa): a internet. São cada vez maiores os indícios de que as redes sociais tornam bem mais fácil passar de uma ordem imposta à revolução do que passar da revolução a algum tipo de nova ordem, consensual e sustentável.

Influenciado pelo conceito elaborado por Isaiah Berlin de liberdade "positiva" e "negativa", Dov Seidman argumenta que, por todo o mundo, vemos agora pessoas criando níveis sem precedentes de "liberdade em relação a — liberdade em relação a ditadores, mas também a patrões supercontroladores, a redes que nos forçam a assistir a comerciais, a lojas concebidas para uma vizinhança específica, a banqueiros locais, a cadeias de hotéis".

Porém, no que diz respeito à política, a liberdade mais valorizada pelas pessoas é a "liberdade para" — a liberdade para viver do jeito que desejam, porque sua liberdade está ancorada em eleições consensuais, numa Constituição, no império da lei e num Parlamento. Existe hoje um número cada vez maior de áreas do mundo em que as pessoas asseguraram sua *liberdade em relação a*, mas não conseguiram construir a *liberdade para*. E isso explica em grande medida a crescente e persistente desordem. Seidman chama o hiato existente nesses países, como a Líbia, a Síria, o Iêmen ou o Egito depois da queda do presidente Hosni Mubarak, que asseguraram sua *liberdade em relação a*, mas não sua *liberdade para*, de "a desigualdade da liberdade". E essa bem pode ser a desigualdade mais relevante no mundo atual.

"A 'liberdade em relação a' acontece rápida, violenta e drasticamente", observa Seidman. "Já a 'liberdade para' exige um tempo maior. Depois que os judeus conseguiram sua liberdade do faraó no Egito, precisaram vagar pelo deserto por quarenta anos antes de desenvolverem as leis e os códigos morais que lhes concederam a *liberdade para*.

Ocorre que as redes sociais, assim como os telefones celulares e os aplicativos de mensagens de baixo custo, são realmente eficazes tanto para possibilitar como para dificultar a ação coletiva. Eles fazem com que as pessoas se conectem horizontalmente de modo muito mais fácil e eficiente, mas também possibilitam que os indivíduos que estão embaixo derrubem os que estão em cima de modo muito mais fácil e eficiente — sejam eles aliados ou inimigos. Estrategistas militares dirão que a rede é a forma de organização de maior poder neste período de mudanças tecnológicas; as hierarquias clássicas não funcionam da melhor maneira no mundo plano, mas a rede, sim. Redes minam sistemas baseados na lógica "comando e controle" – não importa quem esteja por cima –, enquanto dão mais força para que as vozes dos que se encontram embaixo emitam sua resposta. As mídias sociais são boas no que diz respeito a compartilhar coletivamente, mas nem sempre tão boas para a construção coletiva de alguma coisa; são boas para a destruição coletiva, mas talvez não tão boas para a construção coletiva; são fantásticas para gerar manifestações-relâmpago, mas não tão boas para gerar um consenso-relâmpago em torno da plataforma de um partido ou de uma Constituição.

Basta ouvir alguns dos principais protagonistas de algumas das "Revoluções das Praças" ocorridas na última década para saber como aprenderam da pior maneira possível as limitações da internet como ferramenta política. Em uma visita a Hong Kong em 2014, entrevistei Alex Yong-Kang Chow, 24 anos, estudante em fase de conclusão de um curso de literatura na Universidade de Hong Kong e na época um dos líderes da Federação de Estudantes de Hong Kong, à frente do movimento de desobediência civil pró-democracia "Occupy Central", deflagrado em 28 de setembro de 2014. Seu objetivo era limitar a influência exercida por Pequim sobre a vida política mais democrática vigente em Hong Kong recorrendo ao fechamento parcial da área central dessa cidade-estado. Não foi um fracasso total, mas também esteve longe de ser um sucesso absoluto.

"O que faltou ao movimento [Occupy Central] foi um mecanismo que permitisse o debate entre diferentes pontos de vista de modo a lidar com as divergências", me disse Chow. "Se essas divergências não podiam ser resolvidas no interior do movimento, posteriormente isso daria margem a muita discórdia e rancor. A cada ocasião em que essas ideias eram colocadas em discussão, as pessoas as vetavam. Não havia nenhuma maneira de resolver divergências – nenhuma organização sozinha seria capaz de conquistar a confiança de todos os participantes. E falta ao povo de Hong Kong a cultura política necessária para resolver divergências por meio de debates."

E qual o papel do Facebook e de outras redes sociais? – perguntei.

"A tecnologia é útil na comunicação", ele respondeu. "As pessoas se dividiam em equipes diferentes e [ocupavam diferentes partes do centro de Hong Kong]. Alguns observavam a polícia e alertavam os outros a respeito dos seus movimentos; outros monitoravam discussões on-line e atualizavam com informações as pessoas na linha de frente. Isso nos deu um instrumento ágil para fazer circular as informações, permitindo que as pessoas reagissem instantaneamente e de maneira rápida. Ativistas podiam acessar o Facebook e colher ali novas informações [...]. [Essas tecnologias] São muito úteis para ampliar o movimento progressista ou responder à propaganda do governo."

Mas havia alguma desvantagem?

"O governo também estava observando e decodificando as mensagens enquanto usávamos esses aplicativos e as mídias sociais — pessoas enviadas pelo governo chinês", disse Chow. "Smartphones estavam sendo monitorados."

No fim, Chow fez a si mesmo a mais analógica das perguntas: "De que forma uma organização pode conquistar confiança e legitimidade e se conectar com as pessoas? A Federação dos Estudantes de Hong Kong tinha de prestar contas dos seus atos aos estudantes. Mas também tinha de prestar contas a cerca de 1 milhão de pessoas em Hong Kong que estavam mobilizadas num movimento mais amplo, nascido à sua sombra. De que forma, então, uma única organização estudantil equilibra a necessidade de canalizar as aspirações de 1 milhão de pessoas e atender ao mesmo tempo aos estudantes?". Ela precisa, ele respondeu, de "confiança e conexões", coisas que exigem tempo para serem construídas num contato pessoa a pessoa. "É isso que estava faltando para que a estratégia fosse sustentável. Com confiança e conexões [é possível ter] uma grande aliança para contrapor aos seus adversários. Sem confiança ou conexões é muito difícil contrabalançar o peso das autoridades e fica mais fácil para o governo conseguir nos derrotar."

O que distinguiu a Tunísia de todas as outras Primaveras Árabes impulsionadas pelo Facebook, tornando-a até agora a mais bem-sucedida, foram algumas características bastante analógicas, sobretudo as raízes mais profundas da sociedade civil tunisiana — sindicatos, associações de advogados, grupos femininos, associações empresariais, organizações de direitos humanos. Foram esforços coletivos propiciados pelo contato real entre pessoas que levaram à superação de diferenças entre islamitas e secularistas depois da queda da ditadura tunisiana, que valeram a várias dessas organizações o Prêmio Nobel da Paz de 2015.

Em outros lugares, a dificuldade em alcançar uma genuína ordem política levou a um número crescente de povos "não livres" no mundo. A desigualdade de renda é um fator de desestabilização, "porém a desigualdade de liberdade" também, disse Seidman. Quando a "liberdade em relação a" supera a "liberdade para", protagonistas animados por ideias destrutivas e com atuação amplificada "causarão maiores danos e mais destruição, a menos que venham a se inspirar e se engajar em esforços humanos mais construtivos", argumentou ele. "Serão como prisioneiros à solta."

Ninguém ofereceu um testemunho mais valioso sobre a diferença entre assegurar a *liberdade em relação a* e a *liberdade para* do que Wael Ghonim, também conhecido como "o cara do Google" que ajudou a deflagrar a revolução contra o presidente egípcio Hosni Mubarak em 2011. Eu estava no Cairo na época e, na véspera do dia em que Mubarak renunciou, acompanhei Ghonim numa emissão de TV, ao meio-dia de uma sexta-feira, pelo canal de TV por satélite Al Arabiya. Ele tinha acabado de ser solto da cadeia e estava tomado de fúria contra o regime e de paixão pela revolução democrática e pelo papel que as mídias sociais desempenhavam nela. Porém, no fim, a revolução acabou se perdendo pelo caminho, devido ao fracasso das forças progressistas em forjar uma unidade, à intenção da Irmandade Islâmica de transformá-la num movimento religioso, e à habilidade do Exército egípcio em explorar as fraquezas de todos esses grupos civis com o objetivo de conservar seu poder tanto sobre o cerne do Estado egípcio como sobre a economia do país.

Em dezembro de 2015, Ghonim, que desde então se mudou para o Vale do Silício, postou uma conferência TED que foi tema de uma das minhas colunas. Na palestra, ele se perguntou o que deu errado — abordando diretamente esta questão: a internet é melhor para criar *liberdade em relação a* do que para criar a *liberdade para*? Esta é a essência da sua conclusão: "Certa vez, eu disse: 'Se você quiser libertar uma sociedade, tudo de que precisa é da internet'. Estava enganado. Eu disse essas palavras em 2011, quando uma página do Facebook criada anonimamente por mim ajudou a deflagrar a revolução egípcia. A Primavera Árabe revelou o grande potencial das mídias sociais, mas também expôs suas limitações. O mesmo instrumento que nos uniu para derrubar ditadores acabou por nos dividir".

No início da década de 2000, os árabes estavam procurando em massa a internet, explicou Gohnim: "Sede de conhecimento, de oportunidades, de se conectar com as outras pessoas ao redor do mundo, fugíamos das realidades políticas que nos frustravam e vivíamos uma vida alternativa, virtual". Ele também se incluiu pessoalmente nessa tendência. Então, em julho de 2010, observou, "a internet mudou minha vida para sempre. Ao dar uma olhada no Facebook, vi uma foto [...] do corpo torturado de um jovem egípcio. Seu nome era Khaled Said. Khaled, que tinha 29 anos e morava em Alexandria, tinha sido morto pela polícia. Vi a mim mesmo naquela imagem [...]. Mantendo o anonimato, criei uma página no Facebook chamada 'Somos Todos Khaled Said'. Em apenas três dias a página já tinha mais de 100 mil seguidores, compatriotas egípcios que compartilhavam minha preocupação".

Logo Gohnim e seus amigos usavam o Facebook para promover *crowdsourcing* de ideias, e a página "se tornou a de maior número de seguidores em todo o mundo árabe", ele disse. "A mídia social foi crucial para essa campanha. Ela levou à eclosão de um movimento descentralizado. Fez com que as pessoas compreendessem que não estavam sozinhas. E tornou impossível que o regime acabasse com o movimento." Ghonim acabou sendo localizado pelos serviços de segurança egípcios, espancado e mantido incomunicável durante onze dias. Porém, três dias depois que ele foi solto, os milhões de pessoas que protestavam, mobilizados por seus posts no Facebook, derrubaram o regime de Mubarak.

Infelizmente, a euforia não durou muito, disse Ghonim, porque "não conseguimos construir um consenso, e a luta política levou a uma intensa polarização". As mídias sociais "apenas amplificavam" a polarização "ao facilitar a disseminação de informações falsas, rumores, reverberações e a incitação ao ódio. A atmosfera tornou-se tóxica. Meu mundo on-line se transformou num campo de batalha repleto de *trolls*, mentiras e apelos ao ódio". Os que apoiavam o Exército e os adeptos do islamismo usavam as redes sociais para difamar uns aos outros, enquanto o centro democrático, posição ocupada por Ghonim e por tantos outros, acabou por ficar marginalizado. Sua revolução foi sequestrada pela Irmandade Muçulmana e, quando esta fracassou, pelo Exército, que prendeu, então, muitos dos jovens do movimento laico, que tinham sido os primeiros a fomentar a revolução. O Exército conta agora com a sua própria página do Facebook para se defender.

Dispondo de tempo para refletir, disse Ghonim, "ficou claro para mim que, embora seja verdade que a polarização seja alimentada principalmente pelo comportamento humano, as mídias sociais moldam esse comportamento e magnificam o seu impacto. Digamos que você queira dizer algo que não tenha um fato como base ou então provocar uma briga ou ignorar alguém de quem não goste. Todos esses são impulsos humanos naturais, mas, devido à tecnologia, agir com base nesses impulsos está agora à distância de um clique".

Ghonim percebe cinco problemas cruciais relacionados ao papel desempenhado pelas mídias sociais no cenário político:

> Primeiramente, não sabemos como lidar com rumores. Rumores que confirmam os preconceitos das pessoas são agora aceitos como verdades e espalhados entre milhões de pessoas. Em segundo lugar, criamos nossas próprias câmaras de repercussão. Tendemos a só nos comunicar com pessoas que concordam conosco e, graças às mídias sociais, somos capazes de calar, deixar de seguir ou bloquear todos os demais. Terceiro, discussões on-line rapidamente resultam em multidões enfurecidas. Provavelmente todos nós sabemos disso. É como se nos esquecêssemos de que atrás das telas existem pessoas de verdade e não apenas avatares. Em quarto lugar, tornou-se realmente difícil mudar de opinião. Devido à rapidez e à brevidade das mídias sociais, somos forçados a nos apressar a tirar conclusões e expressar opiniões contundentes em 140 caracteres sobre temas mundiais complexos. E, assim que fazemos isso, aquilo fica perpetuado na internet, e isso nos deixa menos motivados para mudar de opinião, mesmo que novos dados venham à tona. Em quinto lugar — e, do meu ponto de vista, o mais importante —, nossas experiências nas mídias sociais hoje são concebidas de modo a priorizar a transmissão em detrimento do comprometimento, os posts em detrimento das discussões, comentários rasos em detrimento de conversas mais aprofundadas. É como se tivéssemos concordado que estamos aqui para gritar uns com os outros, em vez de conversar uns com os outros.
>
> Existe um grande debate hoje sobre como combater o assédio on-line e como lutar contra os *trolls*. Isso é muito importante. Ninguém pode questionar isso. Porém também precisamos pensar em como conceber e projetar experiências nas mídias sociais que promovam maior civilidade e recompensem uma postura mais reflexiva. De uma coisa tenho certeza: se escrevo um post que é mais sensacional, mais parcial, às vezes furioso ou agressivo, consigo fazer com que mais pessoas o leiam. Chamo mais atenção. Mas e se centrássemos nosso foco na qualidade? [...] Também precisamos pensar em mecanismos mais efetivos de *crowdsourcing*, meios de checar a credibilidade de informações largamente disseminadas on-line e de recompensar pessoas que tomam parte nisso. Basicamente, precisamos repensar o ecossistema das mídias sociais de hoje e reformular os formatos de suas

experiências de modo a recompensar uma postura mais reflexiva e civilizada e a compreensão mútua.

Há cinco anos eu disse: "Se você quiser libertar uma sociedade, tudo de que precisa é da internet". Hoje, acredito que, se quisermos libertar uma sociedade, temos primeiro de libertar a internet.

As histórias de Ghonin e Chow, observa o veterano especialista em sondagens de opinião Craig Charney, são alertas eloquentes de que, ainda que a internet "aprimore a capacidade de nos conectarmos, ela não substitui organizações políticas, a cultura ou lideranças — e movimentos espontâneos costumam ser mais fracos em todos esses aspectos". Muitos esforços no âmbito da Primavera Árabe acabaram fracassando porque foram incapazes de construir uma organização e uma política que traduzissem suas ideias progressistas em termos de uma maioria capaz de governar. Em um artigo no *Financial Times*, Mark Mazower, professor de história em Columbia e autor de *Governing the World: The History of an Idea, 1815 to the Present* [Governar o mundo: A história de uma ideia, de 1815 até o presente], observou:

> O insight fundamental leninista continua válido até hoje: nada pode ser feito sem organização. Se o Solidariedade foi capaz de se transformar numa força da política polonesa, isso se deu porque suas raízes no ativismo sindical lhe deram uma estrutura que servisse de ponto de partida [...].
>
> Derrubar tiranos às vezes conduz de fato à liberdade. Outras vezes leva meramente a outros tipos de tirania. Felizes as revoluções cujos revolucionários são ao mesmo tempo amantes da liberdade e efetivamente organizados para os esforços de longa duração próprios da luta política.

Às vezes é necessário passar pela fase análoga ao ato de bater de porta em porta, imprimir panfletos e persuadir vizinhos, cara a cara com eles, um a um, para desenvolver os músculos institucionais e os hábitos cívicos que são mais necessários na manhã seguinte a uma revolução. Até que essa antiga lição seja aprendida, poderemos acabar vendo o Mundo da Desordem ampliar seus limites, à medida que mais e mais pessoas achem mais fácil assegurar sua *liberdade em relação a*, mas não a *liberdade para*.

OS DESTRUIDORES

Em novembro de 2014 fui ao Iraque, acompanhando a visita feita pelo chefe do Estado-Maior Conjunto dos Estados Unidos, general Richard Myers. De todas as imagens que presenciei durante a viagem, nenhuma ficou mais tempo na minha memória do que a exibida pela 24ª Unidade Expedicionária dos Fuzileiros, na região do Triângulo Sunita, perto de Ramadi, e preparada especialmente para a visita. Era uma mesa coberta de bombas desarmadas à beira da estrada, todas elas montadas em telefones celulares ligados a explosivos. O telefone recebe uma ligação quando um veículo americano passa por ele e a coisa toda explode. A mesa estava cheia de uma variedade de telefones celulares de todos os modelos e cores imagináveis acoplados a bombas.

Pensei comigo mesmo: "Se nas portas do inferno existe alguma loja duty-free de aparelhos eletrônicos, seu balcão de atendimento deve parecer com algo assim".

As três acelerações deram uma nova forma à geopolítica, não apenas nos tornando muito mais interdependentes, abalando Estados fracos e pressionando Estados fortes, como também dando maior poder a indivíduos de modo a criarem mais desordem.

A supernova "serve como uma espécie de amplificador do comportamento humano", observou Richard K. Miller, presidente da Faculdade de Engenharia Franklin W. Olin. "A cada geração, um número cada vez menor de pessoas passa a dispor de meios para afetar a vida de um número cada vez maior de pessoas por meio da tecnologia. Os efeitos podem ser intencionais ou não, benéficos ou não. O desenvolvimento implacável das novas tecnologias aumenta os riscos implícitos nas consequências sociais, econômicas e políticas em cada geração."

Fizemos referência aos indivíduos e grupos que usam esse novo poder de forma positiva como "os construtores". Contudo, como foi observado anteriormente, as mesmas tecnologias também dão origem a homens e mulheres enfurecidos e munidos de maior poder — "os destruidores". Quando a época é propícia para os construtores, infelizmente também o é para os destruidores. Se você quer destruir algo em grande escala, esta é a era ideal. Nos velhos tempos, "importantes avanços tecnológicos não faziam parte de um sistema que permitia sua imediata distribuição global, de modo que não apareciam na mesma hora nas mãos de indivíduos violentos na mesma velocidade e com o mesmo efeito que vemos hoje", explicou Craig Mundie. "Quando essas tecnologias só estavam acessíveis aos Estados, era possível falar de não proliferação como uma meta realizável." Já não é mais assim. Hoje, muitos desses instrumentos, ou instruções sobre como usá-los, podem ser facilmente baixados da internet a partir da nuvem por qualquer um que disponha de um cartão Visa. De modo que os destruidores podem buscar essa fonte de energia para amplificar seu poder do um — e para conectar, comunicar e colaborar com os que pensam como eles — com a mesma facilidade de qualquer construtor.

Se os destruidores de hoje contam com um poder muito maior, eles além disso também são mais difíceis de serem dissuadidos. Não existe nenhuma doutrina baseada na mútua destruição assegurada — MAD, na sigla em inglês — que evite que a Al Qaeda ou o ISIS recorram a ações extremas. Acontece justamente o oposto: para os homens-bomba suicidas jihadistas, a mútua destruição assegurada é como um convite para uma festa e um encontro com 99 virgens. Como resumiu o estrategista Graham Allison, da Universidade Harvard: "Historicamente, sempre existiu uma defasagem entre a raiva individual das pessoas e o que elas poderiam fazer com essa raiva. Porém, graças à tecnologia moderna e à disposição das pessoas para cometer suicídio, indivíduos realmente enraivecidos podem agora matar milhões se tiverem acesso aos materiais adequados". E isso vem se tornando regularmente mais fácil com a globalização dos fluxos e a ascensão da impressão em 3-D, com a qual é possível construir quase qualquer coisa no seu porão, se ela couber ali.

Ao escrever este livro, não pude me decidir sobre quais exemplos assustadores poderia incluir para mostrar em que medida e com que facilidade pessoas enraivecidas e munidas agora de muito mais poder podem espalhar a desordem. Aqui estão as histórias que passaram pela minha triagem:

- "Algo entre mais da metade e dois terços dos americanos mortos ou feridos em combate nas guerras do Iraque e do Afeganistão foram vítimas de dispositivos explosivos improvisados (DEI) plantados no solo, em veículos e em edifícios, usados em coletes-bomba ou carregados a bordo de veículos, segundo dados da Joint IED Defeat Organization (JIEDDO), a Organização Conjunta de Prevenção de DEI", informou o jornal *USA Today* de 19 de dezembro de 2013. "Isso significa mais de 3100 mortos e 33 mil feridos. Entre as piores baixas estão quase 1800 militares americanos que perderam membros no Iraque e no Afeganistão, na grande maioria vítimas de explosões, de acordo com dados do Exército [...]. As bombas afetaram radicalmente o modo como os militares americanos podiam se deslocar na zona de guerra, aumentando a necessidade de uso de helicópteros e outras aeronaves de modo a evitar estradas, afirma o general de divisão do Exército John Johnson, diretor da JIEDDO. 'Esses dispositivos provocaram enorme sofrimento [...], um enorme esforço e geraram uma enorme soma de dinheiro', diz Johnson [...] Os DEI deram origem a uma indústria multibilionária na forma de veículos e materiais de proteção corporal, robôs, radares capazes de penetrar no solo, mecanismos de vigilância, obstrução eletrônica, contrainteligência, análise por computador e próteses computadorizadas. A Agência de Prestação de Contas do Governo diz ser impossível estimar o total gasto pelos Estados Unidos na luta contra esse tipo de bombas ao longo das duas guerras. Contudo, o Pentágono gastou pelo menos 75 bilhões de dólares em veículos blindados e em instrumentos para se defender dessas armas." É possível fabricar um DEI por cem dólares.

- Em 26 de janeiro de 2015, o *New York Times* informou que um "sistema de radar da Casa Branca projetado para detectar objetos voadores, como aviões, mísseis e drones de grande porte, não conseguiu perceber um pequeno drone que se chocou contra uma árvore na área gramada ao sul do edifício no início da manhã de segunda-feira" e que "o acidente levantou a questão de saber se o serviço secreto seria capaz de derrubar um objeto similar caso ele viesse a representar uma ameaça ao presidente Obama". Veio à tona que um funcionário do governo, que supostamente estaria bêbado no momento, teria operado o dispositivo. O *Times* apurou mais tarde que "um funcionário do serviço secreto que estava situado na área sul do terreno em torno da Casa Branca 'ouviu e observou' o drone, informou a agência, mas o funcionário e outros que estavam na residência naquele momento não conseguiram derrubar o objeto antes que ele sobrevoasse a cerca da Casa Branca e se chocasse contra uma árvore. O drone era pequeno demais e voava baixo demais para ser detectado pelo radar, informaram os funcionários, acrescentando que, devido ao seu tamanho, poderia ter sido facilmente confundido com um pássaro grande". Ainda que o presidente e sua esposa estivessem na Índia na época, em visita oficial, as duas filhas do casal, Sasha e Malia, estavam em casa.

- Em 27 de janeiro de 2015, em uma entrevista concedida a Fareed Zakaria, da CNN, depois que um helicóptero quadrotor de cerca de sessenta centímetros de largura caiu no terreno ao redor da Casa Branca, o presidente Obama fez a seguinte observação: "O drone que aterrissou na Casa Branca poderia ter sido comprado na RadioShack".

Graças ao *big data* e à supernova, podemos agora encontrar a agulha no palheiro com uma facilidade incrível. Ao mesmo tempo, os destruidores, munidos agora de um poder muito maior, podem injetar essa agulha em todos nós com uma incrível força e precisão. O futuro será um teste para ver quem encontra quem primeiro. Considerem esta reportagem publicada em 18 de fevereiro de 2016 pelo site NewScientist.com:

> Mais do que nunca, extorsão passou a ser um grande negócio e agora nem precisa depender de uma pessoa que abandone um saco de cheio de dinheiro em algum lugar. No início deste mês, criminosos cibernéticos atacaram um hospital de Los Angeles, pedindo um pagamento em bitcoins para permitir que o hospital voltasse a acessar seus computadores. É o caso mais sofisticado já registrado de ciberextorsão usando um software conhecido como *ransomware*.
>
> O ataque ao Hollywood Presbyterian Medical Center provocou uma pane total no seu sistema de computadores. Em consequência disso, pacientes tiveram de ser desviados para outros hospitais, os registros médicos passaram a ser feitos com caneta e papel e a sua equipe teve de se comunicar por meio de fax.
>
> Os criminosos exigiram 9 mil bitcoins — aproximadamente 3,6 milhões de dólares. Depois de duas semanas de impasse, o hospital pagou ontem 17 mil dólares [...].
>
> "O uso do *ransomware* realmente explodiu nesses últimos anos", diz Steve Santorelli, um ex-detetive da polícia britânica que trabalha agora para a Team Cymru, uma firma de inteligência especializada em ameaças desse tipo e localizada na Flórida. Acredita-se que um *ramsonware*, o CryptoLocker 3.0, fez com que os criminosos faturassem 325 milhões de dólares só em 2015.
>
> "Esses caras são diabolicamente sofisticados", diz Jake Williams, fundador da empresa de segurança cibernética Rendition Infosec [...].
>
> Ross Anderson, um pesquisador da área de segurança na Universidade de Cambridge, afirma que o bitcoin ajudou os cibercriminosos a acessar pagamentos sem serem pegos. "Nos velhos tempos, pegar o dinheiro do resgate era uma tarefa

realmente difícil. Bastava a polícia colocar um rastreador na sacola cheia de notas de vinte libras, e eles sempre apanhavam o sujeito. Agora é possível recolher resgates com bitcoins. Tem um monte de gente fazendo isso."

Última história: em 9 de fevereiro de 2016, em um relatório de avaliação de ameaças feito diante da Comissão dos Serviços Armados no Senado, James Clapper, diretor nacional de inteligência dos Estados Unidos, acrescentou a edição de genes — pela primeira vez — à lista de ameaças incluídas entre "armas de destruição e proliferação em massa". Como observou a *MIT Technology Review* naquele dia, "a edição de genes é uma referência a várias maneiras inovadoras de se alterar o DNA no interior das células vivas. O método mais popular, CRISPR, vem revolucionando a pesquisa científica, levando à geração de novos animais e lavouras, e provavelmente propiciará uma nova geração de tratamentos com base nos genes para doenças sérias. De acordo com a avaliação, o que preocupa a comunidade da inteligência americana é a relativa facilidade do uso da técnica". O informe de Clapper afirmava: "Levando em conta a ampla distribuição, o baixo custo e o ritmo acelerado de desenvolvimento dessa tecnologia de uso dual, sua utilização indevida, seja deliberada ou involuntária, pode ter consequências de longo alcance tanto no plano econômico como no da segurança nacional".

ENDEREÇO DESCONHECIDO

O que é angustiante não é apenas o fato de um destruidor individual poder agora provocar tantos danos gastando tão pouco ou com tanta facilidade. É o fato de não precisar de uma organização tradicional para ser armado ou dirigido — uma organização que possa ser rastreada ou destruída pela polícia ou por exércitos.

Nos últimos anos, temos visto a contínua ascensão da figura do "terrorista solitário". Vimos indivíduos, casais ou grupos muito pequenos, às vezes compostos de irmãos e primos, muitas vezes psicologicamente perturbados, que se radicalizam num período muito curto de tempo depois de explorarem os fluxos on-line jihadistas ou afins. Eles então vão lá fora e cometem atos de violência contra civis inocentes, muitos deles só anunciando a posteriori sua adesão a uma causa, islâmica ou de outra natureza.

Em 14 de julho de 2016, um homem com essas características dirigiu seu caminhão em meio a uma multidão que comemorava o Dia da Bastilha em Nice, na França, matando 85 pessoas e ferindo centenas. O fenômeno como um todo se viu condensado em alguns poucos parágrafos em um relato do *Daily Telegraph*:

> O tunisiano Mohamed Lahounaij-Bouhlel — descrito como "um tipo esquisito e solitário", que "ficou deprimido" ao ser abandonado pela mulher — era detentor de um passaporte francês, morava nessa cidade do sul da França e vivia se metendo em encrenca com a polícia.
>
> Bouhlel supostamente não estava incluído na lista de vigilância antiterrorismo, e os investigadores tentam agora estabelecer seus motivos — além de procurarem por possíveis cúmplices.
>
> Um psiquiatra que o viu em 2004 disse à revista *L'Express* que Bouhlel o procurou em razão de problemas de comportamento e que ele o tinha diagnosticado como vivendo os "estágios iniciais de uma psicose".
>
> O ministro do Interior, Bernard Cazeneuve, disse que o autor do ataque "parece ter se radicalizado muito rapidamente", pois, como acrescentou um vizinho da sua ex-mulher: "Mohamed só começou a visitar a mesquita em abril...".
>
> O celular de Bouhlel, ao que parece, estava repleto de mensagens, vídeos e fotografias, inclusive de homens e mulheres com os quais tinha dormido recentemente [...].
>
> Ele costumava visitar ginásios e bares animados de salsa, e também acessar "sites que exibiam cenas de execuções", informou a BFM TV.
>
> "A movimentada vida sexual de um homem que descobrira recentemente a vida religiosa se reflete nos dados acumulados no celular", acrescentou a BFM.
>
> Divorciado e pai de três crianças, ele também usou o celular para preparar seu ataque contra os civis, incluindo centenas de crianças que assistiam aos fogos de artifício que marcam o Dia da Bastilha.
>
> Ele também tirou uma *selfie* no interior do caminhão alugado pouco antes de avançar em seu ataque destinado a matar e aleijar pessoas, enviando a imagem por e-mail para integrantes de sua família na sua terra natal, a Tunísia.

É como se os fluxos globais acelerados estivessem acionando, pelas redes sociais, certas pessoas que vivem à margem das sociedades, inspirando-as e encorajando-as a cometerem atos pseudo-heroicos de violência. Eles querem sair desta vida numa explosão que seja vista pelo mundo inteiro — mesmo sem integrarem formalmente nenhuma organização.

O estrategista George Friedman, presidente da empresa de pesquisas Geopolitical Futures, explica por que esses lobos solitários automotivados e esses pequenos grupos podem vir a ser o futuro do terrorismo — e por que eles são tão difíceis de serem dissuadidos. Na década que se seguiu ao Onze de Setembro, "o cerne da estratégia dos Estados Unidos consistia em identificar grupos terroristas e destruí-los", escreveu Friedman no site geopoliticalfutures.com em 26 de julho de 2016. "Partia-se da suposição de que o terrorismo exigia uma organização. De acordo com essa estratégia, o progresso consistia em identificar uma organização ou uma célula que planejassem operações terroristas e então desorganizá-las ou destruí-las [...]. Em termos operacionais, a estratégia funcionava. Terroristas eram identificados e mortos. À medida que as organizações eram enfraquecidas e desarticuladas, o terrorismo diminuía — mas depois aumentava."

O motivo pelo qual voltava a aumentar pode estar no fato de os destruidores poderem agora se reunir com tanta facilidade, da mesma forma que os fundadores de uma startup, e agir por conta própria. Em consequência disso, grupos como o ISIS podem se mostrar menos dependentes da lógica do comando e controle, assumindo, em vez disso, o papel de inspirador, a organização que aquece as moléculas por meio das redes sociais e, então, senta na última fila e aprecia o espetáculo.

Como diz Friedman, "o problema principal tem sido uma persistente e equivocada compreensão do islamismo radical. É um movimento, não uma organização". Organizações podem ser infiltradas, desarticuladas e ter suas estruturas de lideranças e seus quartéis-generais aniquilados. É muito mais difícil fazer isso com um movimento. É por isso que o Pentágono segue anunciando que matou esta ou aquela "alta liderança" do ISIS, mas o movimento apenas continua.

"Há quinze anos o foco operacional dos Estados Unidos tem sido a destruição de organizações terroristas", acrescentou Friedman. "A razão disso é que destruir determinado grupo cria a ilusão de que houve um progresso. Contudo, quando um grupo é destruído, surge outro, agindo em seu nome. Por exemplo, a Al Qaeda está sendo substituída pelo Estado Islâmico. A verdadeira força do terrorismo islâmico reside no movimento que originou a organização e do qual ela extrai sua força. Enquanto o movimento estiver intacto, qualquer sucesso quanto à destruição de uma organização é, na melhor das hipóteses, temporário, e, na realidade, uma ilusão."

Deveria estar claro a essa altura que nossa abordagem convencional, baseada em operações especiais, para derrotar esse fenômeno não está sendo bem-sucedida. A única coisa que pode dar certo, argumentou Friedman, é "pressionar os Estados islâmicos a promoverem uma guerra contra os jihadistas e tentar fazer com que outros ramos do islamismo façam o mesmo. A pressão deve ser intensa e a recompensa, substancial. A probabilidade de dar certo é pequena. Porém a única maneira de eliminar esse movimento é deixar que os muçulmanos façam isso". Para deter esse tipo de destruidor, nossa primeira linha de defesa devem ser as famílias deles, os psiquiatras, professores e vizinhos, que podem detectar mudanças de comportamento muito mais rapidamente do que qualquer agência de inteligência. É preciso uma aldeia para dissuadir um destruidor desse tipo.

O NOVO EQUILÍBRIO DE PODER

Durante a Guerra Fria, se quiséssemos avaliar o equilíbrio global de poder, a maneira como faríamos isso provavelmente seria dar uma olhada no levantamento anual *The Military Balance*, publicado pelo Instituto Internacional de Estudos Estratégicos, com sede em Londres, e que se descrevia como o mais "abalizado conjunto de dados militares de 171 países: tamanho das forças armadas, orçamentos de defesa, equipamento". Esse livro nos diria as relativas forças dos seus exércitos, marinhas e forças aéreas (o seu "*hard power*"), e o seu "*soft power*", as forças relativas de suas economias, a atração exercida por suas sociedades e o grau de dinamismo de suas culturas. E, ao conjugarmos todos esses números, teríamos uma estimativa aproximada do equilíbrio de poder entre os diferentes Estados-nação.

Não funciona mais assim. Avaliar o equilíbrio de poder nos dias de hoje exige um enfoque muito mais abrangente. "Nos velhos tempos, quando falávamos no equilíbrio de poder, na realidade estávamos falando das forças convencionais, das forças nucleares e da estrutura de controle de armas para regulamentar o seu uso", me disse John Chipman, diretor do Instituto Internacional de Estudos Estratégicos. "Havia um razoável consenso a respeito de como aferir o poder e como medi-lo. Era um problema puramente matemático." Hoje, porém, o poder militar convencional, embora ainda seja importante, vem a ser apenas um dos fatores. Se quisermos estimar o equilíbrio de poder agora, explicar a geopolítica, quanto mais administrá-la, é preciso levar em consideração o poder do um, o poder das máquinas e o poder dos fluxos e a maneira como eles vêm fazendo desmoronar os Estados fracos e dando maior poder aos destruidores — tudo isso em um mundo mais interdependente.

Ao tentar administrar um mundo como esse, "não podemos apenas recorrer aos manuais de sempre", observou o secretário de Defesa Ashton Carter. "Poder destrutivo de magnitude cada vez maior pode agora ser aplicado por mãos cada vez menores [...]. Estaríamos enganando a nós mesmos se pensássemos que estamos em um mundo no qual só temos de nos preocupar com os Estados."

APRENDENDO A ADD

Por todos esses motivos, a geopolítica, como todas as outras coisas, também precisa ser reimaginada na era das acelerações. É claro que é possível ganhar pontos em popularidade nos dias de hoje, tanto nas páginas de opinião dos jornais como nas turnês de campanhas eleitorais, fingindo que os Estados Unidos podem fazer o que sempre fizeram — como disse o presidente Kennedy em seu discurso de posse, "pagar o preço que for, suportar qualquer fardo, superar qualquer dificuldade, apoiar todos os amigos, opor-se a qualquer inimigo para assegurar a sobrevivência e o sucesso da liberdade". Mas isso não vai acontecer. O mundo pós-pós-Guerra Fria, infelizmente, tem representado uma ducha de água fria no otimismo irrefreável dos Estados Unidos (para não falar do meu próprio otimismo). Aprendemos da pior maneira possível, no Iraque e no Afeganistão, que a possibilidade de a liberdade criar raízes depende muito menos daquilo que nós fazemos do que *daquilo que eles fazem*, e, se eles não estão prontos para pagar esse preço, suportar esse fardo, superar essa dificuldade, apoiar uns aos outros e, coletivamente, se opor aos inimigos da liberdade, não podemos fazer isso por eles. Aprendemos que, ainda que possamos transplantar corações e tropas, não podemos transplantar uma cultura política — e em particular uma ética do pluralismo — na qual não existe um solo fértil para a confiança.

E, por fim, aprendemos que, quando a maior ameaça de instabilidade vem do "fragilismo" e do "desintegracionismo" de Estados existentes, e da ascensão de indivíduos e de pequenos bandos de destruidores dotados agora de maiores poderes, nossa tradicional caixa de ferramentas para lidar com o poder se mostra insuficiente para fazer face a essas ameaças — por conta própria. Não podemos colocar novamente de pé todo Estado oscilante — sozinhos. E não podemos achar toda agulha, todas as pessoas enfurecidas e munidas de maior poder, num palheiro antes que ela nos espete — sozinhos.

Resumindo, temos de encarar dois fatos fundamentais a respeito da geopolítica hoje:

Fato n. 1: *O necessário é impossível.*

Fato n. 2: *O impossível é necessário.*

Ou seja, ainda que não possamos consertar por conta própria o vasto Mundo da Desordem, também não podemos ignorá-lo. Ele entra em metástase em um mundo interdependente. Se não visitarmos o Mundo da Desordem na era das acelerações, ele vai nos visitar. Isso é especialmente verdade quando sabemos que o mundo das acelerações continuará a golpear os Estados frágeis e a gerar fluxos migratórios, em particular na África e no Oriente Médio em direção à Europa, assim como mais destruidores munidos de maior poder.

Então, o que fazer?

Em uma época histórica anterior, costumávamos poder contar que alguma gigantesca potência imperialista acabaria por varrer essas regiões de desordem — como o norte da Nigéria, a Líbia, o Iêmen, a Somália ou a Síria — e impor a ordem a partir de fora, esmagando assim "os destruidores". Na Guerra Fria, a Rússia ocupou efetivamente a Europa Oriental, suprimindo não apenas suas liberdades, mas também seus conflitos étnicos. Ao longo de cinco séculos os otomanos lidaram com a maior parte do Oriente Médio mais ou menos da mesma maneira. Porém hoje vivemos em um mundo pós-imperial e pós-colonial. *Nenhuma grande potência quer ocupar ninguém.* Como vimos, as grandes potências aprenderam todas da pior maneira possível que, quando ocupamos outro país, tudo o que ganhamos é uma conta a pagar. É muito mais fácil importar a mão de obra e os recursos naturais de um país — ou seus recursos intelectuais via internet — do que ocupá-lo.

Desse modo, num período histórico anterior, como o da Segunda Guerra ou o da Guerra Fria, podíamos facilmente forjar uma aliança de democracias afins para combater essa ameaça à estabilidade global. Hoje em dia, o "fragilismo" e o "desintegracionismo" não têm o mesmo apelo em termos de chamamento à ação como o nazismo e a Ameaça Vermelha. Eles também não respondem aos tradicionais instrumentos de guerra — tanques, aviões e tropas — e não prometem a perspectiva consoladora de um Dia da Vitória — uma vitória final — e de uma parada sob chuva de papéis picados ao som de "When Johnny Comes Marching Home". O esforço para construir uma nação, conter a expansão da desordem ou dissuadir as forças dos destruidores é muito mais difuso e de longo prazo e muito menos satisfatório do ponto de vista moral.

Além disso, ainda que não tenhamos os recursos para resolver os problemas da desordem intervindo *lá*, também não podemos resolver o problema da desordem *a partir daqui* — no Ocidente. O súbito e gigantesco afluxo de refugiados da África e do Oriente Médio superou a capacidade de absorção da União Europeia e desencadeou uma reação populista-nacionalista, levando ao mesmo tempo a UE a começar a limitar sua política de liberdade de movimento de pessoas entre os países. O voto dos britânicos em junho de 2016 pela saída de seu país da União Europeia foi inspirado, em grande medida, por um sentimento anti-imigração.

E ainda não podemos ignorar os desafios colocados à ordem internacional pelas superpotências rivais da Rússia e da China, as quais, devido a seus Estados autoritários, não se mostram tão vulneráveis à desordem ou aos destruidores como as sociedades abertas no Ocidente.

Levando todos esses fatores em conta, senhoras e senhores, o que temos aqui é um perfeito exemplo de um desses "problemas diabólicos" — muitas partes interessadas, mas nenhum acordo a respeito da definição do problema ou da solução. E a opção por não fazer nada levará as coisas a se tornarem cada vez mais insustentáveis.

Então, repito, o que fazer?

Se estivesse reimaginando a geopolítica a partir de um ponto de vista americano/ocidental neste mundo, começaria pela declaração mais honesta que poderia fazer: não sei o que é suficiente para restaurar a ordem no Mundo da Desordem — deveríamos ser bastante humildes diante de um problema tão infernalmente difícil —, mas tenho bastante certeza sobre o que é *necessário*.

Trata-se de uma política que pode ser chamada de ADD, porque são essas as suas iniciais: amplificar, dissuadir e degradar.

CONHECIMENTO É PODER

Passemos em revista a lógica de cada um dos elementos e vejamos por que eles, somados, podem vir a compor uma estratégia de segurança nacional para um país como os Estados Unidos hoje — começando por "amplificar". É um truísmo, mas um que vale a pena repetir, afirmar que a desordem e a ascensão dos destruidores fortalecidos, na escala que estamos vendo no Oriente Médio e na África, é um produto de Estados fracassados incapazes de acompanhar o ritmo da era das acelerações e deixar que seus jovens realizem seu pleno potencial. Contudo, essas tendências são exacerbadas pela mudança climática, pelo crescimento populacional e pela degradação ambiental, que vêm solapando as bases agrícolas que sustentam vastas populações da África e do Oriente Médio em áreas rurais. A combinação de Estados falidos e agricultura falida está produzindo milhões de jovens, em especial homens, que nunca tiveram um emprego, nunca exerceram o poder e nunca seguraram a mão de uma jovem.

Essa terrível combinação de patologias humilhantes é então pregada por ideólogos jihadistas-islâmicos (com dinheiro), que prometem a esses jovens a redenção ou 99 virgens no céu se embarcarem num retrocesso aviltante — se voltarem ao estilo de vida puritano do islamismo do século VII. Como George Friedman já observou, não podemos reverter essas tendências sozinhos; a vontade para isso tem de vir do interior dessas sociedades. Porém podemos aumentar as chances de que venham a fazer isso elas próprias se aumentarmos o número de pessoas com a vontade para isso. O que os Estados Unidos e a Europa podem fazer — e ainda não o fizeram o suficiente — é investir e amplificar as ilhas de decência e os motores que aumentem as capacidades dos países no interior do — ou às margens do — Mundo da Desordem. Quando investimos nos instrumentos que dão aos jovens condições de realizarem seu pleno potencial, estamos nos contrapondo à disseminação da humilhação, que vem a ser a maior motivação para que as pessoas saiam e destruam as coisas.

Em maio de 2012 — um ano depois da erupção da Primavera Árabe —, os Estados Unidos firmaram dois compromissos financeiros com o mundo árabe que começaram ambos com os algarismos 1 e 3. Os Estados Unidos deram ao regime militar egípcio 1,3 bilhão de dólares em tanques e caças. Também concederam aos estudantes de universidades públicas do Líbano, com base no mérito, um programa de bolsas num montante de 13,5 milhões de dólares, fazendo com que 117 jovens libaneses passassem por faculdades semelhantes às americanas, voltadas para a promoção da tolerância e da igualdade social e de gênero, e com estímulo ao pensamento crítico. Tendo visitado os dois países naquela época, observei numa das minhas colunas que os 13,5 milhões de dólares gastos em bolsas de ensino tinham proporcionado aos libaneses maior capacitação e à América mais amizade e estabilidade do que o 1,3 bilhão de dólares em tanques e jatos jamais poderia ter obtido. Então, que tal pararmos de ser estúpidos? Como pode acabar bem uma iniciativa como a de enviar aviões e tanques a um país — o Egito — no qual metade das mulheres e um quarto dos homens não sabem ler?

A embaixada americana em Beirute me apresentou a quatro dos estudantes aos quais foram concedidas bolsas em 2012 — eles frequentam a Universidade Americana do Líbano ou a Universidade Haigazian, que oferecem cursos de graduação similares aos dos Estados Unidos. Como observei em minha coluna, Israa Yassin, uma jovem de dezoito anos do vilarejo de Qab Elias que estava estudando ciência da computação, me disse: "Esse programa está ajudando a dar à juventude condições de mudar este país, transformando-o no que poderia ser e no que deveria ser. Somos bons, somos capazes e podemos realizar muita coisa, mas não conseguimos uma oportunidade. Meu irmão acabou de concluir o ensino médio e não tinha dinheiro para pagar uma universidade. Seu futuro na verdade está estancado. Os Estados Unidos estão nos dando a chance de fazer alguma diferença [...]. Nós não vamos mais ser subestimados. É mesmo triste quando vemos uma geração inteira em povoados libaneses — centenas de rapazes sem nada para fazer, nenhum trabalho, nenhuma faculdade". Wissal Chaaban, dezoito anos, de Trípoli, que também estava frequentando a Universidade Americana do Líbano e estudando marketing, me disse que o programa atendia aos interesses americanos porque manda jovens para universidades que "estimulam uma mentalidade aberta, a aceitação do outro, não importa quão diferente seja, mesmo que de outra religião".

Poucos dias depois de conversar com esses estudantes, fui até Amã, na Jordânia, onde entrevistei alguns professores de escolas públicas na Academia dos

Professores Rainha Rania que trabalhavam em colaboração com uma equipe da Universidade Columbia para aprimorar sua formação pedagógica. Conversei com eles sobre o contraste entre os 13,5 milhões de dólares das bolsas concedidas pelos Estados Unidos e o 1,3 bilhão de dólares em ajuda militar, e Jumana Jabr, professora de inglês de uma escola pública de Amã, sintetizou a questão de uma maneira que eu mesmo jamais teria conseguido: uma é para "fazer pessoas", ela disse, outra é para "matar pessoas". Se os Estados Unidos querem gastar dinheiro treinando soldados, ela acrescentou, bem, "professores também são soldados, então por que não gastar esse dinheiro com a nossa formação? Somos nós que treinamos os soldados com os quais vocês estão gastando 1,3 bilhão de dólares".

Em junho de 2014, fui convidado a fazer o discurso de abertura do ano letivo na Universidade Americana do Iraque, em Sulaimaniya, no Curdistão. Conforme escrevi em minha coluna na época, não costumo ser muito bom nessas ocasiões, mas essa suscitou em mim muitas emoções diferentes. Para começar, o cenário eram as deslumbrantes montanhas do Curdistão. Quando Dina Dara — a estudante que seria a oradora da turma que se formava em 2014 — subiu ao palco, o sol começava a se pôr, transformando a montanha Azmar, ao fundo, numa cortina vermelho-castanha. Cerca de 70% dos formandos eram curdos, com o restante vindo de todos os lugares, religiões e tribos do Iraque. Os pais, visivelmente orgulhosos, tinham vindo de carro desde Basra e Bagdá, vestidos com suas melhores roupas para ver os filhos receberem seus diplomas de cursos universitários de molde americano. Três emissoras de TV do Curdistão transmitiam a cerimônia ao vivo.

"Foi uma jornada e tanto", disse Dara aos seus colegas; ela tinha sido aceita para se formar na Universidade Tufts. (Desde que a universidade abriu, em 2007, todos os oradores de turma foram mulheres iraquianas.) "Passamos por uma série de experiências diferentes ao viver em dormitórios. Esta noite estamos armados com duas coisas: primeiro, com a altamente valorizada educação americana, que nos torna tão competentes e qualificados como os outros estudantes de todo o mundo. E, em segundo lugar, com poder que nos é concedido pela educação voltada para as artes e ciências humanas. [...] À medida que formos colocando em prática as técnicas de pensamento crítico que ocuparam o cerne de nossa educação aqui, e ao tentarmos ir além das convenções tradicionais, além do que os outros sugerem, pode ser que venhamos a ter dificuldades. Mas não é assim que as nações são construídas?"

Karwan Gaznay, 24 anos, um curdo, me contou que cresceu lendo livros sobre Saddam: "Agora temos uma educação americana. Eu não sabia quem tinha sido Thomas Jefferson. Não sabia quem tinha sido James Madison. Então, quando o governo está fazendo alguma coisa errada, agora podemos dizer: 'Isso está errado. Eu recebi educação'. [...] Eu me candidatei a presidente da associação de estudantes, e colegas árabes votaram em mim. Vivemos agora na universidade como se fôssemos uma família. Não sou pessimista em relação ao Iraque. Quando queremos, somos capazes de trabalhar juntos".

O melhor investimento de longo prazo que o governo americano poderia fazer para ajudar a estabilizar o Mundo da Desordem e ampliar as ilhas de decência ali existentes seria ajudar a financiar e fortalecer escolas e universidades através do Oriente Médio, África e América Latina que promovessem uma educação liberal, técnica e humanística ao estilo americano. Infelizmente, existem muitos lobbies gigantescos de indústrias da área de defesa promovendo financiamentos para matar pessoas e poucos defensores de financiamentos para escolas para formar pessoas. Isso precisa mudar. A educação por si só não é nenhuma panaceia, mas apenas drones não vão curar coisa alguma. Ilhas de decência podem se espalhar. Os drones jogam suas bombas e seus efeitos começam e acabam ali.

BASTA UMA GALINHA PARA COMEÇAR

Mesmo que ampliemos as oportunidades educacionais, também precisamos expandir as oportunidades para que os mais pobres entre os pobres, especialmente na África, permaneçam em suas aldeias de origem, nos seus países. Se quisermos interromper a disseminação da desordem, o mundo em desenvolvimento precisa fazer isso em uma escala jamais tentada antes. Duas das pessoas que conheço e que têm a esse respeito a posição mais inteligente são Bill Gates e Monique Barbut, da Convenção da ONU de Combate à Desertificação. Vale a pena escutar o que os dois têm a dizer — e o que eles têm a dizer é basicamente a mesma coisa: é preciso estabilizar os fundamentos básicos da vida em sociedades desorganizadas, em particular na África. Isso pode significar começar por algo tão simples como um galinheiro.

Gates me apresentou a questão da seguinte maneira: "Para que coisas boas aconteçam, é preciso que um monte de coisas comece a dar certo — precisamos de muitas peças para que a estabilização dê certo". Nada disso vai acontecer do dia para a noite, mas precisamos trabalhar com as forças da ordem que ainda existem no interior do Mundo da Desordem de modo a começar a construir uma trajetória diferente, iniciando pelo básico: educação básica, infraestrutura básica — estradas, portos, eletricidade, telecomunicações, serviços bancários móveis —, agricultura básica e governança básica. O objetivo, diz Gates, é elevar esses Estados frágeis a um grau de estabilidade no qual um número suficiente de mulheres adultas e jovens recebam educação e maior autonomia de modo a estabilizar o crescimento populacional, no qual lavradores possam sustentar suas famílias e no qual comece a haver "o inverso de uma fuga de cérebros", fazendo com que os jovens sintam que têm uma chance de se conectar e de contribuir e se beneficiar dos fluxos globais de hoje ficando na sua terra, em vez de emigrar.

Acreditem ou não, argumentou ele, galinhas são um bom ponto de partida para isso — uma solução que ele demonstrou, para mim e para outros visitantes interessados, construindo um grande modelo de galinheiro no 68º andar do novo 4 World Trade Center. "Se você vivesse com dois dólares por dia, o que faria para melhorar de vida?", perguntou Gates no seu blog. "Essa é uma pergunta real para quase 1 bilhão de pessoas vivendo hoje em extrema pobreza. Não existe, é claro, uma única resposta certa para ela, e a pobreza existe de formas diferentes em diferentes lugares. Porém, por meio do meu trabalho na fundação, conheci muitas pessoas em países pobres que criavam galinhas, e acabei aprendendo um bocado sobre o que significa ser dono dessas aves [...]. Ficou bem claro para mim que quase todo mundo que vive na pobreza se encontra numa situação melhor se cria galinhas. Na realidade, se eu estivesse no lugar deles, faria exatamente isto — criaria galinhas."

E eis o motivo, como ele explica:

> Cuidar delas é fácil e barato. Muitas espécies podem viver apenas do que comem pelo chão (embora seja melhor que você as alimente, porque assim crescerão mais rapidamente). Galinhas precisam de algum tipo de abrigo onde possam pôr seus ovos, e, à medida que a sua criação for aumentando, pode ser que você queira um pouco de arame e madeira para fazer um galinheiro. Por fim, galinhas precisam de algumas vacinas. Aquela que serve de prevenção contra o mal de Newcastle, uma doença fatal, custa menos de vinte centavos.

Elas são um bom investimento. Suponha que uma nova criadora comece com cinco galinhas. Um de seus vizinhos tem um galo reprodutor para fertilizar os óvulos das galinhas. Depois de três meses, ela pode passar a ter quarenta galinhas. A certa altura, com um preço de venda de cinco dólares por galinha – um valor típico para a África Ocidental –, ela pode ganhar mais de mil dólares por ano, comparados à linha de extrema pobreza de cerca de setecentos dólares por ano.

[As galinhas] Ajudam a manter as crianças saudáveis [mantendo-as alimentadas]. A desnutrição mata mais de 3,1 milhões de crianças por ano.

E, talvez o mais importante de tudo, ele acrescentou:

Elas dão maior poder às mulheres. Pois, como galinhas são pequenas e costumam ficar mais perto de casa, muitas culturas costumam vê-las como um animal associado às mulheres, em contraste com o gado, com seus animais de maior porte, como cabras e vacas. As mulheres que vendem galinhas costumam em geral reinvestir o dinheiro nas suas famílias [...].

O dr. Batamaka Somé, um antropólogo de Burkina Faso que trabalhou com a nossa fundação, passou boa parte de sua carreira estudando o impacto econômico provocado pela criação de galinhas no seu país natal [e atesta a utilidade delas] [...].

Nossa fundação está apostando nas galinhas [...]. Nossa meta: ajudar 30% das famílias rurais na África subsaariana a criarem raças aprimoradas de galinhas, devidamente vacinadas, aumentando o índice atual de apenas 5% de famílias.

Na época em que eu estava crescendo, galinhas não eram um assunto que costumávamos estudar, mas apenas algo a respeito do qual fazíamos piadas idiotas. Foi revelador, para mim, descobrir a diferença que elas podem fazer no combate à pobreza. Pode parecer engraçado, mas falo sério ao dizer que estou empolgado com as galinhas.

Barbut compartilha com Gates a ideia de que é preciso fazer com que as coisas básicas estejam funcionando, de modo a estabilizar os alicerces da pirâmide e evitar que as pessoas sejam forçadas "a fugir ou a lutar".

É preciso construir soluções "nas fontes", me disse Barbut. "Você sabe, vivemos em um mundo que nos faz acreditar que a tecnologia vai trazer a solução para todos, e é muito difícil fazer as pessoas dizerem: 'Por favor, talvez nem todo mundo já esteja pronto para isso. É preciso antes lidar com a agricultura familiar. Temos hoje no mundo 500 milhões de fazendas com menos de três hectares, e essas 500 milhões de fazendas garantem diretamente o sustento de 2,5 bilhões de pessoas. Isso significa que um terço do planeta vive dessas pequenas unidades." Se elas vierem a ser varridas pela mudança climática e pela desertificação, como está começando a acontecer agora por toda a África Ocidental e na região do Sahel, "teremos pela frente grandes crises [...]. Oitenta por cento da população do Níger vive da terra. Se as pessoas perderem sua pequena propriedade, então terão perdido tudo".

No passado, ela observa, quando ocorria uma seca, as pessoas migravam durante a estação, até que a seca passasse. Então voltavam e começavam de novo. "Porém o que estamos vendo — e acreditamos que isso esteja estreitamente vinculado à mudança climática — é que as secas estão se tornando cada vez mais severas", disse Barbut. "Agora, acontecem a cada três ou quatro anos [...]. [Então] em vez de uma migração sazonal, temos uma migração definitiva, porque as pessoas perderam suas terras [...]. Elas se tornam completamente improdutivas para sempre, pelo menos se não forem feitos grandes esforços para recuperá-las. E trata-se de um fenômeno que estamos vendo aumentar cada vez mais." Se essa tendência continuar, milhões de pessoas nas regiões do sul da África e do Chifre da África "acabarão por perder seus meios de subsistência. Mas o que isso significa? Significa que esses agricultores não conseguirão alimentar a população como antes, e isso terá repercussões sobre o preço dos alimentos". E também significa que milhões de africanos vão ou fugir para as regiões do sul da África e desestabilizar essas regiões ou tentarão cruzar o Mediterrâneo para entrar na Europa.

Barbut tem suas próprias ideias a respeito de um Plano Marshall para a África. "Restaurar um hectare de terra degradada custa algo entre cem e trezentos dólares", ela disse, enquanto um dia de sustento para um único refugiado num campo de refugiados da Itália custa ao governo anfitrião 42 dólares. "Então, por favor, não estamos falando de uma enorme quantia de dinheiro", ela disse. Sua proposta: fundar, nos treze países que vão do Mali ao Djibuti, um "Corpo Verde" de 5 mil pessoas — uma para cada aldeia em cada país —, dar a essas pessoas treinamento básico e sementes para o plantio de árvores capazes de reter a água e o solo, pagando a cada uma delas duzentos dólares por mês para tomar conta do que plantarem. Essa é, na verdade, uma ideia surgida entre líderes africanos. É chamada de "a Grande Muralha Verde": uma faixa de terra abrigando projetos de restauração se estendendo ao longo da área junto ao sul do Saara, de modo a impedir o avanço do deserto — ajudando a fixar as pessoas nas comunidades nas quais elas realmente querem viver. Faz muito mais sentido do que construir muros caros e cheios de fendas em torno da Europa e que jamais vão aguentar a pressão se milhões de africanos se dispuserem a emigrar.

"Hoje em dia as pessoas estão erguendo muros por toda parte", disse Barbut, "e eu também sonho com um muro — um muro ao qual demos o nome de a 'Grande Muralha Verde'. Precisamos impedir que o deserto continue a descer o continente [a partir do Saara]. Teremos de replantar uma vegetação suficiente para impedir o avanço do deserto e restaurar a fertilidade da nossa terra e garantir o armazenamento da nossa água. Isso fará com que milhões de pessoas voltem a trabalhar. Alimentará as pessoas e poderá estancar as emissões de [...] CO_2. De modo que também ajudará a lidarmos com a mudança climática."

Além dessas soluções não tecnológicas para amplificar as chances de uma vida decente e a capacitação das pessoas, há um conceito de alta tecnologia no qual vale a pena investir: nada poderia dar mais força à economia local do que trazer a conectividade sem fio por banda larga, de alta velocidade, a cada vilarejo da África. Todos os estudos a respeito desse assunto indicam que conectar os mais pobres ao mundo dos fluxos — da educação, do comércio, da informação e da boa governança — estimula o crescimento econômico e dá às pessoas maiores condições de gerar renda enquanto permanecem nos seus lares.

Galinheiros, jardins e redes — ou teremos algum tipo de combinação desses fatores ou: *o último que sair apaga a luz...*

DISSUADIR E DEGRADAR

Ainda que a Guerra Fria tenha terminado há muito tempo, a dissuasão continua a ser uma ferramenta crucial em um mundo no qual a rivalidade entre superpotências não deixou de existir. A Rússia ainda gostaria de desarticular a aliança representada pela OTAN — da mesma forma que conter qualquer possível agressão russa continua a ser considerada pela OTAN sua mais importante tarefa. A China realmente gostaria de ver os Estados Unidos recuarem do mar do sul da China e, de modo geral, reduzir suas ambições em relação à Ásia;

os EUA realmente acreditam que seu papel de manter abertas as passagens marítimas globais exige que a China não venha a escrever sozinha as regras que vigoram no mar do sul da China, muito menos no Pacífico. E tanto a China como a Rússia ainda mantêm armas nucleares voltadas contra os Estados Unidos — a Coreia do Norte, um Estado à margem da lei, claramente aspira a desfrutar do mesmo poder. O poder de todos esses protagonistas precisa ser contrabalançado por um forte poder nuclear dissuasivo por parte dos EUA. Sem isso, qualquer país vizinho da Rússia ou da China procuraria ter acesso a armas nucleares para se proteger.

Mas isso não é tudo. Exercendo uma ação dissuasiva, em particular sobre a Rússia, existe hoje um desafio complexo a exigir mais do que a fabricação de mísseis. Em 28 de julho de 2016, Anne Applebaum, colunista do *Washington Post* e especialista em Europa Oriental, observou que o presidente Vladimir Putin desenvolveu uma "política externa híbrida, uma estratégia que combina diplomacia convencional, força militar, corrupção econômica e uma guerra de informação travada com os recursos da alta tecnologia". E, efetivamente, diariamente os Estados Unidos se veem obrigados a lidar com todo tipo de ação: ataques cibernéticos desfechados por hackers a serviço da inteligência russa contra os sistemas de computadores do Partido Democrata; desinformação a respeito do que tropas russas, vestindo trajes civis, andam fazendo no leste da Ucrânia; tentativas russas de tirar do ar páginas do Facebook de viúvas de seus soldados mortos na Ucrânia quando pranteavam a morte deles; fluxos de dinheiro de oligarcas ligados ao Kremlin para influenciar a política ou a mídia ocidentais. Em síntese, a Rússia está tirando todo o proveito dos fluxos da era das acelerações para confrontar os Estados Unidos, lançando ataques ao longo de uma superfície bem mais extensa. Ainda que viva no Mundo da Ordem, o governo russo sob Putin não se importa em fomentar o Mundo da Desordem — na realidade, quando se é um petroestado, um pouco de desordem é bem-vindo, pois mantém o mundo em suspenso e, portanto, também mantém altos os preços do petróleo.

A China é uma potência que está muito mais vinculada ao status quo. Ela precisa de uma economia americana sadia com a qual possa manter relações comerciais e de um ambiente global estável para que possa exportar seus produtos. É por isso que os chineses estão mais focados em simplesmente dominar a região na qual estão seus vizinhos mais próximos.

Porém, enquanto os Estados Unidos têm de dissuadir essas duas superpotências com uma das mãos, também precisa obter seu apoio com a outra, para conter tanto um Mundo da Desordem em expansão como os destruidores que contam agora com mais poder. É aqui que as coisas começam a ficar complicadas: num mesmo dia a Rússia pode ser uma adversária direta numa parte do mundo, uma parceira em outro lugar e uma articuladora de iniquidades numa terceira região.

Na Síria, a administração Obama lutou com frequência contra uma questão diabolicamente difícil: os Estados Unidos e seus aliados deveriam trabalhar para primeiro derrubar o regime homicida do presidente sírio Bashar al-Assad — perdendo nesse caso o apoio do Irã e da Rússia e, provavelmente, agravando ainda mais o iminente mergulho da Síria no caos? Ou deveria primeiro eliminar o ISIS — com o tácito apoio do Irã e da Rússia — e permitir a permanência de Assad no poder, impedindo a desordem total, mas esmagando a oposição democrática síria, de caráter mais laico?

Em outras partes do mundo, os Estados Unidos precisam da ajuda da China — por exemplo, para conter o programa de mísseis nucleares da Coreia do Norte, impedindo assim a proliferação de materiais nucleares para o Mundo da Desordem. Seria possível imaginar que a China concordasse em ajudar — mas apenas se os Estados Unidos dessem a Pequim uma maior margem de ação no mar do sul da China.

Quanto aos destruidores, sejam eles indivíduos ou grupos como o ISIS e a Al Qaeda, eles não podem ser dissuadidos. Podem, contudo, ser contidos e degradados em seus vários teatros de operações, com recurso ao poder de fogo aéreo, forças especiais, drones e forças locais. No fim, contudo, eles só podem ser destruídos de maneira sustentável pelas comunidades que lhes servem de anfitriãs quando estas deslegitimarem sua narrativa e, em última instância, matarem ou prenderem seus líderes. Os que estão do lado de fora podem degradar suas forças, porém, em última análise, só a aldeia pode destruí-los.

Sim, isso constitui um ambiente estrategicamente muito confuso. O que vem apenas reforçar o fato de que, como Waylon Jennings poderia ter dito numa canção, "Mãe, não deixe que suas filhas cresçam para ser secretárias de Estado". É preciso fazer malabarismos com muros e drones onde for preciso; investir em galinhas, lavouras e escolas onde for possível; expandir as ilhas de dignidade onde se puder encontrá-las; dissuadir superpotências rivais —

sempre que não estiver solicitando sua ajuda; aprender a conviver com o fato de que, para que uma política externa consiga amplificar, dissuadir e degradar, isso exigirá, com uma frequência maior do que antes, que optemos pelo *ruim* para evitar o *ainda pior*; e, finalmente, valorizar o fato de que ampliar um ambiente de dignidade é o precursor indispensável da democracia eleitoral — e em muitos lugares é mais importante.

CAPITÃO PHILLIPS

Nenhuma dessas ideias é tema das grandes doutrinas de geopolítica; porém a era das acelerações será um cemitério para grandes ideias mirabolantes. Quando o necessário é impossível, mas o impossível é necessário, quando nenhuma potência deseja ser dona do Mundo da Desordem, porém, cada vez mais, nenhuma potência pode ignorá-lo, será preciso essa combinação híbrida de drones e muros, porta-aviões e voluntários do Corpo da Paz, mais galinhas, lavouras e redes, para começar a criar estabilidade.

Já que começamos este capítulo com uma alusão a uma série de TV que prenunciava o futuro, vamos encerrá-lo com um filme que lança luz sobre o presente — e que, com alguma sorte, *não* pressagia o futuro. É o filme *Capitão Phillips*, baseado no episódio mais do que real do sequestro em 2009 do cargueiro americano desarmado *Maersk Alabama* por uma gangue de piratas somalis a bordo de uma lancha. O filme se concentra na luta entre o oficial no comando do *Alabama*, o capitão Richard Phillips, interpretado por Tom Hanks, e o líder dos piratas somalis, Muse — interpretado por Barkhad Abdi, um ator somali que estava vivendo como refugiado em Minnesota —, que captura Phillips e seu navio como reféns. Os piratas somalis se apoderam do navio enquanto ele está atravessando o oceano Índico, margeando a costa do leste da África. Ao interrogar Phillips, nascido em Boston, a respeito das suas origens, Muse põe nele o apelido de "Irlandês".

Numa cena fundamental, Phillips tenta argumentar com o sequestrador somali, porém, ao fazer isso, apenas mostra seu desconhecimento sobre a profundidade do desespero que ronda hoje o Mundo da Desordem. A certa altura, ele diz ao pirata: "Deve ser possível ser outra coisa qualquer, além de pirata ou pescador".

Ao que Muse retruca: "Talvez nos Estados Unidos, Irlandês, talvez nos Estados Unidos".

A ponderação de Muse é profundamente pungente, e nossa meta deveria ser tanto reescrevê-la como compreendê-la. Precisamos reescrever a noção de que a única maneira que algumas pessoas em certas partes do Mundo da Desordem têm de se sustentar é pescando ou sequestrando — isso não mais será suficiente. Essa situação levaria o mundo a ser dominado por um pesadelo. Uma política voltada para amplificar, dissuadir e degradar tem como objetivo proporcionar uma alternativa.

Ao mesmo tempo, os americanos devem considerar a que ponto o seu país é hoje a última e a melhor esperança para muitas pessoas e uma insubstituível fonte de ordem. Um pequeno exemplo a esse respeito: em 2014, quando o vírus ebola eclodiu na África Ocidental, foram os militares americanos que enviaram 3 mil soldados e 3 bilhões de dólares para debelar essa ameaça. Nenhuma missão de ajuda russa ou chinesa se apresentou para preencher essa lacuna. Sim, fico feliz com a existência das Nações Unidas, do Banco Mundial e dos fluxos globais que vêm estreitando os vínculos no mundo por meio do Facebook e da Google. Porém, em última instância, todos eles dependem de uma economia americana saudável, de uma forte presença militar americana, capaz de projetar poder, dissuadir autocracias e mostrar uma inabalável determinação de defender os valores do pluralismo e da democracia contra os que ameaçam esses valores desde fora ou a partir de dentro. Com a União Europeia, o outro grande centro de democracia e do livre-comércio se enfraquecendo nos últimos anos, tornou-se ainda mais importante o papel central desempenhado pelos EUA na defesa global desses valores.

Nos últimos tempos, muitos americanos perderam de vista tanto as realizações de seu país como o papel vital que ele exerce na manutenção da estabilidade em prol dos interesses da comunidade global. Uma imigrante amiga minha, do Zimbábue, Lesley Goldwasser, certa vez me disse: "Vocês, americanos, chutam este país de um lado para outro como se fosse uma bola de futebol. Mas ele não é uma bola de futebol. É um ovo Fabergé. Vocês podem acabar quebrando-o". Ela tem razão. E numa era em que a liberdade, o livre-comércio, o pluralismo e o império da lei — todos pilares de uma sociedade estável — são desafiados pelos destruidores, por figuras truculentas e pela desordem, fazemos isso por nossa conta e risco.

10. A Mãe Natureza como conselheira política

Diz-se que Charles Darwin afirmou que a espécie que sobrevive não é mais forte, porém a que melhor consegue se adaptar. Porém, segundo o site QuoteInvestigator.com (QI), ele não escreveu isso em seu clássico *A origem das espécies*, e não há nenhuma prova de que tenha dito isso em algum outro lugar. A pesquisa do QI sugere que a citação surgiu, com o passar do tempo, a partir de um discurso feito por um professor de administração da Universidade do Estado da Louisiana, Leon C. Megginson, na convenção da Associação de Ciências Sociais do Sudoeste, em 1963:

Megginson teria dito:

> Sim, a mudança vem a ser a lei básica da natureza. Porém as mudanças trabalhadas pela ação do tempo afetam indivíduos e instituições de maneiras diferentes. De acordo com *A origem das espécies*, de Darwin, a espécie que sobrevive não é a mais intelectual; não é a mais forte a que sobrevive; a espécie que sobrevive é aquela que mostra maior capacidade de se adaptar e de se ajustar ao ambiente em constante mudança no qual se encontra. Aplicando esse conceito teórico a nós, como indivíduos, podemos afirmar que a civilização capaz de sobreviver é aquela que é capaz de se adaptar ao ambiente em transformação — nos aspectos físicos, sociais, políticos, morais e espirituais — no qual se encontra.

Obrigado, professor Megginson!

Isso está expresso de maneira bastante apropriada — tenha Darwin dito essas palavras ou não. Parafraseando, não é a citação mais forte a que sobrevive, mas sim a mais adaptável! E esta vem a ser mais do que relevante para a nossa época. Na primeira década e meia do século XXI, passamos por um grande ponto de inflexão tecnológico — a conectividade se tornou rápida, gratuita, fácil de usar e onipresente, enquanto a complexidade se tornou rápida, gratuita, fácil de usar e invisível. E isso liberou fluxos de energia que, combinados com a mudança climática, acabaram, como já discutimos, por transformar o mundo do trabalho e a geopolítica, nos levando a reimaginar como devemos abordar essas duas questões. Entretanto, esse esforço para reimaginar não pode dar certo numa situação de isolamento. Também exige de nós que repensemos nossas políticas domésticas — tanto para propiciar as correções devidas em políticas específicas no âmbito do trabalho e da geopolítica, como de modo geral para criar uma sociedade com o tipo de resiliência de que precisamos quando o Mercado, a Mãe Natureza e a lei de Moore estão todos acelerando. Isso exigirá algumas abordagens bastante diferentes em relação à política de modo geral, e esse realinhamento político parece já estar em curso.

No capítulo anterior, argumentei que, na era das acelerações, alguns Estados fracos acabariam por explodir. O que parece estar acontecendo com os Estados fortes é que suas fronteiras políticas estão implodindo — ou seja, suas fronteiras se mantêm, mas seus partidos políticos começam a se desarticular, pois na sua forma atual não podem reagir de forma adequada e coerente às mudanças simultâneas e inter-relacionadas nos campos da tecnologia, globalização e meio ambiente. Tanto nos EUA como na Europa, os grandes partidos políticos têm se mantido presos num impasse, com programas voltados para o passado e desenvolvidos em resposta à Revolução Industrial, ao New Deal, à Guerra Fria, ao movimento pelos direitos civis e à primeira revolução da tecnologia da informação. Suas atuais coalizões e compromissos internos podem não ser adequados para lidar com a era das acelerações. O colapso já começou a se fazer sentir no interior do Partido Republicano, o qual, entre outras coisas, nega até mesmo a realidade da mudança climática. Contudo, o sucesso de Bernie Sanders em atrair muitos jovens democratas sugere que também o Partido Democrata não ficará imune a essa fratura. O mesmo processo está em curso na Europa. O voto do Reino Unido no sentido de se retirar da

União Europeia abriu profundas fissuras tanto no Partido Conservador como no Partido Trabalhista, e o crescente desafio colocado pela imigração vinda do Mundo da Desordem vem exercendo pressão em toda parte sobre partidos há muito consolidados no continente.

Como já observei, depois de 2007, os cidadãos americanos e em tantas outras democracias industrializadas ficaram com a impressão de estar sendo empurrados com uma velocidade cada vez maior rumo ao futuro — os ambientes de trabalho estavam mudando rapidamente, assim como os costumes, e a globalização vinha trazendo uma enorme quantidade de pessoas e ideias novas —, porém a governança em lugares como Washington e Bruxelas permaneceu atolada na burocracia ou imobilizada por impasses. De modo que ninguém estava oferecendo às pessoas um diagnóstico correto sobre o que estava acontecendo no mundo à sua volta, e os partidos mais tradicionais ofereciam uma série de princípios rígidos simplesmente irrelevantes para a era das acelerações. Nesse vácuo, nesse aposento vazio, entraram populistas com suas respostas fáceis — o candidato presidencial democrata Bernie Sanders despertou esperanças ao prometer consertar tudo derrubando "o Homem" lá de cima, e Donald Trump prometeu consertar tudo detendo ele mesmo, pessoalmente, o furacão de mudanças, porque ele era "o Homem". Nem a centro-esquerda, nem a centro-direita, nos Estados Unidos ou na Europa, demonstraram a autoconfiança necessária para lidar com o nível de reformulação radical e inovação política exigidas pela era das acelerações.

Em 16 de maio de 2016, o *New York Times* publicou uma matéria sobre uma eleição na Áustria que vinha dividindo a opinião pública, apresentando duas citações que expressavam o estado de espírito de muitos eleitores através do mundo industrializado. Uma era de Georg Hoffmann-Ostenhof, colunista da revista semanal liberal *Profil*. "Estamos em uma situação na qual as pessoas não compreendem mais o mundo devido ao fato de as mudanças estarem acontecendo tão rapidamente. E então apareceram os imigrantes, e as pessoas ouviram dizer que os políticos tinham perdido o controle sobre as fronteiras. Isso simplesmente amplificou a sensação de que as coisas não estavam mais sob controle." A outra citação vinha de Wolfgang Petritsch, diplomata experiente que foi assessor do ex-chanceler austríaco de centro-esquerda Bruno Kreisky: "A social-democracia sempre foi movida por ideias", ele disse. "Mas as ideias estão em falta."

Esse vácuo não poderia ter ocorrido numa hora menos indicada — em uma época na qual estamos, na realidade, vivendo três mudanças "climáticas" ao mesmo tempo: uma mudança no clima da tecnologia, no clima da globalização e no clima e no meio ambiente propriamente ditos, graças às suas acelerações simultâneas. Se já houve um momento no qual as democracias industrializadas precisaram de uma pausa para repensar e reimaginar a política de uma nova maneira, esse momento é agora.

Este capítulo é minha contribuição a esse esforço para repensar essas questões. Propus-me a tarefa de começar com uma folha de papel em branco e não me perguntar o que significa hoje ser "conservador" ou "liberal" (francamente, quem se importa com isso?), mas saber como aumentar a resiliência e a capacidade de autopropulsão de cada cidadão e cada comunidade nos Estados Unidos — ou seja, sua capacidade tanto de absorver choques como de continuar a fazer progressos em meio a essa era das acelerações. É uma abordagem diferente em relação à política — uma abordagem necessária, acredito — e que proporciona um programa político diferente de tudo o que vem sendo oferecido nos EUA hoje.

OS APLICATIVOS DECISIVOS DA MÃE NATUREZA

Contudo, antes de pegar minha folha de papel em branco, fiz uma coisa crucialmente importante: procurei alguém que pudesse me aconselhar. Perguntei a mim mesmo quem é a "pessoa" que tem mais experiência na absorção de mudanças climáticas, na preservação da resiliência e da capacidade de seguir florescendo? Foi fácil encontrar a resposta: conheço uma mulher que vem fazendo isso há 3,8 bilhões de anos. Seu nome é Mãe Natureza.

Não consigo pensar em um melhor conselheiro político hoje do que ela. Como observou Johan Rockström, a Mãe Natureza é um sistema biogeofísico complexo e racional de oceanos, atmosfera, florestas, rios, solos, plantas e animais que vem evoluindo no planeta Terra desde a emergência dos primeiros indícios de vida. Ela sobreviveu às piores épocas e prosperou nas melhores durante quase 4 bilhões de anos aprendendo a absorver choques intermináveis, mudanças climáticas, surpresas e mesmo um ou dois asteroides. Só isso já basta para fazer da Mãe Natureza uma importante conselheira. Porém ela é agora ainda mais relevante porque nós, seres humanos, construímos hoje — com as nossas próprias mãos, cérebros, músculos, computadores e máquinas — nosso próprio sistema complexo global de redes. Essas redes se tornaram tão interconectadas, hiperconectadas e interdependentes na sua complexidade que, mais do que nunca, acabaram ficando parecidas com a complexidade do mundo natural e com a maneira como operam seus ecossistemas interdependentes.

"Se estivermos evoluindo no sentido de nos tornarmos mais parecidos com a natureza, é melhor nos tornarmos muito bons nisso", observou o físico e ambientalista Amory Lovins.

Eu concordo. Vamos então primeiramente tentar compreender as estratégias básicas empregadas pela Mãe Natureza para construir ecossistemas capazes de absorver choques e ainda assim seguir adiante, e então tentar traduzir isso em políticas que um partido possa defender para ajudar os americanos a lidar com essa era das acelerações.

Estou muito longe de ser o primeiro a enfatizar as vantagens de tomar a natureza como uma metáfora. Janine Benyus, considerada a mãe do movimento do biomimetismo, gosta de falar da natureza como um "modelo", uma "medida" ou um "mentor". É nesse papel de modelo e de mentor que estou mais interessado hoje. É claro que tudo que a Mãe Natureza realiza é feito de modo inconsciente e vem a ser fruto de uma evolução ao longo de milênios, mas isso não quer dizer que não possamos aprender com ela e deliberadamente imitá-la. Assim, se a Mãe Natureza pudesse descrever seus melhores aplicativos para forjar a resiliência necessária para prosperarmos nos períodos de mudança climática, o que ela diria?

Ela sem dúvida começaria nos dizendo que se mostra incrivelmente adaptativa ao longo do tempo graças a uma variedade de mecanismos, a começar pelo da evolução por meio da seleção natural. É verdade, observa Lovins, que 99% dos experimentos tentados pela Mãe Natureza não funcionaram e foram objetos de "recall por parte do fabricante". Porém o 1% dos que sobreviveram conseguiu isso porque aprendeu a se adaptar a determinado nicho no mundo natural, tornando-se capaz, portanto, de prosperar, procriar e projetar seu DNA no futuro. A Mãe Natureza também se adapta "por meio da especialização social" ou aprendizagem de comportamento. Essas adaptações evoluem ao longo de milênios, Lovins me explicou: "Algumas formigas saem e vão procurar comida e algumas ficam em casa e cuidam das crianças, e isso permite àquelas que saíram em busca de comida cobrir áreas mais extensas. Colônias de formigas especializadas se dividem entre as forrageiras e as que cuidam dos ninhos. Também isso é uma adaptação, um comportamento aprendido. Não está no DNA delas. Não é possível sequenciar esses comportamentos diferenciados, mas podemos observá-los e imitá-los, e o fato de fazermos isso ao longo do tempo pode se tornar tão poderoso e vantajoso que os organismos que fazem isso dominam todos os outros em seu nicho, da mesma forma que fizemos com os mamíferos". Colocando a questão em termos humanos, a Mãe Natureza acredita na aprendizagem contínua; espécies que não continuam aprendendo e se adaptando acabam por desaparecer.

Estranhamente, uma das melhores maneiras de observar a adaptação evolutiva via DNA é visitar o deserto. Digo "estranhamente" porque o deserto pareceria o lugar menos indicado para um safári. Porém, nas mãos de um bom guia — com o qual eu e minha esposa contamos ao visitar o Acampamento Serra Cafema, na região noroeste da Namíbia, com vista para o rio Kunene, na fronteira com Angola —, não apenas se descobre que o deserto é rico em biodiversidade como também, já que os menores insetos sobressaem na paisagem, é possível ver de perto a engenhosidade demonstrada pela Mãe Natureza para se adaptar e se projetar. Podemos ver em detalhe a pequena porcentagem de insetos e plantas que aprenderam a sobreviver no deserto inóspito, alcançando, pela evolução, maneiras incomuns de captar e conservar a água.

A revista *Wired* publicou uma matéria, em 26 de novembro de 2012, sobre uma startup americana que estava

> desenvolvendo uma garrafa de água que enche a si mesma absorvendo a umidade da atmosfera para criar condensação, da mesma maneira que faz o pequenino besouro do deserto do Namibe.
>
> O besouro, espécie nativa do deserto do Namibe, na África — onde o índice pluviométrico é de apenas 1,3 cm por ano —, inspirou na comunidade acadêmica alguns conceitos a serem validados na prática, mas essa foi a primeira vez que foi proposta a ideia de uma garrafa que enchesse a si mesma. O besouro sobrevive captando condensação a partir da brisa do oceano sobre a casca endurecida que envolve suas asas. A casca é coberta por pequenas protuberâncias que atraem a água (são hidrofílicas) nas suas extremidades e repelem a água (são hidrofóbicas)

nas suas laterais. O besouro abre e expõe as asas à brisa do mar para captar o ar úmido; gotículas de quinze a vinte micrômetros de diâmetro acabam por se acumular no seu dorso, escorrendo diretamente para a sua boca.

A NBD Nano, empresa de dois biólogos, um químico orgânico e um engenheiro mecânico, vem trabalhando com base em estudos já realizados para construir cópias sintéticas das cascas estruturalmente superiores.

Outra forma que a Mãe Natureza encontra para produzir resiliência é sendo implacavelmente empreendedora — sempre buscando novos nichos a serem explorados e ocupados, e sempre experimentando para ver quais plantas e animais coevoluem da melhor maneira. "Se existe um espaço aberto na natureza, algum animal ou planta acabará por encontrar uma maneira de se adaptar a ele e conseguir viver ali, de um jeito que nenhuma espécie seria capaz; alguma outra planta ou animal vai comer essas espécies e produzir dejetos que outras plantas ou animais se mostrarão ansiosos para comer ou que servirão de fertilizante", observa Lovins. "A natureza está sempre inovando, criando mutações à medida que surgem novas oportunidades."

E essas mutações são testadas no contexto do conjunto do sistema para ver se são uma boa ideia — se se encaixam no sistema, tornando o todo mais resistente e flexível. Se, ao contrário, elas produzem, de modo não intencional, toxinas que prejudicam o sistema, a Mãe Natureza inovará ao criar uma correção. A Mãe Natureza adota o oposto de uma postura dogmática — e, em seu pensamento, mostra-se constantemente ágil, heterodoxa, híbrida, empreendedora e experimental. "A natureza é irrequieta, está sempre explorando, inventando, tentando e falhando", acrescenta Tom Lovejoy, professor de ciência ambiental na Universidade George Mason. "Cada ecossistema, e cada organismo, é uma resposta a um conjunto de problemas."

Nesse sentido, outro aplicativo decisivo da Mãe Natureza é sua capacidade de prosperar em meio à diversidade — a um só tempo cultivando-a e recompensando-a em todas as espécies de plantas e animais. A Mãe Natureza compreende que a melhor maneira de fazer com que as melhores ideias evoluam e avancem é contar com uma ampla reserva delas e ver quais podem se adaptar a cada nicho e também atender ao todo. Assim, ela é bastante pluralista: compreende que nada estimula mais a resiliência de um ecossistema, ou saudáveis interdependências, do que uma abundante cornucópia de espécies de plantas e animais, cada uma delas adaptada à outra e a um nicho específico do meio ambiente.

A alta diversidade significa que cada nicho está preenchido e vem desempenhando sua parte para manter o conjunto em equilíbrio. "Pense nesses animais lentos, os lóris", diz Lovin. "Trata-se de um pequeno primata noturno que se esgueira ao longo do ramo de uma árvore de modo muito suave e delicado — parece alguém fazendo tai chi bem lentamente — para comer as folhas dos ramos mais finos nas pontas mais distantes dos galhos mais esguios" e então converter essas folhas em energia. Outro lóris se especializa na parte mais espessa do galho capaz de suportar o seu peso. E outro lóris come coisas diferentes. A natureza faz com que organismos evoluam em relação a cada nicho — e enquanto existirem nichos físicos a serem ocupados, ela os preencherá com espécies cada vez mais adequadamente adaptadas e evoluídas para esse nicho, e o fluxo dinâmico entre todas as unidades resulta numa maior resiliência, equilíbrio e crescimento.

O biólogo G. David Tilman, da Universidade de Minnesota, um dos mais importantes especialistas do mundo em biodiversidade, escreveu um artigo em 11 de maio de 2000 na revista *Nature* intitulado "Causes, Consequences and Ethics of Biodiversity" [Causas, consequências e ética da biodiversidade], no qual discute as principais pesquisas de campo sobre o assunto. Ele afirmou:

> Em geral, uma maior diversidade leva a uma maior produtividade na comunidade das plantas, a uma maior retenção de nutrientes nos ecossistemas e a uma maior estabilidade no ecossistema. Por exemplo, experiências de campo em pradarias, tanto na América do Norte como em oito pontos diferentes da Europa, indo desde a Grécia, ao sul e a leste, até Portugal e Irlanda, no oeste, e à Suécia, ao norte, mostraram que a cada vez que o número de espécies de plantas cai pela metade em determinado trecho de terra, isso acarreta uma queda de 10% a 20% da produtividade. Uma área de terra média contendo uma espécie de planta tem menos da metade da produtividade de uma área média contendo 24-32 espécies. Uma menor diversidade de plantas também leva a maiores índices de perda de nutrientes do solo devido à lixiviação, o que em última instância acaba por diminuir a fertilidade do solo, fazendo cair ainda mais a produtividade da planta.

Outra maneira como a Mãe Natureza fomenta a resiliência é adotando uma atitude bastante federal no modo como organiza a si mesma. Ela abriga suas comunidades — que são análogas a estados, municípios e cidades — no interior de uma estrutura flexível, que faz com que o todo seja maior do que suas partes. Ou seja, ela é construída sobre trilhões e trilhões de redes em pequena escala, começando com micro-organismos, que vão se tornando ecossistemas cada vez maiores. Mas cada um deles é uma pequena comunidade, se adaptando e evoluindo de forma natural, de modo a sobreviver e a prosperar.

"Do micróbio ao predador, ecossistemas são uma comunidade e funcionam enquanto tais", acrescentou Lovejoy. E quando temos trilhões de redes em pequena escala entrelaçadas em ecossistemas, torna-se muito difícil quebrar o sistema geral. Ele se mostra resistente. Como diz Michael Stone no manual dos princípios ecológicos do Center for Ecoliteracy: "Todas as coisas vivas em um ecossistema se encontram interconectadas por meio de redes de relacionamentos. Elas dependem dessa rede de vida para sobreviver. Por exemplo: num jardim, uma rede de polinizadores promove a diversidade genética; plantas, por sua vez, proporcionam o néctar e o pólen aos polinizadores. A natureza é feita de sistemas abrigados dentro de sistemas. Cada sistema individual é um todo integrado e — ao mesmo tempo — parte de sistemas maiores". A vida, acrescentou ele, "não tomou o planeta inteiro por meio de um combate, mas sim por meio da criação dessas redes" — de um ecossistema para o seguinte.

A Mãe Natureza, à sua própria maneira, valoriza a força da propriedade — e as virtudes de se pertencer a um lugar. É claro que sistemas naturais não têm proprietários, não contam com administradores que agem em proveito próprio enquanto tais, do modo como funcionam os sistemas humanos. Não existe nenhum Rei Leão na natureza. Os seres humanos criaram o conceito de uma única espécie como administrador do conjunto do sistema em prol do interesse coletivo — a ideia de "domínio". Dito isso, contudo, as espécies coevoluem com os lugares e nichos mais apropriados para elas; cada ecossistema saudável dispõe de um equilíbrio ecológico próprio de plantas, animais, micro-organismos, juntamente com os processos subjacentes e o sistema de "encanamento" que conecta todos eles. A combinação em permanente evolução é o que torna cada ecossistema singular. E considera-se esse conjunto singular de espécies de plantas e animais que evoluem ali como algo *próprio daquele lugar, e não apenas algo que está naquele lugar*. Essas plantas e animais estão em casa ali, têm ali suas raízes, pertencem àquele lugar porque se encontram em equilíbrio — e esse equilíbrio produz uma enorme resiliência. Nesse sentido, elas "possuem" o lugar. Quando cada nicho está sendo preenchido com plantas e animais adaptados para aquele nicho, torna-se mais difícil para qualquer espécie invasiva entrar ali e desestabilizar o sistema inteiro — um elemento de fora ou destrutivo não consegue implodir o conjunto.

Ainda assim, o ecossistema e seu equilíbrio precisam ser reproduzidos e defendidos todos os dias; espécies passam por ascensões e quedas, e competem umas com as outras, a cada segundo. O que vem a ser outro aplicativo decisivo da Mãe Natureza — ela nunca confunde estabilidade com estagnação. Ela compreende que a estabilidade é produzida por contínuos atos de dinamismo. Ela nos diria que não há nada de estático na estabilidade. Na natureza, um sistema que parece estável e em equilíbrio não é estático. Um sistema que parecer estático e for estático estará prestes a morrer. A Mãe Natureza sabe que, para permanecer estável, é preciso estar aberto a mudanças constantes, e nenhuma planta ou animal pode encarar sua posição no sistema como um fato eterno — da mesma forma que uma economia durável é macroestável, mas microvariável, como afirma Herman Daly, da Universidade de Maryland.

"Os ecossistemas e os países mais resilientes", observou Glenn Prickett, diretor-geral para assuntos externos da Nature Conservancy, "são aqueles capazes de absorver muitas influências vindas de fora, incorporando-as ao seu sistema, enquanto conserva sua estabilidade geral." Pense nos Estados Unidos, na Índia ou em Cingapura.

Outro aplicativo decisivo da Mãe Natureza na produção de ecossistemas resilientes é o fato de ela ser muito sustentável — por meio de um sistema circular altamente complexo envolvendo alimentos, comer, excreção, semente, planta, crescimento, comer, alimentos, excreção, semente, crescimento das plantas... Nada é desperdiçado. Tudo tem o seu ciclo, um mundo sem fim.

A Mãe Natureza também acredita em falência: que plantas e animais, considerados individualmente, devem poder fracassar para que o conjunto do ecossistema venha a ter sucesso. Ela não mostra piedade com os erros, com os fracos ou com aqueles que não podem se adaptar para fazer com que suas sementes, seu DNA, passem para a geração seguinte. Permitir que os mais fracos morram libera mais recursos e energia para os fortes. O que os mercados fazem com as leis que regem a falência, a Mãe Natureza faz com os incêndios nas florestas. "A natureza mata os seus fracassos para dar lugar aos seus sucessos", escreveu Edward Clodd, o banqueiro e antropólogo inglês, em seu livro *Pioneers of Evolution from Thales to Huxley* [Pioneiros da evolução de Tales a Huxley], de 1897. "O que não se adapta se torna extinto" e "apenas os que se adaptam sobrevivem". Das cinzas nasce a nova vida.

A Mãe Natureza acredita na importância vital da camada arável do solo — a camada superior do solo na qual plantas e árvores afundam suas raízes para dali extrair seus principais nutrientes e poderem crescer no mundo. Pensem no nosso planeta. Ele nada mais é do que uma grande rocha coberta por uma camada incrivelmente fina composta de subsolo e da parte arável do solo. "A coisa mais básica a sustentar qualquer ecossistema é essa camada superficial de solo", observa o engenheiro especializado em energia Hal Harvey, fundador da Energy Inovation. "E a primeira coisa que se aprende sobre essa camada do solo é o fato de que na maioria dos casos ela é realmente fina, podendo vir a ser facilmente levada pela água. Há apenas uma camada negra, semelhante a uma lasca, envolvendo a terra", cobrindo uma rocha inabitável e sem vida que se encontra 1600 quilômetros abaixo de nós. A camada de solo arável não costuma ter, em média, mais do que entre 15 e 25 centímetros de profundidade. "E, no entanto, o ecossistema que surge a partir dessa camada superficial de solo é tão rico, tão abundante, que é capaz de sustentar essa enorme diversidade de vida vegetal e animal", observa Harvey. Por outro lado, como relataram Jared Diamond e os cronistas da Antiguidade, quase todas as civilizações extintas entraram em colapso porque não souberam preservar essa camada de solo.

A Mãe Natureza acredita na virtude da paciência. Ela sabe que nada de sólido resulta de algo feito às pressas. Ela não se importa em atrasar. Ela é resistente e flexível justamente porque constrói seus ecossistemas de maneira lenta e paciente. Ela sabe que não é possível apressar as quatro estações do ano e condensá-las em apenas duas. Da mesma forma que é impossível condensar o período de gestação de um bebê elefante ou de uma formiga, não é possível forçar essa árvore resistente, o baobá, a viver por 3 mil anos apressando o seu crescimento.

Finalmente, a Mãe Natureza, por praticar todas as estratégias acima no sentido de forjar sua resiliência, compreende as virtudes do que Dov Seidman chama de "interdependências saudáveis" comparadas às "interdependências insalubres". Em sistemas com interpendências saudáveis, explica Seidman, "todas as partes componentes se erguem juntas. Em um sistema interdependente insalubre, todas caem juntas".

Que aparência tem uma interdependência saudável? Parece com todos os aplicativos decisivos da Mãe Natureza funcionando ao mesmo tempo — adaptabilidade, diversidade, empreendedorismo, sentido de pertencimento, falência, federalismo, paciência e solo arável. Em termos políticos, os Estados Unidos e o Canadá apresentam uma saudável interdependência — eles se ergueram juntos; Rússia e Ucrânia têm hoje uma interdependência insalubre — elas caíram juntas.

Pedi a Russ Mittermeier, da Conservation International, que me desse seu exemplo mais eloquente de interdependência saudável na natureza que permitisse que um ecossistema inteiro se erguesse conjuntamente. Ele me ofereceu o ecossistema existente em torno dos macacos-aranha e dos muriquis nas florestas tropicais da América Central e América do Sul.

Esses primatas sobrevivem, ele me explicou, basicamente comendo frutas que crescem em angiospermas. A Mãe Natureza, por meio da evolução, aprendeu a dar às cascas das frutas uma cor chamativa, de modo a torná-las mais fáceis de serem encontradas e mais atrativas para animais frutívoros. Os macacos abrem as cascas e encontram dentro delas a semente, que está coberta de arilo, uma camada doce, rica em açúcar, gerada pela natureza como uma isca para macacos e pássaros. Os macacos não têm nem tempo nem a habilidade para tirar apenas o arilo com a boca, então engolem a semente inteira, a saboreiam e digerem a parte doce, deixando que o resto passe pelos seus intestinos. (Certas sementes na verdade não vão germinar a menos que tenham passado pelos intestinos desses animais, cujas bactérias secretam enzimas capazes de romper o envoltório da semente.) Algumas poucas horas depois eles expelem as sementes, delicadamente envolvidas nas suas fezes, que servem de fertilizante quando a semente alcança o solo da floresta tropical. Essas sementes acabam se transformando no quê? Angiospermas mais densas, de modo que os macacos na verdade estão criando uma vegetação que dará origem à sua comida favorita. Porém angiospermas são também um dos instrumentos mais eficientes de que a natureza dispõe para absorver o carbono do ar e retê-lo. "Pássaros grandes, como os tucanos, mutuns e jacus, e até mesmo as tartarugas que habitam florestas, desempenham um papel similar ao dos macacos, comendo e dispersando as sementes das angiospermas", explicou Mittermeier.

Contudo esse ecossistema interdependente e resiliente pode facilmente se tornar insalubre. Muitas dessas mesmas espécies que mantêm as florestas tropicais em saudável interdependência — os macacos-aranha e os muriquis, assim como as tartarugas e os tucanos — "com frequência são também os animais intensamente caçados, a ponto de terem sido exterminados de florestas que, em outros aspectos, continuam intactas", observou Mittermeier. E então, o que acontece? Se matarmos um número muito grande de macacos-aranha, tartarugas e tucanos, perderemos nossos dispersadores de sementes e acabaremos com menos angioespermas e, portanto, com uma floresta menos densa e com uma menor captação e retenção de carbono. E, antes de nos darmos conta disso, teremos aumentado o aquecimento global e, em algumas poucas décadas, terminaremos com alguns centímetros adicionais (ou, com o tempo, muitos metros) no nível do mar bem ao lado de nossas casas de praia. Na natureza, tudo está conectado — seja numa interdependência saudável ou numa interdependência insalubre.

Ainda que tenhamos muita coisa para aprender com a Mãe Natureza, "nunca se deve idealizar a natureza", argumentou Mittermeier. "A natureza é brutal. É um sistema de conflitos, pressões e adaptações no qual diferentes espécies de plantas e animais se atacam uns aos outros o tempo todo numa luta dinâmica para reproduzirem a si mesmos. O próprio motor da natureza reside no impulso de cada planta e animal de se reproduzir com sucesso e em sua capacidade de se adaptar de maneiras que permitam que produzam seus filhotes ou sementes para a geração seguinte" — tudo isso enquanto outras espécies tentam comê-las ou expulsá-las para que possam procriar no seu lugar.

Quando temos um sistema de alta diversidade de plantas e animais, todos lutando para reproduzir seus genes ao mesmo tempo, isso pode não ser saudável ou resiliente para determinada espécie ou semente que venha a ser comida todos os dias. Mesmo assim, o conjunto da sinfonia, quando em equilíbrio, pode ser bastante saudável e resiliente — saudável no sentido de que suas partes prosperam juntas, de que o conjunto é mais resiliente em face de quaisquer mudanças súbitas no clima ou no desenvolvimento que venham a ser colocadas no seu caminho. E essa resiliência vem da combinação de competição e colaboração — diferentes organismos não apenas se alimentam uns aos outros; eles também criam conjuntamente condições nas quais todos podem prosperar juntos.

CULTURA E POLÍTICA

Então, paremos por um momento e passemos em revista o que toda essa discussão a propósito da Mãe Natureza tem a ver com as nossas sociedades. A resposta pode ser encontrada na máxima de Megginson: "A civilização capaz de sobreviver é aquela que é capaz de se adaptar ao ambiente em transformação — nos aspectos físicos, sociais, políticos, morais e espirituais — no qual se encontra". Penso que, na era das acelerações, os países, as culturas e os sistemas políticos com maior capacidade de adaptação serão os que deliberadamente optarem por imitar os melhores aplicativos da Mãe Natureza para produzir resiliência e propulsão. Porém as palavras-chave aqui são "deliberadamente optarem". A Mãe Natureza fez com que suas habilidades evoluíssem ao longo de bilhões de anos de modo inconsciente, com a mais absoluta indiferença moral. Nós, seres humanos, não podemos ser tão brutais, ou moralmente indiferentes, ao procurarmos forjar nossa resiliência — nem dispomos de milênios para compreender como aperfeiçoar esses instrumentos. Temos de traduzir os aplicativos decisivos da Mãe Natureza em termos de política humana, de forma deliberada, consciente e, sempre que possível, consensual — e o mais rapidamente possível.

Para começar, eu centraria o foco em cinco desses aplicativos, que encontram utilização imediata na governança hoje: 1) a capacidade de se adaptar quando se é confrontado com estrangeiros que dispõem de poderio militar e econômico superior sem se sentir diminuído por um sentimento de humilhação; 2) a capacidade de optar pela diversidade; 3) a capacidade de assumir um sentido de pertencimento em relação ao futuro e aos próprios problemas; 4) a capacidade de alcançar o equilíbrio correto entre o federal e o local — ou seja, de compreender que uma sociedade saudável, da mesma forma que uma floresta tropical saudável, consiste numa rede de ecossistemas saudáveis, um por cima do outro, cada um se desenvolvendo nos seus próprios termos, mas alimentado pelo conjunto; e, talvez o mais importante, 5) a capacidade de abordar a política e a resolução de problemas na era das acelerações com uma atitude mental empreendedora, híbrida, heterodoxa e não dogmática — misturando e levando à coevolução de quaisquer ideias ou ideologias que criem resiliência e propulsão, não importando de que "lado" venham.

É claro que a velocidade com que qualquer sociedade adote essas estratégias sempre será ditada pela interação entre política, cultura e liderança. A cultura molda as reações políticas das sociedades, e sua liderança, juntamente com sua política, molda a cultura. O que é exatamente a cultura? Gosto dessa definição concisa do BusinessDictionary.com: cultura é "o padrão de respostas descobertas, desenvolvidas ou inventadas durante a história de um grupo no decorrer de sua experiência em lidar com problemas surgidos das interações entre seus membros e entre eles e seu meio ambiente. Essas respostas são consideradas a maneira correta de perceber, sentir, pensar e agir, e são transmitidas aos novos membros por meio da imersão e do ensino. A cultura determina o que é aceitável ou inaceitável, importante ou desimportante, certo ou errado, funcional ou disfuncional".

Um dos piores erros que podemos cometer como repórteres é subestimar o poder da cultura na definição de como as sociedades reagem às grandes mudanças. Outro é concluir que a cultura é algo imutável. Culturas podem mudar e com frequência mudam — às vezes sob a pressão brutal dos acontecimentos e da necessidade de sobreviver, às vezes em razão das opções políticas construídas por seus líderes. O falecido senador Daniel Patrick Moyniham observou numa frase famosa: "A verdade conservadora central reside no fato de que é a cultura, não a política, que determina o sucesso de uma sociedade. A verdade liberal central é a de que a política pode mudar a cultura, salvando-a de si mesma".

É por isso que também gosto da definição de liderança oferecida por um especialista no assunto, Ronald Heifetz, da Universidade Harvard, para quem o papel do líder "é ajudar as pessoas a encarar a realidade e mobilizá-las para que promovam mudanças", à medida que seu meio ambiente muda, de modo a garantir a segurança e a prosperidade da sua comunidade. Como a era das acelerações implica mudanças no ambiente físico, tecnológico e social para um número tão grande de pessoas, hoje, liderar significa forjar as atitudes culturais corretas e as opções políticas específicas mais apropriadas para imitar os aplicativos decisivos da Mãe Natureza.

O poder de que o líder visionário dispõe para ajudar a sociedade a encontrar um caminho para avançar em meio a momentos cruciais que exigem capacidade de adaptação foi retratado numa das minhas cenas favoritas de toda a história do cinema. *Invictus* conta a história de como Nelson Mandela, no seu primeiro mandato como presidente da África do Sul, recruta o famoso time de rúgbi de seu país, o Springboks, para a missão de ganhar a Copa do Mundo de Rúgbi de 1995 e, por meio da façanha, dar início ao esforço para curar as feridas de um país dilacerado pelo apartheid. Integrado quase totalmente por jogadores brancos, o Springboks tinha sido um símbolo da dominação branca, e os negros costumavam torcer contra ele. Quando o comitê de esportes de uma África do Sul pós-apartheid, já governada pelos negros, anunciou sua decisão de mudar o nome e as cores do time, o presidente Mandela intercedeu em favor do time. Ele explicou que parte do esforço para fazer com que os brancos se sentissem à vontade numa África do Sul governada pelos negros implicava a decisão de não privá-los de todos os símbolos que mais estimavam.

"Isso é um pensamento egoísta", diz no filme Mandela, interpretado por Morgan Freeman. "Isso não atende aos interesses da nação." Então, referindo-se aos brancos da África do Sul, Mandela acrescenta: "Temos de surpreendê-los com compaixão, comedimento e generosidade".

Adoro esta frase: Temos de surpreendê-los. Não há melhor maneira de mudar uma cultura do que contar com um líder disposto a surpreender partidários e adversários se colocando acima da sua história, de seus eleitores e de seus especialistas em pesquisas de opinião, e simplesmente fazendo as coisas certas para o seu país. Por meio de sua liderança esclarecida, Mandela fez muito para mudar a cultura da África do Sul. Criou um pouco mais de confiança e de interdependências saudáveis entre negros e brancos e, ao fazer isso, tornou seu país mais resiliente.

Com o exemplo de Mandela em mente, vamos reexaminar os cinco mais importantes aplicativos da natureza e ponderar por que eles são tão relevantes nos dias de hoje.

SER ADAPTATIVO AO SER CONFRONTADO COM O ESTRANGEIRO; OU A NECESSIDADE DA MUDANÇA

Um dos principais diferenciais quanto à abertura demonstrada por uma cultura ou um sistema político à adaptação reside em como ela ou ele responde ao contato com elementos de fora. Sua cultura se sente facilmente humilhada ao ver o quanto ficou para trás e, portanto, tende a se aferrar às próprias posições ou se mostra mais inclinada a engolir um pouco do orgulho e tentar aprender com o estrangeiro? Numa era em que o contato entre estrangeiros é mais frequente do que nunca, essa é uma questão fundamental. Por que alguns líderes e culturas se mostram mais propensos do que outros a se adaptar quando enfrentam grandes mudanças no seu meio ambiente é um dos maiores mistérios da vida e da história, mas é impossível ignorar as diferenças a esse respeito. Tudo que sei é que, desde que me tornei repórter, em 1978, passei boa parte de minha carreira cobrindo as diferenças entre povos, sociedades, líderes e culturas focados em aprender com "o outro" — para recuperar o tempo perdido, depois de terem ficado para trás — e os que se sentem humilhados pelo "outro", por seu contato com estrangeiros, e preferem investir contra ele, em vez de se dedicar à difícil tarefa da adaptação. Esse tema permeou de tal maneira meu trabalho como repórter que por vezes fiquei tentado a mudar os dizeres do meu cartão de apresentação para: "Thomas L. Friedman, correspondente global do *New York Times* para humilhações em geral".

Existe uma história do mundo do golfe, simples, porém conhecida, que carrega uma profunda verdade sobre como posturas culturais moldam atitudes em relação à adaptação. Na edição de setembro de 2012 da revista *Golf Digest*, Mark Long e Nick Seitz escreveram uma matéria chamada "Caddie Chatter" [Papo de caddie], na qual Long relatava a seguinte história contada por Bruce Edwards, caddie de longa data de Tom Watson. Edwards tinha trabalhado como caddie para Watson por muitos anos e, em seguida, por pouco tempo, para Greg Norman, e depois novamente para Watson. Edwards descreveu como Watson e Norman reagiam de forma inteiramente diferente quando, ao acertarem uma tacada inicial perfeita, de longo alcance, pelo meio do *fairway*, a parte central do campo, a bola terminava empacada num pedaço solto de grama: "Há alguns anos perguntei a Edwards como era estar de volta com Tom Watson depois de ter passado alguns anos com Greg Norman. Na época, Greg era *o cara*, mas Edwards tinha passado algum tempo trabalhando com ele sem uma vitória que fosse. Bruce disse: 'Digamos que você tenha acertado um buraco com apenas três tacadas, mas num lance seguinte tenha feito com que a bola empacasse num pedaço solto de grama na 16ª tacada. Norman olhava para mim e dizia: 'Bruce, dá para acreditar que fui tão azarado?'. Já

Tom olhava para a bola, depois para o pedaço solto de grama, e dizia: 'Bruce, olha só o que eu vou fazer!'".

Há pessoas que estão sempre amaldiçoando sua falta de sorte e existem aquelas que vão dar a melhor tacada possível, não importa onde a bola esteja, e que veem aquilo como um desafio. Elas sabem que não podem controlar o quicar da bola, mas sim sua atitude quanto à maneira como vão acertá-la. Nesse contexto, autoconfiança e otimismo são, por si só, forças importantes. Há culturas que, diante de dificuldades ou de um grande desafio externo, tendem a, coletivamente, dizer: "Fiquei para trás, o que há de errado comigo? Vou aprender com quem sabe fazer melhor para poder consertar as coisas". E então aprendem a se adaptar à mudança. E há os que dizem: "Fiquei para trás. O que *você* fez comigo? A culpa é sua".

Adaptabilidade sem humilhação, por exemplo, certamente descreve o Japão do século XIX, um país que tinha se esforçado ao máximo para não ter contato algum com estrangeiros e para manter o resto do mundo trancado do lado de fora. Sua economia e sua política eram dominadas pela agricultura feudal e pela estrutura social hierárquica confuciana, e eles se encontravam em declínio constante. Os comerciantes eram a mais baixa classe social e o comércio com estrangeiros era na realidade proibido, exceto por contatos limitados com a China e a Holanda. Porém, o Japão teve então um inesperado contato com um estrangeiro — o comodoro Matthew Perry —, que forçou sua entrada em 8 de julho de 1853, pedindo que os portos fossem abertos ao comércio com os Estados Unidos e insistindo em um tratamento melhor para os marinheiros vítimas de naufrágio. Seus pedidos foram recusados, porém Perry voltou um ano mais tarde com uma frota maior e maior poder de fogo. Ele explicou aos japoneses as vantagens do comércio com os outros países e eles acabaram assinando o Tratado de Kanagawa, firmado em 31 de março de 1854, abrindo o mercado japonês ao comércio exterior e pondo fim a dois séculos de quase isolamento. O encontro chocou as elites políticas japonesas, obrigando-as a compreender o quanto o país se encontrava atrasado em matéria de tecnologia militar em relação aos Estados Unidos e às outras nações ocidentais.

Essa constatação pôs em movimento uma revolução interna que derrubou o xogunato Tokugawa, que governava Tóquio em nome do imperador desde 1603, substituindo-o pelo imperador Meiji e por uma coalizão composta de adeptos da reforma. Eles optaram pela adaptação, aprendendo com aqueles que os tinham derrotado. Deram início a uma transformação política, econômica e social com base na noção de que, se queriam ser tão fortes como o Ocidente, teriam de romper com as suas normas culturais então vigentes e adotar plenamente sua ciência, tecnologia, engenharia, educação, arte, literatura e até as roupas e a arquitetura. O esforço acabou se revelando mais difícil do que imaginavam, porém o resultado final foi que, por volta do fim do século XIX, o Japão tinha se reconstruído como uma grande potência industrial com peso suficiente para não apenas reverter a desigualdade dos tratados econômicos que lhes tinham sido impostos pelas potências ocidentais, como também derrotar uma dessas potências — a Rússia — numa guerra em 1905. A Restauração Meiji tornou o Japão não apenas mais resiliente como também mais poderoso.

Infelizmente, nem toda cultura é capaz de lidar com o contato com estrangeiros engolindo o seu orgulho da maneira como os japoneses fizeram e absorvendo tudo o que podiam aprender com o estrangeiro da maneira mais rápida possível.

Os chineses na verdade tinham uma expressão, "o século da humilhação", que empregavam para descrever os anos entre a década de 1840, quando a China teve seu primeiro contato com o imperialismo britânico, até sua invasão pelo Japão e os outros reveses que se seguiram. Como observou a revista *The Economist* em um artigo publicado em 23 de agosto de 2014 a respeito da China: "Durante séculos a China ocupou uma posição central, o sol em torno do qual giravam outros reinos da Ásia. As primeiras investidas ocidentais em meados do século XIX e, em seguida, a derrota da China diante do Japão no fim do mesmo século deram fim a essa centralidade chinesa". Porém, depois da abertura para o mundo nos anos 1970, a China usou sua história para injetar nova energia em seu futuro. Em particular sob a liderança de Deng Xiaoping, ela reconheceu que sua bola de golfe havia ficado presa em um buraco na grama e procurou o mundo exterior para aprender tudo o que podia para se adaptar, para alcançar os outros países e restaurar sua grandeza.

Contrastando com essa atitude, a Rússia deixou que seu sentimento de humilhação prevalecesse após o colapso da União Soviética, o qual o presidente Putin descreveu como "a maior tragédia do século XX". Lawrence E. Harrison, em um artigo na antologia *Culture Matters in Russia — and Everywhere* [A cultura faz diferença na Rússia — e em toda parte], co-organizada por ele, observou:

> [O] colapso do comunismo deixou a Rússia humilhada — ela perdeu seu status de grande potência e passou a ocupar uma posição de segundo plano, vendo sua antiga aliada e rival, a China, se movimentar para conquistar esse status. O perfil de exportação da Rússia se parece muito com o de um país do Terceiro Mundo, pois a maior parte dos produtos exportados depende do seu patrimônio em recursos naturais, sobretudo petróleo e gás natural. O país que superou os Estados Unidos na corrida espacial mostrou-se incapaz de produzir um automóvel com qualidade suficiente para ser exportado — sem falar em limitações comparáveis a essas no campo da tecnologia da informação.
>
> Durante seu período de humilhação nacional, é possível compreender por que a liderança russa expressou grande preocupação com o desempenho relativamente decepcionante dos atletas russos nos Jogos de Inverno de 2010, em Vancouver, e nas Olimpíadas de 2012, em Londres.

Contudo, mesmo nos dias atuais, Putin continua a buscar maior dignidade para a Rússia em todas as oportunidades erradas — como ao ameaçar a Ucrânia ou mergulhar na Guerra Civil síria —, em vez de realmente explorar e liberar a grandeza e os talentos do seu próprio povo.

Algumas nações árabes e islâmicas e também alguns grupos terroristas caíram claramente nessa atitude mental do "Quem fez isso conosco?". Asra Q. Nomani, uma muçulmana nascida na Índia e ex-repórter do *Wall Street Journal*, trabalhou com Daniel Pearl antes que ele fosse assassinado no Paquistão. Em 20 de junho de 2012, ela depôs diante da Comissão sobre Segurança Interna da Câmara dos Deputados dos Estados Unidos para falar sobre o tema "A reação dos muçulmanos americanos diante de relatos sobre radicalização no interior da sua comunidade":

> Em 2005, Joe Navarro, um ex-agente especial do FBI, cunhou o conceito de terroristas como "colecionadores de feridas" em um livro, *Hunting Terrorism: A Look at the Psychopathology of Terror* [À caça do terrorismo: Um olhar sobre a psicopatologia do terror], que se valia de anos de experiência analisando terroristas em todo o mundo, da Espanha aos movimentos islâmicos de hoje. Ele escreveu que "terroristas são eternos colecionadores de feridas", indo buscar "acontecimentos ocorridos décadas antes ou mesmo séculos atrás". Observou ele: "As reconstituições que fazem desses acontecimentos são tão relevantes e dolorosas

como eram na época em que aconteceram originalmente. Para eles não existem limites quando se trata de reviver esses sofrimentos. O ato de colecionar esses eventos dolorosos é, em grande medida, alimentado pelos seus próprios medos e paranoias, que se fundem harmoniosamente com sua ideologia inflexível. O ato de colecionar esses ferimentos atende a um propósito, o de apoiar e justificar, revivendo todos os acontecimentos do passado, exagerando assim seu significado para o presente, uma racionalização raivosa para os medos e a ansiedade que trazem dentro de si".

Para mim, esse fenômeno se estende a uma comunidade islâmica mais ampla, na qual ressentimentos expressos em debates nas salas de estar dão a muitos muçulmanos a condição de "jihadistas de salão", como se referiu a eles um agente da lei americano em conversa comigo. Cresci ouvindo esses "jihadistas de salão" nos grupos masculinos que se formam para conversar nas nossas festas e jantares. Na verdade, o sr. Navarro me disse que "o ato de colecionar essas feridas se torna algo cultural" para as comunidades em todo o mundo. É claro que conhecer as feridas de uma comunidade é importante para compreender sua história, disse o sr. Navarro, mas ele observou: "A beleza do extremismo reside em não abrir espaço para o perdão".

Em meu trabalho como repórter, tive contato com muitos desses colecionadores de feridas no Oriente Médio, contudo, mais uma vez, não se trata de algo universal. O mesmo mundo árabe e muçulmano que produziu Nasser e Bin Laden, tão empenhados em atacar os outros para superar o próprio sentimento de humilhação, também produziu a Tunísia de Habib Bourguiba e o Dubai do xeique Mohamed bin Rashid al Maktoum, que, em vez de insistirem em se aprofundar no seu status anterior, optaram por incorporar a mudança, aprender com o outro e construir algo. A mesma América Latina que produziu o ditador Hugo Chávez na Venezuela produziu um presidente democrático e dinâmico como Ernesto Zedillo, no México. A mesma Rússia que produziu Putin produziu Mikhail Gorbachóv, com sua visão relativamente mais liberal de seu país. O mesmo Sudeste Asiático que produziu o genocida Pol Pot, no Camboja, produziu o empreendedor Lee Kuan Yew, em Cingapura.

ASSUMINDO A DIVERSIDADE

Quanto a assumir a diversidade, trata-se hoje de algo mais vital que nunca para forjar resiliência num ambiente em contínua transformação. Graças à diversidade, seja como for que a mudança climática venha a afetar o seu ambiente, algum organismo ou conjunto de organismos, você saberá como lidar com isso. Quando se tem um sistema tão pluralista, acrescenta Amory Lovins, "ele automaticamente se adapta para transformar cada forma de adversidade em um problema administrável, quando não em algo vantajoso". (Ele está parafraseando seu mentor, o falecido Edwin Land, que disse: "Um fracasso é uma circunstância que ainda não foi plenamente transformada numa vantagem para você".)

Como "o pluralismo não se resume à diversidade, sendo antes um ativo engajamento pela diversidade", explica no seu site o Pluralism Project, de Harvard, "a mera diversidade, sem um autêntico encontro e um relacionamento, acabará por levar ao acúmulo crescente de tensões em nossas sociedades". O fato de uma sociedade ser "pluralista" é uma realidade (vide Síria e Iraque). Já o fato de uma sociedade ser partidária do pluralismo "é uma conquista" (vide a América). Pluralismo, observa o projeto da Universidade Harvard, "não exige que abandonemos nossa identidade e nossos compromissos [...]. Significa considerar nossas diferenças mais profundas, mesmo nossas diferenças religiosas, não de forma isolada, mas em relação umas às outras". E isso pressupõe que o verdadeiro pluralismo seja construído sobre o "diálogo" e com base no ato de "dar e receber, crítica e autocrítica" — e que "diálogo significa tanto falar como ouvir".

Ser capaz de assumir e cultivar esse tipo de verdadeiro pluralismo representa uma grande vantagem para uma sociedade na era das acelerações — e uma grande desvantagem se ela não for capaz disso, por várias razões. Na verdade, eu iria mesmo um pouco além, afirmando que a relação retorno-investimento em relação ao pluralismo na era das acelerações vai disparar e se tornar inclusive a mais importante vantagem competitiva para uma sociedade — por razões tanto econômicas como políticas.

Politicamente, sociedades pluralistas que também assumem o pluralismo exibem maior estabilidade política. Elas dispõem de uma capacidade muito maior para forjar contratos sociais entre cidadãos iguais para viverem juntos em condições de igualdade, em vez de precisarem do punho de ferro de um autocrata para manter todo mundo na linha de cima para baixo. Em um mundo onde todos os sistemas baseados na lógica do comando e controle, de cima para baixo, estão se enfraquecendo, a única maneira de manter a ordem é por meio de contratos sociais forjados, de baixo para cima, pelos diversos estratos da população. Síria, Líbia, Iraque, Afeganistão e Nigéria, por exemplo, encarnam histórias de sociedades pluralistas às quais falta o pluralismo, e elas vêm pagando um alto preço por isso — agora que sua diversidade não pode mais ser apenas controlada de cima para baixo. Um cadinho no qual venham a se fundir cidadãos diferentes capazes de, todos juntos, realizar coisas grandiosas e difíceis representará uma enorme vantagem no século XXI, quando um número bem maior de pessoas se colocará em movimento.

Ao mesmo tempo, na era das acelerações, sociedades que cultivem o pluralismo — de gênero, de ideias, racial e étnico — tendem a ser mais inovadoras, já que em tudo o mais prevalece a igualdade. Um país pluralista que assume o pluralismo tem o potencial de ser muito mais inovador porque pode extrair os melhores talentos de qualquer parte do mundo, misturando assim um número muito maior de perspectivas diferentes; muitas vezes as melhores ideias emergem dessa combustão. Mesmo países que não são marcados pela diversidade étnica ou religiosa — pensem na Coreia, em Taiwan, no Japão e na China — podem tirar partido dos frutos do pluralismo se adotarem uma perspectiva pluralista; ou seja, se desenvolverem o hábito de buscar as melhores ideias em toda parte de modo a adaptá-las e adotá-las.

Como observou o cientista social Richard Florida num ensaio sobre o assunto publicado em 12 de dezembro de 2011 no site CityLab.com:

> O crescimento econômico e o desenvolvimento há muito vêm sendo encarados como algo relacionado aos recursos naturais, à inovação tecnológica e ao capital humano. Porém um número cada vez maior de estudos, incluindo a minha própria pesquisa, sugere que a proximidade geográfica e a diversidade cultural — a atitude de abertura de um lugar em relação a diferentes culturas, religiões, orientações sexuais — também desempenham papéis importantes no crescimento econômico.
>
> Os céticos retrucam dizendo que a diversidade é antes um produto do desenvolvimento econômico do que um estímulo a ele. Argumentam que populações diversificadas convergem para certos lugares porque essas regiões ou já são prósperas ou se encaminham rapidamente para isso.

Um importante novo estudo dos economistas Quamrul Ashraf, do Williams College, e Oded Galor, da Universidade Brown, ajuda a jogar por terra muitas das alegações dos céticos. "Cultural Diversity, Geographical Isolation and the Origin of the Wealth of Nations" [Diversidade cultural, isolamento geográfico e a origem da riqueza das nações], recém-divulgado como proposta de discussão pela Agência Nacional de Pesquisa Econômica, mapeia o papel exercido pelo isolamento geográfico, pela proximidade e pela diversidade cultural sobre o desenvolvimento econômico, dos tempos pré-industriais à era moderna.

O estudo conclui que "a inter-relação entre assimilação cultural e sua difusão desempenhou um papel significativo no surgimento de diferentes padrões de desenvolvimento econômico através do mundo". Falando em termos claros: a diversidade estimula o desenvolvimento econômico, enquanto a homogeneidade o retarda...

Vêm crescendo os indícios de que a abertura geográfica, a diversidade e a tolerância culturais não são subprodutos, mas sim motores do progresso econômico.

P. V. Kannan é cofundador do 24/7 Customer, que começou como uma operadora de call centers na Índia e, desde 2007, expandiu sua atuação para as áreas de atendimento ao cliente e análise de dados com cerca de mil clientes espalhados ao redor do mundo. Assisti ao crescimento dessa companhia, que passou de uma startup em Bangalore com uma porção de pessoas atendendo telefones a uma empresa global voltada para serviços de *big data* na qual engenheiros muito bem pagos trabalham em seus monitores. Quando lhe perguntei sobre os seus clientes atuais, Kannan respondeu: "Vou falar com um cliente em Sydney, seu especialista em dados está sentado em algum lugar na Califórnia, e eles estão conversando sobre seus call centers nas Filipinas e na Índia, e a sua administração se encontra espalhada pelo mundo — e mesmo os que estão em Sydney vêm de diferentes países. Todo o estereótipo em torno de homens brancos reunidos em um único lugar já era. Se você dirige uma empresa inteligente hoje em dia, ela estará cheia de pessoas vindas de muitos lugares [...]. O pluralismo permite que você seja rápido e inteligente".

Isso só se tornará ainda mais válido à medida que a lei de Moore e o Mercado avançarem na segunda metade do tabuleiro de xadrez. Lovins argumenta:

Digamos que você tenha dois genomas. O genoma A tem um gene que se mostra perfeitamente adaptado para o atual sistema de frio e o genoma B tem vinte genes, dos quais apenas um demonstra ser resistente ao frio. O genoma A tem uma opção para submeter o gene a uma mutação até que ele aleatoriamente esbarre numa solução para o problema ou então morra. O genoma B pode ter vinte descendentes. O genoma B tem vinte potenciais respostas. Vai expressar ou modular cada uma dessas vinte, e há uma chance muito boa de que uma delas represente a solução adequada para o problema a ser enfrentado.

Um dos tutoriais mais úteis que já recebi a respeito das virtudes da diversidade chegou até mim em 2014, quando tomei parte na série de documentários *Years of Living Dangerously*, produzida pelo Showtime, a respeito dos impactos causados pela mudança climática e pela degradação ambiental ao redor do mundo. Minha contribuição era examinar como a mudança do clima e a destruição do meio ambiente tinham afetado a Síria, o Iêmen e o Egito. A entrevista que se revelou a mais produtiva, contudo, foi realizada em Salina, no Kansas, e chamava a atenção para o paralelo que poderia ser feito entre monoculturas e policulturas, na natureza e na política. Nossa equipe de filmagem foi até essa região dos Estados Unidos dominada pela cultura do trigo para ilustrar de que modo a seca que atingiu as grandes plantações de trigo no centro do Kansas em 2010 terminou provocando o aumento do preço do pão no Egito e, como vimos, ajudando a deflagrar a revolução no início de 2011. Nossa visita estava estruturada em torno de uma entrevista com Wes Jackson, fundador e presidente do Land Institute, uma fazenda experimental na qual uma equipe de biocientistas vem tentando desenvolver uma variedade de trigo capaz de ser cultivada o ano inteiro chamada Kernza, a qual não exigiria, como ocorre anualmente, nem o plantio nem a indução de mutações nas espécies de trigo. Jackson, um biocientista premiado pela Fundação MacArthur, começou a entrevista com uma explanação didática sobre as pradarias, na qual me baseei para escrever uma coluna ao longo do seguinte raciocínio:

A pradaria, explicou Jackson, era uma região natural diferente, com um ecossistema complexo que naturalmente sustentava todos os tipos de vida selvagem, assim como os índios que viviam nos EUA — até que os europeus chegassem, arassem a área e a cobrissem com propriedades dedicadas a uma única espécie de lavoura: monoculturas, em sua maior parte, de trigo, milho ou soja. Monoculturas anuais são muito mais suscetíveis a doenças e pragas, exigindo uma quantidade bem maior de energia à base de combustíveis fósseis – máquinas, fertilizantes, pesticidas – para manter a resiliência, porque, em uma monocultura, uma praga ou doença pode exterminar a lavoura inteira. Elas também exaurem a camada arável do solo, tão fundamental para a vida. Policulturas, ao contrário, observou Jackson, proporcionam a diversidade de espécies, a qual propicia a diversidade química, o que aumenta em muito a resistência a doenças e pragas, podendo "substituir os combustíveis fósseis e produtos químicos com os quais não coevoluímos". Naturalmente, elas também conservam a camada superficial do solo. Foi por isso que, durante os anos de tempestades de areia da década de 1930, observou Jackson, todas as lavouras de monocultura morreram, porém as áreas da pradaria dedicadas à policultura, com seus ecossistemas mais variados, sobreviveram. A policultura na pradaria armazena a água, mantém o ciclo dos nutrientes, controla as pragas e se torna cada vez mais diversa, produtiva, bela e propensa à adaptação.

Enquanto ouvia Jackson explicar tudo isso, questionei: não é interessante o fato de a Al Qaeda frequentemente dizer que, se o mundo islâmico deseja restaurar a sua força, ele precisa voltar à época "pura" do islamismo, quando este era uma monocultura na Península Arábica, livre de quaisquer influências estrangeiras? Contudo, a era de ouro do mundo árabe-islâmico aconteceu entre os séculos VIII e XIII, quando é possível dizer que se tornou a maior policultura do mundo, centrada na Espanha e no norte da África. Esse foi um período de grande fermentação intelectual no mundo árabe-islâmico, que se tornou um lugar para o estudo da ciência, matemática, astronomia, filosofia e medicina. E o que alimentava essa fermentação intelectual era o modo como os sábios islâmicos da época lançavam pontes, promovendo a integração dos melhores ensinamentos de uma ampla variedade de civilizações, da China e Índia até a Pérsia e Grécia. Ela definiu a policultura e tornou o mundo árabe incrivelmente próspero, saudável e resiliente.

Infelizmente, no Oriente Médio de hoje, a Al Qaeda e o Estado Islâmico, recorrendo à venda de combustíveis fósseis e ao dinheiro doado por fundamentalistas sunitas do golfo pérsico, estão tentando promover um expurgo no Iraque, Iêmen, Líbia e Síria, privando-os de qualquer diversidade religiosa ou étnica. Estão tentando arrancar pela raiz todas as culturas da região – pensem em Bagdá, Aleppo, Palmira, Trípoli e Alexandria, no passado grandes centros onde conviviam judeus, cristãos e muçulmanos; gregos, italianos, curdos, turcos e árabes — e transformá-las em monoculturas, diminuindo a possibilidade de que essas sociedades venham a originar novas ideias. A Al Qaeda e o ISIS estão tentando na verdade escapar ao processo de evolução, forçando a criação de um sistema fechado e especializado. Em outras palavras, diversidade e tolerância foram no passado plantas nativas do Oriente Médio — da mesma forma que a policultura perene na pradaria do Meio-Oeste americano —, e isso deu à região uma enorme resiliência e interdependências saudáveis com muitas outras civilizações. A Al Qaeda e o ISIS, usando combustíveis fósseis de alta densidade, estão tentando arrancar fora toda essa diversidade para dar lugar a uma monocultura altamente suscetível a teorias conspiratórias e ideias doentias. Isso tornou a terra estéril, pobre e insalubre para todos os seus habitantes.

Eu poderia argumentar que o mesmo ocorreu com o Partido Republicano nos Estados Unidos. O partido costumava ser uma policultura incrivelmente rica. Ele nos deu ideias tão diferentes, como os nossos parques nacionais (sob Theodor Roosevelt), a Agência de Proteção Ambiental e as leis relativas à limpeza do ar e das águas (sob Richard Nixon), o controle sobre as armas nucleares e o Protocolo de Montreal para reduzir o buraco na camada de ozônio (sob Ronald Reagan), o sistema de compra de permissão para emissões de modo a vencer o problema da chuva ácida (sob George H. W. Bush) e uma proposta de reforma do sistema de saúde baseada no mercado (sob Mitt Romney, quando era governador de Massachusetts). E, durante décadas, o próprio partido foi um amálgama pluralista unindo republicanos liberais do Norte a conservadores do Sul e do Oeste. Mas, nos últimos anos, o Tea Party e outras forças ultraconservadoras, também financiadas em grande parte por empresas ligadas ao combustível fóssil e por bilionários do mundo do petróleo, têm tentado arrasar a outrora rica policultura do Partido Republicano para transformá-lo em uma monocultura tremendamente suscetível a ideias doentias: a mudança climática é uma fraude; a evolução nunca aconteceu; não precisamos de reforma da lei de imigração. Tudo isso enfraqueceu os fundamentos do Partido Republicano, abrindo caminho para espécies invasoras como Donald Trump fazerem estragos na sua lavoura,

Um estudo realizado em 2012 pela Fundação Kauffman revelou que os imigrantes respondiam por um quarto das startups da área de tecnologia criadas nos

Estados Unidos. Intitulado "America's New Immigrant Entrepreneurs: Then and Now" [Os novos empreendedores imigrantes dos Estados Unidos: ontem e hoje], o estudo mostra que "24,3% das startups das áreas de engenharia e tecnologia têm pelo menos um imigrante entre os seus fundadores ocupando uma posição importante", informou a agência Reuters em 2 de outubro de 2012. "O estudo dedica especial atenção ao Vale do Silício, no qual analisou 335 startups de engenharia e tecnologia, descobrindo que 43,9% delas tinham sido fundadas por no mínimo um imigrante. 'Imigrantes altamente capacitados continuarão a ser um ativo fundamental para manter a competitividade dos Estados Unidos na economia global', escreveram os autores do estudo."

Isso não vale apenas para os EUA. Como disse o experiente ministro de Cingapura George Yeo, numa conferência na Faculdade de Políticas Públicas Lee Kuan Yew em outubro de 2014, "a capacidade de Cingapura de trabalhar com densas redes e de se conectar com diferentes domínios culturais, e de usar tudo isso em favor do nosso desempenho econômico", vem a ser o seu molho secreto. "Em última instância, o que move Cingapura, o que dá a Cingapura uma vantagem especial, é nossa capacidade de arbitrar entre diferentes culturas."

CULTURAS DE PERTENCIMENTO

Não existe nada no domínio humano perfeitamente análogo à maneira como a natureza, inconscientemente, desenvolve por meio da evolução um sentido de pertencimento aos ecossistemas, mas há um paralelo aproximado — a promoção de uma cultura de propriedade nas sociedades humanas, a qual sempre cria resiliência.

"O sentido de pertencimento é a coisa que conserta mais coisas, de modo que outras coisas possam ser consertadas mais facilmente", argumenta a especialista em educação Stefanie Sanford, do College Board. Com frequência, diz ela, quando os cidadãos sentem que seu país lhes pertence, quando um professor sente que suas turmas lhe pertencem, quando estudantes sentem que sua educação lhes pertence, coisas boas têm mais chance de acontecer do que coisas ruins.

Quando as pessoas estão imbuídas de um sentido de pertencimento, é difícil pedir a elas mais do que elas pedem a si mesmas. Na educação, "não há nada que eu possa fazer por você se você não sente que deve algo a si mesmo", argumenta Sanford. Andreas Schleicher, que dirige o Programa para Exames Internacionais de Avaliação de Estudantes, uma avaliação global de desempenho por parte de estudantes, observou que os países que obtinham notas mais altas eram nações asiáticas com "culturas de pertencimento — um alto grau de autonomia profissional para professores [...] nas quais os professores participam na formulação de parâmetros, de currículos e dispõem de muito tempo para o contínuo desenvolvimento profissional". Eles mantêm um envolvimento com as ferramentas do próprio ofício; não são como um chef cujo único trabalho é requentar a comida que alguma outra pessoa está preparando.

Quando algo lhe pertence, você cuida, presta atenção, formula uma maneira de administrar e pensa a respeito do futuro. Se você constrói uma casa já pensando em vendê-la daqui a pouco, até que ponto construirá alicerces realmente sólidos? As pessoas sempre tendem a economizar ao construir um lugar onde não vão morar de fato. E é por esse motivo que, ao longo dos anos, citei tantas vezes a seguinte máxima: "Na história do mundo, jamais alguém lavou um carro alugado". A ideia de que alguma coisa nos pertence faz com que centremos nosso foco não no curto prazo, mas no longo prazo, em estratégia, não em tática.

Passei um longo tempo, nos Estados Unidos e no exterior, cobrindo a luta de diferentes grupos empenhados em afirmar sua propriedade sobre as suas sociedades, assim como a respeito das consequências da inexistência dessa noção. E sempre me chamou a atenção quão rapidamente o sentido de pertencimento pode mudar comportamentos e propiciar adaptação, automotivação, resiliência e interdependências saudáveis.

Em fevereiro de 2011, eu me encontrava na praça Tahrir, no Cairo, no auge do movimento que levou à derrubada do presidente do Egito, Hosni Mubarak. O levante na praça Tahrir era animado pela ideia de que um povo havia muito reprimido decidira tomar seu destino nas próprias mãos, não aceitando mais ser dominado pelo medo, nem privado da própria liberdade, e não mais aceitando ser humilhado pelos próprios líderes que havia trinta anos vinham lhe dizendo que não estava pronto para a democracia. Na verdade, o movimento democrático egípcio era tudo o que Hosni Mubarak havia dito que ele não era: nascido no próprio país, incansável e autenticamente egípcio. Em 9 de fevereiro, passei parte da manhã na praça assistindo e fotografando um grupo de jovens estudantes egípcios que usavam luvas de plástico para colher cuidadosamente o lixo com as mãos, colocando-o em grandes sacos plásticos pretos de modo a manter a área limpa. Durante séculos os árabes vêm alugando seus países das mãos de reis, ditadores e potências coloniais. Por isso, não mostravam nenhuma disposição para lavá-los. Agora estavam fazendo isso. Ali ao lado, um cartaz pendurado dizia: "Tahrir — o único lugar livre do Egito". Então, procurei um dos rapazes que estavam fazendo a limpeza — Karim Turki, 23 anos, que trabalhava numa loja de produtos para a pele — e, pensando na minha coluna, lhe fiz uma pergunta: "Por que você se apresentou para essa tarefa?". Ele se apressou em responder, falando com dificuldade em inglês: "Esta é a minha terra. Este é o meu país. Este é o meu lar. Vou limpar o Egito inteiro assim que Mubarak der o fora".

Três anos mais tarde, em abril de 2014, eu me vi na praça da Independência, em Kiev, também conhecida em ucraniano como Maidan, logo após o levante ocorrido ali contra os líderes corruptos do país. As barricadas feitas de pilhas de paralelepípedos, pneus, pedaços de madeira e automóveis queimados, erguidas pelos revolucionários ucranianos, ainda estavam ali. Todo aquele cenário parecia saído de uma montagem de *Os miseráveis*. As pessoas ainda estavam colocando flores frescas nos túmulos improvisados para as mais de cem pessoas mortas ali. Meu guia local me explicou que, no inverno, quando a revolução eclodiu, a praça e suas calçadas costumavam ficar cobertas com uma fina camada de gelo que os serviços da prefeitura nunca conseguiam limpar de modo eficiente. Porém, depois que os manifestantes a tomaram, mulheres idosas apareceram munidas de pequenas picaretas e pás, quebraram o gelo e mantiveram a praça limpa. Fizeram aquilo por conta própria. Fizeram aquilo de graça — exatamente como os estudantes na praça Tahrir.

O sentido de pertencimento em relação a alguma coisa também é automotivador, o que o torna um ingrediente importante para forjar resiliência. Em fevereiro de 2015, fui convidado para falar na Academia da Guarda Costeira dos EUA, em New London, Connecticut. Permaneci no campus e, na manhã seguinte, fui levado para uma visita guiada na companhia da capitã de corveta Brooke Millard, que dava aulas de redação na Academia, mas, anteriormente, tinha comandado uma pequena embarcação armada da Guarda Costeira. Como ela era consideravelmente mais baixa do que eu, perguntei como tinha conseguido comandar toda aquela tripulação formada por homens, o que —

com ou sem hierarquia, com ou sem autoridade formal – não teria sido de qualquer forma uma tarefa fácil no meio do oceano. Ela pensou a respeito durante alguns dias e então me enviou o seguinte e-mail, que vem a ser a melhor descrição que já encontrei da noção de liderança através do sentido de pertencimento:

> Obrigada por perguntar. Na unidade em que trabalhava antes da nossa visita guiada, eu tinha sob minhas ordens cerca de dez chefes – sujeitos com cerca de dezoito anos, todos especializados em seus devidos campos de atuação. Eu era uma capitã de corveta recém-formada, com quatro anos na instituição e 26 anos de idade. Se dissesse a eles para pular, eu só esperava que me respondessem "a que altura?", porém, em vez disso, eles reagiam com uma atitude [de grande hostilidade]. Os primeiros seis meses foram difíceis. Tive de optar por uma técnica diferente de liderança. Sabia que, às crianças, costumamos oferecer apenas duas opções na hora de comer: "Querem cenouras ou maçãs?" – as duas opções são aprovadas pela mãe, porém o fato de dar à criança a oportunidade de optar proporciona a ele/ela a chance de aprender a tomar uma decisão. Tentei uma técnica parecida com os meus homens. Expunha um problema ou uma questão, solicitava seu conselho/ideias e, no final das contas, apresentava duas opções sobre como agir; uma costumava ser melhor do que a outra, e eles naturalmente escolhiam a opção que eu considerava a melhor. Mas a impressão que passava – pelo menos para eles – é a de que eles tinham uma escolha – e, portanto, a assumiam. Aquilo tinha funcionado no treinamento para o comando, de modo que adotei a mesma técnica em relação a muitas das decisões que precisei tomar como capitã da embarcação. Com 29 anos de idade, eu liderava uma tripulação de dezessete homens – e pelo menos cinco deles eram mais velhos do que eu. Acho que ajudou muito o fato de o meu quadro de comando ter encampado minhas decisões mais importantes – aquilo os ajudou, fazendo com que sentissem que detinham mais poder e que eram ouvidos, e também me ajudou a pesar as soluções e obter o apoio necessário para pôr em prática essas decisões.

Millard compartilhava o sentido de pertencimento tanto no que dizia respeito aos problemas de sua embarcação como às suas soluções, canalizando dessa forma todas as energias de sua tripulação e tornando o navio como um todo mais resiliente. Como me disse certa vez o consultor de administração da McKinsey, Alok Kshirsagar, lotado em Mumbai, se você quiser resolver um grande problema, "precisa passar da ideia de ficar com todo o crédito por ter encontrado a solução sozinho para a de compartilhar o crédito e depois para a de multiplicar o crédito. Todos os sistemas que funcionam multiplicam o crédito". Multiplicar o crédito é apenas outra maneira de fazer com que todos no sistema experimentem a sensação de serem donos daquilo, e, como subproduto disso, temos tanto a resiliência como a automotivação.

FEDERALISMO DO JEITO CERTO

Tanto na natureza como na política é muito importante encontrar o equilíbrio certo entre os ecossistemas individuais e o conjunto mais amplo, de modo que cada um possa cultivar o outro. Não existe nenhuma regra rígida para fazer isso, mas a resiliência provém do fato de encontrar o equilíbrio certo na hora certa. Na cena política americana de hoje, na era das acelerações, o equilíbrio entre os níveis federal, estadual e local precisa ser reajustado, observou Will Marshall, presidente do Progressive Policy Institute.

Durante boa parte do século XX, ele disse, "a seta da história apontou para a centralização do poder político e para a nacionalização das soluções políticas" ao lidar com os problemas de então. Os instrumentos básicos da política naquela época eram considerados "a nascente burocracia nacional e o Estado administrativo", explicou Marshall. Isso era bastante lógico no início do século XX nos Estados Unidos, "já que os governos estaduais e locais precisavam do peso de um governo nacional para lidar com novos protagonistas econômicos monopolistas que poderiam comprar parlamentares e sobrepujar o frágil poder dos estados", para não falar dos municípios. E então veio a Grande Depressão e as suas consequências.

O New Deal, acrescentou Marshall, "expandiu drasticamente o alcance do poder federal, ao promover grandes obras públicas e programas de ajuda; regulando preços e salários; nacionalizando programas de apoio à renda e a proteção dos direitos trabalhistas; criando a previdência social; e multiplicando as agências federais operadas por uma nova linhagem de burocratas de formação universitária. Washington também substituiu a política de laissez-faire pelos gastos keynesianos, utilizados para administrar os ciclos econômicos". E esse impulso nacionalizador se intensificou após a Segunda Guerra Mundial, observou ele, "atingindo seu ápice no projeto da Grande Sociedade, de Lyndon Johnson. Esse período de expansão do liberalismo viu o governo federal assumir a responsabilidade por problemas que anteriormente pertenciam à alçada das autoridades estaduais e locais: injustiça racial, pobreza, doenças, desigualdade entre os gêneros, decadência urbana, desigualdade na educação e poluição". A geopolítica também empurrava mais temas para Washington, DC, que precisava financiar e sustentar uma competição global com a União Soviética no contexto da Guerra Fria. Além disso, para resolver novos e complexos problemas da era industrial, eram necessários recursos em conhecimentos especializados que se encontravam à disposição do governo federal.

Essa era, em linhas gerais, a tendência que definiu a política americana no século XX e que veio a consolidar as vigas mestras dos programas políticos da "esquerda" e da "direita" como as conhecemos hoje — com a direita conservadora tendendo a uma maior simpatia pelos interesses dos proprietários e do capital, sempre preferindo opções baseadas nos mecanismos de mercado em detrimento de maiores regulamentações por parte do governo federal, e a esquerda liberal, por sua vez, tendendo a adotar soluções baseadas no governo, que promoviam não apenas oportunidades iguais, mas resultados de maior equidade para as minorias e para os pobres.

Contudo, o fato é que a era das acelerações apresenta um conjunto de desafios e oportunidades diferentes daqueles colocados pela era industrial, exigindo um equilíbrio diferente entre o centro e a periferia, o federal e o local. Precisamos hoje reverter a centralização do poder que presenciamos ao longo do século passado em favor da descentralização. O governo nacional tornou-se tão grande em termos burocráticos que se mostra lento demais para acompanhar o ritmo das mudanças. Enquanto isso, estados e muitos municípios se tornaram mais flexíveis e capazes — vivendo na extremidade do iceberg, eles sentem antes de todos qualquer mudança na temperatura e no vento; eles precisam reagir rapidamente, e agora podem fazer isso.

Muitos negócios hoje se tornaram globais e bastante dinâmicos; muitas cidades agora despacham suas próprias missões de comércio exterior e criam seus próprios consórcios de empresas locais, de educadores e de filantropos para aperfeiçoar a formação de suas forças de trabalho. E, graças a *think tanks* locais e a universidades que participam da discussão de políticas públicas, existe no plano local um grande volume de conhecimento especializado disponível. Com frequência encontro prefeitos que demonstram ter uma visão muito mais elaborada do mundo e dos requisitos para se adquirir maior competitividade do que certos congressistas. Enquanto isso o governo federal não se mostra em posição de complementar as deficiências fiscais de estados ou de cidades, e continuará não sendo capaz disso por no mínimo uma geração, até que desapareça a geração do *baby boom*; de modo que as localidades terão elas mesmas de encontrar uma maneira de gerar crescimento e renda para sustentar suas próprias obrigações em termos de aposentadorias.

Isso não significa que possamos abrir mão do governo federal. Longe disso. Ainda precisamos dele para lidar com a economia nacional, a segurança nacional, a seguridade social, os impostos e as redes de proteção social. "Mas vivemos em um mundo diferente", disse Marshall. "Hoje em dia o poder vem fluindo para fora de Washington. A parte urbana dos Estados Unidos — que há uma década consistia em centros de disfunção econômica e social — abrange agora os laboratórios da nação em termos de inovação pública."

Portanto, a verdadeira questão, argumenta Marshall, é a seguinte: "De que forma os estados e o governo federal podem se tornar melhores parceiros dos líderes locais?". A resposta mais sintética é: onde quer que seja possível, o esforço do governo federal deve ser no sentido de parar de oferecer soluções definidas pela burocracia nacional para incentivar, dar condições e inspirar experimentos e inovações dos níveis local e individual para cima.

Vamos nos deter com maior atenção sobre esse assunto nos dois capítulos seguintes, mas por ora basta dizer que as lideranças nacional e estadual deveriam propiciar a aceleração de startups locais, com seu efeito multiplicador, tanto no setor econômico como no setor social, para forjar resiliência e cidadãos prósperos que tenham as habilidades e o apoio institucional para acompanhar o ritmo da era das acelerações.

O PARTIDO POLÍTICO DA MÃE NATUREZA

E isso nos leva ao último dos aplicativos decisivos da Mãe Natureza que precisamos traduzir deliberadamente em termos políticos na era das acelerações. Precisamos de uma atitude mental empreendedora, de uma disposição para abordar a política e a resolução de problemas com uma mistura e uma combinação de ideias absolutamente híbrida, heterodoxa e não dogmática, deixando de lado as habituais fórmulas tradicionais em termos de direita e esquerda — permitindo que todos os tipos de ideias se desenvolvam em coevolução, da mesma maneira que acontece com as plantas e os animais na natureza.

Infelizmente, como foi dito acima, essa não é a atitude mental dos nossos dois partidos nos Estados Unidos de hoje. Até o momento, sua postura tem sido no sentido de dobrar as apostas em torno de suas velhas ideias — corte de impostos, desregulamentação e oposição aos imigrantes entre os republicanos; e maior assistência social, maior apoio aos sindicatos de professores, mais regulamentação, maior ênfase na política de identidades sociais e maior redistribuição de uma torta que cresce muito lentamente do lado dos democratas. Por motivos relacionados à sua identidade e à arrecadação de fundos, esses dois partidos não podem deixar que se combinem ideias que atualmente funcionariam melhor se aplicadas de forma conjunta. E, por razões de legado político, não podem pegar uma folha de papel em branco e começar a pensar do zero uma maneira inovadora de lidar com a era das grandes acelerações. Podemos fazer melhor do que isso — não com a simples divisão das diferenças entre os dois partidos que temos, mas nos colocando acima e indo além deles, até que eles se rompam e se reconstituam inteiramente em torno dos desafios colocados por três mudanças climáticas simultâneas, e usando a Mãe Natureza como sua mentora.

Se a Mãe Natureza tivesse um partido político — vamos chamá-lo de partido do "Construindo um futuro melhor para todos" — eis algumas das políticas que, acredito, poderiam fazer parte da sua plataforma. A Mãe Natureza não vê nenhum problema em estar à esquerda da esquerda e à direita da direita *ao mesmo tempo*. O que quer que pudesse coevoluir deveria coevoluir. Eis o que quero dizer:

1. Ela seria a favor de um sistema de assistência de saúde universal, pago pelo governo e financiado por um imposto de consumo progressivo por valor agregado (excluindo alimentos e bens de primeira necessidade). O nível desse imposto seria ajustado anualmente segundo o custo da assistência de saúde, de modo que os cidadãos pudessem sentir a conexão entre o custo da assistência de saúde e o imposto sobre as mercadorias que eles pagam nas lojas. Se um sistema pago pelo governo pode funcionar no Canadá, na Austrália e

na Suécia, proporcionando, de modo geral, resultados melhores a preços mais baixos, pode funcionar também conosco, e tiraria as empresas americanas do ramo da assistência de saúde e o Medicare dos impostos sobre os salários.

2. Ela iria estender e expandir o Crédito do Imposto sobre o Rendimento do Trabalho (Earned Income Tax Credit – EITC) e a Dedução Fiscal por Criança, que vêm a ser trampolins essenciais para tirar as pessoas da pobreza, complementando salários de trabalhadores de baixa renda, proporcionando assim um estímulo ao trabalho. (Ambos devem ser suspensos em 2017.) Ao explicar como os créditos funcionam, o grupo Network Lobby for Catholic Social Justice observou: "Para um casal com duas crianças, o índice de dedução [EITC] é de 40% dos primeiros US$ 13 090 em rendimentos, com uma dedução máxima de US$ 5236 caso os rendimentos cheguem a US$ 22 300. Acima dessa quantia, o índice de dedução cai substancialmente, até chegar a zero para contribuintes acima de US$ 47 162 [...]. A Dedução Fiscal por Criança permite um crédito não reembolsável de US$ 1 mil em imposto sobre renda por cada criança elegível com menos de dezessete anos". Trampolins que incentivam o trabalho – e a dignidade, a disciplina e a aprendizagem que vêm com o trabalho – são os melhores mecanismos para tirar famílias da pobreza de modo sustentável. Pesquisas recentes também sugerem que complementar os salários de pais trabalhadores de baixa renda pelo EITC resulta em benefícios mais duradouros para seus filhos – em termos de desempenho escolar e do ingresso na universidade – do que iniciativas voltadas para as famílias, como o apoio à fase pré-escolar ou o programa Head Start de apoio à infância.

3. Ela iria acoplar os acordos de livre-comércio – a Parceria Transpacífico (TPP, na sigla em inglês) entre os Estados Unidos e os onze países do Círculo do Pacífico e a Parceria Transatlântica de Comércio e Investimento entre os Estados Unidos e a União Europeia – com seguro contra perda salarial para os trabalhadores impactados pelo livre-comércio. Pesquisas econômicas revelaram que o aumento de importações pelos Estados Unidos depois que a China ingressou na Organização Mundial do Comércio em 2001 atingiu um setor específico dos trabalhadores americanos, enquanto beneficiava uma faixa bem mais ampla da população com bens importados mais baratos. Em vez de fecharmos as portas ao comércio com a China ou qualquer outro país, precisamos expandir o comércio, que beneficia a economia como um todo, porém tratando finalmente com seriedade aqueles que, entre nós, foram es-

pecialmente prejudicados pelo comércio. David Autor, economista no MIT, é coautor de um estudo extensamente discutido, publicado em fevereiro de 2016 e intitulado "The China Shock: Learning from Labor Market Adjustment to Large Changes in Trade" [O choque da China: Aprendendo com os ajustes do mercado de trabalho em face das grandes mudanças no comércio], que detalha a destruição de empregos — mais do que real — provocada pelas importações chinesas em determinadas comunidades americanas. Ele disse ao *Washington Post*, em 12 de maio de 2016, que é perfeitamente possível que a riqueza geral dos Estados Unidos "cresça cerca de 3%, enquanto ao mesmo tempo certos setores encolham em 40%, e já vimos isso acontecer antes. Teremos um grande número de pessoas deslocadas, um monte de gente enfurecida".

Isso não é nem justo, nem sustentável. "Muitos trabalhadores deslocados pelo comércio exterior e pela transferência de fábricas para fora do país não conseguiram encontrar novos empregos que pagassem tão bem como os anteriores", observou Bill Galston, um especialista da Brookings Institution, no *Wall Street Journal* de 10 de maio de 2016:

> O que está sendo pedido a esses trabalhadores e suas famílias é que se virem com uma renda 40% menor. É por isso que o mecanismo em sua maior parte ineficaz do programa de Assistência de Ajuste ao Comércio deveria ser reforçado com a adoção de um sistema de seguro contra a perda salarial. Sob esse sistema, trabalhadores deslocados receberiam uma complementação salarial alcançando metade da diferença entre seu atual salário e o seu rendimento anterior, até um teto máximo de US$ 10 mil. A complementação não seria permanente, mas, como está atrelada ao emprego e é mais generosa do que o tradicional seguro-desemprego, daria aos trabalhadores um incentivo para encontrar um emprego o mais rapidamente possível. Isso minimizaria os efeitos negativos de um desemprego prolongado e daria suporte ao crescimento da força de trabalho dos Estados Unidos.

4. Ela tornaria dedutível na sua integridade a educação pós-ensino médio em uma universidade on-line ou escola técnica credenciadas. Se todas as pessoas terão de adotar uma aprendizagem contínua, precisamos de um ambiente fiscal que torne isso economicamente mais fácil para todos. Além disso, isso criaria empregos. Quanto mais pessoas se dedicarem a um aprendizado contínuo, mais pessoas se tornarão professores trabalhando nesse tipo de apren-

dizado. Qualquer um que disponha de um conhecimento especializado — seja o ofício de padeiro, encanador ou colunista — estará apto a criar aplicativos ou *podcasts* para ensinar sua especialidade.

Ao mesmo tempo, ela tornaria legalmente compulsória no país a adoção dos parâmetros curriculares básicos, de modo a elevar o padrão da educação nacional, para que os estudantes de ensino médio tenham uma capacitação de melhor qualidade, cada vez mais necessária para a ocupação dos melhores postos de trabalho. Mas esses padrões mais altos seriam implementados com verbas adequadas, de modo que cada professor pudesse dispor de tempo para se desenvolver profissionalmente, aprender o novo currículo exigido por esses padrões e comprar os materiais necessários para ensiná-los.

A Mãe Natureza também usaria o poder de persuasão que lhe confere a sua posição para exortar todas as universidades a encurtar seus cursos de graduação de quatro anos de duração para três. Se universidades na Europa, como Oxford, ou em Israel, como a Technion, podem incutir conhecimentos suficientes em jovens em três anos, na área de humanidades ou de ciências, as americanas poderiam fazer o mesmo, o que permitiria que as famílias economizassem 25% do custo da formação universitária e reduzissem as dívidas acumuladas em financiamentos estudantis.

5. Ela revogaria a "reforma" da lei de falência de 2005, que prejudicou as startups ao tornar muito mais caro para empreendedores declararem falência e tentarem recomeçar, especialmente os que usaram seus cartões de crédito como capital inicial. Como registrou a *Business Insider* em 8 de março de 2011:

> Há indícios crescentes de que a reforma da lei de falência vem disseminando medo entre os empreendedores, retardando o crescimento de novos empreendimentos, adiando a recuperação econômica e impedindo novos e pequenos negócios de fazerem o que sempre fizeram melhor do que ninguém: criar empregos [...].
>
> Um estudo de 2010 da Universidade do sul da Califórnia estabeleceu um vínculo direto entre mudanças na lei de falência dos Estados Unidos e a redução da atividade empresarial. Seus autores concluíram que "muitos empreendedores passam por vários modelos de negócios antes de serem bem-sucedidos [...]. As condições mais severas ditadas pela nova legislação parecem desencorajar alguns possíveis empreendedores de começarem novos negócios, e desestimular os que já fracassaram a tentar recomeçar".

6. No tocante à imigração, ela seria a favor de um muro bem alto com um portão bem largo. Ou seja, precisamos aumentar a segurança ao longo dos 2400 quilômetros de fronteira com o México, com mais cercas físicas e virtuais, com sensores, drones e câmeras de TV. Os americanos precisam acreditar que vivem num país onde as fronteiras são controladas. Mas também precisam compreender que, para prosperar como país, precisam de um fluxo regular de imigrantes legais. Nossa capacidade de assumir a diversidade é uma de nossas maiores vantagens competitivas. Precisamos controlar a imigração de mão de obra menos qualificada, de modo que os nossos próprios trabalhadores menos qualificados não sejam excluídos dos empregos por causa da mão de obra mais barata. Ao mesmo tempo, devemos remover todos os limites em relação aos vistos para trabalhadores estrangeiros de alta qualificação. Devíamos também dobrar o financiamento para nossos laboratórios de pesquisas e institutos da área de saúde para que possam conduzir pesquisas básicas. Nada geraria mais empregos e indústrias do que a combinação de mais pesquisas básicas e mais trabalhadores da área do conhecimento.

7. Para garantir que a próxima geração de serviços da internet seja desenvolvida nos Estados Unidos, ela colocaria em vigor em ritmo acelerado novos incentivos fiscais e eliminaria barreiras regulatórias para aumentar o ritmo da implantação de bandas largas super-rápidas — tanto para as redes de conexão com fio como para as sem fio. Numerosos estudos mostram a correlação entre velocidade e abrangência do acesso à internet em um país, por um lado, e o seu crescimento econômico, por outro.

8. Ela também pegaria emprestados 50 bilhões de dólares a taxas de juros de quase 0% para melhorar nossos portos, aeroportos e malha rodoviária, criando empregos.

9. Ela proibiria a manufatura e venda de armas semiautomáticas e outras equivalentes, de tipo militar, e faria com que o governo se dispusesse a recomprar de volta qualquer rifle ou pistola em circulação. Isso não resolveria inteiramente o problema, mas a Austrália demonstrou que iniciativas como essa podem reduzir as mortes provocadas por armas.

10. Para proporcionar verbas governamentais suficientes para pagar por esses investimentos, ela promoveria uma ampla reforma fiscal. Para começar, eliminaria completamente o imposto sobre a renda das empresas americanas, atualmente de 35%, o mais alto do mundo. A média global está abaixo de 20%.

John Steele Gordon, autor de *Empire of Wealth: The Epic History of American Economic Power* [Império da riqueza: A história épica do poder econômico americano], chamou a atenção para os muitos benefícios que resultariam disso em um ensaio publicado em 29 de dezembro de 2014 no *Wall Street Journal*: nós nos livraríamos das multidões de lobistas e contadores que atualmente gastam seu tempo ludibriando o sistema tributário; ao acarretar lucros maiores, esse alívio fiscal atrairia empresas, sendo que muitas delas "aumentariam tanto os dividendos distribuídos como os investimentos em fábricas e equipamentos, com efeitos bastante positivos para a economia como um todo e um aumento da arrecadação do governo por meio do imposto de renda da pessoa física". Ao mesmo tempo, "os preços das ações, que vêm a ser uma função dos ganhos projetados para o futuro, aumentariam substancialmente, induzindo um efeito de riqueza à medida que as pessoas vissem suas aposentadorias privadas e fundos mútuos aumentarem de valor. Isso levaria a um maior gasto e, portanto, a uma maior arrecadação de impostos [...]. Desapareceria a distinção entre empresas com fins lucrativos e sem fins lucrativos. Então, as sem fins lucrativos teriam de buscar brechas para se candidatar a esse status" e "grande parte dos 2 trilhões de dólares em lucros no exterior, atualmente mantidos fora do país para evitar os impostos ao serem repatriados, iriam fluir para dentro do país". Por último, os Estados Unidos passariam do mais alto imposto sobre pessoas jurídicas para o mais baixo, o que atrairia um número muito maior de investidores corporativos para o país.

Ao mesmo tempo, ela assumiria a ideia que o presidente Obama pensou em adotar em seu primeiro mandato — alterar a fórmula da inflação usada para determinar o aumento do custo de vida nos cheques distribuídos pela Seguridade Social como uma forma de deter o crescimento anual dos benefícios proporcionados pela Seguridade Social, garantindo assim às futuras gerações que esta não venha a cair na insolvência. Tirando isso, ela não tocaria na Seguridade Social. Numa era de taxa de juros zero, os aposentados precisarão dela mais do que nunca.

Para gerar suficiente imposto de renda de pessoa física de modo a compensar a diminuição daquele cobrado das empresas e outros recursos que chegam ao governo, ela adotaria um imposto sobre o carbono, um pequeno imposto sobre todas as transações financeiras (ações, títulos e câmbio) e um imposto sobre balas de armas — com compensações para os contribuintes de menor renda. Ela acabaria também com o tratamento tributário preferencial para rendas de dividendos e ganhos de capital, aplicando sobre eles impostos na taxa normal para renda. Precisamos de um sistema tributário que incentive especificamente as coisas que nós queremos — investimento, trabalho e empregos — e faça encolher aquelas que não queremos: emissões de carbono, sonegação de impostos pelas empresas, excessos de regulamentação, mudança climática e violência provocada pelas armas. Simplesmente não podemos mais nos dar ao luxo de conviver com elas.

Pense no seguinte: em 1º de janeiro de 2013, quando a situação fiscal do país estava por um fio, o Senado dos Estados Unidos concluiu suas negociações concordando com um aumento de 600 bilhões de dólares em impostos — 60 bilhões de dólares por ano durante dez anos. Poucos dias antes, em 28 de dezembro de 2012, o Senado aprovara um pacote de ajuda de 60,4 bilhões de dólares para que os estados de Nova York e Nova Jersey se recuperassem da devastação provocada por uma única tempestade — a Superstorm Sandy — que varreu o leste dos Estados Unidos em outubro de 2012. Em outras palavras, gastamos com uma única tempestade todos os novos recursos obtidos com um imposto adicional para aquele ano.

11. Ela exigiria a instituição de um rótulo em todas as bebidas açucaradas, doces e todos os itens de fast-food contendo altas doses de açúcar, alertando para o fato de que o excesso do consumo de açúcar pode causar diabete e obesidade — da mesma forma que tarjas nos maços de cigarro alertam para o fato de que causam câncer. Em 6 de abril de 2016, um estudo divulgado pela respeitada publicação científica *The Lancet* descobriu que o custo global da diabete é estimado agora em 825 bilhões de dólares por ano. O press release observava que a "diabete resulta no fato de a pessoa não conseguir regular os níveis de açúcar no seu sangue, aumentando o risco de doenças do coração e do rim, perda da visão e amputações [...]. Utilizando números ajustados de acordo com a idade, eles descobriram que, nos últimos 35 anos, a diabete global entre os homens mais do que dobrou — de 4,3% em 1980 para 9% em 2014. Enquanto isso, a diabete entre as mulheres subiu de 5% em 1980 para 7,9% em 2014". O texto acrescentava que "os maiores custos, considerando os países individualmente, eram o da China (170 bilhões de dólares), dos Estados Unidos (105 bilhões de dólares) e da Índia (73 bilhões de dólares)". Não caberia à Mãe Natureza dizer o que cada um deveria comer, mas ela cuidaria para que todos tivessem plena consciência das consequências do excesso.

12. Ela nomearia uma comissão independente para rever as reformas financeiras Dodd-Frank e as regulamentações Sarbanes-Oxley quanto à contabilidade para determinar quais — se for esse o caso — dessas cláusulas vêm desnecessariamente tornando mais difícil levantar capital para um empreendimento ou dar início a um negócio. Precisamos ter certeza de que estamos evitando a irresponsabilidade — e não a opção por assumir algum risco.

13. Ela também criaria uma Comissão de Aperfeiçoamento de Regulamentação, conforme proposta do Progressive Policy Institute em um estudo de maio de 2013. O PPI argumenta que "o acúmulo natural de regulamentações federais ao longo do tempo impõe um custo significativo, porém não intencional, às empresas e ao crescimento econômico. Contudo, não existe hoje nenhum processo eficaz para aperfeiçoar ou remover regulamentações retrospectivamente". Com frequência pede-se às agências que revejam suas próprias regulamentações, e isso raras vezes resulta em alguma mudança significativa. A Comissão de Aperfeiçoamento de Regulamentação proposta pelo Progressive Policy Institute teria "como modelo a bem-sucedida Comissão da Defesa para Reorientação e Fechamento de Bases Militares. A comissão consistiria em oito membros nomeados pelo presidente e pelo Congresso, os quais, depois de uma revisão formal de acordo com os regulamentos, submeteria ao Congresso uma lista de quinze a vinte mudanças na regulamentação para que fossem aprovadas ou não. A aprovação do Congresso seria exigida para que as mudanças começassem a vigorar, porém o Congresso só poderia votar o pacote completo, como um todo, sem fazer ajustes".

14. Ela imitaria a Grã-Bretanha e limitaria os gastos e a duração da campanha política nacional a um período de alguns poucos meses. Em um mundo que está se tornando tão rápido, nós nos Estados Unidos não podemos nos dar ao luxo de governar um país por cem dias a cada quatro anos e gastar o resto do tempo tentando preparar as eleições de meados do mandato e a campanha presidencial. Isso é uma loucura.

15. Ela encorajaria todos os estados a pôr um fim ao *gerrymandering*,* seguindo a medida adotada na Califórnia de recorrer a uma comissão não partidária de juristas aposentados para traçar a divisão dos distritos eleitorais

* Prática discutível adotada nos EUA para delimitar distritos eleitorais de modo a favorecer determinado partido ou grupo étnico, social ou religioso. (N. T.)

do modo mais equilibrado possível. Se tivermos limites estabelecidos por critérios não partidários, serão muito menores os riscos de termos cadeiras democratas ou republicanas garantidas no Congresso, de modo que as eleições seriam mais competitivas em torno do centro e os candidatos teriam de apelar para os eleitores independentes. Nas áreas consideradas seguras para os republicanos, um republicano só pode perder para outro republicano mais conservador. E um democrata só pode perder para um democrata mais liberal. O resultado é um Congresso formado por pessoas que estão mais à direita e mais à esquerda do que a real disposição do país. Com mais democratas de centro-esquerda e mais republicanos de centro-direita, seria possível construir mais coalizões legislativas a partir do centro do que a partir de um dos extremos.

Ela também introduziria um sistema de votação por ranking em todas as eleições para o Senado e para a Câmara. Por esse sistema, em vez de votar em apenas um candidato, você escolheria cada candidato em ordem de preferência. Se alguém obtém uma maioria, o candidato com o menor número de preferências como primeiro da lista acabaria sendo eliminado. Então os seus votos seriam redistribuídos para os candidatos escolhidos como a segunda opção pelos eleitores, e esse processo continuaria até que alguém obtivesse a maioria. Isso permitiria que os eleitores assumissem alternativas e arriscassem em alguém de fora da caixa, que poderia ser, digamos, de um terceiro ou quarto partido. Você poderia arriscar votar em alguém porque, se essa pessoa perdesse, seu voto seria redistribuído para a sua segunda preferência. "Esses sistemas encorajam a inovação e o ingresso de novas alternativas", explicou o cientista político Larry Diamond, da Universidade Stanford. Deveríamos também eliminar o veto ao perdedor. Em 45 estados dos EUA, se você perder a primária do seu partido, não está autorizado, por lei, a disputar a eleição geral. Isso impede que um moderado que tenha perdido a primária do seu partido — para alguém mais à direita ou mais à esquerda — concorra numa eleição geral na qual terá melhores chances quando todos os eleitores forem às urnas.

16. Em relação à segurança nacional, ela deveria garantir que nossos serviços de inteligência disponham de toda abrangência legalmente monitorada de que precisam para confrontar os terroristas cibernéticos de hoje — porque, se houver outro Onze de Setembro, muitos eleitores se dirão prontos a abrir mão de todas as suas liberdades civis. E, com o mundo dividido em zonas

de "ordem" e "desordem", precisaremos projetar mais poder para proteger a primeira e estabilizar a última.

Em relação a esta última, ela daria maior importância e expandiria o Corpo de Paz de modo a transformá-lo num ramo adicional das nossas forças, em condições de igualdade com o Exército, a Marinha, a Força Aérea, a Guarda Costeira e o Corpo de Fuzileiros, inclusive com sua própria academia. Se o Exército, a Marinha, a Força Aérea, a Guarda Costeira e os Fuzileiros constituem nossa "defesa", o Corpo de Paz seria a nossa "ofensiva". Sua tarefa básica seria trabalhar nos povoados e bairros de modo a ajudar a criar oportunidades e governança em um Mundo da Desordem, ajudando assim um número maior de pessoas a viver decentemente em seus próprios países e a não se sentirem obrigadas a seguir para o Mundo da Ordem.

17. Ela condicionaria toda ajuda externa americana aos países desenvolvidos ao seu esforço para fazer progressos quanto à igualdade entre os gêneros e ao acesso das mulheres à tecnologia de planejamento familiar. Na condição de comunidade global e de parte de um único meio ambiente, simplesmente não podemos nos dar ao luxo de explosões populacionais que, combinadas às mudanças climáticas, à desertificação e a guerras civis, estão tornando inabitável um número cada vez maior de áreas no mundo. O fardo representado pela ajuda proporcionada pelo Mundo da Ordem e a pressão exercida de modo geral sobre o planeta se tornarão cada vez mais desestabilizadores e inadministráveis. Planejamento familiar, atenuação da pobreza e mitigação da mudança climática são políticas que devem evoluir conjuntamente, e não em separado.

18. Ela daria início a três "corridas rumo ao topo" a partir do nível federal — com prêmios de 100 milhões de dólares, 75 milhões de dólares e 50 milhões de dólares — com o objetivo de acelerar drasticamente as inovações em tecnologias sociais: qual estado pode propor a melhor plataforma para retreinamento de trabalhadores? Qual estado pode projetar uma cidade-piloto ou uma comunidade-piloto do futuro, na qual tudo — de veículos autodirigidos e wi-fi onipresente até educação, energia limpa, moradias acessíveis, assistência de saúde e áreas verdes — está integrado numa única plataforma? Qual cidade vai propor o melhor programa para transformar suas escolas públicas em centros comunitários, centros de educação de adultos e centros de saúde pública capazes de funcionar dezesseis horas por dia? Precisamos tirar pro-

veito do fato de que temos cinquenta estados e centenas de cidades capazes de experimentar e acelerar a inovação social.

Em resumo, numa era de condições climáticas extremas, extrema globalização, mudanças extremamente rápidas no mercado de trabalho, extrema defasagem entre rendas, explosões populacionais extremas na África que vêm desestabilizando a Europa, déficits extremos, taxas de juros extremamente baixas e sistemas de aposentadoria com fundos extremamente desequilibrados, precisamos ser extremamente inovadores em nossas políticas. Precisamos de uma política dinâmica, híbrida, que não tenha medo de combinar ideias de todos os quadrantes do espectro político tradicional e também de ir acima e além dele. Falo de uma política que possa fortalecer redes de segurança social ancoradas no trabalho para amparar aqueles que se sentem ameaçados por um mundo que se tornou veloz demais. Também falo de uma política que possa liberar o espírito empreendedor, a inovação e o crescimento necessários para sustentar essas redes de segurança. E falo de uma política capaz de estimular o surgimento de mais tecnologias sociais, pois precisamos delas para acompanhar as mudanças em nossas tecnologias físicas provocadas pela era das acelerações. Por fim, falo de uma política que compreenda que, no mundo de hoje, a grande divisão política "não se dá entre esquerda e direita, mas sim entre aberto e fechado", como coloca o especialista em sondagens de opinião Craig Charney, e que, portanto, deve optar pela abertura — abertura ao comércio, à imigração e aos fluxos globais, em oposição ao seu fechamento.

Se os partidos tradicionais, divididos em esquerda e direita, nos Estados Unidos e em todo o planeta, puderem se adaptar a esse novo programa de ação — que exige uma abordagem bem mais heterodoxa em relação à política —, então, ótimo. Porém meu palpite é que muitos deles virão a implodir à medida que se faça sentir a pressão pela adaptação, no sentido de imitar a Mãe Natureza, de forjar resiliência e automotivação, nesta era das acelerações, e que tudo isso se revelará mais do que podem suportar as suas rígidas ortodoxias.

Já que começamos com a sabedoria da Mãe Natureza, vamos concluir voltando a ela. Sistemas biológicos que prosperam têm todos uma coisa em comum, observa Armory Lovins: "Todos eles são altamente adaptativos — tudo o mais é mero detalhe".

11. Deus está no ciberespaço?

Nunca houve uma época em que o ser humano fosse capaz de fazer uma coisa e, em última instância, essa coisa tenha acabado por não ser feita. Isso significa uma destas três coisas: 1) a psique humana sofrerá uma mudança fundamental (e nos desejem boa sorte nisso!); 2) o contrato social global vai mudar, de maneira que os "homens enraivecidos" não possam mais ser "empoderados" (boa sorte nisso também!); ou 3) bum!
Garrett Andrews, comentário on-line a respeito de minha coluna no NYTimes.com de 21 de outubro de 2015

O amor não vencerá enquanto não começarmos a nos amar uns aos outros o suficiente para consertarmos nossos problemas.
Samantha Bee, comediante, ao comentar o massacre ocorrido em Orlando em seu programa *Full Frontal*, na TBS, em 13 de junho de 2016

Tenho viajado por aí vendendo vários livros diferentes desde que publiquei *De Beirute a Jerusalém*, em 1989. Em centenas de encontros nos quais falei sobre os meus livros, me dirigi a plateias de todos os tipos. Então, qual a melhor pergunta que me fizeram num desses encontros a respeito de qualquer livro meu? A resposta é fácil. Foi num evento no Portland Theater, em Portland, Oregon, em 1999, quando eu estava promovendo *O lexus e a oliveira*. Um jovem se levantou na plateia e me fez a seguinte pergunta: "Deus está no ciberespaço?".

Confesso que não soube como responder a essa pergunta, feita num tom de absoluta sinceridade e que exigia uma resposta. Afinal, a humanidade havia criado um vasto novo campo aberto à interação humana. (Se a supernova se encontra em alguma parte entre o céu e a terra, quem está no comando lá? A Amazon ou Deus nas alturas?) A pergunta me cativou. De modo que recorri a um dos meus mais queridos mentores espirituais, o rabino Tzvi Marx, grande estudioso do Talmude que conheci no Instituto Shalom Hartman, em Jerusalém, e que agora vive em Amsterdam. Esperava contar com um conselho dele a respeito de como responder àquela pergunta.

Achei a resposta do rabino Marx tão boa que tratei de incluí-la numa segunda edição de *O lexus e a oliveira*, mas depois acabei, de certa maneira, por esquecer o assunto. Porém, quanto mais trabalhava na conclusão deste livro, mais me surpreendia refletindo sobre aquela pergunta, assim como sobre a resposta de Marx. E, na verdade, de vez em quando, aproveitava a ocasião para apresentar a mesma pergunta a líderes religiosos e a outras pessoas. Ao perguntar ao arcebispo de Canterbury, Justin Welby, "Deus está no ciberespaço?", ele inicialmente brincou, afirmando que Deus deve estar no ciberespaço porque, toda vez que ele viaja no metrô de Londres, "escuto pessoas dizendo para os seus celulares: 'Meu Deus, por que este troço não funciona?!'".

Eis a resposta que me foi dada originalmente pelo rabino Marx: ele começou sugerindo que sempre que eu ouvisse a pergunta "Deus está no ciberespaço?", devia começar respondendo: "Isso depende de qual for a sua visão de Deus". Se a sua visão de Deus é a de que Ele é, literalmente, o Todo-Poderoso, e faz com que sua presença seja sentida por meio de uma intervenção divina — golpeando o mal e recompensando o bem —, então pode apostar que Ele não está no ciberespaço, que é repleto de pornografia, jogos, blogs e tuítes atacando pessoas diferentes a partir de todas as direções, música pop e raps com letras sugestivas e cheias de obscenidades, sem falar em todo tipo de pregação em defesa do ódio e agora crimes cibernéticos e recrutamento por grupos impregnados de ódio como o ISIS. Na verdade, costumava-se dizer que as duas palavras de três letras mais usadas na internet eram "*sex*" [sexo] e "MP3" – o formato até há pouco essencial para baixar música de graça – e não "*God*" [Deus].

O rabino Marx acrescentou, contudo, que existe uma visão judaica pós-bíblica de Deus. Na visão bíblica de Deus, Ele está sempre intervindo. Ele é o responsável pelas nossas ações. Ele pune o mau e recompensa o bom. A visão pós-bíblica de Deus é a de que tornamos Deus presente pelas nossas próprias escolhas e nossas próprias decisões. Na visão pós-bíblica de Deus, segundo a tradição judaica, Deus está sempre oculto, seja no ciberespaço ou no shopping center do nosso bairro, e, para ter Deus numa sala com você, seja uma sala física ou a sala de um chat, você mesmo tem de trazê-Lo até lá pela maneira como você se comporta ali, pelas escolhas morais que faz e pelos cliques que dá no mouse.

O rabino Marx chamou minha atenção para um versículo em Isaías que diz: "Você é minha testemunha. Eu sou o Senhor", acrescentando que os comentadores rabínicos do século II interpretaram esse versículo como querendo dizer: "Se você for minha testemunha, Eu sou o Senhor. E se você não for minha testemunha, Eu não sou o Senhor". Em outras palavras, me explicou o rabino, a menos que prestemos nosso testemunho da presença de Deus por meio de nossas boas ações, Ele não está presente. A não ser que nos comportemos como se Ele estivesse governando as coisas, Ele não está governando as coisas. No mundo pós-bíblico, compreendemos que, desde o primeiro dia do mundo, Deus confiou ao homem o poder de tomar decisões, quando confiou a Adão a oportunidade de tomar a decisão certa a respeito de qual fruta comer no Jardim do Éden. Somos responsáveis por tornar manifesta a presença de Deus por meio das nossas ações, pelas escolhas que fazemos. E a razão pela qual essa questão se coloca de forma mais grave no ciberespaço é que ninguém ali está no comando. Não há no mundo de hoje um lugar onde encontremos maior liberdade que o ciberespaço para fazer as escolhas que Deus nos colocou. É o lugar onde estamos todos conectados e no qual ninguém está no comando.

De modo que, ao escrever a edição em brochura de *O lexus e a oliveira*, a todos que me perguntavam "Deus está no ciberespaço?", comecei a dizer que a resposta era "não" – mas que Ele queria estar ali. No entanto, só podemos fazer com que Ele esteja ali pela maneira como nos comportamos ali. Deus celebra um universo com tamanha liberdade humana porque sabe que a única maneira de realmente se manifestar no mundo não é Ele intervir, mas todos nós escolhermos a santidade e a moralidade em um ambiente no qual temos liberdade para escolher qualquer coisa. Como colocou o rabino Marx: "Na visão pós-bíblica do mundo, não podemos ser morais, a menos que sejamos completamente livres. Se não somos livres, na verdade não contamos com o poder de fazer escolhas, de modo que não estaremos agindo inteiramente por conta própria. O que Deus nos diz a respeito do ciberespaço é que você está realmente livre ali, e espero que faça as escolhas certas, porque se fizer Eu estarei presente".

O falecido pensador religioso David Hartman acrescentou um ponto importante: em certos aspectos, o ciberespaço se parece com o mundo do qual os profetas falaram, "um lugar no qual todo gênero humano pode ser unificado e totalmente livre". Porém, continuou ele, "o perigo reside no fato de que estamos unificando a humanidade no ciberespaço, mas sem Deus" — na realidade, sem nenhum sistema de valores, sem quaisquer filtros, sem nenhuma verdadeira governança. E é por esse motivo que me vi novamente fazendo a mim mesmo esta pergunta essencial: Deus está no ciberespaço? As preocupações que as pessoas estavam levantando há vinte anos acabaram todas se confirmando hoje — só que multiplicadas por 1 milhão — graças à era das acelerações.

Pois quando enfraquecemos todas as estruturas de autoridade montadas de cima para baixo e fortalecemos as de baixo para cima; quando criamos um mundo no qual existem não apenas superpotências, mas também indivíduos superempoderados; quando trazemos um número tão grande de indivíduos de fora para a nossa proximidade; quando aceleramos o fluxo de ideias e a energia voltada para a inovação; quando damos às máquinas o poder de pensar; de alterar o DNA para acabar com as doenças, além de projetar plantas e novos materiais; quando o fato de os gregos não pagarem impostos pode minar tanto os mercados de títulos e os bancos em Bonn, na Alemanha, como em Germantown, em Maryland; quando um hacker de Kosovo, instalado na Malásia, pode penetrar nos arquivos de um varejista americano e vendê-los para um homem da Al Qaeda, que então pode usar o Twitter para ameaçar militares americanos cuja identidade ele hackeou; quando todas essas coisas estão acontecendo ao mesmo tempo, nós coletivamente criamos um mundo no qual o que cada pessoa imagina, acredita e aspira é mais importante do que nunca, porque elas podem agora atuar com base nas coisas que imaginam, nas suas crenças e aspirações muito mais depressa, profundamente, gastando muito menos e com uma amplitude muito maior do que jamais foi possível.

Se já houve um momento em que fosse necessário fazer uma pausa para refletir, esse momento é agora. "Toda tecnologia é usada antes que seja plenamente compreendida", escreveu Leon Wieseltier no *New York Times Book Review* em 11 de janeiro de 2015. "Há sempre um hiato entre uma inovação e a compreensão de suas consequências. Estamos vivendo nesse hiato, e é o momento certo para mantermos a cabeça fria e refletirmos. Temos muita coisa a ganhar e muito a perder."

Falando de maneira bem direta, criamos um mundo no qual seres humanos ganharam mais do que nunca uma dimensão divina. E criamos um mundo com vastos novos territórios — chamados ciberespaço — fora do império da lei, sem valores e, aparentemente, sem Deus. Junte essas duas tendências e você entenderá por que, nos últimos anos, tenho ouvido cada vez mais pessoas me perguntando a respeito de valores e, de certa forma, se Deus impera no ciberespaço. À sua maneira, elas estavam me pedindo que repensemos a ética e querendo saber como cultivar os valores certos em um mundo no qual estamos mais próximos da figura de Deus e no qual existem mais domínios que parecem desprovidos de Deus, de valores e de lei.

Em resumo, estavam em busca de alguma inovação moral. E quem pode culpá-las?

Como espécie, jamais estivemos nessa interseção antes. O fato de que estamos nos tornando mais próximos da figura de Deus é inegável. Hoje, "se podemos imaginar uma coisa, essa coisa vai acontecer", argumenta o neurocientista Eric Leuthardt. "É só uma questão de saber o quanto vai custar. É possível imaginar o caos em massa ou uma solução em massa para a pobreza ou a malária, é possível fazer acontecer mais [facilmente] do que nunca". O alcance potencial do comportamento humano é hoje tanto um problema como uma solução. "O comportamento individual pode ter hoje consequências globais. Meu comportamento agora se multiplica no mundo — e o mundo se multiplica em mim."

Pense em termos de biologia. "No passado, apenas a Mãe Natureza controlava a evolução da espécie, e agora o homem está herdando essa capacidade em grande escala", observa Craig Mundie. "Estamos começando a manipular a biologia sobre a qual toda a vida está baseada." Hoje, por exemplo, as pessoas estão perguntando: Deveríamos varrer do mapa essa espécie de mosquito que transmite o vírus zika, porque existe tecnologia para fazer isso por meio de computação e captação de dados? Chama-se a isso de "indução genética". A *MIT Technology Review* registrou em 8 de fevereiro de 2016:

> Uma controvertida tecnologia genética capaz de extinguir o mosquito que transmite o vírus zika estará acessível em questão de meses, dizem os cientistas.
>
> A tecnologia, chamada de "indução genética", foi demonstrada apenas no ano passado em células de levedura, em moscas e numa espécie de mosquito que transmite a malária. Ela recorre à tecnologia de transporte de genes conhecida como CRISPR de modo a forçar uma mudança genética que se espalhe pela população à medida que ela se reproduza.
>
> Três laboratórios americanos que lidam com mosquitos, dois na Califórnia e um na Virgínia, dizem que já estão trabalhando no sentido de promover uma indução genética para o *Aedes aegypti*, o tipo de mosquito ao qual se atribui a disseminação da zika. Se levada a cabo, essa tecnologia poderia, teoricamente, extinguir a espécie.

A supernova facilita o uso da biologia sintética para criar organismos que até então não existiam, está imbuindo espécies já existentes de atributos que não existiam e eliminando organismos problemáticos ou não produtivos que a própria Mãe Natureza criou por meio da evolução.

Devemos reconhecer que, desde as 8h15 de 6 de agosto de 1945, quando um B-29 americano jogou uma bomba atômica na cidade japonesa de Hiroshima, desencadeando uma corrida armamentista nuclear, estivemos vivendo em um mundo no qual era concebível que um único governo viesse a destruir todo o planeta. Porém agora o mesmo se aplica às pessoas. Antes era preciso uma pessoa para matar uma pessoa. Depois uma pessoa podia matar dez pessoas. Então uma pessoa passou a poder matar milhares. Agora estamos nos aproximando de um mundo no qual é possível imaginar que uma única pessoa, ou pequeno grupo, possa ser capaz de matar a todos. Quanto tempo mais vai demorar até que você leia que o ISIS adquiriu tecnologia de impressão 3-D e o design necessário para fabricar uma bomba portátil com material físsil? Quanto tempo vai se passar até que um terrorista ou lunático solitário procure se apoderar de um vírus, como o ebola, e tente transformá-lo em uma arma biológica? Em março de 2016, foi relatado que militantes do ISIS estavam planejando sequestrar um cientista nuclear belga para ter acesso às instalações nucleares do país.

E, contudo, exatamente na mesma época, estamos nos aproximando de um mundo no qual, agindo em conjunto, poderíamos, de modo sustentável, conseguir alimentar, vestir e abrigar todas as pessoas, assim como curar absolutamente toda criança e possibilitar que absolutamente todos realizassem seu pleno potencial. A supernova está tornando possível que um número muito maior de mentes trabalhe na solução de todos os grandes problemas do mundo. "Somos a primeira geração a contar com as pessoas, as ideias e os recursos para vencer todos os nossos maiores desafios", argumentou Frank Fredericks, fundador da World Faith, um movimento global ecumênico.

É por esse motivo que insisto que, como espécie, nunca estivemos diante dessa encruzilhada moral — *no ponto em que um de nós poderia matar todos nós e em que todos nós poderíamos consertar tudo se realmente estivéssemos decididos a fazer isso.*

Portanto, exercer de modo apropriado os poderes que foram extraordinariamente colocados nas mãos de nossa geração vai exigir um grau de inovação moral que nós mal começamos a explorar, tanto nos Estados Unidos como no resto do mundo, e um grau de compromisso ético inexistente na maioria dos líderes.

"Talvez seja uma visão exageradamente romântica, mas acredito que o exercício da liderança exigirá a capacidade de compreender e lidar com valores e ética", observou Jeffrey Garten, ex-reitor da Faculdade de Administração de Yale:

> A educação exigirá uma forte dose de ciências humanas. De que forma pensaremos a respeito de privacidade ou de experimentação genética? Essas são áreas em que não existem parâmetros internacionais. Na realidade, mal existe um parâmetro nacional. A China está às voltas com um projeto de longo prazo de engenharia genética em certos animais. Em que direção isso vai avançar? Quais deveriam ser os princípios legais e éticos em que uma atividade como essa deveria se basear? E quem dispõe dos recursos para estabelecer sequer os princípios corretos? Como equilibrar o progresso tecnológico com esse senso de humanidade? Você não vai conseguir isso se frequentou o MIT e tudo que fez lá foi estudar física nuclear. Essa

é a suprema ironia. Quanto mais tecnológicos nos tornamos, mais precisamos de pessoas que tenham uma formação muito mais abrangente. Você poderá contratar o tecnólogo para fazer os sistemas funcionarem, mas, em termos de metas, isso exige um tipo diferente de líder.

Amém.

VOU TOMAR UMA CERVEJA E VER AQUELE VÍDEO DO ISIS

O fato de estarmos criando vastos espaços não governados — livres de regras, de leis e do FBI, para não falar de Deus — é indiscutível. Considerem algumas notícias incomuns que vieram à luz nos últimos dois anos. A primeira diz respeito ao fato de que o YouTube estava passando anúncios antes de vídeos postados pelo ISIS e outros grupos terroristas.

Em 3 de março de 2015, o site CNNMoney.com registrou: "Jennifer Aniston louva os efeitos benéficos do Aveeno, a cerveja Bud Light vende sua marca durante um show e a Secret vende um novo desodorante com um perfume refrescante. Anúncios absolutamente banais, porém o que há de diferente é o conteúdo que vem a seguir. Nesses casos, eles são seguidos de vídeos do ISIS e de jihadistas".

Quando o YouTube vende espaços comerciais a empresas, os anúncios são automaticamente inseridos por algoritmos antes do vídeo a ser exibido. Como o site CNNMoney.com observou, "os anunciantes não controlam diretamente onde suas propagandas serão inseridas, ainda que possam especificar as faixas demográficas que querem atingir". A matéria citava o analista jurídico Danny Cevallos dizendo: "Da perspectiva de um contrato, essas corporações que estão pagando enormes quantias para obter esses cliques do YouTube podem não ficar nada satisfeitas ao descobrirem que seus anúncios foram colocados justamente antes de um vídeo de recrutamento do ISIS".

Provavelmente não existem muitos consumidores de cerveja entre os seguidores do ISIS. Talvez o algoritmo tenha detectado que muitos rapazes estavam acessando esses sites e deduzido que haveria muitos consumidores de cerveja entre eles! Como quer que isso tenha acontecido, os anunciantes não tinham consciência disso, nem acharam a situação divertida.

Depois de ver um dos vídeos, um vice-presidente de relações com consumidores na Anheuser-Busch disse ao CNNMoney.com: "Não fazíamos ideia de que um dos nossos anúncios estava sendo exibido antes daquele vídeo". O YouTube removeu o vídeo associado ao ISIS logo após a publicação da matéria no CNNMoney.com.

O site Bustle.com acompanhou a história a partir daí:

> A maneira como a publicidade funciona no YouTube é a seguinte: depois que a marca pagou por um espaço, o algoritmo do site colocará o anúncio aleatoriamente antes de um vídeo, mas nem o YouTube nem a companhia têm como saber de antemão exatamente qual será o vídeo, a menos que assista a ele. Ainda que as empresas não possam pedir vídeos específicos para os seus anúncios, elas podem pedir que sejam visadas certas faixas demográficas. É certamente um mistério, então, saber como anúncios da Bud Light, Toyota e Swiffer acabaram sendo encaixados antes de vídeos produzidos pelo ISIS, porque se pode dizer com certeza que nenhuma dessas empresas escolheu como público-alvo militantes extremistas na faixa entre dezoito e 55 anos dispostos a espalhar o terror pelo mundo.

Ou considerem a seguinte história ocorrida em Sydney, na Austrália. Em 24 de dezembro de 2015, o aplicativo de táxi para celulares Uber teve de se desculpar por aumentar os preços durante um ataque terrorista a um café, no qual três pessoas, além do atirador, foram mortos ao longo das dezesseis horas em que os reféns ficaram sitiados. O site BBCNews.com registrou que, depois que o atirador invadiu o café e as pessoas começaram a fugir da área a pé ou de carro, o algoritmo do Uber programado para a "subida de preço" aumentou "as tarifas até chegar a quatro vezes o preço normal".

> No dia da tomada de reféns na praça Martin, em Sydney, o Uber recebeu fortes críticas nas mídias sociais por aumentar suas tarifas, de modo que começou a oferecer corridas de graça para fora do centro da cidade.
>
> Também disse que iria reembolsar o custo das corridas feitas com as tarifas mais altas [...]
>
> "Não cortamos imediatamente o mecanismo que fazia subir os preços. Foi uma decisão equivocada" [disse o Uber em um comentário postado num blog].

A empresa disse que sua prioridade era ajudar o maior número possível de pessoas a sair com segurança da área central da cidade, porém essa iniciativa não foi comunicada "devidamente", e deu margem a muitos mal-entendidos a respeito dos motivos.

O Uber defendeu sua estratégia de aumentar os preços conforme a procura em outras cidades, mas chegou a um acordo com os reguladores nos Estados Unidos para restringir essa política em ocasiões de emergência nacional.

O que todas essas histórias têm em comum é o fato de que eram os algoritmos que estavam no comando — não as pessoas, nem a ética e certamente nem Deus. O que todas essas histórias têm em comum é o fato de que certas forças tecnológicas se juntaram para fazer com que o poder dos homens e das máquinas saltasse a uma nova etapa de importância exponencial — muito mais rapidamente do que temos nos reformulado como seres humanos, muito mais rapidamente do que temos sido capazes de reformular nossas instituições, nossas leis e nossas modalidades de liderança.

"Estamos deixando que a tecnologia faça o trabalho do qual os seres humanos jamais deveriam abdicar", argumentou Seidman. "Alguém tomou a decisão de deixar que os algoritmos do YouTube colocassem aqueles comerciais junto daqueles vídeos. Mas até então isso nunca tinha sido um trabalho confiado à tecnologia." Sempre havia sido uma função a cargo de pessoas. "A tecnologia cria possibilidades para novos comportamentos, experiências e conexões", ele acrescentou, "mas é preciso contar com seres humanos para que comportamentos sejam ditados por princípios, para que as experiências sejam relevantes e as conexões, profundas e enraizadas em valores e aspirações compartilhadas. Infelizmente, não existe nenhuma lei de Moore para o progresso humano e o desenvolvimento moral. Esse trabalho é complicado e não existe nenhum programa linear para isso. Ele sobe e desce, avança em zigue-zague — não existe outro caminho."

A questão se torna particularmente problemática à medida que o ciberespaço penetra no lar. Basta lembrar a história ocorrida em novembro de 2015 em Cañon City, Colorado, onde mais de cem estudantes na escola de ensino médio local foram surpreendidos trocando nudes de si mesmos e as escondendo com a ajuda de aplicativos feitos para ocultar fotos. Depois de tirarem nudes e compartilhá-los, eles usaram "aplicativos fantasmas" em seus celulares para armazená-los e escondê-los. Aplicativos fantasmas têm o aspecto de aplicativos normais — um dos mais populares aparece como uma calculadora: é tudo que verão os seus pais ou o seu professor se pegarem o seu telefone. Porém, ao digitar um código secreto no teclado, você é transportado para uma página oculta onde pode armazenar pornografia, vídeos e mensagens sugestivas sobre sexo. Dá a impressão de ser algo que Q poderia ter instalado no celular de James Bond há uns dez anos. Agora, qualquer adolescente do ensino médio tem essa ferramenta à disposição. O Private Photo Vault está entre os aplicativos de fotos e vídeos mais baixados na Apple App Store. Essa é uma tecnologia projetada para manter à distância pais, a polícia e qualquer um que defenda valores sustentáveis.

"Nos velhos tempos, quando um pai surpreendia um filho fazendo algo errado, o que ele fazia? Ele dizia: 'Vá para o seu quarto'", observou Seidman. "Desde que soubesse onde os filhos se encontravam fisicamente, podia controlá-los — então mandava o garoto para o quarto, onde não havia uma TV." Agora você manda o seu filho para o quarto e ele continua conectado ao mundo inteiro por meio de aplicativos secretos nos quais mamãe e papai não podem penetrar — no qual parecem estar calculando, porém na realidade estão enviando mensagens de teor sexual.

Você deu ao seu filho um celular para que pudesse saber onde ele estava depois da meia-noite ou providenciar que fosse trazido para casa de Uber depois de uma festa. Contudo, esse iPhone da Apple, em vez de ser apenas uma coleira um pouco mais folgada, acaba se revelando a chave para um mundo de maçãs proibidas. Então, "Vá para o seu quarto" agora tem de ser "Passa para cá o seu smartphone, o seu tablet, o seu iPod, o seu Apple Watch, o seu cartão wireless e o código dos seus aplicativos secretos — e então vá para o seu quarto".

Infelizmente, esses domínios à margem de qualquer governo não são apenas a ferramenta da moda de adolescentes moderninhos. O site CNN.com informou em 17 de dezembro de 2015, na sequência dos ataques suicidas de jihadistas em Paris, que "as autoridades que investigavam os ataques encontraram indícios de que alguns dos terroristas utilizaram aplicativos de linguagem cifrada para ocultar seus planos [...]. Entre os aplicativos detectados pelos policiais e que foram usados pelos terroristas estavam o WhatsApp e o Telegram, que garantem criptografia total de modo a proteger a privacidade de seus usuários e são difíceis de ser decifrados".

E ainda houve um caso notório ocorrido em abril de 2016, quando o FBI pediu que a Apple lhe passasse as chaves de um cibercadeado no iPhone usado por Syed Rizwan Farook, o atirador no ataque ocorrido em 2 de dezembro de 2015, em San Bernardino, no qual catorze pessoas foram mortas. A Apple se recusou a ajudar, alegando preocupações em relação à privacidade dos usuários de iPhone em todo o mundo. O FBI acabou conseguindo penetrar no telefone e acessar seus dados, depois de adquirir uma "ferramenta" de uma terceira parte, uma empresa de cibersegurança que não teve seu nome revelado pelo diretor do FBI, James Comey. Essa corrida armamentista entre os princípios da privacidade e as necessidades de segurança apenas começou, e exige uma séria reformulação pelo Congresso americano a respeito de como a privacidade no ciberespaço deveria ser regida e equilibrada com o crescente impacto exercido por homens e mulheres superempoderados.

É HORA DE VOLTARMOS ÀS AULAS DE RELIGIÃO

É claro que o mal sempre existirá no mundo, sempre haverá criminalidade, sempre existirão vigaristas que usam os frutos do progresso tecnológico ou a liberdade do ciberespaço para ludibriar a comunidade ou um vizinho ou um estranho. Falar sobre como governar melhor esses domínios é sempre, na melhor das hipóteses, falar sobre como aumentar as chances de impedirmos maus comportamentos — porque eles nunca serão eliminados completamente.

A primeira linha de defesa de qualquer sociedade será sempre formada por aquelas que vêm a ser suas cercas de segurança à beira da estrada — leis, semáforos, polícia, tribunais, vigilância, o FBI e as regras básicas de decência para comunidades como o Facebook, o Twitter e o YouTube. Todos esses recursos são necessários, porém não são suficientes para a era das acelerações. Está claro que também é necessário — e está ao alcance de todo pai, diretor de escola, reitor de faculdade e líder espiritual — pensar com maior seriedade e urgência sobre como podemos inspirar o que Dov Seidman chama de "valores sustentáveis": honestidade, humildade, integridade e respeito mútuo. Esses valores geram confiança, laços sociais e, acima de tudo, esperança. Isso se contrapõe ao que Seidman chama de "valores situacionais" — "fazer apenas o que quer que a situação permita" —, seja no âmbito terrestre, seja no ciberespaço. Valores sustentáveis têm uma "dupla função", acrescenta Seidman, cuja empresa, LRN, assessora companhias globais sobre como melhorar seu desempenho ético. Eles estimulam comportamentos que produzem confiança e interdependências saudáveis, e "inspiram esperança e resiliência — fazem com que continuemos aprendendo diante de pessoas que continuam a se comportar mal".

Quando penso nesse desafio colocado em escala global, minha própria prescrição é a de que precisamos encontrar uma maneira de fazer com que mais pessoas sigam a Regra de Ouro. E não importa qual versão dela você tenha aprendido. Pode ser "Trate os outros como gostaria de ser tratado", ou sua variante extraída do Talmude babilônico, na qual o grande professor judeu, o rabino Hilel, afirma: "Não faça aos outros o que lhe é odioso. Essa é toda a lei. O resto é comentário". Ou qualquer outra variante sacramentada pela sua fé.

Quando um de nós pode matar todos nós, quando todos nós podemos consertar tudo e quando muitos mais podem agir sobre você mesmo a grande distância e você pode agir sobre outros a grande distância, a Regra de Ouro nunca foi tão importante e a sua propagação nunca foi tão urgente.

O que é tão especial a respeito da Regra de Ouro é que, embora seja a mais simples das orientações morais, "ela produz o mais complexo dos comportamentos — é sempre adaptativa, se aplica a qualquer situação imaginável, de um modo que nenhum manual jamais conseguiria fazer", argumenta Gautam Mukunda, professor de comportamento organizacional na Faculdade de Administração de Harvard. Quando o mundo já é complexo, você não quer torná-lo mais complicado. Torne as coisas mais simples. E nenhum decreto moral concentra tamanha força de forma tão simples como a Regra de Ouro — tudo o mais é de fato apenas comentário.

Sei que falar sobre propagar a Regra de Ouro entre mais pessoas em mais situações soa como algo completamente irrealista. Porém a verdade pura e simples é que, se não conseguirmos fazer com que mais pessoas tratem os outros como gostariam que os outros as tratassem, se não pudermos inspirar mais valores sustentáveis, acabaremos por ser "a primeira espécie que ameaça a si própria de extinção", argumenta Amory Lovins.

Isso é ser realista o suficiente para você?

Mudar aquilo em que as pessoas acreditam é difícil. A aceitação universal não é algo que esteja nas cartas. O simples fato de levantar a questão parece, hoje, algo realmente ingênuo. Mas vou lhe dizer o que é realmente ingênuo: ignorar esse desafio — essa necessidade de uma inovação moral — nesta era de homens e mulheres superempoderados. Pensar que isso vai acabar bem é a essência da ingenuidade, para não dizer imprudência. Na minha opinião, a ingenuidade é o novo realismo.

Ao se aproximar do final de seu segundo mandato, o presidente Obama expressou exatamente esse sentimento no discurso que fez como o primeiro presidente americano a visitar Hiroshima, em 27 de maio de 2016: "A ciência permite que nos comuniquemos através dos mares e que voemos por cima das nuvens, que curemos doenças e compreendamos o cosmos, porém essas mesmas descobertas podem ser transformadas em máquinas de matar mais eficientes", disse ele. "As guerras da era moderna nos ensinaram essa verdade. Hiroshima nos ensina essa verdade. O progresso tecnológico sem um progresso equivalente nas instituições humanas pode significar o nosso fim. A revolução científica que levou à fissão do átomo também exige uma revolução moral."

Estamos sendo chamados hoje, acrescentou Obama, "a ver nossa crescente interdependência como uma causa para a cooperação pacífica, e não para a competição violenta. Somos chamados a definir nossas nações não pela sua capacidade de destruir, mas pelo que construímos. E talvez, acima de tudo, devemos repensar nossa conexão uns com os outros como integrantes de uma única raça humana".

Não disponho de palavras para expressar de maneira melhor essa ideia — e ela não é ingênua. É a essência, hoje, de um realismo duro e frio. Repito: *a ingenuidade é o novo realismo* — ingenuidade é pensar que vamos sobreviver como espécie na era das acelerações sem aprendermos a governar nossos novos domínios de novas maneiras e nossos antigos domínios de novas maneiras. E, sim, isso vai exigir, em alguma medida, uma rápida evolução moral e social.

Por onde podemos ao menos começar?

O MARCIANO

Uma maneira prática de começar é ancorar o maior número possível de pessoas em comunidades saudáveis. Além das leis e dos gradis de segurança, da polícia e dos tribunais, não existe melhor forma de contenção do que uma comunidade sólida. Não foi à toa que os africanos cunharam a frase "É preciso uma aldeia para criar uma criança". Também as comunidades exercem um papel duplo. Elas criam um sentido de pertencimento que gera a confiança capaz de sustentar a Regra de Ouro, e também a invisível dissuasão sobre os que ainda assim pensariam em ultrapassar linhas vermelhas.

Eu estava em Israel em 11 de setembro de 2001 e, na manhã seguinte, entrevistei especialistas em inteligência sobre o que tinham aprendido a respeito de homens-bomba, tendo enfrentado tantos deles em sua luta com os palestinos. Nunca esqueci o que eles falaram. Eles disseram que ainda que Israel, com suas redes de inteligências profundamente infiltradas, pudesse deter alguns desses terroristas antes que saíssem dos povoados onde nasceram na Cisjordânia ou em Gaza e explodissem a si mesmos em um ônibus ou restaurante, alguns poucos sempre conseguiriam passar — a menos que o povoado palestino dissesse "não", a menos que o povoado dissesse que aquele não era o tipo de martírio que eles aprovavam, mas sim assassinato, o que nós não aprovamos.

Em uma comunidade saudável, as pessoas não apenas cuidam umas das outras; elas estão saindo do Facebook para se relacionar cara a cara. Comunidades saudáveis se envergonham e se mobilizam contra comportamentos destrutivos e abusivos. Quando são removidas as contenções apresentadas pela família, pela comunidade, pela cultura e pela religião, ou quando nunca estiveram presentes, os homens-bomba florescem com muito maior facilidade.

Eis outra história sobre um caminhoneiro terrorista em Nice, que matou 85 pessoas. Foi relatada pela AFP:

> Vizinhos do homem suspeito de ter assassinado dezenas de pessoas num ataque desfechado com um caminhão na cidade litorânea de Nice o descreveram sexta-feira como um tipo solitário, aparentemente sem filiação religiosa, depois que especialistas forenses fizeram uma busca em seu apartamento. Os repórteres da AFP entrevistaram cerca de uma dúzia de vizinhos do homem, apontado pela polícia como sendo o franco-tunisiano Mohamed Lahouaiej-Bouhlel, de 31 anos, cujo documento de identidade foi encontrado no caminhão. Eles retrataram o suspeito como uma figura solitária, que raramente falava e que nem sequer respondia aos cumprimentos ao cruzar com os conhecidos no edifício de quatro andares, localizado num bairro operário em Nice.

Hal Harvey, o estrategista da área de meio ambiente, certa vez observou que "o que me mantém acordado à noite é esse pensamento de que naquele exato momento existe algum sujeito numa sala escura, comendo um pedaço de pizza de uma caixa de papelão, de olhar vidrado no monitor de um computador imaginando como abrir as comportas da represa Hoover — algo em que você só pensaria se fosse moral ou socialmente desconectado. É muito mais fácil arrebentar uma represa do que construir uma". Em um mundo de indivíduos superempoderados, precisamos redobrar nossos esforços para garantir que estaremos criando, de quantas maneiras forem possíveis, contextos morais e tecendo interdependências saudáveis que abranjam o imigrante, o estranho e o solitário, e que inspirem mais pessoas em mais lugares a desejarem construir coisas em vez de destruir.

Não há forma mais eficaz de dissuasão do que pensar que os seus amigos e a sua família irão odiá-lo ou desrespeitá-lo pelo que você vai fazer — e isso só pode ser gerado por uma comunidade. "Por todo o país, existem novas maneiras de cultivar o caráter", observou meu colega David Brooks em sua coluna no *New York Times*. "Aqueles que me parecem fazer isso melhor são os que cultivam uma intensa, densa, comunidade. Na maioria das vezes, caráter não é uma conquista individual. Ele vem à tona através da conjugação de corações e de almas, e em grupos."

Uma maneira de reforçar e propagar as normas de comunidades saudáveis, que contribuem para a construção de caráter, é mostrar às pessoas os prazeres e os frutos que podem nascer dessa conjugação de corações, almas e mãos — o que acontece quando não apenas fazemos o bem aos outros, mas o fazemos juntamente com os outros, de maneiras que resultam em algo grande, difícil e que faz diferença.

Por exemplo, realmente adorei *Perdido em Marte* — mas não apenas pelo maravilhoso desempenho dos atores do filme e da trama a respeito de um astronauta, interpretado por Matt Damon, que acaba atolado em Marte. Minha cena favorita se dá quando a Nasa tem de montar com rapidez um foguete para transportar suprimentos vitais para seu astronauta perdido, porém o foguete explode logo após ser lançado porque não havia tempo suficiente para que fossem feitas as inspeções apropriadas e para os testes que precedem o lançamento. Enquanto a Nasa se esforça para encontrar outra solução (construir outro foguete é algo que leva muito tempo), um corte abrupto — como observou uma crítica do filme no *China Daily* de 12 de setembro de 2015 — leva a narrativa para "um recinto isolado no interior da Agência Espacial Nacional da China. Dois altos funcionários [...] discutem o que a China poderia fazer para ajudar nessa situação desesperada, e como o esforço — se bem-sucedido — poderia ser vantajoso para a China política, diplomática e financeiramente. Por acaso, eles dispõem de um foguete pronto para partir, mas, como o programa chinês é sigiloso, ninguém no mundo sabe disso, de modo que, se eles não oferecessem ajuda, ninguém teria como saber".

Porém os chineses, num gesto espontâneo de colaboração internacional, decidem ajudar a salvar o astronauta americano em Marte da morte por inanição, oferecendo seu foguete de transporte para levar ao "marciano" o pacote de sobrevivência do qual ele desesperadamente precisa. Vemos os técnicos americanos e chineses trabalhando em colaboração para resolver o problema, e no fim do filme vemos os líderes da agência chinesa lado a lado com os da Nasa, torcendo juntos — com todas as pessoas do planeta — pelo que acaba sendo uma bem-sucedida missão de resgate.

Infelizmente, isso só poderia acontecer em Hollywood. Trata-se de ficção científica no plano político, pois, "desde 2011, a Nasa foi proibida pelo Congresso de colaborar com a China, devido a questões de direitos humanos e receios quanto à segurança nacional. A proibição foi incluída no orçamento de 2011 pelo deputado Frank Wolf, um experiente republicano do estado da Virgínia, que presidia a comissão que supervisionava a Nasa. 'Não queremos dar a eles [à China] a oportunidade de tirar partido da nossa tecnologia e nada temos a ganhar ao lidar com eles', disse Wolf à revista *Science Insider*".

Mas o autor do livro e os produtores do filme *Perdido em Marte* de alguma forma tocaram numa questão importante. Essa cena de faz de conta sobre cooperação internacional me comoveu, e não fui o único a me sentir assim. Houve relatos de que em muitos cinemas as plateias aplaudiam no final, coroado pela descrição hollywoodiana de cooperação internacional. A beleza do filme, contudo, residia no modo como o diretor conseguiu fazer com que tudo parecesse tão normal, tão lógico, tão correto — fazendo com que pensássemos no final: "Por que não nos comportamos sempre assim? Não estaríamos todos muito melhor?".

O fato é que, para nossa sobrevivência como espécie, nossa própria noção de "comunidade" precisa ser expandida para além do nosso planeta. Essa é uma afirmação e tanto, porém é verdade: se a Mãe Natureza está tratando todos nós como se fôssemos um só, e se o poder do um, o poder das máquinas e o poder dos fluxos podem tocar a todos nós, então somos uma comunidade, gostemos ou não. E, se somos uma comunidade global, precisamos começar a agir como uma.

"A interdependência é uma realidade moral", explica Seidman. "É uma realidade na qual nós nos erguemos e caímos juntos; a grandes distâncias, afetamos profundamente uns aos outros de maneiras nunca vistas. Em um mundo como este, existe apenas uma estratégia para sobreviver e prosperar: forjar interdependências saudáveis, profundas e duradouras — nos nossos relacionamentos, nas nossas comunidades, entre negócios, entre países —, de modo que possamos nos erguer, e não cair, juntos. Não é complicado, mas é difícil." Nosso lema no mundo de hoje, acrescenta Tom Burke, o ambientalista britânico, deveria ser: "É preciso um planeta para educar uma criança".

Por que é tão difícil? Porque "o que mais nos distingue como seres humanos é o fato de sermos tribais", responde Marina Gorbis, diretora executiva do Instituto para o Futuro. "Sempre precisamos do grupo para nos dar uma identidade. Fomos programados assim. Desde o primeiro acampamento em torno de uma fogueira, os seres humanos evoluíram como seres tribais."

E nisso reside o desafio e daí a necessidade de uma inovação moral: em um mundo marcado por uma interdependência muito maior, precisamos redefinir a tribo na qual estamos inseridos — precisamos ampliar nossa noção de comunidade — exatamente como defendeu o presidente Obama em seu discurso em Hiroshima: "O que torna nossa espécie única é o fato de não estarmos condenados pelo nosso código genético a repetir os erros do passado. Podemos aprender. Podemos escolher. Podemos contar aos nossos filhos uma história diferente, uma que descreva uma humanidade com um interesse comum, uma que torne a guerra menos provável e a crueldade menos facilmente aceitável. Aqui, neste lugar, o mundo mudou para sempre, mas hoje as crianças daqui vivem sua vida em paz".

Gorbis está certa ao afirmar que estamos programados para ser tribais, mas não estamos amarrados à obrigação de ver nossa tribo nos termos mais estreitos possíveis. Ao contrário dos animais, podemos nos adaptar e aprender que, para sobreviver, temos de ampliar o círculo em torno da nossa fogueira. A estrela da ópera Carla Dirlikov Canales, 36 anos, é o produto de uma mãe mexicana, um pai búlgaro e uma formação no estado de Michigan. Ela cantou *Carmen* mais de oitenta vezes ao redor do mundo. Nós nos encontramos pela primeira vez em um festival de artes no Kennedy Center, e, ao considerar o desafio representado pela sua formação, ela apresentou a esse respeito a reflexão mais convincente que jamais ouvi. Ela disse que, ao crescer nos Estados Unidos na condição de uma pessoa não WASP [não protestante, branca e anglo-saxônica], passou a vida "marcando, em diferentes formulários, o quadradinho com a opção 'outros'. Eu sentia que não me encaixava em nenhum grupo, o que me dava a impressão de ser uma alienígena. E eu não gostava dessa sensação. Porque penso que, na condição de seres humanos, ansiamos sempre por ser parte de algo, e, ao refletir sobre isso de maneira abrangente, comecei a pensar que sou humana, então sou mesmo parte de algo. Pertenço ao quadradinho onde está marcado 'todos'. Todos nós pertencemos a esse 'todos' [...] e todos nós precisamos passar do 'outros' para o 'todos'". Numa época em que os Estados Unidos estão se tornando um país com uma "maioria de minorias", Canales criou sua própria pequena organização para ampliar o acampamento em torno da fogueira — "para ajudar outros a fazerem essa viagem do *outros* para o *todos*".

Em 3 de maio de 2016, o programa *Morning Edition*, da National Public Radio, pôs no ar uma matéria do repórter de ciências sociais Shankar Vedantam, especializado em padrões de comportamento ainda não vistos, sobre os novos benefícios proporcionados pelo ato de dançarmos uns com os outros. "Pesquisadores na área de psicologia da Universidade de Oxford", explicou Vedantam, "divulgaram um estudo recentemente na publicação científica *Evolution and Human Behavior*. Eles levaram voluntários para um laboratório e lhes ensinaram diferentes passos de dança. Dispuseram os voluntários em grupos de quatro no salão de dança e lhes deram headphones, de modo que pudessem ouvir a música. A alguns foram ensinados os mesmos passos de dança, e a outros foram ensinados passos de dança diferentes. Antes e depois de os voluntários dançarem ao som da música, os pesquisadores mediram o limiar da sua dor comprimindo os seus braços [...] com uma braçadeira de medir a pressão."

O que eles descobriram? Disse Vedantam:

> Houve grandes diferenças quanto à percepção da dor antes e depois de os voluntários dançarem juntos [...].

> Quando ensinaram aos voluntários os mesmos passos de dança e eles ouviram as mesmas canções que os outros, seus movimentos no salão pareciam sincronizados [...]. Depois disso, esses voluntários foram capazes de suportar um nível significativamente maior de dor — seu limite de tolerância havia aumentado.
>
> Já os voluntários que tinham ouvido canções diferentes — ou aos quais haviam ensinado passos de dança diferentes para a mesma música, de modo que seus movimentos não estavam sincronizados — ou não experimentaram nenhuma mudança ou, na realidade, sentiram mais dor ainda do que antes.

Qual a explicação para isso? O que os pesquisadores acreditam estar acontecendo, disse Vedantam, é o seguinte:

> Quando experiências proporcionam uma sensação boa, isso geralmente é um indício de que elas atenderam a algum tipo de propósito evolutivo — de modo que o cérebro evoluiu para considerar saborosos certos tipos de comida porque o ato de comer essas comidas tinha, para os nossos ancestrais, uma utilidade em termos de sobrevivência.
>
> Como espécie social que somos, fazer parte de um grupo tem uma utilidade em termos de sobrevivência. A evolução também pode ter levado o cérebro a se adaptar para experimentar uma sensação de recompensa quando fazíamos coisas com outras pessoas e para outras pessoas — dançar juntos, especialmente em sincronia, pode indicar que realmente estabelecemos uma relação de simpatia com muitas outras pessoas. Os pesquisadores acham que é por esse motivo que tantas culturas sincronizaram os movimentos de dança e que é por isso que podem produzir benefícios para a saúde.

Em uma entrevista que fiz com o diretor nacional de saúde dos Estados Unidos, Vivek Murthy, ele instintivamente fez eco a essa descoberta: "Novos remédios e novas curas exercem sobre nós um enorme fascínio, porém, se pararmos para pensar, compaixão e amor são os nossos mais antigos remédios, e eles têm estado por aí há milênios. Ao exercer a medicina aprendemos com muita rapidez em que medida eles fazem parte do processo de cura".

Não tenho a menor ilusão sobre como é difícil levar esse tipo de medicina a se propagar amplamente — ou sobre quantas pessoas ainda estarão inclinadas a fugir do *todos* e buscar refúgio no *outros*. A União Europeia nasceu da compreensão de que, depois que rivalidades e ódios tribais desencadearam duas guerras mundiais, os europeus estariam numa situação melhor se agissem como um "mercado comum". Porém essa visão parece estar se desgastando um pouco nos últimos tempos — basta ver o voto na Grã-Bretanha pela saída da UE. E isso não está acontecendo apenas lá. No Oriente Médio, uma região que cobri como repórter e colunista ao longo de quase toda a minha vida adulta, os israelenses e palestinos; xiitas e sunitas; iraquianos e iraquianos; sírios e sírios; estão correndo — não andando — na direção errada. E, o que é mais triste, muitos deles sabem disso.

Enquanto eu concluía este livro, o *New York Times* de 2 de maio de 2016 publicou uma reportagem sobre a Síria e os horrores presentes na vida ali após cinco anos de guerra civil. No fim, citava um homem que tomava conta de uma mesquita em Damasco, Salim al-Rifai, 85 anos, dizendo que mesmo as maiores calamidades não duravam para sempre e que "isso também vai passar". Mas, antes que pudesse passar, acrescentou o sr. Rifai, seus conterrâneos precisavam mudar: "Precisamos acreditar em Deus e fazer o que Ele pede de nós", ele disse. "E precisamos ajudar uns aos outros a sermos humanos de novo."

Quando 250 mil pessoas são mortas em uma guerra civil, aproximadamente um décimo da população de um país, pode-se dizer com segurança que os sírios se esqueceram de como ser humanos na Síria. Isso é verdade em relação a muitas pessoas no Iraque, na Líbia, na Somália, no Iêmen, no Congo, em Ruanda, na Ucrânia e também na Bósnia — muitos chegaram a ponto de odiar uns aos outros mais do que amavam os próprios filhos. É assim, na verdade, que ficamos quando esquecemos a nossa condição humana. Podemos matar outra pessoa com base na sua seita, na sua religião, na cidade indicada no seu documento de identidade ou na origem revelada pelo seu sotaque, mesmo sabendo que isso implica espalhar sementes de ódio que acabarão por queimar o próprio solo sob os pés de todos os nossos filhos, juntamente com o seu futuro. É o exato oposto do ato de construir uma comunidade.

Existem tendências que vão num sentido contrário e que vale a pena mencionar. Por exemplo, no dia 22 de abril, o Dia da Terra, líderes mundiais de 175 países assinaram o acordo sobre o clima em Paris. Ainda que esse acordo tenha sido firmado em torno do mais baixo denominador comum possível sobre restrições autoimpostas de emissões, era impossível ignorar quão alto esse denominador comum tinha se tornado. Nada parecido com esse acordo tão longamente buscado para diminuir o aumento dos gases do efeito estufa jamais fora alcançado. Na verdade, talvez o desafio lançado pela aceleração da Mãe Natureza tenha finalmente feito com que a humanidade desviasse seu pensamento do *outros* para o *todos*. Não há melhor exemplo da escolha que agora temos diante de nós, entre destruir tudo e consertar tudo, do que essa decisão de nos mostrarmos ou não à altura do desafio colocado pela mudança climática, observa Hal Harvey. Com a queda constante no preço da energia renovável e o aumento da sua eficiência, "o custo de destruir o meio ambiente ou salvá-lo agora é o mesmo", disse Harvey. "O preço é basicamente o mesmo, porém na escala micro existirão diferentes vencedores e perdedores." O carvão, as empresas petrolíferas e as companhias de energia tradicionais vão sair perdendo. Os provedores de energia eólica, solar, hídrica e nuclear que saibam distribuir seus produtos de modo eficiente sairão ganhando. "Na escala macro, contudo, o mundo inteiro ganhará ou o planeta inteiro perderá. O impacto se fará sentir sobre cada geração daqui para a frente e nem de longe vai respeitar as fronteiras nacionais."

Esse é o chamado ao qual temos de responder. Repetindo o que o presidente Obama disse em Hiroshima: "Podemos contar a nossas crianças uma história diferente". E devemos fazer isso. E não se trata de ingenuidade. É algo estratégico. E é um trabalho que cabe a todos — pais e políticos, professores e líderes espirituais, vizinhos e amigos. Se você está à procura de uma história por onde começar, recomendo aquela contada por Jonathan Maltzman, o rabino da sinagoga que frequento — a Kol Shalom, em Maryland —, no sermão de abertura do Ano-Novo judaico em 2015. Era a seguinte:

> Um rabino certa vez perguntou a seus estudantes: "Como sabemos quando a noite acabou e o dia nasceu?". Os estudantes pensaram ter compreendido a importância da pergunta. Afinal, existem orações e rituais que só podem ser feitos à noite, e ritos e cerimônias que só podem ter lugar durante o dia. Então, é importante saber dizer quando a noite terminou e o dia começou.
>
> Então o estudante mais brilhante ofereceu uma resposta: "Rabino, quando olho lá fora para os campos e posso distinguir entre as minhas terras e as do meu vizinho, é aí que a noite terminou e o dia começou". Um segundo estudante ofereceu sua resposta: "Rabino, quando estou no campo e vejo uma casa, e posso dizer que aquela é a minha casa e não a do meu vizinho, é aí que a noite terminou

e o dia começou". Um terceiro estudante ofereceu uma resposta: "Rabino, quando vejo um animal ao longe, e posso dizer que tipo de animal é aquele, se uma vaca, um cavalo ou uma ovelha, é aí que a noite terminou e o dia começou". Então um quarto estudante ofereceu mais uma resposta: "Rabino, quando vejo uma flor e posso distinguir suas cores, sejam vermelhas ou amarelas ou azuis, é aí que a noite acabou e o dia começou".

Cada resposta fez com que o rosto do rabino se contraísse numa expressão cada vez mais triste. Até que ele finalmente gritou: "Não! Nenhum de vocês entende nada! Estão apenas dividindo! Dividem sua casa da casa do vizinho; seu campo do campo do vizinho; distinguem um tipo de animal do outro; separam uma cor de todas as outras. É só isso que podemos fazer — dividir, separar, fazer o mundo em pedaços? O mundo já não está suficientemente partido? É para isso que serve a Torá? Não, meus caros estudantes, não é assim que se faz, não mesmo!".

Chocados, os estudantes olharam o rosto entristecido do rabino. "Então nos diga, rabino: como saber que a noite terminou e o dia começou?"

O rabino olhou de volta para o rosto dos estudantes e, com uma voz subitamente amável, respondeu, como que implorando: "Quando vocês olharem o rosto da pessoa ao seu lado e puderem ver que essa pessoa é o seu irmão ou a sua irmã, então finalmente a noite terminou e o dia começou".

Apressar a chegada desse dia celestial é a tarefa moral de nossa geração. Não sei onde ela termina, mas sei onde começa — fazendo com que as pessoas estejam firmemente ancoradas em famílias sólidas e em comunidades saudáveis. É impossível esperar que as pessoas estendam para muito longe o alcance da Regra de Ouro se elas se encontrarem à deriva, inseguras a respeito de si mesmas. Como construir famílias sólidas é algo que está além da minha competência, mas sei alguma coisa sobre comunidades sólidas porque cresci numa delas. De modo que espero que se mostrem indulgentes se eu terminar esta jornada levando-os comigo de volta para casa, para discutirmos o tipo final de inovação que precisamos adotar para promover a resiliência e a automotivação nesta era das acelerações — a inovação na construção de comunidades saudáveis.

12. Sempre em busca de Minnesota

Quem cresceu no meio de montes, quem na infância se sentava junto do riacho para beber, ou quem jogava numa praça do seu bairro, quando volta a esses lugares sente-se chamado a recuperar a sua própria identidade.
Encíclica do papa Francisco a respeito da mudança climática, "Laudato Si", 24 de maio de 2015

Certa tarde, no outono de 2015, enquanto escrevia este livro, eu estava dirigindo meu carro e ouvindo a SiriusXM Radio na estação Coffee House, especializada em *folk music*, quando os versos de uma canção me tocaram de maneira muito direta — a tal ponto que, assim que pude, saí da estrada e parei o carro para tomar nota da letra e do nome do cantor. A canção era intitulada "The Eye" [O olho] e fora composta por Brandi Carlile, uma cantora de música country, e seu colega de banda Tim Hanseroth, sendo interpretada por Carlile. Eu gostaria que ela pudesse ser ouvida toda vez que você abrisse este livro, como se fosse um cartão de presente de aniversário da Hallmark, porque se tornou a canção-tema deste livro.

O refrão principal diz:

I wrapped your love around me like a chain
But I never was afraid that it would die
You can dance in a hurricane
*But only if you're standing in the eye.**

Espero que a essa altura esteja claro que a partir de agora esperarão de nós que dancemos em meio a um furacão, desencadeado pelas acelerações no Mercado, na Mãe Natureza e na lei de Moore. Alguns políticos estão propondo erguer um muro contra esse furacão. É um gesto vão. Existe apenas uma maneira de fazermos progressos agora, que é encontrar e criar o nosso próprio olho. O olho do furacão se desloca, juntamente com a tempestade. Ele extrai dela sua energia, enquanto cria ao mesmo tempo no seu interior um santuário de estabilidade. É simultaneamente dinâmico e estável — e é assim que também devemos ser. Não podemos fugir dessas acelerações. Temos de mergulhar nelas, tirar partido da sua energia e dos seus fluxos sempre que possível; temos de nos mover com elas, usá-las para aprender mais rapidamente, para elaborar projetos mais inteligentes e estabelecer colaborações mais profundas — tudo isso de modo que possamos fazer do nosso "olho" uma âncora, para que ele nos impulsione com mais confiança, a nós e a nossas famílias, para a frente.

Politicamente, das coisas que consigo lembrar, o que mais me parece comparável ao olho de um furacão é uma comunidade saudável. Quando as pessoas se sentem enraizadas em determinada comunidade, elas se sentem "protegidas, respeitadas e conectadas", como gosta de dizer meu amigo Andy Karsner, cujo pai cresceu em Duluth e a mãe em Casablanca. E esse sentimento é mais importante do que nunca, porque quando as pessoas se sentem protegidas, respeitadas e conectadas numa comunidade saudável, isso gera uma enorme confiança. E quando existe mais confiança, são muito maiores as chances de que os cidadãos sigam o exemplo daqueles aplicativos decisivos da Mãe Natureza. Quando confiam umas nas outras, as pessoas podem se tornar muito mais adaptáveis e abertas a todas as formas de pluralismo. Quando confiam umas nas outras, podem pensar em termos de longo prazo. Quando existe confiança, as

* "Amarrei seu amor em torno de mim como uma corrente/ Mas nunca tive medo de que ele fosse morrer/ Você pode dançar em meio a um furacão/ Mas só se estiver de pé, bem no olho dele". (N. T.)

pessoas se mostram mais propensas a colaborar, a fazer experiências — a se abrir para os outros, a novas ideias e a novas abordagens — e a estender aos outros a Regra de Ouro. Elas também não desperdiçam energia investigando cada erro; sentem-se livres para falhar e tentar de novo e falhar de novo e tentar de novo.

"A colaboração avança na velocidade da confiança", argumentou Chris Thompson, que trabalha com cidades no Fund for Our Economic Future, em um ensaio divulgado no site da organização. Quando confiam umas nas outras, as pessoas se sentem responsáveis pelos problemas e tomam a iniciativa de gerir as coisas. O cientista político Francis Fukuyama, que escreveu em 1996 uma obra clássica sobre por que os Estados e as sociedades mais bem-sucedidos do mundo exibem altos níveis de confiança — *Confiança: As virtudes sociais e a criação da prosperidade* —, observou que "o capital social é uma capacidade que surge a partir da vigência da confiança em uma sociedade ou em certas partes dela. Ele pode ser encarnado no menor e mais básico dos grupos sociais, a família, assim como no maior, a nação, e em todos os outros grupos existentes entre esses dois exemplos". Onde prevalece a confiança, ele explicou, grupos e sociedades podem se mover e se adaptar rapidamente por meio de muitos contratos informais. "Por outro lado, as pessoas que não confiam umas nas outras acabarão por cooperar apenas sob um sistema de regras e regulamentos formais, que deverão ser negociados, acordados, litigados e às vezes postos em prática por meios coercitivos", escreveu Fukuyama.

É por todas essas razões que Dov Seidman argumenta que "a confiança é a única droga legalizada capaz de melhorar nosso desempenho". Contudo, ela não pode ser imposta. Só pode ser cultivada e inspirada por uma comunidade saudável — entre pessoas que se sintam vinculadas por um contrato social. "Confiança é algo que emerge do modo como as pessoas interagem politicamente, para o benefício mútuo, por meio das instituições", acrescenta Michael Sandel, filósofo político da Universidade Harvard. "Comunidades saudáveis desenvolvem músculos cívicos que podem levar a uma maior confiança."

E, realmente, a melhor explicação que já ouvi a respeito do efeito emocional produzido pela confiança sobre uma pessoa ou uma comunidade veio do diretor nacional de saúde dos Estados Unidos, Vivek Murthy, que ofereceu uma bela analogia entre o modo como a confiança injeta vida numa sociedade e o modo como nossos corpos bombeiam oxigênio para dentro do coração:

O coração bombeia em dois ciclos — sístole, quando se contrai, e diástole, quando se distende. Muitas vezes pensamos que a contração é a parte mais importante, por ser o que impele o sangue para que ele se espalhe por todo o nosso corpo. Contudo, ao estudarmos medicina, compreendemos que é na diástole — quando o coração se distende — que os vasos sanguíneos coronarianos se enchem e abastecem o músculo do coração com o oxigênio de que ele precisa e que garante a vida. Então, sem diástole não pode haver sístole — sem distensão não pode haver contração.

Nas relações humanas, a confiança gera a diástole. É apenas quando relaxam seu coração e mente que as pessoas se abrem e interagem umas com as outras, e comunidades saudáveis criam o contexto para isso.

Felizmente, os Estados Unidos hoje têm a sorte de contar com muitas comunidades saudáveis. É por isso que frequentemente digo a visitantes estrangeiros que, se quiserem ser otimistas a respeito dos EUA, devem "olhar as coisas de ponta-cabeça", porque nosso país parece muito melhor quando visto de baixo para cima do que de cima para baixo. O que tem nos salvado em uma época em que a política nacional está se tornando cada vez mais tóxica e incapaz de produzir as tecnologias sociais de que precisamos para acompanhar as acelerações no Mercado e na lei de Moore é o dinamismo que chega até nós vindo das cidades, grandes e pequenas, e das comunidades, de baixo para cima. Elas se cansaram de esperar por Washington, DC, para que pudessem atuar em conjunto. Muitas estão criando parcerias público-privadas no plano local — envolvendo empresas, educadores, filantropos e governos — para fazer funcionar os instrumentos de que precisarão para dançar no furacão.

E devemos dar graças a Deus por isso — pois uma cidade, um município e uma comunidade saudáveis serão os componentes básicos da governança no século XXI.

Um dos meus professores a respeito desse tema é o israelense Gidi Grinstein, presidente do grupo de pesquisa e estratégia Reut, que tem como objetivo repensar as comunidades em Israel. Nesta era das acelerações, ele argumenta, precisamos "reinventar a unidade básica de organização da sociedade". É claro que, como discutimos antes, ainda precisamos de governos no nível federal e estadual para manter os alicerces da economia nacional, o bem-estar social, a segurança e a assistência de saúde. Contudo, está ficando cada vez mais claro, diz Grinstein, que "a arquitetura básica de uma sociedade próspera e resiliente no século XXI deve se basear numa rede de comunidades saudáveis".

Governos nacionais são simplesmente pesados, distantes e, em alguns casos, travados demais para dispor da agilidade necessária na era das acelerações, ele argumenta, e a unidade familiar é muito fraca para fazer face sozinha aos ventos de mudança que vêm soprando com a força de um furacão, especialmente porque muitas famílias, em particular as de mães ou pais solteiros, têm vivido no limiar da sobrevivência — sem poupanças, sem pensões e sem casa própria. Basta uma crise relacionada à saúde, a um automóvel ou a um emprego para que a situação de uma família desande. Ao mesmo tempo, essas famílias não dispõem de recursos financeiros essenciais para garantir sua própria empregabilidade e produtividade numa era que exige aprendizagem contínua, de modo a garantir emprego e renda ao longo de toda a vida.

Consequentemente, argumenta Grinstein, "um modelo para uma comunidade do século XXI seria aquele focado no apoio à empregabilidade, produtividade, inclusão e qualidade de vida dos seus membros", em uma época em que cada vez mais famílias precisam de ajuda local para acompanhar o ritmo cada vez mais veloz das mudanças.

A comunidade saudável é idealmente adequada ao desempenho de um papel como esse, insiste Grinstein, "contanto que suas instituições básicas — centros comunitários, parques, centros de atendimento à infância, escolas, centros esportivos, instituições artísticas e culturais, centros de convivência para jovens e idosos — sejam reinventadas". Isso significa que escolas também funcionarão como centros de aprendizagem contínua para adultos e como creches, servindo às crianças, a seus pais e a idosos, criando grupos de serviços sociais que possam efetivamente garantir que nenhuma família ou criança seja deixada para trás e forjando parcerias com empresas de modo a garantir que sejam ensinadas as habilidades mais necessárias no século XXI. Como a maior parte das pessoas passa regularmente por essas instituições comunitárias, observa Grinstein, "elas proporcionam uma infraestrutura natural para apoiar sua empregabilidade e produtividade".

Quando fazemos uma comunidade funcionar, ele acrescenta, "conseguimos realmente afetar a qualidade de vida de uma ampla maioria". E eis aqui a boa notícia: ao viajar pelos Estados Unidos hoje, encontraremos muitas inovações acontecendo no nível das comunidades. É o oposto do que está acontecendo no Congresso. "A inovação necessária para lidar com os desafios enfrentados pela nossa sociedade já está surgindo de baixo para cima", conclui Grinstein. "Só precisa ser enfatizada, modelada e propagada em grande escala."

A HISTÓRIA DE ST. LOUIS PARK

Sei muito a respeito desse assunto porque vi, bem de perto, uma comunidade saudável ser construída, tijolo a tijolo, quarteirão a quarteirão, vizinho a vizinho. Foi aquela na qual cresci: St. Louis Park, em Minnesota, um subúrbio de Minneapolis. E é por isso que concluirei este livro com dois capítulos sobre onde comecei — literalmente: em uma comunidade do Meio-Oeste que foi o meu lar de meados dos anos 1950 até o início da década de 1970.

Isso não é um exercício de nostalgia. Voltar a St. Louis é a maneira apropriada de encerrar este livro por duas razões simples. Primeiramente, como expliquei no início, porque uma coluna deve combinar três coisas: seu próprio conjunto de valores, como você acredita que a Máquina funciona e o que aprendeu sobre como ela afeta as pessoas e a cultura e vice-versa. Bem, meu conjunto de valores e minha inclinação por uma política que assuma a inclusão, o pluralismo e procure sempre governar com as melhores ideias da Mãe Natureza — uma mistura de centro-esquerda e centro-direita —, tudo isso me foi transmitido pela comunidade na qual cresci. E, em segundo lugar, porque esses valores hoje me parecem mais relevantes do que nunca nos Estados Unidos e no mundo. Em uma época de crescentes tensões raciais, na qual debates políticos esgarçam o tecido do país, fiquei ansioso para saber o que tornava esse pequeno subúrbio no qual me formei politicamente uma comunidade tão vibrante, que me serviu de âncora e me motivou — a mim e a tantos outros. Eu me vi ansioso para reexaminar se o tecido inclusivo que vi trançado ali enquanto crescia há meio século era apenas alguma coisa que tinha sonhado ou era real. E queria avaliar em que medida esses motores cívicos ainda estavam funcionando hoje — com uma comunidade muito mais diversificada — e se essas lições poderiam ser compartilhadas e disseminadas.

Uma dica: sim, era real. Sim, esses motores ainda estão funcionando. Sim, os desafios enfrentados são agora muito mais difíceis. E sim, o fim dessa história ainda está por ser escrito, mas isso é mais importante do que nunca. Deixem-me explicar...

Muito tempo antes de encontrar Ayele Bojia na garagem do estacionamento em Bethesda, eu tinha consciência de que levava para o trabalho na minha coluna um conjunto heterodoxo de valores. Poderia sintetizar os meus valores básicos num desses adesivos de para-brisa: sou um liberal com sensibilidade para o social, profundamente patriótico, admirador do pluralismo, voltado para uma mentalidade comunitária, moderado em termos fiscais, simpático ao livre-comércio, um capitalista ambientalista obcecado pela inovação. Acredito que os EUA, em seus melhores momentos — o que nem sempre acontece — podem proporcionar uma vida de decência, segurança, oportunidade e liberdade para o seu próprio povo, e ser um bastião de estabilidade e um farol de liberdade e justiça para o resto do mundo. Como cheguei a essa visão? Como disse, não foi lendo nenhum filósofo em particular. Essa visão, ao contrário, emergiu pouco a pouco a partir da vizinhança, das escolas públicas e do próprio solo da comunidade onde passei meus primeiros dezenove anos.

Cresci numa época e num lugar em que fazer parte da classe média era "um destino de viagem", um lugar ao qual você poderia efetivamente chegar e permanecer. Na década de 1950, minha mãe e meu pai entraram num elevador, apertaram o botão marcado "CM", saltaram no andar da classe média e ali ficaram pelo resto da vida deles. Também cresci numa época e num lugar em que a política, ainda que partidária, funcionava; onde, no final das contas, os dois maiores partidos e os líderes comunitários colaboravam e forjavam compromissos para fazerem juntos coisas grandiosas e difíceis. Cresci numa época e num lugar em que grandes empresas tiveram papel pioneiro ao forjar a responsabilidade social das corporações, doando 5% de sua receita bruta para as artes e para a educação.

Cresci numa época e num lugar em que meus pais compraram sua primeira casa com a ajuda da Lei dos Veteranos, graças ao período que minha mãe serviu na Marinha dos EUA durante a Segunda Guerra; onde o meu pai jamais ganhou mais que 20 mil dólares por ano antes de morrer, em 1973, porém onde ainda podíamos nos dar ao luxo de ser sócios do clube de golfe local e onde praticamente todos os meus amigos moravam, como nós, no mesmo tipo de casa, do mesmo tamanho, de um andar com varanda, e me acompanharam no mesmo sistema de escola pública; dirigindo os mesmos tipos de carros — se alguém era mais rico do que o outro, isso não parecia fazer muita diferença. Ou seja, não era ainda verdade o que Dorothy Boyd, a secretária interpretada por Renée Zellweger em *Jerry Maguire*, conta ao filho sobre voar na primeira classe: "Antigamente tinha a ver com uma refeição melhor, agora é uma vida melhor".

Cresci numa época e num lugar em que a palavra "público" tinha uma ressonância profunda e inspirava o mais alto respeito como fonte de inovação — como nas escolas públicas, nos parques públicos, nas deliberações públicas e nas parcerias público-privadas. Cresci numa época e num lugar em que eu me encontrava ancorado em comunidades concêntricas e onde o sonho americano — "meus pais se saíram melhor do que os pais deles, e eu vou me sair melhor do que eles" — parecia tão certo como a primavera se segue ao inverno e o verão se segue à primavera.

E cresci numa época e num lugar em que os judeus compunham a maior "minoria", porém aos poucos se integraram e foram integrados por uma sociedade e cultura predominantemente brancas e não judaicas, e, ainda que nem sempre as coisas tenham sido fáceis ou agradáveis, de alguma forma acabaram acontecendo.

Então, onde ficava esse lugar acima do arco-íris e que época era essa?

A Terra de Oz de que falo era o estado de Minnesota, e, para mim, a Cidade das Esmeraldas onde cresci era, como disse, um pequeno subúrbio/cidade nas imediações de Minneapolis chamado St. Louis Park. A época (nasci em 20 de julho de 1953) era a das décadas de 1950, 1960 e o início da de 1970. Crescer nessa comunidade naquele tempo foi uma dádiva — uma dádiva em termos de valores duradouros e de otimismo — que tem me rendido frutos durante toda a vida. As três décadas em que trabalhei como repórter cobrindo o Oriente Médio tentaram levar de mim esse sentimento. Então, hoje, não nutro mais aquele otimismo ingênuo, que acredita que tudo vai acabar bem; aprendi algumas coisas. Contudo, persiste em mim uma confiança duradoura de que as coisas podem acabar bem se as pessoas estiverem dispostas a pôr em prática uma política de compromisso e a perseguir uma ética baseada no pluralismo.

Sei que soa piegas, mas existe mesmo uma coisa chamada "gentileza de Minnesota". Em agosto de 2014, voltei a St. Louis Park para ir a um casamento e me vi sentado ao lado de meu amigo de infância Jay Goldberg. Ele me contou que sua esposa, Ilene, tinha voltado para casa naquele dia abalada e furiosa. Ela dirigira por uma das principais autoestradas em torno de Minneapolis e um motorista lhe dera uma fechada, quase atirando-a para o acostamento.

Ilene disse a Jay ao chegar em casa: "Jay, eu estava tão louca de raiva que quase buzinei".

Quando Jay me contou essa história, eu disse a ele: "Não deve existir melhor definição para o que vem a ser a 'gentileza de Minnesota' [...]. 'Fiquei com tanta raiva do motorista que por pouco não me jogou para fora da estrada que quase buzinei!'". Isso é agressividade no trânsito na linguagem de Minnesota. A reação de Ilene foi a de uma pessoa decente forjada por um lugar fundamentalmente decente.

Essa história sobre St. Louis Park é a de como uma ética de pluralismo e uma comunidade saudável, usando tijolos e toras que não estavam automaticamente destinados a se encaixar com facilidade, conseguiram construir um relacionamento, um rompimento, uma composição, um insulto, um vizinho bem acolhido, uma sala de aula — uma coisa de cada vez. E digo isso aqui porque St. Louis Park é um microcosmo dos "milagres banais" que fazem os Estados Unidos serem o que são quando se mostram sob sua luz mais positiva. Conto essa história porque precisaremos mais do que nunca desses milagres banais — comunidades cujos habitantes se sentem conectados, respeitados e protegidos e que podem tanto ancorá-los como impulsioná-los na era das acelerações.

E é por isso que, ao longo de todos esses anos, na condição de repórter-colunista, continuo em busca de Minnesota, sempre à procura de maneiras de recriar esse espírito de inclusão e idealismo cívico do qual me vi imbuído na época e no lugar em que cresci. Em síntese, desde que saí de lá em 1973 para cursar a faculdade e seguir uma carreira no jornalismo, venho tentando voltar para casa.

ALGUMA COISA NA ÁGUA

Sempre que reflito sobre o impacto que minha formação em St. Louis Park, Minnesota, exerceu sobre mim, não consigo deixar de evocar aquela cena de abertura do musical *Jersey Boys*. Nela, Tommy DeVito, o fundador do grupo, fala sobre o seu lugar de origem. DeVito aparece no palco, depois da apresentação de uma versão francesa do clássico da banda Four Seasons, "Oh What a Night", e declara: "É a nossa canção. 'Oh What a Night'. 'Ces soirées-là.' Em francês. Número um da parada em Paris, no ano 2000. Como isso aconteceu? Pergunte a quatro caras e você terá quatro versões diferentes. Mas é aqui onde todas elas começam – Belleville, Nova Jersey. Mil anos atrás. Eisenhower, Rocky Marciano e um punhado de caras cantando o mais recente sucesso de outro grupo sob a luz de um poste".

Essa cena sempre me leva de volta às minhas raízes. Foi uma longa jornada dessa cidadezinha até a página de opinião do *New York Times*. Como isso foi possível? Minnesota. Há sessenta anos atrás. Hubert Humphrey. Walter Mondale. The Minnesota Kings. Target. A Feira Estadual. E alguns rapazes e garotas crescendo num subúrbio chamado St. Louis Park, com uma única escola de ensino médio.

St. Louis Park foi incorporado como um município menor em 1886 e teve seu status elevado ao de município pleno em 1955. Ao fim das décadas de 1950 e 1960, havia alguma coisa na água – tanto em sentido figurado como literal.* A parte literal era explicada no site do Departamento de Saúde de Minnesota: entre 1917 e 1972, a Reilly Tar & Chemical Corporation, conhecida como Republic Creosoting Company em St. Louis Park, "destilava piche de carvão para produzir várias substâncias, incluindo creosoto, que era usado para revestir dormentes de ferrovias e outras peças de madeira em canteiros de obras. De início, a área era esparsamente povoada. Porém, à medida que a comunidade foi crescendo, após a Segunda Guerra Mundial, a aparência e os odores emanados do local se tornaram motivo de crescente preocupação para os moradores, assim como para funcionários municipais e estaduais".

E pode apostar que eles ficaram mesmo preocupados. Segundo a Agência de Proteção Ambiental dos Estados Unidos, "a companhia Reilly descartava seus resíduos no local, distribuindo-os por várias valas que escorriam para um brejo adjacente. Em 1972, suas instalações foram desmontadas e vendidas para

* Alusão à expressão "there must be something in the water" [deve haver alguma coisa na água], sugerindo que, se as pessoas estão agindo de forma diferente, é porque devem ter ingerido algo que estava na água. (N. T.)

o município de St. Louis Park [...]. A principal substância contaminadora eram os hidrocarbonetos policíclicos aromáticos, ou HPAs, que contaminavam o solo do lugar, um brejo adjacente e um lençol freático sob o local". Em setembro de 1986, St. Louis Park se tornou um dos primeiros casos em que foi aplicada a chamada Lei Superfund, legislação federal de 1980, depois de negociado um acordo exigindo que a Reilly limpasse a área e pagasse 3,72 milhões de dólares ao município, ao estado e ao governo federal. Durante a década de 1980, a turfeira foi substituída por solo limpo e o local foi transformado num parque municipal e num conjunto habitacional para várias famílias. Como disse a Agência de Proteção ao Meio Ambiente: "Estima-se que aproximadamente 47 mil pessoas usem os lençóis freáticos de aquíferos próximos à área, que são agora tratados para atender a todos os padrões sanitários".

Eu, meus pais, minhas duas irmãs e todos os nossos vizinhos crescemos bebendo dessa água.

Mas parece que havia outra coisa nela, além de HPAs.

Durante o final das décadas de 1950, 1960 e início da de 1970, os 28 quilômetros quadrados que compunham a área do município de St. Louis Park, com seus cerca de 45 mil residentes, foram também o local onde passaram a infância os irmãos Coen – os diretores de cinema Joel e Ethan Coen; o cientista político Norm Ornstein; o senador e ex-comediante Al Franken; o guitarrista Sharon Isbin, duas vezes ganhador do Grammy; Bobby Z (também conhecido como Bobby Rivkin), baterista do falecido Prince, megaestrela do rhythm & blues; e Marc Trestman, ex-técnico do time de futebol americano Chicago Bears (zagueiro do nosso time da escola, que teve uma banda com Bobby Z quando estava terminando o ensino médio). St. Louis Park foi também a terra natal da historiadora feminista Margaret Strobel e do compositor Dan Wilson, vencedor do Grammy e coautor, com a cantora britânica Adele, do sucesso "Someone Like You". Peggy Orenstein, autora de *Girls & Sex* e *Cinderela Ate My Daughter*, e o jornalista ambientalista Alan Weisman, autor de *O mundo sem nós* (considerado a melhor obra de não ficção de 2007 pela revista *Time*), frequentaram ambos a escola de ensino médio de St. Louis Park. O que vale também para a família Hautman. *Godless*, o livro de Pete Hautman, ganhou o National Book Award em 2004 na categoria juvenil, e Joe, James e Robert são artistas nacionalmente reconhecidos que se debruçam sobre a vida selvagem, tendo ganhado dez Federal Duck Stamp Contests. Eles inspiraram a parte da trama de *Fargo*, dos irmãos Coen, relativa a um selo de pato. Os Coen e os Hautman eram amigos de infância. Um dos professores mais populares de Harvard, o filósofo Michael Sandel, cresceu bem ao lado de St. Louis Park, em Hopkins, mas frequentou a Escola Hebraica Talmúdica de St. Louis Park (na minha sala), assim como o decorador favorito de Oprah Winfrey, Nate Berkus, outro que se formou na escola de hebraico de St. Louis Park.

Todos nós — e houve muitos outros impulsionados por essa pequena cidade — ou cresceram em St. Louis Park ou frequentaram suas escolas públicas ou sua escola de hebraico mais ou menos no mesmo período de quinze anos. Os irmãos Coen basearam seu filme *Um homem sério*, de 2009, na St. Louis Park de 1967 e na escola de hebraico que frequentamos. Quando eram jovens, eles costumavam ficar perto da farmácia de Mike Zoss, no Minnetonka Boulevard, a alguns poucos quilômetros da minha casa. Se assistirmos com atenção a *Onde os fracos não têm vez*, veremos que a farmácia bem em frente à fronteira mexicana na qual o personagem principal, Chigurh, interpretado por Javier Bardem, entra para roubar remédios depois de ter explodido um carro estacionado ali perto se chama "Farmácia Mike Zoss" — uma das muitas homenagens nos filmes dos irmãos Coen à sua cidade natal e à sua improvável comunidade de judeus, que se estabeleceram nessas planícies geladas do Meio-Oeste e chamavam a si mesmos de "Os Escolhidos Congelados".

Até hoje não tenho muita certeza se qualquer um de nós sabe que dinâmica liberou toda essa energia humana, porém acho que isso teve alguma coisa a ver com o pluralismo — com a combustão ocorrida quando uma geração de judeus americanos escapou do seu gueto em Minnesota em meados dos anos 1950 e acabou ao lado de um bando de escandinavos progressistas em um pequeno subúrbio. Se Israel e a Finlândia tivessem um bebê, este teria sido St. Louis Park.

Depois de deixar o governo, o vice-presidente Walter Mondale certa vez convidou Al Franken, Norman Ornstein e os irmãos Coen para enviar cartas convocando para um jantar que Mondale e eu estávamos promovendo em Minnesota — cartas que tentariam explicar o que eles achavam que estava acontecendo em St. Louis Park nos anos 1950 e 1960. Ele as publicou mais tarde no jornal *Star Tribune*, de Minnesota, em 5 de dezembro de 1999. Eis alguns trechos do que eles escreveram:

Caro sr. vice-presidente,

É uma honra escrever uma carta para o senhor ler em voz alta ao apresentar meu amigo Tom Friedman. Entendo que isso vai fazer com que o senhor mesmo não precise escrever alguma coisa, poupando mais tempo para lidar com a enorme carga de trabalho que o espera na [sua firma de advocacia] Dorsey [...]. Quando as pessoas ouvem dizer que nós cinco crescemos todos no mesmo subúrbio, elas ficam espantadas. "O que tem na água de lá?", às vezes dizem, brincando. Mas não é uma piada. Durante nossa infância, St. Louis Park serviu de sede para uma grande fábrica de creosoto, que vazou toneladas de substâncias químicas tóxicas em nosso lençol freático. Estudos demonstraram que a ingestão de grandes quantidades de creosoto pode provocar duas coisas: um aumento da criatividade intelectual e/ou problemas na próstata. É por isso que Tom insiste para que todos nós façamos regularmente exames de próstata, e é por isso que nem Norm, nem Tom, nem eu bebemos grandes quantidades de Coca Diet antes de vermos um filme dos irmãos Coen.

Tenha um ótimo almoço (jantar?),

Al Franken

Para: Walter Mondale
De: Norm Ornstein
Re: St. Louis Park

Não conheci Al Franken, Tom Friedman ou os irmãos Coen na época em que estávamos crescendo (ainda que minha irmã tenha marcado um encontro com Tom certa vez). Eles eram alguns anos mais novos do que eu [...]. Estamos todos ligados não apenas por nossas formações similares e nossas experiências, como pela paixão pela política e pelas questões de governo. Todos sentimos os vínculos estabelecidos por St. Louis Park e, de modo geral, Minnesota. E, francamente, atribuo a maior parte disso ao senhor e aos seus contemporâneos. Somos todos filhos da era Humphrey/Mondale/Fraser/Freeman — uma era em que a qualidade dos políticos de Minnesota era substancialmente acima da média, em que eles aspiravam a fazer algo pelos menos favorecidos ou pela estabilidade mundial [...]. Não que vocês não sejam bonitos, mas você e seus contemporâneos não foram escolhidos porque pareciam ter os cabelos produzidos dos apresentadores do noticiário da TV, mas por causa das suas ideias e da sua paixão. Por causa da conexão Humphrey/Mondale/Fraser/Freeman, sentíamos que a conexão com Minnesota tinha algo de especial, então devíamos ser especiais também. Isso e o creosoto.

Norm Ornstein

Caro Tom,

Um fato curioso, frequentemente comentado, é que, na virada do século, uma pequena e obscura área de uma província da Hungria, então sob a proteção benévola do imperador Francisco José, abrigava várias figuras notáveis no campo da física e da matemática — entre elas, Edward Teller, George de Hevesy, Eugene Wigner, Leo Szilard e John von Neumann. Esse grupo — muitos deles detentores do Prêmio Nobel, todos eles produtos da classe média judaica — era mencionado já na sua diáspora como os "Homens de Marte" devido à sua obscura proveniência e ao seu forte sotaque fino-úgrico. Que madeira explosiva nesse canto remoto dos Cárpatos alimentou o incêndio florestal onde ardiam esses gênios? Ninguém sabe. Muitos anos mais tarde, a classe média judaica da remota e obscura St. Louis Park, Minnesota, produziu um grupo de pessoas que também emigrou e superou os obstáculos de sotaques engraçados para alcançar a sua própria medida de sucesso. Entre seus mentores espirituais goys não estava o imperador Francisco José, mas sim Don Fraser, Hubert Humphrey e, sim, Walter Mondale. O que criou essa atividade intelectual florescente de sabor estranhamente local? Por que, na verdade, St. Louis Park costuma ser chamada de Cidade das Flores? Porque tem um "Rosenbloom" em cada esquina? Coincidência? Duvidamos disso [...]. Talvez St. Louis Park, como o próprio cosmos, desafie explicações simplistas — ainda que, ao contrário do cosmos, fique pertinho de Hopkins. Talvez [os comentaristas locais] George Rice e Al Austin pudessem ter explicado o fenômeno — ou, se não eles, Roundhouse Rodney. Mas eles se foram. Talvez você, Tom, que explicou tanta coisa, pudesse dar um pouco de sua atenção a isso.

Com nossos melhores votos,

Joel Coen, Ethan Coen

Nas linhas — e entrelinhas — dessas cartas, existe não apenas afeto por esse lugar que consideramos o nosso lar, como também o reconhecimento de que a comunidade que emergiu dessa mistura de culturas não aconteceu por acidente — tivemos a sorte de contar com líderes locais e estaduais extraordinários, diretores de escolas e pais que, em muitas ocasiões, tomaram decisões sobre o tipo de lugar inclusivo que queriam construir e que lutaram por esses valores em face de uma oposição muitas vezes aguerrida. O pluralismo não acontece simplesmente quando se amontoa uma série de pessoas diferentes num mesmo lugar. A exemplo de outras comunidades nos Estados Unidos nesse período, essas lideranças locais tinham os seus pontos cegos — judeus podiam ser bem-vindos ou pelo menos tolerados, mas aceitar afro-americanos representava um passo grande demais para muitas delas; e umas avançaram a passos mais lentos do que outras, mas com o tempo acabaram por construir comunidades que se tornaram incomumente acolhedoras para a sua era, recebendo desajustados, ideias diferentes e pessoas diferentes com sotaques engraçados.

OS ESCOLHIDOS CONGELADOS

Comecemos pelo que, para mim, é o começo: como todos esses judeus foram parar nessas pradarias de Minnesota e se juntaram nessa cidade improvável chamada St. Louis Park, onde estava instalada a maior fábrica de creosoto? Minnesota não era o lugar mais natural ou óbvio para os judeus se instalarem. Na verdade, no kit de imprensa de *Um homem sério*, Ethan Coen observou, falando ao site MinnPost.com em 25 de setembro de 2009: "Para nós [das terras baixas do Meio-Oeste] essa paisagem com judeus é engraçada, sabe? Talvez isso explique por que incluímos essa historinha [passada num *shtetl*] no início do filme, meio que para lhe dar um contexto. Você olha para um *shtetl* e pensa: 'Muito bem — judeus num *shtetl*'. E, quando olha para a pradaria em Minnesota, meio que pensa — ou melhor, meio que pensamos, pois fazemos isso a partir do nosso ponto de vista, o de quem já saiu dali —: 'O que estamos fazendo ali?'. Simplesmente, parece estranho". Joel Coen acrescentou: "Mel Brooks fez certa vez uma canção chamada 'Jews in Space' [Judeus no espaço]. Acho que é uma ideia mais ou menos assim".

Esse espaço no qual eles originalmente se estabeleceram não era St. Louis Park, mas o centro de North Minneapolis, onde muitos imigrantes judeus — nossos avós — criaram raízes entre 1880 e o início da década de 1900. Na verdade, foi ali que nasci, assim como meus pais, Margaret e Harold Friedman. A Minneapolis North High School, que meus pais frequentaram, abrigava uma população de negros e judeus. Um de meus antecessores, tanto na UPI como no *New York Times*, Harrison Salisbury, também integrava a comunidade judaica, tendo se formado na North High alguns anos antes dos meus pais, em 1925.

Meu avô por parte de mãe era um vendedor de objetos usados, e meu avô paterno era fotógrafo, ainda que ambos tenham visto seus negócios serem destruídos durante a Grande Depressão. Meu pai era vice-presidente de uma empresa de distribuição de rolamentos, a United Bearing, fundada por um amigo, e minha mãe foi uma dona de casa que trabalhava meio expediente como contadora. Quando nasci, morávamos num duplex na avenida Janes em North Minneapolis com a família da irmã da minha mãe, que tinha uma loja de charutos com uma mesa e três bancos — a Burt's Smoke Shop —, onde, na parte da frente, meu tio e seu sócio tomavam o café da manhã e almoçavam, mantendo nos fundos um pequeno negócio no ramo de apostas.

Havia uma máfia judaica bastante ativa em Minneapolis, que atingiu seu auge durante os anos da Lei Seca, liderada pelo famoso Isadore Blumenfeld, mais conhecido como "Kid Cann". Meu pai, no entanto, que não fazia parte dela, cresceu ao lado de vários desses personagens e costumava me contar histórias a respeito deles. Na verdade, uma de minhas lembranças mais remotas é a de meu pai me contando sobre um amigo que fora condenado a passar uma temporada na cadeia. De modo que perguntei a ele: por quê? E então, num dos maiores eufemismos que já ouvi — tão bom que o conservei na memória durante todos esses anos —, meu pai me contou que seu amigo havia sido condenado porque "estava fazendo compras numa loja antes que ela tivesse aberto".

Arrombamento e invasão nunca foram descritos de maneira tão condescendente.

As maiores minorias, os judeus e os negros, se estabeleceram em North Minneapolis "porque era uma das poucas áreas em que os senhorios concordavam em alugar para eles, enquanto uma discriminação mais flagrante vigorava no ramo imobiliário", observou Rachel Quednau num ensaio publicado no site The-City-Space.com em 2 de junho de 2013, "A Brief History of Jews and African Americans in North Minneapolis" [Uma breve história dos judeus e afro-americanos em North Minneapolis]:

> Os judeus da Rússia e da Europa Oriental se deslocaram para a parte norte da cidade durante um período geral marcado pela imigração — o início da década

de 1900. Em 1910, eles construíram a escola de hebraico — a Talmud Torah —, que ainda é bem conhecida nos dias de hoje. Naquela época, ela oferecia, além de educação, serviços sociais num centro comunitário próximo. Negócios abertos por judeus também se espalharam por aquela área. Enquanto isso, afro-americanos instalaram seus lares por toda a North Minneapolis antes dessa época, mas apareceram em maior número após a Segunda Guerra [...].

Tanto os judeus quanto os afro-americanos constituíam uma parte significativa dos habitantes do Summer Field Homes, um conjunto habitacional público de North Minneapolis construído durante o New Deal. Esses projetos foram racialmente segregados, porém entrevistas feitas com antigos moradores [o que coincidia totalmente com as histórias que meu pai contava] [...] sugerem que crianças de origens e formação diferentes brincavam juntas e que ocorriam outras formas de interação.

O maior problema social para a geração dos meus pais e a dos meus avós em Minneapolis não eram as suas relações com os negros, mas sim com os brancos antissemitas. Um ensaio divulgado no site da Sociedade Histórica de St. Louis Park, escrito por Jeanne Andersen, citava um artigo intitulado "Minneapolis: The Curious Twin" [Minneapolis: a gêmea curiosa], de Carey McWilliams, publicado na revista *Common Ground* de setembro de 1946. McWilliams proclamava: "Minnesota é a capital do antissemitismo nos Estados Unidos. Em quase todos os aspectos da nossa vida, 'uma cortina de ferro' separa os judeus dos não judeus de Minneapolis". E o artigo prosseguia afirmando que, "apesar de serem apenas 4% da população, os judeus eram publicamente excluídos de *country clubs* privados, além das associações Rotary, Lions e Kiwanis e de grupos como os Toastmasters. Os judeus eram barrados até da seção local do Automóvel Clube da América". Lembro-me de crescer ouvindo meus pais dizerem que eram discriminados até quando tinham um aneurisma. "Em 1948", escreveu McWilliams, "médicos judeus, sentindo-se frustrados, fundaram o seu próprio hospital, o Mt. Sinai, depois de verem negado seu acesso às instalações médicas de Minneapolis." Eu nasci ali. O artigo também dizia que os judeus eram impedidos de se filiar a seções locais de sindicatos que tinham sido fundados em Nova York por organizadores judeus e que "recantos turísticos de veraneio às margens do lago Minnesota penduravam cartazes informando que ali 'só gentios' eram atendidos. Lojas de departamentos como a Montgomery Ward se recusavam a entrevistar candidatos judeus em busca de empregos. Muitos bairros eram considerados 'áreas restritas', não admitindo moradores judeus, negros nem católicos e italianos. Eram bem poucos os professores judeus". A discriminação era "bem mais forte em Minneapolis do que em St. Paul", segundo McWilliams.

Então, assim que tiveram uma oportunidade de partir, depois da Segunda Guerra, os judeus deixaram o centro da área urbana em North Minneapolis e foram em massa para St. Louis Park. Como disse Quednau, "muitos tinham vivido uma ascensão social e de renda desde que eles ou seus pais haviam emigrado para os Estados Unidos, e isso lhes permitia um maior controle sobre suas opções de moradia e uma maior oportunidade de serem tratados com justiça pelo mercado imobiliário".

Não era assim tão fácil, contudo, simplesmente se mudar para qualquer subúrbio. Muitos dos subúrbios a oeste de Minneapolis não dispunham de casas adequadas para os que estavam apenas começando a vida, ou contavam com grandes áreas agrícolas, ou tinham um histórico anterior de rejeição de compra de casas por negros e "hebreus". St. Louis Park, contudo, havia sido preparada para pequenos lotes de catorze metros desde o começo do século XX, explicou Jeanne Andersen, da Sociedade Histórica. "Por alguma razão, os primeiros empreendedores imobiliários e donos de fábricas sempre tiveram uma mentalidade aberta ao crescimento", ela me disse. De modo que havia uma grande quantidade de casas em oferta, e os empresários do ramo imobiliário "se sentiam inteiramente à vontade para vender imóveis a judeus", contrariando o que acontecia em outros subúrbios na mesma época, como Golden Valley ou Edina. Ao falar sobre os subúrbios que cresceram ao redor de Minneapolis depois da Segunda Guerra Mundial, Andersen destacou: "Além de St. Louis Park, não encontrei mais ninguém estendendo um carpete de boas-vindas para os indesejados judeus de Minneapolis".

Meus pais e absolutamente todos os pais de meus amigos judeus de Minneapolis fizeram parte do grande êxodo dos anos 1950. Quando eu tinha três anos, em 1956, meus pais colocaram as malas no nosso Buick e se integraram ao movimento de migração dos judeus na direção oeste — de North Minneapolis para St. Louis Park, a onze quilômetros de distância. Morávamos numa casa bem simples, de três quartos, com as paredes externas revestidas de alumínio — eu tinha duas irmãs mais velhas, Shelley e Jane —, e, como todo mundo na rua 23 Oeste, frequentamos as escolas públicas locais, do primário ao ensino médio, com praticamente os mesmos colegas de classe durante doze anos. Nossa casa custou aos meus pais a gigantesca quantia de 14 500 dólares.

Difícil acreditar que essa cidadezinha que parecia exatamente igual a todas as outras à sua volta, e que não estava separada delas por nenhum muro ou fosso, fosse capaz de desenvolver uma singular cultura liberal, mas foi o que aconteceu. "Desde o seu começo, St. Louis Park manteve uma atitude acolhedora" em relação a estranhos, excêntricos, a bares e aos que trabalhavam em bares, observou Andersen. "St. Louis Park era simplesmente incapaz de dizer 'não'. Uma tendência infeliz a abrigar indústrias sujas era parte dessa atitude 'progressista', o que trouxe para a área fábricas que processavam chumbo, lítio, concreto e, é claro, creosoto, mas essas indústrias também proporcionavam empregos."

Minha família e minha comunidade religiosa compunham o primeiro anel de muitas comunidades concêntricas, que se reforçavam umas às outras, em meio às quais eu cresci. O irmão do meu pai morava num edifício de apartamentos a 230 metros da nossa casa; a irmã da minha mãe e o marido moravam a três casas de distância. Celebrávamos todas as festividades — judaicas ou não — com nosso amplo círculo familiar, com nossas mães se revezando para fazer os pães matzá e os popovers na Páscoa e o peru no Dia de Ação de Graças.

Tenho plena consciência de que a minha geração representou uma transição entre a era dos meus pais — para quem a vida parecia ser uma mala de fundo falso, de modo que jamais devíamos nos sentir muito confortáveis — e a geração de minhas filhas, para quem o antissemitismo é algo que conhecem, em grande medida, apenas por meio dos livros de história. A maior parte dos nossos avós era de imigrantes fugidos de pogroms ocorridos em vários lugares da Europa, e nossos pais nasceram em meio à Grande Depressão e, depois, durante a Segunda Guerra Mundial. De modo que, mesmo depois de termos encontrado a nossa própria *goldene medina* [terra dourada] em St. Louis Park, eles nunca deixavam de sentir certo receio. Nossos pais e avós fizeram parte de uma geração de judeus que se sentiam em casa em Minnesota e nos Estados Unidos — em casa, mas ainda tensos. Mostravam-se sempre desconfiados de que as coisas eram boas demais para ser verdade. Eles tinham visto o Holocausto; tinham ido ao fundo do poço durante a Depressão. Sabiam que os demônios estavam sempre à espreita em algum lugar abaixo da superfície.

A aceitação dos judeus e da existência do Estado de Israel lhes parecia um espantoso novo ponto de partida — não uma característica da natureza.

Esse sentimento veio à tona de forma sutil e em frases discretas que ficaram gravadas na minha memória. Meu amigo de juventude Howard Carp costumava dizer a respeito de sua avó judia de Minnesota: "Para a minha avó, uma galinha era como um búfalo para os índios sioux — nenhuma parte deixava de ser aproveitada: o pescoço, o traseiro. Costumávamos dizer: 'Vó, o que estamos comendo?'". A avó de Howard nunca sabia quando conseguiria comprar a próxima galinha, então sabia que era melhor aproveitar bem aquela.

Durante a maior parte da minha infância e juventude, os clubes de golfe de Minneapolis não aceitavam judeus como sócios. Tínhamos o nosso próprio clube de golfe, o Brookview, que vinha a ser uma outra comunidade no interior da comunidade judaica — a cada verão os sócios encenavam peças de teatro que eles mesmos tinham escrito; organizavam jantares regulares aos domingos durante o verão, assim como jogos de bingo, uma equipe de natação, concursos de calouros entre famílias e um clube de pôquer no qual todas as somas ganhas iam para uma vaquinha, e, quando esta atingia certa quantia, o dinheiro era usado pelos maridos para levar suas esposas a Acapulco. Brookview representava uma verdadeira âncora em nossas vidas. Durante o inverno, o clube organizava toda manhã de domingo um campeonato de boliche, cada jogador apostando contra o outro, com regras adaptadas para iniciantes. Quando garoto, eu sempre acompanhava o meu pai às pistas de boliche aos domingos para assistir e torcer por ele. Para tomar emprestada a imagem usada pelo cientista político Robert Putnam, naqueles dias não havia na minha comunidade de St. Louis Park "ninguém jogando boliche sozinho".

Cresci trabalhando como *caddy* no Brookview para o meu pai e seus amigos e aprendendo a jogar golfe desde os cinco anos. Alguns de meus melhores amigos hoje são os mesmos com quem joguei golfe e para os quais trabalhei como *caddy* naquela época. E, como a maior parte desses homens tinha pequenos negócios, acabei sendo apresentado, ao ouvir suas conversas durante o jogo, ao mundo dos negócios, desenvolvendo desde então uma admiração pelos empreendedores e por aqueles que assumem riscos. Eu os ouvia conversando sobre suas negociações, seus sucessos, suas ações em alta e — sim — suas perdas. A primeira vez que deparei com o conceito de falência foi durante uma partida de golfe. Havia um cara no nosso clube que, segundo meu pai, teve de deixar de ser sócio porque tinha ido à "falência". Eu não sabia exatamente o que era isso, mas podia ver que ele estava sem dinheiro, sem bolas de golfe, sem a carteira do clube, e torcia para que meu pai jamais tivesse de passar por situação semelhante. Trabalhar como *caddy* nos ensina uma porção de coisas, mas acima de tudo nos oferece uma visão do que vem a ser o caráter. Todos nós, *caddies*, sabíamos quem trapaceava. Todos nós sabíamos quem tinha integridade. Todos nós sabíamos quem colocava a culpa no *caddy* por uma tacada errada. E, acima de tudo, sabíamos que, como observou o grande golfista amador Jimmy Dunne na edição de 8 de setembro de 2011 da *Golf Digest*, nas barraquinhas de comida ao longo do percurso do campo de golfe, "havia uns caras que deixavam você tomar um refrigerante. Tinha uns caras que deixavam você tomar um refrigerante e um cachorro-quente. E, mais raros, havia os sujeitos que deixavam você tomar um refrigerante e comer um hambúrguer. E a gente sabia quem eram esses caras. A gente sabia".

Meu pai e eu costumávamos jogar golfe no verão depois que ele voltava para casa vindo do trabalho — seis ou sete buracos depois do jantar e antes que o sol se pusesse. Para chegarmos ao clube, tínhamos de dirigir através da interseção da avenida Louisiana e da autoestrada 12. Várias vezes, quando passávamos por esse local, meu pai lembrava que, durante a Grande Depressão, tinha trabalhado num acampamento do CCC — Corpo Civil de Conservação — perto dali, quando era adolescente. O CCC foi o programa de ajuda contra a pobreza instituído pelo governo Roosevelt entre 1933 e 1942 para oferecer empregos a jovens não casados, recrutando-os para trabalhar na construção de parques e prédios públicos. Em mais de uma ocasião meu pai contou que ganhava ali um dólar por dia, sendo que a maior parte do dinheiro era guardada para a sua família, e que ele só tinha o bastante para comprar um pão por dia — "e ainda posso me lembrar do pão entalado na minha garganta", dizia. Muitas vezes, ao passar por aquele cruzamento, eu mexia com ele, imitando-o como só um garoto metido a esperto podia fazer: "eu sei, eu sei, você ainda pode sentir aquele pão entalado na garganta". Ele nunca esqueceu, mas eu também não. Felizmente, minhas filhas nunca vão conhecer essa sensação.

Brookview acabou sendo transplantado para outro lugar, e um novo campo de golfe foi construído em Hamel, subúrbio situado mais a oeste, e meu pai morreu ali, de um ataque do coração, numa jogada que exigia quatro tacadas para acertar o 15º buraco, quando eu tinha dezenove anos. Ele tinha dado três tacadas. Depois que ele morreu, em 1973, eu estava caminhando ao longo do canal no Oakbridge Country Club, ao qual pertenciam os judeus mais ricos, jogando golfe com um amigo de meu pai. Era um lindo dia de verão, e o campo de golfe estava com uma aparência magnífica – gramado bem verde e flores por toda parte –, quando, do nada, esse amigo da família passou o braço pelos meus ombros e sussurrou: "Tommy, se os *goys* [gentios] soubessem que tínhamos algo tão bonito assim, eles viriam e tomariam da gente".

Como tinha vivenciado versões infantis de antissemitismo no período em que frequentei a escola de ensino médio – garotos atirando moedas para os judeus porque eles supostamente eram tão pobres que se abaixariam para pegá-las –, eu não era inocente em relação a esses assuntos, porém a observação feita por ele me espantou. Essa era a ética que persistia em vigor na geração de judeus à qual meus pais pertenciam – as coisas eram sempre boas demais para ser verdade.

Se a comunidade judaica de St. Louis Park tinha algum centro nervoso, algum lugar sagrado, não era a sinagoga ou o Centro Comunitário Judaico. Era a Lincoln Delicatessen, mais conhecida como "Del", e concorrente da Boulevard Del, que pertencia à minha tia e ao meu tio. Minha mãe trabalhava na Lincoln Del como contadora para pagar as mensalidades da minha irmã no Bryn Mawr College, e, quando eu era criança, costumava brincar nas mesas de madeira do padeiro, fazendo tranças com a massa do pão chalá. Os donos da Lincoln Del eram Morrie e Tess Berenberg, amigos queridos de meus pais. Morrie ocupava uma das mesas do lugar todas as tardes e noites, distraindo os fregueses enquanto ficava de olho no balcão.

A neta de Berenberg, Wendi Zelkin Rosenstein, e Kit Naylor, que vêm trabalhando na redação de uma obra histórica intitulada *Memories and Recipes from the Lincoln Del* [Memórias e receitas da Delicatessen Lincoln], observaram na apresentação de seu projeto de livro que, "para clientes judeus e não judeus, a loja era a versão de Minneapolis de 'Cheers', a não ser pelo fato de que, na Del, todas as pessoas realmente o conheciam pelo nome". O que fazia com que todos adorassem a Del, acrescentou Rosenstein, "é que ela era o verdadeiro centro da vida comunitária judaica de Minneapolis – o lugar em que todos se encontravam depois da escola ou antes de ir ao cinema, onde ficavam noivos ou celebravam a vida após um funeral. De formaturas a reuniões de negócios, a Lincoln Del continua sendo a pedra de toque para as pessoas que cresceram em Minneapolis e em St. Louis Park". A Del era também um local de confraternização importante para toda a comunidade de St. Louis Park, um lugar onde não judeus se sentiam à vontade saboreando comida judaica e tendo contato com a cultura judaica. As pessoas vinham de toda a região para comprar os bagels da Del.

Aproveito para confessar aqui — pela primeira vez — que, quando estava trabalhando na Boulevard Del, a concorrente deles, costumava ir até lá todos os dias com a nossa caminhonete para pegar os bagels que a Boulevard comprava por atacado na Lincoln. De vez em quando a tentação era mais forte do que eu; o cheiro daqueles bagels quentinhos flutuando até mim desde a traseira da caminhonete era bom demais para que pudesse resistir. Então, mais de uma vez, não pude deixar de roubar um bagel e devorá-lo enquanto ainda estava quentinho. Até hoje aquele sabor permanece fresco na minha memória.

Quando meu pai morreu de forma repentina, minha mãe não teve mais condições de pagar as mensalidades da minha faculdade, de modo que Morrie e seu amigo Jake Garber, o patrão do meu pai, juntamente com minha tia e meu tio, se dispuseram a ajudar. Contudo, Morrie era a força motriz por trás da iniciativa. Eu não o procurei para pedir ajuda. Ele simplesmente me procurou um dia e disse: "Não vai dar para você pagar por isso", acrescentando que podia me ajudar. Para mim, não poderia ter havido melhor lição de espírito comunitário: quando estiver realmente disposto a fazer alguma coisa, nunca, jamais diga para alguém que esteja necessitado: "Se estiver precisando de ajuda, me procure". Se quiser ajudar alguém, simplesmente ajude.

Nossa escola de hebraico era séria, mesmo que não a levássemos tão a sério. Da terceira à sétima série, de segunda a quinta, saíamos do antigo curso primário por volta das três da tarde e íamos direto para o ônibus que nos levava até a Talmud Torah de St. Louis Park. Lá, comíamos cookies de chocolate, bebíamos leite achocolatado e tínhamos noventa minutos de aulas de hebraico quatro dias por semana, além das manhãs de domingo. Aquela era a programação pós-horário escolar para a minha geração até que fizéssemos treze anos e realizássemos nossos bar e bat mitzvahs. Absolutamente todos os garotos judeus que conheci na minha infância e juventude passaram pela escola de hebraico. A vitalidade da instituição acabou por atrair até mesmo outros judeus de North Minneapolis.

Em consequência disso, por volta de 1960, quase 20% dos residentes de St. Louis Park e dos que estudavam nas escolas públicas eram judeus. Como disse Al Franken à revista *The New Yorker* de 20 de julho de 2009: "Não era exatamente um *shtetl*, mas, para os padrões de Minnesota, um monte de judeus".

ST. JEWISH PARK

E assim teve início um experimento em miniatura, ainda que acidental, em termos de pluralismo nos EUA.

Era como se os Pais Fundadores tivessem voltado a se reunir e dito: "Vamos nos divertir. Vamos ver como nos saímos ao fazer 'de muitos, um':* vamos misturar judeus de cabelos pretos, de terceira geração, recém-saídos de bairros pobres da cidade e galvanizados pela era do pós-guerra — chamados Goldberg, Coen e Friedman —, com protestantes louros, católicos suecos, noruegueses e finlandeses, além de americanos descendentes de alemães, com nomes como Swenson, Anderson e Bjornson, e fazer isso quase do dia para a noite numa pequenina cidade de Minnesota, e vejamos o que vai acontecer!". Não é de admirar que tenham começado a chamar o lugar de "St. Jewish Park". Os irmãos Coen captaram esse choque cultural e o sintetizaram em *Um homem sério*, quando, na cena do bar mitzvah passada na sinagoga, pedem a um homem idoso que erga os rolos da Torá, uma tradição presente em cada cerimônia judaica, porém os rolos são pesados demais para ele. Quando começa a perder o controle dos rolos e ameaça deixá-los cair no chão, ele grita: "Jesus Cristo!".

Construir o pluralismo, fazer um a partir de muitos, uma grande tradição americana, é algo que não acontece nem automática nem facilmente. O verdadeiro pluralismo nunca é alcançado com facilidade, porque precisa ser construído não apenas sobre a tolerância em relação ao outro, mas também com base no respeito pelo outro. Como todos os encontros culturais semelhantes que ocorreram pelos Estados Unidos ao longo dos séculos, houve sempre tanto o fascínio como a rejeição do "outro", atração e repulsão, belos

* Alusão ao lema nacional presente no selo dos Estados Unidos, "E pluribus unum" (de muitos, um). (N. T.)

momentos de compreensão e momentos dolorosos de desentendimento; envolvimento e rompimento; casamentos entre grupos diferentes, divórcios e novos casamentos. Em qualquer semana escolhida ao acaso, eu via preconceitos se desfazerem e preconceitos se manifestarem. Nós marcávamos encontros uns com os outros, desdenhávamos uns dos outros, tolerávamos uns aos outros, debochávamos discretamente uns dos outros e abraçávamos uns aos outros — tudo ao mesmo tempo. Trabalhávamos juntos preparando os livros comemorativos de formatura, fazendo jornais, montando equipes esportivas e organizando conselhos estudantis, e, ainda que fizéssemos nossas preces em edifícios diferentes para deuses diferentes em dias diferentes e de maneiras diferentes, de alguma forma, pelo método de tentativa e erro, construímos uma comunidade — mas não sem quebrarmos alguns ossos emocionais ao longo do caminho.

De acordo com a Sociedade Histórica de St. Louis Park, "como sempre, o baile de formatura da turma de 1949 da escola de ensino médio de St. Louis Park deveria ter lugar no Automóvel Clube, em Bloomington. Um gerente do clube, ao descobrir que um estudante judeu pretendia comparecer, decidiu vetá-lo. O diretor da escola, Harold Enestvedt, informou pessoalmente ao clube que, se qualquer estudante não fosse bem-vindo, o baile seria realizado em algum outro lugar. O clube voltou atrás e todos foram ao baile como combinado".

Uma de minhas memórias mais antigas é a de jogar basquete no pátio de asfalto atrás da Eliot, minha escola de ensino fundamental. Acho que deveria ter uns sete ou oito anos. E havia um garoto, não judeu, que estava sendo surrado por um de meus vizinhos, Keith Roberts, que também não era judeu, por ter violado alguma regra da área de recreação. O garoto, que estava apanhando muito, começou a gritar para Keith: "Zudeu sujo!". Ele tinha língua presa, e queria gritar para Keith o pior insulto imaginável — "judeu sujo". Keith apenas riu para ele e disse: "Eu não sou judeu".

Tenho certeza de que os dois esqueceram rapidamente aquele incidente. Eu nunca esqueci. Mesmo naquela época, era capaz de entender que aquele garoto não podia distinguir um judeu de um gentio, mas obviamente tinha aprendido aquilo em casa e levava junto com ele, como um insulto sempre à mão a ser usado contra outras crianças.

Em silêncio, achei ótimo que Keith tivesse dado uma surra nele.

Paul Linnee, que se formou em 1964 na escola de ensino médio de St. Louis Park e mais tarde se tornou um policial local, me lembrou que a avenida Toledo, que corria paralela à rodovia 100, era conhecida na época em que ele estava crescendo como a "Faixa de Gaza", com uma alta porcentagem de sua população do lado leste sendo composta de judeus e uma grande porcentagem do lado oeste, de gentios.

Muito tempo ainda iria se passar até que os afro-americanos tivessem um quarteirão só deles. A irmã de Paul Linnee, Susan, que mais tarde se tornaria chefe do escritório da Associated Press para Espanha e África Oriental e Ocidental, fez com que eu me lembrasse disso ao contar um episódio notável ocorrido no verão de 1962, na casa de sua família, no número 2716 da avenida Toledo. Ela lembrou:

> A avenida Toledo tinha uma característica incomum, já que nem todas as casas tinham a mesma distância em relação à calçada. Algumas ficavam mais recuadas, algumas mais à frente, outras tinham sido construídas muito antes que alguém tivesse pensado em calçadas. Mas eram — como todas as vizinhanças em St. Louis Park na época — muito brancas. Os Sperling — nossos vizinhos ao sul — foram a primeira família judia a se instalar ali, e tinha havido uma campanha para mobilizar os proprietários de modo a impedir a venda da casa — cujos donos eram adeptos da Ciência Cristã e não poderiam se importar menos com quem a casa ficaria — para judeus. Quando uma moradora na casa em frente pediu que minha mãe, Jane, assinasse a petição, ela mostrou a porta de saída à vizinha e disse: "Finalmente o quarteirão vai ficar mais interessante".

Seu pai, disse Susan,

> tinha sido criado no luteranismo; minha mãe era uma anglicana não escandinava; eles tinham mudado para a Igreja Congregacional porque ela era "mais liberal". Eram ambos eleitores de longa data do Partido Democrata, e meu pai realmente sofreu quando teve que votar num candidato católico para a presidência, temendo, a exemplo de muitos protestantes, que "o papa fosse mandar na Casa Branca" [...]. Tínhamos, ao lado da mesa de jantar, uma coleção da enciclopédia *World Book* para decidir quaisquer discussões que pudessem acontecer — basicamente entre mim e meu pai. Paul e eu falamos sobre isso em muitas ocasiões. Nenhum de nós

consegue se lembrar — tirando o receio de meu pai, logo aplacado, em relação ao papa — de uma única palavra dita em casa, ou mesmo na escola, indicativa de racismo ou intolerância — a não ser em relação aos republicanos.

Susan se formou na escola de ensino médio de St. Louis Park em 1960 e foi estudar na Universidade de Minnesota. Por meio de seu namorado na época, conheceu numa festa um estudante africano do Macalester College, em St. Paul. Ela lembrou que ele "vestia um sobretudo de gabardina e um chapéu, parecendo uma figura saída de um filme policial francês". Então, certo dia, no verão de 1962, ela convidou esse africano exótico e alguns outros amigos dele para ir à casa da sua família, em St. Louis Park — quando seus pais estavam fora.

Um dos vizinhos, ao ver homens negros entrando na casa, chamou a polícia. Alguns dias depois, seu pai pediu que ela lhe contasse o que tinha acontecido. Susan me relatou suas lembranças a respeito do diálogo:

Meu pai veio até o meu quarto no início da noite, um tanto constrangido e hesitante. Ele era um sueco ao estilo antigo.

Pai: "Hummm... você recebeu alguma... eh... visita de... negros, recentemente?"

Susan: "Que história é essa? Por que está me perguntando isso?"

Pai: "Hummmm... hum... ehhh... alguém ligou para a polícia para dizer que homens negros visitaram a casa enquanto estávamos fora, e a polícia me ligou."

Susan: "O quê? Quem fez isso? Quem foi que ligou?"

Pai: "Ehhh... hummm... eles não quiseram dizer."

Susan: "Muito bem, são esses os 'homens' que vieram aqui enquanto vocês estavam fora: Fred, Kofi, David etc. etc..."

Pai: "Espera aí, quem é Kofi?"

Susan: "Ele é de Gana, na África..."

Pai: "Então ele é negro?"

Susan: "Acho que sim..."

Mais tarde. Mãe: "Vamos convidar todos eles para jantar!"

E assim, numa noite de verão de 1962, o estudante do Macalester College Kofi Annan e vários de seus amigos voltaram a St. Louis Park num Studebaker cor de sopa de tomate. *Exatamente, esse mesmo Kofi Annan* que mais tarde se tornaria um diplomata de Gana e, em seguida, o sétimo secretário-geral da Organização das Nações Unidas — mas que na época concluía seu curso de economia no Macalester, graças a uma bolsa da Fundação Ford.

"Várias pessoas ao redor estavam do lado de fora, aparando seus gramados", lembrou Susan. "Kofi lidera o grupo. Mamãe e papai saem para cumprimentá-los. Apertos de mão. Todos entram na casa e comem espigas de milho cozidas. Minha mãe morreu com quase cem anos, em 7 de abril de 2013. Pedi que Kofi Annan preparasse algo para a cerimônia em sua homenagem, o que ele fez em grande estilo. Temos mantido contato ao longo dos anos e nos encontramos quando ele esteve em Nairóbi devido à violência que se seguiu às eleições em 2007 e 2008. Ele sempre perguntava pela minha mãe, ainda que não a tivesse visto de novo."

Cinquenta e quatro anos depois, perguntei a Annan se ele se recordava do episódio, e ele o relembrou com riqueza de detalhes.

"Eu era bem jovem — éramos um grupo de estudantes, um indonésio, um indiano e outros, e costumávamos ficar juntos" no Macalester College, disse Annan. "De modo geral, as pessoas em Minnesota eram bem amáveis e hospitaleiras. Minha esposa, que é da Suécia, gosta de dizer que os imigrantes suecos de Minnesota me prepararam para ela!" Quanto à mãe de Susan, Annan acrescentou, "ela tinha muita presença de espírito — tinha aquela atitude de 'para o inferno se alguém acha que vai me dizer quem eu posso receber na minha casa'". Para estudantes da África, Índia ou Indonésia, com seus países recém-independentes, esse tipo de racismo, de um vizinho ligar para a polícia por ter visto um homem negro entrar na casa, era um choque e tanto, disse Annan. "Para um estudante de Gana, um país recém-independente do qual ele se sentia tão orgulhoso, aquilo exigia algum esforço para ser registrado e compreendido. Todos nós viemos de culturas nas quais formávamos a maioria, portanto nunca havíamos tido essa experiência. Quando escuto sociedades que dizem, 'Não fazemos nenhuma discriminação', tenho certeza de que não fazem, até que tenham alguém para discriminar." Por isso, disse Annan, "temos de respeitar a coragem dos indivíduos que se levantam contra isso. Eles crescem na nossa consideração, fortalecendo nosso vínculo e nossa amizade com eles, e foi assim que me senti em relação a Susan e sua família. É incrível, porque alguma outra pessoa podia ter reagido de maneira diferente" — e alguns com certeza o fizeram. Porém, de modo geral, ao relembrar suas aventuras em St.

Louis Park e Minnesota, Annan concluiu: "Era uma comunidade, e os que vinham de fora, como nós, sentiam isso".

Kofi foi o segundo homem negro que o irmão de Susan, Paul Linnee, encontrara. Em 1962, recordou ele:

> Eu estava enchendo o tanque de gasolina no posto Texaco do Norm, no Minnetonka Boulevard 5125, quando um Chevy Bel Air 62 bem detonado, com placa do Kansas, parou ao lado para encher o tanque com gasolina Fire Chief. Enquanto eu usava uma vassourinha para limpar o banco de trás, o imenso negro — que foi, literalmente, a primeira pessoa negra com quem falei na vida — que estava ao volante me perguntou se tinha alguma clínica veterinária na cidade. Mostrei a ele onde ficava o Pet Hospital do Fitch, atrás da Pastime Arena. Não demorou muito para eu ficar sabendo que ele tinha comprado a clínica do dr. Fitch, aberto ali sua própria clínica e sido muito bem-sucedido.

Esse homem era o dr. B. Robert Lewis, um veterinário que acabou se candidatando e integrando o Conselho da Escola de St. Louis Park e mais tarde se tornou o primeiro afro-americano eleito para o senado estadual de Minnesota. Foi também o primeiro afro-americano a ser eleito para integrar um conselho escolar das Twin Cities [as "cidades gêmeas" — Minneapolis e St. Paul] e um dos fundadores do Conselho de Relações Humanas de St. Louis Park. "Ele também acabou se tornando um cliente habitual do posto de gasolina Texaco do Norm. Gosto de pensar que fui a primeira pessoa de St. Louis Park que ele conheceu, e sei que ele foi a primeira pessoa negra que conheci", diz Linnee.

O posto de gasolina do Norm era o mais curioso foco de ecumenismo, relembra Linnee:

> [O proprietário] Norm Walensky era uma figura excêntrica. A maioria dos judeus que eu conhecia em St. Louis Park eram profissionais ou pessoas envolvidas em diferentes ramos de negócios, nos quais "não sujavam as mãos". Norm era diferente [...]. Norm contratou a mim e a uma meia dúzia de adolescentes não judeus e alguns sujeitos um pouco mais velhos com jeito para mecânica para serem seus ajudantes no posto — uma mistura de atendentes e mecânicos. Seu posto era provavelmente o único a ter um proprietário judeu na cidade, e, nessa condi-

> ção, parecia o lugar preferido pela maior parte dos judeus para consertar seus automóveis, comprar gasolina e carregar a bateria para dar a partida nas manhãs geladas de inverno. Alguns poucos dias antes de cada Natal, Norm e "seus garotos" enfeitavam e deixavam limpinha a pequena garagem onde havia apenas duas vagas. Espalhavam então algumas toalhas de mesa nos lugares onde os clientes costumavam ser atendidos e compravam garrafas de bebida e tudo o mais que era necessário para uma boa festa, oferecida para os clientes e empregados. Vou me lembrar para sempre daqueles encontros onde a cada ano compartilhava votos de boas-festas com bem-sucedidos médicos, dentistas e advogados judeus.

Quarenta anos depois, fiquei curioso para saber como os não judeus viam St. Louis Park e essa chegada em massa de judeus. Jane Pratt Hagstrom estava na turma de 1978 da St. Louis Park e cresceu no bairro de Westwood Hills, uma das áreas de ocupação mais recente da cidade, na qual as casas eram um pouco maiores. "Minha família se mudou para lá em 1960", ela relembra. "E ainda me recordo da corretora de imóveis dizendo aos meus pais: 'Não vai ter muitos judeus na vizinhança'. Meus pais, que eram de Dakota do Sul e de Iowa, entenderam, em vez de "*jews*" [judeus], "*trees*" [árvores]. De qualquer jeito, poucos anos mais tarde, a vizinhança havia se tornado predominantemente judaica, e meus pais costumavam brincar que eu estava virando judia porque vivia dizendo 'Oy' o tempo todo [...]. Porém eu me lembro de ver manifestações de intolerância na faculdade. Gente que dizia: 'Você é de St. Jewish Park?'."

Contudo, a discriminação não se fazia sentir num só sentido. Não judeus me contaram que se lembram da avó de um amigo judeu advertindo-o para jamais se casar com uma *shiksa*, o termo ídiche para garota gentia. Para mim, parece impressionante como essas pequenas inconfidências tribais, que eu escutava quando criança, mas não podia compreender plenamente, se mantêm vivas na memória daqueles a quem essas observações eram dirigidas, mesmo décadas depois.

Sim, nós, judeus, também podíamos ser bem irritantes às vezes. Nos anos 1960 e 1970, uma emissora local de TV costumava promover um negócio chamado *Quiz Bowl*, no qual crianças inteligentes das escolas de ensino médio da região competiam umas com as outras, respondendo a perguntas de matemática, ciência, literatura e história. Era uma versão local do *GE College Bowl* e algo que tinha certa repercussão no estado. Minha professora de história no programa de colocação avançada, Marjorie Bingham, desempenhava havia muito tempo o papel de treinadora da equipe de St. Louis Park, e me contou essa história:

> Estávamos indo bem, mas tínhamos de enfrentar a St. Thomas Military Academy, que tinha sido a campeã local. Todas as outras equipes costumavam confraternizar antes de cada disputa, mas, antes de o programa entrar no ar, o conselheiro da equipe da St. Thomas, que era um sacerdote, dispôs seu pessoal em círculo e liderou os estudantes numa prece. Nossa equipe era predominantemente judia, e, quando a equipe da St. Thomas concluiu sua oração, a turma da St. Louis Park espontaneamente se reuniu num círculo e entoou alguma coisa — não consigo me lembrar o quê; provavelmente alguma coisa do Monty Python. Minha memória suprimiu essa parte! O sacerdote me encarou e disse: "Não consegue manter seus estudantes sob controle?". Mas, francamente, não consigo deixar de sentir que o pessoal da St. Thomas mereceu aquilo e não me desculpei. Nós ganhamos. A gente nunca sabia exatamente o que os estudantes de St. Louis Park acabariam fazendo.

Margaret Strobel nasceu em Dakota do Norte, mas sua família se mudou para St. Louis Park em 1950, onde ela cursou os últimos anos do ensino médio e se formou pela Park na turma de 1964, pouco antes das minhas irmãs. Ela seguiu adiante para se tornar diretora do programa de estudos femininos da Universidade de Illinois e autora de seis livros sobre feminismo, raça e história africana. Também foi diretora do Jane Addams Hull-House Museum. Ela relembra:

> Sei que frequentar a escola ao lado de tantas crianças judias também me influenciou de alguma forma. Tudo aconteceu mais ou menos depois do Holocausto. Meu grupo de jovens presbiterianos virou uma noite em um fim de semana com um grupo conservador de jovens judeus do qual ainda me lembro — aprendendo a *hora** —, e foi o mesmo grupo jovem que me levou a bater de porta em porta pedindo contribuições para alguma causa ligada aos direitos civis — no que hoje acredito tenha sido o Verão da Liberdade de 1964, embora não tenha absoluta

* Dança típica popular em Israel e na Romênia. (N. T.)

certeza. Eu me recordo de bater numa porta e de uma mulher ter me dito algo como "Deveríamos deixar que eles mesmos resolvam os problemas deles por lá". Foi um desses momentos na minha vida em que esbarrei na questão racial e que permaneceram gravados na minha memória.

Strobel me fez lembrar de que também tínhamos alguns poucos nipo-americanos em nossa escola, cujos pais tinham sido mantidos em campos de internamento durante a Segunda Guerra. "Minha primeira experiência de ser a única pessoa branca em uma sala se deu quando minha amiga Diana Shimizu me convidou para o grupo de jovens nipo-americanos do qual era integrante", lembra Strobel. "Também me lembro de ter ficado indignada quando ela me contou que seus pais, antes de se mudarem para St. Park vindos de algum campo de internamento, procuraram alguns dos moradores na área onde pensavam em comprar uma casa perguntando se os vizinhos se sentiriam incomodados se eles se mudassem para lá." Não há melhor lição de pluralismo do que uma visita à mesa de jantar dos "outros". "A aprendizagem por meio da experiência é fundamental", disse Strobel:

> Quando ia comer na casa de Diana, eles tinham molho de soja na mesa, e então pensei: "Molho de soja na mesa, que história é essa?". Minha família jamais saía para comer fora [...]. Também me lembro de ir à casa de Judy Light nas noites de sexta e tomar parte ali do jantar do sabá. E me recordo de que a atmosfera tinha certa solenidade. Que a mãe dela colocava o guardanapo na cabeça, acendia velas e dizia uma oração. E tenho certeza de que todas essas coisas contribuíram para que eu aprendesse a conviver com o outro. Não havia um contexto de hostilidade. Éramos convidados nessas casas.

Mas nem todo mundo era.

Debra Stone, uma afro-americana que estava um ano à minha frente na escola — seu irmão Melvin era da minha turma —, deu uma entrevista em 22 de junho de 2012 para Jeff Norman no âmbito do Projeto de História Oral da Sociedade Histórica Judaica do Alto Meio-Oeste. A família de Stone se mudou, como os judeus, de North Minneapolis para St. Louis Park. Ela falou de modo eloquente sobre suas próprias experiências vividas ali em relação ao pluralismo.

Em 1963, disse Stone, sua família se mudou para North Minneapolis, para o número 1637 da Idaho Avenue South, não longe de onde eu cresci, e ela e o seu irmão frequentaram a mesma escola fundamental que eu – a Eliot School. Norman perguntou a ela como eles vieram parar em St. Louis Park e não em outro lugar qualquer de Minneapolis.

"Eles procuraram um lugar na região nordeste de Minneapolis", disse Stone, referindo-se a seus pais, "e, devido à discriminação e ao racismo, disseram que era mais fácil se mudar para St. Louis Park." Na região nordeste de Minneapolis, ela disse, "o corretor de imóveis nem sequer se dava ao trabalho de mostrar uma casa para eles [...]. Então eles deixaram de lado esse corretor e encontraram outro, que lhes mostrou as casas em St. Louis Park. [Esse segundo corretor] Era judeu [...]. Que eu saiba, fomos a primeira família de afro-americanos naquela comunidade [...]. Não havia outros afro-americanos em St. Louis Park. Podíamos caminhar ao longo da estrada Cedar Lake; podíamos andar por toda a cidade; podíamos ir a Knollwood [onde havia um shopping]; e não víamos nenhum outro rosto negro, a não ser talvez pelo rosto mais escuro de alguns judeus sefarditas. Além deles, só havia nós [...]. Apenas quando eu estava na oitava série é que outra família de afro-americanos se mudou para aquela vizinhança".

Qual a reação dos seus vizinhos? – perguntou Norman.

"Meus pais se esforçavam para me proteger", disse Stone. "Ouvi dizer que alguém bateu na porta e disse: 'Vocês são a família afro-americana que se mudou para cá?'. Meu pai respondeu: 'Sim'. A pessoa então disse: 'Vocês aceitariam se mudar daqui?'. E meu pai disse: 'Não'. Então a conversa continuou e, segundo minha mãe, seu pai disse: 'Se não sair daqui vou dar um tiro em você!' [*Risos*] E foi isso. Nunca mais apareceu ninguém. Todas as outras pessoas depois disso foram muito gentis com a gente [...]. Eu brincava com as crianças da vizinhança, brincava nos quintais das casas delas, brincava de boneca nas suas casas – e foi isso. Famílias judias e não judias."

Ela foi alguma vez a um bar mitzvah ou a um bat mitzvah?

"Sim, eu fui", disse Stone. "Uma grande amiga judia, Pam Russ – fui à cerimônia do filho dela e ao bat mitzvah da sua filha. Ela cresceu em Robbinsdale. Só vim a ser amiga dela um pouco mais tarde. Estávamos na sinagoga de Temple Israel e eu frequentava os bar mitzvahs e as festas para os jovens. Pam é uma pessoa nada pretensiosa, de modo que foi tudo muito agradável – avós, parentes e amigos, tanto gentios como judeus. Foi realmente uma cerimônia comovente, eu pude sentir — pude compreender a razão de as crianças passarem por esse processo."

Então, considerando prós e contras, como era ser uma criança afro-americana na escola daquela época? — Norman perguntou a Stone.

"Não tive problema algum com isso", disse Stone, e acrescentou: "No entanto, sempre que alguma coisa realmente acontecia, podíamos contar com o apoio da minha mãe. Houve um incidente no qual alguém fez um pôster com a figura de uma 'Mammy',* que recebeu muito destaque no painel da escola. Não lembro mais qual a finalidade daquilo, mas me recordo de algumas crianças dando risadinhas e coisa assim. Fui para casa e contei para minha mãe: 'Colocaram um pôster assim', e ela disse, bem, isso é totalmente inadequado. Então ela procurou o diretor e no dia seguinte tiraram o cartaz...".

Stone recorda que, na escola de ensino médio, foi eleita líder de torcida e integrou o conselho estudantil durante anos a fio. "Então, foi tudo bem", ela disse. "Não houve muitos incidentes raciais sérios ou qualquer coisa do tipo. Íamos à escola. Alguns poucos garotos podem ter nos chamado de 'crioulas'; demos uma surra neles e foi só isso."

Olhando em retrospecto, ela concluiu: "Minha vivência em St. Louis Park, na medida do possível para quem estava crescendo numa comunidade inteiramente branca e judaica — e eu diria que isso se deveu à força da minha família —, foi realmente uma experiência boa para mim. Foi benéfica sob muitos aspectos [...]. Pude ir para a faculdade; viajar pelo mundo; fazer muitas coisas que muitas mulheres afro-americanas como eu não puderam fazer".

Precisamente porque havia tão poucos negros, "nós, judeus, pensávamos que éramos a minoria", relembrou um de meus amigos de infância mais próximos, Fred Astren, hoje diretor do Departamento de Estudos Judaicos na Universidade Estadual de San Francisco. "Havia três garotos chineses, três japoneses, dois negros e todos os outros eram ou escandinavos ou judeus. Podíamos nos dar ao luxo de ser liberais [quanto aos direitos civis] porque na verdade nunca encontrávamos realmente 'o outro'."

* Estereótipo cultivado no sul dos EUA em torno da figura de uma "mãe preta", mulheres negras que trabalhavam como aias de crianças em famílias brancas. (N. T.)

A qualidade das escolas públicas em St. Louis Park e o orgulho que elas nos inspiravam eram parte de um sentimento mais amplo de respeito e de celebração dos espaços e das instituições públicas. Esses espaços públicos eram ao mesmo tempo um produto e um estímulo à confiança, ao pluralismo e ao capital social de modo geral. Cada um deles abrigava uma mistura que atraía pessoas de diferentes origens econômicas, religiosas e raciais. Absolutamente todas as pessoas que eu conhecia frequentavam escolas públicas. Na verdade, durante a minha infância eu pensava que escolas particulares eram apenas para crianças com algum tipo de problema social ou emocional — um lugar para onde os pais as mandavam como uma forma de punição. A mera ideia de que alguém pagaria mais caro, muito acima da sua faixa de renda, para mandar os filhos para uma escola particular só porque ela seria de melhor qualidade simplesmente não passava pela nossa cabeça.

Mesmo que não tivéssemos consciência disso na época, muitos de nós já tínhamos compreendido quão boa era essa escola pública.

Quando cheguei à escola de ensino médio de St. Louis Park, em setembro de 1968, comecei a estudar jornalismo com nossa então lendária professora Hattie M. Steinberg. As pessoas costumam falar dos professores que mudaram sua vida. Hattie mudou a minha. Eu me inscrevi no seu curso de introdução ao jornalismo na décima série, na sala 313, e desde então jamais precisei ou frequentei na vida outro curso de jornalismo. Não que ele fosse tão sensacional. Ela é que era sensacional. Como escrevi em uma coluna sobre ela por ocasião da sua morte, Hattie era uma mulher que acreditava que o segredo do sucesso na vida consistia em absorver bem os elementos básicos de alguma coisa. E ela martelou os princípios básicos do jornalismo entre os seus estudantes — não apenas como escrever um lide ou transcrever de forma correta a fala de alguém, porém, mais importante, como se comportar de maneira profissional e sempre realizar um trabalho de qualidade. Certa vez entrevistei um executivo do ramo da publicidade para nosso jornal da escola e ele disse um palavrão durante a conversa. Debatemos se deveríamos ou não publicar aquilo. Hattie achou que devíamos. O publicitário quase perdeu o emprego quando a matéria foi publicada. Ela queria nos ensinar sobre as consequências do que fazíamos.

Hattie foi a professora mais exigente que já tive. Depois de fazer o seu curso de jornalismo na décima série, a gente se candidatava a uma vaga no *Echo*, o jornal que ela supervisionava. A competição era feroz. Como, na décima série, a qualidade do meu texto não atendia aos seus padrões de exigência, ela me colocou na posição de gerente de negócios, vendendo espaço publicitário para pizzarias locais. Naquele ano, contudo, ela me deixou escrever uma matéria. Era sobre um general israelense que tinha sido um herói na Guerra dos Seis Dias e estava dando uma palestra na Universidade de Minnesota. Eu cobri a palestra e fiz uma rápida entrevista com ele. Seu nome era Ariel Sharon. Foi a primeira coisa que publiquei enquanto integrava a equipe do jornal. Mal sabia que nossas vidas voltariam a se cruzar quinze anos mais tarde, em Beirute.

Aqueles que, no jornal ou no anuário da escola, trabalhavam sob a supervisão de Hattie viviam em sua sala. Ficávamos por ali antes e depois das aulas. Aqui é preciso registrar que ela era uma mulher solteira, beirando os sessenta anos na época. Era o exato oposto de tudo que se considerava "irado", no entanto vivíamos na sala de aula dela como se aquilo fosse uma lanchonete e ela, Wolfman Jack.* Nenhum de nós teria articulado essa ideia dessa forma, mas gostávamos de ouvir suas exortações, de ser disciplinados por ela, de aprender com ela. Hattie era uma mulher que se expressava com clareza em uma era de incertezas. Seus jornais e anuários escolares ganhavam prêmios nacionais a cada ano. Uma das coisas fundamentais a que ela me apresentou foi o *New York Times*. A cada manhã, um exemplar era entregue na sala 313 (com um dia de atraso). Até então eu nunca tinha posto os olhos naquele jornal.

Além de Hattie, tive outros professores notáveis que continuam sendo amigos queridos até hoje — especialmente Miriam Kagol, minha professora de inglês, e Marjorie Bingham, que me ensinou história dos Estados Unidos e tolerou meu fascínio por teorias conspiratórias a respeito do assassinato de Kennedy e minhas precoces obsessões sobre Israel, a Guerra dos Seis Dias e o Oriente Médio. Fiquei fascinado ao ouvir as duas relembrando a alta qualidade das escolas públicas. "Eu tinha dinheiro suficiente para comprar os livros que quisesse", Bingham observou. "Havia bolsas da NSF [Fundação Nacional de Ciência] e conferências nacionais às quais podíamos comparecer. Jamais nos sentíamos isoladas nas salas de aula. [A sensação era de que] Estávamos num

* Conhecido DJ de sucesso nas rádios americanas nas décadas de 1960 e 1970. (N. T.)

enorme palco e podíamos falar a pessoas de Illinois até a Califórnia. [Hoje] Um professor costuma gastar entre quatrocentos ou quinhentos dólares do próprio salário em material de apoio. Isso simplesmente não acontecia" na época. "A administração estimulava os professores de St. Louis Park a serem criativos."

Era uma época em que bolsas IV-C do Departamento de Educação possibilitavam que professores de escolas públicas, por meio de seus distritos, criassem novos currículos que outros distritos pudessem, por sua vez, adquirir a baixo custo ou gratuitamente. Isso fazia com que lecionar nas escolas de ensino médio fosse um trabalho muito criativo — não se tratava apenas de repetir o que era passado pelos órgãos que supervisionavam as escolas. Por exemplo, meu professor de estudos mundiais, Lee Smith, e seu colega, Wes Bodin, criaram um currículo sobre as religiões mundiais, estimulados pelo caráter multirreligioso do conjunto de estudantes em St. Louis Park e pelo desejo do Conselho Escolar de St. Louis Park de fixar algumas diretrizes em 1971-2 sobre o que podia e o que não podia ser feito em termos de religião nas escolas locais. O currículo idealizado por eles foi adotado por escolas em todo o país. Bingham lembra que, em 1977, ele e Susan Gross, uma professora de Robbinsdale, um subúrbio vizinho, ganharam uma bolsa IV-C para criar uma área de estudos chamada Mulheres do Mundo, com o objetivo de apresentar a história das mulheres para os alunos de ensino médio. Eles acabaram por fazer uma distribuição nacional do livro que tinham escrito — mais de 100 mil exemplares.

Encontrei Miriam Kagol pela primeira vez quando estava cursando os últimos períodos do ensino médio. Ela foi minha professora num curso de introdução à literatura britânica e conselheira de nossa publicação literária e cultural, também fundada por ela. Ela me ensinou a apreciar Byron, Shelley e Yeats e as grandes obras de ficção de modo geral — tarefa nada fácil. Ela lembra que eu costumava perguntar a propósito desses grandes poetas românticos: "Por que eles simplesmente não dizem o que eles querem dizer?". Kagol veio de South Minnesota, onde sua família tinha uma pequena fazenda. Ela estava com 22 anos na época e aquele era o seu primeiro emprego como professora. "Quando fui contratada pela Park, em 1967", relembrou Kagol, "assinei um contrato por 5600 dólares e contei ao meu pai, que, chocado, me disse: 'É melhor você fazer jus a cada centavo disso.'"

Kagol e eu ficamos, desde então, amigos. Ao refletir sobre a importância da comunidade no estabelecimento de valores, Kagol ponderou:

> Lembro que um aluno meu plagiou um poema na *Mandela* [a revista de arte e literatura da escola] e que nós o publicamos, sem saber que era um plágio, algo de que só tomamos conhecimento depois. Quando o levamos até o diretor, ele disse ao estudante: "Você faltou com o respeito aos princípios defendidos pela sua professora". Eu sabia que ele teria me apoiado qualquer que fosse a situação, e não me preocupava com a possibilidade de algum pai ligar querendo a minha cabeça, se eu punisse o seu filho. Havia um respeito da comunidade pelo sistema e pelo professor — mesmo se o pai achasse que o professor estava errado.

Naquela época não havia em St. Louis Park nenhum tipo de comunidade ou condomínio protegido por cercas; todos nós usávamos o mesmo sistema de ônibus públicos. Quando éramos bem jovens, com dez ou doze anos — muito antes de termos idade para tirar carteira de motorista —, nossa grande diversão do fim de semana era "ir até o centro". Tomávamos o ônibus de St. Louis Park para a avenida Hennepin, no centro de Minneapolis, que custava na época dez ou quinze centavos. Fazíamos compras na Dayton's, o que jamais significava realmente adquirir alguma coisa. Ficávamos apenas olhando as vitrines, comíamos pipoca com caramelo e almoçávamos no Nankin, o mais famoso restaurante chinês de Minneapolis. Então íamos ao cinema e pegávamos o ônibus de volta para St. Louis Park. Éramos apenas garotos, mas nossos pais jamais pareceram preocupados com o fato de estarmos andando sozinhos pela cidade. Tirando as escolas, o outro grande fator de mistura em Minneapolis era o seu conjunto de lagos. Às margens dos lagos ficavam algumas das residências mais suntuosas da cidade, mas em cada margem havia trilhas para caminhadas, para bicicletas e áreas de banho com areia abertas a todos. Cresci caminhando com a minha mãe em torno desses lagos, e acabávamos, inevitavelmente, encontrando todo mundo por ali.

Contudo, o forte sentido de comunidade que, de modo geral, caracterizava Minnesota também era um subproduto de um clima adverso: temperaturas abaixo de zero com estradas congeladas e calçadas escorregadias, tubulações arrebentadas e a neve, que precisava ser removida — isso marcava todos os invernos. Tudo isso "tornava a cooperação uma necessidade — não apenas uma manifestação de gentileza", observou Fred Astren, que hoje vive na área da baía de San Francisco. "Você pode não gostar do seu vizinho, mas sempre o ajuda a dar partida no carro dele pela manhã. Ele irá ajudá-lo quando você tiver escorregado no gelo. E o seu patrão sempre o deixa ir para casa no caso de alguma emergência relacionada ao inverno. Em consequência disso, as pessoas acabam sempre conhecendo seus vizinhos, ao contrário do que acontece na área da baía de San Francisco, onde existem poucas circunstâncias capazes de aproximar os moradores. O vizinho que não se mostra disposto a cooperar é uma espécie rara em Minnesota, porque todos sabem que, num dia bem frio, você acabará precisando de ajuda: o inverno sempre chega..."

Nosso vizinho da casa ao lado, Bob Bonde, deixou a fazenda da família e se mudou para o subúrbio, onde a cada inverno fazia um rinque de patinação em seu quintal. Foi ali que aprendi a patinar no gelo e a jogar hóquei. E então, no verão, ele semeava a mesma área para transformá-la numa horta, com fileiras perfeitas, cheias de milho, cenoura, alface e tomate. Minha irmã Jane costumava deitar no chão e ficar olhando as cenouras crescerem, enchendo a paciência de Bob, perguntando o tempo todo quando chegaria a hora de arrancar e comer uma delas. Nossa casa ficava no final da rua, e nossos quintais e os da rua paralela ficavam frente a frente, sem nenhuma cerca a separá-los. Esse arranjo criava um campo de futebol americano comprido e natural numa área verde. Assim que a maior parte da neve derretia, em abril, eu pegava meus tacos de golfe, ia para a parte alta do nosso quintal, que era ligeiramente elevado, pegava um taco *five iron* e dava tacadas de 160 metros direto até o final do quarteirão, através dos quintais de seis vizinhos, às vezes chegando ao campo aberto no final. Jamais quebrei a janela de quem quer que fosse, e nenhum dos vizinhos nunca reclamou. Desde então tenho dado muita sorte com um *five iron*!

Esse terreno aberto no fim do nosso quarteirão era a nossa fronteira selvagem, onde brincávamos de esconde-esconde entre os arbustos altos, ervas daninhas e árvores. Não sabíamos na época, mas era ele que nos separava da fábrica gigante da Lithium Corporation of America. Ao pesquisar para este livro, fiquei sabendo por meio de uma matéria publicada na *Twin Cities Business*, em 1º de novembro de 2006, que, "de 1942 a 1960, duas firmas, a Metalloy e a Lithium Corporation of America, produziram carbonato de lítio para os militares dos EUA, principalmente para uso em baterias e equipamentos de salva-vidas, em uma propriedade situada no fim da avenida Edgewood, perto da estrada Cedar Lake, em St. Louis Park. [Isso ficava a apenas alguns quarteirões da nossa casa.] Porém, enquanto a companhia estava cumprindo com seu dever patriótico, estava também deixando vazar lítio, óleo combustível e vários tipos de metais para o solo e o lençol freático sob a sua fábrica". John C. Meyer III, em suas memórias, intituladas *Don't Tell Douglas* [Não conte a Douglas], alega que a Metalloy usava essa fábrica durante a Segunda Guerra Mundial para produzir "um ingrediente necessário à fabricação da bomba atômica usada em Hiroshima". Meu Deus! Instalados entre essa fábrica e a outra, que produzia creosoto, a alguns poucos quilômetros de distância, é espantoso que eu e minhas irmãs não andemos hoje por aí brilhando na escuridão. A dois quarteirões no outro sentido havia um grande parque público com quadras com marcação para jogar beisebol no verão e rinques para hóquei no inverno. Havia uma cabana aquecida com piso de pranchas de madeira onde podíamos tirar nossas botas e colocar os patins e na qual nos abrigávamos quando a temperatura caía bem abaixo de zero. Ainda sinto o cheiro do aquecedor a gás. A qualquer hora da tarde ou da noite era possível jogar uma partida de hóquei, porque a prefeitura providenciava iluminação noturna para quem quisesse jogar. Marc Trestman era o zagueiro do time de futebol da escola de ensino médio de St. Louis Park e era três anos mais novo do que eu. Ele acabou por jogar no time da Universidade de Minnesota e ingressou numa bem-sucedida carreira como coordenador, ou uma espécie de zagueiro guru, de duas equipes universitárias — e, em seguida, da liga principal de futebol americano, tendo chegado ao auge como técnico dos Chicago Bears de 2013 a 2014. Pertencer à classe média em Minnesota naquela época significava que quase qualquer coisa imaginável estava ao seu alcance. Nos fins de semana, depois da meia-noite, Trestman e seus colegas fanáticos por esportes às vezes alugavam o rinque de patinação do Metropolitan Sports Center, onde jogava o time profissional de hóquei do local, os Minnesota North Stars. "Não havia nenhum aplicativo de mensagens na época, nenhum telefone celular, ninguém tinha cartão de crédito", ele relembra. "Não havia caixas eletrônicos. O preço era de 150 dólares por hora depois da meia-noite. De modo que, hoje, fico pensando: 'Como conseguíamos reunir vinte caras num rinque profissional de patinação no gelo às quatro horas de uma manhã de sábado, arrecadar aquela grana, sem a ajuda de treinadores, e simplesmente entrávamos ali e havia a máquina de alisar o gelo, e nos dividíamos em duas equipes e jogávamos hóquei por uma hora?'".

Na época, a vida de classe média era ditada por uma espontaneidade muito maior; o dinheiro não tinha se imposto completamente em detrimento dos espaços públicos, como acontece hoje. "Lembro que, certo dia, minha mãe falou de repente, do nada: 'Vamos ao jogo de beisebol?'", Trestman me contou. "Os Twins estavam jogando contra o Red Sox. Então, simplesmente fomos até lá, arrumamos os ingressos na primeira fila do segundo terraço. E Reggie Smith acertou uma falta e minha mãe esticou o braço e agarrou a bola."

Em 1970, o US Open, o aberto de golfe dos Estados Unidos, foi disputado no Hazeltine National Golf Club, em Chaska, Minnesota, a quarenta minutos do centro de Minneapolis. Eu já estava no ensino médio e trabalhava regularmente como *caddy* durante o verão no nosso clube, o Brookview. A maior parte dos clubes ao redor de Minneapolis tinha sido convidada a indicar quatro *caddies* para trabalhar no torneio, e eu fui um dos escolhidos pelo meu clube. Naqueles dias — e este é o ponto que quero ressaltar —, a Associação de Golfe dos Estados Unidos (USGA, na sigla em inglês) não permitia que golfistas profissionais trouxessem *caddies* profissionais para um aberto, porque os amadores também eram convidados, de modo que isso daria uma vantagem aos profissionais. Algumas semanas antes do torneio, todos nós, os *caddies* locais, nos reunimos no Hazeltine e caminhamos por todos os dezoito buracos do campo com o então chefe da equipe profissional, Don Waryan, preenchendo um caderno de notas dado a cada um de nós, detalhando as distâncias de árvores e trechos com areia até os "greens", a área gramada onde ficam os buracos. Então voltamos para a sala de jantar do clube. Lá, no meio do salão, havia uma grande taça de prata contendo papéis dobrados com os nomes de cada jogador inscrito no torneio. Eles nos chamavam pelo nome, nós nos aproximávamos da taça, enfiávamos a mão ali e tirávamos o nome do profissional para o qual iríamos trabalhar como *caddy*. Isso é que era igualitarismo! Um dos garotos ficou com Jack Nicklaus, outro tirou Arnold Palmer, algum outro sorteou Tony Jacklin, o cara que acabou vencendo o torneio, e eu tirei... Chi Chi Rodríguez, o grande e carismático golfista porto-riquenho. Ele ficou empatado em segundo lugar no segundo dia, passou à etapa seguinte, terminou em 26º, me pagou 175 dólares e me deu todas as bolas e luvas da sua sacola. Para mim foi algo fantástico — e jamais poderia ter acontecido a um garoto de dezessete anos hoje em dia.

Como, poucos anos depois, a USGA suspendeu o veto a *caddies* profissionais, nenhum garoto nos primeiros anos do ensino médio voltaria a ter a chance de tirar o nome de Jack Nicklaus ou de Arnold Palmer de uma taça de prata e entrar no campo de golfe com eles. Hoje, do lado de fora do vestiário masculino do Hazeltine, há uma foto da nossa equipe formada por estudantes, todos de cabelo escovinha, tirando daquela taça de prata os nomes dos jogadores profissionais — uma lembrança maravilhosa, porém distante, de uma era na qual, parafraseando meu amigo de infância Michael Sandel, o filósofo de Havard, ainda havia coisas que "o dinheiro não podia comprar".

MINNESOTA CLASSE MÉDIA

Porém o que tornava possíveis esses espaços públicos era a confluência de duas coisas: uma economia de modo geral em ascensão, tanto em Minnesota como nos Estados Unidos, que ergueu uma classe média em ascensão, e uma geração singular de políticos progressistas. E uma coisa reforçava a outra. Não há nada como uma torta que cresça o suficiente para sustentar tanto obras públicas como uma política que funcione, uma política de inclusão. Hoje em dia tenho plena consciência de que aqueles entre nós que cresceram na classe média entre o fim da Segunda Guerra Mundial e o início dos anos 1970 viveram um momento extraordinário da história americana. Ou, como me disse o historiador David Kennedy, da Universidade Stanford: "Foi o maior momento de embriaguez coletiva na história americana — o país estava atordoado de orgulho e com abundância de oportunidades". Foi uma época de "grande compressão de renda e de grande prosperidade compartilhada — alto crescimento e alta igualdade".

O relatório anual de fevereiro de 2015 emitido pelo Conselho de Assessores Econômicos da Casa Branca (White House Council of Economic Advisers, CEA), ao considerar o crescimento de produtividade nos Estados Unidos nos anos pós-Segunda Guerra, rotulou os anos entre 1948 e 1973 como "A Era do Crescimento Compartilhado", devido ao modo como

> todos os três fatores — crescimento de produtividade, distribuição e participação — estiveram alinhados de maneira a beneficiar a classe média entre 1948 e 1973.

> [...] A desigualdade de rendas diminuiu, com a fatia atribuída ao 1% dos que estavam no topo caindo em quase um terço, enquanto a parte da renda que cabia aos outros 90% subiu ligeiramente. O crescimento familiar também foi alimentado por uma crescente participação da mulher na força de trabalho [...]. A combinação desses três fatores aumentou em 2,8% ao ano a renda média para 90% dos lares ao longo desse período [...].
>
> Esse período ilustra a força combinada da produtividade, da igualdade de renda e da participação no beneficiamento da classe média.

Ingressei na vida adulta exatamente nessa era. Não é de admirar que, tendo crescido nessa época, eu e tantos outros tenhamos assumido uma visão otimista, na expectativa de que esse tipo de prosperidade amplamente compartilhada deveria e iria continuar. Era um círculo virtuoso de ascensão. Sentíamos o vento nos empurrando pelas costas — não no rosto. Com efeito, o deputado Rick Nolan, um congressista de Minneapolis, gosta de dizer que, para a minha geração de classe média, "para fracassar, era preciso ter um plano".

O senador Al Franken frequentou tanto a escola pública fundamental como a de ensino médio em St. Louis Park, mas seus pais o transferiram para a Blake, a principal escola particular de ensino médio em Minneapolis. Franken constitui uma rara exceção por ter frequentado uma escola particular. Em 28 de fevereiro de 2015, em um discurso para os filiados ao Partido Democrata no Colorado, Franken recordou com maiores detalhes esse momento:

> Em me lembro de quando, em 1957, os soviéticos lançaram o Sputnik. Eles tinham armas nucleares e, de repente, estavam à nossa frente no espaço. Os americanos ficaram aterrorizados. Eu tinha seis anos. Meu irmão, Owen, tinha onze. E meus pais sentaram a gente na sala de jantar em St. Louis Park, Minnesota, e nos disseram: "Vocês vão estudar matemática e ciências para conseguirmos derrotar os soviéticos". Ao pensar nisso hoje, vejo que era um bocado de pressão para uma criança de seis anos. Mas éramos filhos obedientes. Então Owen e eu estudamos matemática e ciências. E gostamos! E éramos bons naquilo. Meu irmão se tornou o primeiro em nossa família a ir para uma faculdade. Ele se formou em física pelo MIT. E então se tornou fotógrafo. Eu também fui para uma faculdade excelente. E me formei. E depois virei comediante. Coitados dos meus pais! Mas... vencemos os soviéticos. Não tem de quê!

> Como mencionei, cresci em St. Louis Park, um subúrbio de classe média das Twin Cities. Meu pai trabalhava no setor de vendas de uma gráfica. Tínhamos uma casa com dois quartos e um banheiro. E eu me sentia o garoto mais sortudo do mundo. E era mesmo. Estava crescendo em meio à classe média num país que vivia o auge da classe média, numa época em que ser de classe média significava uma verdadeira segurança: ter um teto para proteger sua família e comida na mesa; poder mandar seus filhos para uma boa escola pública e levá-los ao médico se ficassem doentes; tirar umas férias de vez em quando — ainda que nossas férias fossem sempre ir até Nova York de carro visitar meu tio Irwin, minha tia Hinda e meu primo Chuck; contar que sua pensão e sua previdência social estariam lá quando você ficasse mais velho, de modo que pudesse se aposentar com certo conforto; se arriscar a tentar coisas maiores; ter a oportunidade de fazer o que quisesse, inclusive ser roteirista de programas de humor e senador (nessa ordem), contanto que trabalhasse duro e obedecesse às regras.

O que mais me sensibilizou na observação feita por Franken foi seu argumento de que contávamos com a segurança econômica e a sensação psicológica de estarmos ancorados numa comunidade. Como ele disse, "podíamos apostar em nós mesmos — e não tínhamos com que nos preocupar. Eu não achava que, se virasse um comediante, não seria uma carreira tão segura como as de outros diplomados por Harvard. Para mim, era ridícula a ideia de que não conseguiria arrumar um jeito de me sustentar".

Não me tornei um comediante como Al, mas comecei a ter aulas de árabe quando calouro na Universidade de Minnesota, e isso foi motivo de muitas risadas por parte dos meus amigos e da minha família. Naquela época, não havia muitos garotos judeus estudando árabe na universidade. Os amigos dos meus pais perguntavam: "Como é que Tommy vai arrumar um emprego estudando árabe?". Enfrentei muita oposição, mas jamais me passou pela cabeça a ideia de que aquilo não daria em nada, de modo que não me preocupei. Ninguém estava me avisando que, se eu não fizesse uma graduação em ciência, tecnologia, engenharia ou matemática, acabaria morrendo de fome.

A liderança empresarial de Minnesota estimulava aquela maneira de ser que caracterizava o estado: compreendiam que o governo estava ali para firmar acordos, tomar decisões e apoiar o setor privado, e que o setor privado estava ali para criar empregos e contribuir para o bem comum, observou Lawrence

Jacobs, diretor do Centro de Estudos de Política e Governo da Humphrey School of Public Affairs da Universidade de Minnesota. "Historicamente, a comunidade empresarial de Minnesota tem sido uma verdadeira parceira na construção do estado e no esforço para manter os dois partidos mais próximos do centro."

As raízes desse esforço são profundas, conforme explicou um artigo publicado em 22 de dezembro de 2007 no *New York Times* e intitulado "Emerald City of Giving Does Exist" [A Cidade das Esmeraldas da generosidade realmente existe]. Em meados da década de 1970, observava o texto, as principais empresas de Minnesota formavam

> o Clube dos Cinco por Cento — no qual as corporações de Minneapolis-St. Paul concordavam em separar 5% do seu faturamento pré-impostos para a filantropia. Acredite ou não — e é um pouco difícil de acreditar, dada a moderna ênfase em maximizar os lucros e agradar a Wall Street —, esse clube ainda existe. Conhecido agora como Keystone Club, tem 214 integrantes, e 134 deles doam os 5% [...].
>
> O Guthrie Theater, o belo teatro regional da cidade, se mudou recentemente para um edifício novo em folha junto ao rio — uma das cinco instituições culturais que construíram há pouco tempo novas sedes ou fizeram ampliações importantes. Todos foram erguidos — em grande medida — graças às contribuições dessas corporações.

De modo que não foi uma surpresa que, dois anos depois de eu ter concluído o ensino médio, a capa da revista *Time* de 13 de agosto de 1973 exibisse uma foto do governador Wendell Anderson, de Minnesota, que aparecia sorridente segurando um enorme lúcio. O título na capa era "A boa vida em Minnesota". Numa época em que o resto do país vivia a agonia do escândalo de Watergate, da inflação alta e da Guerra do Vietnã, Minnesota era apontado como "o estado que funciona". Eu me lembro bem daquela capa. Meu pai tinha morrido havia pouco, e minha transferência para a Universidade Brandeis fora aceita, e ali eu iria me instalar poucas semanas mais tarde, para jamais voltar a morar permanentemente em Minnesota. Porém o estado jamais iria me abandonar. Vivesse eu em Boston, Londres, Oxford, Beirute, Jerusalém ou Washington, quando me perguntavam: "Onde você mora?", eu sempre respondia: "Moro aqui, mas sou de Minnesota".

Como já mencionei, Minnesota nem sempre foi um lugar tão amável, nem tão política e economicamente inclusivo – sobretudo com relação a negros, judeus e outras minorias. É importante compreender que o estado se tornou mais inclusivo não apenas porque a situação econômica melhorou depois da Segunda Guerra Mundial, mas também devido a algumas corajosas escolhas políticas por parte de uma notável geração de políticos, composta de republicanos moderados e democratas com origem em fazendeiros e líderes sindicais, em especial Hubert H. Humphrey (prefeito de Minneapolis, senador e vice-presidente), Walter Mondale (senador e vice-presidente), Don Fraser (deputado e prefeito de Minneapolis), Eugene McCarthy (senador), Arne Carlson (líder dos republicanos na assembleia estadual e governador) e Bill Frenzel (congressista da minha cidade, St. Louis Park, na época em que cresci ali e também republicano), entre outros.

De acordo com o site da Sociedade Histórica de St. Louis Park, em março de 1936, "um obscuro grupo de lunáticos chamado Camisas Prateadas chegou a Minneapolis, pregando uma mensagem de antissemitismo e paranoia para os que eles diziam ser 6 mil seguidores no estado". O lendário editorialista da CBS News, Eric Sevareid, na época um jovem repórter trabalhando em Minneapolis sob seu verdadeiro nome, Arnold, "era um jornalista do *Minneapolis Journal* e publicou uma reportagem-denúncia em seis partes a respeito desse grupo, começando a série em 11 de setembro de 1936. A organização era liderada por William Dudley Pelley, de Asheville, Carolina do Norte, que decidiu atribuir todos os seus problemas aos comunistas e judeus [...]. Entre algumas de suas ideias mais ridículas estava a de que o verdadeiro nome do presidente Roosevelt era Rosenvelt, um judeu". Os negros enfrentavam problemas semelhantes ou piores, observou a Sociedade Histórica. "Em julho de 1947, a Comissão Inter-racial do Governo de Minnesota divulgou o documento 'The Negro and His Home in Minnesota' [O negro e o seu lar em Minnesota]. Uma pesquisa revelava que 63% dos entrevistados não venderiam sua propriedade para uma pessoa negra, mesmo que lhe oferecesse um valor mais alto."

No fim dos anos 1940 e início de 1950, as coisas começaram a mudar. Hubert Humphrey era um herói em nossa casa, em grande parte pela maneira como lidou com o antissemitismo ao se tornar prefeito, nomeando uma força-tarefa para erradicar o problema na administração da prefeitura. "A força-tarefa confirmou as alegações feitas e também lançou luz sobre a discriminação contra negros e americanos nativos. Humphrey transformou a força-tarefa em um Conselho de Relações Humanas, um órgão permanente ligado à prefeitura. Nos dois anos seguintes, foram aprovados decretos que tornavam ilegais práticas antissemitas e racistas no âmbito da habitação e dos empregos."

Hoje pensamos em Hubert Humphrey como um cruzado na luta pelos direitos civis no campo das relações entre negros e brancos, mas ele começou sua atuação combatendo o antissemitismo entre brancos, explicou Lawrence Jacobs. "Uma das coisas que definiram Minnesota foi o fato de o movimento pelos direitos civis ter começado aqui — mas não em relação aos negros. Tinha a ver com os judeus. Antes de Humphrey fazer seu famoso discurso, pedindo igualdade para os negros na convenção democrata de 1948, ele lutou contra o antissemitismo em Minneapolis. A St. Louis Park na qual vocês cresceram jamais teria sido possível no estado de Minnesota das décadas de 1930 e 1940 [...]. Vocês cresceram num período em que era possível levar uma vida com base no mérito — e ser judeu", mas isso não era verdade em 1930 e 1940, quando os judeus encontravam barreiras por todo o país e em Minnesota. "Antes de Humphrey declarar guerra ao racismo", acrescentou Jacobs, "ele declarou guerra ao antissemitismo, e isso permitiu que esse grupo de pessoas em St. Louis Park ficasse liberado para ser julgado pelo seu mérito, de modo que sua criatividade e sua inspiração abrissem espaço para que crescesse."

A transição de Humphrey da postura de luta contra o antissemitismo para a de luta contra o racismo de forma geral foi definida pelo seu discurso feito na Convenção Democrata de 14 de julho de 1948. O escritor Thomas J. Collins descreveu a cena numa evocação feita cinquenta anos mais tarde para o site histórico Hubert-Humphrey.com: "Com o terno preto encharcado de suor, o cabelo preto ralo rente à testa, Humphrey olhou para a multidão — que incluía líderes nacionais do partido que o aconselharam a não falar, mas desejavam desesperadamente que falasse, e aqueles que ameaçavam deixar o salão se ele o fizesse. Durante os oito minutos seguintes, o alegre guerreiro de Minnesota iria fazer com que pela primeira vez um partido político nacional se engajasse na batalha dos direitos civis, que continua, com maior ou menor intensidade, a ser travada até hoje". Apresentando seu argumento nesse discurso, Humphrey declarou, numa frase famosa: "Meus amigos, àqueles que dizem que estamos sendo apressados ao levantar essa questão dos direitos civis, respondo dizendo que estamos com um atraso de 172 anos. Aos que dizem que esse programa de direitos civis é uma violação dos direitos dos estados, digo o seguinte: chegou a hora de o Partido Democrata neste país deixar a sombra dos direitos dos estados e de caminhar direto rumo ao brilho do sol dos direitos humanos".

É difícil hoje em dia evocar como eram radicais essas palavras de combate. Dezenas de delegados dos estados do Sul se apressaram a abandonar o recinto, liderados pelo governador da Carolina do Sul, Strom Thurmond. Os sulistas acabariam dando apoio ao senador Richard B. Russell, da Geórgia, como uma candidatura de protesto contra Harry Truman, e o próprio Thurmond concorreria à presidência pela chapa Dixiecrat.* Esses acontecimentos marcaram o início do fim do Partido Democrata como uma coalizão de conservadores do Sul com liberais do Norte — preparando assim o terreno para a assinatura da Lei dos Direitos Civis, em 1964.

Humphrey era um progressista de sólidas convicções e ajudou a incutir esses princípios numa geração de políticos democratas, e mesmo republicanos, em Minnesota. Na época em que cresci, meus dois congressistas em St. Louis Park, que integra o Terceiro Distrito Congressional — o distrito mais judeu, mais democrático e liberal no estado —, eram ambos republicanos liberais: Clark MacGregor, cujos mandatos se estenderam de 1961 a 1971, e Bill Frenzel, de 1971 a 1991.

Entrevistei Frenzel em 2014, pouco antes de ele morrer aos 86 anos, a respeito da evolução da política de Minnesota na época da minha formação ali, nas décadas de 1950 e 1960. Ele era a encarnação de uma espécie agora extinta — o republicano liberal. Frenzel foi eleito pela primeira vez durante os anos em que eu estava começando o ensino médio, em 1970. Sempre que viajava mundo afora, eu me referia a ele como "o meu deputado". Sentados na cafeteria da Brookings Institution, em Washington, onde era acadêmico residente, Frenzel refletiu sobre aqueles velhos tempos:

* Nome pelo qual ficou conhecido o Partido Democrata dos Direitos dos Estados, de curta duração, no qual democratas dissidentes defendiam a segregação racial no sul dos EUA. Seu nome é uma alusão à linha "Dixie", que separa os estados sulistas do resto do país. (N. T.)

Chamamos aquela época de o tempo da amabilidade e da gentileza. Nasci em St. Paul, voltei da Guerra da Coreia e trabalhei para uma empresa familiar em Minneapolis. Ainda não sabia se era um republicano ou um democrata. Minha família era de classe média alta e tinha uma boa situação, porém ninguém nela dava muita importância para política. Muitos amigos do meu pai eram contra Roosevelt, porém meu pai nunca me deixou embarcar nessa. FDR certa vez veio a Minnesota e meu pai me levou até lá. Ele estava gritando e eu também. Eu estava nos ombros dele e disse: "Por que está todo mundo gritando? Pensei que a gente não gostasse desse cara", e ele disse: "Não, filho. Não é todo dia que aparece alguém como esse aí".

Frenzel lembra que, quando foi tomar posse depois de eleito,

existia uma razoável dose de camaradagem. Eram as fazendas contra as cidades centrais, e nós, dos subúrbios, tínhamos muita coisa em comum com elas e costumávamos apoiá-las, trabalhávamos muito juntos. Hubert [Humphrey] fazia seu trabalho no Senado. Ele também era gentil. Se o encontrávamos na rua, ele era gentil com a gente. Tudo era diferente de como as coisas são hoje. A gente tentava o caminho da cooperação, e, se não conseguia, votava contra. Em toda a vida parlamentar de Minnesota, tivemos provavelmente uma meia dúzia de ocasiões em que os votos se definiram em termos partidários, isso em um total de quinhentas ou seiscentas votações que tivemos ali durante o meu primeiro mandato. Isso se deu de 1963 a 1969. Era exatamente a maneira como esperávamos conduzir as coisas. O que se esperava de nós era que fôssemos capazes de fechar um acordo. O negócio da nossa família era de transporte e distribuição. Se um sujeito exigia um contrato, isso era sinal de que não se devia fazer negócio com ele — tudo que era necessário era um aperto de mão. Pessoalmente, éramos conservadores, porém, em geral, [éramos] liberais. Os habitantes de Minnesota pagavam suas contas, ensinavam seus filhos a poupar, mas também queriam cuidar dos vizinhos e construir uma boa comunidade. Hoje, [Minnesota] não é como costumava ser — mas ainda assim é melhor do que qualquer outro lugar. A política se tornou mais amarga, mas as pessoas, não.

Quando a política começou a mudar? — perguntei a Frenzel:

Ela começou a mudar quando veio Reagan e desafiou os democratas que controlavam o Congresso. Então começaram os insultos. Aí veio o escândalo do

House Bank. Isso acabou virando assunto de campanhas e a coisa foi levada para o plano pessoal. Ao longo dos anos, o nível das campanhas foi caindo cada vez mais. Quando comecei na política, aqueles que eram meus mentores disseram: "Pelo amor de Deus, jamais mencione seu adversário pelo nome". E, agora, todos começam dizendo que canalha é o seu oponente [...]. Minha campanha era conduzida por alguns caras a partir da minha cozinha. Hoje em dia você contrata um sujeito de Baltimore ou Los Angeles que não precisa morar no seu distrito e que nem se importa com o estrago que sua campanha provocou. Quando os republicanos assumiram o controle da Câmara em 1994, eles não sabiam como ser uma maioria e os democratas não sabiam como ser uma minoria. Quando eu estava no Congresso, os republicanos conheciam "o seu lugar". Nunca tínhamos estado em maioria, e parecia que jamais seríamos uma, de modo que não tínhamos escolha a não ser tratar de trabalhar duro e negociar compromissos. E tínhamos de decidir se queríamos metade do pão ou só um terço dele — então, fazíamos aqueles acordos.

Contudo, também ajudava "o fato de contarmos com um eleitorado tolerante. Era também um eleitorado coerente. As coisas não mudavam". A maioria das famílias do distrito era composta de duas pessoas economicamente ativas, sendo bastante prósperas, ele acrescentou. "Elas tinham se mudado para os subúrbios e colocado os filhos em boas escolas, sabiam por que estavam ali e queriam continuar ali. Queriam contar com alguém no Congresso que fosse valente, corajoso e fiel, e queriam que eu prestasse atenção nelas. Nunca tive a impressão, exceto por um lunático eventual de esquerda ou de direita, que as pessoas estivessem me empurrando. Para elas, o principal era que você estivesse prestando atenção nelas. Não acho que o fato de eu ser republicano ou democrata importasse muito."

Na verdade, minha mãe, uma liberal convicta, sempre votou em Frenzel. Quando concorria à reeleição, Frenzel disse que costumava comprar "um grande outdoor na beira da estrada que dizia apenas: 'Frenzel para o Congresso'. Não dizia que eu era republicano".

Depois de se aposentar, Frenzel trabalhou como assessor especial do presidente democrata Bill Clinton, para ajudar com a aprovação do NAFTA, o Acordo de Livre-Comércio da América do Norte.

Walter Mondale, que era senador por Minnesota quando eu era adolescente — de 1964 a 1976 —, me contou uma história semelhante, vista do outro lado da bancada:

Cresci numa pequena cidade na divisa com Iowa. Meu pai era sacerdote de várias igrejas diferentes. A cada cinco anos nos mudávamos. Minha mãe era musicista e ensinou quase todos os jovens a tocarem piano, além de reger o coral de Elmore. Minha família e meus pais esperavam que participássemos da comunidade e que nos dispuséssemos a fazer coisas. Papai era da velha escola Farmer-Labor [voltada para a defesa dos interesses dos trabalhadores e pequenos agricultores]. E o pai de Hubert foi um grande ativista de causas sociais, assim como sua mãe. Don Fraser – a mesma coisa. Pegamos Minnesota, que tinha sido um estado isolacionista – Minneapolis foi em certa época chamada de "a capital do antissemitismo" –, e mudamos tudo isso. Mudamos a cultura política.

Em termos de política estadual, acrescentou Mondale:

Vivíamos uma era de otimismo. Estávamos todos prontos a fazer alguma coisa positiva de nossas vidas. A educação nos levaria lá e era acessível a todos. A Lei dos Veteranos deu a todo mundo a oportunidade de ir para a universidade, ou de ir além do mero treinamento técnico. Por todo o estado as pessoas se tornavam profissionais. Havia igualdade de renda e de oportunidade. As coisas simplesmente continuavam a melhorar à medida que avançávamos, e, à medida que avançávamos, dava para ver que estava funcionando. As pessoas estavam progredindo e a economia estava melhorando. Você podia ter acesso à educação, e dava para ver e sentir isso. E Minnesota contava com um espírito de colaboração entre os dois partidos. Tínhamos republicanos progressistas. Costumávamos disputar para ver qual partido faria mais pela Universidade de Minnesota, e Arne Carlson [líder dos republicanos] e os integrantes do seu partido nunca admitiriam ficar para trás. E a universidade adorava isso, é claro, e costumava encorajar a competição. Ninguém defendia uma política de terra arrasada. E, se aparecesse alguém defendendo esse tipo de postura, era imediatamente rejeitado.

Falando desses anos dourados, do fim da Segunda Guerra até meados dos anos 1970, Mondale concluiu:

Todos nós esperávamos simplesmente que as coisas continuassem a melhorar [...]. A geração da Lei dos Veteranos estava construindo uma nova vida, e muitos de nós abrimos nossas asas e fomos para Washington, levando muita coisa de Minnesota conosco [...]. Muitas vezes penso no fato de que as tensões raciais, um tema tão central para muitos estados, não eram tão fortes assim em Minnesota. Oregon e Washington eram como nós. Isso nos deu condições de ser muito progressistas em relação aos direitos civis logo no início. E eles costumavam criticar Hubert, dizendo que ele não sabia do que estava falando porque o nosso estado era 100% branco.

Mas Minnesota não era todo branco, acrescentou Mondale, e

sempre trabalhamos para fazer a comunidade funcionar, para aumentar os salários mínimos e investir em educação pré-escolar. Em termos nacionais, precisávamos aproveitar esse ímpeto [...]. Fico deprimido ao ver como essa paralisia acabou por mudar tudo isso. Hoje em dia, em vez de comunidade, temos essa grande triagem e as pessoas se encontram divididas [...]. Isso está nos prejudicando. Tenho visto muito dinheiro alimentando essas campanhas, e ninguém sabe de onde está vindo tudo isso. Será que a Suprema Corte faz alguma ideia do que o caso do Citizens United* fez a esta nação? Dinheiro – a gente precisava um pouco dele, mas não era importante. Hoje é tudo.

Que privilégio termos adquirido nossa educação política a partir de mentores como esses. A experiência moldou a visão política de muitos de meus amigos, inclusive Michael Sandel. Sandel é hoje um conhecido pensador no campo da ciência política em Harvard, onde seus cursos atraem até mil estudantes a cada semestre. Os títulos de seus livros – *Democracy's Discontent* [O descontentamento da democracia], *Public Philosophy* [Filosofia pública], *Justiça: O que é fazer a coisa certa* e *O que o dinheiro não compra* – refletem uma persistente preocupação com o destino da democracia, com a comunidade e com a virtude cívica em nossa época. Pedi a ele que refletisse sobre de que forma Minnesota contribuiu para dar forma à sensibilidade cívica que impregna seus escritos e seus ensinamentos. Ele explicou:

Ainda que mal percebêssemos naquela época, o idealismo cívico que marcou nossa formação em Minnesota moldou nossa visão do que vem a ser um cidadão.

* Em 2010, o grupo ultraconservador Citizens United obteve uma vitória na Suprema Corte, tornando mais frouxas as regras sobre arrecadação e gastos em campanhas eleitorais. (N. T.)

> O estado de Minnesota que conhecíamos quando jovens era um lugar que cultivava uma sensibilidade democrática, ainda que não de forma explícita ou forçada. As sensibilidades cívicas nos eram transmitidas por meio de sólidas instituições locais e municipais – escolas públicas sólidas, assim como bibliotecas públicas, parques públicos e instalações recreativas. Absorvíamos nossa educação cívica a partir da paisagem de nossa vida diária. Sem nos darmos conta disso, estávamos imbuídos da convicção de que a política e o ativismo político podem construir um mundo melhor [...]. Essas eram comunidades de classe média estáveis que nutriam a crença de que a política poderia servir ao bem comum. O Partido Democrata em Minnesota era chamado de DFL, Democratic-Farmer-Labor Party [Partido Democrata dos Agricultores e Trabalhadores]. Ele surgiu a partir de uma aliança, nascida em uma era progressista, entre agricultores e trabalhadores que batalhavam pela reforma agrária, por sindicatos fortes, pela seguridade social e pelo controle do Estado sobre ferrovias e serviços públicos. Essa tradição progressista ainda marcava a política de Minnesota na época da nossa infância e juventude. Isso nos encorajava a nos importarmos com o mundo num sentido mais amplo. Suas figuras mais representativas – Hubert Humphrey, Orville Freeman, Walter Mondale – eram políticos notáveis, cheios de otimismo e idealismo. Hoje, de forma trágica, pensamos em Humphrey como o político do establishment que ele se tornou como vice-presidente de Lyndon Johnson durante a Guerra do Vietnã. Mas ele começou sua carreira como um ousado partidário dos direitos civis.

Durante nossa infância, continuou Sandel, "essa tradição populista do Meio-Oeste deixou sua marca – na política nacional e em nós. Tínhamos onze anos quando [o presidente Lyndon] Johnson assinou a Lei dos Direitos Civis, catorze anos quando Eugene McCarthy, outro senador de Minnesota, desafiou Johnson nas primárias de New Hampshire para protestar contra a Guerra do Vietnã".

Sandel também chamou atenção para uma outra fonte, mais sutil, de nossa educação cívica: "O estado de Minnesota da nossa época oferecia uma grande variedade de espaços públicos e de experiências em que diferentes classes se misturavam. Pelo menos nos subúrbios, as escolas públicas eram sólidas. Parques públicos e instalações de lazer existiam em grande quantidade, sendo usados por pessoas de todos os estratos sociais. A Feira Estadual de Minnesota atraía pessoas de todos os tipos. O mesmo vale para o Metropolitan Stadium, no qual fãs de beisebol costumavam se reunir para torcer pelo Minnesota Twins".

Ir a um jogo de beisebol "era uma experiência mais democrática naquela época", observou Sandel:

> É claro que os lugares atrás da *home plate* eram sempre mais caros do que os assentos mais baratos na arquibancada. Mas a diferença não era enorme como acontece hoje. Um lugar na arquibancada custava cerca de um dólar e num camarote, cerca de 3,50 dólares. Consequentemente, ir a um jogo de beisebol era uma experiência que estimulava a convivência entre diferentes classes. Executivos sentavam lado a lado com professores e carteiros. Todos bebiam a mesma cerveja básica, comiam os mesmos cachorros-quentes encharcados de molho e esperavam nas mesmas filas quilométricas para ir ao banheiro. E, quando chovia, todo mundo ficava molhado. É claro que não íamos ao Metropolitan Stadium pela experiência cívica; íamos lá para torcer pelo Twins e para ver Harmon Killebrew acertar *home runs*. Porém as condições que propiciavam essa mistura no estádio produziam uma experiência compartilhada. Essas condições também se faziam sentir — embora não perfeitamente, mas em grande medida — nos bairros, nas escolas públicas e na maior parte dos lugares que habitávamos. Isso produziu o efeito de uma inesperada aula de cidadania democrática.

Ir a um jogo hoje é algo diferente, ele continuou. "Como a maior parte dos times, o Minnesota Twins joga atualmente em um estádio, o Target Field, que leva o nome de uma corporação e é repleto de estandes sofisticados que oferecem 'serviço de bar e jantar gourmet' e 'serviço exclusivo de concierge', nos quais pessoas VIPs podem assistir à partida numa confortável área refrigerada, distante das pessoas comuns nas arquibancadas lá embaixo. Adeus ao cachorro-quente encharcado e à experiência democrática compartilhada. Na era dos camarotes, já não dá para todo mundo ficar molhado em caso de chuva."

Sandel percebe algo semelhante acontecendo em outras esferas da nossa sociedade. "Hoje em dia, as pessoas ricas e as mais modestas levam vidas cada vez mais separadas. Vivemos, trabalhamos, compramos e nos divertimos em lugares diferentes. Mandamos nossos filhos para escolas diferentes. Chamo a isso de 'camarotização da vida americana'. Isso marca um rompimento com o estado de Minnesota da nossa juventude. É algo que tem um efeito corrosivo sobre a cidadania e a equidade democrática. Na época, mal percebíamos essa paisagem cívica democrática. Aquilo simplesmente compunha o pano de fundo das condições de nosso dia a dia. Em retrospecto, isso se torna mais evidente, agora que se tornou uma memória distante."

Os pensamentos de Sandel encontraram eco em outro ex-aluno da escola de St. Louis Park, Norman Ornstein – cientista político, pesquisador residente no American Enterprise Institute (um *think tank* em Washington, DC) e um dos analistas mais citados quando se trata de política americana e do Congresso. Entre seus livros estão *It's Even Worse Than It Looks: How the American Constitutional System Collided with the New Politics of Extremism* [É ainda pior do que parece: Como o sistema constitucional americano colidiu com a nova política do extremismo], *The Permanent Campaign and Its Future* [A campanha permanente e o seu futuro] e *Intensive Care: How Congress Shapes Health Policy* [Terapia intensiva: Como o Congresso define a política de saúde], todos em coautoria com Thomas E. Mann. Norm é cinco anos mais velho do que eu, e na verdade nasceu em Grand Rapids, Minnesota, para onde seu pai se mudou vindo do Canadá para abrir uma loja de roupas masculinas. Sua mãe, contudo, era de North Minneapolis, e a família se mudou para a cidade quando Norm tinha quatro anos. Ali ele ficou até os nove anos, quando passou a frequentar a escola de hebraico de St. Louis Park e a escola de ensino médio. Então sua família se mudou para o Canadá por alguns poucos anos para, em seguida, voltar a morar em St. Louis Park. Ele se formou na escola de ensino médio aos catorze anos, entrando na Universidade de Minnesota aos quinze.

Quando lhe perguntei que impacto o fato de ter crescido em St. Louis Park tinha exercido sobre ele, Ornstein começou nossa conversa tirando da carteira o ingresso para o sétimo e último jogo da World Series de 1965, disputado em 14 de outubro, no qual o Minnesota Twins, campeão da American League, perdeu para o Los Angeles Dodgers no Metropolitan Stadium. Aquele jogo, para mim, foi de partir o coração. Para Norm, também. Porém a perda daquele título não foi tudo que aqueles anos nos legaram. O que ele viu enquanto crescia ali foi uma política animada por uma paixão pela justiça social, pela lisura e pela civilidade, e uma expectativa popular por um "enfoque pragmático, voltado para soluções", assim como por um "profundo respeito pelas instituições". Não é de admirar, portanto, ele acrescentou, que a sua própria carreira como cientista político tenha sido moldada em torno da noção de "trabalhar para proteger, reforçar e aperfeiçoar instituições de governo e educar o público sobre como participar. Não acredito que teria essa paixão se isso não tivesse sido, em grande medida, transmitido a mim enquanto crescia em Minnesota".

AQUELA COISA NA ÁGUA

Não sou ingênuo a respeito da minha infância — ou sobre Minnesota ou St. Louis Park. Havia também muita coisa errada na época e no lugar onde cresci. O racismo ainda era generalizado. O sexismo era flagrante — se muitos dos meus professores eram mulheres incrivelmente talentosas, isso acontecia porque o mundo do trabalho como um todo ainda não tinha aberto integralmente suas portas para elas. Os direitos dos gays não faziam parte do programa de absolutamente ninguém, o que deixava um enorme número de pessoas trancadas no armário. Essas, infelizmente, eram normas que prevaleciam em todo o país naquela época, e foi em boa hora que mudamos isso.

Porém, se você tivesse sorte o suficiente para não ter sua vida oprimida por esses preconceitos, era difícil não ser impactado por todas as coisas certas a respeito de Minnesota e de St. Louis Park naquela época. E, no meu caso, era difícil não levar comigo pelo resto da vida um senso de otimismo expresso pela convicção de que a engenhosidade humana é capaz de consertar qualquer coisa — se as pessoas forem capazes e estiverem prontas para agir coletivamente. E era difícil deixar aquele lugar sem carregar comigo pelo resto da vida a consciência do quanto uma comunidade saudável pode ancorar e impulsionar as pessoas.

St. Louis Park era exatamente o que o pensador político Edmund Burke descreveu em seu clássico *Reflexões sobre a Revolução na França* (1790) quando saudou a comunidade, ou o que ele chamava "o pequeno pelotão", como a pedra fundamental e o inspirador de confiança para uma sociedade saudável.

"Estar associado à subdivisão, amar o pequeno pelotão ao qual pertencemos na sociedade, é o princípio primeiro (o germe, por assim dizer) das afeições públicas", escreveu Burke. "É o primeiro elo da série que nos conduz ao amor pelo nosso país e pela humanidade. O interesse por esse exemplo de arranjo social é um sinal de confiança nas mãos de todos os que dele fazem parte; só homens maus poderiam abusar dessa confiança; só traidores iriam trocá-lo por outra coisa qualquer para obter uma vantagem pessoal."

St. Louis Park e Minnesota, à luz de suas melhores qualidades, ofereciam a muitos de seus cidadãos a oportunidade de pertencer a uma rede de "pequenos pelotões" entrelaçados, comunidades baseadas na confiança, que constituíram a base do sentido de pertencimento, de idealismo cívico, da crença de que outros, mesmo que diferentes, poderiam e deveriam pertencer àquele todo. O mundo de hoje nos dá muitos motivos para nos recolhermos, para nos desconectarmos. St. Louis Park e Minnesota deram a muitos de nós que lá crescemos motivos para fazer o contrário — nos deram razões para acreditar que podíamos e devíamos nos conectar e cooperar, que o pluralismo era possível e que dois mais dois às vezes podiam ser cinco.

Em retrospecto, contudo, também compreendo a distância relativamente pequena que tivemos de percorrer para cruzar as pontes econômicas e culturais que nos separavam. O mesmo não acontece hoje. Nesta era de estreita interdependência global, e de contato íntimo entre estranhos de maior diversidade, as pontes de compreensão que teremos de construir serão mais longas, os abismos que teremos de ultrapassar são mais profundos. E isso só torna maior a necessidade de construir comunidades e de contar com comunidades mais saudáveis, capazes de servir de âncoras para populações muito maiores.

Será que essa ponte é longínqua demais em lugares demais? Francamente, acredito que não — contanto que tenhamos as lideranças certas. Porém, antes de sequer considerar como podemos nos colocar à altura desse difícil desafio global, eu precisava desse curso de reciclagem. Precisava voltar e me reconectar com o tempo e o lugar em minha vida no qual a política funcionava, em que o espírito de comunidade era real, em que as instituições públicas eram respeitadas, em que os meus amigos eram meus amigos, não "seguidores" no Twitter ou ícones no Facebook, em que, quando as pessoas ficavam realmente loucas de raiva ao serem quase mortas por um motorista imprudente, elas quase buzinavam.

13. Você pode voltar para casa de novo (e devia fazer isso!)

Parece que tenho alguma coisa com funcionários de estacionamento.

Eu estava fazendo pesquisas para este livro em Minnesota no começo de 2016. Tinha alugado um carro na Hertz e, na manhã do dia 9 de janeiro, voltei para o aeroporto a fim de pegar meu voo para Washington, DC. Fazia um frio de rachar. Eu vestia um sobretudo pesado que ia até os joelhos. Ao deixar meu carro na Hertz, só havia um funcionário de serviço, e ele imediatamente abriu um sorriso. Seu nome era Qassim Mohamed, 42 anos, e ele já tinha me ajudado pelo menos uma vez antes. Era um viciado em notícias e havia puxado conversa comigo sobre política. Contudo, já não o via fazia algum tempo e não conseguia me lembrar se ele era árabe ou africano. Batemos papo por um tempo, enquanto ele preenchia a papelada do aluguel do carro, e no fim lhe perguntei: "De onde mesmo você é?".

"Somália", ele disse, "mas agora me sinto em casa aqui."

Que coisa amável de se dizer, pensei. Eu não tinha perguntado nada sobre como ele se sentia em Minnesota. Ele apenas disse, espontaneamente, que se sentia "em casa". Porém tinha mais uma coisa que ele queria que eu soubesse a respeito daquele seu novo lar. Sua cabeça estava coberta pelo capuz do agasalho da Hertz – e, enquanto falávamos, dava para ver o vapor da nossa respiração se condensando no ar –, de modo que foi com um grande sorriso que ele acrescentou: "O clima é diferente".

Clima diferente daquele da Somália para ele – mas agora o mesmo clima de Minnesota para nós dois. Que lugar incrível, pensei, mais tarde. Quatro décadas depois de ter partido, ainda posso voltar para cá e me sentir em casa; e, uma década depois de ter chegado, um refugiado somali pode se sentir em casa também.

Nossa breve conversa me lembrou imediatamente de um diálogo que tive com o vice-presidente Walter Mondale no mês de agosto anterior. Eu o tinha convidado para almoçar em um restaurante especializado em peixes no mesmo edifício onde funciona sua firma de advocacia, no centro de Minneapolis. Um homem de enorme decência e integridade, Mondale é uma das pessoas que mais admiro. Falamos muito sobre quão duradouros tinham se tornado tantos desses valores de Minnesota-St. Louis Park. Ao levantarmos para sair, Mondale, os movimentos mais lentos devido aos seus 87 anos, porém com a mente mais afiada do que nunca, fez uma observação: "Você sabe, eles sustentam a si mesmos — existe uma continuidade. Humphrey se foi, mas os elementos que ele despertou ainda seguem vivos na segunda geração depois dele".

Ao voltar para Minnesota e St. Louis Park quase quarenta anos após ter saído de lá para cursar a faculdade e fazer uma carreira, era óbvio para mim que Mondale tinha razão — razão de sobra. Com dezessete empresas da lista das quinhentas maiores companhias da Forbes tendo decidido instalar ali a sua sede, e com o site Patch of Earth tendo declarado que as Twin Cities tinham ficado em primeiro lugar entre as sete "melhores cidades" do país para se viver e manter uma família, alguma coisa ainda devia estar funcionando, especialmente quando lembramos que esse lugar não passa de uma tundra congelada durante cinco meses do ano.

Mas a pergunta que não me saía da cabeça e que eu me fazia sem parar era: que "coisa" era essa que continuava a se manter? Eu precisava saber porque gostaria de engarrafá-la e compartilhá-la com os outros. Nada poderia ser mais útil nesta era das acelerações. Tendo voltado para casa disposto a reconstituir o que havia funcionado no passado e feito da minha comunidade um lugar inclusivo, capaz de manter as pessoas ancoradas e de impulsionar adiante muitos de seus cidadãos, eu queria compreender o que ainda estava funcionando hoje — e esse é o tema deste capítulo.

Acabei por concluir que a "coisa" começa com o fato de que Minnesota, e mesmo a pequena St. Louis Park, contam e contavam com uma massa crítica de lideranças que, ano após ano, entravam na política e no poder com o objetivo de governar. Eles se desentendem e vivem situações de impasse, como em qualquer outro lugar do país (e, ocasionalmente, elegem para governador um tipo excêntrico, como o ex-lutador Jesse Ventura, para ajudar a bagunçar tudo), mas, no fim das contas, na maior parte das vezes, forjam compromissos em prol do bem comum. Sim, é isso que se espera dos parlamentares, porém a agressiva polarização que tem varrido a política americana nas últimas duas décadas fez com que isso deixasse de ser a norma, ou mesmo a expectativa, em Washington, DC.

Ao mesmo tempo, havia e continua a existir, numa medida incomum, um alto grau de colaboração público-privada em Minnesota e em St. Louis Park, onde uma massa crítica de empresários veem a si mesmos não apenas como empregadores, mas também como cidadãos, que têm a obrigação do ponto de vista corporativo de ajudar a corrigir os males socioeconômicos locais e de cujos executivos espera-se que se disponham a fazer isso. Mais uma vez, que contraste gritante com Washington, DC, onde os grandes conglomerados, no período pós-2008, desapareceram do cenário e do debate nacional — em parte devido ao golpe mortal em termos morais que os banqueiros de Wall Street infligiram a si mesmos, em parte porque os grandes conglomerados foram injustamente demonizados no período pós-2008, e em parte porque as multinacionais americanas têm hoje tantos clientes e empregados estrangeiros que seu próprio sentido de "cidadania americana" acabou por se diluir. Em consequência disso, esses setores basicamente desistiram de propor algum programa nacional em relação aos grandes temas como educação, comércio e imigração, como o faziam no passado.

Além disso, a opinião pública em Minnesota e St. Louis Park acabou por manter a expectativa de que políticos e líderes empresariais se comprometam com essas boas práticas; espera-se que políticos, ao fim e ao cabo, cheguem a algum tipo de compromisso, e espera-se que as corporações contribuam com a comunidade.

"Os CEOs daqui deixam claro que esperam que o trabalho continue sendo feito e que os dois partidos não fiquem sempre imobilizados por um impasse", disse Lawrence Jacobs, da Humphrey School of Public Affairs. "Ninguém espera que impere um espírito de fraternidade universal na legislatura do estado, mas a cultura aqui é a de que não é aceitável que um dos lados bloqueie tudo e ignore a realidade."

Todos esses aspectos positivos da "coisa" ao longo do tempo acabam por acumular um grande "capital social" — ou seja, confiança — no interior e entre os setores público e privado, e essa confiança acaba por voltar e reforçar esses hábitos positivos, fazendo com que sejam sustentáveis. Será que preciso mesmo mencionar até que ponto isso contrasta com Washington, DC, onde existe zero confiança entre os partidos, ou entre eles e o setor privado, de modo que o grande motor do crescimento americano — nossas parcerias público-privadas para promover pesquisa, infraestrutura, imigração, educação e regras que incentivem a tomada de riscos, mas evitem a imprudência — se encontra praticamente parado?

Para ser honesto, contudo, existe também outra "coisa" não tão bacana que fazia com que Minnesota funcionasse: a fórmula "gentileza de Minnesota" varria para baixo do tapete o racismo sistêmico nas políticas de habitação e de segurança, em particular em relação aos afro-americanos. Ainda que a comunidade afro-americana em Minnesota fosse relativamente pequena, ela tinha um histórico de ativismo que datava, no mínimo, desde o início dos anos 1960. Aconteceram levantes raciais em Minnesota em 1967 — e também houve a presença do movimento Black Power, entre outras mobilizações.

Contudo, a persistente segregação racial que se dava, na prática, no âmbito da habitação e do emprego, e continua a existir até os dias de hoje, manteve um número suficiente de negros — e de americanos nativos — longe dos olhos da população branca, para que esta acreditasse que a "gentileza de Minnesota" continuava realmente a vigorar para todos. Recentemente, o fato de dois homens negros desarmados terem sido baleados por policiais brancos — um em North Minneapolis, em novembro de 2015, e outro no subúrbio de St. Paul, em julho de 2016 — ajudou a rasgar esse véu. Assim como um estudo de 2015 realizado pela União Americana pelas Liberdades Civis que descobriu que "as pessoas negras [em Minneapolis] correm 8,7 vezes mais risco de serem presas do que as pessoas brancas por infrações de menor importância, como avançar um sinal, conduta imprópria, consumir álcool em lugares públicos e ficar à espreita. Os americanos nativos [...] correm 8,6% mais risco de serem presos por infrações de menor importância do que os brancos". E, de fato, o *New York Times* registrou que Philando Castile, funcionário da cafeteria de uma escola que foi baleado e morto por um policial branco perto de St. Paul quando fez um gesto para pegar sua carteira de motorista depois de ter parado no acostamento, tinha sido obrigado "pela polícia na região de Minneapolis-St. Paul a ir para o acostamento em ocasiões anteriores pelo menos quarenta vezes, uma média de uma a cada três meses, muitas vezes por infrações menores".

A boa-nova é que existe hoje em Minnesota uma consciência bem mais aprofundada da opinião pública em relação a aspectos da "coisa" que fazem com que o estado tenha funcionado todos esses anos — e isso precisa ser preservado —, bem como em relação aos problemas que não podem mais deixar de enfrentar. Afro-americanos e americanos nativos não estão mais dispostos a tolerar escolas separadas e desiguais, nem um tratamento diferente por parte da polícia — e, diga-se em favor do estado, nem muitos brancos estão mais dispostos a tolerar isso. Levando em conta todos esses aspectos, contudo, fica claro que o desafio diante de Minnesota de promover a integração e construir uma comunidade é hoje mais difícil e mais necessário.

É mais difícil porque envolve a integração em grande número não apenas de afro-americanos, americanos nativos e latinos, como também de populações mais traumatizadas, como os somalis ou os laosianos da etnia hmong, que vieram para Minnesota fugindo do Mundo da Desordem, e também de afro-americanos que "migraram" para Minnesota vindos de outros centros urbanos perigosos e desorganizados em Chicago, Indianapolis e Detroit.

Colocando a coisa de outro modo, deixei Minnesota e St. Louis Park em 1973 para descobrir o mundo, e, quando voltei, décadas depois, descobri que o mundo havia descoberto Minnesota e St. Louis Park. Para ser mais específico, a escola de ensino médio de St. Louis Park tem agora entre seus alunos 58% de brancos, 27% de negros, 9% de hispânicos, 5% de asiáticos e 1% de americanos nativos, com a população negra dividida em termos iguais entre afro-americanos e africanos, a maior parte destes sendo composta de somalis muçulmanos, que emigraram para Minnesota nas últimas duas décadas e consideraram St. Louis Park uma das comunidades mais acolhedoras em que poderiam se fixar — da mesma forma que aconteceu com meus pais judeus na década de 1950. Dos estudantes brancos, a maior parte é protestante e católica e cerca de 10% são judeus. Minha escola de ensino médio, que praticamente não tinha estudantes muçulmanos na minha época, agora tem mais muçulmanos do que judeus. Servem-se refeições *halal* na cafeteria, e em cada corredor é possível ver jovens que mantêm a cabeça coberta.

A mesma transformação demográfica teve lugar nas Twin Cities. Hoje, 67% dos estudantes das escolas públicas de Minneapolis são negros, hispânicos ou americanos nativos, e em St. Paul esse número é agora de 78%, com o maior contingente formado pelos hmong. Para o conjunto da área metropolitana das Twin Cities, quanto mais baixa é a idade dos alunos, maior é o contingente entre eles de estudantes não brancos, de modo que daqui para a frente a tendência é de uma diversidade ainda maior. Cerca de cem idiomas diferentes são agora falados no sistema escolar de Minneapolis. O Conselho Metropolitano das Twin Cities prevê que, por volta de 2040, dois em cada cinco adultos na área de Minneapolis-St. Louis Park serão pessoas não brancas. Em outras palavras, essa população diversificada consistirá na reserva de mão de obra na qual as empresas de Minnesota, além de startups e pequenos negócios, irão recrutar seus trabalhadores.

Nem todos os somalis, porém, foram tão felizes como meu amigo Qassim, na Hertz, em fazer de Minneapolis seu "lar". Em 19 de novembro de 2015, a CBS News informou que um novo estudo realizado pelo Congresso descobriu que "mais de 250 americanos tentaram se filiar ao ISIS e um em cada quatro deles é de Minnesota [...]. A comunidade de Cedar Riverside em Minneapolis [...] tem a maior população de somalis do país. Muitos vieram como refugiados nos anos 1990". O índice de desemprego em Cedar Riverside é de 21%, três vezes maior do que a média estadual. "E um número alarmante de jovens somalis daquela vizinhança deixou o país para se unir a grupos extremistas. Desde 2007, duas dúzias deles aderiram ao Al-Shabab, na Somália."

Se estar à altura do desafio da integração é agora mais difícil do que antes, também é, como foi dito, mais importante do que antes — porque esse é o mesmo desafio enfrentado agora por comunidades em todo o país (e na Europa, por falar nisso). Estamos nos tornando uma nação em que a maioria será composta de minorias, e o Mundo da Desordem hoje em expansão só tende a aumentar essa tendência — e tudo isso está acontecendo justamente quando as habilidades necessárias para todos os empregos de classe média não param de aumentar e quando o aprendizado contínuo será um requisito para a conservação de empregos. Em outras palavras, Minnesota e St. Louis Park não representam mais os pontos fora da curva — são microcosmos de um desafio central dos Estados Unidos hoje: podemos continuar a fazer "de muitos, um" na era das acelerações?

Foi para descobrir isso que voltei para casa. E, neste exato momento, diria que o júri ainda está reunido para deliberar a questão. Não me atrevo a fazer nenhuma previsão — essa é uma tarefa difícil, bem mais do que integrar escandinavos e judeus na década de 1960. Porém esta é a melhor notícia que descobri ao voltar para casa: muitas pessoas ali, de diferentes cores e religiões, querem se empenhar a fundo para que isso dê certo para as novas gerações, para que a "gentileza" volte a imperar de verdade em Minnesota para um círculo muito mais amplo de cidadãos do que na minha época.

Sempre que é perguntado se é otimista ou pessimista, Amory Lovins gosta de dizer: "Não sou nem otimista nem pessimista, porque ambos são formas diferentes de fatalismo, de abordar o futuro como destino e não como escolha — e que nos absolvem de assumir responsabilidade por criar o futuro que nós desejamos. Acredito em esperança aplicada".

Encontrei muitas pessoas em Minnesota e em St. Louis Park, de diferentes formações e origens, ainda ansiosas para pôr em prática a esperança — para inovar no plano da comunidade de modo a se fortalecer na era das acelerações — sem saber como a história vai terminar.

Vamos fazer um rápido tour, começando pela câmara de St. Louis Park.

O QUE VÃO TENTAR DA PRÓXIMA VEZ?

O mês é agosto de 2015 e estou sentado numa sala de conferências com o então prefeito de St. Louis Park, Jeff Jacobs; o administrador da cidade, Tom Harmening; e o principal responsável pelas informações sobre a cidade, Clint Pires. Jacobs foi prefeito de 1999 a 2015 e está na câmara da cidade desde 1991. Ele é uma combinação incomum de Andy Griffith,* Maquiavel e Yogi Berra.** O que significa que absorveu toneladas de ensinamentos sobre política e comportamento humano através da janela proporcionada pela câmara de uma pequena cidade, sendo capaz de condensar essa sabedoria em frases sintéticas que teriam merecido a admiração de Yogi e de Maquiavel.

* Andy Griffith (1926-2012), foi ator, diretor, produtor, cantor gospel e escritor norte-americano. (N. T.)

** Lawrence Peter "Yogi" Berra (1925-2015) foi jogador e treinador de beisebol. (N. T.)

O jornal local, o *Sun Sailor*, reuniu algumas delas em 9 de dezembro de 2015, para celebrar sua aposentadoria. A respeito do conselho municipal, Jacobs disse: "Nosso trabalho é fazer com que sete pessoas se reúnam para discordar; então, na semana seguinte, fazemos a mesma coisa". Quando ocorreu um blecaute durante uma violenta tempestade em Minnesota, ele afirmou: "Mandei meus garotos irem ver TV à luz de velas". E as minhas favoritas: "A sujeira nas ruas tem dois pais — o cara que jogou o lixo no chão e o cara que passou por ele e não fez nada. As pessoas aqui são capazes de recolher uma latinha de refrigerante", e "Sou um republicano de nascença e um democrata por escolha — e agora não tenho tempo para nenhum dos dois".

Uma vez que passamos um bom tempo falando sobre o que havia dado certo em St. Louis Park, comecei a perguntar qual o maior erro que eles já tinham cometido. Todos os três sorriram, como se cada um soubesse o que o outro pensava, e começaram a responder: em 2006, depois de dezenas de audiências públicas, de horas intermináveis de debates e pesquisas, o conselho municipal votou no sentido de tornar St. Louis Park a primeira cidade de Minnesota a oferecer wi-fi público e gratuito. É exatamente o tipo de coisa que St. Louis Park faria. Numa votação fechada, a câmara escolheu a Arinc Inc., sediada em Maryland, para construir o que viria a ser o primeiro serviço sem fio de internet abrangendo uma cidade inteira e alimentado com energia solar. Logo depois, essas torres de rádio para garantir a conexão foram erguidas por toda a St. Louis Park — exibindo em seu topo os painéis solares que eram sua marca registrada.

E então chegou o primeiro inverno.

A neve e o gelo se empilharam sobre os painéis solares e — ao contrário do esperado — não derreteram imediatamente. O sistema inteiro entrou em pane. Do dia para a noite aquilo se transformou num enorme elefante branco que teve de ser arrancado depois de oito meses. A cidade acabou processando a Arinc no valor do custo total do projeto — 1,7 milhão de dólares —, não exatamente um trocado para a minha cidadezinha.

Um dia depois de arrancarem todos os painéis solares e postes, relembra Jacobs, "eu me levantei num encontro na Câmara de Comércio — e um dos postes estava no meu quintal — e o que disse foi o seguinte: 'Senhoras e senhores, [a instalação desse sistema] foi decidida numa votação desempatada por um voto. E sabem quem foi o idiota que decidiu a questão com seu voto?

Fui eu'. Tivemos um membro do conselho que na época era engenheiro, Loren Paprocki, e ele tinha dito durante as nossas reuniões [para decidir qual o sistema]: 'Simplesmente não posso apoiar isso, não acho que vá funcionar'. E ele disse uma coisa que jamais esquecerei enquanto viver. Ele disse: 'Debatemos isso exaustivamente. Quero que vocês saibam que não vou apoiar essa iniciativa. Quero que saibam que, até o momento em que for aprovada, eu vou ser contra. Mas, uma vez que for aprovada, vou ser cem por cento a favor, porque não quero que fracasse. [Depois] ele foi o último sujeito no mundo a aproveitar o fracasso para dizer 'Eu avisei'".

O papel do conselho, acrescentou Jacobs, "é se reunir, debater e discutir — mas preservando o relacionamento entre as pessoas, de modo que, na semana seguinte, possamos voltar a nos reunir e fazer tudo de novo". E o segredo para fazer isso sempre foi confiar na comunidade e falar a verdade — "dizer à comunidade que [o wi-fi solar] já era" assim que isso ficou claro.

Porém, na minha opinião, o mais revelador desse episódio foi relatado por Pires, que acompanhou todos os aspectos técnicos e sofreu na realidade um ataque cardíaco logo depois que o projeto fracassou. Ao conversar comigo, Pires relembrou o dia em que foi avisado de que o sistema estava sendo desmantelado — e antes que o seu coração pifasse: "Depois que fizemos o anúncio, fui almoçar na lanchonete perto da prefeitura. O nome do lugar era Harvest Moon. E um sujeito no balcão me reconheceu. Ele disse: 'Você não é o cara do wi-fi?'".

E então o homem disse algo que mexeu com Pires: "Pena que a empresa fracassou e não conseguiu fazer o sistema funcionar. O que a cidade vai fazer agora?".

Pena que não funcionou. O que a cidade vai fazer agora?

"Nunca me esqueci disso", Pires me disse. "A comunidade é capaz de perceber quando estamos tentando trabalhar para ela e reage bem a isso."

Isso é a confiança em ação. Basta comparar com o que acontece hoje em Washington, DC. Alguém consegue imaginar um senador ou deputado dizendo ao presidente do outro partido em relação a algum tema atual: "Pena que sua ideia não funcionou. Sei que sua intenção foi fazer o melhor pelo nosso país. O que deveríamos fazer agora?".

Em 2011, os contribuintes americanos tiveram que dar por perdidos 535 milhões de dólares em garantias federais, prorrogadas pelo governo Obama, concedidas a um empreendimento de risco de uma startup de painéis de energia solar, a Solyndra, cuja tecnologia também acabou fracassando. Isso levou a anos de recriminações, investigações e acusações por parte dos republicanos. Não deveríamos considerar banal uma perda de 535 milhões de dólares, mas investimento de risco não é chamado de "risco" à toa; alguns projetos não vão dar certo. O mais importante é que em Washington, DC — não importa qual o tema ou partido —, você é culpado até que sua inocência seja comprovada. Em uma comunidade saudável, você é inocente até prova em contrário, e mesmo assim as pessoas se mostram compreensivas se sua intenção tiver sido boa.

"Às vezes as asas se soltam do avião", disse o prefeito Jacobs, "mas as pessoas têm de aceitar isso — se pararem para pensar que estamos tentando chegar ao espaço sideral. Estamos tentando fazer a coisa certa. A comunidade se mostrou extraordinariamente compreensiva em relação a isso. Se nos mostrarmos sempre aterrorizados, com medo de ser crucificados na imprensa por algum erro menor... bem, tenho uma notícia para você, todo progresso é obtido na base da tentativa e erro [...]. O projeto espacial jamais teria acontecido depois que o primeiro foguete explodiu se as pessoas não aceitassem isso." Se quiser mudar a maneira como as pessoas veem o governo, você "precisa mudar a maneira como o governo vê as pessoas. Se você vê as pessoas como um mal necessário, elas não vão confiar em você — é assim que elas vão enxergá-lo".

Contudo, o governo também tem a ver com pequenas coisas, acrescentou Jacobs, "porque elas não são pequenas — a sinalização do trânsito, os meios-fios, as calçadas, a grama dos parques — [são coisas que] fazem as pessoas sentirem que vivem numa comunidade [...]. Nesse negócio só há uma coisa fundamental — e não é construir calçadas ou cuidar do asfalto — é a confiança; se perder isso, não tem mais nada".

Um dos motivos de St. Louis Park ter gerado tal grau de confiança é o fato de levar extremamente a sério o compromisso cívico do tipo mencionado por Michael Sandel. Isso significa concentrar uma alta dose de democracia num lugar pequeno. Com apenas 47 mil habitantes, a cidade dispõe não apenas de um conselho municipal, como também de 35 bairros identificados, sendo que trinta deles têm suas próprias associações de moradores, às quais o prefeito e o administrador da cidade recorrem para construir consenso e para gerar confiança em torno de todas as grandes decisões.

O conselho municipal em St. Louis Park é suprapartidário, ainda que os eleitores conheçam as tendências de cada um de seus integrantes por ocasião da eleição do candidato ou candidata. "Quando você concorre como republicano ou democrata, automaticamente acaba vinculado a certo conjunto de ideias", Jacobs me disse. "[Porém] para as pessoas que estarão submetidas às decisões que tomarmos, o que fazemos é menos importante do que como fazemos — o processo pelo qual passamos para que as pessoas confiem na gente [...]. Há muita transparência. Se não nos comunicarmos com o público antes de tomarmos nossas decisões, pode ter certeza de que vão reclamar", porque "temos trinta pequenos conselhos municipais dentro da nossa cidade", disse ele, referindo-se aos trinta conselhos de bairro.

A cidade proporciona bolsas de 2 mil a 3 mil dólares por ano para que cada área crie seu próprio conselho de bairro, promova piqueniques e outros eventos com o objetivo de fomentar um espírito de inclusão, como por exemplo garantir espaço para um jardim ou uma área verde. Contudo, não é possível ter acesso ao dinheiro, a menos que se organize um conselho de bairro com um presidente e um tesoureiro.

"Outras cidades nos procuraram para estudar e tentar imitar a iniciativa", disse Jake Spano, que substituiu Jacobs na prefeitura em 2016. Tudo isso se resume a "fazer um esforço para conhecer seus vizinhos e ver o que pretendem para o bairro [...]. Cresci em Lawrence, Kansas, uma área muito liberal. Não saberia dizer nada sobre qualquer bairro ali, com exceção daquele no qual cresci. Mas, em St. Louis Park, eu conheço não apenas o meu bairro, como conheço todos os outros [...] e conheço não apenas esses bairros, como conheço os líderes desses bairros".

Uma vez por ano o conselho municipal promove um fórum no qual todos os líderes de bairro se reúnem e discutem coisas como, por exemplo, a melhor forma de organizar um bazar de objetos usados no bairro ou de promover uma festa de quarteirão ou de construir uma horta comunitária, e todos trocam experiências sobre as práticas mais indicadas. "Isso não acontece do dia para a noite", explicou Pires. "É resultado de uma evolução de mais de vinte anos. Começou com os bairros querendo criar espaços para hortas comunitárias, encontrar terrenos e maneiras de mantê-los coletivamente." A partir desse embrião, emergiram outras formas de colaboração, que acabaram por resultar na formação de um "tecido de confiança", disse Pires, no interior dos bairros e entre eles e o conselho municipal.

Um dos trabalhos mais importantes na administração municipal de St. Louis Park hoje é o do coordenador de bairros – um funcionário que trabalha em tempo integral –, que promove a interação entre todos eles. Jim Brimeyer, que há muito trabalha no conselho municipal e foi administrador da cidade na década de 1990, me disse que esses conselhos são tão valorizados que, quando o governo estadual cortou a ajuda às administrações locais no início da década de 2000, "cortamos vagas no corpo de bombeiros, na polícia e nos serviços públicos – mas nos recusamos a cortar o posto de coordenador desses conselhos".

Os conselhos de bairro são não apenas vitais para aperfeiçoar a governança de modo geral; eles se tornam ainda mais importantes à medida que a população de St. Louis se torna cada vez mais internacional e não branca – não sendo formada apenas por cristãos e judeus não religiosos. St. Louis Park, explica o administrador da cidade, Tom Harmening, tem ainda

> um longo caminho pela frente para garantir que todos na nossa comunidade que tenham uma aparência diferente tenham um lugar à mesa. Este edifício e a nossa delegacia de polícia são compostos de 95% de brancos. Quando fazemos o nosso trabalho, fazemos isso do ponto de vista de pessoas brancas de classe média. Não refletimos a comunidade que representamos, mas estamos tentando representar a comunidade [...]. Não sei o que é trabalhar num terceiro turno e ter um filho de doze anos cuidando do irmão de seis anos. Somos bem-intencionados, mas bastante desajeitados, e não temos como saber certas coisas, e me sinto constrangido ou inseguro sobre como fazer certas perguntas [...]. Mas temos nos esforçado para melhorar. Agora, reservamos uma noite por semana no verão para que as mulheres somalis possam vir [ao centro recreativo] nadar na piscina sem a presença de homens. Fazemos o mesmo para as mulheres judias ortodoxas, de modo que elas possam desfrutar das nossas instalações do seu próprio jeito.

E, de fato, antes que eu me levante para deixar a prefeitura, Harmening quer se certificar de que entendi: "St. Louis Park não é um subúrbio", ele diz. "É uma comunidade."

Quando compartilhei algumas dessas histórias com Michael Sandel, ele observou que foi precisamente isso que despertou a admiração de Alexis de Tocqueville pelos Estados Unidos, quando o escritor francês visitou o país na década de 1830. "Tocqueville, um dos mais perspicazes observadores da democracia americana, percebeu que a participação no governo local pode cultivar os 'hábitos do coração' exigidos pela cidadania democrática", disse Sandel. "O governo local da Nova Inglaterra, ele escreveu, deu condições aos cidadãos de 'praticar a arte do autogoverno no pequeno domínio ao alcance deles'. E esse alcance é expandido à medida que esse domínio se expande. Hábitos cívicos e capacidades aprendidas em associações locais e nos conselhos de bairro dão aos cidadãos meios para exercer o autogoverno no plano estadual e nacional. Ainda que Tocqueville não tenha ido a St. Louis Park, ele teria reconhecido as virtudes cívicas que levaram os políticos formados em Minnesota a uma posição de destaque na política nacional."

ST. SOMALIA PARK

Enquanto, naquele mês de agosto de 2015, estávamos sentados na prefeitura discutindo, o conselho estudantil da escola de ensino médio de St. Louis Park se reunia na sala ao lado, de modo que perguntei se as escolas tinham conservado seus padrões de qualidade e se ainda eram financiadas pela comunidade na mesma medida em que precisavam ser e sempre tinham sido.

"Nos últimos 25 anos", disse Jacobs, "tivemos seis ou sete aumentos de impostos [para melhorar as escolas públicas], e todos esses aumentos costumam ser aprovados numa votação em torno de setenta a trinta" – 70% a favor e 30% contra –, "mesmo que atualmente apenas entre 13% e 15% das famílias coloquem seus filhos no ciclo de ensino fundamental das escolas públicas. Sempre houve um vínculo entre a cidade e as escolas. Se suas escolas não são boas, não importa que o asfalto das ruas esteja em bom estado. E se as suas estradas estiverem caindo aos pedaços, os conjuntos habitacionais estiverem degradados, seu governo for disfuncional, a sua qualidade de vida cai – as escolas irão pelo mesmo caminho."

No dia seguinte fui até a escola de ensino médio de St. Louis Park para me encontrar com seu superintendente, Rob Metz. Ele trabalha em St. Louis Park há dezenove anos como diretor das escolas de ensino fundamental e médio e como superintendente. Pergunto a ele como esse lugar conseguiu permanecer tão progressista ao longo de três gerações, abrangendo suecos, judeus, latinos, afro-americanos e agora somalis. Ele me disse que quando St. Louis Park, lá nos anos 1950 e 1960, aprendeu a absorver e aceitar a súbita onda de imigrantes judeus, pondo ênfase na educação, a cidade se transformou para sempre. Agora, quando a nova onda é formada por africanos da Somália e da Etiópia, latinos e afro-americanos, esse hábito de inclusão que já estava arraigado simplesmente foi aplicado também a eles.

"Tem havido diferentes ondas de abertura e de aceitação — racial e religiosa", disse Metz, "porém, à medida que cada nova onda chegava, aquela [atitude inicial de] aceitação nunca deixava de existir. Numa determinada geração podia se tratar do aspecto religioso ou racial ou de orientação sexual — mas, qualquer que seja a onda, o distrito escolar e a cidade dizem: 'Venham e sejam parte disso'. E nunca houve nenhum indício de uma atitude 'fiquem de fora'. E nos distritos vizinhos não existe uma atmosfera tão acolhedora. O que manteve este lugar unido foram seus valores associados a uma postura aberta [...]. Se começarmos a levantar muros e a manter as pessoas do lado de fora, isso vai acabar se voltando contra nós."

Devido a essa atitude voltada para a inclusão, acrescentou Metz, "todos os nossos sucessos acadêmicos se mantêm num nível bem próximo do que vigorava nos anos 1960 — mas com um conjunto completamente diferente de crianças". E, com efeito, a avaliação do *Washington Post* das "escolas de ensino médio mais exigentes dos Estados Unidos de 2015" colocava a de St. Louis Park em sexto lugar no ranking de Minnesota.

O nível de diversidade "hoje é incrível, porém a energia por trás da educação não mudou", acrescentou Brimeyer, o antigo administrador da cidade. São agora 45 os idiomas falados nas escolas de St. Louis Park, "e mesmo assim o desempenho dos alunos está acima da média, o que não é nada fácil levando em conta tamanha diversidade".

Ele então acrescenta um pequeno detalhe que lança luz sobre algo muito mais amplo — como aquela cultura criou raízes lá nos anos 1950 e a seguir continuou a ser transmitida de um líder para o líder seguinte. Os limites do distrito escolar e os limites da própria cidade são os mesmos, explica Brimeyer, de modo que existe uma cooperação em tudo entre as duas partes e eles nunca emitem títulos no mesmo ano. "Quando assumi o cargo de administrador da cidade", ele afirmou, "o superintendente das escolas me chamou e disse: 'É assim que fazemos as coisas por aqui — cooperamos em tudo em matéria de educação da comunidade. Se fazemos uma emissão de títulos públicos para as escolas, a cidade não pode fazer outra para infraestrutura no mesmo ano" e vice-versa. "E, quando assumiu um novo superintendente, eu o procurei e disse: 'É assim que as coisas funcionam por aqui...'. E, quando deixei meu cargo, ele chamou meu sucessor como administrador da cidade e disse: 'É assim que fazemos as coisas por aqui...'."

Uma coisa de que nunca se ouviu falar em St. Louis Park é de alguém concorrer para o conselho municipal com a proposta de cortar a verba para a banda da escola ou para as aulas de artes só para evitar o aumento de impostos destinados às escolas, ele acrescentou. "Simplesmente dizemos [aos eleitores] que essa é a nossa marca, e que é uma marca vencedora, e que nos ajuda a manter as coisas funcionando. Todos nos vemos como sendo parte disso." Ajuda muito o fato de Minneapolis contar com uma economia bastante sólida de modo a proporcionar sustentação econômica para tudo isso.

Essa atitude fez com que os líderes acadêmicos das escolas contassem com uma grande margem de ação. "Não apenas esperam de nós que assumamos riscos e que inovemos, como também, no caso de um fracasso, que possamos nos reunir de novo e ir em frente — já que o costume de incorrer em acusações não faz parte da nossa cultura", acrescentou Kari Schwietering, diretora assistente da escola de ensino médio de St. Louis Park. "A comunidade apoia você. Criamos um dos primeiros programas de imersão em espanhol implementados no estado. A comunidade espera que sejamos os primeiros — não que fiquemos esperando para ver o que os outros estão fazendo. Isso não seria a atitude típica de St. Louis Park. Podemos errar, mas a comunidade espera de nós que sejamos os primeiros."

Assim como a cidade, Metz e o diretor da escola de ensino médio, Scott Meyers, acreditam em hiper-representação. A escola tem um conselho estudantil que é predominantemente branco, mas também tem um grupo de liderança negro, um grupo de liderança feminino, um latino e um que agrupa estudantes da África e do Oriente Médio. "Esses grupos se encontram semana sim, semana não, e falam sobre a sua responsabilidade em relação à escola", disse Meyers. "Eles elegem os líderes e, se tiverem alguma reclamação, me procuram." Logo após os tiros disparados pela polícia em Ferguson, Missouri, os estudantes realizaram uma passeata e criaram um grupo chamado Estudantes em Organização contra o Racismo [Students Organizing Against Racism, ou

SOAR]. "Se os jovens tiverem uma voz, além da orientação de professores, isso pode fazer uma enorme diferença", disse Meyers. "Eles não podem ir à escola e ter a sensação de que estão visitando a escola de outra pessoa."

Metz observou que, quando dirigia a escola de ensino médio, costumava se "encontrar com os alunos que estavam se formando e estes lhe diziam que o que mais lamentavam era não terem se misturado com mais garotos. Ao saírem da escola, eles de repente percebiam que frequentaram um lugar cheio de grupos diferentes em termos raciais e religiosos e que essa era uma experiência única, que talvez não fossem mais vivenciar no futuro. Eles dizem: 'Queria ter me enturmado com mais pessoas'". Todos os anos, aqueles que se formam deixam uma mensagem para os que estão chegando. "Um conselho comum", disse Meyers, é "'procurem e conversem mais com seus colegas porque esperei tempo demais para fazer isso'."

Certa tarde, Metz e Meyers reuniram as lideranças estudantis da escola de ensino médio de St. Louis Park para conversar comigo. Para alguém como eu, que só tinha um único colega afro-americano na turma ao me formar, em 1971, o arco-íris de cores à mostra naqueles rostos e as echarpes coloridas que usavam eram algo que saltava à vista. O grupo não devia nada aos anúncios da Benetton. O que era mais notável, contudo, era a honestidade com que falavam na frente uns dos outros a respeito da sua escola, das suas diferenças e sobre aquele que era — sabiam disso — um lugar incomum. Eu digitava as suas palavras o mais rápido que podia. A seguir, uma espécie de colagem a partir das frases extraídas da conversa.

Uma garota afro-americana: "Eu sou gay", ela começou, explicando que, numa aula de ciência, um professor a convidou a falar sobre a sua sexualidade. "Fiquei impressionada pelo respeito demonstrado pelos outros alunos [...]. Aquilo me deixou orgulhosa de estudar na Park." Uma estudante somali: "Sou somali. Ainda existem grupinhos aqui. Não percebo muita tensão, porém sem dúvida existe uma separação quando a gente observa o refeitório. Há um monte de mesas cheias de somalis e outras cheias de caucasianos, e alguns grupos não interagem, mas, mesmo se você não está interagindo constantemente, eu me sinto à vontade para falar com qualquer um aqui". Uma estudante branca: "As minhas aulas menos diversificadas são as de nível mais elevado. Temos aqui uma grande defasagem em termos de desempenho e muito a avançar nesse sentido. Em termos de sociabilidade, existem divisões, mas isso não tem muito a ver com questões de raça, e sim com quem você convive nas aulas. Todos nós, como grupo, crescemos juntos. Eu a conheço (apontando para uma garota africana) desde a segunda série. Ela veio da Etiópia. Crescemos juntas e não vamos mudar nossas opiniões só porque o mundo exterior nos diz para fazer isso. Tenho a impressão de que alguma coisa ainda está em curso aqui, de que estamos realizando algo e fazendo progressos". Uma garota branca: "Estar numa escola com tanta diversidade, com tantos grupos e clubes e tantas conversas sobre justiça social é algo que nos torna realmente conscientes do 'privilégio branco'. Eu fui tomar conta de uma menina de doze anos, e, ao saber que eu era de St. Louis Park, uma amiga dela me disse: 'Ah, é bastante colorido aquilo lá'. Eu disse: 'É, lá não é como em Minnetonka'" — outra cidade predominantemente branca nas redondezas —, "e fiquei muito grata por ter crescido ali". Uma garota latina: "Cresci em Nevada e vim para Minnesota. Cresci com muita gente de origem hispânica à minha volta, e quando cheguei a St. Louis Park encontrei uma atmosfera inteiramente diferente, e no começo fiquei assustada e me esforcei muito para me ajustar. Quando era caloura, havia poucos hispânicos, mas depois de algumas semanas ali dava para sentir que todo mundo conhecia todo mundo. Era mesmo diferente num sentido positivo. Era realmente diversificado".

O que eu ouvia ali era o som do pluralismo sendo construído — da maneira difícil, um encontro de cada vez. Em um país cuja maioria está passando a ser composta de minorias, essa é a única maneira como podemos viver e prosperar juntos. Mas cada dia é ainda parte de um processo de aprendizagem para todas as partes envolvidas. Les Bork, diretor da escola de sexta a oitava série na qual estudei nos anos 1960, época em que era absolutamente branca, observou: "Em 1985 tivemos cinco estudantes negros, e agora 40% dos estudantes são não brancos, e foi uma transição abrupta. Tive famílias de crianças de cor que vinham aqui nos acusar, dizer que seus filhos não tinham um bom desempenho porque seríamos racistas. Agora as coisas são mais fáceis; agora não há uma cultura dominante. A cultura dominante é a inclusão".

Mais uma vez, tudo tem a ver com buscar algo, obter, perder e reconstruir essa coisa fugidia chamada confiança. "Todas as reclamações que recebo chegam por e-mail, e nunca respondo por e-mail", acrescentou Bork. "Sempre telefono e peço um encontro pessoal e dou a eles meu celular. [Os pais] ficam surpresos com isso, [porque] querem tanto falar com uma pessoa", mas isso é tão raro. Quando ele efetivamente liga de volta, disse Bork, "quase sempre ficam espantados. Estou estendendo a confiança a eles antes que eles estendam a confiança a mim".

CARIBOU COFFEE

Estou sentado no Caribou Coffee, em St. Louis Park, fazendo uma pergunta que jamais sonhei que faria. Estou perguntando a Sagal Abdirahman, dezoito anos, uma jovem somali que trabalha ali e que se formou na escola de ensino médio de Park em 2015, se ela foi alguma vez a um *bar* ou bat mitzvah.

"Fui convidada para uma festa de bat mitzvah", ela respondeu sem hesitar. "Francamente, achei bem divertido — e gostei da dança."

Bem-vindo a St. Louis Park — versão 2016. Sagal e sua irmã mais velha, Zamzam, de 21 anos — que se formou no ensino médio em Park e agora está cursando biologia na Universidade de Minnesota, enquanto Sagal está no seu primeiro ano do Augsberg College —, atravessaram praticamente o sistema escolar inteiro de St. Louis Park depois que sua mãe se mudou para lá uma década atrás, para trabalhar como motorista de uma empresa de seguros. As duas jovens ganharam bolsas de estudo oferecidas pelo Rotary Club de St. Louis Park e da Fundação Page Education, batizada em homenagem a Alan Page, um ex-jogador de futebol americano dos Vikings que foi nomeado para a suprema corte estadual.

Perguntei a Sagal qual a sua impressão mais forte de ter crescido nas escolas de St. Louis Park. "A gente pode ver claramente todas as oportunidades disponíveis. Se você quer fazer alguma coisa, então faça — você só precisa pedir."

As duas participaram do baile da escola de ensino médio de Park. "O pai da minha melhor amiga é pastor", disse Sagal, que, como a irmã, faz suas preces numa mesquita em South Minneapolis.

> Eles são muito acolhedores. Eu a conheço desde a segunda série e ela me ensinou inglês. Visitei a igreja dela em Edina. Gostaria que meus filhos crescessem em St. Louis Park. Existe uma atmosfera acolhedora e crescer aqui não é desagradável. Eu me sinto segura e ainda dá para se divertir. As escolas são boas. De modo geral, é uma boa comunidade. Acho que Edina é um pouco branca demais. Não me

sentiria confortável lá. Acho que me olhariam de um jeito diferente e isso seria constrangedor. Sinto que precisaria me explicar de um jeito que não é necessário em St. Louis Park.

Zamzam acrescentou: "Gosto muito de St. Louis Park. Minha mãe [certa vez] pensou em se mudar para Minneapolis. Eu disse: 'Isso não vai acontecer. De jeito nenhum'. Realmente gosto de onde a gente mora, nessa vizinhança tranquila. É uma atmosfera muito inclusiva. Conhecemos todo mundo. Minneapolis, para mim, tem cara de cidade grande".

Tiveram muita dificuldade de encontrar comida *halal*? – perguntei.

Há algumas lojas que vendem, disse Zamzam, "ou então simplesmente compramos comida kosher, se estamos com pressa".

Acham que existia muita discriminação? – perguntei.

"Quando éramos mais novas, talvez um pouquinho", disse Sagal.

Naquela época não havia tantos somalis aqui. Mas as pessoas eram pessoas. Na maioria eram acolhedoras. Havia um pouquinho de divisão entre as pessoas de cor como um todo e as pessoas brancas e as pessoas judias e os somalis. Éramos apenas africanos, não afro-americanos [...]. Era complicado, e tem aquelas pessoas com que você se dá bem. Mas é claro que nos temas abordados nas aulas de inglês ou história surgem assuntos que temos de discutir, e há certo constrangimento, porque as pessoas às vezes têm opiniões diferentes. Nós todos íamos à escola de maneira bem civilizada, mas de vez em quando saía uma briga.

Conheci as duas irmãs por intermédio de Karen Atkinson, que dirige a organização Children First, fundada por empresários de St. Louis Park e um esforço comunitário para educar crianças saudáveis. A cada visita que voltava a fazer a St. Louis Park, descobria alguma nova organização social fundada por alguém da comunidade para ajudar alguém menos afortunado. É essa a definição de comunidade.

A Children First foi criada em 1992, quando o então superintendente das escolas, Carl Holmstrom, ao falar no Rotary Club de St. Louis Park, compartilhou as dificuldades enfrentadas por jovens e suas famílias na comunidade. Dois empresários rotarianos mais idosos – Wayne Packard, que era proprietário da Culligan Water Condition e estava com oitenta anos, e Gil Braun, dono da Braun, a rede de lojas de roupas femininas onde minha mãe sempre fazia compras, que estava com setenta anos — entraram com os recursos iniciais para criar uma parceria entre empresas, prefeitura, instituições religiosas, de saúde e educativas para oferecer apoio à juventude de St. Louis Park. Eles estabeleceram uma cooperação com o Search Institute e começaram a usar o formulário de avaliação "40 Fatores de Desenvolvimento para Adolescentes", uma relação de itens abrangendo relacionamentos, experiências, habilidades e expectativas para ajudar jovens a se desenvolverem plenamente. Esse sistema de avaliação inclui coisas como: "A vida familiar propicia altos níveis de amor e apoio [...]. O jovem recebe apoio de três ou mais adultos além dos pais [...]. O jovem tem contato com vizinhos que se importam com eles [...]. A escola oferece uma atmosfera atenciosa e encorajadora [...]. Os pais (ou um deles) se mostram ativamente engajados no sucesso da criança na escola [...]. São concedidos aos jovens papéis úteis na comunidade [...]. O jovem presta serviços na comunidade durante uma hora ou mais por semana".

Os que contam com muitos fatores favoráveis como esses se saem melhor na escola, fazem trabalho voluntário na comunidade e têm um estilo de vida mais saudável. Também apresentam menor probabilidade de se envolver em comportamentos de risco. Os que contam com menos desses fatores positivos tendem a ficar para trás no desenvolvimento ou a se meter em encrenca. A iniciativa tem como objetivo melhorar a pontuação nesses quesitos entre todos os jovens.

"O nome Children First sugere certo mal-entendido, porque na realidade toda a questão tem a ver com mudar o comportamento dos adultos", explica Atkinson. "A iniciativa propicia que a comunidade ofereça apoio aos jovens, pedindo a indivíduos e organizações que usem os quarenta critérios como uma referência. Mais de 250 voluntários foram treinados, entre os quais vizinhos, pastores, bancários e bombeiros. Cada um deles determina a sua própria maneira de estabelecer uma conexão com os jovens." Isso vai desde criar uma clínica gratuita para adolescentes, em parceria com as autoridades escolares locais e os Serviços de Saúde Park Nicolett, até a iniciativa de um casal idoso de convidar crianças da vizinhança para usar a cesta de basquete do acesso à sua garagem!

Como seria de se esperar, existe muito mais pobreza em St. Louis Park hoje do que no passado — em particular entre os imigrantes africanos que chegaram mais recentemente –, e algumas crianças não têm dinheiro para comprar material escolar. Mas, de modo previsível, uma organização social surgiu para tentar ajudar. Todos os anos, explicou o superintendente Metz, antes do início do ano letivo, um grupo de moradores idosos de St. Louis Park se reúne e cria um esquema de sacolas de material – foram 450 sacolas com material escolar em 2015 –, que são distribuídas na igreja local, a St. George's Episcopal, para crianças necessitadas. O programa foi organizado por uma professora e seu marido, um diretor de escola, ambos aposentados, e faz parte de uma organização sem fins lucrativos local chamada STEP – St. Louis Park Emergence Program, ou Programa de Emergência de St. Louis Park –, fundada em 1975 para ajudar moradores locais com necessidade de comida, roupa ou aconselhamento jurídico.

São pequenas coisas como essas que criam confiança entre os recém-chegados e os antigos moradores – o tipo de confiança ao qual você pode recorrer em uma crise, no momento em que é mais necessário. Em 2013, uma excursão de pesquisa de campo com estudantes da Escola de Ensino Fundamental Peter Hobart de St. Louis Park terminou em tragédia. Os estudantes estavam visitando um sítio arqueológico em St. Paul, junto a um barranco no rio Mississippi, quando a terra cedeu, soterrando sob a lama duas das crianças. A encosta tinha ficado saturada de água devido às chuvas ocorridas dias antes naquela semana. As duas crianças mortas eram de famílias somalis. Em 22 de março de 2014, a escola realizou uma cerimônia em homenagem aos dois garotos. A emissora local de TV, KARE, cobriu o evento: "Dois estudantes da escola fundamental mortos em um deslizamento de terra durante uma excursão foram homenageados quinta-feira por ocasião do primeiro aniversário da tragédia [...]. Estudantes e funcionários da escola formaram uma corrente em torno da escola, vestindo as cores características do sistema escolar, laranja e preto. Dentro dessa corrente, as famílias dos dois meninos, Mohamed Fofana, dez anos, e Haysem Sani, nove, lançaram ao ar alguns balões brancos depois que o superintendente Rob Metz pediu um minuto de silêncio. As famílias das duas crianças receberam indenizações da prefeitura de St. Paul e do distrito escolar devido ao acidente ocorrido num local muito frequentado por caçadores de fósseis, junto a um barranco. Parte do dinheiro está sendo usada para a construção de uma escola e um orfanato no leste da África".

A INOVAÇÃO VEM EM PEQUENAS EMBALAGENS

Em várias ocasiões vi indícios, na pequena St. Louis Park, de como é verdadeira a afirmação de Gidi Grinstein de que a inovação social vem acontecendo por todo o país hoje no plano local. Não há necessidade de se inventar nada — só é preciso que aquilo que já existe seja expandido, ou, como meu colega David Brooks observou em 21 de junho de 2016, em sua coluna do *New York Times*: "O tecido social está se esgarçando através deste país, porém parece que por toda parte vêm surgindo pessoas dispostas a reparar isso, reconstituindo o pequeno trecho que lhes diz respeito. Elas estão indo a lugares vazios para criar ali comunidades, construir relações íntimas capazes de mudar vidas, uma a uma".

As pessoas na comunidade de St. Louis Park nutrem sentimentos tão fortes em relação às suas escolas públicas que criaram uma fundação para oferecer aos professores um apoio suplementar para projetos especiais. Minha professora de inglês, Miriam Kagol, se aposentou da escola de ensino médio de Park em 2002 e não mora mais na cidade, mas num subúrbio próximo. Mesmo assim ela se apresentou como voluntária para trabalhar na Fundação das Escolas Públicas de St. Louis Park. "Faço a mim mesma essa pergunta", Kagol me disse. "Todo ano arrecadamos 40 mil ou 50 mil dólares para as escolas públicas de St. Louis Park. As pessoas que doam são muito ligadas às suas escolas e à sua comunidade. Algumas, da minha idade (estou com setenta), professores aposentados, fazem doações generosas à Fundação das Escolas porque sentem que receberam um bom tratamento por parte do sistema de aposentadoria."

Nenhuma comunidade pequena, nem mesmo St. Louis, vai integrar de uma hora para outra refugiados de guerra somalis, latinos de Nevada ou afro-americanos vindos de centros urbanos; as defasagens culturais e religiosas são bem grandes. Ainda há muitas pessoas levando vidas paralelas ali. Porém, o que vi em termos de esperança posta em prática, em termos de empreendedorismo social voltado para preencher o hiato entre pais que criam sozinhos suas famílias de um lado e o governo federal, do outro, é o bastante para ter vontade de viver o suficiente de modo a poder voltar daqui a vinte anos para ver como a história termina. Até lá, deixo a palavra final com Jeff Liss — um fotógrafo profissional que se formou na escola de ensino médio de St. Louis Park em 1968 e ainda mora na cidade:

Quando cresci aqui, havia uma grande classe média, todos nós nos sentávamos às mesmas mesas no refeitório e as diferenças socioeconômicas pareciam não ter maior importância. Minhas duas filhas frequentam agora a escola de ensino médio. Elas me dizem que, mesmo com toda a diversidade, a escola funciona muito bem, da mesma forma que funcionava quando nós estávamos lá. Outras comunidades por aqui não se mostram tão receptivas, mas esses valores nunca deixaram nossa comunidade. De forma inconsciente, eles vão sendo passados adiante. Jamais me sentei com minhas filhas e disse: "Seja desse jeito ou daquele". Mais do que um sentimento subjacente de aceitação, existe uma atitude transparente de aceitar o fato de que todos têm o direito de tentar alcançar suas metas e sonhos. Não tenho certeza se é algo que distingue St. Louis Park de outras cidades, mas sei que aqui, com certeza, essa é a postura que prevalece. Outro dia, eu estava num jogo de futebol com a minha filha, em Hopkins, e, só de ouvi-la conversar com suas colegas de time — e há muitas garotas somalis —, pensei: "Tem uma coisa boa acontecendo por aqui, e nesse aspecto as coisas não mudaram tanto".

O PROJETO ITASCA

St. Louis Park, como eu disse, não existe em meio a um vácuo. Muitas pessoas de lá trabalham em Minneapolis, de modo que o que acontece na economia das Twin Cities tem grande importância; uma economia em expansão não basta para produzir uma sociedade mais inclusiva, mas certamente ajuda. De modo que não posso terminar este capítulo sem dedicar algumas palavras ao mais inovador e atualmente talvez o mais importante projeto concebido nas Twin Cities destinado a fortalecer o nexo entre comunidade e economia. Ele é conhecido como Projeto Itasca — uma coalizão informal composta de líderes empresariais locais incluídos na lista das quinhentas companhias da *Fortune*; educadores, funcionários locais e filantropos que se reuniram em 2003, durante um período particularmente ruim da vida política de Minnesota (em seguida à gestão do ex-lutador Jesse Ventura à frente do governo estadual), para colocar a comunidade de volta nos trilhos.

O espírito de colaboração até então vigente no estado havia "sofrido um baque", explicou Mary Brainerd, presidente da Health Partners, que dirigiu o Projeto Itasca entre 2003 e 2008. Minnesota estava começando a imitar

Washington, DC, quanto ao caráter tóxico da sua política, o que vinha a ser um desvio em relação à cultura política nativa. "Os dois partidos não conseguiam resolver os problemas que precisavam ser solucionados. Todo mundo só estava focado no curto prazo — os dois anos à frente e a próxima eleição —, e as pessoas diziam: 'Não tem como a gente avançar nesse tipo de ambiente'", relembra Brainerd. "Precisávamos que o processo de tomada de decisões se desse com base em indícios concretos."

O primeiro objetivo do Itasca era estimular o crescimento da economia local — mais recentemente, também buscava reduzir as divisões raciais da região. Basicamente, o Itasca se propôs a fazer o que as elites empresariais americanas, nos seus melhores momentos, costumavam fazer no plano local e nacional: manter os políticos sob pressão para obrigá-los a ceder e firmar compromissos em torno de grandes temas, como infraestrutura, educação, transporte e investimento — e então, mais tarde, a se comprometer com a abertura da força de trabalho às minorias. Levando em conta que cada vez mais afro-americanos, laosianos da etnia hmong e somalis tinham se mudado para Minnesota nas duas décadas anteriores, as disparidades raciais do estado, que costumavam ser facilmente menosprezadas, não podiam mais ser ignoradas — quer no âmbito moral ou econômico. O Itasca não é um partido político, mas, se fosse, seria o partido da Mãe Natureza — apartidário, ágil, heterodoxo, híbrido, adaptativo e focado em adotar as melhores práticas.

O grupo decidiu batizar a si mesmo com o nome do lago e do parque estadual no norte de Minnesota — Itasca — nos quais as elites progressistas de Minnesota costumavam passar as férias de verão nos velhos tempos: os Pillsbury, os Dayton, os Cargill e os McKnight, para citar as famílias mais importantes. Eles formavam um grupo incomum de aristocratas dotados de espírito cívico, que davam também eles mesmos o exemplo ao fazerem generosas doações por meio de suas empresas com o objetivo de melhorar a vida comunitária. Eu tinha apenas uma vaga consciência a respeito do projeto até que, de repente, o grupo foi tema de uma reportagem de Nelson Schwartz no *New York Times* de 29 de dezembro de 2015 intitulada "They're in the Room When It Happens" [Eles estão presentes na hora em que acontece]. Eis como a matéria começava:

> Uma sala de aparência banal no 38º andar do mais alto arranha-céu de Minneapolis tem pouco em comum com a antiga sede do clube em um edifício antigo de

tijolos aparentes a poucas quadras de distância no qual integrantes da elite local vêm se reunindo há mais de um século.

Mas, a não ser pela troca dos tapetes orientais e os painéis de madeira escura por uma mesa de granito e cadeiras de estilo aerodinâmico, o espaço cumpre a mesma função que desempenhou no passado o Minneapolis Club.

Toda sexta-feira pela manhã, catorze homens e mulheres que comandam algumas das maiores empresas, entidades filantrópicas e outras instituições em Minneapolis, St. Paul e áreas próximas se reúnem aqui para, num café da manhã, traçar os rumos da economia da região.

Eles compõem a chamada Equipe de Trabalho do Projeto Itasca, uma iniciativa cívica privada, integrada por cerca de sessenta líderes locais, que tem como objetivo estimular o crescimento e o desenvolvimento das Twin Cities. Mais problemático ainda, eles também se propõem a abordar temas espinhosos que outros executivos em outros lugares tendem a evitar, como disparidades econômicas e discriminação racial.

Pense nisso como o Establishment 2.0: com maior diversidade do que o antigo, que era quase 100% branco e masculino, claro, porém tão poderoso como o anterior e tão invisível quanto convém ser [...].

Contudo, o impacto provocado pelo Itasca é bem real. E sua abordagem voltada para o consenso oferece um caminho alternativo numa época em que a política nacional — e em muitas assembleias estaduais — parece inexoravelmente dividida ao longo de linhas partidárias [...].

A lista de convidados para esses cafés da manhã realizados no centro da cidade inclui os prefeitos de Minneapolis e de St. Louis Park, assim como parlamentares locais, superintendentes de escolas e funcionários de universidades.

De modo que, quando uma proposta para aumentar os impostos sobre a gasolina em 2008 para ajudar a reconstruir estradas e sistemas de transporte foi vetada pelo governador republicano da época, Tim Pawlenty, os líderes empresariais do Itasca deram telefonemas para persuadir deputados republicanos, conseguindo convencer um número suficiente deles a derrubar o veto.

Mais recentemente, pressões exercidas pelo Itasca ajudaram a garantir mais verbas para o sistema de escolas e faculdades do estado. O Itasca também liderou a campanha pela criação de uma nova agência regional para atrair empresas que pretendam se mudar para a região ou expandir suas instalações, assim como um esforço para encorajar os responsáveis pela compra de suprimentos de empresas gigantes locais, como a Target e Xcel Energy, a comprar mais bens e serviços da própria região.

A reportagem observava que "o trabalho desenvolvido pelo Itasca é uma das razões de a região das Twin Cities ter emergido como uma potência econômica. Atualmente em 2,9%, o índice de desemprego na área metropolitana está bem abaixo da média nacional de 5%. Ao mesmo tempo, Minnesota tem se destacado na criação de empregos de altos salários, baseados em alta capacitação e conhecimentos, que proporcionam hoje o acesso à classe média". A reportagem também chamava atenção para o fato de que a maior parte das grandes e pequenas cidades dispõe agora de câmaras de comércio e agências de desenvolvimento, mas

> o que torna o Itasca único, dizem os participantes, é um compromisso com números concretos e com análises no estilo McKinsey, assim como a disposição para deixar de lado o roteiro seguido por muitos lobbies do setor privado.
>
> "Não estamos apenas pedindo menos impostos e menos regulamentações", disse David Mortenson, atual presidente do Projeto Itasca. "Se, como um grupo de líderes empresariais, atacamos a questão da educação e da disparidade de renda, é porque queremos romper alguns tabus."
>
> Isso é diferente do que ocorre na maior parte das outras cidades, disse o sr. Mortenson, que no início do ano assumiu a direção da M. A. Mortenson, uma empreiteira de projeção nacional fundada pelo seu avô.
>
> Em Seattle, onde o sr. Mortenson morou durante nove anos antes de voltar a viver em Minneapolis em 2012, "a maioria das empresas de tecnologia considerava a cidade conveniente para alojar alguns de seus funcionários", ele disse. "Elas não se envolviam a não ser que a questão afetasse seus negócios..."
>
> "Os líderes da área de tecnologia fazem muita filantropia", ele acrescentou, "mas fazem isso de forma desvinculada do seu negócio."

A reportagem terminava citando James R. Campbell, um banqueiro local que ocupou posições-chave nos bancos Norwest e na Wells Fargo antes de se aposentar em 2002, perguntando e ele mesmo respondendo: O exemplo do Itasca poderia ser repetido em outros lugares? "Minha resposta é talvez", Campbell disse ao *Times*. Porém, "aqui, existe uma disposição incomum no sentido de confiarmos uns nos outros".

Desejando compreender como funcionava esse grupo, procurei um de seus fundadores, Tim Welsh, um antigo sócio na equipe da McKinsey & Co. em Minneapolis. Ele relembrou para mim o primeiro encontro do grupo Itasca em 12 de setembro de 2003:

> Tínhamos entre 25 e trinta pessoas em posições de responsabilidade na cidade. O governador Pawlenty compareceu e passamos quase uma hora fazendo as apresentações — todos se mostravam mobilizados em torno da paixão que nutriam por essa comunidade, e havia certa ética que queríamos preservar. Todos nós a conhecíamos, embora não soubéssemos defini-la muito bem. Era um sentimento de que estávamos nisso juntos e de que compartilhávamos um compromisso com o bem comum [...]. Para dar início aos nossos esforços, lançamos a primeira força-tarefa com a missão de focar em como tornar a Universidade de Minnesota mais conectada com a comunidade empresarial.

Nos últimos anos, o Itasca centrou grande parte da sua atenção na questão da desigualdade local. Uma força-tarefa de 2012 dedicada às disparidades econômicas descobriu que, em Minnesota, os afro-americanos com diploma universitário na área de humanas tinham um índice de desemprego de 9%, enquanto os brancos na mesma situação tinham 3% de desemprego. Minneapolis estava logo acima de Detroit — uma posição nada boa — na "defasagem por cor" — a diferença entre a porcentagem de brancos e negros em idade de trabalhar (de dezesseis a 64) que estavam empregados. Um estudo de 2015 feito pelo Center on Reinventing Public Education [Centro de Reinvenção da Educação Pública] descobriu que o índice de graduação nas escolas de ensino médio para negros e hispânicos em Minneapolis estava entre os piores do país. Estudos têm projetado uma carência de 100 mil pessoas no mercado de trabalho em Minnesota por volta de 2018, e a maior parte dos empregos vai exigir algum tipo de educação pós-secundária, de modo que a comunidade empresarial não pode mais ignorar essas disparidades.

Uma das maneiras como os integrantes do Itasca procuraram resolver o problema foi dando apoio a Sondra Samuels, que dirige a Zona de Desempenho de Northside (Northside Achievement Zone, NAZ) — um esforço conjunto reunindo 43 organizações e escolas voltado para a eliminação dessa defasagem em termos de desempenho. A NAZ foi fundada em 2008 em Minneapolis, tendo sido inspirada na Harlem Children's Zone, do educador Geoffrey Canada. A iniciativa lança mão de uma rede holística de coaches e tutores, combinada com um apoio acadêmico e envolvente para 1100 famílias, com o objetivo de manter 2300 crianças num percurso contínuo em termos de educação, indo da primeira infância à faculdade. A zona de North Minneapolis foi designada uma área de pobreza racialmente concentrada, na qual mais de 50% dos residentes são pessoas de cor e 40% vivem abaixo da linha da pobreza e onde as escolas há muito mostram um desempenho fraco. Uma manchete de 2016 do jornal *Star Tribune* chamava-a de "Zona de Batalha". Não se pode construir uma comunidade saudável, argumentou Samuels, quando apenas cerca de 52% dos estudantes afro-americanos em Minneapolis terminam os quatro anos de ensino médio.

"Desde o começo, reconhecemos a importância da abordagem baseada em duas gerações", explicou Samuels em um ensaio publicado no jornal *Star Tribune* em 21 de junho de 2016.

> Trabalhamos tanto com os pais quanto com os filhos para obter um progresso duradouro. Oferecer apoio à família como um todo é fundamentalmente importante, porque, quando os pais proporcionam lares estáveis, suas crianças têm como ficar focadas na aprendizagem.
>
> Também reconhecemos que as escolas não podem fazer isso sozinhas, de modo que cercamos os estudantes com uma equipe que proporciona tudo, desde oportunidades acadêmicas extras, orientação para os pais e serviços ligados à primeira infância até aconselhamento em termos de saúde comportamental, habitação e apoio para a carreira. Nas escolas parceiras, nas quais os apoios estão ajustados para atender os estudantes do NAZ, eles estão se saindo significativamente melhor do que os seus pares em matéria de leitura.

Samuels não nasceu ou foi educada em Minnesota — ela se mudou para Minneapolis para trabalhar na divisão de vendas da Ford Motor Co., tendo morado em St. Louis Park por alguns anos antes de criar a NAZ. Talvez por ter nascido e sido criada em Nova Jersey, ela não demonstra medo de criticar abertamente o racismo silencioso que existiu durante tantos anos em Minnesota, antes de elogiar logo em seguida os que apoiam a sua iniciativa em grupos como o Itasca por estarem agora sinceramente focados na solução do problema.

"Cresci em Nova Jersey e fiquei totalmente envolvida com a questão da justiça racial durante os últimos anos de minha adolescência", Samuels me contou enquanto tomávamos café certa manhã, no centro de Minneapolis. "Meu pai e minha mãe vieram do sul racista, sendo descendentes de escravos e pequenos agricultores que vieram para o norte pela mesma razão que alguns imigrantes vieram para os Estados Unidos — para desfrutar de uma vida melhor do que o sul poderia oferecer." O pai de Sondra aderiu ao sindicato dos estivadores, deixando a camada de baixa renda para ascender à classe média, mudando em seguida com sua família do equivalente de North Minneapolis para St. Louis Park, ou de Newark para Scotch Plains, graças à legislação social sobre habitação aprovada em 1968. Quando, na época em que era adolescente, ela expressava sua indignação contra a injustiça, lembrou Samuels, "meu pai costumava me dizer: 'Sandy, quando encontrar um país melhor do que este, me diga, e nós então vamos viver juntos lá...'. Isso sempre me deixava sem resposta".

Falando sobre Minneapolis, ela disse: "Temos grandes disparidades nessa comunidade — essa história de 'gentileza de Minnesota' servia para encobrir um bocado de racismo". Porém, "embora eu possa falar sobre disparidades reais e sobre como havia um racismo estrutural em Minnesota — histórico e atual — que nos levou ao ponto onde nos encontramos hoje, também posso dizer a você que hoje contamos com uma comunidade empresarial diferente de qualquer outra". Hoje, "as pessoas estão dando um passo à frente e dizendo: 'Isso não pode acontecer enquanto estivermos aqui...'. Mãos à obra". Trabalhando com os integrantes do Itasca e outros líderes do mundo dos negócios, disse Samuels, "estamos tentando nos ajudar uns aos outros. É isso que perdemos neste país ou então nunca tivemos realmente. Todos nós compartilhamos uma visão de que não vamos aceitar que as coisas sejam assim e que não vamos deixar que nossas crianças passem por isso".

A NAZ contou com apoio tanto público como privado. Recebeu uma bolsa de 28 milhões de dólares durante cinco anos concedida pelo governo Obama no âmbito do programa Promise Neighborhood Implementation; e as empresas Target e General Mills se comprometeram a doar 3 milhões de dólares cada uma por ano durante três anos seguidos para garantir que a NAZ continue a contar com todos os recursos de que precisa para ter uma chance de ser bem-sucedida.

Mesmo que Samuels se mostre entusiasmada com o apoio financeiro e as parcerias estabelecidas com grupos como o Itasca, ela sabe que a região norte de Minneapolis não pode ser transformada sem que se atente para o racismo sistêmico que ainda exige uma solução. Ela também sabe que a solução do problema não será transformativa a não ser que as famílias dessa área habitada em grande medida por afro-americanos também tomem o futuro em suas mãos. A boa-nova, perdida entre as manchetes, é que existem muitos indícios de que isso já está começando a acontecer com as famílias da NAZ, ela argumenta:

> O que me deixa mais esperançosa é o sentido de pertencimento que os afro-americanos estão assumindo em relação a essa comunidade — [a sua compreensão de que] ninguém está vindo para salvá-los. Parceiros são fundamentais, mas nós temos de salvar a nós mesmos — nós mesmos temos de mudar nossa comunidade. Vejo famílias criando planos de desempenho, e elas têm trabalhado nesses planos e estão marcando presença de forma diferente nas escolas de seus filhos e se inscrevendo em massa nas aulas de orientação para os pais. Tenho pais que me dizem: "Não sabia que eu devia ler para a minha filha". Percebo um verdadeiro compromisso com a mudança no plano pessoal, e as pessoas estão perguntando: "O que posso fazer para promover essa mudança de modo a ajudar meu vizinho no quarteirão?". Todos devem fazer a sua parte, mas vejo famílias em North Minneapolis dizendo: "Depende da gente...". Com o apoio adequado, podemos criar uma cultura em que as pessoas acreditem que podem ser bem-sucedidas.

Já o Projeto Itasca compreendeu que seus integrantes precisavam ir muito além do mero ato de assinar cheques, assumindo também um compromisso pessoal para ser parte dessa mudança. Nesse sentido, o Itasca criou um seminário que se desenvolve ao longo no ano. Voltado para lideranças, ele tem seu foco no aumento da diversidade da força de trabalho. Foi pedido aos CEOs locais que explorassem seus próprios preconceitos (o grupo é predominantemente branco, porém inclui alguns membros de outras raças) e mobilizassem suas organizações de modo a contribuir nos esforços regionais para reduzir as disparidades de emprego. O projeto foi codirigido por MayKao Y. Hang e Brad Hewitt, CEO da Thrivent Financial. Se você conversar com Hang, de 43 anos, por dez minutos, compreenderá o quanto Minnesota já avançou no âmbito da diversidade desde a época em que cresci lá — e quanto ainda precisa avançar.

Da etnia hmong, ela veio com a família para os Estados Unidos em 1976, como refugiada do Laos. Estava na primeira série quando foi morar em St. Paul, em 1978. Passou pelo sistema de escolas públicas de St. Paul, que conta agora com 31% de alunos de origem asiática (em sua maioria do Sudeste Asiático), obteve uma graduação em ciências humanas pela Universidade Brown, um mestrado em políticas sociais e justiça distributiva pela Humphrey School of Public Affairs e um doutorado em administração pública pela Universidade Hamline. Hoje, é presidente do conselho de diretores do Minneapolis Federal Reserve Bank, ao qual dedica suas horas livres. Na maior parte do tempo, trabalha como presidente da Fundação Amherst H. Wilder, organização sem fins lucrativos que tem como objetivo melhorar a vida dos moradores da grande St. Paul e arredores.

"Há três anos me pediram que me associasse aos esforços do Itasca para reduzir as disparidades socioeconômicas", Hang me contou certa tarde em seu escritório em St. Paul. Os dados reunidos pelo Itasca mostravam uma realidade que nada tinha a ver com a gentileza de Minnesota: havia escassez de mão de obra no mercado, mas ainda assim estudantes de cor com diplomas universitários "tinham três vezes menos chances de ser contratados do que uma pessoa branca", disse Hang. "Conservávamos esse preconceito na hora de contratar, e isso não devia acontecer com um mercado de trabalho aquecido. Existiam barreiras no campo do emprego."

O Projeto Itasca e Hang montaram então um fórum com o objetivo de ajudar os líderes corporativos a lançarem um olhar profundo e honesto sobre si mesmos e as suas práticas de contratação. A procura entre os CEOs foi tão grande que as vagas se esgotaram. "Eles me procuravam dizendo: 'Eu me importo com a questão da diversidade, mas não sei como lidar com isso'." A iniciativa entrou no seu segundo ano, e cada CEO é estimulado, diz Hang, a se perguntar: "Estou realmente consciente a respeito da diversidade?"; "Qual será minha transformação pessoal?"; "E que plano de negócios vou implantar para mudar as práticas da minha organização?". E Hang acrescentou: "Nós os ajudamos a colocar um espelho diante de si mesmos".

Quando os CEOs no grupo começam a compartilhar suas histórias de vida, disse Hang, ela também compartilha a sua própria história:

> Pareço com outros CEOs, mas venho de uma cultura muito diferente, e, depois do trabalho, volto para uma comunidade baseada em um clã que tem uma histó-

ria de deslocamento, trauma e guerra. E, sendo uma mulher da etnia hmong, não disponho de muito poder [nesse ambiente]. Ao chegar em casa, sou uma pessoa socialmente mais vulnerável e experimento uma perda de status. Então, quando alguém que nunca passou por isso vê o mundo através dos meus olhos, isso nos permite criar confiança, para vermos o que é semelhante e o que é diferente: "Você se parece comigo sob esse aspecto, mas diferente sob aquele". É muito mais difícil para mim julgar uma pessoa se tenho um relacionamento com ela — e isso faz parte do processo de construção de confiança.

Mary Brainerd disse que o programa de treinamento quanto à diversidade promovido pelo Itasca teve um profundo impacto sobre as contratações de sua empresa de saúde e sobre a disposição da companhia em responder algumas perguntas básicas: "As mulheres negras estão obtendo acesso a mamografias com a mesma facilidade que as brancas? Os afro-americanos estão fazendo seus exames do cólon com a mesma frequência que os homens brancos? Agora estamos medindo esses dados por todo o estado".

Brad Hewitt, CEO da Thrivent Financial — seguradora sediada em Minneapolis incluída entre as quinhentas maiores empresas listadas pela *Fortune* — e atualmente vice-presidente do Itasca, passou pelo processo de treinamento e concluiu: "Aquilo me mudou profundamente. Acabou por revelar os preconceitos que todos nós assumíamos de forma inconsciente, e agora estamos tentando fazer com que outros cem CEOs passem pelo mesmo processo".

A Thrivent nasceu a partir das cooperativas ligadas à Associação de Auxílio aos Luteranos e Irmandades Luteranas, fundada em 1899 para atender aos imigrantes alemães e noruegueses depois que a explosão de uma fábrica matou muitos trabalhadores, deixando suas famílias desamparadas. "Estávamos felizes e nos saindo muito bem atendendo com nossas cooperativas os luteranos, ou seja, os imigrantes suecos, noruegueses, alemães e finlandeses", disse Hewitt. Essas comunidades estavam muito distantes da Somália. A iniciativa do Itasca em prol da diversidade "nos obriga a reconhecer em que medida éramos cegos para os nossos preconceitos e privilégios, e, se quisermos ser realmente mais acolhedores em relação aos outros, precisamos trabalhar essas coisas sistematicamente. A nossa cultura [da empresa] era muito forte. Todos os anos tínhamos nossa festa de Natal com *lutefisk* [peixe seco, prato típico escandinavo e popular em Minnesota]. Era simplesmente a coisa mais natural. Tínhamos 300 mil funcionários e apenas 1% deles, ou menos, era de cor. Bem, nós simplesmente dobramos isso em dezoito meses".

Se você cresceu acostumado a ter *lutefisk* na dieta e como um item indispensável nas festas de Natal, introduzir comida *halal* ou outras iguarias étnicas representa uma adaptação. "É como aprender outra língua", disse Hewitt. "Nem sempre você acerta da primeira vez, mas não se deixa abater com isso [...]. O mais importante quando se aprende uma língua é que você precisa estar pronto para ouvir as pessoas rindo de você — estamos aprendendo uma nova língua", ele disse. "Já me acostumei a que riam de mim quando procuro estimular a diversidade."

Porém assumir a diversidade em Minnesota hoje, assim como em outras partes do país, não é simplesmente uma questão de superar preconceitos disfarçados em relação a afro-americanos. Também implica integrar culturas muito diferentes, como a dos somalis e a dos hmongs. Nas minhas pesquisas, não encontrei ninguém que quisesse que os somalis ou os hmongs abrissem mão de sua identidade cultural, da mesma forma que os noruegueses ou judeus não precisaram fazer isso para se tornar "cidadãos de Minnesota". Porém existe em Minnesota uma forte aversão, a qual compartilho, em relação ao tipo de multiculturalismo globalista que se consolidou na Europa, no qual cada um simplesmente é largado à deriva para seguir seu próprio caminho, e um belo dia despertamos para descobrir que o cadinho no qual as culturas se misturam explodiu e que agora não existe mais nenhuma verdadeira comunidade. A forma de Minnesota de conduzir as coisas defende que todos deveriam manter seus costumes, porém existem certos *valores básicos* — com relação à maneira como tratamos as mulheres, o império da lei, as outras fés, as instituições públicas e os espaços comunitários — que não são negociáveis.

Jonathan Haidt, psicólogo social na Stern School of Business, da Universidade de Nova York, argumentou em favor dessa posição em um ensaio publicado na *American Interest* em 10 de julho de 2016 e intitulado "When and Why Nationalism Beats Globalism" [Quando e por que o nacionalismo supera o globalismo]. "Compartilhar de um sentido comum em termos de identidade, normas e história geralmente promove a confiança [...]. As sociedades que dispõem de um alto nível de confiança, de alto capital social, produzem muitos resultados benéficos para seus cidadãos: baixos índices de criminalidade, baixo custo das transações nos negócios, maiores níveis de prosperidade e uma propensão à generosidade, entre outras coisas [...]. O nó da questão [...] está em descobrir como equilibrar os receios compreensíveis em relação à integridade de sua própria comunidade com a obrigação de receber pessoas de origem diferente, em particular as que se encontram em situação de extrema necessidade."

Neste momento, Minnesota está lutando para encontrar esse ponto de equilíbrio — assim como outras comunidades no país. Michael Gorman, à frente da Split Rock Partners, um fundo de investimentos, e também membro fundador da Equipe de Trabalho do Itasca, compartilhou comigo, de forma eloquente, a maneira como encara esses desafios e tensões em torno desse tema no estado de Minnesota de hoje. (Não que Minnesota nunca tivesse enfrentado esse desafio antes: como diz Hewitt, brincando, até a década de 1960 os luteranos alemães não vendiam nada para os luteranos noruegueses!)

"A maior parte de nós que crescemos aqui nos identificamos com a tribo de Minnesota", disse Gorman.

> Há algo especial a respeito da nossa cultura cívica que se desenvolveu ao longo do tempo. Os habitantes e as empresas de Minnesota têm características distintas no seu grau de engajamento e compromisso em relação à comunidade, e na sua disposição de dedicar capital financeiro e humano ao bem público. Existe um sentimento de que não podemos deixar que isso se perca. Minnesota ainda retém os elementos de comunidade e conectividade que têm sido de grande valia para a região desde os dias dos pioneiros. Contudo, com a recente chegada de imigrantes de origens tão diferentes dos da Europa do Norte que os precederam, o pH cultural está mudando. É um desafio descobrir como incluir as novas vozes e os novos pontos de vista de Minnesota conservando ao mesmo tempo as melhores características da cultura majoritária que vem funcionando com sucesso há tanto tempo.

Por um lado, argumentou ele, a noção de quem é o povo de Minnesota precisa ser expandida e se tornar mais inclusiva — a definição do que significa ser cidadão de Minnesota precisa ser ampliada de modo que toda pessoa, independentemente da sua origem, veja Minnesota como um solo fértil no qual pode crescer e prosperar. Mas essa não pode ser uma conversa de mão única.

"É preciso que haja um movimento de assimilação por parte dos que chegaram recentemente", disse Gorman. "Nossa mensagem tem de ser: 'Estamos felizes de ter vocês aqui e mal podemos esperar pela contribuição que vão dar à nossa comunidade. Isso exige de nós uma atitude. Porém também exige por parte de vocês. O que pretendem fazer para assumir a cultura existente, para ser parte deste lugar que escolheram como o seu novo lar?"

Na condição de filho de imigrantes, Gorman se mostra sensível a essa busca por um ponto de equilíbrio. "Em todas as eras, os imigrantes sempre procuraram consolo nas tradições e nas bases culturais da sua terra natal, especialmente no âmbito da vida privada. Porém, a despeito da nossa herança cultural, todos nós temos de participar da sociedade americana. Fazer isso com sucesso exige que se fale inglês, que se adquira uma educação e que se faça uma contribuição. A maior parte das pessoas, em particular as que imigram em busca de uma vida melhor, querem apenas viver em paz em um lugar tranquilo e criar seus filhos de modo que se tornem cidadãos produtivos. Devemos fazer tudo que for possível para ajudá-las a fazer isso."

As instituições fracassaram de modo abominável em relação a algumas dessas novas comunidade de imigrantes em seus países de origem, acrescentou Gorman. Muitos desses imigrantes cresceram em meio a sociedades tensas e disfuncionais, ou viveram em campos de refugiados — "de modo que é compreensível que o nível de confiança seja baixo. Eles simplesmente têm procurado sobreviver. E isso é relevante porque confiamos que as instituições funcionem por aqui; confiamos no fato de que haverá justiça — podemos partir do princípio de que nosso governo é, em grande medida, não corrupto; esses são os atributos de Minnesota. Mas, para um recém-chegado, esses podem não ser pressupostos naturais. Devemos ser claros sobre como as coisas funcionam por aqui e consolidar isso cuidando para que as interações com a comunidade construam sua capacidade de confiar. Existem muitos momentos de sinceridade, e todos têm de fazer a sua parte."

Os novos imigrantes e os antigos habitantes de Minnesota nascidos aqui precisam todos atuar como se estivéssemos no mesmo time, concluiu Gorman: "Muitas áreas da Europa pagaram um alto preço por não conseguirem integrar imigrantes na cultura predominante. Precisamos nos mostrar firmemente determinados a não cometer os mesmos erros. Tudo se resume a construir confiança, de modo que nosso futuro juntos seja preferível àquele caracterizado pela separação e pelo isolamento".

Essa é uma conversa muito importante. Com frequência ela é evitada por todos os partidos, mas não pode continuar a ser evitada, agora que estados como Minnesota estão recebendo um grande afluxo de imigrantes de países traumatizados do Mundo da Desordem. É por isso que aquilo que acontece aqui e em comunidades semelhantes tem tanta importância agora — e organizações sociais inovadoras, como o Projeto Itasca, serão fundamentais para fazer com que as coisas deem certo.

Se preferir, pode me chamar de otimista. Como qualquer pessoa em Minneapolis ou St. Louis Park pode atestar, um dos passatempos favoritos dos moradores desses lugares, quando se trata de programas ao ar livre, é passear em torno dos lagos espalhados pela região das Twin Cities, quase todos eles margeados por lindas trilhas e ciclovias. (De acordo com a prefeitura, com os 22 lagos existentes na cidade e mais de 170 parques, nenhum residente mora a mais de seis quarteirões de um parque.) Como eu disse, esses lagos são um dos grandes incentivadores da mistura entre diferentes pessoas — ao seu redor podem ser vistas pessoas de todas as rendas, classes e raças. Certo dia, na primavera de 2016, eu estava caminhando com a minha esposa e amigos perto do Cedar Lake e cruzamos com três líderes da comunidade local de refugiados africanos — dois da Somália e um da Etiópia —, sendo que eu tinha conhecido um deles em um seminário a que compareci na Universidade de Minnesota. Eles estavam caminhando pelas trilhas públicas naquela manhã amena de maio, exatamente como nós, como minha mãe e eu tínhamos feito centenas de vezes ao longo dos anos. De vez em quando um grupo ou outro de mulheres somalis também passava por ali, caminhando em torno dos lagos vestindo seus trajes tradicionais e panos na cabeça, mas dava para ver seus moderníssimos tênis Nike aparecendo por baixo da roupa, quase como se estivessem piscando para a gente.

Se for o caso de apostar, vou apostar nesses lagos. Vou apostar no sentido básico de decência que ainda existe no cerne dessa comunidade. Vou apostar que essa decência é capaz de se expandir para abranger as pessoas que ficaram de fora ou para trás, e que esse movimento acabará sendo recíproco. Não porque algo seja "inevitável", mas porque encontrei muitas pessoas dispostas a investir na esperança.

Porém isso só funciona se começarmos com "uma mesa de jantar", disse Tim Welsh, cofundador do Itasca e sócio da McKinsey.

"O que descobrimos no Itasca é que uma mesa de jantar é mesmo muito importante", explicou Welsh. "Quando ficava realmente difícil de lidar com certos assuntos, resolvíamos juntar todos os protagonistas em torno da mesa de jantar de alguém." Em 2006, quando o Projeto Itasca conseguiu persuadir os legisladores a rejeitar o veto do então governador Pawlenty à lei dos transportes, isso aconteceu depois de discussões à mesa de jantar de Charlie Zelle, integrante do Itasca, à qual se reuniram parlamentares republicanos dispostos a votar contra seu então governador. Na época, Zelle era o presidente e CEO da Jefferson Lines, uma empresa local de ônibus.

"O Projeto Itasca faz isso regularmente", disse Welsh. "Há pouco tempo ofereci dois jantares na sala da minha casa para líderes da nova geração, nos quais foi discutido em que sentido eles gostariam de ver o estado transformado. A gente coloca todos eles juntos em torno de uma mesa de jantar, e eles saem com a compreensão de que 'há outros líderes na comunidade que desejam ver as mesmas coisas no nível humano básico — que a comunidade esteja segura e que todos tenham melhores oportunidades'. Ao entrar, você deixa seu ego na porta, assim como suas posições políticas."

Seria simples apenas classificar (e possivelmente descartar) o Projeto Itasca como mais um grupo bem-intencionado formado por indivíduos de alto espírito cívico. Ele é tudo menos isso. Na realidade, eu sugeriria que o Itasca poderia servir como um modelo de como o diálogo e o fortalecimento da comunidade acontecem na era das acelerações — entre negócios, governos e protagonistas cívicos importantes. Ele vem se guiando pelos fantásticos aplicativos da Mãe Natureza — ágeis, híbridos, heterodoxos, diversificados, baseados em fatos —, livres de ideologias partidárias ou outros interesses arraigados.

E, efetivamente, o Itasca é uma rede afinada com o século XXI. Não tem estatutos, conselho de diretores, diretor executivo, CEO ou escritório — nenhuma estrutura formal de nenhum tipo. Tem um site ruim — quase risível. E, efetivamente, o grupo observa que só precisa existir quando houver trabalho a ser feito — é por esse motivo que é chamado de "Projeto". É quase que inteiramente integrado por voluntários. Os voluntários são líderes bastante experientes de quase todos os setores da comunidade – empresas, governo e organizações sem fins lucrativos. Os únicos funcionários em tempo integral são dois administradores de projetos, custeados pela McKinsey. E, como são muito poucos os funcionários, na verdade são esses líderes voluntários que fazem o trabalho. Fazem isso por meio de uma Equipe de Trabalho, que se reúne quase toda sexta-feira, às 7h30 da manhã, durante noventa minutos. "Sim – voluntários, pessoas de alta responsabilidade, se encontram quase toda sexta pela manhã", observou Welsh. "Todos eles descrevem esse encontro como um dos mais interessantes de sua agenda, uma reunião à qual 'genuinamente gostam de comparecer'."

Ainda assim, apesar de sua estrutura incomum, o Itasca vem dando uma contribuição concreta à vitalidade cívica e econômica da área Minneapolis-St. Paul desde 2003, argumentou Welsh. Além de seu sucesso na melhoria da infraestrutura do sistema de transportes, no trabalho pela inclusão de minorias e no treinamento de CEOs para lidar com a questão da diversidade com a ajuda de pessoas como Sondra Samuels e MayKao Hang, o projeto:

- Lançou o Real Time Talent, uma das iniciativas mais inovadoras do país no campo do desenvolvimento da força de trabalho. Ele vincula o currículo e o treinamento de mais de 400 mil estudantes pós-secundaristas com as habilidades requeridas pelos empregadores do estado (RealTimeTalentMN.org).
- Criou a Business Bridge, que facilita as conexões entre os responsáveis por compras feitas por grandes corporações e pequenos potenciais fornecedores instalados na região. Em consequência desse esforço, as empresas participantes, em apenas dois anos, acrescentaram mais de 1 bilhão de dólares aos seus gastos feitos junto a empresas locais – atingindo a meta com um ano de antecedência.
- Ajudou a fortalecer a convicção de que era preciso investir de forma mais agressiva no ensino universitário. Ao fortalecer as relações entre empresas e os líderes no campo da educação, e ao escorar suas conclusões em números concretos obtidos em pesquisas para defender um maior investimento, que fosse além da mera reposição, uma coalizão organizada pelo Itasca ajudou a aumentar os gastos no estado em mais de 250 milhões de dólares.

Nada mau para um grupo de pessoas que trabalham sem orçamento, sem escritório, sem nenhuma presença na internet, sem funcionários — com um estoque generoso de confiança. É espantoso o que acontece quando as pessoas se reúnem em torno de uma mesa de jantar e constroem confiança ao focar exclusivamente naquilo que podem fazer para levar a comunidade adiante. É claro que existem discordâncias e pontos de vista diferentes. Essa não é a questão. Isso é um sinal de vitalidade. O mais importante, disse Welsh, é que você não se levanta da mesa até que essas diferenças tenham sido resolvidas de modo que possamos seguir adiante — e não há espaço para poses e frases de efeito.

"Confiança é algo que não se materializa simplesmente", conclui Welsh. "Exige trabalho. É preciso que um monte de pessoas continue tentando — continue aparecendo para participar, e isso não acontece por algum passe de mágica."

Parte IV

Lançando uma âncora

14. De Minnesota para o mundo e de volta novamente

O momento em que decidi escrever este livro foi aleatório, quase acidental — porém um acidente que estava esperando para acontecer.

Eu já vinha revolvendo muitas das ideias que compõem este livro havia algum tempo, contudo foi preciso um encontro casual com o funcionário de um estacionamento para que me sentisse inspirado a juntar todas elas — tentar o que Dov Seidman chama de "fazer uma pausa sem perder o equilíbrio": parar, refletir e procurar imaginar caminhos melhores, que pudessem ajudar mais pessoas a tirar partido desta era das acelerações.

O que mais me surpreendeu foi a quantidade de coisas inesperadas que aprendi ao longo de minha jornada, de Minnesota para o mundo e de volta a Minnesota — em termos pessoais, filosóficos e políticos.

Como já mencionei, eu sabia que aquilo que estava me puxando de volta para casa e para Minnesota e St. Louis Park não era o mero interesse acadêmico pela extraordinária vida política desses lugares. O que estava me puxando de volta era uma reação às quatro décadas nas quais cobri o Oriente Médio e, em seguida, Washington, DC, constatando em que medida essas duas arenas acabavam por se espelhar uma à outra — e como eram pouco parecidas com o lugar que tinha me moldado durante meus anos de formação.

O tempo que passei no Oriente Médio me levou a compreender que, com algumas raras exceções, a ideologia política dominante ali — quer estivéssemos falando de sunitas, xiitas, curdos, israelenses, árabes, persas, turcos ou palestinos — era: "Sou fraco, como posso ceder e chegar a uma solução de compromisso? Sou forte, como posso ceder e chegar a uma solução de compromisso?". A noção da existência de um "bem comum" e de uma "posição intermediária" em nome dos quais todos nós pudéssemos chegar a uma forma de compromisso — sem falar na vocação em prol de uma comunidade mais elevada pela qual trabalhamos — simplesmente não fazia parte do vocabulário. Então, ao voltar para Washington em 1988, depois de treze anos no exterior, foi com certa ansiedade que me propus a redescobrir a América. Contudo, ao longo dos agora quase trinta anos em que me dediquei a acompanhar Washington como repórter, o que descobri em vez disso foi como, com o passar dos anos, a política americana cada vez mais se tornava parecida com a do Oriente Médio que eu havia abandonado. Democratas e republicanos estavam tratando uns aos outros como sunitas e xiitas, árabes e persas, israelenses e palestinos — segregando-se, supondo sempre o pior possível a respeito uns dos outros e, em última instância, de maneira chocante, jamais desejando que um de seus filhos se casasse com um "deles".

Isso é terrível e algo que nos torna mais vulneráveis *no exato momento em que isso não devia acontecer*. Temos tanto trabalho a ser feito. Precisamos de inovações em ritmo acelerado em muitos domínios diferentes, e isso só vai acontecer se houver um esforço persistente em prol da colaboração e da confiança.

Então, como disse, voltei às minhas raízes em Minnesota para ver se esse lugar — onde, pelo menos na minha memória, as pessoas praticavam a política sobre a base desse "bem comum" e onde a confiança era mais a regra do que a exceção — ainda existia. O lugar, com certeza, havia se tornado mais complicado do que era, porém, levando tudo em conta, eu não estava desapontado, por todas as razões que expliquei.

Minha mais importante lição política, no entanto, foi constatar até que ponto são importantes os esforços do tipo que estão sendo feitos para construir uma St. Louis Park e um estado de Minnesota mais inclusivos — importantes não apenas para os que vivem ali, como também para todas as comunidades dos Estados Unidos.

Basta passarmos em revista algumas das tendências que estamos testemunhando: existem hoje em torno de 50 milhões de estudantes nas escolas públicas americanas, da alfabetização ao ensino médio, e em 2015 — pela primeira vez na história — a maioria deles era formada por estudantes que pertencem a minorias: principalmente afro-americanos, hispânicos e asiáticos. Ao mesmo tempo, estudantes que contam com alimentação gratuita ou a preço reduzido atingiram um número recorde em 2016. Um relatório elaborado pelo Centro de Educação e Força de Trabalho da Universidade de Georgetown previu que, por volta de 2020, 65% de todos os empregos na economia vão requerer algum tipo de educação e treinamento para além do pós-secundário e do ensino médio. Enquanto isso, uma pesquisa realizada em 2013 pela Martin School da Universidade de Oxford concluiu que 47% dos empregos nos Estados Unidos correm sério risco de virem a ser substituídos por computadores nas duas próximas décadas.

O que esses números nos dizem é que, nesta era das acelerações, todos vão ter de dar mais de si na sala de aula e durante a vida inteira. O que esses números nos dizem é que não podemos nos dar ao luxo de deixar mais nenhuma criança para trás. O que esses números nos dizem é que é mais importante do que nunca avançar com o pluralismo porque, levando em conta as atuais tendências, os Estados Unidos se tornarão um país de maioria não branca no próximo quarto de século — e ainda não enfrentamos de forma adequada nossas questões raciais. Os tremores iniciais já estão se fazendo sentir desde agora, e, com mais imigrantes fugindo das zonas de desordem, esse problema só tende a se tornar mais agudo em todo o globo. Assim, sociedades que podem realmente fazer "de muitos, um" desfrutarão de uma estabilidade política muito maior, sem falar de um maior arrojo quanto à inovação.

O que esses números também nos dizem é que a liderança se tornou mais importante do que nunca, tanto no plano político como no pessoal. Mas falo de um tipo específico de liderança. Nos níveis nacional e local, precisamos de lideranças capazes de promover a inclusão e a adaptação — que comecem todos os dias se perguntando: "Em que mundo estou vivendo? Como posso me comprometer com a incansável busca pelas boas práticas com um nível de energia e inteligência à altura dos desafios e oportunidades nesta era das acelerações?". É preciso também lideranças que confiem no povo e lhe digam a verdade a respeito deste momento: que apenas trabalhar duro e seguir as regras não é mais o bastante para garantir uma vida decente.

É por isso que a liderança é mais importante agora também no plano pessoal. Na década de 1960, em lugares como Minnesota, contávamos com tanto apoio que, "para fracassar, era preciso ter um plano". Agora não é mais assim. Agora precisamos de um plano para sermos bem-sucedidos, um plano que inclua aprendizagem contínua e maior capacitação. Isso significa mais liderança pessoal, mais iniciativa de todos no sentido de tomar nas mãos o próprio futuro e assumir a "startup de você".

Não é tarde demais para nenhum de nós, muito menos para os Estados Unidos, manifestarmos esse tipo de liderança. Mas, como costumava dizer a ambientalista Dana Meadows sobre a missão de amenizar os efeitos da mudança climática: "Dispomos do tempo exato, a começar de agora". Mas sem mais delongas, porque a margem para erros e atrasos vem diminuindo em todas as frentes em cada nação e em cada pessoa. Repito: quando o mundo está girando muito rápido, se você perde o rumo — seja um líder, um professor, um estudante, um investidor, um empregado —, pode acabar tendo que fazer um longo caminho de volta. Pequenos erros de navegação podem ter consequências realmente sérias quando o Mercado, a Mãe Natureza e a lei de Moore estão acelerando a tamanha velocidade.

Finalmente, falando em termos filosóficos, fiquei espantado com o fato de que muitas das melhores soluções para ajudar as pessoas a ganhar resiliência e impulso nesta era das acelerações não são coisas que possam ser baixadas da internet, mas sim carregadas à moda antiga — de um ser humano para outro, um de cada vez.

Ao olhar para trás e considerar todas as entrevistas que fiz para este livro, quantas vezes em quantos diferentes contextos ouvi algo sobre a importância vital desempenhada por um adulto ou um mentor na vida de todo jovem? Quantas vezes ouvi falarem da utilidade de se ter um coach — seja para se candidatar pela primeira vez a um emprego na Walmart, seja para dirigir a Walmart? Quantas vezes ouvi as pessoas enfatizando a importância da automotivação, da prática, da disposição para tomar nas mãos o destino da própria carreira ou da educação e de como são esses fatores que realmente fazem diferença para se ter sucesso? Quão interessante foi saber que os empregos mais bem pagos do futuro serão aqueles baseados na *stempathy* — empregos que combinam sólida capacitação em termos de ciência e tecnologia com a habilidade de estabelecer empatia com outros seres humanos?

Quão irônico foi descobrir que algo tão simples como um galinheiro ou o mero plantio de árvores e hortas pode ser a coisa mais importante a se fazer para estabilizar certas partes do Mundo da Desordem? Quem teria imaginado que a propagação cada vez mais ampla da Regra de Ouro viria a se tornar um imperativo em termos de segurança nacional e de segurança pessoal para todos nós? E quem pode negar que, quando indivíduos passam a ter muito mais poder e, ao mesmo tempo, são cada vez mais interdependentes, torna-se mais vital do que nunca sermos capazes de olhar no rosto de nosso vizinho ou de um desconhecido ou de um refugiado ou de um imigrante e ver nessa pessoa um irmão ou uma irmã? Quem pode ignorar o fato de que o segredo do sucesso da Tunísia na Primavera Árabe residiu em contar com um pouquinho mais de "sociedade civil" do que qualquer outro país árabe — não celulares ou amigos no Facebook? Quantas vezes e em quantos contextos diferentes as pessoas me disseram que a "confiança" entre dois seres humanos é o que realmente possibilita todas as coisas boas? E quem teria pensado que o segredo para se construir uma comunidade saudável poderia estar numa mesa de jantar?

Foi por isso que não me surpreendi quando, ao perguntar ao diretor nacional de saúde Vivek Murthy qual era a maior doença nos Estados Unidos hoje, ele não hesitou em responder: "Não é o câncer. Não são as doenças cardíacas. É o isolamento. O profundo isolamento vivenciado por tantas pessoas é que é a grande patologia das nossas vidas hoje". Que ironia. Somos a geração mais tecnologicamente conectada na história humana — e ainda assim nunca foi tão grande o número de pessoas que se sentem isoladas. Isso apenas reforça o ponto enfatizado por Murthy anteriormente — o de que as conexões mais importantes, e as que mais fazem falta hoje, são aquelas de ser humano para ser humano.

Não me entendam mal: a tecnologia tem muito a nos oferecer para nos tornar mais produtivos, mais saudáveis, mais sábios e mais seguros. Fiquei impressionado com a assistência inteligente que descobri ao fazer as pesquisas para este livro e com o potencial que ela tem para tirar tantas pessoas da pobreza, para descobrir talentos e nos dar meios para consertar todas as coisas. Dificilmente eu poderia ser classificado como um tecnófobo. Porém só conseguiremos extrair o melhor dessas tecnologias se não deixarmos que elas nos impeçam de estabelecer conexões humanas profundas, de resolver esses profundos anseios humanos, de inspirar essa profunda energia humana. Se vamos ou não conseguir fazer isso, depende de todas essas coisas que não podem ser baixadas num computador — a saudação entusiasmada de um treinador, o elogio de um mentor, o abraço de um amigo, um gesto de gentileza oferecido espontaneamente por um desconhecido, o aroma de um jardim, e não a visão fria de um muro.

Compreendo que, no vertiginoso momento que estamos vivendo agora, os que trabalham nas fábricas e os que têm empregos em escritórios, tanto no mundo desenvolvido como no mundo em desenvolvimento, tenham a sensação de que uma máquina ou um robô estão no seu encalço, prontos para tornar seu emprego obsoleto. Compreendo que, num momento de transição como este, seja muito mais fácil para os seres humanos visualizar o que vão perder do que todos os benefícios que vão ganhar ou já ganharam.

Contudo, acho impossível acreditar que, com um número tão maior de pessoas agora munidas de um novo poder para inventar, competir, criar e colaborar, com tantas ferramentas mais baratas e poderosas para otimizarmos as interações sociais, comerciais e governamentais, não consigamos desenvolver a capacidade de solucionar os grandes problemas sociais e de saúde existentes no mundo e que, ao longo desse processo, não venhamos a descobrir meios de os seres humanos se tornarem mais resilientes, produtivos e prósperos ao passarem a contar com a ajuda de máquinas inteligentes.

É claro que é difícil enxergar isso hoje. O período mais perigoso para se estar nas ruas de Nova York foi quando os automóveis tinham acabado de ser inventados, porém os cavalos e charretes ainda não haviam caído em desuso. Estamos vivendo hoje esse tipo de transição — porém estou convencido de que, se conseguirmos atingir um nível mínimo possível de colaboração para desenvolver as tecnologias sociais necessárias para lidar com isso, para manter nossas economias abertas e continuar a aumentar o nível da educação para todos, uma vida melhor estará ao nosso alcance como nunca aconteceu antes e para um número maior de pessoas do que em qualquer outra época — e os próximos 25 anos do século XXI poderão ser uma época fantástica para se viver. A transição não será fácil. Contudo, os seres humanos já passaram por transições como essa antes e acredito que podem fazer isso de novo. "Podem" não significa dizer que "vão", mas certamente não significa que "não podem".

Assim, deixem-me terminar onde comecei.

Em uma viagem de volta para casa, feita no verão de 2015, enquanto pesquisava material para este livro, passei de carro em frente a uma casa antiga, no número 6831 da rua 23 Oeste, em St. Louis Park, onde os meus pais foram morar quando se mudaram, vindos de North Minneapolis, em 1956. Fazia anos que não passava por ali, mas decidi, por um capricho do momento, fazer uma breve visita. Em certa medida, a vizinhança densamente ocupada por casas do mesmo estilo, um andar com varanda, conservava um aspecto incrivelmente parecido com o da época em que saí de casa para ir para a faculdade e trabalhar, nos anos 1970. Nossa casa ainda estava pintada de azul-claro. Mas alguma coisa me pareceu diferente e, a princípio, não percebi o que era. Minha antiga vizinhança era inteiramente familiar, porém algo ali parecia ligeiramente não familiar. Demorou algum tempo para que eu percebesse o que era — até que por fim me dei conta: eram as árvores.

Elas eram pequenas e franzinas na época em que eu era pequeno e franzino. Quando cresci ali, nossa vizinhança era novinha em folha. E agora, meio século depois, todas as árvores tinham crescido e se tornado altas e frondosas, com longos galhos, que estavam todos cheios de folhas — a tal ponto que a área toda oferecia agora muito mais sombra. A luz havia mudado de maneira sutil, e aquilo chamou minha atenção, porque contrastava com a imagem, muito mais iluminada, que eu havia conservado na mente durante tanto tempo, como uma velha fotografia guardada no fundo da carteira.

Aquelas árvores e eu tínhamos ambos brotado e crescido a partir do mesmo solo, e a mais importante lição pessoal, política e filosófica que aprendi na jornada em que este livro consiste foi a de que, quanto mais estendemos nossos galhos em todas as direções, mais ancorados precisamos estar em um solo composto de confiança, que vem a ser a base de todas as comunidades saudáveis. Precisamos ser nutridos por esse solo e também precisamos, por outro lado, nutri-lo.

É mais fácil prescrever essa receita do que concretizá-la, mas ela está na nossa ordem do dia — a verdadeira grande missão legada à nossa geração. É muito mais fácil nos aventurarmos para longe — não em termos apenas de distância, como também em termos de disposição para experimentar, assumir riscos e procurar nos aproximarmos do outro — quando sabemos que ainda continuamos com as raízes plantadas num lugar a que chamamos lar, e numa verdadeira comunidade. Minnesota e St. Louis Park foram, para mim, esse lugar. A minha âncora e a minha vela. Espero que este livro o inspire a fazer uma pausa, sem perder o equilíbrio, e que você venha a encontrar o seu lugar.

E não se preocupe se se atrasar um pouco por causa disso...

Agradecimentos

Muitas pessoas se mostraram generosas ao compartilhar comigo seu tempo e suas opiniões para que eu pudesse escrever este livro. Gostaria de agradecer a cada uma delas da melhor maneira possível.

Primeiramente, gostaria de — mais uma vez — agradecer ao presidente e editor do *New York Times*, Arthur Sulzberger Jr., e a Andy Rosenthal, o editor da página de opinião no período em que trabalhei neste livro, por me permitirem cortar pela metade o volume de trabalho associado à preparação da minha coluna de modo que eu pudesse fazer todas as entrevistas e pesquisas que formam a base desta obra. De outra maneira, teria sido impossível escrevê-la. Fui trabalhar no *New York Times* em 1981. Ele continua a ser o melhor jornal do mundo, e as muitas e diferentes missões que ali desempenhei me proporcionaram um assento na primeira fila, de frente para a história, assim como a oportunidade de viajar e aprender em tantos ambientes diferentes. Tenho uma dívida eterna com Arthur e seu falecido pai, Arthur Ochs "Punch" Sulzberger, por virem me concedendo essa oportunidade há quase quatro décadas.

Ao longo da minha carreira, tive a sorte de formar um pequeno grupo de amigos que são o mais fantástico patrimônio com que alguém poderia contar para lançar ideias, revirá-las pelo avesso, afiá-las e eventualmente levá-las a ponto de poderem formar a espinha dorsal de um livro. Ainda que o tenha dedicado a todos eles, este livro em particular, por ter se beneficiado de maneiras bastante específicas, exige agradecimentos extras.

Ninguém foi mais generoso com seu tempo, suas opiniões e seu estímulo ao me ajudar a compor este livro do que meu amigo e professor Dov Seidman, CEO da LRN e autor do livro *How* [Como]. Dov é um observador singular da condição humana, e aprendi muito com ele a respeito de pessoas, de organizações e de valores, sendo essa a razão de ele ter sido mais citado neste livro do que qualquer outra pessoa. Porém sua influência sobre a maneira como ordenei meu pensamento vai muito além dessas citações. Ideias que Dov articulou originalmente em nossas intermináveis caminhadas e conversas aparecem de forma difusa ao longo de todo este livro. São pessoas de sorte aquelas que podem contar com Dov Seidman entre seus amigos.

Mais uma vez, meu professor e amigo Craig Mundie, ex-executivo sênior da Microsoft e atualmente coach de executivos, se dispôs a me servir de guia através da última geração de novidades tecnológicas, garantindo que eu não apenas as compreendesse suficientemente bem para explicá-las, como também, melhor ainda, que pudesse explicá-las corretamente! Este é o quarto livro em que conto com a ajuda de Craig. Tê-lo como seu tutor tecnológico é o mesmo que ter Babe Ruth como seu técnico de beisebol.

Por falar em tutores que me ajudam há anos, este é o sétimo livro para o qual meu amigo Michael Sandel contribuiu com seus insights, porém a colaboração foi especialmente divertida neste livro, já que ele esteve presente nos primórdios da sua criação quando éramos garotos, frequentando a mesma sala da escola de hebraico. Foram particularmente valiosos os pensamentos de Michael a respeito das virtudes cívicas que aprimoram e são aprimoradas por uma comunidade saudável.

Michael Mandelbaum, coautor de meu último livro e parceiro quase que diário na tarefa de digerir e tentar compreender as notícias, tem compartilhado suas ideias comigo e aperfeiçoado as minhas próprias há mais de duas décadas. Ele ouviu o que apurei a propósito do material utilizado neste livro, como fez nos últimos cinco livros, e sempre me ajudou generosamente a trabalhar essas ideias.

Erik Brynjolfsson e Andrew McAfee, autores de *Race Against the Machine* [A corrida contra a máquina] e *A segunda era das máquinas*, também exerceram um grande impacto sobre as minhas ideias, como observo no livro, e generosamente compartilharam comigo suas opiniões.

E, é claro, meus agradecimentos calorosos a Ayele Bojia, o funcionário do estacionamento público no subsolo em Bethesda, Maryland, cuja iniciativa de me parar para perguntar como poderia aperfeiçoar seu blog pôs em movimento todo o projeto de escrever este livro! Ele é um bom homem, sempre empenhado na luta em tornar sua terra natal, a Etiópia, um lugar melhor para todos.

* * *

Marina Gorbis foi uma das primeiras pessoas com quem conversei a respeito das ideias contidas neste livro e a primeira a me convidar a tomar parte em mesas-redondas sobre os temas aqui discutidos na sua pequena caixa de joias, o Instituto para o Futuro, em Palo Alto. Ela sempre se mostrou generosa com suas visões e com seu tempo.

Johan Rockström foi gentil o bastante para me acompanhar por todos os limites planetários enquanto eu visitava o seu maravilhoso centro de pesquisas em Estocolmo; ele também leu parte dos originais. Não poderia haver melhor professor em relação ao meio ambiente. Meus agradecimentos também a Hans Vestberg por ter me recebido na Ericsson durante a mesma viagem à Suécia.

John Doerr e seu colega Bill Joy estiveram, como sempre, abertos para compartilhar suas visões e para aperfeiçoar as minhas, durante caminhadas e sessões de esqui. Yaron Ezrahi, também colaborando comigo neste sétimo livro, nunca deixou de me ensinar algo novo e de me obrigar a pensar mais profundamente sobre o que eu já tinha escrito. Alan Cohen jamais se cansa de desempenhar o papel de tutor quanto aos mais recentes avanços tecnológicos, e Moshe Halbertal faz o mesmo em relação ao Oriente Médio.

Além disso, mantive muitas conversas instrutivas ao longo dos últimos dois anos, das quais me beneficiei enormemente, com Larry Diamond, Eric Beinhocker, Leon Wieseltier, Lin Wells, Robert Walker, K. R. Sridhar, Sadik Yildiz, P. V. Kannan, Kayvon Beykpour, Joel Hyatt, Jeff Bezos, Wael Ghonim, Nandan Nilekani, Gautam Mukunda, rabino Tzvi Marx, rabino Jonathan Maltzman, Russ Mittermeier, Glenn Prickett, Dennis Ross, Tom Lovejoy, Richard K. Miller, Jeffrey Garten, Moises Naim, Carla Dirlikov Canales, David Rothkopf, Jonathan Taplin, David Kennedy, Zach Sims, Jeff Weiner, Laura Blumenfeld, Kofi Annan, Peter Schwartz, Mark Madden, Phil Bucksbaum, Bill Galstos, Craig Charney, Adam Sweidan e James H. Baker, diretor do Office of Net Assessment, do Pentágono. Agradeço a cada uma dessas pessoas pelo tempo que me cederam, ajudando a aumentar meus conhecimentos a respeito de tudo, de política a ética, passando pelo clima e pela geopolítica.

Meus agradecimentos calorosos a Ian Goldin da Universidade de Oxford por ter me recebido ali durante três dias realmente estimulantes na Martin School, e a Gahl Burt por fazer o mesmo na American Academy em Berlim. Meu obrigado também a Nader Mousavizadeh e seus colegas na Macro Advisory Partners, em Londres, por se mostrarem sempre dispostos a improvisar a respeito de qualquer assunto.

* * *

Eu não teria sido capaz de compreender o canal aberto educação-trabalho sem a generosa e persistente orientação de Byron Auguste, Karan Chopra, Stefanie Sanford e David Coleman — a seleção de craques entre os que refletem sobre a relação educação-trabalho. E um agradecimento especial a Alexis Ringwald por compartilhar suas opiniões sobre o assunto a partir do LearnUp e a Eleonora Sharef por fazer o mesmo com tudo o que aprendeu na condição de cofundadora do HireArt — e muito mais.

Em Minnesota, sou profundamente grato ao vice-presidente Walter Mondale e ao falecido Bill Frenzel, ao senador Al Franken, à senadora Amy Klobuchar, a Sharon Isbin, a Wendi Zelkin Rosenstein e a Norman Ornstein por terem cedido seu tempo para compartilhar suas ideias. E um grande e especial obrigado a Larry Jacobs, da Humphrey School na Universidade de Minnesota, por não apenas me receber, como também por me educar a respeito da vida política de Minnesota nos dias de hoje e por ler trechos do livro. Também sou profundamente grato a Tim Welsh e sua colega Julia Silvis na McKinsey & Co. em Minneapolis, pelas apresentações que fizeram e toda a sua ajuda ao lerem partes do texto, compartilharem ideias, me apresentarem às pessoas certas — como MayKao Hang, Bras Hewitt, Michael Gorman, David Mortenson e Mary Brainerd — e me ajudarem a compreender o Projeto Itasca. Sondra Samuels me instruiu pacientemente a respeito das realizações da Northside Achievement Zone e sua importante parceria com o Itasca. Rob Metz, o superintendente das escolas de St. Louis Park, e Scott Meyers, o diretor da escola de ensino médio, foram de grande ajuda ao me darem acesso tanto aos seus estudantes como aos seus colegas, assim como por compartilharem suas ideias.

Um agradecimento especial também a Jeanne Andersen, a força por trás da Sociedade Histórica de St. Louis Park. Jeanne me pôs em contato com membros interessantes da comunidade, pude recorrer aos seus estudos históricos e ela foi gentil o bastante para revisar a versão final do texto. Sou profundamente grato pela sua ajuda. O mesmo vale para a coordenadora da Children First, Karen Atkinson, que me apresentou a alguns importantes membros da comunidade somali de St. Louis Park e compartilhou comigo suas opiniões, assim como o fizeram Paul e Susan Linnee e outros membros do conselho da Sociedade Histórica.

Minha professora de história americana no programa de colocação avançada no ensino médio, Marjorie Bingham, e minha professora de inglês, Miriam Kagol, ainda continuam a dar aulas, quatro décadas depois de eu ter deixado suas salas. Sou muito grato por terem me ajudado a compreender a escola de St. Louis Park naquela época e também agora. Tive muita sorte em contar com professoras tão extraordinárias e amigas de uma vida inteira. Aprendi muito e me diverti muito ao conversar com os prefeitos de St. Louis Park, Jeff Jacobs e Jake Spano, os administradores da cidade, Tom Harmening e Jim Brimeyer, e com o líder tecnológico Clint Pires.

Uma saudação especial para o meu amigo de infância Fred Astren, por ter lido o texto com atenção e contribuído em certas partes com seus insights, assim como a outros membros do Clube de Pôquer da Avenida Pennsylvania por sua contribuição e amizade de longa data — Mark Greene, Howard Karp, Steve Tragar e Jay Goldberg. Temos todos sido amigos desde os tempos de St. Louis Park já há mais de cinquenta anos. Brad Lehrman, que costumava jogar boliche comigo nas manhãs de domingo com nossos pais, também se mostrou generoso ao compartilhar seus pensamentos sobre nossa antiga vizinhança e garantir que eu nunca jogasse boliche sozinho.

E, como sempre, meu melhor amigo, Ken Greer, e sua esposa, Jill, me ouviram e me encorajaram ao longo deste projeto desde o seu começo, muitas vezes enquanto caminhávamos em torno dos lagos em Minneapolis. Para mim não há nada mais divertido do que compartilhar ideias com eles.

No âmbito das corporações, agradeço enormemente a Randall Stephenson, que dirige a AT&T, e a seus colegas John Donovan, Ralph de la Veja, Bill Blase e Krish Prabhu. Stephenson compartilhou comigo as políticas de recursos humanos da AT&T — o que foi extremamente útil para a minha compreensão do mundo do trabalho de hoje — e suas mais recentes reflexões a respeito de tecnologia. Qualquer que fosse a parte do mundo em que estivesse, John Donovan respondia às minhas perguntas complementares às nossas conversas logo ao primeiro toque do telefone.

Os integrantes da equipe do computador Watson da IBM — em particular David Yaun e John E. Kelly III — foram incrivelmente generosos ao me ajudarem a me aprofundar na inteligência de Watson em minhas duas visitas à IBM.

Na Google, sou especialmente grato a Astro Teller, que lidera o centro de inovação X. O pequeno gráfico que Astro esboçou para mim de improviso acabou por se tornar um tema central deste livro, e o seu rigor — assim como o de seus colegas Courtney Hohne e Gladys Jimenez — ao se certificar de que eu tinha compreendido bem seu argumento foi realmente impressionante. Um enorme obrigado também a Sebastian Thrun por tudo que me ensinou sobre educação em várias visitas à Udacity.

Meu amigo Andy Karsner não apenas me reuniu com Astro como desempenhou o papel de gerador de ideias para diferentes partes do livro e para muitas colunas. Ser capaz de experimentar variações em torno de uma ideia ao lado de Andy foi um dos meus maiores prazeres.

Na Intel, Gordon Moore, Brian Krzanich, Bill Holt, Mark Bohr e Robert Manetta não poderiam ter sido mais prestativos. Elliot Schrage, do Facebook, e seus colegas Dan Marcus e Justin Osofsky ofereceram muitos insights preciosos. Tom Wujec e Carl Bass foram meus anfitriões num dia inesquecível passado na Autodesk. No Global Institute, da McKinsey & Co., James Manyika e seus colegas Susan Lund, Richard Dobbs e Jonathan Woetzel, assim como Alok Kshirsagar, de Bombaim, colocaram à minha disposição pesquisas fantásticas que aperfeiçoaram este livro em vários aspectos. James, em particular, nunca deixou de me responder em ligações de emergência para esclarecer qualquer assunto que fosse.

Na Microsoft, Bill Gates, Satya Nadella, Brad Smith e Joseph Sirosh compartilharam suas ideias comigo ao longo desta jornada, enriquecendo a minha reflexão. Na Hewlett Packard Enterprise, Meg Whitman e Howard Clabo foram muito generosos ao me apresentar suas ideias e inovações. Na General Electric, devo muito a William Ruh e a Megan Parker pelas ideias que me transmitiram e por todos os engenheiros da GE aos quais me apresentaram. Na Walmart, Doug McMillon, Neil Ashe, Dan Toporek e seus colegas me mostraram em detalhes cada interação digital que acontecia por trás das cortinas quando eu tentava comprar uma televisão por meio de um aplicativo para celular da Walmart. Também me apresentaram ao melhor churrasco de costela do Arkansas.

Tenho uma enorme dívida com Doug Cutting, do Hadoop, e com Chris Wanstrath, do GitHub, por me explicarem pacientemente o caminho percorrido por suas empresas, garantindo que eu tivesse compreendido plenamente cada fato. Foram necessárias inúmeras visitas e muitas conversas complementares com ambos para que eu compreendesse por inteiro o que cada um deles tinha ajudado a criar, e sou extremamente grato pela sua orientação.

Irwin Jacobs, cofundador da Qualcomm, fez o mesmo em minhas duas visitas a seu campus. Ele, seu filho Paul e toda a sua equipe foram incrivelmente generosos com seu tempo. Devo um agradecimento particular a Joe Schuman e a Nate Tibbits, pelo empenho especial com que me ajudaram.

Gidi Grinstein passou literalmente horas comigo, me contando a respeito de seu impressionante trabalho para fortalecer as comunidades em Israel. Gidi é um pensador extraordinário e um amigo maravilhoso, e suas ideias sobre comunidade me influenciaram muito. Posso dizer o mesmo de minhas muitas conversas com Hal Harvey, outro amigo querido e um pensador verdadeiramente original. Eu não poderia ter escrito o capítulo sobre a Mãe Natureza e política sem o físico Amory Lovins, um grande professor, que sempre combina seu bom humor com um pensamento preciso. E, como sempre, um agradecimento especial a meus companheiros de golfe Joel Finkelstein, Tom O'Neal, George Stevens, Jr., Jerry Tarde e o falecido Alan Kotz. (Saudades, amigo.) Por último, mas não menos importante, agradeço à fantástica equipe da série de documentários *Years of Living Dangerously* — John Bach, David Gelber, Sydney Trattner e John Pappas —, que me levou a lugares que eu jamais tinha sonhado conhecer (e me trouxe de volta para casa).

Este é meu sétimo livro com Jonathan Galassi, presidente e editor da FSG, cuja inspiração e apoio mudaram a minha vida. Não há mais nada que eu possa dizer a seu respeito. Minha agente literária, Esther Newberg, sempre ao meu lado, fez, como de costume, um ótimo trabalho ao cuidar de todos os detalhes. Jonathan, Esther e eu estamos juntos desde 1988. Não consigo me imaginar escrevendo um livro sem eles. Meu editor na FSG neste projeto foi Alex Star, que, com tranquilidade, mas com firmeza, empregou seu toque pessoal e sua inteligência apurada para garantir que todas as pontas do livro estivessem amarradas, de modo que sua mensagem pudesse brilhar. Seu trabalho aprimorou o livro a cada revisão. Minha incansável assistente de muitos anos, Gwenn Gorman, esteve sempre presente para apoiar este projeto de qualquer maneira que eu precisasse — das pesquisas até o cronograma. Tenho sorte em tê-la trabalhando comigo há tanto tempo. Minhas irmãs Jane e Shelley, sempre amorosas, foram gentis o bastante para checar os detalhes a respeito de todas as histórias sobre a nossa juventude em St. Louis Park.

Porém ninguém merece maiores agradecimentos do que minha brilhante esposa, Ann Friedman, que editou cada página, fez sugestões maravilhosas sobre a organização do texto e a escolha das palavras e melhorou tudo o que eu tinha feito. Trabalhei neste livro ao longo de três anos e, nesse período, quebrei o ombro. De modo que Ann teve que arcar com uma carga de trabalho maior do que a normal, enquanto batalhava para começar o seu próprio museu, o Planet Word. Como diz Alexander Hamilton no musical *Hamilton*, a respeito de sua esposa, ela é "a melhor das esposas e a melhor das mulheres". E, é claro, às minhas filhas, Orly e Natalie, que estão sempre torcendo pelo pai, sendo uma permanente fonte de inspiração.

Com tantos amigos e familiares generosos, de tantos lugares e durante tantos anos, como não poderia ser ainda um otimista?

Thomas L. Friedman
Bethesda, Maryland (porém, na verdade, sempre de Minnesota)
Agosto de 2016

Índice remissivo

As páginas numeradas em itálico indicam os gráficos

ESTA OBRA FOI COMPOSTA PELA ABREU'S SYSTEM EM INES LIGHT
E IMPRESSA EM OFSETE PELA GRÁFICA BARTIRA SOBRE PAPEL PÓLEN SOFT DA
SUZANO PAPEL E CELULOSE PARA A EDITORA SCHWARCZ EM AGOSTO DE 2017